KB188187

당신은 **복**되십니다

당신은 **복**되십니다 강론집 ❶

글 조용국

1판 1쇄 인쇄 2018. 8. 5
1판 1쇄 발행 2018. 8. 15

펴낸곳 예 · 지 | **펴낸이** 김종욱 | **표지디자인** 김은희
편집디자인 신성기획 | **제작 진행** 공간

등록번호 제1-2893호 | **등록일자** 2001. 7. 23
주소 경기도 고양시 일산동구 호수로 662
전화 031-900-8061(마케팅), 8060(편집) | **팩스** 031-900-8062

ⓒ Cho, yong guk 2018
Published by Wisdom Publishing, Co.
Printed in Korea.

ISBN 979-11-87895-07-7 04240
        979-11-87895-06-0(세트)

예 지 의 책은 오늘보다 나은 내일을 위한 선택입니다.

당신은 복되십니다

당신은 복되십니다

조용국
프란치스꼬 신부
강론집 ❶

예지
Wisdom Publishing

당신은 **복되십니다**

추천사 1

✥

　사제는 미사를 집전하는 이다. 미사는 말씀의 전례와 성찬의 전례로 구성되어 있다. 사제는 말씀의 전례를 통해 말씀에 대한 봉사를 한다. 강론은 말씀 봉사의 명백하고 유력한 수단이다.

　말씀이 좋다는 사제들의 강론을 찾아 들으러 다니는 신자들을 보는 것이 이젠 그리 낯설지 않다. 어쩌면 그만큼 말씀에 굶주려 있기 때문이겠다. 좋은 강론을 하는 사제들은 주님께서 주신 은사 안에서 그만큼 노력한다. 하느님의 질서 안에서 거저 되는 것은 없다. 하느님의 이끄심에 따르려는 노력 없이 제대로 이루어지는 것은 없다.

　오랫동안 본당 생활을 한 사제들이 자신들의 강론을 엮어 책으로 내는 것은 무척 고마운 일이다. 그들의 사목 생활 안에서 길어 올린 말씀에 대한 깊은 통찰과 영적 지혜가 가득 담긴 샘을 만날 수 있기 때문이다.

　조 신부와의 첫 만남은 까까머리로 입학한 신학교에서였다. 벌써 40년도 더 지났으니 시간이 참으로 빠르다. 그러니까 시간은 기다려 주지 않는 냉정한 질서다. 3년을 같이 살고는 서로 헤어졌다. 그리고 다시 만나 술잔을 기울이며 깊은 속내를 얘기한 것은 바로 얼마 전이었다. 그 만남은 적어도 40년 묵힌 만남이었던 셈이다.

그 만남에서 나는 하느님께서 인간 모두에게 주신 고유함에 믿음으로 충실하게 응답하고자 했던 나의 오랜 벗을 볼 수 있었다. 그리고 그것은 나에게도 참으로 큰 반향이 되었다. 왜냐하면 나는 그 시절에는 그의 고유함이 썩 내키지 않았기 때문이다.

그는 까만 얼굴에 하얀 이를 드러내며 밝게 웃는 그런 친구였다. 누구에게나 따뜻하고 밝은 웃음을 지으며, 깊은 정감을 드러내는 그의 목소리의 감겨 옴이란……. 하지만 그가 축구를 할 때 보이는 모습은 마치 튼튼한 다리를 지닌 한 마리의 말이 목표를 향해 뛰어가는 폭풍과도 같은…… 그래서 그와 부딪치기라도 하는 날이면 반드시 그 대가를 육신의 아픔으로 치러야 하는…… 그리고 공 앞에서는 어떠한 자비심도 없는 무시무시한…….

아! 이런 모습들이 어떻게 한 인간 안에 공존할 수 있는지 내내 의아하고, 사실 그다지 진술하게 보이지 않는 조합이었다.

하지만 오랜 세월이 흐른 후, 그가 살아온 본당신부로서의 삶을 들으면서 나는 나의 마음 안에 한 줄기 빛이 지나가는 것을 발견했다. '아! 그랬구나.' 내가 40년 전에 보았던 그의 모습은 인간적인 것이라기보다 신앙에 바탕을 둔 영적인 것이었음을.

왜냐하면 그의 이야기는 그가 신앙 안에서 주님께서 주신 밝고 따뜻하고 정감 넘치는 모습에, 끝까지 포기하지 않고 뛰어가는 충실함과 진지함과 진실함이 어우러진 본당사제로 살아갔음을 드러내고 있었기 때문이다. 그의 신앙 안에서 진작부터 있었고, 계속해서 주님 안에서 말씀을 통해 자라난 이 모습은 그가 고난과 시련의 어려움을 이겨 내고 극복해 나가기보다는 주님 안에서 그 어려움을 품고 보듬어 하느님께서 하시도록 내어놓고 맡기게 하였던 것이다.

그의 얘기 안에서 그걸 발견했을 때 그도, 나도 얼마나 기쁘고 행복했던가!

그의 모습이 담긴 이 강론집은 주님을 믿지 못해 힘들게 살아가는 우리들에게 큰 울림이 될 것이며, 값진 선물이 될 것임이 틀림없다. 이름 없는 한 본당사제가 평생 신앙 안에서 자신을 바쳐 길어 올린 말씀의 내용에 마음을 열고 다가가 본다면, 지친 발걸음을 내딛는 우리 모두가 깊고 신선한 생명의 바람을 맞이할 수 있으리라!

주님 안에서 그의 영육 간의 건강을 빌며…….

사도 베드로, 바오로 축일에
김병로 라파엘 신부

추천사 2

❖

조용국 신부님 강론집 출간을 축하합니다. 열정을 갖고 사셨기에 가능한 일입니다. 강론 곳곳에 신부님의 뜨거움이 숨어 있습니다. 찾아내어 읽는 것도 즐거움의 하나입니다. 새로운 느낌으로 다가오기 때문입니다.

학창 시절엔 멀쑥한 선후배 사이였을 뿐입니다. 사제 되어 한동안 떨어져 살다 우연한 계기로 가까워졌습니다. 자연을 좋아하는 공감대 덕분인 듯합니다. 사람을 사랑하는 닮은 모습에 서로 통했던 것 같습니다.

서커스의 어원은 라틴말 치르쿠스(Circus)입니다. 동그라미를 뜻하던 이 단어가 원형 경기장을 뜻하게 되었고, 나중엔 이곳에서 벌어지는 검투사 시합이나 운동경기도 서커스라 했습니다.

현재도 서커스의 인기는 여전합니다. 한계를 뛰어넘는 묘기 때문입니다. 가끔 동물도 등장해 불붙은 고리 속으로 뛰어듭니다. 이 동작은 지독한 훈련의 결과라고 합니다. 먹이를 통한 보상으로 훈련할 거라 생각하지만 그렇지 않다고 합니다. 사실은 동물과 조련사 사이의 신뢰 때문이라는군요. 조련사는 불리한 일은 시키지 않는다는 믿음이 있기에 불 속으로 뛰어든다는 겁니다. 물론 그러한 신뢰를 얻기까지 조련사의 지극한 사랑이 있었을 겁니다.

조용국 신부님께서 사제 생활 30년을 넘기면서 강론집을 냅니다. 서커스의 동물 선수처럼 불붙은 고리 속을 통과하는 것이지요. 주님의 이끄심을 느끼면서 살아왔기에 가능한 일입니다. 감사와 열정으로 더 멋진 묘기를 보여 주시길 청해 봅니다.

단순한 강론집이지만 그 속에 숨어 있는 한 사제의 고뇌와 사색의 긴 시간을 묵상해 봅니다. 야구에서 아무리 뛰어난 투수라도 타자들이 점수를 내지 않으면 패전투수가 되고 맙니다. 현대사회는 그렇게 바뀌어 가고 있습니다.

강론집이 나올 수 있도록 기도하며 도움을 주신 모든 교우님들께 감사드립니다.

마산교구 진주 신안동 본당 주임
신은근 바오로 신부

책을 내며

❖

Deo Gratias!

저는 학문을 깊게 연구한 사람도 아니고, 기도에 매달린 사람도 아닙니다. 그저 30여 년간 교회 안에서 사람들과 부대끼며 살아온 평범한 사제입니다.

이곳 금호동 성당에 오면서 저는 세 가지의 실천 사항을 결심했습니다. '첫째는 신자들 야단치지 않기, 둘째는 재정운영 투명하게 하기, 셋째는 매주 철저하게 강론 준비하기'입니다.

5년의 임기를 마쳐 가는 요즘 저는 참으로 하느님께 감사드립니다. 정말 부족하기는 하지만 저의 결심을 어느 정도는 실천했다고 느껴지기 때문입니다.

신부님 강론을 다시 들었으면 좋겠다는 신자들의 요청이 많았습니다. 주위에 조언을 구했는데 정말 뜻밖에도 책으로 냈으면 좋겠다는 얘기를 듣게 되었습니다. 저는 순간 놀라고 당황했습니다. 저의 글을 책으로 낸다는 것은 상상도 못 한 일이었기 때문입니다.

저의 지나온 글들을, 그 글들 속에 있는 세월들을 다시 한 번 되돌아보게 되었습니다. 저의 가슴은 하느님께 대한 감사와 찬미로 뛰고 있었습니다. 돌아보니 저의 글은 제 능력이 아니었습니다. 하나에서 열까지 다 그분이 이끌어 주신 것이었습니다.

이제 저 자신을 드러내는 것이 아니라 제 삶을 통해서, 저의 글을 통해서 함께하신 하느님의 능력과 사랑을 드러내야 할 것 같다는 강한 느낌을 받았습니다.

그래서 용기를 내게 되었습니다. 그러나 부끄럽고 창피합니다. 다시 읽어 보니 감동적인 부분도 있지만 부족하고 또 부족하기만 합니다. 그러나 큰 수정 없이 있는 그대로, 부족한 그대로 출간하기로 결심하였습니다. 분량이 꽤 많습니다. '1300여 페이지가 넘으니 어찌할까?' 하다가 삭제·편집하지 않고 두 권으로 출간하기로 호기를 부리고 말았습니다.

일정한 주제도 없고 맥락도 없으니 그때그때 아무 곳이나 펴서 읽으셔도 되겠습니다. 전문적인 지식은 기대하지 않으시는 게 좋습니다. 그저 편하게 마음으로 읽고 느끼시면 될 듯합니다. 부족하기만 하지만 하느님께서 쓰시고 싶으신 대로 쓰시도록 제 마음도 내려놓고자 합니다.

제 삶을 통해 함께 계시는 하느님께 영광과 찬미가 된다면 그것으로 만족할 뿐입니다. 아멘.

성 김대건 안드레아 기념일에
조용국 프란치스꼬 신부

당신은 **복**되십니다

2013년
강론

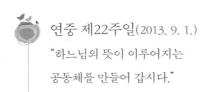

1. 금호동에서의 첫 주일미사입니다. 새로운 만남의 시작입니다.

2. 이곳에서의 삶은 어떤 모습일지 설레기도 하고, 기대도 되고, 걱정도 됩니다.

3. 여러분들도 저에 대한 호기심과 기대가 많을 것입니다. 요즘에는 인터넷을 통해 많은 정보를 접할 수 있으니 관심 있는 분들은 아마 대충 저에 대한 정보를 갖고 있을 것입니다.

4. 여러분들의 기대를 느끼고 있습니다. 어떤 분들은 벌써 문자를 통해 저를 질책하시고, 격려의 말씀을 해 주시기도 합니다. 훌륭한 사제가 되시라고, 성인사제가 되시라고…….

5. 한편으로는 걱정도 되고, 두렵기도 합니다. 그동안의 본당은 어느 정도 지켜본 뒤에 질책과 격려를 해 주시는데, 온 지 며칠 되지도 않았고, 환영 미사도 하지 않았는데 말입니다.

6. 생각해 보게 됩니다. '내가 성인사제가 될 수 있을까?' 어림도 없는 일입니다. 저는 그저 저에게 운명처럼 주어진 사제의 길을 나름대로 열심히 걸어가고 있을 뿐입니다.

7. 한편으로는 저에게 얼마나 큰 기대와 애정을 갖고 있는지도 느껴집니다.

8. 그러나 죄송스러운 말씀은 저는 그저 보통 사제에 불과할 뿐이라는 것입니다. 탁월하지도 않고, 훌륭하지도 않고, 때로는 겸손하지도 못하고, 명석하지도 못합니다.
그렇게 큰 기대는 하지 않는 게 좋겠습니다. 저는 그저 저에게 주어진 길을 나름대로 성의와 정성을 다해 한 걸음 한 걸음 걸어갈 뿐입니다.
위대한 기적을 만들어 낼 수도 없고, 사제로서도 그냥 보통의 삶, 평범한 삶을 살아가게 될 것입니다.

9. 하느님께서는 저를 왜 이 금호동 공동체에 보내 주셨을까요? 질문을 던져 보지만 뚜렷한 답을 얻지는 못합니다.
언젠가 제가 이 금호동에서 임기를 마치게 되면 아마 하느님의 그 뜻을 어렴풋하게나마 깨달을 수 있게 될 것입니다.

10. 하느님의 뜻은 항상 어렵습니다. 어떤 뜻이 숨어 있는지는 시간을 통해 알게 될 것입니다.
그래서 때로는 두렵기도 합니다. 어떤 일들이 기다리고 있을까, 어떤 고통이 기다리고 있을까 두렵기도 하고, 또 어떤 행복이 기다리고 있을까 기대가 되기도 합니다.

11. 우리 모두는 하느님의 뜻 안에서 우리의 인생을 살아갑니다.
그래서 고통 가운데에서도 절망해서는 안 되며, 기쁨 가운데에서도 교만해서는 안 됩니다.

우리의 고통 가운데 우리를 단련시키는 참으로 크신 하느님의 계획이 있는 것이며, 우리의 기쁨 가운데에도 하느님의 축복과 사랑이 숨어 있는 것이기 때문입니다.

12. 우리의 인간적인 상황에서는 항상 기쁨보다는 걱정과 두려움이 앞서는 것이 사실이지만 주님께서는 우리에게 늘 "걱정하지 마라, 두려워하지 마라" 하고 말씀하십니다. 성서에서 걱정하고, 두려워하지 말라는 말씀을 365번 하십니다. 하루에 한 번씩 하시는 것입니다.

13. 걱정과 두려움은 인간에게서 나오는 것이며, 심한 경우에는 어둠과 악의 세력에서 나오는 것입니다.

14. 하느님의 사랑을 믿는다면, 하느님의 섭리가 우리 자신을 위한 것임을 믿을 수 있다면 우리는 걱정과 두려움에서 해방될 수 있을 것입니다. 하느님의 사랑으로 온전히 새롭게 태어날 수 있게 될 것입니다. 우리 삶의 희망의 새로운 지평이 열릴 수 있게 될 것입니다.

15. 오늘 제1독서에서는 거만한 자에게는 약이 없으며, 악의 잡초가 그 안에 뿌리를 내린 것이라고 말씀해 주십니다.

16. 두려워하는 것, 그것은 교만하기 때문입니다. 교만이란 하느님을 진정으로 믿지 못하고 자신을 믿는 것입니다. 그렇기에 교만한 이에게는 하느님의 뜻도 보이지 않고, 하느님의 영광을 드러낼 수도 없는 것입니다.

삶의 기준이 하느님께 있는 것이 아니라 자기 자신에게 있기 때문입니다.

그렇기에 교만한 사람은 고통 속에 절망하며, 기쁨 속에 감사를 드리지 못합니다.

17. 우리는 우리 삶의 기준을 하느님께 맞추어야 합니다. 하느님께서 나를 사랑하시는데, 그래서 나에게 인생이라는 찬란한 선물을 주셨는데, 그래서 나에게 이처럼 귀중한 신앙의 선물을 주셨는데, 무엇을 두려워하겠습니까? 무엇을 걱정할 필요가 있겠습니까? 고통이든, 기쁨이든 다 나의 인생을 위한 하느님의 선물인데…….

그래서 잘난 척할 필요도 없으며, 못난 자기 패배주의에 빠져서도 아니 되는 것입니다.

18. 오늘 복음에서도 예수님께서는 스스로 높아지려 하지 말라고 하십니다.

물론 인간은 누구나 높아지고자 하는 본능이 있게 마련입니다.

우리 삶의 중심이 하느님께 맞춰져 있다면, 그래서 참으로 하느님의 뜻 안에서 살아갈 수 있다면, 그래서 참으로 하느님의 오묘하신 사랑을 자신의 삶으로 드러낼 수 있고, 그것이 하느님의 영광을 드러내는 일이라면,

하느님께서 우리를 높여 주실 것입니다. 그 하느님을 믿는 사람들이 하느님의 마음으로 높여 주실 것입니다.

19. 이것이 진정으로 높아지는 것입니다. 자신의 재물로, 힘으로 스스로를 높이는 것은 잠시 있다 없어지는 구름을 좇는 참으로 어리

석은 일입니다.

20. 우리는 우리의 마음을 높여야 합니다. 그것은 하느님과 함께 있어야 가능한 것입니다.
마음을 높이는 일은 한편으로는 참으로 고통스러운 길이기도 합니다.
그러나 그 높은 마음, 높은 산에 올라야 이 세상을 올바로 볼 수 있고, 남들이 깨닫지 못하는 진정한 자유와 평화를 얻을 수 있게 됩니다.
그 길은 이 세상의 재물이나 권력으로는 불가능한 길입니다. 이 세상의 방법으로 높아지고자 하는 사람의 미래는 절망과 파멸뿐입니다.
하느님의 방법으로, 하느님의 길로 하느님께서 주신 마음을 높여야 하는 것입니다.

21. 예수님께서도 십자가에 높이 달리시어 우리에게 진정한 구원을 주실 수 있었습니다.

22. 하느님의 뜻 안에서 하느님과 함께 살아가다 보면, 자기에게 주어진 길을 묵묵히 한 걸음씩 성실히 가다 보면 어느 샌가 우리는 하느님께서 나의 마음을 높여 주셨음을 깨닫게 될 것이며, 모든 걱정과 두려움을 물리칠 수 있을 것이며, 이 세상의 모든 속박에서 진정한 자유를 누릴 수 있게 될 것이며, 그것이 하느님께서 우리 인생에 주시는 최대의 행복이라는 사실을 깨닫게 될 것입니다.
그리 살 수 있을 때 나의 삶은 나 자신의 구원을 위해, 나를 알고 있는 모든 사람에게 희망과 구원의 표지가 될 수 있을 것입니다.

23. 복음의 끝부분에서 자신을 높일 수 있는 가장 효과적인 방법은 자기 주위의 가난한 사람, 고통받는 사람에게 잘해 주라고 말씀하십니다.

24. 어렵고 힘든 고통의 사람들이 많은 이곳에서 삶은 실망과 절망의 삶이 아닌, 참으로 주님의 사랑 안에 새롭게 태어날 수 있는 기쁜 혼인의 잔치인 것입니다.

25. 모든 따뜻한 환영의 마음에 감사합니다. 모두 함께 하느님의 영광을 드러내는, 하느님의 뜻이 이루어지는 공동체를 만들어 갑시다. 감사합니다.

연중 제23주일(2013. 9. 8.)
"하느님의 은총으로 온갖 집착에서
벗어나야 할 것입니다."

1. 어제 남산 둘레길을 몇몇 교우들과 함께 걸었습니다. 응봉산에서 시작하여 남산을 관통하는 길이었습니다. 3시간에 걸친 짧지 않은 길이었지만 날씨도 쾌청하였고, 대부분의 길이 숲길로 되어 있어 힘들지 않게 완주할 수 있었습니다.

2. 남산을 걸어 본 것이 몇 년 만이던가요? 서울에 사는 사람은 오히려 서울의 명소들을 잘 가 보지 않게 됩니다. 애국가에 나오는 "남산 위의 저 소나무 철갑을 두른 듯……, 가을 하늘 공활한데……" 하는 가사들을 남산 길을 걸으면서 비로소 이해할 수 있게 되었습니다.

3. 262미터의 남산입니다. 비교적 낮은 산이지만 그 산에도 나름대로 깔딱고개가 있었고, 그 약간의 어려움을 지나면 평지가 나오기도 하였습니다.

4. 우리 인생에도 누구나 어려운 고비가 있게 마련입니다. 그 고비를 잘 넘길 수 있다면 우리는 보다 더 큰 내적인 성숙이라는 귀중한 선물을 얻을 수 있게 됩니다. 그러나 그 고비를 잘 넘기지 못하면 아주 먼 길로 돌아가야 하고, 평생 후회스러운 결과를 안고 살아갈 수

밖에 없게 됩니다.

5. 어려운 인생의 고갯길을 잘 넘어갈 수 있는 방법이 무엇일까요?

6. 어제 한 일간지에서 뜻깊은 심층취재 기사를 읽었습니다.
아프리카 적도기니에서 쿠데타가 일어났고, 대통령의 사촌동생이
사촌형을 축출하고 자신이 대통령이 되었고, 그 대통령은 사형에
처해졌습니다. 쿠데타를 직감한 대통령은 자신의 가족을 북한으로
망명시켰습니다. 가족들 중 그 딸에 대한 이야기입니다.
그 딸은 자신의 삼촌을 용서할 수가 없었습니다. 북한에서 살 때 자
신의 아버지를 축출하고 죽인 삼촌 대통령이 북한을 방문한 적이
있는데 언니와 자신을 모처에 불러 화해를 시도하면서 현금을 주려
고 했습니다. 그런데 자신의 언니는 자신의 마음속에 있는 증오를
감추지 못하고 삼촌이 주는 돈을 삼촌 눈앞에서 갈가리 찢어 버리
고는 그 자리를 박차고 나왔습니다. 속이 시원할 줄 알았는데, 그 이
후 성장하면서 그 삼촌에 대한 증오가 가슴 깊은 곳의 한으로 자리
잡게 되었습니다.
북한 김일성의 보호를 받은 그녀는 북한의 엘리트 코스 교육을 수
료하게 되었습니다.
한참의 시간이 흐른 뒤 그녀는 미국에서 다시 삼촌 대통령을 만나
게 되었습니다.
그 대통령은 다시 화해를 시도하며 1만 달러를 건넸습니다. 그녀는
어린 시절의 언니처럼 가슴속의 증오가 불타올랐지만 묵묵히 그 화
해의 돈을 받았습니다. 돈이 필요해서가 아니라 자신의 증오에서

해방되고 싶었기 때문입니다. 그녀는 친구들에게 온갖 명품을 사 주며 그 돈을 그날 다 써 버렸습니다.

7. 그녀는 기자에게 "참 이상한 일이다. 그 뒤 내 마음속에 미움은 남아 있지만 증오가 사라졌다."고 말했습니다. 그리고 증오로 가득 차 있던 자신의 내면의 그 깊은 상처가 치유되더라는 것입니다. 그리고 그 지독한 증오의 집착에서 해방되더라는 것입니다.

8. 미움과 증오에 사로잡힌 인간의 모습은 그 미움과 증오를 준 사람의 모습보다 더 처참할 수 있습니다. 미움과 증오의 집착은 인간 내면의 고귀한 영혼과 정신을 파괴합니다. 결코 자유로울 수 없는 것이며, 행복할 수 없는 것입니다.

9. 저도 그 정도는 아니지만 나름대로 비슷한 경험이 있습니다.
어떤 신설 본당에 부임했을 때 저는 정열과 의욕에 가득 차 있었습니다. 성당을 신축해야 하는데 몇몇 사람들에게서 이상한 분위기가 감지되었습니다. 저하고는 성당을 지을 수 없다는 것입니다. 저는 도저히 이해가 되지 않았습니다. 형제처럼 지내던 사람들이 갑자기 안면을 바꾸어 저를 방해하는 사람들이 되어 버렸기 때문입니다.
그들은 온갖 방법으로 저를 음해하고, 인터넷에 올리고, 괴롭히기 시작하였습니다. 그 시간이 무려 1년 6개월이었습니다. 저는 일생 일대의 큰 상처를 받았고, 사제직에 대한 회의도 깊이 느낄 수밖에 없었습니다. 그러나 그 본당을 떠나는 것은 남아 있는 선의의 신자들에게 오히려 큰 상처가 될 수 있었기에 저는 울며 겨자 먹기 식으로 그 시간들을 인내와 기도로 버틸 수밖에 없었습니다.

하느님의 도우심과 선의의 신자들의 기도 덕분에 그 어려운 참혹한 시간들을 견디고 임기를 마칠 수 있었습니다. 그들은 참으로 오랜 시간 제 마음속의 큰 상처였고, 미움이기도 했습니다.

10. 몇 년 전에 저는 은경축을 치르게 되었습니다. 초청 명단을 작성하면서 저는 그들을 온전히 용서하기로 마음먹었고, 그들을 초청하였습니다.
다행히도 그들은 저의 초청을 받아들였고, 저도 기쁘게 그들을 볼 수 있었습니다.

11. 어찌 되었든 그 은경축을 계기로 저는 사제로서 새롭게 태어나는 기쁨을 맛볼 수 있었고, 제 마음속의 그토록 오랜 미움으로부터 비로소 자유스러움을 체험할 수 있게 되었습니다.

12. 저는 그 사건을 통해 참으로 인생의 비싼 수업료를 지불해야 했습니다. 그러나 지금 생각해 보면 그 어려운 참혹한 시간은 제가 기도할 수밖에 없는 시간이었고, 예수님의 고통과 인간의 어둠을 깊이 이해할 수 있는 은총의 시간이었던 것 같습니다.

13. 오늘 복음에서 예수님께서는 주위의 모든 사람을 미워하지 않으면 당신의 제자가 될 수 없다는, 우리 상식으로는 이해하기 힘든 말씀을 하십니다. 그러나 유대인의 어법을 보면 쉽게 이해가 갑니다. 미워한다는 것은 집착한다는 것입니다. 즉 집착으로부터 벗어나야 예수님을 따를 수 있다고 말씀하시는 것입니다.

14. 인간이 집착에서 벗어나야 한다는 가르침은 동서고금 모든 성

현들의 가르침이기도 합니다.

집착(執着)이란 "어떤 것에 늘 마음이 쏠려 잊지 못하고 매달림"입니다.

15. 사람에 대한, 물질에 대한 집착에서 벗어날 수 있다면 벗어난 만큼 우리는 자유로울 수 있고, 그만큼 행복한 것입니다.

16. 우리 마음속에 있는 미움과 증오도 집착입니다. 미움과 증오의 화살은 먼저 내 가슴속에 상처를 남기고 상대에게 도달하는 것입니다.

17. 미워하는 만큼 자신의 내면이 망가지는 것입니다. 미움을 넘어서 증오한다면 그것은 자신의 영혼이 망가지는 것입니다. 우리는 망가진, 더럽혀진 영혼을 갖고서는 하느님을 만날 수 없습니다. 하느님께서 주신 아름답고 고귀한 영혼으로 회복되어야만 하느님을 만날 수 있습니다.

18. 그렇기에 이 세상에서의 고통은 인간을 위해서는 결코 나쁜 것만은 아닙니다. 인간은 기쁨을 통해 성숙하는 것이 아니라 슬프게도 고통을 통해서 성숙하는 것이고, 그 고통을 통해 영혼의 아름다움을 회복할 수 있는 것입니다.

19. 우리가 집착에서 벗어나야 하는 이유가 여기에 있습니다. 집착은 그 고통의 깊은 심연에서 벗어나지 못하게 하기 때문입니다. 고통을 인간이 하느님께 가는 귀중한 지렛대로 삼아야 하는데 집착 때문에 그 고통이 인간을 더욱더 고통스럽게 만드는 것입니다. 집착에서 벗어나야만 우리의 삶에 있는 고통이 비로소 의미와 가치를

가지게 되는 것입니다.

20. 우리가 보다 더 사람들에 대한, 물질에 대한, 자신의 마음에 대한 집착에서 벗어날 수 있다면 우리에게 주어진 인생이 얼마나 찬란한 선물인지를 깨달을 수 있게 될 것입니다. 자유의 기쁨, 해방의 기쁨을 체험할 수 있게 될 것입니다.

21. 집착은 우리를 노예로 만들어 버립니다. 얽매이게 합니다. 노예로 살고 싶은가, 자유인으로 살고 싶은가, 그것은 우리의 결단과 신앙에 달려 있는 것입니다.

22. 예수님은 우리를 자유롭게 해 주시고, 해방시켜 주십니다.

23. 인간에게는 다 나름대로의 십자가가 존재합니다. 인생을 통해 짊어져야 하는 십자가는 개인에게도, 가정에도, 공동체에도 존재합니다.

24. 예수님이 우리의 구세주이신 이유는 누구에게나 주어진 십자가를 구원의 도구로 삼아 주신다는 데에 있습니다. 사실 십자가 자체는 인생의 아픔이고, 어둠입니다. 사실 십자가는 존재해서는 안 되는 이 세상의 악의 결정체입니다. 그러나 예수님께서는 너무나 역설적으로 그 십자가를 구원의 결정적인 도구로 만들어 주셨습니다.

25. 우리가 우리에게 주어진 십자가를 예수님과 함께 짊어질 수 있을 때 예수님께서는 그 십자가를 나를 구원하는 찬란한 선물로 바꾸어 주시는 것입니다.

26. 우리는 자주 "나는 재수가 없어, 나는 왜 인생이 안 풀리지, 저 인간만 없다면 내가 좀 더 행복할 수 있을 텐데"라고 푸념과 불평을 늘어놓습니다.

27. 그러나 생각해 봅시다. 지금 나를 불행하게 만드는 온갖 삶의 여건들, 그것들은 나를 괴롭히기 위해서 나의 삶에 주어진 것이 아니라 내 마음을 집착에서 해방시키기 위해서, 교만하기 그지없는 나 자신을 좀 더 겸허하게 만들기 위해서, 좁디좁은 내 마음을 좀 더 넓혀 주기 위해서 존재하는 것입니다.

28. 내 삶에 그 십자가들이 없다면 아마 나는 하늘 높은 줄 모르게 바벨탑을 쌓는 더 비참한 삶을 살 수밖에 없을 것입니다. 그 십자가들이 있기에 내 마음이 넓어지고 비워질 수 있는 것이고, 내 뜻보다는 하느님의 뜻대로 살아가도록 노력할 수 있는 것입니다. 그 십자가들은 나를 구속하거나 벌을 주기 위한 것이 아니고 지금 이 시점에서 나를 구원하기 위해서, 나를 해방시키기 위해서, 나의 집착에서 벗어나기 위해서 필수적으로 아픔을 감수하면서도 존재하는 것입니다.

29. 마음을 비워야 한다고 흔히들 이야기합니다. 그런데 인간의 힘으로 마음을 비운다는 것은 한계가 있고, 때로는 불가능하기도 합니다. 인간의 마음은 내 것이지만 내 마음대로 할 수 없는 것이기 때문입니다.

30. 인간의 마음은 하느님께서 만들어 우리에게 맡기신 것입니다.

그렇기에 마음의 주인이신 하느님께서 함께하셔야만 그 마음을 비워 낼 수 있는 것입니다. 하느님께서 함께하시지 않은 마음은 이 세상의 어둠이 그 자리를 차지하려고 온갖 방법을 가리지 않을 것입니다.

31. 우리의 인생은 우리가 사는 것이지만 하느님께서 또한 우리와 함께 살아가십니다. 우리의 인생은 내 것이긴 하지만 또한 하느님의 것이기도 합니다. 우리의 마음도 내 것이긴 하지만 동시에 하느님의 것이기도 합니다. 언젠가는 우리의 인생을 허락하신 분께 우리의 인생을 돌려드려야 하는 것이며, 언젠가는 우리의 마음을 허락하신 분께 우리의 마음을 온전히 돌려드려야 하는 것입니다. 하느님께서 주신 인생, 하느님께서 주신 마음을 온전하게 만들어 되돌려 드려야 하는 것입니다.

32. 우리의 신앙을 통해 하느님의 은총으로 온갖 집착에서 벗어나야 할 것이며, 하느님께서 우리 삶의 주님이시고 우리 마음의 주님이심을 가슴 깊이 새기는 은총의 한 주간을 보내시길 기도합니다.

연중 제24주일(2013. 9. 15.)
"하느님의 자비를 본받아 보다 더 자비로운 사람이 되도록
기도하고 노력합시다."

1. 이제 우리 고유의 명절 주간입니다. 많은 사람들이 고향을 찾습니다. 귀성길의 고생, 우리 모두 잘 알고 있음에도 불구하고 그 고생을 감수하고 인내합니다.

2. 왜 그럴까요? 고향에 가면 편안함이 있기 때문입니다. 추억이 있기 때문입니다.

3. 어린 시절, 곤궁한 시절이었지만 부모님의 사랑, 친척들, 이웃들의 끈끈한 정이 있던 시절이었습니다.

4. 고향에 돌아갑니다. 자기가 태어나고 자란 곳. 죽을 때도 '돌아간다'는 표현을 합니다. 우리의 진짜 고향은 하느님입니다. 하느님께서 우리의 생명을, 우리의 인생을 허락해 주셨기 때문입니다.

5. 고향에 쉽게 가지 못하는 사람들이 있습니다. 자신의 삶을 고향 앞에 드러내기 부끄러운 사람들이 있습니다. 더 성공해야 하는데, 더 나아져야 하는데, 더 떳떳해야 하는데 그러지 못하기에 선뜻 고향에 돌아가기 어려운 경우가 있습니다.

6. 오늘 복음에서 탕자의 비유가 나옵니다.

7. 렘브란트의 유명한 그림에 돌아온 탕자를 끌어안고 있는 아버지의 모습이 나옵니다. 그런데 자세히 보면 아들을 안고 있는 아버지의 손이 한 손은 남자의 손이고, 한 손은 여인의 손입니다.

8. 하느님이 남성일까, 여성일까 하는 의문들을 어린 시절에 가진 적이 있었습니다.
그 그림을 보면 하느님은 남성의 엄격함과 여성의 자애로움을 함께 가진 것으로 이해할 수 있습니다. 즉 정의의 하느님임과 동시에 자비의 하느님이신 것입니다.

9. 오늘 제1독서에서도 하느님은 이스라엘의 불충함을 용서하지 못하는 엄격하고 정의로운 하느님의 모습도 나오고, 모세의 간청에 못 이겨 모든 것을 용서하시는 자비로우신 모습도 나옵니다.

10. 오늘 복음에서 그 아들은 정의의 입장에서는 도저히 용서받을 수 없는 아들이었습니다.

11. 아버지의 재산을 강요에 의해 탈취했다고 할 수 있을 것입니다. 아버지의 마음 때문에 그 아들의 생각을 이길 수 없었습니다. 아버지는 할 수 없이 작은아들의 몫을 나누어 줄 수밖에 없었습니다. 얼마나 속이 상했을까요? 얼마나 안타까웠을까요? 얼마나 화가 났을까요?

12. 아마 아버지는 밤새 잠을 이룰 수 없었을 것입니다. 잘못된 길을 가고자 하는 아들의 마음을 돌릴 수 없었기 때문입니다. 타일러도 안 되고, 설득해도 안 되고, 화를 내도 안 되는 상황이었을 것입

니다. 아마 우리 같으면 '호적 파!'라는 이야기가 절로 나왔을 것입니다.

13. 아들이 떠나는 날 아침, 아마 아버지는 몸져누웠을 것입니다. 못된 놈, 이렇게까지 아버지의 마음을 후벼 놓을 수 있을까? 그러면서도 잘못된 길을 떠나는 아들을 막지 못하는 자신의 무능을 절절히 느꼈을 것입니다.

14. 한편으로는 '못된 놈'이라는 한없는 분노를, 한편으로는 '저리 보내면 안 되는데' 하는 애절함을 동시에 느꼈을 것입니다.

15. 어찌 낳고, 어찌 기른 아들인데. 온갖 정성과 사랑을 다해 키웠는데 속도 몰라주고 떠나고자 아들 앞에서 아버지는 그저 속절없이 눈물만 흘렸을 것입니다.

16. 아들이 떠난 공간은 의외로 그 자리가 컸습니다. 아무리 큰아들이 아버지의 마음을 위로해 주고, 식구들이 걱정해 주어도 아버지 마음의 빈 공간을 채울 수는 없었습니다. 가슴 가득한 분노도 어느새 없어져 버리고, 마음 깊이 작은아들을 향한 연민의 마음이, 가슴이 메어지고 아파 오는 마음이 가득할 수밖에 없었습니다. '부모의 가슴에 이리 못을 박고 떠날 줄 알았다면 좀 더 잘해 줄걸.' 하는 후회로 가슴이 아려 왔을 것입니다.

17. 큰아들은 아버지의 그러한 수심 깊은 모습을 도저히 이해할 수 없었습니다. 자기 몫을 챙겨 갖고 갔으면 그만이지, 왜 저리도 우울해하시고 그리워하시는지 도저히 이해할 수 없었을 것입니다. 그만

하시라 하면 "너는 내 심정을 모른다." 하시는 아버지의 말씀이 더 이해되지 않았을 것입니다.

18. 아버지에게는 그 후 이상한 습관이 생기셨습니다. 매일 저녁마다 동네 어귀에 나가 큰 은행나무에 노란 손수건을 하나씩 매달고 오시는 것이었습니다. 비가 오나, 눈이 오나 매일 저녁 노란 손수건을 하나씩 들고 나가셨습니다.

19. 도시에 도착한 작은아들은 그야말로 자기 세상이었습니다. 물 만난 고기처럼 인생이 그렇게 즐거울 수 없었습니다. 휘황찬란한 도시의 불빛 속에서는 돈이면 다 됐습니다. 만나는 사람마다 돈 앞에서는 한없이 약해지는 것이었습니다. 모두 자기 수족이었고, 때로는 노예로 자처하는 사람도 있었습니다.
세상을 다 얻은 것 같았습니다. 말만 하면 모든 것이 다 이루어졌고, 하고 싶은 모든 것을 다 할 수 있었습니다.

20. 아버지는 날이 갈수록 더 늙어 가셨습니다. 세상의 재미를 다 잃어버린 사람처럼 항상 우울하고, 마음은 항상 먹먹하였습니다. 왠지 모를 아픔이 밤새 가슴을 짓눌렀습니다. 웬만한 장정 두세 명 몫을 하던 아버지였지만 일손을 놓으신 지도 오래되었습니다.

21. 아버지는 말씀은 안 하셔도 작은아들이 어찌 살고 있는지, 모든 것을 다 알고 있는 눈치셨습니다. 해질녘마다 마을 어귀에 나가 그저 멍하니 먼 하늘을 바라보는 시간이 길어져만 갔습니다. 무슨 기도를 그리 열심히 하시는지 밤새 아버지의 방에는 불이 꺼지지 않

았습니다.

22. 흥청망청 살던 작은아들에게 근심이 생기기 시작하였습니다. 아무리 써도 마를 것 같지 않던 돈이 점차 바닥을 드러내는 것이었습니다. 그래도 자신이 있었습니다. '내가 베푼 게 얼만데 그 인간들이 배신할 리는 절대 없어. 나에게 수족을 바쳐 충성하는 놈들인데, 내가 해 준 게 얼만데……' 하는 생각들이었습니다.

23. 어느 날 작은아들은 큰 충격을 받게 됩니다. 믿고 의지했던 심복이 자신의 남은 돈을 갖고 종적을 감춘 것입니다. '그럴 리가 없는데, 그럴 사람이 아닌데' 하고 아무리 자신의 마음을 달래 보지만 현실은 현실이었습니다.

24. 갑자기 나락으로 떨어진 자신의 삶을 보게 된 아들은 그동안 자신이 돌봐 주었다고 생각되는 사람들을 찾아보게 되었습니다.
다시 한 번 큰 충격을 받게 되었습니다. 만나는 사람마다 예외 없이 자기를 모른 척하는 것이었습니다. 어떤 사람은 말로는 위로해 주는데 온갖 핑계를 대면서 현실적인 도움을 주지 않았습니다.

25. '이제 어찌해야 하나?' 갑자기 세상이 바뀌고 있었습니다. 시골 촌놈이 도시에 와서 모든 것을 다 가진 양 행세할 때도 세상이 바뀌었는데, 이제 세상이 거꾸로 바뀌고 있었습니다. 날개 잃은 새처럼 한없는 추락이었습니다. 추락의 속도는 정신을 차릴 수 없을 만큼 가혹했습니다. 호화로운 저택에서도 쫓겨나고, 주머니에는 동전만 짤랑거릴 뿐 당장 의식주가 해결되지 않는 비참한 상황으로 떨어지

는 데는 긴 시간이 필요하지 않았습니다.

26. 마음속에 분노가 가득 찼습니다. 어찌 나를 이토록 배신할 수 있는가? 원망과 한탄을 해 보지만 현실은 냉혹했습니다. 모든 사람이 비웃으며 돌아섰고, 태양도 찬란하지 않고 우울했으며, 몸에 부딪치는 바람은 왜 그리 차가운지요?
한 번도 굶어 본 적이 없는데 한 끼, 두 끼 먹을 것, 잘 곳이 해결되지 않다 보니 마음도, 영혼도 무너지는 소리가 들렸습니다.

27. '일단 살아야겠다. 자존심이 밥 먹여 주냐?' 배고픔 앞에서는 자존심도 아무 의미가 없었습니다. 그는 철저히 무너지고 있었습니다. 호화로운 생활을 하다 보니 그에게는 일할 수 있는 체력도 없었고, 정신도 해이해질 대로 해이해져 있었습니다.

28. 그를 불쌍히 여긴 한 사람이 돼지농장에 일할 곳을 마련해 주었지만 그런 정신과 체력으로는 도저히 버틸 수가 없었습니다. 사람들의 조롱을 뒤로한 채 그는 물러날 수밖에 없었습니다. 그는 이제 더 이상 갈 데가 없었습니다. 몸도 마음도 그를 받아주는 곳은 단 한 곳도 없었습니다. 언제 길거리에서 자 봤던가요? 그는 길거리에서 잘 수밖에 없었고, 먹을 것을 찾아 쓰레기통을 뒤져야 했습니다. 남들이 버린 누더기를 걸칠 수밖에 없었습니다.

29. 모든 것이 무너져 내린 그는 해 지는 어름에 우두커니 앉아 있습니다.

30. 그 시간에 아버지도 아들을 생각하며 앉아 있었습니다. 오늘따

라 왜 이리 마음이 무거운지, 아버지는 그저 한없이 눈물만 흘리고 있었습니다. 아버지는 속으로 절규합니다. "아들아, 아들아, 사랑하는 아들아! 이제라도 돌아와 다오. 내가 기다리고 있단다."

31. 아들은 멍하니 지는 해를 바라보고 있다가 문득 멀리서 들려오는 듯한 아버지의 목소리를 들었습니다. "아버지!" 아들은 애절한 목소리로 아버지를 나지막하게 불렀습니다. 순간 아들은 마치 번개를 맞은 것처럼 전율을 느꼈습니다.

32. '내가 정말 하늘과 아버지께 죄를 지었구나. 엄청나게 큰 죄를 지었구나.' 눈물이 쏟아져 내리기 시작합니다. 사람 몸에 그토록 많은 눈물이 있을 수 있나 싶은 정도로 눈물이 폭포수처럼 쏟아지기 시작했습니다.

33. 아들은 온몸으로 울었습니다. 밤새도록 아버지를 외치며, 울부짖으며 울었습니다. "아버지 제가 잘못했습니다. 저는 아버지의 아들 자격도 없는 하찮은 놈입니다. 제발 저를 용서하지 마세요."

34. 아침의 여명이 밝아 오고 있었습니다. 아들은 너무 지쳤습니다. 몸도, 마음도, 영혼도 힘이 하나도 없었습니다. 그런데 희한하게도 마음 한구석이 밝아지며 평화로워지고 있었습니다. 용서에 대한 희망도 어렴풋하게 아침 햇살마냥 생겨나고 있었습니다.

35. 아들은 몸을 일으켜 자신도 모르는 사이에 고향을 향해 걷고 있었습니다.

36. 아들에게는 두려움이 있었습니다. 과연 아버지께서 나를 용서하실까? 나를 받아 주실까? 나를 조롱하며 내치지 않을까? 그러나 아들은 그 두려움 속에서도 발길은 고향을 향해 가고 있었습니다. 마음속에 생긴 작은 희망을 지팡이 삼아 걷고 있었습니다.

37. 해거름에 저 멀리 고향 마을이 보이기 시작했습니다. 그런데 이상하게도 고향 마을이 노란색으로 물들어 있는 것이었습니다. '어, 왜 마을이 노랗게 보이지?' 호기심과 궁금함으로 발길을 재촉하였습니다.

38. 가까이 가 보니 그 노란빛은 저녁 햇살에 빛나는 노란 은행나무에 걸린 수만 개의 손수건이 흩날리는 모습이었습니다. 그 모습은 아들이 여태까지 한 번도 보지 못한 가장 아름다운 모습이었습니다. 노란 손수건은 노란 은행나무 잎들과 함께 흩날리며 아름다운 장관을 연출하고 있었습니다.

39. '누구지? 누가 이 은행나무에 이토록 많은 손수건을 걸어 둔 거지?' 이런 생각이 드는 순간 아들의 눈에는 수척해질 대로 수척해진 한 노인의 모습이 들어왔습니다. 그는 다시 한 번 번개를 맞은 듯했습니다. 아버지였습니다.

40. 아들은 기어 들어가는 목소리로 "아버지!" 하고 불렀다. 아버지의 눈에 한가득 눈물이 고여 흐르고 있었습니다. "아들아!" 한마디뿐이었습니다. 그저 한가슴에 아들을 이미 안고 있었습니다. 아버지의 가슴은 이미 다 타들어 간 재와 같이 작고 보잘것없었습니다.

아버지의 품에 안긴 아들은 숨을 쉴 수가 없었습니다. 그저 이대로 죽고 싶었습니다. 그러나 그 타 버린 아버지의 가슴은 한 번도 느껴 보지 못한 따뜻함과 평온함이 있었습니다.

41. 얼마나 울었던가요? 아들도, 아버지도 아무 말이 없었습니다. 그들에게는 이미 언어란 의미가 없었습니다. 가슴과 가슴이 맞대어 있는데 그동안의 아들의 세월이, 아버지의 세월이 눈 녹듯 녹아내리고 있었습니다.

42. 아버지에게 언제 그런 힘이 있었나 싶을 정도로 아버지는 아들을 들쳐 업었습니다. 아들은 내려놓으시라고 소리쳤지만 아버지는 아랑곳하지 않고 아기를 업은 어머니처럼 한동안 행복하게 아들을 업고 걸었습니다.

43. 어린 시절에는 그토록 엄격하고 정의로운 아버지, 그래서 때로는 무섭게도 느껴지던 아버지셨는데 지금 아버지의 모습은 따스한 어머니의 모습입니다.

44. 집에 도착하자 아버지는 예전의 그 활기차고 행복해하시던 아버지의 모습이었습니다. 하인들에게 버럭 소리를 지르십니다. 누구보다도 기쁘고 행복한 목소리로 말씀하십니다. 어서 좋은 옷을 입혀라, 손에 반지를 끼워라, 발에 신발을 신겨 주어라, 그리고 얼른 살진 송아지를 잡아라, 자, 먹고 즐기자, 죽었던 내 아들이 살아 돌아오지 않았느냐, 어서 풍악을 울려라, 잔치를 벌여라.

45. 우울하기만 하던 집안 분위기가 갑자기 행복의 분위기로 바뀌

었습니다. 아버지가 기뻐하니 모든 식솔들이 기뻐하였습니다. 모두가 아버지의 마음을 알고 있었기에 진심으로 기뻐하고 행복해하며 잔치를 즐겼습니다.

46. 작은아들은 어쩔 줄 몰랐습니다. 엄격하신 아버지가 자기를 내칠 줄 알았는데 이게 무슨 일인가, 눈앞에서 벌어지는 일들을 이해하기 힘들었습니다.

47. 아버지는 작은아들이 나간 뒤 모든 일을 큰아들에게 맡겨 두고 있었습니다.
큰아들은 그야말로 아버지의 마음에 들기 위해 모든 일에 최선을 다하였습니다. 한편으로는 '이제 아버지께서 돌아가시면 그 모든 재산은 다 내 것이야.' 하는 속셈도 있었습니다.

48. 작은아들이 돌아왔다는 말에 큰아들은 화를 벌컥 냅니다. "가산을 들어먹은 저놈에게 왜 이리 잘해 주십니까? 저놈은 창녀들과 놀아나느라고 그 많은 아버지 재산을 다 탕진한 놈이 아닙니까?"

49. 사실 큰아들은 항상 자기 동생을 미워하고 있었습니다. 동생이 태어나자 이상하게 아버지는 늘 동생에게 더 큰 사랑을 주었고, 자기는 늘 찬밥이라고 느끼고 있었기 때문입니다. 형은 동생이 왜 아버지에게 자기보다 더 큰 사랑을 받는지 이해할 수 없었습니다. 사실 그의 동생에 대한 미움은 자신의 마음 깊은 곳에 있는 상처의 표현이기도 했습니다.

50. 동생이 집을 나갔을 때 형은 마음속으로 쾌재를 불렀습니다.

'옳지, 잘됐다. 이제 아버지의 재산은 모두 나의 것이다. 눈꼴시더라도 아버지에게 잘해야지. 언젠가 이 큰 재산이 다 내 것이 될 테니 말이야.'

51. 그런 마음을 갖고 있던 형에게 동생의 귀환은 그리 반가운 것만은 아니었습니다. 아버지가 형의 마음을 읽고 말합니다. "애야, 내 것은 다 네 것이 아니냐. 그러니 기뻐해 다오."

52. 너무 길었죠? 오늘 복음의 핵심은 '하느님의 자비는 정의를 이긴다.'입니다. 우리의 삶에 있어서도 옳고 그름을 가리는 시비의 정신도 필요하지만 자비지심이 없으면 정의라 할지라도 의미가 없음을 깊이 새겨 보아야 하겠습니다.

53. 하느님께서 자비하시니 우리가 살 수 있는 것입니다. 만일 하느님께서 우리의 삶에 옳고 그름을 따지는 정의의 원칙을 내세운다면 우리 중 그 누구라도 견딜 수 없을 것입니다. 하느님의 자비가 있기에 우리가 살 수 있는 것입니다. 우리도 하느님의 자비를 본받아 보다 더 자비로운 사람이 되도록 기도하고 노력합시다. 아멘.

한국 순교자 대축일(2013. 9. 22.)
"하느님께서 영원한 분이시니 그분 안에서 살면,
그분의 뜻과 능력 안에서 살면 우리는 영원한 삶을
이미 살게 되는 것입니다."

1. 명절을 잘 보내셨는지요? 고향 가고 오는 길에 고생은 안 하셨는지요? 가족 친지들과 즐겁고 행복한 명절을 보내셨는지요?

2. 명절증후군이 있기 마련입니다. 연휴가 길어 정상적인 삶으로 복귀하는 데에 다 나름대로의 어려움이 있을 수 있습니다. 이제 다시 전쟁터와 같은 일상으로 복귀해야 합니다. 마음을 새롭게 하고, 정신무장을 새롭게 해야 할 것입니다.

3. 오늘은 한국 순교자들의 대축일입니다.

4. 생각해 보면 순교자들은 어떻게 순교할 수 있었을까요? 자못 의아해집니다. 가문이 초토화되고, 모든 재물을 빼앗기고, 가족들은 생이별을 해야 하고, 급기야 목숨마저 내놓는 고통을 감수해야 합니다.

5. 오늘날 우리에게 순교의 상황이 닥친다면 '나의 태도는 어떠할까?' 질문을 던져 보고 싶습니다.

6. 그들은 도대체 무슨 힘으로 순교할 수 있었을까요?

7. 물론 모든 천주교인들이 다 순교한 것은 아닙니다. 때로는 밀고자도 있었고, 배교자도 있었습니다.

8. 자신이 믿는 신앙을 위해 모든 것을 내던진 그들의 모습 앞에 오늘날의 우리 신앙인들은 나름대로 부끄러움을 가져야 하지 않을까 생각해 봅니다.

9. 그들은 제대로 된 성서도 갖지 못하고, 체계적인 교리와 영성 교육도 받지 못하였습니다. 또한 미사도 몰래 지내야 했고, 고백성사도 그러했습니다. 사제도 잘 볼 수 없었으며, 기도 생활도 숨어서 해야 했습니다.

10. 오늘날 우리는 '미사를 본다, 고백성사를 본다'는 표현을 씁니다. 사실 어법에 맞지 않는 말입니다. 미사는 보는 것이 아니라 참여하는 것이기 때문입니다. 이 '본다'라는 말은 사실 순교자들의 은어였습니다. 천주교인이라는 사실을 항상 숨겨야 했기에 신자들끼리 만나면 '자네 일 봤나?' 하고 물어보는데 이는 '자네 미사나 고백성사를 했나?'라는 뜻이었다고 합니다.
그런 내력이 아직까지 우리 안에서 그대로 이어져 '미사를 보다, 고백성사를 보다'라는 표현을 하고 있는 것입니다.

11. 또한 오늘날 천주교인들은 자신의 신앙을 드러내는 것을 꺼리는 경우가 많습니다. 천주교인이면서 모범적으로 살지 못한다는 자책감도 있는 것이지만 그 옛날 자신의 신앙을 숨겨야만 했던 그 내력들이 오늘날까지 이어지고 있는 것이 아닌가 합니다.

12. 그 어려운 여건 속에서도 그들은 참으로 의연하고 모범적으로 신앙생활을 했습니다. 매일매일의 기도 생활은 물론, 덕을 쌓는 수계 생활, 어려운 이웃을 도와주는 나눔의 생활, 함께하는 공동체의 생활을 열심히 하던 그들이었습니다.

13. 그들에게 있어 하느님은 임금보다 앞서는 개념이었고, 참으로 주님이었습니다. 그들은 참으로 믿었습니다. 하느님이 나의 시작이요, 마침임을 의심 없이 받아들이고 믿었던 것입니다.

14. 순교란 어느 한순간에 갑자기 이루어지는 것이 아닙니다. 평소 신앙생활의 결과인 것입니다. 물론 하느님의 크신 은총이 있어야 가능한 것이지만, 그 하느님의 은총은 평소의 삶의 자세, 신앙의 자세에 따라 주어지는 것입니다. 즉 그들은 순교를 할 수 있는 평소의 신앙 자세를 유지했던 것입니다.

15. 즉 순교란 평소 어떻게 살았는가에 대한 대답인 것입니다. 평소에 진실되이 신앙 안에서 살았기에 그 어려운 순교의 은총을 입을 수 있었던 것입니다.

16. 순교는 인간의 힘을 뛰어넘는 일입니다. 인간의 능력으로는 그 고통을 감내할 길이 없는 것입니다. 그것은 참으로 하느님의 크신 은총이 아닐 수 없습니다. 신앙인으로서 올바른 삶을 살아온 사람만이 받을 수 있는 은총인 것입니다.

17. 김대건 신부님의 삶을 보면서 우리는 하느님의 뜻에 대해 다시 한 번 생각해 보게 됩니다.

18. 13세의 어린 나이에 신학생으로 발탁되어 12년이 넘는 그 험난한 유학 생활, 조선의 국경을 넘어 중국, 마카오, 필리핀에 이르기까지 김대건 신부님의 그 젊은 시절의 환난과 고난의 시간들이 얼마나 극심했을까요?

19. 얼마나 죽을 고비를 넘겼을까요? 라틴어, 불어, 철학, 신학을 배우고 익히기 위해 얼마나 힘들었을까요? 쉽게 상상해 볼 수 있습니다.

20. 그 죽을 고생을 하면서 이뤄 낸 사제의 꿈, 김대건 신부님은 사제가 된 지 불과 1년 만에 순교를 하시게 됩니다. 김대건 신부님은 1846년 9월 16일 새남터에서 '군문효수형'을 받고 25세 나이로 순교했습니다.

21. 얼마나 명석했는지 신부님을 조사하던 관리마저 이 똑똑한 젊은이가 희생되는 것에 대해 참으로 마음 아파했다고 합니다.

22. 한국 교회 최초의 신부님, 죽을 고생을 하면서 사제가 되었고, 사제가 절실히 필요한 조선 교회임에도 불구하고 불과 1년 만에 형장의 이슬로 사라진 이 이해되지 않는 현실을 보면서 '도대체 하느님의 뜻은 무엇인가?' 묻지 않을 수 없습니다.

23. 오늘 제1독서의 말씀에서 하느님의 뜻을 조금이나마 감지하게 됩니다.
"그분께서는 용광로의 금처럼 그들을 시험하고, 번제물처럼 그들을 받아들이셨다. 그분께서 찾아오실 때 그들은 빛을 내고, 그루터기만 남은 밭에서 그들은 불꽃처럼 번져 나갈 것이다."

24. 즉 김대건 신부님의 순교는 인간적인 생각으로 보면 참으로 어이없는 일이지만 하느님의 섭리와 계획 안에서는 그 어떤 업적보다도 큰 일인 것입니다. 죽은 것만 같은 그루터기에서 새순이 돋고, 잎이 나고, 열매가 맺히는 것입니다. 그 열매가 불꽃처럼 사방으로 번져 나가는 것입니다.

25. 하느님께서는 김대건 신부님의 순교를 통해 수많은 신앙의 씨앗을 심고 계신 것입니다. 인간의 눈으로 보면 죽음과 같은 허망함과 절망감이지만 하느님의 역사 안에서는 희망과 부활의 메시지인 것입니다.

26. 하느님의 이와 같은 특별한 예는 정하상 바오로 성인의 삶에서도 잘 드러납니다.
김대건 신부님이 순교하시기 전, 1839년 기해박해 때 정하상 바오로 성인이 순교합니다. 정하상 성인은 당시 암흑기인 조선 교회를 살리기 위해 백방으로 노력합니다. 조선 교회를 살리는 길은 성직자 영입이라고 생각한 성인은 9차례나 중국을 오가면서 신부님 네 분을 모시게 됩니다. 결국 밀고자의 고발로 성인은 45세의 나이로 순교하게 됩니다.

27. 정하상 성인은 평신도를 대표하는 성인이라고 할 수 있습니다. 그의 교회와 사제를 사랑하는 열정은 한국 교회사에서 참으로 으뜸이라 할 수 있습니다.

28. 그는 자신의 모든 삶을 통해 교회를 재건하기 위해 모든 노력을 다했습니다.

29. 한창 일할 나이 45세에 그 역시 순교의 영광을 받게 됩니다. '하느님은 왜 그리 하셨을까요?'라는 질문을 똑같이 던져 보게 됩니다.

30. 역시 같은 대답입니다. 뿌려진 씨앗인 것입니다. 오늘날 우리들의 신앙은 이처럼 훌륭한 사제, 평신도에 이어 오늘날 우리에게 면면히 이어지고 있는 것입니다.

31. 씨앗은 죽어야만 생명을 키울 수 있는 것입니다. 씨앗이 죽지 않으면 결코 뿌리를 내릴 수도 없고, 잎을 낼 수도 없고, 열매를 거둘 수도 없는 것입니다.

32. 생명이란 죽음을 통해 이루어지는 것입니다. 부모들도 마찬가지 아닌가요? 자신의 희생과 노고를 통해 아이들의 생명이 자라날 수 있는 것입니다. 부모가 자신의 삶만 강조한다면 아이들은 결코 생명을 키워 나갈 수 없습니다. 죽음과 같은 희생이 있어야만 생명이 가능한 것입니다. 우리는 그것을 사랑이라고 부릅니다. 사랑은 생명을 키우는 죽음인 것입니다.

33. 오늘 복음에서도 말씀하십니다.
"정녕 자기 목숨을 구하려는 사람은 목숨을 잃을 것이고, 나 때문에 자기 목숨을 잃는 그 사람은 목숨을 구할 것이다."
즉 하느님 때문에 사는 사람은 진정한 생명을 얻을 수 있는 것입니다.

34. 우리는 어떤 삶을 살 것인가요? 죽음과 같은 삶의 모습인가요, 살아 있는 생명의 삶의 모습인가요?

35. '왜 사는가?'가 중요한 것입니다. 나 때문에 사는 것이 아니고, 하느님 때문에 살아야 하는 것입니다. 내가 중심인 삶은 죽음이요, 하느님이 중심인 삶은 부활이요, 생명인 것입니다.

36. 순교자들은 비참하게 죽었지만 우리 신앙 안에서 우리의 삶 속에 살고 있는 것입니다. 그들의 죽음은 참으로 생명을 살리는 사랑이었던 것입니다.

37. 그들은 영원히 살고 있는 것입니다.

38. 영원히 살고 싶은가요, 아니면 자신의 죽음으로 모든 것이 끝나 버리는 삶을 살고 싶은가요?

39. 신앙인인 우리는 영원한 삶을 살아야 할 것입니다. 하느님께서 영원한 분이시니 그분 안에서 살면, 그분의 뜻과 능력 안에서 살면 우리는 영원한 삶을 이미 살게 되는 것입니다. 아멘.

1. 결실의 계절 가을입니다. 자연은 이 결실을 위해 자신의 모든 것을 바칩니다. 뿌리에서 땅 밑의 수분을 끌어올리고, 잎에서는 태양이 좋을 때 부지런히 광합성 작용을 하고, 꽃은 또 다른 번식을 위해 자신의 아름다움을 뽐냅니다.

2. 이제 결실이 맺어지면 그동안 결실을 간절히 바라던 모든 것은 그 활동을 멈추고 긴 휴식기로 들어갑니다. 무성했던 잎들은 죽음의 색깔인 단풍의 모습으로 변하고 잎들을 떨구어 냅니다. 긴 겨울 모진 바람을 피하기 위해서이고, 눈이 쌓이면 가지가 부러질까 염려되기 때문입니다.

3. 우리는 어떤 결실을 맺고 있습니까? 주님께서는 열매를 맺지 못하는 가지는 다 쳐 내신다는 무서운 말씀을 하고 계시는데, 아직도 나에게는 세월이 많이 남아 있고 기회가 많이 남아 있다는 생각으로 열매를 맺기 위한 절절한 노력을 게을리하고 있는 것은 아닐까 생각해 보아야 하겠습니다.

4. 어떤 열매를 맺어야 할까요? 오늘 복음에 비추어 질문을 던져 봅니다.

5. 오늘 복음에서는 부자와 거지 라자로의 이야기가 나옵니다.

6. 그냥 무심코 읽으면 부자는 모진 고통을 받는 지옥으로 가고, 거지는 안락한 천국으로 가는 것으로 보입니다.

7. 왜 부자는 모진 고통을 받는 지옥으로 갔을까요? 모든 부자는 다 지옥으로 가는 것일까요? 왜 가난한 거지는 천국으로 갔을까요? 모든 가난한 자는 다 천국으로 가는 것일까요?

8. 오늘 복음에서 부자와 라자로가 살아온 모습을 잠시 보겠습니다. "그는 자주색 옷과 고운 아마포 옷을 입고 날마다 즐겁고 호화롭게 살았다."
부자는 멋진 옷을 입고, 훌륭한 저택에서 매일 잔치를 벌이며, 즐거운 일을 찾으며 살았다는 것입니다. 그는 가진 것이 많았기에 많은 종을 부릴 수 있었고, 언제나 먹을 것, 입을 것 걱정 없이 살아온 것입니다. 그는 고민과 걱정을 할 필요도 없었고, 그저 즐기며 살았던 것입니다. 그의 재산이 어찌 형성되었는지는 알 길이 없지만 그는 그 충분한 재산 속에서 나름대로 기쁘고 행복하게 살았던 것입니다.

9. 그의 집 문간에는 라자로라는 거지가 있었습니다. 그는 부자의 식탁에서 떨어지는 것으로 배를 채우기를 간절히 바랐으며, 그에게는 악취가 나는 오래된 종기가 있었는데 개들까지도 그를 무시하며 종기투성이의 라자로를 괴롭혔습니다. 라자로는 항상 배가 고팠으며, 그의 온몸의 종기는 끊임없이 그를 괴롭혔습니다.

10. 부자는 라자로를 보며 무슨 생각을 했을까요?

"에이, 저 버러지 같은 인간, 쓸모없는 인간, 냄새나는 더러운 인간
같으니, 재수 없다. 왜 항상 내 집 문 앞에 저리 쭈그리고 앉아 있는
지……."

그러나 그는 자신이 자비로운 사람인 양 행세하기 위해서라도 그를
쫓아내지는 못하였던 모양입니다. 그는 체면 때문에 라자로를 쫓아
내지는 못하여도 항상 그를 불편하게 생각하였습니다. 또한 자신과
는 비교도 되지 않는 천한 것으로, 어떤 면에서는 인간으로 생각하
지도 않았을 것입니다.

11. 오늘날 우리는 자본주의 세상에 살고 있습니다. 이젠 과거의 양
반과 상놈 개념은 사라졌고, 오로지 돈만 있으면 양반도 되고, 멋진
인간도 되고, 남들이 존경하는 인간도 됩니다. 그 돈으로 권력을 쟁
취하기도 합니다. 권력은 또 다른 돈을 벌어들이고, 그는 마치 돈으
로 영원히 행복하게 살 것처럼 생각합니다.

그에게는 삶의 목표가 오로지 돈일 뿐입니다. 돈을 위해서는 못 할
짓이 없습니다. 아무리 나쁜 짓이라도 돈으로는 모든 것이 해결되
기 때문입니다. 그의 돈 욕심은 한도 끝도 없습니다. 돈을 모으는 쾌
감은 이루 말할 수 없이 달콤합니다. 돈이라면 불가능한 일은 없습
니다. 그는 삶에 대해 고민할 필요도 없고, 가족이라 하더라도, 친지
라 하더라도 자신의 돈 욕심에 방해가 되면 가차 없이 쳐 버리기도
합니다.

때로 그저 적당히 기부하면서 자신의 가치를 높여 나가고, 그것으
로 자신은 인격적으로 훌륭한 사람이라 치부하며 살아갑니다. 모

든 사람이 자기 앞에서 머리를 조아리니 그처럼 뿌듯할 수가 없습니다.

12. 반면에 우리 주위에는 참으로 가난한 사람들이 많습니다. 부모가 재산이 없어 자식을 교육시키지 못하고, 자식도 똑똑하지 못하고, 사회적으로 성공할 수 있는 연줄도 없고, 그저 나름대로 성실과 진실로 살고자 하나 이 사회는 그런 사람을 받아 줄 공간이 없습니다. 한번 경쟁에서 뒤처지면 끝입니다.

학생 때부터 문제아로 지목되고, 혹시 마음의 분노라도 표출하면 부모까지 곤욕을 치러야 하고, 마음에 성장과정의 상처가 있으니 자신의 마음을 잘 다스리지도 못하고, 학교 끈이 짧으니 제대로 된 직장 취업도 어렵고, 마련해 둔 돈도 없으니 시집, 장가갈 꿈도 꾸지 못하고, 가난할수록 사고도 더 많이 생기고, 몸도 아프고, 사회에서 더 억울한 일을 당하기도 하고, 무엇보다 쓸모없는 인간이라는 주위의 시선이 따갑고, 마음도 몸도 영혼도 무너져 가는 사람이 참으로 많습니다.

13. 가난한 사람이 행복하다고 아무리 예수님과 교회에서 외쳐 보아도 그런 이야기는 그저 구름 잡는 이야기일 뿐이라고, 나에게는 신앙도 의미가 없고, 인생의 가치도, 내면의 진실함도 그저 공염불일 뿐이라고 느끼는 사람들이 많습니다.

14. 이 험악한 사회를 어찌해야 할까요? 역대 대통령들도 수없이 외쳐 왔지만 사회는 점점 더 험악해져 가고 있습니다.

15. 왜 부자는 극심한 지옥의 고통을 맛보고 있는 것일까요? 단지 부자라는 이유 때문만은 아닙니다. 그의 마음이 문제입니다. 참으로 나누지 못하고 자신의 욕심과 집착에 매여 사는 부자가 어리석은 삶을 사는 것이고, 그리 산 대가를 치러야 한다는 것입니다. 부자라는 사실 때문에 그리 된 것이 아니고, 부자라 하더라도, 가난한 사람이라 하더라도 욕심과 탐욕으로 살아서는 안 된다고 가르치고 있는 것입니다.

16. 사실 우리 사회가 험악하다 하지만 가만히 들여다보면 훌륭한 부자도 많이 있습니다. 자수성가하고, 자신의 마음을 인생의 수련을 통해 단련시키고, 나름대로 인생의 진리를 깨닫고, 자신이 가진 것을 기꺼이 나누는 훌륭한 부자도 많습니다. 그들은 어떤 면에서는 더 따뜻한 마음을 갖고 있고, 함께 살려 하며, 더 나누고자 합니다. 그들은 참으로 인생의 축복을 받은 사람들입니다. 물질적인 축복과 함께 내적인 마음의 축복을 받은 사람들이니 말입니다.

17. 왜 가난한 라자로는 죽어서 복을 받는 걸까요? 그가 가난했기 때문입니까? 그것은 아닙니다. 가난 그 자체는 극복되어야 할 이 사회의 구조적인 부조리일 뿐입니다. 가난 자체가 결코 축복이 될 수는 없는 것이죠.

18. 아마도 나자로는 그 험한 처지에서도 항상 감사하는 마음을 잃지 않았을 것입니다. 그는 가난했지만 더 가지려는 욕심도, 탐욕도 없었습니다. 자신을 평생 괴롭히는 종기 때문에 그는 욕심을 부릴 여유도 없었을 것입니다. 그는 겸허히 자신의 처지를 받아들일 줄

알았고, 아무것도 없는 그였기에 오로지 하느님께 의지하는 겸허한 마음도 갖고 있었을 것입니다.

물론 불평과 불만의 마음을 가질 수도 있었지만 그에게는 그럴 만한 힘도, 능력도 남아 있지 않았을 것입니다. 그는 오히려 자신의 고통을 통해 내면의 눈을 떴을 것입니다. 인생을 깊이 있게 볼 수 있었을 것입니다. 하느님의 자비로우심을 오히려 더 많이 체험했을 것이고, 진정 감사하는 마음을 가졌을 것입니다.

19. 개신교에서는 물질적인 부는 하느님의 축복이라고 가르칩니다. 그러나 천주교에서는 그리 가르치지 않습니다. 물질적인 부와 물질적인 가난은 하느님의 은총도 아니고, 하느님의 저주도 아닙니다. 부와 가난은 이 세상이, 이 세상 속에 있는 인간들이 만들어 낸 것입니다.

하느님께서는 모든 이에게 사실 풍족한 자연의 선물을 주셨습니다. 우리가 자기에게 주어진 것에만 만족하고 살아갈 수 있다면 이 세상의 굶주림을, 가난을 이겨 나갈 수 있습니다. 이 세상에는 모든 인류가 먹고도 남을 음식이 존재하며, 모든 이가 살아갈 수 있는 자연의 재화가 이미 주어져 있습니다.

20. 문제는 가진 자가 더 가지려고 하는 욕심과 탐욕이며, 가난한 자도 그에 못지않은 욕심과 탐욕을 갖고 있다는 데에 있습니다.

21. 욕심과 탐욕을 꼭 부자들만 갖고 있는지 생각해 볼 필요가 있습니다. 사실 가만히 생각해 보면 가난한 자들도 부자 못지않은 욕심과 탐욕을 갖고 있음을 발견하게 됩니다. 즉 욕심과 탐욕이란 인간

의 문제이지 부자의 문제가 아니라는 것입니다. 지금 가난한 자도 어느 정도의 부와 위치를 갖게 되면 지금 부자보다도 더 기고만장할 수 있는 것입니다.

22. 즉 천국과 지옥은 부자와 가난한 자의 문제가 아닌, 내 마음의 문제입니다. 우리는 지옥을 극복해야 합니다. 무엇으로 극복할 것인가요? 하느님 사랑과 인간 사랑에 기초한 나눔의 마음으로 극복해야 합니다. 더 많이 가지려고 하는 것, 지옥의 모습입니다.

23. 아시는 이야기가 있죠. 어떤 사람이 천국에 갔더니 큰 식탁 위에 사람들이 죽 앉아 있고, 그 사람들 손에는 풀지 못하는 아주 긴 나무젓가락이 묶여 있었다고 합니다. 천국의 사람들은 서로 먹여 주더랍니다. 그들은 기쁘고 행복한 모습이었습니다. 지옥에 갔더니 똑같은 상황이었는데 그곳에서는 서로 자신들만 먹으려고 상대방을 치고 음식을 독차지하려고 했답니다. 지옥에서는 모든 사람이 바싹 말라 있었고, 그들의 눈에 증오와 살기가 가득하더랍니다.

24. 이 세상이 지옥이 되지 않기 위해서는 서로 먹여 줘야 하는 것입니다. 자기만 잘 먹고 잘 살려고 노력하는 것이 아니라 어떻게 하면 내 옆에 있는 사람을 먹여 줄 수 있을까 고민해야 하는 것입니다. 내가 먹여 줘야 나도 먹을 수 있다는 아주 단순한 진리를 깨달아야 하는 것입니다.

25. 물질과 정신은 서로 통하는 것입니다. 물질의 나눔은 정신을 풍요롭게 하며, 정신의 나눔은 물질의 나눔으로 이어지는 것입니다.

26. 예수님께서는 "가난한 사람은 행복하다."고 말씀하십니다. 가난이 왜 행복입니까? 가난하기에 하느님께 의지하는 사람이 될 수 있기에 행복하다는 것입니다. 가난하면서도 이 세상에 의지하면서 탐욕으로 살면 그는 행복한 사람이 아닌 비참한 사람인 것입니다. 물질의 축복도, 마음의 축복도 그에게는 없기 때문입니다.

예수님께서 말씀하시는 행복의 기준은 부와 가난에 있는 것이 아닙니다. 진정한 행복은 부자든, 가난한 사람이든 하느님과 함께 사는 사람에게 있다는 것입니다. 즉 행복의 기준은 하느님이지, 결코 이 세상의 물질이 아닙니다.

27. 오늘날의 사람들, 세상의 물질에만 의존해서 사는 사람은 부자든, 가난한 사람이든 불행한 사람이며, 이 세상을 살면서도 하느님께 의존해서 살아가는 사람은 부자든, 가난한 사람이든 상관없이 행복한 사람인 것입니다.

28. 부자가 지옥의 단말마의 고통을 겪는 것은 이 세상에서 하느님의 뜻 안에서 하느님과 함께 살지 못했기 때문이며, 가난한 나자로가 죽어서 하느님의 축복 속에 사는 것은 비록 그의 삶이 비참했지만 그의 삶 안에 살아 계신 하느님이 존재했기 때문입니다.

29. 내가 행복한 사람인지 스스로에게 물어야 하겠습니다. 하느님과 함께 살고 있는가가 행복의 척도라는 사실을 언제나 잊지 말아야 하겠습니다.

연중 제27주일(2013. 10. 6.)
"저희는 쓸모없는 종입니다.
해야 할 일을 하였을 뿐입니다."

1. 가을이 참으로 아름답습니다. 근래에 보기 힘든 가을의 아름다움이 우리 주변에서 펼쳐지고 있습니다. 하늘은 높고 푸르고, 공기는 맑고 쾌청하며, 시야는 탁 트여 있습니다. 먼 산도 손에 잡힐 듯이 아주 가까이 보입니다.

2. 어제 저녁에는 사제관 옥상에 있는 작은 정원에 올라가 그동안 잘 관리되지 않은 죽은 화초들, 나무들을 뽑아냈습니다. 저녁에 보는 야경 역시 참으로 아름다웠습니다. 한강이 다 보이지는 않고 성수대교 일부만 보이는데도 오색으로 빛나는 모습이 참으로 인상적이었습니다.

3. 다행히 태풍도 피해 간다고 합니다. 올해는 천만다행으로 태풍이 없었습니다. 오곡백과가 무르익어 가고, 과일도 풍성합니다. 지난여름의 그 모진 폭우와 더위를 잘 견뎌 낸 사람들에게 주는 보상인지도 모르겠습니다.

4. 얼마 전 우리나라 근대소설의 대표 작가인 최인호 선생님께서 하느님의 품에 안기셨습니다.

5. 100여 권이 넘는 작품을 남기신 그분은 3년 전 침샘암이라는 희귀병에 걸리셨습니다. 그즈음 지인들의 도움으로 세례를 받으시게 되었습니다.

6. 그 후 그분의 작품은 신앙의 눈으로 읽어야 이해가 되는 깊은 종교적인 색깔을 띠게 됩니다. 그분은 한 인터뷰에서 이렇게 고백합니다.

7. "나는 프로 작가다. 누군가의 청탁에 의해서 썼는데, 아프면서도 썼다. 나도 쓸 수 있으리라 생각 못 했다. 두 달 만에 1,200매를 썼다. 나는 소설을 내가 쓰는 줄 알았다. 그게 아니더라. 생명을 신이 주듯이, 거룩한 존재, 알 수 없는 존재에 의해 만들어진 것이다. 내가 소설을 쓰면서 주인공을 만들고 사랑하게 하고, 다 내가 하는 줄 알았는데, 그게 아니더라. 나는 받아쓴 것에 불과하더라."

8. 그분은 삶의 말년에 신앙을 받아들이고 자신의 삶을 부모를 통해, 지인들을 통해, 가족들을 통해 하느님께서 이끌어 주셨음을 담담하게 고백하고 있습니다. 자신의 작품 역시 하느님께서 주신 것이고, 이끌어 주신 것임을 고백하고 있습니다.

9. 최인호 선생은 마지막으로 정진석 추기경님께 병자성사를 받으시고는 사랑한다고 말하는 가족들에게 "me too"라고 응답하며 "이제 그분이 오셨다. 됐다. 떠나가도 되겠다."는 마지막 말을 남기고 숨을 거두셨다고 합니다.

10. 과연 신앙이 인간에게 어떤 의미를 갖고 있느냐는 질문을 던지

지 않을 수 없습니다. 사실 그분은 제대로 된 교리 교육도 받지 못하셨지만 하늘에 계신 하느님을 아빠, 아버지라고 부르며 온전히 의탁하는 참다운 신앙을 갖고 계셨습니다.

11. 오늘 복음에서 주님께서 이르십니다.
"너희가 겨자씨 한 알만 한 믿음이라도 있으면 이 돌무화과나무더러 뽑혀서 바다에 심겨라 하더라도 그것이 너희에게 복종할 것이다."

12. 돌무화과나무가 어떻게 바다에 심길 수 있을까? 그것은 과학적으로, 현실적으로 불가능한 일입니다. 예수님 말씀의 의미가 무엇일까요?

13. 하느님께는 불가능한 일이 없다는 것입니다. 우리가 하느님께 의지하면 우리의 생각으로는 불가능한 일까지 가능하다는 것입니다. 즉 우리의 힘으로가 아니라 하느님의 힘으로 가능해진다는 것입니다.

14. 신앙이란, 믿음이란 하느님의 힘이 우리의 삶에 존재하게끔 하는 것입니다. 내 힘으로 무화과나무가 바다에 심어지는 것이 아니라 하느님의 힘으로 바다에 심어지는 것입니다.

15. 3년 전인가요, 우리나라 여자 축구선수들이 17세 이하 여자 월드컵에서 우승했습니다.
어린아이들이 대담하게 경기를 하고, 첫 실수에도 아랑곳하지도 않고 마지막까지 전혀 흔들리지 않는 모습이 정신력만은 17세가 아니라 다 큰 어른 같은 모습이었습니다.

16. 감독은 마지막 승부차기 전에 선수들에게 "승부에 연연하지 말고 자신 있게 차라. 모든 책임은 내가 진다."고 했답니다.

17. 그리고 승부가 끝나고 나서는 이런 겸손함도 보였습니다.
"몸이 완전하지 않은 상황에서 결승까지 뛰어 준 선수들이 정말 고맙다. 다른 감독이었더라도 이 선수들과 함께했더라면 우승할 수 있었을 것이다."

18. 그는 선수들에게 축구를 즐길 것을 요구했고, 주장은 경기에 나가면서 "즐기자! 그리고 죽어서 나오자!"고 선수들을 격려했다고 합니다.

19. 역시 우승할 수밖에 없는 선수들과 감독입니다.
감독은 모든 책임은 자신이 질 테니까 마음껏 즐기라고 하고, 그 말에 선수들은 죽을 때까지 즐기자는 자세로 임했습니다.

20. 이런 감독도 부럽고, 선수들도 부럽습니다. 감독은 선수들에게, 선수들은 감독에게 우승의 영광을 돌렸습니다.

21. 즐기자, 그리고 죽어서 나오자고 한 어린 선수의 말이 바로 예수님의 도구가 되어 세상에 파견되는 우리 모두가 가져야 할 마음 자세입니다.

22. 예수님도 "최선을 다하고, 그래도 복음을 받아들이지 않는 고을이 있다면 그저 먼지나 털고 나오라"고 하십니다. 최선만 다한다면 책임은 당신이 지시겠다는 말씀입니다. 우리는 예수님처럼 또 그

감독처럼 그냥 즐기고 최선을 다하면 되는 것입니다. 모든 책임은 예수님께서 다 지시기 때문입니다.

23. 그때에 사도들이 주님께, "저희에게 믿음을 더하여 주십시오." 하고 말하였다. 그러자 주님께서 이르셨다.
"너희가 겨자씨 한 알만 한 믿음이라도 있으면 이 돌무화과나무더러 '뽑혀서 바다에 심겨라.' 하더라도 그것이 너희에게 복종할 것이다. 이와 같이 너희도 분부를 받은 대로 다 하고 나서 '저희는 쓸모없는 종입니다. 해야 할 일을 하였을 뿐입니다.' 하고 말하여라."

24. 오늘의 복음 말씀은 그 감독과 어린 선수들의 말처럼 들립니다. 예수님은 사도들에게 엄청난 하느님의 능력을 주시겠다고 하고, 제자들은 그 능력으로 자신을 내세우는 것이 아니라 겸손한 자세로 그저 해야 할 일을 했을 뿐입니다. 모든 영광은 하느님의 것입니다.

25. 이 세상은 온갖 배신이 난무하지만 우리가 믿는 예수님은 우리를 끝까지 책임져 주시는 의리 있는 주님이십니다.

26. 우리가 그분이 주시는 사랑과 믿음 안에서, 비록 우리의 삶이 어렵고 괴롭다 하더라도 주님을 믿고 우리에게 주어진 삶을 즐길 수 있다면 주님께서는 언제까지나 우리와 함께하시고 우리의 삶을 책임져 주시는 분입니다.

27. '사랑'이란 결국 '책임'이라는 말로 달리 표현할 수 있을 것입니다. 부부 사랑은 서로 배우자를 책임지는 데서 출발하는 것이지요. 나의 책임하에 배우자는 각자의 삶을 즐길 수 있는 여백을 발견합니다.

28. 자녀 사랑 역시 책임이지요.

아이가 태어나면 부모는 아이에 대해 무한 책임감을 느낀다고 합니다. 그때 비로소 철이 드는 것이기도 하지요. 부모의 책임하에 아이는 자신의 삶을 개척해 나가고, 발전시켜 가는 것이지요.

29. 사제의 신자 사랑 역시 책임입니다.

모든 영적인 문제에서 사제는 큰 책임감을 느낍니다.

'이 험난한 세상에서, 악의 유혹이 난무하는 세상에서 어떻게 하면 하느님 안에서, 하느님의 사랑과 평화 안에서 살 수 있도록 도와줄 수 있을까?'

교회와 사제의 사랑이 있기에 그래도 많은 신자들이 나름대로 하느님 안에서, 그 사랑과 평화 안에서 살아갈 수 있는 것입니다.

30. 책임을 진다는 것은 의지여야 합니다. 즉 사랑은 감정이 아닌 책임이고, 책임은 곧 의지인 것입니다.

실천하지 않으면 의지가 존재하지 않고, 의지가 없으면 책임 역시 불가능한 것이고, 책임이 없으면 사랑이 없는 것입니다.

31. 말로만의 사랑이 아닌, 참으로 당신의 온몸으로 우리를 책임져 주시는 주님의 모습을 볼 수 있어야 하겠습니다. 아니, 그 주님을 깨달을 수 있어야 하겠습니다.

32. 우리에게 영적인 막강한 권한을 주시는 예수님…… 그 하느님의 권능하에서 행복하게 모든 악의 세력을 이겨 나갈 수 있는 너무나 고마운 은총을 주시는 주님 안에서 우리의 삶을 죽을힘을 다해

즐길 수 있어야 하겠습니다.

33. 그리고 고백해야 하겠습니다.

"저희는 쓸모없는 종입니다. 해야 할 일을 하였을 뿐입니다."

연중 제28주일(2013. 10. 13.)

"일어나 가거라.
네 믿음이 너를 구원하였다."

1. 아름다운 가을입니다. 왜 아름다운가요? 빛이 있기 때문입니다. 만일 빛이 없다면 우리는 칠흑 같은 어둠 속에서 살 수밖에 없습니다. 빛이 있기에 우리는 볼 수 있으며, 아름다움을 느낄 수 있습니다.

2. 그 빛은 자연계에서는 태양으로부터 나옵니다. 태양의 빛이 여러 가지 과정을 거쳐 우리에게 도달하는데 우리는 그 빛으로 사물을 식별하게 되는 것이며, 아름다운 자연을 볼 수 있게 됩니다.

3. 이 아름다운 계절, 우리는 참으로 감사할 줄 알아야 합니다. 태양이 있음에 우리의 생명이 가능한 것이며, 이 자연의 생명도 가능한 것입니다.

4. 가만히 살펴보면 우리는 감사할 것이 참으로 많습니다.

5. 우리가 숨 쉬는 공기, 따사로운 햇살, 아름다운 날씨, 아름다운 경치, 적당히 부는 바람, 아름다운 꽃과 나무, 자연계의 온갖 동식물 등 우리에게 주어진 자연의 축복들, 때로는 자연의 재앙도 있겠지만 그에 못지않게 자연의 축복도 있음을 발견하고 감사할 줄 알아야 합니다.

6. 우리의 생명이 있기에 모든 것이 가능한 것입니다. 내가 굳이 의식하지 않아도 알아서 생명을 유지시켜 주는 심장, 폐, 음식을 소화시키고 배설시키는 소화기관, 배설기관, 각종 골격계와 신경들, 모든 것을 컨트롤하는 뇌의 기능들, 우리의 몸은 이루 말할 수 없이 신비롭게 움직이고 있으며 각각의 역할을 충실히 해내고 있습니다.

7. 그뿐만 아니라 인간만이 감정의 세계, 정신의 세계, 영혼의 세계를 갖고 있습니다. 참으로 인간에게만 주어진 하느님의 크신 축복이라 할 수 있을 것입니다.

8. 하느님께서는 당신의 넘치는 생명과 사랑을 우리와 나누시기 위해 우리에게만, 인간에게만 특별히 하느님을 만날 수 있는 마음과 정신과 영혼을 선물해 주셨습니다.

9. 감사는 인간만이 할 수 있는 것입니다. 물론 강아지도 자기 주인에게는 온갖 충성을 다하지만 그것은 감사의 마음보다는 생존을 위한 본능에 가까운 것입니다.

10. 수많은 선물과 축복이 우리 인생 주위에 수없이 널려 있는데도 감사하지 못한다면 그것은 창조의 질서에 어긋나는 것입니다.

11. 나를 닮은 사람을 만들자, 보라 너의 짝이 여기에 있다, 하느님 보시기에 매우 좋았다, 하시며 하느님께서는 당신이 만드신 인간이라는 작품, 그 명품에 스스로 만족해하시며 기뻐하십니다. 그 인간에게 이 세상의 모든 창조물을 맡기시며, 기뻐하고 행복하라 하십니다.

12. 하느님의 작품이요, 명품인 나는 이 세상의 보이는 부모님을 통하여 신비롭게도, 너무나 신비롭게도 이 세상에 존재하게 되었고, 소위 인생이 시작되었습니다.

13. 하느님의 창조는 천지창조 때만 이루어진 것이 아닙니다. 그 창조는 지금 이 순간에도 계속 진행되는 창조입니다. 하느님의 손길과 숨결이 있었기에 나의 생명은 역사를 통하여, 나의 가계를 통하여 오늘의 나에게까지 이어지고 있는 것입니다.

14. 즉 나의 삶은, 나의 인생은 저절로, 우연히 이루어진 것이 아닙니다. 생물학적인 결과물이 아닌 것입니다. 나의 인생은 하느님께서 직접 개입하신 그분 사랑의 결과인 것입니다. 달리 이야기해서 하느님께서는 지금도 나를 창조하시고 계시는 것입니다.

15. 우리는 무엇보다 먼저 나의 삶에 감사할 수 있어야 하겠습니다. 내 생명의 근원이요, 시발점이신 하느님께 감사할 수 있어야 하겠습니다. 하느님께서 내 삶에 함께하시지 않으면 나의 삶은 근원적으로 허무요, 먼지에 불과하기 때문입니다. 하느님께서 함께하시기에 나는 인간으로서, 내 삶과 내 인생의 주인으로서 존재하는 것이기 때문입니다.

16. 나의 삶에 감사할 수 있다면 그 삶을 허락하신 하느님께도 감사할 수 있게 되며, 내 생명을 사랑의 결과로 이 세상에 내어 주신 부모님께도 감사할 수 있게 됩니다.

17. 요즘 우리는 참으로 어이없는 소식을 자주 듣습니다. 자신의 생

명을 경시하여 자살을 선택하는 사람에서부터 부모를 죽이는 패륜
아, 때로는 너무나 어이없이 자식을 죽이는 부모 이야기까지 그야
말로 경악할 수밖에 없는 충격적인 뉴스들입니다.

18. 우리의 생명이 하느님께서 노심초사하시며 당신의 모든 것을
바쳐서 만들어 주신 것인데, 우리의 생명이 부모님들이 이 어려운
시대 상황에서도 희망을 잃지 않고 사랑하신 결과인데, 그 숱한 인
생의 노고와 희생을 아끼지 않으며 키우신 결과인데, 우리의 인생
에는 하느님의 꿈과 부모의 꿈이 함께 있는 것인데도 불구하고 그
깊은 인생의 내면을 모르고 스스로 죽고, 서로를 죽이는 참으로 어
이없고 통탄할 수밖에 없는 현실 속에서 우리는 살고 있습니다.

19. 감사할 줄 몰라서입니다. 하느님께, 부모님께, 자신의 인생에,
자신에게 주어진 자연의 축복에, 함께 살아가는 사람들에게 감사할
줄 몰라서입니다.

20. 인간은 천사도 될 수 있고, 악마도, 동물도 될 수 있습니다. 〈최
후의 만찬〉을 그린 다빈치는 예수님의 모델이 되었던 사람이 한참
시간이 흐른 뒤에는 예수님을 배반한 유다의 모델이었다고 고백합
니다.

21. 오늘 복음에서 예수님께서는 열 사람의 나병 환자를 고쳐 주십
니다. 그런데 감사를 드리러 온 사람은 단 한 사람, 사마리아 사람뿐
이었습니다.

22. 다른 사람은 그저 육체적 치유를 받는 데 그쳤지만 감사를 드리

러 온 사람은 육체의 치유를 넘어 정신의 치유, 영혼의 치유까지 선물로 받을 수 있었습니다.

"일어나 가거라. 네 믿음이 너를 구원하였다."

23. 이스라엘 사회에서 나병은 그야말로 천벌이었습니다. 그들은 하느님께도, 사람들에게도 버림받은 가장 비참한 사람들이었습니다. 그들은 동네에서 살지 못하고 광야 가까운 곳에서 그들끼리 살아야만 했습니다. 부모도, 형제도, 친지도 모두 다 그들을 버렸습니다. 그들의 깊은 마음의 상처, 인생의 상처는 우리가 조금만 생각해보아도 쉽게 이해할 수 있을 것입니다.

24. 치유를 받았지만 감사드리지 않은 아홉 사람의 그 후 삶은 어찌되었을까 생각해 봅니다. 아마 그들은 사회에 쉽게 적응하지 못했을 것입니다. 마음속에 있는 깊은 상처들이 그들 삶에서 언제나 발목을 잡았을 것입니다. 육체적으로는 치유받았지만 정신적으로, 영혼은 치유받지 못했기에 그들의 삶은 나병 환자 때의 삶과 별반 다르지 않았을 것입니다. 오히려 더 불행했을 수도 있을 것입니다.

24. 감사를 드리러 온 단 한 사람, 그는 모든 상처를 깨끗이 치유받을 수 있었습니다. 그야말로 새사람으로 새롭게 태어날 수 있었습니다.

25. 감사를 드린다는 것은 이처럼 엄청난 결과의 차이를 가져옵니다.

26. 감사란 모든 일이 소통되는 것이며, 인간만이 할 수 있는 일이고, 그것은 인간이 될 수 있는 길이며, 인간을 넘어서서 천사까지 될

수 있는 길입니다.

27. 감사할 줄 아는 사람인가, 감사할 줄 모르는 사람인가에 우리의 인생이 달려 있고, 우리의 신앙이 달려 있으며, 우리의 사회생활이 달려 있습니다.

28. 사회에서 성공하는 사람들에게는 두 가지 공통점이 있습니다. 첫 번째는 마음을 다해서 감사하는 것이고, 둘째는 진심으로 겸손한 것입니다.

29. 불평하는 사람, 교만한 사람은 당장에는 성공하는 것처럼 보일지 몰라도 언젠가는 그 불평 때문에, 그 교만 때문에 그가 쌓아 놓은 모든 것이 일순간에 무너져 버릴 수밖에 없습니다.

30. 우리가 봉헌하는 미사도 원래는 '감사'라는 뜻입니다. 인간을 구원하시는 예수님의 사랑에 우리는 그저 감사드릴 수밖에 없는 것입니다.

31. 나에게 주어진 생명에 감사하고, 주어진 부모님과 가족들과 자녀들에게 감사하며, 나에게 주어진 이 자연에도 감사하며, 무엇보다도 신앙을 통해 하느님께도 진정으로 감사하는 삶의 방식을 선택해야 하겠습니다. 감사할 수 있어야 더 감사할 일이 생기는 것입니다.

32. 감사는 생명을 창조하며, 불평은 죽음을 초래합니다.

33. 감사할 수 있어야 살 수 있는 것입니다. 감사하지 못하는 삶은 살아 있어도 살아 있다 할 수 없을 것입니다. 그 삶은 자신을 죽이

며, 이웃과 자연을 죽이는 삶의 모습이기 때문입니다. 불평할수록 불평할 일만 더 생기는 법입니다.

34. 어떤 순간에도 감사할 수 있다면 우리는 아무리 어려운 상황에서도 우리를 사랑하시는 하느님을 체험할 수 있을 것이며, 그 하느님은 우리의 삶에 우리가 예측 못 한 선물과 축복을 베풀어 주실 것입니다.

"열 사람이 깨끗해지지 않았느냐? 이 사람 말고는 아무도 하느님께 영광을 드리러 돌아오지 않았단 말이냐? 일어나 가거라. 네 믿음이 너를 구원하였다." 아멘.

연중 제29주일(2013. 10. 20.)
"보라, 내가 세상 끝날까지
언제나 너희와 함께 있겠다."

1. 맑고 청명한 가을이 이어지고 있습니다. 이토록 아름다운 가을은 처음 보는 것 같습니다. 나이가 좀 드니까 이제야 자연의 아름다움이 눈에 들어오는지도 모르겠습니다. 물론 전에도 이처럼 아름다운 가을이 있었을 텐데 그때는 그 아름다움을 잘 모르고 지나간 것이 아닌가 합니다. 이제는 하늘도, 구름도, 나무도, 이름 모를 꽃도 이쁘기 그지없습니다.

2. 요즘 한국과 미국에서는 프로야구 가을 시리즈가 한창 벌어지고 있습니다.

3. 언젠가 고속도로 휴게소에서 신학생들과 기계에서 나오는 야구공을 쳐 본 적이 있습니다. 처음에는 별거 아니라고 생각했는데 그리 쉽지 않았습니다. 20개의 공이 나오는데 안타성 공을 하나도 치지 못했습니다. 아니, 공을 맞추기도 힘들었습니다. 그리 속도가 있는 공도 아니었는데 말입니다.

4. 3할 타자면, 즉 공 10개 중에서 안타를 3개만 치면 매우 우수한 선수입니다. 쉽게 생각하면 어찌 10개 중에 3개를 못 칠까 생각할 수도 있을 것입니다. 그러나 그것은 쉽지 않습니다. 투수가 던지는

공은 변수가 매우 많기 때문입니다. 좌에서 우로 휘고, 우에서 좌로 휘고, 아래에서 위로, 위에서 아래로 변화가 많습니다. 거기다 좌스핀, 우스핀이 먹고, 변화무쌍합니다.

5. 어떤 의미에서 인생도 야구와 비슷하다 할 수 있습니다. 우리 인생도 참으로 변수가 많습니다. 언제 어디서 어떤 일이 닥칠지 아무도 알 수 없습니다. 평온한 날이 있는가 하면, 때로는 폭풍우가 들이치기도 하고, 메마르기도 하고, 바람이 심하게 불 수도 있습니다.

6. 이런 알 수 없는 변수가 많은 인생에서 어떻게 하면 3할 타율을 유지할 수 있을까요? 우리 인생의 숙제요, 마음의 숙제가 아닌가 합니다.

7. 마음은 우리 인생을 통해 훈련되어야 합니다. 그대로 둔다고 성장하는 것이 아닙니다. 우리 몸의 근육처럼 끊임없이 단련시켜야 하는 것입니다. 성공은 능력과 노력의 결과가 아니라 마음의 근력 훈련을 통해 이루어지는 것입니다.

8. 어떤 운동선수건 육체의 능력을 최대한 발휘하기 위해서는 멘탈, 즉 마음의 훈련이 필수적입니다. 인간의 육체는 마음과 연결되어 있기 때문에 마음의 훈련을 하지 않으면 결코 훌륭한 선수가 될 수 없는 법입니다.

9. 그것은 신앙의 세계에서는 더욱 중요한 덕목입니다. 우리가 왜 신앙생활을 합니까? 바로 우리 마음을 성장시키고 다스리기 위해서입니다.

마음은 하나의 생명체와 같다고 할 수 있습니다. 마음의 세계는 우리가 생각하는 것보다 훨씬 더 오묘하고 신비합니다. 그 마음 안에도 우주처럼 모든 것이 존재합니다.

10. 따라서 내가 내 마음의 주인이 되어야 합니다. 자신의 마음을 다스리지 못하면 우리는 우리 마음 안에 있는 나쁜 것들 때문에 그 노예가 될 수 있습니다.

11. 내 마음 안에는 하느님도 계시고, 사탄도 동시에 존재하고 있습니다. 문제는 내가 내 마음의 주인이 되어 내 마음 안에 계시는 하느님을 만나고, 내 마음 안에 그분의 힘과 능력이 충만하도록 노력해야 하는 것입니다. 그 노력을 하지 않으면 우리 마음은 자연히 사탄의 마음이 될 수밖에 없습니다.

12. 인간의 마음은 참 이상합니다. 가만히 두면 안 좋은 쪽으로 흘러가는 것입니다. 끊임없이 노력해야 간신히 좋은 쪽으로 흘러갑니다.

13. 운동선수들이 자신의 마음을 잘 다스리는 훈련을 통해 훌륭한 선수가 될 수 있듯이 우리 신앙인들도 마음을 잘 다스리는 훈련을 게을리해서는 아니 될 것입니다.

14. 얼마나 오랫동안 신앙생활을 했는가는 별로 중요하지 않습니다. 신앙생활을 통해 내 마음 안에 하느님의 힘이 얼마나 존재하는가가 중요한 것입니다.

15. 이제 우리는 올바른 신앙생활의 기준을 새롭게 잡아야 합니다.

16. 신앙인에게 있어 중요한 마음의 훈련 방법은 무엇입니까? 그것은 바로 기도 생활이고, 덕을 쌓는 생활입니다.

물론 신앙의 여러 의무를 충실히 이행하는 것도 중요하지만 그보다 어떤 의미에서 더 중요한 것이 바로 자신의 인생 안에서 바치는 살아 있는 기도, 마음과 영혼이 담겨 있는 기도입니다. 즉 신앙 따로, 인생 따로가 아닌, 인생 안에 계시는 하느님의 섭리와 손길을 찾고 깨닫고 체험하는, 그래서 살아 있는 기도가 나오는 신앙생활이 더 중요하지 않나 생각합니다. 즉 마음과 삶과 기도가 연결되어 있어야 하는 것입니다.

17. 그 기도 안에서 우리는 탄식을 바칠 수도 있고, 고통과 슬픔을 바칠 수도 있고, 억울함을 바칠 수도 있고, 감사와 찬미를 바칠 수도 있고, 영광을 바칠 수도 있어야 하는 것입니다.

18. 즉 하느님과 연결되어 있는 구체적인 삶의 현장이 되어야 하는 것입니다. 나의 삶 따로, 하느님 따로가 아니라 나의 구체적인 삶 안에 함께 계시는 하느님을 만나고, 그 하느님께 고통과 기쁨을 봉헌할 수 있어야 하는 것입니다.

19. 인도의 마하트마 간디는 아시다시피 이런 이야기를 남겼습니다. "나는 예수님은 좋아하고 존경하지만, 그 예수님을 믿는 신자들은 별로 좋아하지 않는다."

왜 그런 이야기를 했을까요? 당시 인도는 영국인들의 식민통치를 받고 있었습니다. 그리스도인들이 통치하고 있었지만 사랑도 전혀 없었고, 자비도 없는 통치였습니다. 즉 영국인들은 예수님을 믿고는 있었지만 현실에서는 그 가르침을 전혀 실천하지 않았습니다.

20. 사실 우리 주위에도 이런 경우가 매우 많습니다. 어떤 남편에게서 매우 항의 섞인 전화를 받은 적이 있습니다.

"저는 지방에서 노동을 하기 때문에 한 달에 한 번 집에 옵니다. 그런데 그때마다 아내가 성당에서 기도회를 한다고 집을 비웁니다. 저는 그런 하느님을 믿고 싶지 않습니다."

또 어떤 사람은 이렇게 말합니다.

"우리 시어머니는 매일 성당에 가시고 단체활동도 열심히 하시는데 왜 저에게는 이토록 매정하게, 무자비하게 대하시는 모르겠습니다. 성당에서는 열심인 신자인지는 모르겠지만 집에서는 아주 혹독한 모습을 보이고 있습니다."

21. 오늘은 전교주일입니다.

22. 전교는 오늘 복음 말씀처럼 우리에게 내려진 지상 과제입니다. 따라서 어떻게 전교를 해야 하는지 꼭 고민해 봐야 합니다.

23. 첫 번째는 올바른 신앙인의 모습을 보여 줘야 합니다. 사는 모습이 개판이면 그가 아무리 기도, 봉사, 미사를 열심히 해도 전교가 이루어지지 않습니다. 우리에게는 참다운 마음의 훈련, 올바른 삶의 기도를 통해 예수님의 사랑과 평화가 흘러넘쳐야 합니다. 내가 기쁘지 않은데 어찌 기쁨의 예수님을 전할 수 있겠습니까? 내가 행복하지 않은데 어찌 행복의 예수님을 전할 수 있겠습니까?

나의 신앙을 통해 내가 먼저 기뻐야 하고, 고통 속에 인내의 덕을 발휘할 수 있어야 하며, 하느님의 사랑과 평화를 전할 수 있어야 합니다.

24. 두 번째는 자신의 삶이 조금 부족하더라도 하느님의 능력을 믿고 하느님을 전해 보는 것입니다. 아내를 별로 사랑하지 않는다 하더라도 매일 사랑한다고 말하면 자신의 마음이 어느샌가 아내를 사랑하고 있다는 것을 볼 수 있습니다. 우리가 부족하더라도 하느님을 전하다 보면 자신도 모르는 사이에 우리의 삶이 훨씬 더 신앙적으로 변해 있을 것입니다.

25. 전교는 물론 이웃을 위한 것이지만 근본적으로는 자신의 삶을 위한 것이기도 합니다. 예수님을 증거하는데 예수님께서 내 편이 안 돼 주실 리 없습니다. 내가 예수님 편이면 예수님도 내 편인 것입니다.

26. 우리의 삶 안에는 사실 기쁨보다는 걱정거리, 고통거리가 더 많습니다. 그 걱정과 고통을 이겨 나가고 평화와 기쁨으로 바꾸는 가장 효과적인 방법은 나를 위해서 기도하는 사람을 많이 만들어야 하는 것입니다.

27. 전교는 나를 위해서 기도하는 사람을 만드는 가장 효과적인 방법입니다. 나로 인해 누군가가 하느님을 알게 되고 그의 마음과 삶의 방식이 바뀐다면, 그래서 그 사람이 훨씬 더 행복한 마음의 생활을 할 수 있다면 그에게 인생이 바뀌도록 권유해 준 사람을 잊을 길이 없는 것입니다. 나는 그의 깊은 마음속에 언제나 존재하게 되며,

그가 기도를 바칠 때마다, 하느님의 마음에 드시는 삶을 살아갈 때마다 마치 자동판매기처럼 나를 위한 기도도 올려지는 것입니다.

28. 결과나 성과에 대해서는 걱정하지 맙시다. 그 마음의 씨앗을 가꾸고 풍성한 열매를 맺게 하는 일은 교회가 하는 것이며, 하느님께서 하시는 것이기 때문입니다.

29. 우리는 그저 부지런히 씨앗만 뿌리면 됩니다. 내가 씨앗을 뿌리는 행위는 바로 주님을 증거하는 행위이기 때문에 그 자체로 나는 하느님의 보호와 축복을 받을 수 있는 것입니다. 만에 하나 하느님의 은총으로 내가 뿌린 씨앗에서 뿌리가 내리고, 꽃이 피고, 열매가 맺히면 나는 평생의 내 삶의 지원군을 만나는 것입니다.

30. 나름대로 목표를 갖고 주님을 증거하는 전교의 삶을 살아갈 수 있다면 내 삶도 그 자체로 하느님께서 원하시는 삶이 될 수 있음을 잊지 맙시다.

"보라, 내가 세상 끝날까지 언제나 너희와 함께 있겠다." 아멘.

연중 제30주일(2013. 10. 27.)
"뉘우치는 세리의 기도를 들으셨듯이
저희 기도를 들어주소서."

1. 어느덧 10월도 마지막 주간을 맞이하고 있습니다.

2. 이제 단풍의 물결이 중부지방까지 내려오고 있습니다. 온 산야
가 붉은색으로, 노란색으로, 갈색으로 물들고 있습니다. 올해는 단
풍이 예년에 비해 매우 아름답다고 합니다.

3. 단풍은 왜 생기는 것일까요?

봄에 식물들은 성장을 위해 엽록소를 만들고, 이 엽록소는 광합성
작용을 통해 식물이 자랄 수 있는 양분을 만들어 갑니다. 그래서 식
물들은 꽃을 피우고, 열매를 맺고, 줄기가 굵게 자라나게 됩니다.
그런데 겨울이 오면 더 이상 활발한 광합성 작용을 할 수 없게 됩니
다. 그래서 나뭇잎으로 가던 수분과 단백질을 중지시켜 버립니다.
그러면 자연히 나뭇잎은 엽록소를 잃어버리게 되고, 그 안에 있던
성분들로 인해 단풍의 색깔을 띠게 됩니다. 결국 생명 유지를 위한
작용이 중단되면서 단풍들은 낙엽이 되어 나무를 위해 땅을 기름지
게 하며 생명을 마감하는 것이죠. 즉 단풍은 나무의 생명을 지켜 내
기 위해 자신을 떨구어 내는 것입니다. 생명이 끝나기 전의 그 마지
막 모습이 바로 단풍인 것입니다.

4. 나뭇잎들은 1년 내내 나무의 생명을 지켜 내기 위해 성실하게 자신의 역할을 다한 것이고, 그 인고의 세월을 지켜 낸 마지막 모습이 바로 우리 눈앞에 펼쳐지는 아름다운 단풍의 모습인 것입니다.

5. 단풍은 한 나무만 보면 재미없습니다. 여러 종류의 나무들과 풀들이 한데 어우러져야 더 아름답고 장엄하게 보입니다. 어떤 것은 빨간색이고, 어떤 것은 노란색이고, 또 어떤 것은 갈색이기도 합니다. 말로 표현하기 힘들 정도의 색깔도 있습니다.

6. 하나의 나무들로 이루어진 단풍의 모습도 아름답겠지만 여러 종류의 나무들이 어우러져 조화를 이룰 때 더 아름답다 하겠습니다.

7. 단풍 중에는 자태를 뽐내는 붉은 단풍나무도 있겠고, 세상을 온통 노랗게 만들어 버리는 은행나무도 있겠고, 갈색이 아름다운 침엽수도 있겠지만 그 하나만 갖고는 아무래도 아름다움이 부족합니다.

8. 때로는 보이지도 않는 야생초도 필요한 것이고, 왜소한 들꽃도 필요한 것이고, 이름을 알기 어려운 작은 나무도 필요한 것입니다. 아니, 아름다운 나무들의 단풍이 더 아름답기 위해서는 이 작은 식물들의 역할이 절대적이라 할 수 있겠습니다.

9. 인간 세상도 마찬가지가 아닌가 합니다.
똑똑한 사람, 재능이 있는 사람도 필요하지만 미련한 사람, 게으른 사람도 있어야 세상이 존재할 수 있는 것이 아닌가 합니다.

10. 똑똑한 사람만 있다면 세상이 얼마나 피곤하겠습니까? 더 똑똑해지기 위해서 얼마나 피비린내 나는 싸움을 해야 하겠습니까?

11. 이 세상은, 우리의 인생은 이 자연의 모습처럼 어우러지는 데에 그 아름다움이 있는 것이 아니겠습니까?

12. 우리는 흔히 자신과 다른 사람을 틀렸다고 생각하는 경향이 있습니다. 그러나 엄밀히 생각해 보면 틀렸다는 것은 매우 주관적인 판단입니다. 틀린 것이 아니라 나와는 다른 것입니다. 나하고는 생각이 다르고 삶의 색깔이 다른 것이지, 그 다른 것이 곧 틀린 것은 아닙니다.

13. 요즘 정치권에서는 싸움이 심합니다. 서로가 서로에게 틀렸다고 강박하고, 때로는 협박하기도 합니다.
상대방이 틀렸다는 것은 곧 자신이 옳다는 것을 주장하는 것입니다. 이 싸움은 서로 간에 성숙되지 않으면 끝나기 힘든 싸움입니다. 성숙한 이들의 싸움은 이성을 갖고 상대방을 존중하면서, 상대의 관점에서도 바라볼 수 있을 때 가능해지는 것입니다. 자신은 옳고 상대는 무조건 틀렸다는 식의 싸움은 끝나지 않으며, 거기에 감정까지 더해지면 그야말로 추한 싸움이 됩니다.

14. 우리 사회는 좀 더 성숙해져야 합니다. 북한과의 문제도 북한의 관점에서 바라보고 연구해야 하며, 일본과의 문제도 일본의 관점에서도 바라볼 수 있는 마음의 여유와 지혜가 필요한 것은 아닌지 생각해 볼 시점입니다.

15. 가장 힘든 사람은 자기 입장만 강변하는 사람일 것입니다. 거기에다 더 힘든 사람은 그 강변을 감정을 실어서 목소리를 드높이는

사람일 것입니다. 대화가 되지 않는 사람, 상식이 통하지 않는 사람이 점점 더 많아지기에 우리 삶이 점점 더 팍팍해지는 것이 아닌가 합니다.

16. 대화가 되기 위한 기본 조건은 상대방의 관점에서도 볼 수 있어야 한다는 것입니다.

17. 이와 같은 사회현상은 우리 신앙 사회 안에서도 자주 발견되곤 합니다.

18. 하느님은 인간을 다양하게 창조해 주셨습니다. 당연히 생각하는 것이 다르고, 추구하는 것이 다르고, 삶의 방식도 다를 수밖에 없습니다.

19. 자신의 삶의 방식이 무조건 옳다는 식의 사고는 참으로 많은 논쟁과 아픔을 남길 수밖에 없습니다. 어른이라 하더라도 자신만의 생각을 강요한다면 참으로 슬픈 일이 아닐 수 없습니다.

20. 나하고는 다른 사람들을 인정하고 받아줄 수 있는 지혜와 신앙이 있어야만 우리는 모든 사람들과도 어울리는 아름다운 삶을 살아나갈 수 있지 않을까 합니다. 특히 신앙 세계 안에서 나하고는 다른 사람들을 판단하고 단죄하는 일이 더 많은 것은 아닌지 깊이 숙고해 볼 필요가 있습니다.

21. 오늘 복음에서 바리사이들은 꼿꼿이 서서 하느님께 자신의 삶은 옳고, 정의로우며, 자비심이 많은 삶이고, 저 세리들은 틀렸고,

정의롭지 못하며, 인정머리 없는 죄인들이라고 기도드립니다.

22. 사실 바리사이들은 하느님께 자신의 삶을 온전히 바치고 충성을 다하며 살아가던 사람들이었습니다. 그들에게 부족했던 점은 자신들하고는 다른 사람을 비판하고, 판단하고, 단죄하는 데에 있었습니다. 그들은 자신은 옳고 다른 사람들은 틀렸다는 고집과 편견을 갖고 있었던 것입니다.

23. 신앙 안에서 열심히 사는 사람들에게는 언제나 이런 편견과 고집의 유혹이 늘 존재하고 있음을 깊이 생각해야 합니다.

24. 자신과 다른 삶을 살아가는 사람들에게도 그들 나름대로 삶의 아름다움이 존재하는 것이며, 그 삶에도 귀중한 가치가 있으며, 그들 삶도 하느님께서 보살펴 주시고 사랑해 주신다는 사실을 받아들일 수 있어야 합니다. 자신과 다른 삶을 살아가는 사람들을 인정하고 받아들이지 못한다면 그는 그 사람 안에 있는 하느님도 받아들이지 못하게 됩니다.

25. 하느님은 다양하신 분입니다. 그분은 획일화되어 있지 않으십니다. 그분은 자유로우신 분입니다. 우리도 보다 더 우리 삶의 다양성을 인정할 수 있어야 하겠습니다. 나하고 다른 사람들을 틀렸다고 비판하지 말고 받아들일 수 있는 삶의 여유와 신앙의 성숙을 이룰 수 있어야 하겠습니다.

26. "하느님, 사람을 차별하지 않으시고 겸손한 이들의 기도가 구름을 뚫고 하늘로 오르게 하시니, 뉘우치는 세리의 기도를 들으셨듯

이 저희 기도를 들어주소서." 아멘.

27. 오늘 새로이 입교하시는 여러분!

여러분은 오늘 하느님 안에서 새롭게 태어나는 인생의 계기를 만나고 있습니다. 여러분을 부르시는 하느님께서는 이제 여러분에게 새로운 인생을 허락하실 것이고, 그 새로운 인생 안에서 더 큰 행복과 평화를 만날 수 있게 될 것입니다.

그리스도 왕 대축일(2013. 11. 24.)
"내가 진실로 너에게 말한다.
너는 오늘 나와 함께 낙원에 있을 것이다."

1. 한 해가 저물어 가고 있습니다. 그 좋고 아름답던 가을도 어느덧 떨어지는 낙엽과 함께 초겨울의 황량함으로 바뀌어 가고 있습니다.

2. 낙엽은 새로운 생명을 위해 자신의 모든 것을 버리는 모습입니다. 자연은 1년 동안 결실을 위해 자신의 역할을 다한 나뭇잎들을 아낌없이 떨궈 냅니다. 잠깐 동안 아름다운 단풍의 모습을 보여 주었지만 이제는 누구도 기억하지 않는 낙엽의 모습으로, 귀찮은 쓰레기의 모습으로 자신의 삶을 마감합니다.

3. 만일 나뭇잎이 욕심을 부려 나뭇가지에서 떨어지지 않으려 하면 그것은 정말 나무의 생명을 위협하는 결과를 초래합니다. 한겨울에 눈도 많이 오고 바람도 많이 붑니다. 나뭇잎이 남아 있으면 그 바람에 의해, 그 폭설로 인해 가지가 부러지고 나무는 중차대한 생명의 위협을 받을 수밖에 없을 것입니다.

4. 낙엽을 바라보며 1년을 마감하는 우리도 떨궈 낼 것은 과감히 떨궈 낼 수 있어야 하겠습니다. 버릴 것은 아낌없이 버려야 하겠습니다. 비울 것은 깨끗이 비울 수 있어야 하겠습니다. 온갖 미련과 집착

을 벗어 버려야 우리가 살 수 있음을 낙엽과 나무들은 보여 주고 있습니다.

5. 사제들은 거의 5년마다 짐을 쌉니다. 그때마다 느끼는 것은 살수록 짐이 많아진다는 것입니다. 정말 필요한 것은 얼마 되지 않습니다. 대부분의 것들은 굳이 없어도 살 수 있는 것인데 여기저기 꾸겨져 있는 모습들을 보면서 많이 반성하게 됩니다.

6. 나에게 필요한 것은 무엇인가? 1년 동안 자기가 쓰지 않은 물건은 자기 것이 아니라고 합니다. 많이 갖고 있는 만큼 버리지 못한 것입니다. 많이 갖고 있는 만큼 불편하고, 버린 만큼 자유로워질 수 있는 것입니다.

7. 어떤 사람들은 나이가 들수록 자기 자랑이 심해집니다. 갖고 있는 재산이 얼마인지, 자식들이 어떤 성공을 했는지, 손주들이 얼마나 이쁜지 등등……

8. 버릴 수 있어야 합니다. 비울 수 있어야 합니다. 비우고 버려야 우리는 그만큼 편해지고, 행복해지는 것입니다.

9. 재산도 필요한 만큼만 남기고 나눌 수 있어야 하며, 평생 온갖 노고와 희생으로 키운 자식도 연연해하지 말고 비워 내야 하며, 온갖 인연들도 때로는 깨끗이 정리할 수 있어야 합니다.

10. 비운 만큼 우리의 욕심과 탐욕에서 해방될 수 있으며, 버린 만큼 자유로워질 수 있게 됩니다. 갖고 있는 것에서부터 자유로울 수

있다면 우리는 점차 이 세상 사람에서 하느님의 사람으로 변화될
수 있게 됩니다.

11. 부자는 인간적으로는 부러워 보이지만 갖고 있는 것이 많기에
근심도 많은 법입니다. 성공한 사람도 그 성공과 명성이 오래가지
않기에 더 고통스럽고 배신감에 치를 떨 수도 있게 됩니다.

12. 이제 우리는 보다 더 우리 내면의 아름다움을 위해 정성과 노력
을 기울일 수 있어야 하겠습니다. 남들이 나를 어떻게 볼까에 초점
을 맞출 것이 아니라 어떻게 하면 내가 하느님 앞에 올바로 설까에
더 인생의 초점을 맞추어야 합니다.

13. 이 세상과 사람들은 시간이 가고 상황이 바뀌면 다 변하고, 변
질되게 마련입니다. 변하고 변질되는 이 세상과 사람들을 원망할
것이 아니고 원래 그런 것이라고 받아들일 수 있어야 하겠습니다.
오히려 변하고 변질될 수밖에 없는 세상과 사람에 대해 희망을 걸
었던 나 자신을 반성하며, 내면의 아름다움에 좀 더 정성을 기울이
지 못한 자신의 부족함을 자책하며, 버리고 비우지 못한 삶에 대해
회개할 수 있어야 하겠습니다.

14. 나무가 한겨울에도 그 많은 나뭇잎을 버리지 못해 다 갖고 있다
면 그 나무는 겨울 내내 얼마나 힘들겠습니까? 그 갖고 있는 것들
때문에 동면을 취해야 하는 겨울이 얼마나 고통스럽겠습니까? 만
일 그 갖고 있는 것들 때문에 생명의 위협을 받는다면 낙엽을 떨궈
내지 못한 자신의 욕심이 얼마나 한스럽겠습니까?

15. 오늘은 그리스도 왕 대축일입니다. 전례력으로 볼 때 한 해의 마지막 주일이기도 합니다.

16. 우리의 마지막 모습에 대해 생각해 보게 됩니다. 그 마지막 순간에도 죽지 못하고 욕심과 탐욕을 버리지 못한다면 그것은 참으로 비극일 것입니다.

17. 언젠가 어떤 할머니의 병자성사를 집행했는데 그 할머니는 벌써 몇 번씩 죽음의 문턱에서 다시 소생하시던 분이었습니다. 저는 사제 연수를 앞두고 있었기에 혈압이 10에서 30 사이를 오르내리는 할머니에게 이렇게 이야기하였습니다.
"할머니, 이제 모든 것을 받아들이시고 편하게 예수님을 맞아들이세요. 얼마나 힘드세요. 이제 자식들 어려움도 생각하시고 편하게 예수님을 맞아들이세요."

18. 저는 그 할머니가 오래가지 않을 것 같았습니다. 또 오래가서도 안 되는 상황이었습니다.

19. 그 할머니는 빨리 가시라는 제 말이 서운하셨는지, 또 빨리 가시라는 제가 괘씸하셨는지 제가 연수를 가 있는 동안 숨을 거두셨습니다.

20. 죽음을 코앞에 둔 사람도 서운함을 느끼는 줄 그때 처음 알았습니다.

21. 그리스의 절대적인 권력자이자 통일가인 알렉산더는 젊은 나

이에 병에 걸려 죽었는데, 이런 유언을 남겼다고 합니다.

"내 관 옆에 구멍을 뚫어 내 손이 관 밖으로 나오게 하라."

왜 그랬을까요? 관 옆의 구멍을 통해 펴진 손을 보면서 인간은 죽을 때 손을 펴고 죽을 수밖에 없는 현실임을 가르치려 했다고 합니다.

22. 인간은 태어날 때 주먹을 쥐고 태어납니다. 그리고 아마 평생 동안 그 주먹을 펴지 않고 살아갈 것입니다. 더 많이 갖기 위해서, 더 많은 힘을 보여 주기 위해서…….

그러나 어떤 인간도 죽을 때는 손을 펴고 죽을 수밖에 없습니다. 아무것도 가지고 가지 못합니다. 가족도, 재산도, 자식도, 명예도, 권력도 죽은 이 앞에서는 아무것도 아닙니다.

23. 평소에 좀 손을 펴고 살았으면 그 마음이 얼마나 행복할까 생각해 보게 됩니다. 자신의 삶으로 인해 누군가가 행복해지고 삶의 보람과 가치를 얻을 수 있다면, 새로운 삶의 희망과 용기를 발견할 수 있다면, 마음의 상처를 치유하고 새로운 힘을 얻어 살아갈 수 있다면 나의 삶은 죽어서도 살아남는 부활의 삶이 될 수 있을 것입니다.

24. 아름다운 죽음의 모습은 결코 거저 얻어지는 것이 아닙니다. 평소의 삶에서 끊임없이 훈련하고 단련해야 자기도 모르게 아름다운 죽음의 모습을 가질 수 있게 되는 것입니다.

25. 오늘 내가 바치는 기도, 오늘 내가 행하는 선행, 오늘 내가 실천하는 복음의 가치들은 나의 아름다운 죽음을 준비하는 내일의 진정한 기쁨이 될 수 있을 것입니다.

26. 오늘 복음에서 예수님께서는 두 강도를 만납니다. 한 강도는 "네가 구세주라면 너도 구하고, 나도 구하여 보라."고 조롱합니다. 또 한 강도는 "너는 하느님이 두렵지도 않으냐? 이분은 아무 잘못도 하지 않으셨다. 예수님 선생님의 나라에 들어가실 때에 저를 기억해 주십시오." 하고 자비를 간구합니다.

27. 어떤 차이가 있을까요? 깊은 마음속의 지향이 달랐던 것입니다. 똑같은 강도지만 한 사람은 자포자기 심정으로 자신의 삶을 망쳐 버렸고, 또 한 사람은 강도의 삶을 살았지만 그건 어쩔 수 없는 선택이었고 그의 마음속에는 기도가 있었고, 삶의 간절함이 있었고, 회개의 마음이 있었던 것입니다.

28. 눈 덮인 길을 걷다 뒤돌아보면 아무리 정성껏 똑바로 걸었어도 걸어온 길이 삐뚤빼뚤하기 마련입니다. 우리의 인생도 그러하겠죠. 아무리 정성껏 열심히 살았어도 우리는 이 세상에 선행보다는 악행의 무게가 더 많을 수밖에 없을 것입니다.

29. 나무가 봄의 새로운 생명을 준비하기 위해서는 자신의 소중한 것을 버릴 줄 알 듯이 우리도 보다 더 큰 자유와 새로운 생명을 위해서는 살아 있을 때 버리고 비울 줄 아는 지혜와 삶의 실천이 참으로 중요한 것입니다.

30. 그리스도가 나의 왕이요, 구세주라는 사실을 죽기 전에 고백하면 이미 때가 늦었다고 할 수 있을 것입니다. 살아 있을 때, 힘이 있을 때, 기도할 수 있을 때, 성서를 읽을 수 있을 때, 이웃들에게 사랑

과 선행을 베풀 수 있을 때 그리스도야말로 나의 주님이시고, 구세주이시며, 왕이심을 고백할 수 있어야 할 것입니다.

31. 그래야만 죽기 전에 우리가 고백하는 신앙이 참으로 우리를 살리는 신앙이 될 수 있을 것이며, 우리의 죽음을 아름답게 만들어 주는 고백이 될 수 있을 것입니다.

32. "내가 진실로 너에게 말한다. 너는 오늘 나와 함께 낙원에 있을 것이다." 아멘.

대림 제1주일(2013. 12. 1.)

"주님, 저희에게 당신의 자애를 보여 주시고,
당신의 구원을 베풀어 주소서."

1. 전례력으로 새해 첫 주일이 되었습니다. 대림절이라고 합니다.
'대림'이란 기다린다는 뜻입니다.

2. 무엇을 기다리는 걸까요?
아기 예수님을 기다리는 것입니다. 아기 예수님은 어둠을 뚫고 이
세상에 빛과 희망으로 오셨습니다.

2000년 전이나 지금이나 그 어둠은 똑같은 것 같습니다. 인간의 탐
욕과 욕심들, 허황된 마음과 사치스러운 마음들, 음탕함과 방탕함
들, 다툼과 시기 등등 이 세상은 올바로, 똑바로 살기 참 어려운 세
상입니다. 무엇이 옳고 그른지 분간조차 하기 힘든 세상입니다. 하
느님의 뜻대로 살고자 하나 쉽지 않습니다.

내 안에 있는 부족함과 어둠은 이 세상의 어둠과 만나 하나의 세력
을 형성하고, 그 힘은 아주 강합니다. 우리 마음속에는 하느님께서
주신 아름답고 선한 마음이 존재하지만 그 힘은 아주 약해 보입니
다. 어둠이 스스로를 빛이라 하고, 불의가 스스로를 정의라 강하게
외칩니다.

이 땅에 사는 사람들은 혼란스러울 수밖에 없고, 온갖 삶의 사슬에

억매여 살 수밖에 없습니다. 그래서 우리는 슬프고 힘들게 살아갑니다. 누구나 다 행복하게 살고 싶어 하지만 그것이 말처럼 쉽지는 않습니다.

우리에게는 옳고 그름을 분간할 수 있는 빛이 필요하고, 어떤 상황에서도 용기를 잃지 않을 수 있는 희망이 필요합니다. 그 어느 때보다도 빛과 희망이 절실히 필요합니다.

3. 아기 예수님께서 2000년 전의 그 암울했던 어둠을 뚫고 오셨듯이 우리에게도 아기 예수님이 참으로 필요합니다. 살아야 하기 때문입니다. 잘 살아야 하기 때문입니다. 올바로 살아야 하기 때문이고, 행복하게 살아야 하기 때문입니다.

4. 2000년 전에도 참으로 암울한 어둠이 이 세상을 덮고 있었습니다. 하느님의 백성인 이스라엘 백성은 이교도인 로마의 통치를 받고 있었고, 자신의 신앙대로 마음껏 살 수 없었습니다. 하느님의 선민인 이스라엘 백성이 자신의 신앙대로 살 수 없다는 것은 그것 자체가 참으로 견딜 수 없는 고통이었습니다.

로마 권력의 앞잡이들은 온갖 사심과 탐욕으로 가득 차 백성을 내리눌렀고, 정신적인 지주였던 대사제들, 바리사이들, 율법학자들 역시 종교 권력을 형성하여 하느님의 뜻보다는 자신들의 기득권을 지키기에 혈안이 되어 자신의 탐욕을 채우기에 급급하였습니다. 백성은 율법의 노예가 되어 있었고, 율법을 제대로 지킬 수 없는 그들은 하느님의 백성이 아닌 죄인이라는 너울을 쓰고 살아야만 했습니다.

5. 아기 예수님께서 그런 시대 상황 속에서 무슨 힘이 있으셨겠습

니까? 아무런 힘도 없는 연약한 아기의 모습으로 이 세상에 태어나 십니다.

6. 그러나 그 아기 예수님께서는 전능하신 하느님의 손길로 태어나 신 것이고, 그 탄생 안에는 하느님의 보이지 않는 전능하신 힘이 있으셨기에 그 탄생은 그때도, 지금도 우리에게 어둠을 뚫고 태어나시는 하느님의 힘이요, 우리의 빛이며 희망인 것입니다.

7. 그 빛과 희망이 있어야 우리가 살 수 있는 것입니다. 이 암울한 세상에서 하느님의 힘이 없이 살아간다는 것 그 자체가 얼마나 큰 비극이며 슬픔이며 고통이겠습니까?

8. 우리의 힘든 삶 속에 하느님의 힘이 없다면 우리의 삶은 마치 정글 속의 동물들처럼 힘 있는 놈들만 살아나고 나머지 약한 놈들은 그 생명을 유지하지 못하는, 그야말로 비참하고도 지옥과 같은 삶이 될 수밖에 없을 것입니다.

9. 아기 예수님이 태어난다는 것은 이제 보이는 하느님의 힘이, 느낄 수 있는 하느님의 힘이 우리의 삶 속에 존재한다는 것을 뜻하는 것입니다. 우리를 사랑하시는 그 하느님의 사랑이 눈에 보이고, 손에 잡히고, 가슴에 느껴진다는 것을 뜻하는 것입니다.

10. 우리가 더 이상 죄인이 아니며, 하느님께 버림받은 사람이 아니며, 하느님의 사랑을 받는, 당신 눈에 넣어도 아프지 않을 귀중하고도 아름다운 하느님의 사람이라는 것을 의미하는 것입니다.

11. 우리의 삶에 여전히 이 세상에서 짊어질 수밖에 없는 십자가는 존재하겠지만, 우리를 끊임없이 괴롭히겠지만, 우리 마음속에 하느님의 사랑이 존재한다면, 하느님의 힘이 존재한다면 우리의 삶은 완전히 다른 삶으로 변화될 수 있음을 의미하는 것입니다.

12. 아기 예수님의 탄생은 우리 마음을 희망과 빛으로 가득 채웁니다. 우리 마음 안에 희망과 빛이 있다면 우리는 이 암울한 어둠 속에서도 기쁘고 감사하는 마음으로 살아 나갈 수 있을 것입니다.

13. 우리를 괴롭히는 것은 우리 삶에 있는 십자가가 아니라 바로 우리 자신의 마음인 것입니다. 그 힘들고 절망스러운 마음 때문에 우리가 힘든 것입니다.

14. 하느님이 만들어 주신 아름답고 고귀한 마음들이 이 세상의 어둠 때문에 상처받고 흉해지고 말았습니다.

15. 창조주이신 하느님께서 견딜 수 없는 상황이 되셨기에 하느님께서 직접 아기 예수님의 모습으로 인간의 삶 한가운데로 내려오십니다.

16. 어찌해야 그분을 내 안에 모시고, 내 마음속에서도 어둠을 뚫고 태어나실 수 있을까요?

17. 사제는 대림절에 자색 제의를 입게 됩니다. 자색이란 회개를 의미합니다. 회개란 머리를 돌린다는 뜻입니다. 세상을 향해 서 있던 머리를 하느님을 향해 돌리라는 것입니다.

18. 우리는 어떤 방향을 향해 서 있습니까? 이제 세상을 향해 서 있지 말고 하느님을 향해 서 있어야 한다는 것입니다.

19. 제1독서에서 구체적으로 어떻게 살아야 할지를 가르쳐 주고 있습니다.

"어둠의 행실을 벗어 버리고 빛의 갑옷을 입읍시다. 대낮에 행동하듯이 품위 있게 살아갑시다. 흥청대는 술잔치와 만취, 음탕과 방탕, 다툼과 시기 속에 살지 맙시다. 그 대신에 주 예수 그리스도를 입으십시오."

20. 이 대림절에 제단에는 4개의 초가 차례로 켜지게 됩니다. 복음의 말씀처럼 깨어 있는 삶의 자세를 견지한다면 우리 마음속에도 서서히 어둠을 쫓아내는 빛이 켜지기 시작할 것이고, 우리 마음속에 4개의 촛불이 다 켜지는 때 아기 예수님의 탄생도 우리 마음 안에서 현실로 이루어지게 될 것입니다.

21. 하느님께 향하는 삶의 자세로 진지한 삶의 회개가 일어날 수 있을 때 점차 우리의 마음속에도 빛이 들어올 것이며, 우리의 삶 가운데 칠흑 같은 어둠도 서서히 벗겨질 것이며, 아기 예수님의 탄생과 함께 우리 마음은 온전히 치유받고 새 마음으로 새롭게 변화되고 재창조될 것입니다.

우리 마음속의 아기 예수님을 죽이려는 이 세상의 어둠이 준동하겠지만, 한번 우리 마음속에 탄생하신 예수님께서는 우리 마음속에서 당신의 길을 꿋꿋이 걸어가실 것입니다.

22. "주님, 저희에게 당신의 자애를 보여 주시고, 당신의 구원을 베풀어 주소서." 아멘.

대림 제2주일(2013. 12. 8.)

"너희는 주님의 길을 마련하여라. 그분의 길을 곧게 내어라.
모든 사람이 하느님의 구원을 보리라."

1. 봄에는 황사, 겨울에는 미세먼지, 가뜩이나 사는 일이 힘든데 우리 탓도 아닌데 참 고생이 많습니다. 뿌연 하늘, 꽉 막힌 시야, 코에서는 먼지 냄새가 나고, 눈은 따끔거리고, 목에서는 뭔지 모를 불쾌감이 느껴지는 환경 속에 살고 있습니다.

2. 아무리 중국 탓이라고 이야기해 봐도 이미 커질 대로 커진 중국은 일언반구도 없고, 사과 한마디도 없고, 개선책도 내놓지 않습니다.

3. 자기들 멋대로 우리나라 상공에 선을 그어 놓고, 우리 기업들이 중국에 공장을 세우고 기술을 이전해 주었음에도 불구하고 귀에 걸면 귀걸이, 코에 걸면 코걸이 식의 법을 내세워 중소 사업자들 마음에 안 들면 쫓아내 버리고, 고맙다는 말 한마디도 없이 뻔뻔하게 자기들 힘으로 큰 것처럼 잘난 척하고 우리를 무시합니다.

4. 참으로 멋대로입니다. 오만불손하기 이를 데 없습니다.

5. 힘이 세면 멋대로 해도 됩니까? 힘이 있는 자들은 그들이 곧 법이요, 정의요, 양심인 모양입니다. 자기들이 하는 것은 정당하고, 남이 하는 것은 부당하다고 단정하고 단죄하는 모습은 꼭 먼 데서 찾

을 수 있는 모양새만은 아닙니다.

6. 예수님 시대의 바리사이들이 바로 그런 모습이었습니다. 그들은 비록 생각이 달랐지만 그들의 종교 권력을 유지하기 위해 사두가이파, 율법학자, 대사제들과 교묘하게 협력하고, 당시 권력자들과도 교활하게 힘의 분배를 받았던 사람들이었습니다.

7. 그들은 율법적으로는 열심히 살았습니다. 일주일에 두 번 이상 단식하고, 남들이 보는 앞에서 열심히 기도하고, 율법도 열심히 지키고…….

8. 그러나 그들에게 진정 백성을 사랑하는 마음은 없었습니다. 그들에게 힘들고 비참하게 살아가는 백성을 아끼고 위로해 주는 마음은 없었습니다. 단지 그들에게 주어진 기득권을 지키기 위해 오히려 사람들을 율법이라는 굴레를 씌워 판단하고 단죄하였습니다.

9. 그들 앞에 선 사람들은 모두 죄인이었습니다. 백성은 삶을 살아나가면서 무려 300개가 넘는 율법을 지킬 수 없었기 때문입니다. 자신들은 의인이고 남들은 죄인이라는 바리사이들은, 자신들에게는 하느님 나라가 열려 있고 이 세상의 율법을 지키지 못하는 죄인들에게는 하느님이 자비를 거두실 것이라고 단정했습니다.
그러나 오히려 예수님께 큰 꾸지람을 듣습니다. 너희가 죄인이라고 하는 저 사람들이 먼저 하느님 나라에 들어갈 것이라고…….

10. 오늘 복음에서는 세례자 요한의 이야기가 나옵니다. 그는 당시의 사람들에게 하나의 큰 이슈였습니다. 광야에서 낙타털 옷을 입

고, 메뚜기와 들꿀을 먹으며 살아가는 그의 말들은 도시에서 권력을 추구하며 살아가는 사람들에게 하나의 충격과 같았습니다.

11. 그의 말은 힘이 있었습니다. 하느님을 위하여 세상의 모든 것을 포기하는 그의 삶이 있었기 때문입니다.

12. 수많은 사람들이 그의 삶과 말에 큰 감명을 받았고, 그의 가르침을 들었으며, 새로운 삶을 위해 그에게서 세례를 받습니다.

13. 그 모습을 지켜보던 바리사이들과 사두가이파 사람들이 세례자 요한의 세례 장소에 나타납니다. 또 한편으로는 민심을 살피기 위해서이기도 했을 것입니다. 많은 사람들의 마음이 동요될까 두려움도 있었을 것입니다.

14. 그들의 속셈을 알아챈 세례자 요한은 당시에 그 누구도 할 수 없었던 독설을 그들에게 퍼붓습니다.
"이 독사의 자식들아. 먼저 회개에 합당한 열매를 맺어라."

15. 사회를 이끌어 가던 그들에게 독사의 자식이니, 아브라함은 너희 조상이 아니니 하는 말은 그를 따르던 수많은 사람들에게 얼마나 큰 쾌감과 시원함을 주었을까요? 많은 사람들이 그렇게 생각하고 있었지만 누구 하나 그리 말할 수 없었기 때문입니다.

16. 세례자 요한은 계속 말을 이어 갑니다.
"좋은 열매를 맺지 못하는 나무는 모두 불속에 던져질 것이다. 나는 물로 세례를 주지만 내 뒤에 오시는 분은 성령과 불로 세례를 주실 것이다."

17. 물은 더러운 것을 깨끗이 하는 정화 작용은 합니다. 그러나 불은 더러운 것을 태워 없애는 것입니다. 성령은 하느님의 힘입니다.

18. 세례자 요한의 세례는 하느님의 파견을 받은 자가 그분의 오심을 준비하기 위해 더러운 것을 치워 내는 세례이고, 성령과 불로 세례를 주실 예수님은 이제 하느님의 창조의 힘으로 새로운 세상을 열겠다는 의미를 내포하고 있습니다.

19. 하느님은 창조의 하느님이십니다. 그분은 만물을 창조하시고, 그 만물을 다스릴 인간을 당신의 모습대로 창조해 주셨습니다.

20. 이 세상 만물을 창조하실 때는 '보시니 좋았다'라고 하셨지만 당신 모습 따라 인간을 창조하실 때는 너무나 흡족하셔서 최상급의 표현을 쓰십니다. '보시니 매우매우 좋았다. 흠 잡을 데가 없다. 너무 이쁘고, 멋있고, 정말정말 좋다'고 하십니다.

21. 우리는 이 세상에 존재하는 하느님의 걸작품입니다. 장인들은 자신의 열정과 혼을 다해 자신의 작품을 만들어 냅니다. 그 작품들이 자신의 분신처럼 느껴진다고 합니다.

22. 우리는 장인 중의 장인인 하느님께서 자신의 모든 것을 바쳐 만드신 걸작 중의 걸작인 것입니다. 따라서 우리 안에는 하느님의 혼이 살아 숨 쉬는 것입니다. 하느님의 마음이, 그 사랑이, 그 아름다움이 살아 있는 것입니다.

23. 누가 나처럼 이렇게 묘하고, 아름답고, 신비로울 수 있겠습니까? 문제는 하느님께서 나를 인정해 주시는데 내가, 함께 살아가는 사람들이, 이 사회가 나를 인정해 주지 않는 데에 있습니다.

24. 하느님은 나를 사랑하시는데 내가 나를 사랑하지 않고, 함께 살아가는 사람들이 나를 사랑해 주지 않는 것입니다.

25. 참으로 비극적인 일입니다. 내가 아름다운데, 사랑스러운데 왜 못난 사람이어야 하고, 죄인이어야 하는지…….

26. 예수님께서는 하느님의 아름다운 창조물을 더럽게 만드는 이 세상의 죄로부터 해방시켜 주시기 위해 오십니다. 그 더럽고 추악한 어둠과 싸우기 위해서 이 세상에 오시는 것입니다. 이 세상을 창조하신 하느님께서 목숨을 바쳐서까지 싸우시는 것입니다. 우리 안에 있는 온갖 더러운 것들을 하느님의 힘으로, 성령의 힘으로 불사르기 위해서 당신의 목숨까지 바치시는 것입니다.

27. 우리 자신의 힘으로 어찌할 수 없는 이 어둠을 우리는 우리를 위해 자신의 목숨을 바치시는 그 하느님의 힘으로 이겨 나갈 수 있으며, 당신이 태초에 만드신 그 아름다운 인간, 그 아름다운 세상을 새롭게 만들어 주시는 것입니다.

28. 우리가 하느님의 힘으로 이 세상의 어둠과 죄로부터 자유로워지고 본래 우리의 아름다움을 회복할 수 있게 된다면 이 세상이 얼마나 아름답겠습니까?

29. 늑대가 새끼 양과 함께 살고, 표범이 새끼 염소와 함께 지내는 세상, 송아지가 새끼 사자와 함께 살쪄 가고, 젖먹이가 독사 굴 위에서 장난하며, 젖 떨어진 아이가 살모사 굴에 손을 디미는 세상, 얼마나 아름다운 세상이겠습니까?

30. 그런 세상이 과연 올까요? 우리가 살아 있는 동안에는 그런 세상이 오지 않을 것입니다. 다만 그런 세상을 가슴에 품고 사는 아름다운 사람, 자유로운 사람은 존재할 것입니다. 그런 사람이 있는 한이 세상은 희망과 꿈이 있는, 더럽지만 아름다운 세상인 것입니다.

31. 예수님께서 우리 안의 모든 나쁜 것을 불로 살라 버리시고 성령의 힘으로 가득 채워 주신다면 우리가 그 아름다운 사람이 될 수 있는 것입니다. 하느님의 나라에서 곳간에 쌓이는 생명을 살리는 양식이 될 수 있는 것입니다.

32. 며칠 전 윌슨 만델라 남아공 대통령이 서거하셨습니다. 그분은 참으로 이 더러운 악의 세상에서 어떻게 해야 우리 안에 새로운 생명이 시작될 수 있는지를 몸소 보여 주신 분이었습니다. 도저히 해결될 것 같지 않은 차별과 학살의 광란의 현장에서 그분은 죄를 선으로 이겨 내고, 어둠을 빛으로 이겨 내고, 추함을 아름다움으로 이겨 내셨습니다.

33. 어둠을 어둠이라 하면, 죄를 죄라 하면 그 어둠과 죄가 더 성을 냅니다. 아무리 악한 인간일지라도 그 안에 미미하게 존재하는 선의 힘을 믿고, 어둠을 어둠으로 갚지 않고 인내의 고통을 통해 선으

로 이겨 나가는 그 훌륭한 인간 완성의 표본을 남겨 주셨습니다.

34. 인간인 그분이 어찌 그 일을 해낼 수 있었겠습니까? 그분 안에는 그분 자신을 이겨 낼 수 있는 하느님의 힘이 있었기에 가능했습니다.

35. 우리 안에 어둠을 이겨 내는 하느님의 힘이 있다면 우리도 부족하지만 인내의 시간들을 통해 그 훌륭한 인간 완성의 길을 걸어갈 수 있을 것이고, 하느님의 작품인 우리의 진가를 그때 발휘할 수 있을 것입니다. 많은 사람들이 우리의 삶을 보고 우리 안에서 승리하시는 하느님을 믿고 찬미하게 될 것입니다.

36. 우리 마음 안에 이제 2개의 불을 켭시다.

37. "너희는 주님의 길을 마련하여라, 그분의 길을 곧게 내어라, 모든 사람이 하느님의 구원을 보리라." 아멘.

대림 제3주일(2013. 12. 15.)
"내가 작아져야 그분은
더욱 커지신다."

1. 올해는 눈이 얼마나 올까 걱정됩니다. 얼마 전까지만 해도 온 세상을 하얗게 뒤덮는 눈이 내리면 마음이 설렜는데, 이제는 눈이 걱정거리입니다.

2. 나이가 들어서이기도 하겠지만 눈이 너무 많이 내리기 때문입니다. 눈은 때로는 깊은 감동과 추억의 눈이지만 이토록 춥고 힘들게 하는 눈은 걱정거리입니다.

3. 전방에 있는 군인들은 겨울이 제일 어려운 계절입니다. 추운 날씨 탓도 있지만 끊임없이 제설 작업을 해야 하는 어려움 때문에 눈만 봐도 이가 갈린다고 합니다.

4. 도시에서도 이제 눈은 추억의 감동이 아닌, 귀찮고 힘든 존재입니다. '이젠 그만 왔으면 좋겠는데' 해도 하늘에 구멍이 뚫린 양 한도 끝도 없이 내릴 때가 많기 때문입니다.

5. 더군다나 우리 금호동처럼 높은 지역에서의 눈은 원망스럽고 한탄스럽기까지 합니다. 잘 녹지도 않고, 미끄럽기 그지없고, 어쩌다 실수로 넘어지면 겨울 내내 고생해야 하고, 교통사고도 쉽게 나고,

성당 오가는 길도 조심스럽습니다.

6. 어찌 됐든 어렵고 힘든 계절입니다. 봄이 온다는 희망이 없으면, 끝이 있다는 희망이 없으면 우리는 무척이나 절망적일 수밖에 없을 것입니다. 희망이 있기에, 봄에 대한 기다림이 있기에 이 어려움을 웃으면서 슬기롭게 견뎌 나갈 수 있는 것입니다.

7. 기다림, 그것은 희망입니다. 어떤 철학자는 "인간은 희망하기에 인간이다. 희망하지 않으면 그 자체로 인간임을 포기하는 것이다." 라고 이야기합니다.

8. 무엇을 기다리고, 무엇을 희망할까요? 인생의 봄은 과연 무엇일까요?
봄은 새로운 생명이 시작되는 계절입니다. 새로운 생명을 기다리고 희망할 수 있을 때 우리는 인간이고, 신앙인이 될 수 있는 것입니다.

9. 우리는 세례자 요한의 삶과 말씀을 통해 그 진정한 기다림은 무엇이고, 그 진정한 희망은 무엇인지 오늘 찾아보고자 합니다.

10. 오늘 복음에서 예수님께서는 "내가 진실로 말한다. 여자에게서 태어난 이들 가운데 세례자 요한보다 더 큰 인물은 나오지 않았다." 고 말씀하십니다. 극찬 중의 극찬입니다.
예수님께서는 사람들에게 칭찬을 많이 하신 편은 아니었습니다. 그 분은 사람의 속을 꿰뚫어 보는 분이셨기에 인간의 선함과 악함을 동시에, 그리고 냉정하게 보시는 분이었습니다.

11. 그런데 세례자 요한에 대해서는 "이 세상에 태어난 인물 중에 가장 큰 인물이었다."고 말씀하십니다.

12. 왜 그리 보셨을까요? 어떤 점이 마음에 드셨던 것일까요?

13. 세례자 요한은 그의 마지막 증언에서 이렇게 이야기합니다.
"그분은 더욱 커지셔야 하고, 나는 작아져야 한다."

14. 최근 우리나라 신경외과 계통에서 유명한 선생님을 만나 대화를 나눈 적이 있습니다.
"신부님, 저는 얼마 전까지만 해도 제가 최고인 줄 알았습니다. 제가 사람들의 생명을 살리는 줄 알았습니다. 사실 제 실력은 모든 사람이 인정해 줄 만한 탁월한 실력이었기 때문입니다.
그런데 하느님께서 저를 사랑하시고 이끌어 주셔서 어느 순간 하느님을 알게 되었고, 오랜 신앙생활을 했지만 그때서야 비로소 그분을 진정으로 만나게 되었고, 체험하게 되었습니다.
그 후 제 삶의 태도는 달라졌습니다. 수술을 할 때도 잠시 멈추곤 합니다. 함께 수술하는 사람들은 의아해합니다. '아니 교수님, 이 중요한 순간에 수술을 멈추시면 어떻게 해요?'라고 합니다.
그러나 제게 있어 그 멈춤의 순간은 하느님의 손길을 바라는 순간입니다. 제가 수술을 하지만 하느님께서 함께해 주시도록 하느님께 맡기는 순간입니다.
저를 통해 많은 사람들이 살아나기도 했고, 죽음을 맞기도 했습니다. 제 능력보다는 하느님께서 해 주셨을 때 더 많은 사람들이 새 생명을 얻을 수 있었습니다.

저는 참으로 생과 사가 오가는 그 절체절명의 순간에 하느님의 손길을 많이 체험합니다. 하느님은 제게 있어서 사람을 살리는 분이셨습니다.

저 자신으로 가득 차 있을 때는 그분을 보지 못했습니다. 저 자신의 모든 것을 내려놓으니 거기에 그분이 계셨습니다. 저의 지식, 능력, 기술, 명예, 인기, 위치 등등…… 생각해 보니 저는 참으로 내려놓고 비워야 할 것이 정말 많은, 부족한 사람이었습니다."

15. 참으로 많은 것을 생각하게 하는 대화였습니다.

16. 세례자 요한의 말을 거꾸로 생각해 보게 됩니다.
"내가 작아져야 그분이 커지신다."

17. 사실 우리 보통 사람도 신자라면 다 하느님의 능력을 갖고 있는 사람들입니다.

18. 웃는 모습, 불쌍히 여기는 마음, 선의를 보면 기뻐하고 악을 보면 분개하는 모습, 아름다움 앞에 감동하는 모습, 올바른 마음과 올바른 생활 속에 갖게 되는 자신감, 어렵고 힘든 이웃에게 자선을 베푸는 마음, 삶의 활력소인 여유와 유머, 정의를 추구하고 불의를 미워하는 마음, 양보하고 희생하는 마음, 착한 심성 등등.

19. 가만히 생각해 보면 그 좋은 것들은 사실 나의 것이 아닙니다. 하느님께서 선물로 나의 삶에 베풀어 주신 것입니다. 즉 우리에게는 너무나 자연스러워 보이는 일이지만 그것들은 다 하느님의 선물이고, 사랑인 것입니다.

한 걸음 더 나아가 내 인생 중에 내가 이뤄 낸 것들, 사회적인 성공들, 가정들, 가족들, 사회적인 능력들, 또 교회 안에서의 봉사들 모두가 하느님의 선물이고 축복인 것입니다.

20. 그런데 불행히도 우리는 우리에게 주어진 것들을 우리 자신의 것이라고 착각하는 경향이 있습니다. 내가 너무 크기 때문입니다.

21. 우리에게 주어진 것에 대해 깨닫고, 감사하고, 나를 위한 하느님의 선물에 감동할 수 있을 때 우리 자신이 낮아지고, 그 낮아진 공간으로 하느님의 능력이 함께하게 되는 것입니다. 내가 작아져야만 내 안에서 그분이 커지시는 것입니다. 내가 커서는 절대로 그분이 내 안에 들어오실 수가 없습니다.

22. 내가 너무 커져 있는 삶의 모습, 또 자기 자신을 너무 키우려고 하는 삶의 모습 속에 우리 삶의 비극이 있습니다.

23. 많은 경우 우리는 듣는 것보다는 이야기하는 것을 좋아합니다. 상대방의 이야기를 진지하게 듣고 그 마음을 헤아리기보다는 어떻게 해서든 자기 자신을 상대에게 각인시키려 합니다. 그래서 진정으로 이해하지 못하고, 따라서 배려할 줄도 잘 모릅니다. 귀가 2개이고 입이 하나인 것은 듣는 것은 많이 하고 말하는 것은 절제하라는 조물주의 뜻인데 우리는 그 반대로 살고 있는 것은 아닌가 싶습니다.

24. 남자들의 술자리 대화를 들어 보면 보통 세 가지 특징이 있습니다. '첫째, 목소리가 커진다. 둘째, 자기 자랑을 한다. 셋째, 한 얘기

또 한다'입니다. 자기가 주인공이 되기 위해서 안간힘을 씁니다. 모든 것이 자기중심으로 돌아가야 직성이 풀립니다.

25. 그러니 하느님께 대해서도 그분의 말씀을 듣기보다는 자기 이야기를 더 많이 합니다. 하느님께서는 굳이 우리가 이야기하지 않아도 우리의 모든 것을 알고 계시는데도 말입니다.

26. 많은 경우 우리는 자기 자신을 너무 키우려고 합니다. 재물과 명예와 권력에 대한 욕심과 탐욕도 따지고 보면 자신을 키우려는 몸짓입니다. 너 나 할 것 없이 모두 자신을 키우려 하니 이 세상이 이토록 살기 힘든 것입니다. 함께 살아가야 하는 동반자가 아니라 서로 거꾸러뜨려야 하는 경쟁자인 것입니다.

27. 많은 경우 우리는 하느님을 믿는다 하면서도 하느님이 중심이 아니라 내가 중심인 경우가 많습니다. 하느님 때문에 하느님을 믿는 것이 나 때문에 나를 위해서 하느님을 믿는 경우가 참으로 많습니다. 나 중심으로 하느님을 믿는 것은 유치하고 유아적인 신앙입니다. 보다 더 하느님 중심으로 하느님을 믿어야 우리의 신앙이 우리를 보다 더 행복하게 해 줄 것입니다.

28. 내 존재를 제대로 알면 남의 칭찬에 우쭐댈 일도 없고, 비난에 신경 쓸 일도 없습니다. 같은 꽃을 보고서도 어떤 사람은 예쁘다고 하고, 어떤 사람은 아니라고 합니다. 말없이 피어 있는 꽃을 보면서도 서로 다른 표현을 하는데 각자 자기 생각과 감정으로 하는 말에 내가 흔들릴 이유가 없는 것입니다.

29. 이런 기초 위에 세례자 요한은 참으로 용감한 사람이었습니다. 당시의 종교 권력을 이루어 자신들의 사심을 채우려는 지도층 사람들에게 누구도 할 수 없었던 신랄한 비판을 쏟아 냅니다.

"이 독사의 자식들아, 너희가 회개했다는 증거를 행실로써 보여라."

당시 정치권력을 갖고 있던 헤롯 왕도 비난했습니다.

"당신 동생의 아내를 데리고 사는 것은 옳지 않습니다."

결국 그는 왕의 부인인 헤로디아의 미움의 표적이 되어 목이 잘리는 죽음을 맞게 됩니다.

30. 이런 세례자 요한의 용기는 나는 작아져야 하고, 그분은 커지셔야 한다는 깊은 체험에서 우러나온 것이었습니다. 즉 자신의 힘으로 불의에 맞서 과감하게 정의를 외친 것이 아니라 그 안에서 함께 하시는 하느님의 힘으로 외칠 수 있었던 것입니다. 더 근본적으로 이야기한다면 세례자 요한이 외친 것이 아니라 하느님께서 외치신 것입니다.

31. 또한 요한은 참으로 겸손한 사람이었습니다. 인기가 치솟는 상황에서도 그는 "나는 그리스도가 아니오. 나는 다만 광야에서 외치는 소리에 불과하오. 나는 그분의 신발 끈을 맬 자격조차 없는 사람이오. 나는 물로 세례를 베풀지만 그분은 성령과 불로 세례를 베푸실 것이오."라고 말했습니다.

32. 그는 사람들의 인기와 환호성에 결코 영합하지 않았습니다. 하느님의 자리를 차지하지 않았던 것입니다. 우상의 유혹에도 과감하고 정확하게, 그리고 겸손하게 자신의 길만을 철저히 걸었습니다.

33. 그 안에 크신 하느님이 계셨기 때문입니다. 그 크신 하느님은 자신이 끊임없이 작아지고자 하는 세례자 요한의 결단과 그 실천에 있었던 것입니다.

34. 오늘을 살고 있는 우리에게도 이와 같은 마음 자세가 그 어느 때보다 필요하다고 생각합니다.

35. 가수 조성모의 〈가시나무〉라는 노래가 있습니다.

"내 속엔 내가 너무도 많아서
당신의 쉴 곳 없네……"

36. 내 속에 있는 내가 너무 많아서, 내가 너무 커서 주님도, 이웃도 내 안에 쉴 곳이 없습니다.

37. 그래서 우리는 기쁘지 못하고, 살아 있어도 살아 있지 못하고, 행복하지 못하고, 자신의 삶 속에 함께 계신 하느님의 능력도, 섭리도 발견하지 못하고 슬프고 힘들게 살아갑니다.

38. 하느님은 아기 예수님의 모습 안에서 당신의 모든 것을 버리고, 내어놓고, 낮추십니다. 대림 3주일 사제의 제의처럼 우리의 마음도 밝고 기쁜 분홍색이 되도록 함께 노력합시다.

39. "내가 작아져야 그분은 더욱 커지신다." 아멘.

대림 제4주일(2013. 12. 22.)
"이제와 우리 죽을 때에 마리아와 요셉은
저희를 위하여 빌어 주소서."

1. 이제 제대 앞에 4개의 촛불이 모두 켜졌습니다. 마지막 촛불은 흰색입니다.

2. 지난 금요일 추운 날씨임에도 불구하고 많은 형제자매들이 바쁜 가운데에서도 고해성사에 임하는 모습은 참으로 감동적이었습니다.

3. 그중에서도 제일 아름다운 모습은 부모가 자녀들과 함께 손을 잡고 성당에 오는 모습이었습니다.

4. 특별히 아버지들의 모습에서 저는 깊은 감사와 감동을 느낄 수 있었습니다.

5. 오늘날의 이 복잡하고 혼란한 세상에서 제일 불쌍한 사람과 동시에 제일 위대한 사람은 누구일까요?

6. 옛날 조선시대에 아버지의 존재는 그야말로 하늘과 같았습니다. 그 누구도 아버지의 권위에 도전할 수 없었고, 아버지의 말씀에는 모두가 순종하였습니다.

7. 아버지의 위치가 워낙 크다 보니 사실 남성들이 그 위치를 악용

해서 너무 권위적이고, 위압적이고, 자기중심적이고, 제멋대로인 경우가 많기도 하였습니다.

8. 과거 조상님들의 잘못된 아버지 모습 때문인지 오늘날의 아버지들이 그 대가를 톡톡히 치르고 있는 것이 아닌가 합니다.

9. 오늘날의 아버지들은 과거와 같은 대접은 꿈도 꾸지 못합니다. 생존을 위한 50년대, 60년대를 보내야 했고, 보다 잘살기 위해 모든 것을 버려야 했던 70년대였으며, 민주화라는 변화의 격랑을 치러 내야 했던 80년대, 세대 간의, 계층 간의, 지역 간의 갈등과 분열을 겪어야 했던 90년대, 새로운 사회 속에서 무시와 소외를 당하는 2000년대를 보내는 등 인생의 온갖 고초 속에 살아온 세월들입니다.

10. 인간적인 계산으로 보면 억울하기 그지없는 오늘날의 아버지들입니다. 옛날에는 부모 공경을 최우선 가치로 알며 살았는데, 막상 부모가 되니 이제는 아내에게도, 자녀들에게도 눈치가 보이는 존재로 전락하고 말았습니다.

11. 그나마 경제적인 능력이 있으면 그런대로 쓸 만하고 인정받지만, 그마저 없으면 천덕꾸러기인 양 '삼식이'라는 놀림마저 받으며 마지못해 살아가는 참으로 울화가 쌓이는 세상입니다.

12. 옛날에는 울화병이 여자들에게 있었지만 요즘에는 남자들에게도, 특히 아버지들에게도 울화병이 많다고 합니다.

13. 어렸을 때는 아버지의 어깨가 산처럼 커 보였는데 요즘 아버지

들의 어깨는 처질대로 처져 있고, 그 얼굴에는 찌그러진 인생의 세월이, 그 눈 속에는 이 한 많은 세상을 원망하는 분노가, 그 마음속에는 가족들에게조차 인정받고 사랑받지 못하는 슬픔이 가득 차 있습니다.

14. 참으로 아버지들에게 슬픈 시대입니다.

15. 힘들고 서글픈 아버지, 남이 모르는 가슴 아픔에, 억울함에 잠 못 이루는 아버지들에게 오늘 복음에 나오는 요셉 성인은 새로운 용기와 희망, 그리고 새로운 삶의 비전을 선사합니다.

16. 요셉은 마리아와 예수님을 지켜 내고 길러 내야 했던 남편이었고, 아버지였습니다.

17. 마리아와 함께 이해되지 않는 하느님의 뜻을 온몸으로, 온 삶으로 받아들여야 했던, 인간적으로 보면 비운의 남편, 고통의 아버지이기도 하였습니다.

18. 사랑하던 마리아, 인생의 아름다운 꿈을 함께 꾸던 마리아에게 어느 날 이상한 변화가 생깁니다. 자신과는 한 번도 잠자리를 하지 않았는데, 그저 약혼만 한 상태였는데 마리아가 임신의 징조를 보입니다.
'그럴 리가 없는데, 저 정숙한 마리아, 신실한 마리아가 임신을 하다니…….' 요셉은 그야말로 혼이 나갔을 것입니다. 그의 마음속에 얼마나 큰 번뇌와 회의와 갈등의 파도와 풍랑이 쳤을지 우리가 조금만 상상해 보아도 쉽게 이해가 갈 것입니다.

19. 마리아는 점차 배가 불러 오고, 동네 사람들도 눈치가 이상해지고 술렁대기 시작합니다. 마리아와 요셉이 살던 나자렛이라는 동네는 하도 조그맣고, 오랜 시간 함께 살아와서 아주 조그만 이야깃거리가 있어도 순식간에 번져 나가는 곳이었습니다.

20. 당시 혼인하기 전에 임신을 하면 부정한 여인으로 취급해서 동네 원로회의를 거쳐 심하면 돌로 쳐 죽이는 잔혹한 율법이 존재하던 시기였습니다.

21. 마리아는 일단 사람들의 눈을 피합니다. 아무리 꽁꽁 싸매도 불러 오는 배를 감당할 수 없었던 모양입니다. 석 달 동안 세례자 요한의 어머니인 엘리사벳의 집에서 머물게 됩니다.

22. 아마도 마리아는 그곳에서 엘리사벳과의 수많은 이야기를 통해서 하느님의 뜻을 자신의 인생으로 받아들이는 극적인 변화의 시간을 가졌을 것입니다. 하느님이 어떤 분이신지, 이스라엘 백성이 기다리는 메시아가 누구인지, 어떤 준비가 필요한지, 아기를 가질 수 없었던 엘리사벳의 세례자 요한의 잉태와 함께 두 분은 철저히 하느님 안에서 하느님의 뜻을 깨닫고, 그 뜻을 받아들이는 기쁘면서도 아픈 3개월의 시간을 공유했을 것입니다.

23. 그 시간 동안 요셉의 고민과 번뇌도 만만치 않았을 것입니다. 아무리 하느님의 은총이 함께하는 임신이라 하더라도 그것을 자신의 삶으로 받아들이는 것은 말처럼 쉬운 일이 아니었을 것입니다. 요셉도 마리아처럼 철저한 자기 포기와 변화의 시간을 갖지 않을 수 없었을 것입니다. 두 사람에게 앞으로 얼마나 큰 고통의 시간들

이 기다리고 있을지, 그들은 인생의 두려움 속에서도 하느님께 의지하고 매달리는 마음의 훈련을 하고 있었을 것입니다.

24. 마리아가 돌아옵니다. 이미 만삭이 되어 있었습니다. 동네 어귀에서 만난 마리아와 요셉은 서로를 바라보면서 서로 같은 변화의 시간을 가졌음을 직감적으로 알게 되었을 것이고, 어떻게 살아 나갈지 결심하였을 것입니다.

25. 현실은 현실이었습니다. 그다음 날부터 소문이 쫙 퍼집니다. 마리아가 돌아왔다, 근데 배가 만삭이 되어 돌아왔다, 이게 어찌된 일이냐? 동네 사람들의 마리아에 대한 기대는 분노와 배신감으로 바뀌기 시작합니다.

26. 사람들은 요셉을 다그쳤겠죠. 이게 어찌된 일이냐고. 요셉은 한마디도 할 수 없었습니다. 아무리 설명을 해 봐도 그들이 이해하지 못할 것이 뻔했기 때문입니다. 요셉은 침묵으로 일관합니다. 하느님께서 도와주시기를, 하느님의 뜻이 이뤄지길 간절히 기도하면서 입을 닫을 수밖에 없었을 것입니다.

27. 동네에서 당해야 했던 수모와 멸시, 아픔은 그다음 고통을 위한 준비이기도 했습니다.

28. 때마침 요셉은 호구조사를 위해 만삭의 몸인 마리아를 데리고 나자렛을 떠나 베들레헴으로 갑니다. 혼자 남겨 둘 수가 없었을 것입니다. 분노한 동네 사람들이 마리아에게 어떤 행패를 부릴지 알 수 없었기 때문이죠.

29. 만삭의 마리아를 끌고 베들레헴으로 가는 길은 멀고도 험했습니다. 갈릴레아 호수를 지나 광야를 지나 예루살렘을 지나 그곳까지 가는 길은 고행 그 자체였을 것이지만, 오히려 그 여행을 통해 마리아와 요셉은 많은 것을 보고 느끼는 참으로 소중한 시간이었을 것입니다. 더 많은 대화를 나눌 수 있었고, 곳곳의 여로를 통해 하느님께서 함께하고 계심을 체험할 수 있는 참으로 복된 여행길이었을 것입니다.

몸은 힘들고 고통스러웠지만 마음이 행복하기 때문에 그까짓 여행의 고통쯤은 아무것도 아니었을 것입니다. 그들은 기쁘고 설레는 마음으로 그들의 길을 가고 있었을 것입니다.

30. 두 분은 여행길에 서로의 깊은 마음과 신앙에 감동하였을 것이고, 깊은 신뢰를 느끼며, 그들의 인생에 직접적으로 개입하신 하느님의 놀라운 섭리에 이루 말할 수 없는 기쁨이 충만하였을 것입니다.

31. 천신만고 끝에 베들레헴에 도착합니다. 마리아의 진통이 시작됩니다. 해는 기울고, 가진 돈은 별로 없고, 출산할 장소를 찾아야 하는데 큰일입니다. 요셉은 눈앞이 캄캄하였을 것입니다. 이제 성가정의 보호자로서 첫 출발인데 이걸 어쩌나, 걱정이 목에까지 가득 찼을 것입니다.

위급한 상황에서는 여자들이 더 침착합니다. "요셉, 너무 걱정하지 마세요. 하느님께서 다 마련해 주실 거예요." 따뜻한 마리아의 위로에 요셉은 마음이 편안해집니다. 집집마다 애걸해 보았지만 임산부를 받아 주는 집은 단 한 군데도 없었습니다. 그나마 어떤 마음 좋아

보이는 사람에게서 자기 집 외양간은 써도 좋다는 허락을 받아 냅니다.

32. 고통스럽지만 기쁨과 환희의 출산을 합니다. 하느님의 아들, 아기 예수님을 외양간에서 출산한다는 것은 참으로 죄송스러운 일이지만 그것 역시 하느님의 사랑의 모습이었습니다. 동물과 인간의 경계선, 그곳에 태어나신 하느님의 사랑, 그것은 어떤 인간도 다 사랑하시는 하느님만이 하실 수 있는 가장 완벽한 사랑의 모습이었습니다.

33. 찬란한 기쁨이 함께하는 성탄이었습니다. 하늘의 천사들이 노래하고, 인간 중에 가장 낮은 자들인 목동들이 경배하고, 하늘이 땅에 내려오는 참으로 인간의 언어로는 설명할 수 없는 경이롭고 신비스러운 밤이었습니다. 이 세상의 어둠 속에 한 줄기 빛이 스며들기 시작합니다. 사람들의 마음속에 새로운 희망과 위로와 용기가 스며들기 시작합니다.

34. 그 경이로운 밤이 지나고 마리아가 몸을 회복할 시간도 갖지 못한 채 또 길을 떠납니다. 고향인 나자렛이 아니고, 이집트 땅으로. 목숨의 위협을 받으며 또 정처 없는 길을 떠납니다.

35. 요셉의 여정은 계속됩니다. 하나의 산을 넘으면 그보다 더 높은 산이 기다리고 있습니다. 얼마나 더 산을 넘어야 할까? 요셉은 인간적으로는 한숨도 나오지만 지나온 산을 넘어온 그 힘에 하느님께서 새로운 힘을 보태 주셔서 또 다른 큰 산을 넘어갑니다.

36. 요셉은 자신의 삶의 여정 가운데에서 말없이 마리아와 함께 모든 것을 마음 깊이 새기며, 하느님의 뜻이 이루어지기만을 간절히 바라셨습니다.

37. 저는 나이가 들어 가면서 요셉의 그 크신 내공을 깊이 느끼게 됩니다. 점점 더 존경스럽습니다. 그런 점에서 요즘의 아버지들에게도 깊은 존경심을 느낍니다.

38. 혼자만의 아픔, 모든 것을 가슴에 새기고 부인과 아이들의 행복만을 바라는 그 깊은 속마음은 마치 요셉 성인의 깊디깊은 마음을 닮았기 때문입니다.

39. 자신의 삶의 고통을 큰소리로 외치지 않고 모든 것을 하느님께 봉헌하는 그 높은 산과 같은 마음, 오늘날의 아버지들이 또한 가져야 하는 요셉 성인의 마음이기도 합니다.

40. 요셉 성인은 가정의 수호성인이며, 노동자들의 성인이고, 임종하는 이의 수호자이기도 합니다. 저는 여기에서 요셉 성인을 현대 아버지들의 수호성인으로도 호칭하고자 합니다.

41. 우리 아버지들도 가정의 수호자이며, 자신의 노동을 통해 자신과 가정의 삶을 지키는 수호자이기에 요셉 성인을 각별한 의미로 모실 수 있어야 하겠습니다.

42. "이제와 우리 죽을 때에 마리아와 요셉은 저희를 위하여 빌어주소서." 아멘.

성탄 대축일 밤미사(2013. 12. 24.)
"지극히 높은 곳에서는 하느님께 영광,
땅에서는 그분 마음에 드는 사람들에게 평화."

1. 기쁨의 성탄입니다. 기쁘십니까? 기뻐야 합니다. 마음이 가벼워
지십니까? 마음이 가벼워야 합니다.

2. 아기 예수님께서 어둠을 뚫고 태어나셨습니다. 이 세상의 어둠
을 뚫고, 내 마음속의 어둠을 뚫고, 우리 가정의 어둠을 뚫고, 우리
공동체의 어둠을 뚫고 태어나십니다.

3. 세상이 참으로 많이 어둡습니다. 전보다 훨씬 잘살게 되었지만
우리보다 더 잘사는 사람들을 보니 우리도 기를 써 가며 잘살려고
온갖 힘을 다 씁니다. 전에는 마음이 중요하고, 인격이 중요하고, 성
실함이 중요했는데 이제는 인간의 내면적인 가치보다는 '얼마나 경
제적인 능력이 있는가', '얼마나 잘생겼는가' 하는 외적인 가치를 더
중요하게 생각합니다.

4. 그렇다 보니 돈이 삶의 목표가 되어 버렸고, 돈을 위해서라면 못
할 짓이 없는 어두운 세상이 되어 버렸습니다. 돈이 우리 삶의 목표
를 넘어 하느님이 되고 말았습니다.

5. 그러나 우리의 마음은 경제적으로 풍요로운 삶에 비해서 너무나

빈곤한 마음들입니다. 행복하지가 않습니다. 뭔가 한구석에 찬바람이 붑니다.

6. 경제적으로 치열하게 경쟁하다 보니, 적자생존의 생존경쟁 속에서 살다 보니 우리의 마음은 살벌해지고, 여유와 배려가 없어지고, 항상 긴장 상태로 살아야 합니다.

7. 하느님께서 보시기에 얼마나 불쌍하고 가련한 인생들이겠습니까? 하느님께서 아름답게 창조하신 세상이 망가지고, 하느님께서 가장 심혈을 기울여 창조하신 인간이 부서지고 있습니다.

8. 우리의 마음은 온갖 상처들로 뒤범벅이 되어 있습니다,
아버지는 아버지대로 힘들고 지친 삶을 살아가며, 어머니들 역시 한스러운 한숨을 내쉬며 살아갑니다. 아이들도 경쟁사회에서 뒤처지지 않으려고 그 무거운 책가방을 어깨가 찌그러질 정도로 메고 동심을 잃어 갑니다. 청소년, 청년들은 앞날을 위해서 이루 다 말할 수 없는 강박관념 속에서 그들의 청춘을 소모하고 있습니다.
부모님들은 노년이 되어서도 경제적인 문제 때문에, 손주들 때문에 기쁨과 보람의 노년 생활을 보내지 못하고 있습니다. 젊은 부부들은 아이들을 남부럽지 않게 키우기 위해 그야말로 뼈골 빠지게 일하지만 항상 부족하기 이를 데 없습니다.

9. 성당에 와서 삶의 위로와 용기를 받고 싶지만 성당 역시 위로는 커녕 실망과 좌절을 안겨 줄 때가 많습니다. 성당에서만큼은 상처받고 싶지 않은데 성당에서의 상처들은 치유되기 힘들 만큼 마음

깊은 곳에 자리 잡게 됩니다.

10. 마음이 무거울 수밖에 없습니다. 인생의 무게가 어깨를 짓누릅니다. 가정에 대한 책임감이, 미래에 대한 불안감이 우리 가슴속에 무거운 돌처럼 가득 내리누릅니다. 때로는 자신에 대한 실망과 좌절, 남들과 세상에 대한 원한과 분노가 가슴 깊이 숨어 있어 우리의 가슴은 면도칼로 저미듯이 아프기도 합니다.

11. 이 힘든 인생길에서 믿었던 사람에 대한 배신감은 우리에게 잠 못 드는 밤으로 다가옵니다. 사랑한 만큼 처절한 아픔을 겪어야 하고, 믿었던 만큼 배신의 상처로 울기도 합니다. 온갖 정성과 희생을 바치지만 세상은, 사람들은 우리의 진실한 마음을 우롱하기도 하고, 비웃기도 하고, 심지어 온갖 억측과 비난으로 상처받은 마음에 불을 지르기도 하고, 소금을 뿌리기도 합니다.

12. 어떻게 이 힘든 세상을 살아가십니까? 그래도 웃어야 행복하다 하니 웃으며 삽니다. 울면서도 웃으며 살아갑니다. 안 살 수가 없으니 말입니다. 속으로는 피눈물을 흘리지만 겉으로는 웃어야 살 수 있는 삶의 모습…… 때로는 하느님께서 아시는지 회의가 들기도 합니다.

13. 아이들을 누구보다 잘 키우고 싶었지만 정말 뜻대로 되지 않습니다. 자존심도 상하고, 애정을 가졌던 그 이상으로 아프고 괴로울 때가 많습니다.

14. 정치 하시는 분들에게 우리 인생의 희망을 걸어 보지만 그것은

참으로 사막의 신기루에 불과하다는 것을 뼈저리게 체험합니다. 그들은 조금도 우리 인생에 도움이 되지 않는다는 것을 이제는 삼척동자도 다 압니다.

15. 하느님, 이 세상 어찌하면 좋습니까? 이 인생 어찌해야 하나요? 울부짖으며 물어보고 싶을 때가 많습니다. 당신은 어디 계시냐고, 왜 맨날 침묵의 구름 속에 숨어 계시냐고 따져 보고 싶을 때가 많습니다.

16. 요셉과 마리아. 그들은 깊은 신앙을 가지신 분들이지만, 그분들은 어떤 면에서는 우리가 겪는 마음의 어려움과 고통을 더 많이 겪으신 분들이십니다.

17. 이 세상의 어둠을 없애시는 어린양이신 예수님, 그 어둠들은 빛이신 예수님을 받아들일 수 없었습니다. 왜냐하면 그들의 어둠이 만천하에 드러날 수밖에 없었기 때문입니다.
인간을 하수인으로 삼아 버린 어둠의 권력, 세력은 참으로 막강하였습니다. 그들은 어떤 방법과 수단을 써서라도 그들의 어둠을 감추기 위해 어린양을 속죄의 제물로 삼을 수밖에 없었던 것입니다.

18. 요셉과 마리아는 그 어둠에 정면으로 직면해야 했습니다. 당신들의 온몸으로, 온 삶으로 그 어둠을 직시해야 했고, 그 어둠의 상처를 피할 길이 없었습니다.

19. 하느님의 선은 항상 이 세상에 충만하게 존재하지만 인간의 눈에는 언제나 이 세상의 어둠과 악이 먼저 보이게 마련입니다. 이 세

상의 어둠과 악의 세력 속에서 하느님의 빛을 본다는 것, 그것은 천지창조 이래로 요셉과 마리아가 우리에게 처음으로 보여 주신 참다운 인생의 희망인 것입니다.

20. 하느님의 선을 안고 살아가는 사람들에게 어둠은 죽을 만큼의 큰 아픔이요, 고통일 수밖에 없습니다. 어둠은 결코 하느님의 빛을 용납하지 않기 때문입니다.

21. 이 세상에 사는 한계가 있을 수밖에 없는 인간이 인간의 영역을 뛰어넘는 어둠의 세력의 타깃이 된다는 것은 곧 죽음을 의미하는 것입니다.

22. 이제 그 어둠을 이겨 내는 빛이 탄생하십니다. 죽음을 이겨 내는 희망이 탄생하십니다. 우리 마음속에 있는 큰 돌이 치워집니다. 선과 악을 분명하게 분별해 주는 빛이 우리 마음속에 들어옵니다. 마음 깊은 곳까지 그 빛이 스며듭니다. 빛은 우리 마음이 아무리 어두워도, 깊어도, 장애물이 많아도 그 모든 것을 뚫고 가장 깊은 곳까지 내려갑니다. 빛이 없으면 죽음입니다. 죽음과 같은 우리 마음 깊은 곳에 빛이 비치고, 생명의 힘이 솟구칩니다. 생명의 나무가 새롭게 뿌리를 내리고 있습니다.

모든 상처를 치유받습니다. 내가 모르던 깊은 무의식의 나 자신이 나타나며, 그 안에 있던 상처들도 아물고 새로운 살이 돋아납니다. 나 자신으로부터 자유로워지며, 이웃으로부터도 자유로워집니다. 이게 해방이구나, 이게 진정한 자유로구나!

23. 뜨거운 눈물이 흐릅니다. 감사와 찬미의 눈물, 진정한 치유의 눈물, 자유와 해방의 기쁨이 온몸과 마음과 영혼에 가득 찹니다.

24. 위대하신 하느님의 사랑, 찬미하고 찬양해도 인간의 언어로는 부족합니다. 어찌 하늘이 땅이 되셨을까? 어찌 이런 일이 가능할까? 어찌 하느님이 사람이 되셨을까?
이것이야말로 진정한 사랑입니다. 나약하고 가련한 인간을 구하기 위해서는, 나를 구하기 위해서는 그분이 사람이 되실 수밖에 없으셨습니다. 사람이 되어 이 세상에 내려오시고, 나를 데리고 다시 하늘나라로 오르시는 것입니다. 그분이 사람이 되지 않으셨다면 이 가련하고 불쌍한 인생은 결코 하늘나라에 오를 수가 없는 것입니다.

25. 부모가 자식을 위해 목숨을 바친다 하지만 그 인간의 지고한 사랑의 차원을 넘어 하느님께서 인간을 구하시기 위해, 아니 나를 구하시기 위해 사람이 되시고, 그것도 모자라 나와 함께 인생의 어둠을 겪어 내시고, 나를 하느님의 사람으로 다시 만들어 주시는 것입니다.

26. 내가 깨닫지 못해도, 내 가슴이 움직이지 않아도 이것은 변할 수 없는 사실이고 진리입니다. 내가 깨닫는 날, 내 가슴과 영혼이 움직이는 날, 그날이 나의 구원의 날이고, 나의 인생이 새롭게 시작되는 날이며, 내가 새롭게 태어나는 날이 될 것입니다.

27. 비록 우리가 깨닫지 못해도 그분은 태어나십니다. 묵묵히 우리 인생길에서 당신의 길을 걸어가십니다. 언젠가 우리가 깨달으리라

기다리십니다. 한도 끝도 없이 기다리십니다.

28. 그날이 와야 우리는 우리를 둘러싸고 있는 이 세상과 우리 자신의 어둠의 정체를 파악하게 될 것입니다. 어둠은 우리 인생에 여전히 존재하겠지만 그 어둠을 빛이신 예수님과 함께 이겨 나갈 것입니다. 진정으로 울면서도 행복한 인생으로 변화될 것입니다. 어떤 삶의 고통도, 어둠도, 죄악도 하느님 안에서 이겨 나갈 수 있을 것입니다. 내 삶의 십자가는 나를 구원하는 도구로서 새롭게 빛을 발휘하게 될 것입니다.

29. 이제 우리는 기뻐해야 합니다. 모든 인생의 짐, 마음의 짐을 내려놓아야 합니다. 진정으로 가벼워져야 하고, 자유로워져야 하겠습니다. 마음에 새로운 힘을 얻어야 하겠습니다.

30. 아기 예수님께서는 오늘 우리 마음의 빛으로 탄생하셨습니다.

31. "지극히 높은 곳에서는 하느님께 영광, 땅에서는 그분 마음에 드는 사람들에게 평화." 아멘.

예수, 마리아, 요셉의 성가정 축일(2013. 12. 29.)

"위대한 일은 갑자기 이뤄지는 것이 아니라 오늘 나에게
주어진 한 걸음을 용감하게 디딜 수 있을 때
서서히 이뤄지는 것입니다."

1. 세월은 유수와 같이 흘러 어느덧 한 해의 마지막 주일입니다. 누구나 이 한 해의 끝자락에 서면 지나간 1년의 시간을 되돌아보게 마련입니다.

2. 누구 하나 만족하기 힘들 것입니다. 나름 열심히 살아왔다고는 하지만 뭔가 허전하고, 찬바람이 붑니다.

3. 우리는 왜 이리도 사는 일이 힘든가요? 하나의 산을 넘으면 더 높은 산이 기다리고 있고, 하나의 강을 건너면 더 깊은 강이 기다리고 있습니다.

4. 하는 일이 잘되었으면 좋겠는데 딱히 그렇지 못하고, 가족들과도 보다 많은 사랑을 나누고 싶은데 돌아보면 후회와 상처의 연속이고, 그렇다고 신앙이 좀 더 깊어진 것도 아닌 것 같고, 연말을 맞으면 쓸쓸해지면서 이리 살아도 되는 건가 하는 회한이 가슴에 가득 찹니다.

5. 며칠 전 KBS에서 강릉에 있는 갈바리 의원에 대한 이야기가 있었습니다. 그곳은 호스피스 개념으로 한생을 마치려는 사람들이 가

족들의 사랑 가운데에서 죽음을 준비하는 곳입니다.

6. 탄생이 아름답듯이 죽음도 아름다워야 하는데, 중환자실에서 인공호흡기에 의지해서 온갖 의학적 검사가 이뤄지는 가운데 맞이하는 죽음은 그야말로 고통 그 자체입니다. 떠나는 본인에게도, 떠나보내는 가족들에게도 죽음에 대한 아무런 준비 없이 헤어지는, 그야말로 최악의 상황입니다.

우리는 아름답게, 감동 가운데 태어날 권리가 있듯이 마지막 순간도 아름다워야 하며, 품위가 있어야 합니다. 그런데 그 중요한 마지막 순간에 조금이라도 더 살려 보겠다는 가족들의 욕심은 그 떠나가야 하는 사람에게 엄청난 고통과 두려움만 안겨 주는 것입니다.

7. 그런 점에서 갈바리 의원에서의 죽음은 참으로 아름다웠습니다. 그곳에서 가족들은 평소에 하지 못했던 사랑의 표현을 계속합니다. 죽음이 임박했을 때는 가족들이 모두 돌아가면서 환자를 품에 안고 사랑의 고백을 합니다. 사랑한다고, 고마웠다고, 미안하다고, 걱정하지 말라고, 두려워하지 말라고, 모든 것을 하느님께 맡기라고, 열심히 살겠다고, 언제까지나 잊지 않겠다고, 지금은 헤어지지만 언젠가는 다시 만날 거라고, 내가 가는 날 마중 나오라고…….

죽어가는 사람도 의식이 있을 때 글로, 녹음으로 가족들에게 사연을 남깁니다. 정말 사랑했노라고, 많이 사랑하지 못해서 미안하다고, 마음처럼 행동을 못 해서 후회된다고, 먼저 가 있을 테니 열심히 살다가 다시 만나자고, 하늘에서 지켜보며 열심히 기도하겠노라고…….

8. 그들은 한결같이 이야기합니다. 살아오면서 왜 진작 이런 아름다운 이야기를 많이 못 했는지 후회스럽다고, 그랬으면 살아온 세월이 훨씬 더 아름답고 행복했을 거라고, 그러면서 그래도 이제라도 이런 마음을 전해 줄 수 있어서 감사하다고 합니다.

중환자실에서 인공호흡기에 의지해 의식이 없는 상태에서 떠나지 않고, 마지막 시간이나마 따뜻하게 사랑을 나눌 수 있어 정말 다행이고 감사한 일이라고 합니다.

9. 오늘은 성가정 축일입니다. 오늘 우리는 이들의 마지막 모습을 마음 깊이 새길 수 있어야 합니다.

10. 우리는 서로 미워하고 증오하며 살아옵니다. 가장 소중한 사람임에도 미워한 시간이, 증오한 시간이 얼마나 많았는가 생각해 보면 참으로 아뜩해집니다. 내 마음 깊은 곳은 그렇지 않은데 왜 그리 미워하고 증오했을까요? 좀 더 깊이 생각해 보면 다 나름대로 상처와 아픔이 있는 불쌍한 인생들인데 말입니다.

11. 부부간에, 부모와 자식 간에 얼마나 많은 평행선과 상처가 존재하는 것일까요? 때로는 그 상처가 너무 깊어 끝이 보이지 않을 때도 있습니다. 그 상처 때문에 우리도 주위 사람들에게 끊임없이 상처를 주고, 받고 있습니다.

12. 머리로는 대화와 배려와 이해가 필요하다는 것을 알고 있지만 가슴으로는 느끼지 못하니, 더더군다나 실천은 더 어렵습니다. 마음이 내키지 않을 때가 많습니다.

13. 성가정을 생각해 봅시다.

요셉과 마리아는 이 세상의 온갖 고통 속에 살아오신 분들입니다. 인간의 머리로는 이해되지 않는 잉태와 탄생, 권력의 위협, 죽음의 공포, 낯선 이집트 땅에서의 삶, 경제적인 고통, 문화적인 충격, 어둠의 세력의 끝없는 도전, 하느님의 뜻과 현실과의 괴리…… 아마 그분들의 삶의 여정은 우리가 상상할 수도 없는 고난과 역경의 연속이었을 것입니다.

14. 그러나 그들의 삶의 고통은 서로에게 상처로 표현되지는 않았습니다. 오히려 서로에 대한 깊은 이해심과 동정심, 측은지심, 애틋함, 미안함이었을 것입니다. 자신보다 먼저 서로를 생각해 주는 진정한 사랑이 있었을 것입니다. 자신의 고통보다 상대의 고통을 먼저 생각해 주고, 이해해 주고, 배려해 주는 아름다움이 있었을 것입니다.

15. 온갖 어둠의 세력이 그들을 매순간 흔들었지만 그들은 흔들리지 않았습니다.

단지 하느님의 은총 때문이었다고 쉽게 이야기할 수 있을까요? 그렇지 않습니다. 그들도 우리와 똑같이 흔들리고 힘들어했을 테지만 우리와 다른 점이 있다면 그들 안에는 산과 같이 흔들리지 않는 믿음이 있었고, 바위와 같이 견고한 하느님께 대한 신뢰가 있었던 것입니다. 그 믿음과 신뢰 위에 하느님의 은총이 함께했던 것이지요.

16. 그들 역시 매순간 흔들리고 힘들었지만, 고통스러웠지만 그들 안에 있는 하느님의 힘으로 그 모든 순간을 이겨 내고, 인내하고, 지혜롭게 분별해 나갈 수 있었던 것입니다. 그들 안에 있는 하느님의

힘은 그들에게 진정한 사랑의 원동력이 되었을 것입니다.

17. 하느님 없이, 인간의 가장 아름다운 가치인 진정한 사랑이 가능할까요? 하느님은 사랑의 원천이시고, 인간의 본질은 바로 사랑입니다. 따라서 하느님 없이 진정한 의미의 사랑은 불가능하다고 할 수 있습니다. 하느님이 함께 계셔야만 진정한 사랑이 가능한 것입니다.

18. 이제 우리는 우리 안에 무엇보다 먼저 하느님의 은총을 얻을 수 있는 하느님의 힘을 키워야 합니다. 그리고 서로 사랑하는 훈련을 해야 합니다. 사랑은 거저 되는 것이 아니고, 끊임없는 훈련 속에 성장되는 것입니다.

19. 부부들을 위한 프로그램 중에 ME라는 것이 있습니다. 그 엠이의 구호 중에 '사랑하는 것은 결심이다. 의지다' 하는 것이 있습니다. 사랑하는 것은 결심이고 의지다. 맞습니다. 사랑은 더 이상 젊었을 때의 감정도, 호감도 아닌 것입니다. 사랑은 결심이고 의지입니다. 의식적으로 생각하고 표현할 수 있을 때 비로소 사랑이 가능해지는 것입니다.

20. 우스개 이야기로 경상도 사람들은 집에 들어오면 세 마디만 한다고 합니다. '아는? 묵자! 자자!' 이래서는 절대로 사랑이 향상되지 않습니다. 아무리 마음 깊이 사랑을 갖고 있어도 그 사랑이 표현되지 않으면 사랑이 아닙니다. 표현되어야 사랑입니다. 마음으로만 사랑하지 말고 의지적으로 표현될 때 마음도, 행동도 사랑으로 나

아갈 수 있게 됩니다.

21. "모든 청소년들의 문제는 곧 부모의 문제다."라고 이야기합니다. 부모가 대화하지 않고, 사랑을 표현하지 않기 때문에 그 마음속에 미움과 증오가 쌓여 가고, 그 모습을 즉각 느끼는 아이들은 당연히 마음속에 어둠이 쌓여 갈 수밖에 없는 것입니다.

22. 마지막 순간이 되어서야 울면서 후회하면서 자신의 깊은 곳에 있는 사랑을 표현할 것이 아니라 지금 이 순간에 해야 합니다. 나중에 하겠다는 것은 가장 큰 거짓말입니다. 지금 하지 못하면 나중에도 못 하는 것입니다.

23. 지금 이 순간 부부간에, 부모와 자식 간에 마치 죽음을 앞둔 사람처럼 사랑의 마음을 표현할 수 있다면 우리의 가정이 얼마나 아름답겠습니까? 그 아름다운 가정에 하느님의 은총이 더해져 우리는 성가정을 이뤄 나갈 수 있게 됩니다. 이 세상의 어둠은, 고난과 역경은 언제나 존재하겠지만 우리의 아름다운 마음과 하느님의 은총으로 이뤄 낸 가정은 결단코 해치지 못할 것입니다.

24. 위대한 일은 갑자기 이뤄지는 것이 아니라 오늘 나에게 주어진 한 걸음을 용감하게 디딜 수 있을 때 서서히 이뤄지는 것입니다. 오늘 내가 결심할 수 있을 때, 오늘 내가 적극적인 의지를 가질 때 나도 요셉과 마리아가 이뤄 낸 그 위대한 가정, 성가정을 이루어 낼 수 있을 것입니다.
성가정, 그것은 내 삶의 목표여야 합니다.

당신은 **복되십니다**

2014년
강론

주님 공현 대축일(2014. 1. 5.)

"동방에서 본 그 별이 그들을 앞서가다가
아기가 있는 곳 위에 이르러 멈추었다.
그들은 그 별을 보고 더없이 기뻐하였다."

1. 새해 첫 주일입니다. 새해가 되면 많은 사람들이 첫 해맞이를 위해 인파와 추위를 무릅쓰고 산으로, 바다로 떠납니다.

2. 일출은 광대함과 찬란함, 그리고 아름다움과 감동이 있습니다.

3. 저는 새해 일출은 아니었지만 모세가 하느님을 만났던 시나이산에서 깊은 감동을 느낀 적이 있습니다.

4. 이스라엘 성지순례 중 많은 경우에 이집트를 경유하게 되고, 그중에서도 광야와 시나이산 순례가 매우 중요한 부분을 차지합니다.

5. 일반적으로 시나이산 순례를 위해서는 새벽 2시에 일어납니다. 당시 저희 일행 중에는 동네 뒷산도 가 보지 않은 일흔에 가까운 어르신이 한 분 계셨습니다.

가이드는 걱정스러운 눈초리로 건강에 자신이 없는 분은 올라가지 않는 것이 좋겠다, 무리해서 올라가는 도중에 사고가 많이 난다, 만일 사고가 나면 이곳에서는 대처할 방법이 마땅치 않다면서 은근히 그 어르신이 가지 않기를 바라는 것이었습니다.

그런데 저희 일행은 오랜 기간 같은 본당에서 헌신적으로 봉사직을 수행해 오던, 한마디로 똘똘 뭉친 팀이었습니다.

한편으로는 걱정도 되었지만 모두가 한마음으로, 죽더라도 함께 죽는다는 결의를 갖고 시나이 산행에 도전하기로 하였습니다.

6. 칠흑 같은 깜깜한 밤이었고, 날씨도 추웠습니다. 조그만 손전등에 의지해 산을 오르는 것은 사실 쉬운 일이 아니었습니다.

조금 올라가다 보니 예상대로 지쳐 가는 사람이 한두 명씩 생기기 시작하였습니다.

7. 올라가기 힘든 사람들을 위해 돈을 받고 장사를 하는 베드인족 낙타몰이꾼들이 있었습니다. 한두 명씩 낙타를 타기 시작합니다.

8. 산길은 매우 좁고 가팔랐으며, 낙타는 생각보다 높고, 어지럼증과 현기증을 호소하는 사람까지 생기기 시작합니다.

9. 이러다 큰일 나는 게 아닌가 하는 걱정도 생겼지만 한번 시작한 길을 포기할 수는 없었습니다. 되돌아갈 수도 없었기 때문입니다.

10. 깜깜한 밤에 하늘을 올려다보니 '세상에!' 수많은 별이 바로 머리 위에서 쏟아지고 있었습니다. 그렇게 아름다운 별을 저는 그때 이후로는 보지 못했습니다.

11. "모두 하늘을 보십시오!" 저는 지시를 내렸습니다. 마음속에 아름다운 감동이 물밀듯이 밀려옵니다. 추위도, 현기증도, 걱정스러운 마음도 모두 잊을 수 있었습니다. 걸어가면서, 낙타를 타고 가면서 모두 묵주를 손에 쥐고 하느님께서 주시는, 말로 표현할 수 없는

아름다움에 취해 그 험한 1단계 길을 올라갈 수 있었습니다.

12. 2단계 길은 낙타를 이용할 수 없는 계단 길이었습니다.
이제는 죽든지 살든지 올라가는 수밖에 없었습니다. 한번 가슴속에
깊이 새겨진 아름다운 감동은 이제 사람들 사이에서 위대한 희생정
신으로 꽃을 피우기 시작했습니다.

13. 서로 짐을 들어 주고, 밀어 주고, 당겨 주면서 그 지긋지긋한 돌
계단 길을 오르기 시작하였습니다. 동네 뒷산도 가 보지 않았다던
그 어르신도 죽을힘을 다해 네 발로 그 계단을 오르고 있었습니다.
어디서 그런 힘이 나왔는지 모두가 한마음이 되어 힘들지만 웃으면
서, 서로 격려하면서 한걸음 한걸음 옮기는 그 모습은 바로 우리 인
생사 안에 있는 하늘의 별들처럼 아름다운 사람 별들의 모습이었습
니다.

14. 드디어 정상! 어둠이 걷히고 밤의 별들이 하나둘씩 사라지면서
저 멀리 동녘 하늘이 붉게 물들어 오기 시작합니다. 그 아름다움과
신비로움은 한밤중의 별을 바라보던 감동과 함께 마음들을 붉게 물
들입니다. 태양의 모습에 따라 마음의 모습도 물들어 간다는 사실
을 그때 처음으로 느낄 수 있었습니다.

15. 모두 한마음이 되어 '오! 아름다워라 찬란한 세상 주님이 지었
네' 노래가 아름다운 합창이 되어 시나이 계곡에 울려 퍼집니다. 그
노래가 얼마나 아름다웠는지 외국인들도 엄지손가락을 치켜세우
며 '뷰티풀, 원더풀'을 연발합니다. '대-한민국 짝짝짝짝짝'으로 화
답합니다.

16. 일출 후 그 더럽디더러운 베두인 움막에서 먹은 컵라면의 맛은 그 이후에는 맛보지 못한 가장 훌륭한 맛이었습니다. 어찌 이토록 맛있을까? 온갖 추위를, 배고픔을 한방에 날려 주었습니다.

17. 이어진 미사 시간. 모두가 눈물인지, 콧물인지 구분할 수 없을 정도로 흘리고 있었습니다. 모세가 하느님의 음성을 직접 자신의 귀로 들은 이곳에서, 하느님께서 손수 써 주신 십계명 판을 받은 이곳에서 올려지는 미사는 그야말로 감동의 시간이었습니다. 그 옛날 모세의 심정으로 하느님을 만나는 듯한 기분이었습니다.

18. 오늘은 동방박사 세 사람이 아기 예수님을 뵈온 날입니다. 그들은 천문학자들이었습니다. 당시의 천문학자들은 가장 지식을 많이 쌓은 사람들이었고, 유일하게 박사라 불린 사람들이었습니다. 그들의 지식의 목표는 진리였습니다.

19. 어느 날 그들은 하늘에서 뜻밖의 위대한 발견을 합니다. 세상을 구원할 왕의 별, 구세주의 별을 발견하게 됩니다. 구세주가 탄생할 것임을 알게 된 그들은 그 별을 따라 험난한 여정의 여행길에 나서게 됩니다.

20. 강도도 만나고, 급류에 휩싸이기도 하고, 높은 산도 넘어야 했으며, 광야의 뜨거운 태양도 견뎌야 했고, 춥디추운 광야의 추위도 견뎌 내야 했습니다.

21. 목숨을 걸어야 할 정도로 험난한 여행길이었지만 그들에게는 그들의 길을 이끌어 주는 왕의 별, 메시아의 별이 있었습니다. 그 별

의 의미를 알기에 그들은 어떤 고통도 이겨 낼 수 있었고 극복할 수 있었습니다. 마음속에는 다시 편안한 고향으로 돌아가고픈 유혹과 갈등이 항시 있었지만 그 별이 주는 희망으로 자신에게 주어진 진리를 찾아 걸어가는 용기를 얻을 수 있었습니다.

22. 구세주의 별이 있다는 사실, 그것은 모든 것을 뛰어넘을 수 있는 가장 아름다운 희망이었던 것입니다.

23. 형제자매 여러분!
어떤 마음의 별을 갖고 계십니까? 그 별이 아름답고 찬란하게 빛나고 있습니까? 그 별이 어떤 인생의 역경도 이겨 나갈 수 있을 정도로 아름답고 찬란합니까? 그 별이 마음에 깊은 감동을 줍니까?

24. 흔들리지 않는 것이 어른이 아니라 1,000번을 흔들려야 어른이 된다고 합니다. 그렇습니다. 조금 흔들려도 괜찮습니다. 우리의 흔들림은 어른이 되기까지의 지극히 당연한 여정이기 때문입니다.

25. 다만 마음속에 그 별만은 잊지 말아야 하겠습니다. 별은 깜깜한 밤에만 빛나는 것이 아니라 한낮에도 존재합니다. 구름 때문에 보이지 않는다 하여도 구름 위에서 별은 언제나 빛나고 있는 것입니다.

25-1. 그 별을 잊지 않고 나의 삶의 길을 꾸준히 걸어갈 수 있다면 우리는 주위 사람에게도 별이 되어 줄 수 있고, 또 하늘에서뿐만 아니라 땅에서도, 이 세상에서도, 사람들 안에서도 빛나는 별을 발견할 수 있게 될 것입니다.

26. 우리 마음속에 별이 존재하는 한 우리는 조금 흔들려도, 길을 헤매도 그 아기 예수님을 향해 나아갈 수 있는 것입니다.

27. 나의 삶을 이끌어 주는 메시아의 별을 따라가며 그분께 드릴 선물을 준비하는 것은 우리 삶에 주어진 가장 큰 숙제일 것입니다.

28. "동방에서 본 그 별이 그들을 앞서가다가 아기가 있는 곳 위에 이르러 멈추었다. 그들은 그 별을 보고 더없이 기뻐하였다." 아멘.

주님 세례축일(2014. 1. 12.)

"너희는 내가 사랑하는 아들,
내 마음에 드는 아들이다."

1. 기후의 변화가 장난이 아닙니다. 북미 지역은 영하 40도를 넘나들고, 남미 지역은 영상 50도에 육박한다고 합니다.

2. 뭔지 모르겠지만 참 큰일입니다. 언제 우리에게도 이처럼 극심한 기후변화가 닥칠지 알 수 없습니다.

3. 이제는 사람이 수명을 다해서 죽는 확률보다 사고나 자연재해로 죽는 확률이 더 크다고 합니다.

4. 자연의 인간에 대한 보복은 참으로 전율을 느낄 정도로 무시무시합니다. 자연의 파괴에 대한 인간을 향한 질타의 의미를 깨달아야 하는데 오늘을 살아가는 사람들은 그런 의미를 잘 깨닫지 못하는 것 같습니다.

5. 그저 남의 일로만 여기며, 나에게 닥치지 않으니 그 심각성을 잘 생각하지 않습니다.

6. 그 심각함이 우리 앞에 닥치기 전에 뭔가 달리 살아야 하고, 변화되어야 함에도 불구하고 많은 사람들이 그저 아무 생각 없이 살아갑니다.

7. 언젠가 어느 피정을 지도한 적이 있었습니다. 부부들을 위한 피정이었습니다.

8. 한 부부가 어떤 신부님과 수녀님의 강력한 권고로 그 피정에 들어오게 되었는데, 그 부부는 아주 심각한 상태였습니다.
이미 3개월 이상 별거 중이었고, 회복하기 힘들 만큼 서로 간에 큰 상처를 입고 있었으며, 곧 이혼하기 직전이었습니다. 수많은 상담과 치료를 받아 보았지만 아무 소용이 없었습니다. 그 부부는 거의 절망 상태였고, 상대에 대한 마음의 칼날이 매우 날카로워져 있었습니다.

9. 그 피정은 부부가 한방을 쓰는 것이 원칙이었는데, 그 부부는 절대로 한방을 쓰지 않겠다, 한방을 쓰라면 피정을 들어가지 않겠다고 강하게 주장했습니다.

10. 특별히 예외규정을 적용해 각방을 허락해 주었고, 그제야 그 부부는 마지못해 피정에 들어오게 되었습니다.

11. 피정에 들어온 부부의 얼굴은 그야말로 어둠 그 자체였습니다. 마음속의 미움이 그토록 얼굴을 어둡게 만들고, 섬뜩할 정도로 보기 흉한 얼굴을 만들 수 있는지 참으로 놀라울 정도였습니다.

12. 다른 부부들은 옆자리에 앉아 나름대로 열심히 피정 프로그램을 따라오는데 그 부부는 서로 멀찍이 떨어져 앉았고, 서로 얼굴도 쳐다보지 않았습니다.

13. 특히 남편분은 뭐가 그리 불만이 많은지 자꾸만 퇴소하겠다는 것이었습니다.

14. 간신히 설득하여 각자 면담을 하기로 하였습니다.

15. 부인의 말은 도저히 함께 살 수가 없다는 것입니다. 이유를 물어보니 언어폭력과 반찬 투정이 너무 심하다는 것입니다. 또 거의 모든 경우에 너무 심각하게 자기중심적이라는 것입니다.

16. 한참 이야기를 들어 주다가 그럼 남편이 어떻게 하면 같이 살 수 있겠냐고 물어보았습니다. 한참을 머뭇거리던 부인은 주머니에서 종이 한 장을 꺼냈습니다.

17. 그 종이에는 부인의 요구사항 10가지가 적혀 있었습니다. '모든 재산의 명의를 부인으로 한다'에서 시작하여 어떠한 경우에도 언어폭력과 반찬 투정을 하지 말 것, 아이들에게 친절할 것, 신앙의 자유를 보장할 것 등등이었습니다.

18. 그 열 가지 요구사항에 남편이 온전히 수긍하고 사인을 해 주면 다시 생각해 보겠다는 것이었습니다.

19. 남편을 불렀습니다. 사실 면담을 해 보니 그 남편은 단순하면서도 우직한 사람이었습니다. 어려운 성장과정을 거쳤고, 자신의 힘으로 세상을 이겨 내야 했던 사람이었습니다. 그의 마음속에도 부인에 대한 원망과 자신을 이해해 주지 못하는 데에 대한 섭섭함이 있었습니다.

20. 헤어지고 싶으냐고 물어보았습니다. 그건 아니라고 합니다. 자기도 속이 까맣게 타들어 갈 정도로 답답하고 아프다고 합니다.

21. "내가 볼 때 만일 헤어지면 당신은 성격 때문에 폐인이 되고, 인생의 실패자가 될 것"이라고 돌직구를 날렸습니다.

22. 그는 깜짝 놀랍니다. "제가 어떻게 하면 좋겠습니까?" 그때 그 부인이 놓고 간 서류를 내놓았습니다. "자, 잘 읽어 보시고 서명하시겠습니까?"

23. 그 순간 참 신기한 일이 벌어졌습니다. 남편이 무릎을 딱 꿇더니 그 서류에 서명하는 것이었습니다.

24. 저도 놀랐습니다. 엄청난 항변이 있을 거라 예상하고 있었는데 어찌 된 일인지 너무 쉽게 자신을 낮추는 것이었습니다.

25. 후에 그 심정을 듣게 되었는데, 그때 자기는 그 서류에 뭐가 쓰여 있는지도 몰랐답니다. 그저 뭔가 자기 머리를 때리는 힘을 느꼈고, 그 힘이 가슴으로까지 이어지더랍니다. 자기가 평생 쌓아 온 아성이 그 힘으로 한순간에 깨지는 것을 느꼈다고 합니다.

26. 마침 그때 제 방에 누군가가 선물로 준 아름다운 꽃다발이 있었습니다. 제가 그 꽃다발을 주면서 부인의 방에 찾아가 꽃다발을 전해 주면서 다시 프러포즈를 하라 하였습니다.

27. 그날 밤 남편은 부인의 방에서 나오지 않았습니다.

28. 그날 밤 그 부부에게 무슨 일이 있었는지 아무도 모릅니다.

29. 그날 밤은 모든 부부들이 참으로 긴 대화를 나누는 시간이었습니다.

30. 그다음 날 아침 피정에 참여한 부부들은 모두 깜짝 놀랐습니다. 그 살벌하던 부부가 손을 잡고 다정한 연인처럼 나타났기 때문입니다. 무겁고 어둡던 얼굴은 간데없고, 밝고 아름다운 얼굴이었습니다.

31. 어떻게 이런 일이 가능했을까요? 그 부부는 3년이 지난 오늘날까지도 주위의 모든 사람이 부러워하는 아름다운 부부로 열심히 살아가고 있습니다.

32. 후일담을 들어 보면 남편이 참 많이 변했다고 합니다. 청소, 빨래, 설거지를 도와주고, 아이들에게도 친절하고 자상한 아빠가 되었으며, 무엇보다도 냉담의 상태를 벗어나 아주 열심히 신앙생활을 하고, 부인에게도 그 누구와도 비교할 수 없는 훌륭한 남편이 되었다고 합니다. 자연히 아이들도 기뻐하고, 성장의 고통을 잘 이겨 냈으며, 열심히 자신의 삶을 살아간다고 합니다.

33. 그날 밤 그 남편의 머리에서 가슴까지 때리던 힘은 하느님의 힘이었고, 성령의 힘이었습니다. 이 세상을 창조하시고 섭리하시는 그 위대하신 하느님의 손길이었던 것입니다.

34. 사람은 원래 잘 변화되지 않습니다. 자신이 살던 대로 사는 것

이 가장 편하다고 생각하기 때문입니다. 그래서 온갖 합리화와 미사여구를 써 가며 변화되려 하지 않으며, 변화되기를 두려워하기도 합니다.

35. 변화될 만큼의 깨달음을 얻기도 힘들고, 자신의 노력으로는 변화의 경지에 이르기 어렵습니다.

36. 우리는 살면서 주위 사람들을 끊임없이 변화시키려고 노력하고, 성공하지 않으면 실망하고 좌절합니다. 그리고 미워합니다.

37. 인간의 변화, 그것은 인간을 만들어 주신 하느님만이 하실 수 있는 것입니다. 하느님이 마음의 주인이시니 그분만이 그 마음을 바꾸어 주실 수 있는 것입니다.

38. 우리는 그 하느님의 힘을 끊임없이 구해야 합니다. 하느님의 사랑의 표현이신 성령께서 우리를 변화시켜 주실 수 있는 것입니다.

39. 오늘은 주님의 세례축일입니다.
세례란 물로써 정화를 이루고, 성령으로써 새로운 사람이 되는 것입니다. 부모님의 사람에서 하느님의 사람으로 변화되는 것입니다. 그래서 교회를 통해 하느님의 사람으로서의 새로운 이름인 세례명도 갖게 되는 것이며, 하느님의 사람이라는 표지로 인호도 받게 되는 것이며, 죽었다 다시 살아난 사람으로서 모든 죄도 다 용서받는 것이며, 성령의 힘으로 살아갈 수 있는 사람으로 변화되는 것입니다.

40. 우리는 세례를 받았지만 여전히 잘 변화되지 못하고 있습니다.

하느님의 사람이 되었지만 여전히 세상의 사람으로 살아가는 경우가 많습니다. 하느님의 사람이지만 세상의 사람으로 살아간다는 것은 위선과 껍데기뿐인 삶을 살아가는 것입니다. 위선과 껍데기로 살아간다는 것은 진정한 행복과 기쁨을 상실한 채 살아간다는 것을 뜻합니다.

41. 하느님께서는 우리를 행복하고 기쁘게 살아가도록 당신의 자녀로 불러 주셨습니다. 우리가 행복하지 못하다면 그것은 우리를 불러 주시는 하느님의 부르심을 배반하는 것입니다.

42. 세례로 다시 태어난 우리는 오늘 복음의 예수님처럼 하느님의 힘으로, 성령의 힘으로 살아갈 수 있어야 할 것입니다. 성령께서는 우리의 모든 허물을 불태워 버리시고 우리로 하여금 새로운 사람으로 새로운 삶을 살도록 이끌어 주십니다.

"너희는 내가 사랑하는 아들, 내 마음에 드는 아들이다." 아멘.

연중 제3주일(2014. 1. 26.)

"죽음의 그림자가 드리운 조장에 앉아 있는 이들에게
빛이 떠올랐다."

1. 오늘은 지난 9개월가량 예비자 교리를 받던 이들이 새롭게 하느
님의 자녀로 태어나는 날입니다. 진심으로 축하드립니다.

2. 새로 세례를 받는 분들에게 저는 두 가지는 꼭 물어봅니다.

3. 어떤 동기로 성당에 나오게 되었느냐는 질문과, 성당에 나와 신
앙생활을 하면서 어떤 마음의 변화와 삶의 변화가 있었느냐는 질문
입니다.

4. 거의 공통적인 대답은 '어느 날 문득 성당에 가고 싶어서, 또 종
교를 택하면 천주교를 택하겠다고 마음먹었는데 마침 아는 사람이
신앙생활을 권유해서, 또 결혼을 하게 되었는데 상대방이 신자인
지라 강요 아닌 강요에 의해서, 또 마음의 평화를 얻고 싶어서'였
습니다.

5. 두 번째 질문인 어떤 마음의 변화, 삶의 변화가 있었느냐는 질문
에는 '마음이 밝아지고 평화로워졌다, 감사하는 마음이 생기고 뭔
지 모를 기쁨이 생긴다. 전에는 운전하면서 욕도 많이 했는데 이제
는 욕을 하는 대신 기도를 바친다. 전보다 더 죄책감을 느끼기도 한

다. 부정적인 생각보다는 긍정적인 생각을 많이 한다. 주위 사람들에게 고마움과 감사를 느낀다. 화를 내는 숫자가 줄어들었다' 등등의 대답입니다.

6. 때로는 매우 드라마틱하고 감동적인 이야기들도 많이 있습니다.

7. 거의 모든 사람의 대답에서 저는 하느님의 부르심과 이끄심을 느끼게 됩니다. 하느님께서 불러 주셔야만 성당에 올 수가 있구나! 때로는 본인이 잘 깨닫지 못해도 조금만 깊이 생각해 보면 자신의 삶 속에 있는 하느님의 부르심을 깨달을 수 있습니다.

8. 저는 중학교 1학년 때 세례를 받았습니다.
가만히 생각해 보면 저의 탄생과 성장과정은 그 자체가 하느님의 부르심이었음을 깨닫게 됩니다.

9. 저의 부모님은 이북분들이십니다. 6·25전쟁 때 이남으로 피란을 오셔서 부산에서 사셨죠. 그때 저의 아버님은 당시로서는 신기술이었던 사진업을 하셨습니다. 제가 태어날 당시 아버님은 돈을 꽤 많이 버셨습니다.
그리고 제 위로 형님들이 세 분이나 계셨죠. 아버님은 마지막 자손으로 딸을 간절히 원하셨습니다. 그래서 당시로서는 매우 희귀하게도 병원에서 출산을 준비하셨습니다. 딸이기를 매우 바라셨기 때문이죠.

10. 그런데 막상 아이가 태어나니 남자아이였습니다. 그때만 해도 남아선호사상이 굉장히 심했는데 저는 남자로 태어나면서도 부모

님께 실망과 좌절을 주는 존재였습니다. 더군다나 태어날 때부터 형들과 달리 까맸다고 합니다. 부모님은 저의 탄생을 기뻐하시기보다는 실망하고 좌절하셨다고 합니다.

11. 3년 뒤 부산에서 꽤 많은 돈을 번 아버지는 서울로 올라오시게 됩니다. 돈 관리를 잘하지 못하셨던 아버지는 그 많은 돈을 어머니 쪽 친척에게 맡기셨는데, 결국은 잘못되고 말았습니다. 배신감에 가득 찬 아버지에게 인생의 새로운 기쁨이 생겼습니다.

12. 마침내 원하던 이쁜 딸을 갖게 되신 것입니다. 제 여동생은 태어날 때부터 뽀얗고 이뻤다고 합니다. 그 아이는 태어나면서부터 부모님과 형님들의 사랑을 독차지한 거죠. 동생은 한마디로 공주였고, 집안의 중심이었습니다.
수많은 세월이 지난 지금도 동생은 자신도 모르게 제 앞에서는 공주님처럼 행세하곤 합니다.

13. 그때부터 제 인생은 꼬이기 시작했습니다. 3살 아기였지만 저는 그때 당시 제가 받은 소외감을 아직도 정확히 기억하고 있습니다.
초등학교 시절 동생이 잘못하여 싸우게 돼도 항상 제가 부모님 야단을 들어야 했습니다.

14. 인생이 이렇게 불공평하구나. 참 억울한 게 인생이구나. 저는 어린 시절부터 인생의 아픔을 마음속 깊이 간직하면서 자랐습니다.

15. 그러다 중학교에 입학하게 되었는데 묘하게도 가톨릭 학교인 동성중학교에 들어가게 됩니다.

16. 집에서 억울한 신세를 면하지 못하던 저는 저를 인정해 주는 선생님들과 수녀님들을 만나게 됩니다.

17. 예비자로서 학교에서 매일 있었던 새벽 미사에 한 번도 빠지지 않았고, 교리 경시대회에서도 예비자로서 1등을 하기도 하였습니다.

18. 세례를 받던 날이 아직도 눈에 선하게 떠오릅니다. 갑자기 세상이 밝아지고 마음속에 말로 표현할 수 없을 정도의 기쁨이 샘솟는 것을 느낄 수 있었습니다. 세상이 그토록 찬란하고 아름다울 수 없었습니다. 제 삶의 어둠이 아름다운 빛으로 바뀌는 것을 느낄 수 있었고, 볼 수 있었습니다.

19. 그 후 저는 더욱더 열심히 신앙생활에 매진하였습니다. 학교 공부보다는 종교부 활동이 저에게는 더 중요했고, 행복했습니다. 본당에서도 레지오에 들어가서 시립병원 방문이나 본당의 더러운 재래식 화장실 청소를 도맡아 하였죠.

20. 저는 참 행복했습니다. 집에서는 여전히 행복하지 않았지만 학교에만 가면, 성당에만 가면 너무 기뻤습니다.

21. 한참 세월이 지난 뒤 저는 깨달았습니다. 저에게는 어려운 가정이 참으로 하느님의 부르심이었다는 사실을 말입니다.
저에게는 힘들고 불행스러운 가정이었지만 저는 그랬기 때문에 누구보다도 일찍 하느님 안에서의 행복을 느끼고 깨달을 수 있었던 것 같습니다.

22. 그렇습니다. 어둠이 있어야 빛이 소중한 것입니다. 절망이 있어야 희망이 밝게 빛나는 것입니다. 궁핍함이 있어야 풍요로움이 기쁜 것입니다. 슬픔이 있어야만 기쁨이 찬란하게 빛나는 것입니다.

23. 오늘 복음에서 주님께서는 어둠 속에 앉아 있는 백성과 죽음의 그림자가 드리운 고장에서 하느님의 나라를 선포하십니다.
그때 당시 부귀영화를 누리던 도시에서 하느님의 나라를 선포하신 것이 아니라 아무도 알아주지 않는 슬픔과 좌절과 어둠 속에서 헤매던 백성들에게, 그 마을에 하느님의 기쁜 소식을 전하십니다. 죽음의 그림자가 드리워져 있던 마음들에 하느님의 기쁨을 전하시는 것입니다.

24. 아마도 부귀영화를 누리던 사람에게 하느님의 나라를 전했다면 그들은 그 기쁨을 받아들이지 않았을 것입니다. 이리 재고 저리 재면서 예수님을 받아들이지 않았을 것입니다.

25. 하느님 나라의 기쁨과 능력은 받아들일 줄 아는 사람들의 것입니다.

26. 예수님을 받아들이면 그분의 말씀을 받아들이는 것이고, 그분의 말씀을 받아들이는 것은 하느님의 능력을 받아들이는 것이고, 그 마음 안에 하느님 나라의 기쁨이 시작되는 것입니다.

27. 하느님의 능력이 무엇입니까? 그것은 세상 만물을 창조하시고 다스리시는 능력이고, 인간을 기묘히 창조하신 능력이고, 인간의 마음 안에 존재하시는 능력입니다.

28. 하느님의 능력은 참으로 엄청난 사랑의 능력인 것입니다. 어둠을 빛으로 바꾸시고, 절망을 희망으로 바꾸시며, 불신을 신뢰로 바꾸시고, 고통을 기쁨으로 바꾸시며, 몸과 마음의 질병을 치유해 주시는 능력이십니다. 인생을 바꾸시는 능력이십니다.

29. 그 능력은 참으로 엄청난 기쁨의 능력인 것입니다. 기쁘지 않으면 하느님께서 함께 계시지 않은 것입니다. 하느님을 믿는 사람의 기준은 기쁨입니다. 하느님을 믿으면서도 기쁘지 않다면 그의 신앙은 무엇인가 잘못된 것입니다.

30. 그 하느님의 능력이 예수님을 통하여 이 세상에 선포되고 있습니다. 그분의 말씀과 행적은 바로 하느님의 나라인 것입니다.

31. 고통 속에 있는 분들, 좌절과 실망 속에 있는 분들, 마음의 상처로 아파하시는 분들, 가난으로 절망 속에 있는 분들, 온갖 사고와 질병으로 힘들어하시는 분들, 절대 포기하지 마십시오. 여러분의 고난은 바로 하느님의 부르심이고, 바로 하느님의 나라가 설 수 있는 토대인 것입니다. 하느님께서 뭔가 당신에게 귀중한 선물을 주시기 위해서 우리 인생이 꼬이기도 하는 것이고, 때로는 어둠과 절망, 죽음의 그림자까지도 허락하시는 것입니다.

32. 그래야 우리가 교만하지 않고 우리에게 다가오는 그 기쁨의 하느님의 나라, 하느님의 뜻이 온전히 이루어지는 하느님의 나라를 받아들일 수 있기 때문입니다.

33. 우리가 잘나간다면, 하는 일마다 잘된다면, 실패와 좌절이 없다

면 우리가 하느님의 나라를 받아들일 확률은 거의 제로일 것입니다.

34. 인생은 묘하게도 어둠을 통해 빛을 발견하는 것입니다. 죽음을 통해 삶을 시작하는 것입니다. 죽을 것만 같은 고통과 상심을 통해 새로운 인생이 시작되는 것입니다. 때로는 죄를 통해 하느님의 크신 자비가 내 삶 안에 드러나는 것입니다.

35. 걱정하지 마십시오. 실망하지 마십시오. 두려워하지 마십시오. 하느님께서 내 안에 계시고, 내 인생 안에 함께 계시기 때문입니다.

36. 그래서 나의 삶에 주어진 신앙이 얼마나 소중한 하느님의 축복이며, 선물인지 모릅니다.

37. "어둠 속에 앉아 있는 백성이 큰 빛을 보았다. 죽음의 그림자가 드리운 조장에 앉아 있는 이들에게 빛이 떠올랐다." 아멘.

설날 합동 위령 미사 (2014. 1. 31.)

"앞서가신 분들에게도
용서와 화해와 사랑을 드립시다."

1. 어제 미카엘 신부님과 수녀님 두 분과 함께 모처럼 왕십리에 가서 〈겨울왕국〉이라는 애니메이션 영화를 봤습니다.

2. 옛날에는 '왕십리' 하면 '왕십리 똥파리'라는 별칭이 붙은 정도로 힘들고 가난한 지역이었습니다.

3. 그런데 어제 가 보니 이제는 '왕십리 똥파리'가 아니고 '왕십리 파리' 정도 되는 것 같았습니다.
옛날의 모습은 간데없고 민자 역사를 중심으로 아주 번화하고 밝은 동네로 바뀌어 있었습니다. 또한 교통의 중심지이기도 하였습니다. 춘천으로, 양평으로 가는 전철이 통해 있고, 어느 곳으로든 통하는 지하철이 연결되어 있었습니다.

4. 참으로 세월이 무섭다는 느낌을 지울 수 없었습니다.

5. 하루하루는 별거 아닌 것 같지만 하루가 모여 한 달이 되고, 한 달이 모여 1년이 되고, 1년이 모여 10년, 20년, 30년의 세월이 됩니다.

6. 오늘 우리는 조상님들과 지인들의 영혼을 추모하는 합동 위령 미사를 봉헌하고 있습니다.

7. 왜 해마다 추석과 새해 첫날에 이런 추모를 하는 것일까요?

8. 세월이 중요하기 때문입니다. 지나간 시간, 지나간 세월이라고 의미 없는 것이 결코 아니기 때문입니다.

9. 생각해 보면 부모님들은 오랜 세월을 통해 우리들을 길러 내셨습니다.

10. 부모님들의 세월 속에는 기쁨도 있었을 것이지만, 아픔과 한숨, 고통과 눈물 나는 세월이 더 많았을 것입니다.

11. 우리의 부모님들은 자신의 안위나 행복보다는 오로지 자식을 위해 그 많은 세월을, 그 험난한 세월을 견뎌 오셨습니다.

12. 얼마나 많은, 우리가 모르는 아픔과 고통들이 있었을까요?

13. 이제 우리는 나이가 들어 조금이나마 부모님들의 아픔을 이해하기 시작합니다. 그 세월의 무게 속에 존재하는 그분들의 사랑에 감사하고, 감동하기 시작합니다. 그때는 몰랐지만 이제 나이가 들어 보니, 또 부모가 되어 아이들을 키우다 보니 그때 당시 부모님들의 심정을 조금이나마 이해하게 됩니다.

14. 오늘 우리가 기억하는 것은 단지 부모님들의 영혼을 위해서만 기억하는 것이 아닙니다.

15. 그분들이 살아오신 세월들에 대해 기억하고, 감사하는 것입니다. 그분들의 자식에 대한 애정, 인간적인, 사회적인 한계 상황임에

도 견뎌 내시고, 그 험한 세월들을 이겨 내신 부모님들의 마음에 진심으로 감사드리는 것입니다. 우리 눈앞에 보이지 않지만 그분들의 마음, 애정, 헌신, 그 세월들은 언제나 존재하는 것이고, 살아 있는 것입니다.

16. 어리석어서 그분들의 마음을 이해하기보다는 그분들이 미처 다 해내지 못했던 부분들에 대해 상처받고, 아파하고, 불평했던 우리들의 마음을 반성하고, 이제라도 진심으로 그분들의 마음과 한계 상황을 인정하고 화해하는, 참으로 거룩한 시간들인 것입니다.

17. 아마 우리가 부모님들의 입장이었다면 우리는 부모님들만큼 해내지 못했을 것입니다. 우리는 부모님들보다 훨씬 더 똑똑해서인지 모르지만 이기심이 더 많고, 고통을 잘 견뎌 내지 못하기 때문입니다.

18. 우리의 마음속에는 아직도 부모님들과 화해하지 못하고, 진심으로 감사드리지 못하는 못된 마음이 존재하고 있을지도 모릅니다. 내가 받은 사랑보다는 내가 받았다고 주장하는 상처들에 대해 더 집착하고 있는지도 모릅니다.

19. 쉬운 일은 아니겠지만 오늘 마음을 비워 내야 하겠습니다. 겉으로 드러난 부모님들의 한계에만 집착할 것이 아니라, 그분들이 살아오신 세월을, 또 그분들의 마음속에 있었던 진정성을 받아들이고, 용서해야 하겠습니다. 진심으로 화해할 수 있어야 하겠습니다.

20. 용서와 화해 뒤에 하는 기도가 참된 기도입니다. 그분들의 마음

을 헤아리고 용서하고, 화해를 청하고 난 뒤의 우리의 기도는, 우리의 분향은 참으로 그분들을 위한 사랑의 기도가 될 수 있을 것입니다.

21. 우리의 마음속에는 부모님들뿐 아니라 앞서가신 지인들에 대해서도 아름다운 추억, 슬프고 고통스러운 추억이 있게 마련입니다.

22. 인생이 평탄한 길이라면 얼마나 좋겠습니까? 그러나 누구에게도 인생은 평탄하지 않습니다. 굴곡이 있고, 때로는 높은 산을 넘어야 하고, 또 때로는 깊은 강을 건너야 할 때도 있습니다.

23. 그중에서도 지인들의 죽음은 참으로 가슴 아픈 일입니다. 죽음은 언제나 우리 삶 가운데 존재하고 있는 것입니다. 죽음 앞에 인간은 한계 상황을 느끼고 보다 더 겸손해지고, 진실해지기 마련입니다.

24. 우리가 신앙을 갖고 있다는 것이 얼마나 큰 축복인지 모르겠습니다. 우리는 죽음을 극복하는 신앙을 갖고 있기 때문입니다. 신앙이 없다면 이 세상의 억울하고 한탄스러운 일들 앞에서 우리는 일어서지 못하고, 절망할 수밖에 없기 때문입니다. 사랑스러운 지인들과의 아픈 이별을 받아들일 수 없기 때문입니다.

25. 하느님 앞에서는 모든 이가 살아 있는 것입니다. 하느님을 믿는 신앙 앞에서는 산 이도, 죽은 이도 모두가 살아 있는 것입니다.

26. 부모님들, 지인들 모두 신앙 안에서는 살아 있는 것입니다. 하느님은 죽은 자의 하느님이 아니라 살아 있는 자의 하느님이시기 때문입니다.

27. 제가 본 영화 〈겨울왕국〉에서 주인공이 미움과 두려움을 갖고 있을 때는 모든 세상이 차갑고 날카로운 겨울로 변합니다. 그러나 사랑을 깨닫는 순간 봄이 오고, 생명이 솟아나며, 모든 것이 온화해 집니다.

우리의 마음이 미움과 분노와 상처로 가득 차 있다면 우리가 살고 있는 세상은 차갑고 날카롭기 그지없는 살벌한 세상이 되고 말 것입니다. 그러나 차가운 세상이라 하더라도 우리의 마음속에 용서와 화해와 사랑이 있다면 내가 살아가는 이 세상은 아름다운 생명이 꽃피어 나는 봄과 같은 것입니다.

28. 앞서가신 분들에게도 용서와 화해와 사랑을 드립시다. 그분들이 살아오신 세월에 감사와 감동을 드릴 수 있어야 하겠습니다.

29. 새해 복 많이 받으시고, 살아 계신 하느님의 축복을 나누는 기쁘고 아름다운 명절 보내시길 기도합니다. 아멘.

연중 제5주일(2014. 2. 9.)

"너희의 빛을 사람들 앞에 비추어 그들이 하늘에 계신
너의 아버지를 찬양하게 하여라."

1. 지난 주간에는 주교 서품식을 비롯하여 사제, 부제 서품식이 있
었습니다.

2. 영광스럽게도 우리 금호동 본당에서도 부제 한 분이 탄생하셨습
니다.

3. 본당 50년사에 따르면 조율리오 부제는 금호동 출신의 12번째
성직자이며, 참고로 우리 금호동 공동체에서는 수도자를 23명 배출
하였습니다.

4. 1965년도에 현재 원로 사목자이신 송광섭 베드로 신부님을 시작
으로 1970년대에 염수완 야고보 신부님, 박인선 도미니꼬 신부님,
이종남 라이문도 신부님, 1980년대에 염수의 요셉 신부님, 홍성남
마태오 신부님, 문호영 프란치스꼬 신부님이 탄생하셨으며, 그 후
박종성 그레고리오 신부님, 양현우 바오로 신부님, 하성용 유스티
노 신부님으로 이어지고, 최근에는 재작년에 순교복자회의 강창근
바오로 신부님이 서품을 받으셨습니다.

5. 특히 제가 명일동에 부임할 당시 박인선 신부님은 저의 명일동

성당 전임이셨습니다. 박 신부님이 어떤 삶을 살아오셨는지 신자들을 통해 많이 들을 수 있었습니다.

6. 저는 박 신부님이 머무셨던 그 방에서 박 신부님에 대한 생각을 많이 하곤 하였습니다. 그분의 육체적인 고통, 정신적인 고뇌가 얼마나 컸을까? 사목자로서 올바른 삶을 살기 위해 자신의 엄청난 육체적인 고통 가운데에서도 기도하며, 인내하며, 자신의 모든 것을 하느님께 봉헌하였던 그분의 삶의 느낌들이 저에게도 마음 깊이 고스란히 전해져 오곤 했습니다.

7. 사실 그곳 신자들은 신부님의 그 깊은 고통과 고뇌를 잘 이해하지 못하였습니다. 그저 겉으로 자주 짜증을 내시는 그분의 모습을 부정적으로만 보았던 것이 사실입니다.

8. 박 신부님이 선종하셨을 때 저는 신자들에게 역정을 내었습니다. "과연 당신들이 박 신부님을 깊이 이해하고 있는가? 그분의 깊은 속내를 알고 있는가? 왜 겉모습만 보고 함부로 판단하는가? 그분의 육체적인 고통과 정신적인 고뇌에 과연 얼마나 많은 위로와 기도를 하였는가? 그분에게 사랑의 편지 한 통이라도 보내 본 적이 있었던가?"

9. "이제부터라도 그분을 위해서 기도해야 한다. 오해한 만큼, 미워한 만큼, 판단한 만큼 그분을 위해서 진실된 마음으로 기도해야 한다. 그렇지 않으면 여러분이 오해하고, 미워하고, 판단한 그대로 여러분의 삶에서 그대로 그 죄를 받게 될 것이다."라고 하였습니다.

10. 다행히 신자들은 제 말뜻을 알아주었고, 장례를 비롯한 삼오 그

리고 그 이후까지 박 신부님을 위한 기도가 끊이지 않았습니다.

11. 무슨 인연인지 박 신부님 후임이었던 제가 이곳 박 신부님의 출신 본당으로 발령을 받게 되었네요. 훗날 하늘나라에서 박 신부님을 만나면 물어봐야겠어요. 신부님이 빽(?)을 써서 나를 이곳 금호동으로 보내신 것이 아니냐고요.

12. 저는 서품식에 참여할 때마다 마음이 한편으로는 기쁘고 또 한편으로는 착잡하기도 합니다.

13. 저 싱싱한 젊은이들이 앞으로 얼마나 많은 정신적인, 그리고 마음의 고통을 겪게 될까? 수많은 사람들이 얼마나 많이 저들의 마음과 영혼을 헤집어 놓을까? 얼마나 많은 밤을 하얗게 지새워야 할까? 사제의 길에 숨어 있는 수많은 난관들, 고비들, 시련들을 잘 이겨 낼 수 있을까? 때로는 화도 내 보고, 사고를 치기도 하지만 그래도 한번 하느님의 사제면 영원한 사제인지라 결국은 자신의 마음을 깎고 다듬고 버리고 해야 하는 아픈 시간들이 얼마나 많을까?

14. 많은 사제들이 자신의 삶을 회고하면서 다시 태어나도 사제의 길을 걷겠다고 하는데 저에게 물어본다면 저는 고개를 갸우뚱할 것 같습니다. 사제가 되기까지 거쳐야 하는 과정도 너무 힘들고, 사제로서 살아가는 젊은 날의 시간들은 그야말로 자신의 부족함 속에서도 이 세상의 죄를 이겨 나가시는 하느님의 어린양의 그 고뇌의 길을 다시 걸어가야 하는 시간들이기에, 생각해 보면 정신이 아뜩해집니다.

15. 사제의 길! 참으로 힘든 길입니다. 인간적인 면으로 생각해 보면 어쩌면 불가능한 길일 수도 있을 것입니다.

16. 한번 사제가 되었다고 완전한 사제가 아니기 때문입니다. 자신의 결점과 부족함과 어둠을 여전히 갖고 사제가 됩니다. 일생이라는 시간을 통해 하느님께서는 당신의 사랑하시는 사제가 되도록 때로는 선이라는 기쁨을 통해서, 또 때로는 역설적으로 악이라는 고통을 통해서 한 사제를 다듬고, 깎고, 잘라 내시기도 하고, 또 버리기도 하십니다.

17. 하느님께서는 한번 선택한 사제는 결코 포기하지 않으십니다. 때로는 사랑도 주시고, 또 때로는 호된 회초리를 드시기도 하십니다.

18. 왜냐하면 아무나 이 세상의 죄와 어둠을 이겨 내는 그 어린양의 길을 걸어갈 수 없기 때문입니다. 이 세상은 참으로 어둡습니다. 그 어둠은 세상에만 있는 것이 아니고 교회 공동체 안에도 존재하며, 신앙인들 안에도 존재합니다.

19. 그 어둠 속에서 부족하기 이를 데 없는 한 인간이 빛과 소금의 역할을 한다는 것은 인간적으로 보면 불가능한 일입니다.
그러나 누군가는 그 역할을 해내야 합니다. 그래서 사제의 삶은 인간적으로 보면 고뇌 그 자체입니다. 부족한 한 인간이 하느님의 일을 한다는 것 자체가 인간적인 눈으로 보면 참으로 어불성설인 것입니다.

20. 사제는 예수님께서 그러하셨듯이 어둠도, 죄악도, 죽음도 깊이

체험할 수밖에 없습니다. 그러나 예수님은 그 어둠을 통해, 죄악을 통해, 죽음을 통해 부활이라는 새로운 삶을 이루어 내십니다.

21. 인간적인 면에서는 불가능한 일이기에 더더욱 하느님의 신비스러운 섭리를 깨닫게 됩니다. 하느님께서 함께하시지 않으면 이 길은 절대로 불가능한 길입니다. 하느님께서 함께 계셔야만 이 길을 걸어 나갈 수 있는 것입니다.

22. 다행히 이 세상은 어둠의 자식만 존재하는 것이 아니라 하느님의 자녀들, 성령의 자녀들도 함께 존재합니다.

23. 어둠은 어둠끼리 통하겠지만 선은 선끼리 통합니다. 하느님께서 허락해 주신 선의 힘을 통해 기쁨이 옵니다. 그 기쁨은 사제들을 위한 기도로 봉헌됩니다.

24. 그 엄청난 하느님의 사랑이 있기에, 그 하느님의 사랑을 아는 이들이 있기에, 그 하느님의 사랑과 그 사랑을 아는 이들의 기도가 있기에 사제 생활이 비로소 가능해집니다.

25. 그것은 기쁨입니다. 이 세상의 어둠과 죽음을 뚫고 함께하시는 주님 부활의 기쁨인 것입니다. 앞서가신 주님께서 함께 계시기에, 또 이 세상과 이 세상 사람들을 믿는 것이 아니고 영원히 변하지 않는 하느님을 믿는 믿음이 있기에 오늘도 그 사제의 길을 걸어가는 것입니다.

26. 그래서 젊은이들이 봉헌되는 서품식이 한편으로는 안쓰럽지만

기뻐할 수 있는 것입니다. 아! 함께 이 길을 걸어가는 사람들이 또 탄생하는구나. 그의 삶 속에 계시는 하느님의 위대하신 이끄심과 섭리를 보면서 살아 계신 하느님을, 영원히 다스리시는 하느님을 볼 수 있게 됩니다.

27. 아무리 사제들을 위한 기도를 바친다 하여도 사제의 삶은 그 자신이 하느님이 원하시는 사제가 될 때까지는 힘들고 고통스러운 여정이 될 수밖에 없을 것입니다. 그러나 그 기도마저 없다면 이 길이 깜깜한 밤에 걷는 길이 될 수밖에 없을 것입니다.

28. 여러분들의 기도가 있는 한 하느님의 사랑은 지속될 것이고, 그 힘으로 이 길을 걸어가게 될 것이며, 점차 교회의 사제를 넘어 하느님의 사제가 되어 갈 것입니다.

29. 오늘 우리 본당의 조율리오 부제가 이 사제의 길, 그 길의 첫걸음을 내딛고 있습니다. 마음을 다해 기도해 주시기 바랍니다.
여러분들의 기도는 이 세상에 보이는 하느님의 사랑입니다. 그 하느님의 사랑이 없으면 사제는 단 한순간도 살아갈 수 없다는 사실을 생각하면서 여러분들의 기도를 청합니다.

30. 여러분들의 기도는 단지 한 인간만을 위한 기도가 아니라 그 사제가 만나게 되는 공동체, 그 신자들을 위한 기도도 되는 것이기에 얼마나 가치 있고 귀중한 기도인지 모릅니다.

31. "너희의 빛을 사람들 앞에 비추어 그들이 하늘에 계신 너의 아버지를 찬양하게 하여라." 아멘.

"주님, 당신 법령의 길을 가르치소서. 저는 끝까지 그 길을
따르오리다. 저를 깨우치소서. 당신 가르침을 따르고 마음을
다하여 지키오리다."

1. 오늘은 김수환 추기경님께서 선종하신 지 5년이 되는 날입니다.

2. 우리 모두 기억하다시피 추기경님께서 선종하셨을 때 전국의
많은 사람들이, 신자든 아니든 상관없이 그분의 죽음을 애도하였
습니다.

3. 왜 그분께서는 그토록 많은 사람들의 애도를 받으시고, 우리 사
회에 큰 반향을 일으키시면서 아름다운 죽음을 맞으실 수 있었을까
요?

4. 제가 군종신부를 하던 시절에 추기경님을 한 번 모신 적이 있었
습니다.

5. 군종장교 훈련을 받고 대위로 임관한 뒤 첫 발령지가 경기도 현
리에 있는 맹호부대, 즉 수도기계화사단이었습니다.
그곳 성당은 원래 춘천교구 소속이었는데 여러 가지 이유로 군종신
부가 군인과 민간인을 함께 사목하던 곳이었습니다.

6. 군에서는 저간의 사정을 잘 모르기에 그 현리성당이 군인 성당
이려니 하면서 교육관도 지어 주는 등 각종 투자를 아끼지 않았습

니다.

7. 그런데 제가 부임해 보니 춘천교구에서 일말의 통보도·없이 춘천 교구 성당으로 바꾸어 버렸습니다. 저는 갑자기 성당도 없고 사제관도 없는 신세로 전락하고 말았습니다.

8. 마침 그곳 본당 신부로 동창 신부가 부임하였습니다. 저는 잘됐다 싶어 사정이 좋아질 때까지 빌붙어 보기로 하였는데 그 동창의 생각은 좀 달랐습니다. 즉 군인 성당이었다가 민간인 성당이 되고 자기가 부임하였으니, 그 동창은 군인 성당에서 탈피하고 온전한 민간인 성당이 되기를 바라고 있었던 것입니다.

9. 일말의 희망을 갖고 있던 저는 실망감을 가득 안고 제 갈 길을 찾을 수밖에 없었습니다.

10. 마침 사단장이 생각해 주어 앞마당이 넓은 군인 관사를 얻을 수 있었습니다. 간신히 제가 기거할 장소는 마련되었는데 군인들이 미사를 봉헌할 수 있는 장소가 마땅치 않았습니다.

11. 신병교육대에서 얼마 정도 미사를 하다 보니 그것도 한계가 있었습니다.

12. 고심 끝에 관사 앞마당에 접이식 간이의자 70여 개를 갖다 놓고 미사를 하기 시작하였습니다. 하느님의 특별한 도우심인지 약 4개월 동안 한 번도 주일미사 시간에 비가 오지 않았습니다.

13. 그렇게 지내면서 이래서는 안 되겠다는 생각에 조립식 70평짜

리 건물을 간소하게 짓기로 하였습니다.

14. 그 당시 부대 분위기는 춘천교구의 처사를 도저히 이해할 수 없다는 반응이었습니다. 어떻게 같은 천주교끼리 성당을 빼앗아 갈 수 있느냐는 것이었습니다. 당연히 저도 미움의 대상이 되고 말았고, 천주교에 대해서도 냉대하는 분위기였습니다. 사병들이 성당에 미사를 오려 해도 상관들이 그 따위 종교는 종교도 아니다, 가지 마라는 분위기가 팽배하였습니다.

15. 고민에 빠진 저는 큰 결심을 하게 됩니다. 이뤄질지 어떨지는 모르지만 교육관 축성식에 추기경님을 초대하겠다고 마음먹게 됩니다.

16. 그 과정은 쉽지 않았습니다. 그곳은 매우 오지였는데 그때 당시 추기경님의 위상으로 볼 때 그곳에 오시는 것 자체가 쉬운 일이 아니었기 때문입니다.

17. 그런데 어느 날 추기경님 비서 신부로부터 추기경님께서 방문해 주신다는 연락을 받게 됩니다. 추기경님께서 흔쾌히 그 축성식을 허락해 주셨다는 것이었습니다.

18. 추기경님께서 오신다고 사단에 보고하니 부대가 완전히 비상이 걸렸습니다. 갑자기 공병대가 투입되더니 공사 중에 제가 갖고 있던 모든 고민을 일거에 해결해 주는 것이었습니다.
당시 추기경님의 위상은 군에서 정말 대단하였습니다.

19. 축성식 행사가 사단의 행사를 넘어 군단의 행사가 되어 버렸습니다. 그 조그만 조립식 성당 축성식에 군단장을 비롯하여 별들이 얼마나 떴는지 모릅니다.

20. 추기경님께서는 강론 중에 당신이 축성하러 다닌 성당 중에 가장 작은 성당이다, 그래도 군인들을 위해 애쓰는 서울교구 신부를 보니 안쓰럽기도 하고 자랑스럽기도 하다는 말씀을 해 주셨습니다.

21. 사단장은 그날 온 모든 손님들에게 그때 당시로서는 쉽지 않았던 뷔페를 대접하였습니다.

22. 그다음 날부터 저는 가는 곳마다 깜짝깜짝 놀랄 수밖에 없었습니다. 저를 거들떠보지도 않던 사람들이 저만 보면 경례를 하고, 사병들은 마치 사단장에게 하듯이 저에게 큰 소리로 "충성!"을 외치는 것이었습니다.

23. 성당을 냉대하던 분위기가 일시에 바뀌었습니다. 또한 저에 대해서도 언제 그랬냐는 듯이 웃어 주고 호감을 갖는 것이었습니다.

24. 뒤로 들은 이야기에 의하면 그곳 장교들과 사병들이 저에 대해 "야, 저 군종신부 정말 대단한 사람이야. 추기경님하고 절친한 사이래. 저 신부가 이야기하면 추기경님께서 다 들어주신대."라고 한다는 것입니다.

25. 그 뒤 저의 군종신부 생활은 그야말로 순풍에 돛을 단 배처럼 순항하였습니다. 제가 무슨 요청을 하든 이루어지지 않은 일이 없었습니다. 사병들도 앞다퉈 성당에 나왔습니다. 장교들도 저와 친

해지고 싶어서 안달이었습니다.

26. 저는 사제 생활을 하면서 김수환 추기경님을 가장 존경합니다.

27. 새파란 군종신부의 어려움을 헤아려 주시어 그 오지까지 한걸음에 달려와 주시고, 저의 모든 고충을 단 한 번에 해결해 주신 참으로 큰 어른이셨습니다.

28. 참으로 그 어른이 그립습니다. 그분이 계신다면 얼마나 많은 교회와 우리 사회 문제들을 손쉽게 해결해 주실까 하는 생각을 해 보게 됩니다.

29. 형제자매 여러분, 우리는 오늘날 갈수록 많은 문제와 고통 속에 살아갑니다. 그 어느 때보다도 교회의 어른과 사회의 어른이 그리운 때가 아닌가 합니다.

30. 집안에도 어른이 계시면 모든 것에 질서가 잡히고, 교회에도 어른이 계시면 사랑과 평화가 넘쳐나며, 사회에도 어른이 계시면 우리 사회의 올바른 방향이 보이게 마련입니다.

31. 어른이 계시지 않으면 무질서해지며 반목과 분열이 생기고, 모두가 길을 잃고 헤매게 됩니다.

32. 오늘을 살고 있는 우리는 프란치스코 교황님을 통하여 많은 희망과 용기를 얻고 있습니다.

33. 그분은 오늘을 살아가는 전 세계인들에게 깊은 감동을 주고 있습니다. 그분의 모습을 살펴보면 참으로 자유스러운 분이십니다.

어느 곳에도 매이지 않고 예수님의 말씀과 사랑을 전하십니다.

34. 가난하고 힘없는 사람들을 기꺼이 껴안아 주시고 그들 편이 되어 주시며, 힘 있는 권력과 자본을 맹렬히 비난하십니다. 또한 어린이들을 사랑하시며, 젊은이들에게 용기와 희망을 불어넣어 주십니다.

35. 하느님께서는 오늘을 살아가는 사람들을 사랑하셔서 참으로 이 시대에 큰 어른을 주셨습니다.

36. 제가 김수환 추기경님을 통해 말할 수 없는 위로와 용기, 희망을 얻었듯이 오늘날 세계의 수많은 사람들이 교황님을 통해 삶의 새로운 희망과 용기를 얻고 있습니다.

37. 그분께서는 말씀하십니다. 율법으로 살지 말고 하느님의 은총으로 살아야 한다고, 율법은 죄책감만을 안겨 주지만 은총은 자유와 평화를 주신다고 하십니다.

38. 오늘 복음에서 이렇게 말씀하십니다.
"형제를 마음으로 죽이지 말라. 미워하는 사람과 화해하여라. 용서받은 만큼 용서하여라. 가정과 배우자에 대한 신뢰와 책임을 다하여라. 자기 자신을 내세우지 말고 겸허한 마음으로 살아라."

39. 인간적인 면에서 보면 지키기 어려운 말씀들입니다만 우리에게는 우리의 힘만으로 사는 것이 아니라 우리를 도우시는 하느님의 은총으로 사는 특별한 삶의 방법이 있습니다. 그분의 도우심이 있기에, 그분께서 우리와 함께하시는 힘이 있기에 우리는 부족하면서

도 조금씩이나마 그분의 말씀을 마음에 새기고 실천하며 살아갈 수 있는 것입니다.

40. 율법의 준수라는 측면에서는 실천 불가능한 말씀이지만 하느님의 은총 안에서는 모든 것이 가능해지는 것입니다. 인간의 힘이 아닌, 불가능이 없는 하느님의 힘으로 이루어지는 것이기 때문입니다.

41. 그분께서 함께 계시니 우리는 우리 삶의 올바른 방향을 찾을 수 있으며, 그 길을 걸어 나갈 수 있게 될 것입니다.

42. "주님, 당신 법령의 길을 가르치소서. 저는 끝까지 그 길을 따르오리다. 저를 깨우치소서. 당신 가르침을 따르고 마음을 다하여 지키오리다." 아멘.

연중 제8주일(2014. 3. 2.)
"하느님께서 원하시는 것을 찾으면
이 모든 세상의 것도 곁들여 얻게 될 것입니다."

1. 어느샌가 겨울이 지나가고 봄이 다가오고 있습니다. 세월이 흐를수록 겨울이 싫어집니다. 젊었을 때는 겨울의 낭만, 즉 쨍 하는 추위도 좋았고, 그 추위 속에서 맛보는 따뜻함도 좋았고, 내리는 눈에 가슴도 설렜는데 이제는 점차 겨울이 싫어집니다.

2. 그러나 겨울이 결코 의미가 없는 계절은 아닙니다.

3. 추운 겨울이지만 모든 것이 죽어 있는 것은 아닙니다.
그 죽음과 같은 환경 속에서도 나무는 봄이 올 날을 기다리면서 생명을 준비하고 있었습니다. '언젠가는 봄이 올 거야, 새로운 세상이 올 거야, 그때가 되면 뿌리를 내리고 잎과 꽃을 피우며, 열매를 맺을 수 있을 거야' 하는 희망으로, 인내로 그 추위를 버텨 왔을 것입니다.

4. 희망이 있는 한, 그 희망 속에 인내가 있는 한 죽음은 더 이상 죽음이 아닌 것입니다. 새로운 생명을 위한 기다림의 시간이 되는 것입니다. 그 죽음과 같은 시간들은 더 이상 잃어버린 시간이 아니고 새롭고, 더 화사하고, 더 단단한 생명을 위한 귀중한 준비의 시간인 것입니다.

5. 봄이 오면 농부들은 씨를 뿌리기 전에 먼저 땅을 갈아엎습니다. 땅을 갈아엎어야 땅이 부드러워져서 씨앗을 받아들일 수 있기 때문입니다. 겨우내 딱딱하게 굳은 땅에 아무리 씨앗을 뿌려 봤자 소용없는 일이기 때문입니다.

6. 자연은 겨우내 모든 것이 얼어붙었고, 딱딱해져 있습니다. 그것을 갈아엎어야 하는 것입니다.

7. 이제 봄을 맞이하는 우리의 마음도 마찬가지가 아닌가 합니다. 우리 마음이 굳어 있는 땅이라면 아무리 좋은 씨앗이 뿌려져도 아무 소용이 없습니다. 아무리 큰 감동도, 생명도 그 굳어 버린 마음의 밭에서는 도저히 뿌리를 내릴 수 없는 것입니다.

8. 부드러움은 생명입니다. 어머니의 품은 생명을 키우는 품이기에 부드러운 것입니다. 부드러움은 사랑입니다. 아무리 깊은 사랑을 갖고 있다 하더라도 부드럽지 않으면 그 사랑이 전달되지 않습니다.

9. 오늘날의 아버지들은 참으로 큰 혼동의 시대를 살고 있습니다. 엄격하고 권위적인 분위기 속에서 자랐고, 남자라면 그리 되어야 한다고 교육을 받으며 자랐는데 이제는 세상이 바뀌어 그 엄격함이, 그 딱딱함이 통하지 않는 세상이 되고 말았기 때문입니다. 부드럽게 변해야 하는데, 어릴 때부터 익숙해진 엄격한 삶의 습관들이 한순간에 바뀌기는 정말 어려운 일입니다. 그래도 살아남으려면, 아버지와 남편으로 존재하려면 부드럽게 변하지 않고는 견딜 수가 없으니 참 어려운 세상입니다.

10. 구약의 이스라엘 사람들은 하느님을 엄격하고 정의로우신 분, 감히 얼굴을 바라볼 수 없는 위대하신 분이라고 생각하고 있었습니다.

11. 그러나 예수님께서 오셔서 보여 주시는 하느님의 모습은 정반대의 모습입니다. 하느님은 자비로우신 분, 언제까지나 끝까지 용서하시는 분, 사랑이 넘치고 넘치시는 분, 우리를 위해 참고 기다려 주시고 우리를 위해서 목숨까지 바치시는 분으로 보여 주십니다. 하늘 높은 곳에 계시는, 도저히 바라볼 수조차 없는 분이 아니라 바로 부드러우신 우리의 아빠, 아버지로 가르쳐 주십니다.

12. 오늘 제1독서에서는 "설령 여인들이 제 젖먹이를 잊는다 해도 나는 너를 잊지 않는다"고 하시며 어떤 사랑보다도 크신 사랑으로 나와 함께하심을 보여 주십니다. 사랑 중에 가장 큰 사랑은 바로 어머니의 사랑이고, 그 어머니의 사랑 중에서도 가장 큰 사랑은 젖먹이를 키우는 엄마의 사랑일 것입니다. 하느님의 사랑은 그 젖먹이를 키우는 엄마의 사랑보다도 더 크신 사랑이라고 가르쳐 주고 계십니다.

13. 오늘 복음에서도 우리는 이 세상의 어떤 자연 만물보다도 소중하고 귀중한 존재임을 가르쳐 주십니다.

14. 하느님께서는 하늘의 새도 충분히 먹게 해 주시고, 들에 핀 나리꽃도 화려하게 입혀 주시는데 그 새보다도, 그 나리꽃보다도 훨씬 더 귀하고 사랑스러운 너희를 그냥 굶게 하겠느냐, 헐벗게 하겠

느냐고 말씀해 주십니다.

15. 하느님의 사랑이 이 자연 세계 안에서도 이처럼 충만하게 펼쳐지고 있는데 하물며 이 자연 만물 안에서도 가장 귀중하고 사랑스러운 너희를 하느님께서 내치시겠느냐는 것입니다.

16. 이 오묘한 자연 세계보다도 인간은 비교할 수 없을 만큼 오묘하고, 하느님의 사랑이 넘치는 이 자연 세계보다도 인간은 훨씬 더, 비교할 수 없을 정도로 하느님의 사랑 안에 있음을 말씀해 주고 계십니다.

17. 천지창조 때 하느님께서는 창조된 자연 만물에 대해서는 보시니 좋다고 말씀하시지만 인간을 창조하시고는 보시니 이루 말할 수 없이 좋다고 감탄하십니다. 우리는 하느님의 작품 중에서도 작품이고, 명품 중에서도 명품인 것입니다.

18. 언젠가 중국에 갔을 때 그 유명한 중국 짝퉁 지갑을 사 온 적이 있습니다. 평소 신세를 졌던 사람들에게 조금이나마 신세를 갚기 위해서입니다. 짝퉁을 사면서 좀 걱정이 되었습니다. 과연 사람들이 이 짝퉁을 좋아할까 하는 염려 때문이었습니다.

19. 그런데 그 선물을 받은 사람들이 너무너무 좋아하는 것이었습니다. 제 걱정은 기우였습니다. 여인들은 진품은 평소에는 아까워서 잘 쓰지 않는다고 합니다. 정말 폼을 잡아야 할 때만 진품을 쓰고, 평상시에는 짝퉁을 들고 다닌다고 합니다. 그러면서 한 여인이 진품을 보여 주며 비교해 보라는 것이었습니다.

과연 진품은 달랐습니다. 촉감도 다르고, 구석구석 매무새도 확실히 달랐고, 시각적으로 봐도 벌써 품격이 느껴졌습니다.

20. 우리 인간은 하느님께서 만드신 그 무엇과도 비길 수 없는 진품이고, 그 진품들 가운데에서도 명품 중의 명품인 것입니다. 나 스스로 하잘것없다고 판단하고 좌절해도, 또 세상이 나를 형편없다고 욕해도 나는 하느님이 만드신 이 세상에 단 하나밖에 없는 명품인 것입니다. 이 세상에 단 하나밖에 없는 명품이라면 그 가치는 이루 다 말할 수 없을 것입니다.

21. 단순한 손재주로 만든 것이 아니고 하느님께서 심혈을 기울여서, 온 마음과 영혼을 다해서, 그야말로 사랑과 정성을 다해서 만들어 내신 진품이요, 명품인 것입니다.

22. 그런데 문제는 내 마음이 너무 딱딱해서 생명을 품을 수 없는 땅이어서, 그리고 사랑을 품지 못하는 메마른 땅이어서 내 안에 숨어 있는 위대한 창조주이신 하느님의 손길을 깨닫지 못하고, 내가 진품이요, 명품이라는 사실을 깨닫지 못한다는 데 있습니다.

23. 하느님은 나를 위대한 창조물이라고, 더없이 귀중한 명품이라고 하시는데 내가 나 스스로를 짝퉁이라고 비하하고 있는 것입니다. 나를 만드신 하느님께서 나를 인정하시는데 내가 나를 인정하지 못하는 것입니다. 하느님께서도 내 가능성을 인정하시면서 그 판단을 미루시고 계시는데 내가 이미 섣부른 판단을 하고 있는 것입니다.

24. 농부가 뿌린 씨가 제대로 자라기 위해서는 그 밭을 갈아엎어야 하듯이 내 마음도 갈아엎어야 하겠습니다. 딱딱하고 메마르고 먼지가 펄펄 나는 땅이 아니고, 생명의 봄비를 맞아 생명과 사랑이 피어나는 아름다운 마음의 밭을 만들어야 하겠습니다.

25. 하느님께서 교회와 이웃을 통해 끊임없이 내 마음에 심어 주시는 생명과 사랑의 씨앗이 잘 자랄 수 있도록 좀 더 부드러운 땅이 되어야 하겠습니다.

그 마음의 밭에서 하느님의 사랑이 무럭무럭 자랄 것입니다. 얼마나 아름답겠습니까? 얼마나 풍성하겠습니까? 메마른 사막과 같은 내 마음속에서 아름다운 꽃들이 피어나고 온갖 새들이 지저귀는 낙원과 같은 아름다움이 있을 때 우리는 얼마나 행복하겠습니까? 내가 하느님의 그 진품, 명품으로 다시 태어날 수 있다면, 아니 그 원래의 모습으로 되돌아갈 수 있다면 우리의 삶에서 무슨 걱정이 있겠습니까?

26. 하느님께서 내 안에 살아 계신다면 이 세상은 어둠 속에서도 빛날 것이며, 수많은 거짓 속에서도 진실이 살아 있는 아름다운 세상이 될 수 있을 것입니다.

27. 하느님의 풍성한 사랑이 내 마음속에 있다면 하잘것없는 이 세상살이에 마음을 빼앗기지 않아도 될 것입니다. 하느님께서 함께 계시니 하느님께서 당신의 것들을 우리에게도 충분히 베풀어 주실 것이기 때문입니다.

28. 나는 하느님께 무엇과도 바꿀 수 없는 세상에서 단 하나뿐이고 가장 소중한 존재, 눈에 넣어도 아프지 않을 존재이니 무엇을 먹을까, 무엇을 마실까, 무엇을 입을까 걱정하지 말아야 하겠습니다. 하느님께서는 이 모든 것이 우리에게 필요함을 아시고 계심을 굳게 믿을 수 있어야 하겠습니다.

먼저 하느님께서 원하시는 것을 찾으면 이 모든 세상의 것도 곁들여 얻게 될 것이라는 진리를 깨달을 수 있어야 하겠습니다. 아멘.

"그러자 악마는 떠나가고,
천사들이 다가와 그분의 시중을 들었다."

1. 생명이 피어나는 봄입니다. 저는 사계절 중 초봄의 연녹색을 제일 좋아합니다. 막 피어나는 연녹색의 향연, 참으로 아름답기 그지없습니다.

2. 어떤 생명이든지 막 태어난 생명은 아름답고, 신비합니다. 우리가 징그러워하는 동물들도 새끼 때는 귀엽고 이쁘기만 합니다. 자연의 갓 태어난 생명이 이처럼 이쁜데 아기의 모습은 얼마나 이쁘겠습니까?

3. 가끔 할머니, 할아버지가 되신 분들이 손주들을 얼마나 이뻐하시는지 볼 수 있습니다. 말로 다할 수 없는 기쁨을 느낀다고 합니다. 젊었을 때는 먹고사느라고 바빠서 자신의 자식들은 이토록 이쁜 줄 몰랐는데 손주들에 대해서는 아주 특별한 감정을 느끼신다고 합니다.

4. 얼마나 이쁜지 감정을 주체하지 못하십니다. 주위 사람들이 시샘을 하면서 손주 자랑을 하려거든 벌금을 내고 하라고 해도 아랑곳하지 않으십니다. 심지어는 아예 벌금을 내놓고 자랑하는 경우도 보았습니다.

5. 아기들은 정말 예쁩니다. 나이가 들어 갈수록, 우리가 사는 삶이 팍팍할수록 아기들은 더 예쁘게 느껴지고, 신비스럽기 그지없습니다. 그 순진무구한 모습들을 보면 이것이 천사의 모습이 아닌가 합니다.

6. 그런데 교회는 인간은 원죄를 지고 태어난다고 가르칩니다.

7. 그토록 이쁜 아기들이 원죄를 지고 태어난다니요? 참으로 받아들이기 힘든 가르침입니다. 아기들이 무슨 죄가 있겠냐고 자연스럽게 항변이 생기기도 합니다. 천사와 같은 모습들, 전혀 어둠이 없는 듯한 하늘이 내리신 선물에 무슨 죄가 있다고 교회는 원죄에 대해 이야기하는지 모르겠습니다.

8. 원죄가 무엇일까요? 또 죄가 무엇일까요?

9. 하느님께서는 인간을 이루 말할 수 없이 아름답고 완벽하게 창조하셨습니다. 지난 주일 말씀드린 것처럼 그야말로 명품으로 창조하셨습니다. 인간이 명품인 것은 자연 세계의 식물이나 동물과는 달리 정신적인 면, 영혼을 가진 존재로 창조하셨고, 그 정신과 영혼은 인간에게만 주어진 자유의지로 이루어지는 것이기 때문입니다. 동물, 식물은 기계적입니다. 자유의지가 없기 때문에 그저 자신에게 주어진 질서나 본능에 따라 살아갈 수밖에 없습니다.
그러나 인간은 자신에게 주어진 질서나 본능을 뛰어넘어서 살아갈 수 있는 세상을 허락해 주셨습니다. 다시 말해서 인간은 자신에게 주어진 최고의 선물인 자유의지를 통해서 천사도 될 수 있고, 악마도 될 수 있는 것입니다.

동물은 아무리 노력해도 동물이고, 식물은 아무리 노력해도 식물입니다. 그들은 자신에게 주어진 본능에 따라 동물로, 식물로 살아갈 수밖에 없는 것입니다.

그러나 인간은 다릅니다. 인간은 자신에게 주어진 자유의지를 통해서 천사가 되려는 노력을 할 수도 있고, 반대로 악마가 될 수 있기도 합니다. 아니 자신에게 주어진 자유의지를 갖고 노력하지 않으면 자연히 악의 사람이 될 수밖에 없습니다.

10. 엄밀히 이야기해서 죄란 자신에게 주어진 자유의지를 잘못 사용하는 것입니다. 즉 죄란 의지를 갖고 행할 때 죄가 성립되는 것입니다. 다시 말해 잘못된 것이라는 사실을 알고도 의지적으로 그 잘못을 범해야 죄가 성립되는 것입니다.

11. 오늘 독서에서 뱀이 묻습니다.
"하느님께서 어떤 나무 열매도 따 먹지 말라고 하셨다는데, 사실이냐?"
여자가 대답합니다.
"다 먹어도 되는데 한가운데에 있는 열매만은 먹지도, 만지지도 말라고 하느님께서 말씀하셨다."
그런데 사실은 하느님께서 따 먹지 말라고만 하셨지, 만지지도 말라고 하지는 않으셨습니다. 여기서 우리는 여인의 허세를 발견할 수 있습니다. "만지지도 말라"고 하셨다는, 잘난 척하는 마음과 과장하는 마음을 볼 수 있습니다.

12. 교활한 뱀은 이 틈새를 헤집고 들어옵니다.

"결코 죽지 않는다. 너희가 하느님처럼 될까 봐 그리 말씀하신 것이다."

13. 여인의 허세, 과장하는 마음, 잘난 척하는 마음이 뱀의 말을 듣고 교만의 마음으로 바뀌어 갑니다. 여자가 쳐다보니 과연 그 열매는 먹음직해 보였고, 슬기롭게 해 줄 것같이 탐스럽게 보였습니다.

14. 마음에 따라서 사물이 달리 보이는 것입니다. 마음속에 이미 어둠이 스며들었습니다. 하느님처럼 되고 싶어졌습니다.
하느님의 명령은 순식간에 까맣게 잊어버리고 의지적으로 그 열매를 땁니다. 불안했는지 하나만 먹고, 동조자를 만들기 위해 남편에게도 줍니다. 남편 역시 여인의 청을 거절하지 못하고 의지적으로 그 열매를 받아먹습니다.

15. 하느님께서 모든 것을 다 주었음에도 불구하고 여인과 남편은 더 갖고 싶었습니다. 하느님의 자리를 갖고 싶었습니다. 허세는 과장을 낳고, 과장과 거짓은 잘난 척하는 마음으로 바뀌었고, 이 모든 것은 교만으로 치닫게 되었고, 의지적인 행동으로 하느님의 명령을 어기는 인류 최초의 죄가 되고 말았습니다.

16. 죄란 의지적으로 하느님의 뜻을 거스르는 것입니다. 이 최초의 죄는 점점 더 확산되기 시작합니다.

17. 부끄러움을 알게 된 여인과 남편은 낙원에서 쫓겨나게 되었고, 하느님께서 쫓아내신 것이 아니라 모든 것이 하느님의 뜻 안에서

이루어지는 낙원에서 두 사람은 도저히 살아갈 수가 없었던 것입니다.

18. 마음 안에 하느님의 뜻을 거스른 어둠이 스며들었고, 그 어둠은 카인의 아우 살인죄로 이어지며, 카인의 자손들은 그 어둠을 더욱 확산시켜 나갑니다. 한번 시작된 어둠은 죄로 발전되었고, 그 죄들이 모이고 모여서 하나의 세력, 어둠의 세력으로 커 가고 말았습니다.

급기야 노아의 시대에는 인간의 힘으로는 이겨 낼 수 없는 어둠과 악의 세력이 온 천지에 창궐하고 말았습니다. 아무리 선한 사람이라 하더라도 그 어둠과 악의 세계를 이겨 낼 수가 없었습니다.

19. 하느님께서는 노아만 제외하고 모든 세상 만물을 물에 잠기게 하십니다. 당신께서 창조하신 이 세상이 망해 가는 꼴을 도저히 볼 수 없으셨던 것입니다. 새롭게 세상을 창조하고 싶으셨던 것이죠.

20. 구약성서의 흐름은 창조, 타락, 재창조의 맥락입니다. 물론 선악과 이야기에서부터 노아의 이야기까지는 역사적인 사실은 아닙니다. 그때 당시의 설화들을 모아 인간이란 무엇인지, 죄란 무엇인지, 하느님의 사랑과 그 배신은 무엇인지를 그때 당시의 언어로 설명하고 있는 것입니다.

21. 하느님께서는 인간을 당신의 혼신의 힘을 다해 만드셨고, 그 아름다움을 더해 주시기 위해 자유의지를 주셨는데 인간이 그 자유의지를 잘못 사용함으로써 더 고귀한 창조물이 될 수 있음에도 불구

하고 반대로 죄가 이 세상에 들어오게 되었고, 그 죄로 인해 이 세상과 인간이 도저히 회복하기 힘든 상태가 되고 말았던 것입니다.

22. 따라서 죄란 자신의 자유의지로 하느님의 뜻과 반대되는 삶을 사는 것을 의미하며, 원죄란 그러한 죄의 분위기 속에서 어쩔 수 없이 죄의 삶을 살게 되는 환경을 의미한다고 할 수 있겠습니다.

23. 조금 어렵죠?
따라서 아기들이 원죄를 지고 태어났다는 말은, 어떤 죄를 지었다는 것이 아니라 죄를 지을 수 있는 상황, 어쩔 수 없이 죄의 무게를 짊어지고 살아갈 수밖에 없는 세상에 태어났음을 의미하는 것입니다.

24. 성서에서 보는 인간의 모습은 죄에 물들어 나약해진 모습이고, 하느님께서 함께 계시지 않으면 그 죄에서 도저히 해방될 수 없는 위대하면서도 가련한 모습입니다.

25. 강대해진 죄의 힘, 그 세력이 예수님께도 미칩니다.

26. 배고픈 예수님께 돌이 빵이 되게 해 보라, 하느님을 시험해 보라 하며, 모든 것을 다 주겠다고 유혹합니다.

27. 예수님께서는 그 모든 유혹을 하느님의 말씀으로 이겨 나가십니다. 사람은 빵만으로 살지 않고 하느님의 말씀으로 사는 것이며, 하느님을 시험해서는 아니 되며, 하느님의 말씀으로 사탄아 물러가라 하십니다.

28. 잘못 사용된 자유의지의 남용으로 인간은 스스로 자신을 방어

할 수 있는 선함을 상실하고 말았습니다. 스스로의 힘으로는 너무나 강력해진 악의 힘을 이겨 나갈 수 없게 되고 말았습니다.

29. 우리 자신도 너무 잘 알고 있습니다. 우리가 얼마나 미약하고 약한 존재인지를, 또 악의 세력 앞에 아무 힘도 못 쓰고 너무 쉽게 악의 세력으로 떨어짐을, 우리는 악의 세력 앞에 하잘것없는 비참하고도 미약한 존재임을 삶의 수많은 세월들을 통해 잘 알고 있습니다.

30. 이제 그 가련한 신세, 어둠과 죄의 노예로 살아갈 수밖에 없는 인간에게 하느님께서는 다시 당신의 창조를 새롭게 하십니다. 바로 예수 그리스도를 통해서 당신의 사랑을 보여 주시고, 그 힘과 능력을 베풀어 주십니다.

31. 예수님께서도 우리와 똑같은 인간으로서 이 세상의 어둠과 죄의 유혹을 받으심을 오늘 복음을 통하여 보여 주고 계십니다.

32. 그러나 예수님께서는 바로 하느님의 말씀으로 그 어둠과 죄를 이겨 나가는 모습을 또한 보여 주고 계십니다.

33. 오늘을 살고 있는 우리에게도 새로운 희망이 생겼습니다.

34. 이제는 더 이상 어둠과 죄의 노예로 사는 것이 아니라 하느님의 자녀로서 자유와 행복을 누릴 수 있는 방법과 기회를 주시는 것입니다.

35. 바로 하느님의 힘으로 사는 것입니다. 하느님의 말씀으로 사는

것입니다.

36. 하느님의 말씀은 우리의 삶에 너무나 큰 힘입니다. 우리로서는 어쩔 수 없는 이 세상의 죄를 이겨 내시는 힘이시고, 능력이시고, 이 세상을 창조하시는 사랑이십니다.

37. 이 사순절에 악의 세력은 우리를 수없이 공격할 것입니다. 그 공격들은 우리가 악의 세력을 이겨 내시는 하느님의 힘을 체험할 수 있는 아주 좋은 기회이기도 합니다.

38. 하느님의 말씀이 우리 안에 살아 있는 한 어떤 죽음의 세력도 우리는 극복해 나갈 수 있습니다. 하느님의 말씀을 마음에 품고 살아갑시다. 그 말씀은 우리 마음속에 있는 모든 어둠을 쫓아 주실 것이고, 외부로부터 오는 악의 세력도 물리쳐 주실 것입니다.

39. "그러자 악마는 떠나가고, 천사들이 다가와 그분의 시중을 들었다." 아멘.

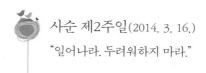

사순 제2주일(2014. 3. 16.)

"일어나라. 두려워하지 마라."

1. 이제 겨울이 끝나 가고 봄이 오고 있습니다. 봄은 찬란한 계절입니다. 온갖 아름다운 꽃들이 피어나고, 새들은 지저귀며, 연녹색의 아름다운 향연이 펼쳐지는 계절입니다.

2. 사람의 마음도 봄이 오면 들뜨게 마련입니다. 겨우내 움츠렸던 마음이 풀리고, 옷도 가벼워지며, 실내에서의 생활은 야외로 향하게 마련입니다.

3. 그러나 봄은 거저 오는 것이 아닙니다. 꽃샘추위도 견뎌야 하고, 봄의 매서운 바람도 견뎌 내야 합니다.

4. 봄에는 왜 바람이 심하게 불까요?

5. 나무들은 봄바람이 불수록 뿌리를 깊이 내린다고 합니다. 겨우내 얼었던 땅에서 뿌리가 흔들리면 자칫 쓰러질 수 있기 때문이고, 뿌리를 깊이 내려야만 땅속 깊이 숨어 있는 수분을 섭취할 수 있기 때문입니다.

6. 봄의 바람은 오히려 나무의 생존 본능을 일깨워 주는 것이라 할 수 있습니다. 겨울의 동면 상태의 모습으로는 새로운 생명을 피워

낼 수 없기 때문입니다.

7. 우리 인생도 마찬가지가 아닌가 합니다. 인생에는 기쁜 일도 많지만 슬프고 괴로운 일이 더 많습니다.

8. 우리는 많은 경우에 자신의 삶에 있는 슬픔과 고통에 대해 힘들어합니다. '왜 나의 삶은 이다지도 힘든 것인가?' 하며 스스로 한탄할 때도 많습니다.

9. 우리의 삶에는 왜 기쁨보다 슬픔이 더 많을까요? 왜 좋은 일보다 힘들고 어려운 일이 더 많을까요? 하느님께서 나를 사랑하시는데 왜 이리도 우리 인생은 밝은 날보다는 먹구름이 가득 낀 우울한 날이 많을까요? 어차피 한생을 사는 것이라면 왜 보다 더 행복하고 기쁘게 해 주시면 안 되는 것일까요?

10. 역사가 토인비가 즐겨 쓴 예화 중 이런 이야기가 있습니다.
영국의 북단 북해에서 잡은 청어는 영국인들의 아침 식사에서 가장 인기 있는 요리의 재료가 된다고 합니다. 영국인들은 싱싱한 청어를 원했지만 북해에서 잡은 청어는 빈사 상태이거나 죽은 상태로 영국에 도착했다고 합니다. 그래서 어부들은 늘 어떻게 하면 청어가 영국에 올 때까지 싱싱한 상태를 유지할 수 있는가 고민했다고 합니다.
그런데 유독 한 어부의 청어만은 대부분 싱싱한 채로 옮겨져 비싼 값에 팔리고 있었습니다. 이상하게 여긴 동료 어부들이 그 이유를 물었으나 그는 좀처럼 비밀을 가르쳐 주지 않았습니다. 하지만 끈

질긴 동료들의 성화에 결국 그 어부는 입을 열었습니다.

"저는 청어를 넣은 통에 메기 한 마리를 넣습니다."

동료 어부들이 놀라 물었습니다.

"그러면 청어가 메기에게 잡아먹히지 않나?"

"네, 맞습니다. 메기가 청어를 잡아먹습니다. 하지만 그 통 안에 있는 수백 마리의 청어들은 메기를 피해 다니느라 계속 헤엄쳐야 하고 움직여야 하는데 이것이 오히려 싱싱한 청어가 될 수 있게 하는 비결입니다."

메기로부터 살아나기 위한 몸부림이 결국 싱싱한 청어가 될 수 있게 만든 것입니다.

11. 봄바람은 나무에게는 고통스러운 것이지만 나무는 그 고통 때문에 새로운 생명을 피워 낼 수 있는 것이고, 청어는 자기를 잡아먹으려고 하는 메기의 공격과 그 공포가 있기에 살아남을 수 있는 것이며, 사람도 자신의 삶에 있는 고통과 고난을 통해서 성장하는 것이 아니겠습니까?

12. 예수님께서도 자신이 이루시고자 하는 일은 고통과 고난의 십자가를 통해서 이루어짐을 너무나 분명하게 말씀해 주고 계십니다. 수난을 통해서만 영광스럽게 부활하신다는 사실을 알려 주십니다.

13. 제자들은 그런 일이 있어서는 안 된다고 펄쩍 뜁니다. 어떻게 하느님께서 보내신 예수님께서 고통과 죽음의 길을 가셔야 하는지 제자들은 이해할 수 없었습니다. 죽은 사람까지 살려 내시는 예수님께서 왜 고통과 죽음의 길을 가셔야 하는지 그들은 이해하지 못

했습니다.

14. 예수님께서는 그런 제자들을 똑바로 바라보시며 한마디로 분명하게 말씀하십니다.

"사탄아, 물러가라. 너는 하느님의 뜻을 이루려는 나의 길에 장애물이다."

15. 언젠가 저는 인생에 있어 아주 중대한 고비를 맞은 적이 있었습니다. 어떤 본당에 부임했는데 그 본당은 아주 소박하고 정이 많은 동네였습니다. 열정에 불타 있던 저는 그곳 신자들과 아주 행복한 시간을 보냈습니다. 그리고 정신없이 사목에 몰두하였습니다. 제가 하고 싶었던 일이 현실로 이루어지는 것을 보면서 저는 그야말로 사목자로서의 보람과 기쁨과 행복을 누리고 있었습니다.

그런데 어느 순간부터 본당에서 이상한 징조가 보였습니다. 그 본당은 신설 본당으로서 성전 건축을 앞두고 있었는데 몇몇 신자들이 제가 성당 짓는 것을 반대하는 징조가 보이기 시작했습니다. '시간이 가면 괜찮아지겠지' 하고 낙관하고 있었는데 분위기가 이상하게 흘러가는 것이었습니다.

저에 대한 반대가 공식적으로 표명되면서 저를 음해하는 문건들이 인터넷상에도 올라오고, 교구청에도 투서로 전달되었습니다.

그들의 주장은 저로 인한 상처가 많다는 것이었고, 그들이 원하는 바는 임기 전에 저를 다른 곳으로 보내는 것이었습니다.

쉽게 오해가 풀리고 화해가 이루어지리라 믿었던 저의 소망은 너무 쉽게 깨지고 말았습니다. 무려 1년 반 동안 저에 대한 변호와 반대가 계속되었습니다.

저는 너무 괴로웠습니다. 얼마나 괴로웠는지 사제직을 그만둘까 생각해 보기도 했습니다. 그곳에서의 시간들이 극심한 상처의 시간들이었지만 저를 믿고 따르는 신자들을 생각하면 쉽게 결단을 내리기도 어려웠습니다.

그러던 어느 날 갑자기 총회장이 사표를 내겠다는 것입니다. 아니 이런 상황에 총회장까지 사직하면 저는 정말 갈 데가 없었습니다. 마치 아무도 없는 사막으로 내몰리는 기분이었습니다. 높은 벼랑 끝에서 떨어지는 기분이었습니다.

그야말로 인생 최대의 시련이었고, 사제로서도 큰 위기가 아닐 수 없었습니다.

저는 되도록 침묵하려 노력했습니다. 그 큰 어둠을 제가 이겨 낼 수 없었기 때문입니다.

다행히 재정적인 문제, 여자 문제가 없는 것을 아는 교구에서는 저를 인정해 주었습니다. 저는 고통과 상처 속에 임기 끝까지 1년 반이라는 세월을 견뎌 내야만 했습니다.

16. 그때 저는 생각해 봤습니다. 아니 절실히 체험할 수 있었습니다. 그 어느 때보다도 예수님의 십자가의 고난을 깊이 이해할 수 있는 시간들이었습니다. 너무 힘들어서 제주도의 삼뫼소라는 곳으로 도망치듯 피정을 갔는데 그곳에서 십자가의 길, 그 고통의 예수님을 조금이나마 깊이 이해할 수 있었습니다.

17. 왜 나에게 이런 고난의 시간이 주어지는 것일까? 그때는 잘 몰

랐습니다. 그저 원망과 미움의 어두운 먹구름만 마음에 가득했을 뿐입니다.

18. 그 후 1년간의 안식년을 지내고 갑작스럽게 새로운 본당에 부임하게 되었습니다. 그 본당에서 지내면서 저는 저에게 왜 그리 혹독한 시련의 시간을 허락하셨는지 조금이나마 깨닫게 되었습니다.

19. 그 본당은 본당 30년 역사상 아무도 5년 임기를 채운 신부님이 없었습니다. 교구에서도 신부님들이 살기 힘들어하는 유명한 본당이었습니다.

20. 저는 그 본당에서 5년이 넘는 임기를 채울 수 있었습니다. 정말 어렵고 힘들었지만 해야 될 일들을 하면서 버텨 낼 수 있었습니다.

21. 지금 생각해 보게 됩니다. 그 시련의 시간을 이겨 내지 못했다면 저는 그 본당에서도 힘들게 살 수밖에 없었을 것이고, 해야 할 일을 하지도 못했을 것이고, 아마 임기도 채우지 못했을 것입니다.

22. 그렇습니다. 고통, 시련이라는 것은 하느님께서 나를 키우시는 방법인 것입니다. 더 어려운 상황에서도 버텨 낼 수 있는 인내와 겸손을 주시는 방법인 것입니다. 그것은 하느님께서 사랑하시는 자에게 주시는 인생 최대의 선물이요, 사랑인 것입니다.

23. 힘들어하는 우리에게 오늘 복음을 통해 희망을 주십니다. 예수님께서는 산 위에서 당신의 진정한 모습을 보여 주십니다. 그것은 바로 하느님의 모습이었습니다. 인생의 산을 올라가지 못하면, 또

그 인생의 산에서 하느님과 함께 있지 못하면 그 하느님의 모습은 절대 보지 못합니다. 산 위에서 살지 못하고 어둠 속에서, 무지 속에서 산 밑에서만 고통스러워하면서 아웅다웅 살아야 합니다.

24. 사순 2주일입니다. 주님의 수난과 고통은 우리의 삶 속에서 체험되어야 하는 실제 상황인 것입니다. 우리의 삶에 있을 수밖에 없는 시련의 시간들 속에서 주님과 함께 있으려는 노력과 은총을 통해 우리는 주님의 십자가를 발견할 수 있게 되고, 그 십자가는 우리의 삶을 부활의 삶으로 바꾸어 주실 것입니다. 주님의 빛나는 모습을 우리에게 보여 주실 것입니다.

25. 그분께서는 우리에게 말씀하십니다.
"일어나라. 두려워하지 마라." 아멘.

사순 제3주일(2014. 3. 23.)

"제 발을 그물에서 빼내 주시리니 제 눈은 언제나 주님을
바라보나이다. 저를 돌아보시어 자비를 베푸소서.
외롭고 가련한 몸이옵니다."

1. 오늘 복음의 사마리아 여인은 정오 시간에 물을 뜨러 나왔습니다.
일반적으로 보면 아낙네들은 저녁을 준비하기 위한 시간에 함께 우
물가로 나오기 마련입니다. 우물가는 하루 동안 여인네들의 전매특
허인 수다가 이뤄지는 곳입니다.

그런데 아무도 없는 정오 시간에 혼자서 물을 길러 나왔다는 것은
이 여인의 상태를 잘 보여 주고 있는 것입니다. 즉 동네 아낙들하고
는 교류를 하고 있지 않다는 반증인 것입니다. 한 여인이 동네 사람
들과 관계없이 살아간다는 것은 뭔가 심각한 문제가 있음을 의미하
는 것입니다.

2. 여인은 물을 청하는 예수님을 이상하게 생각합니다. 그때 당시
만 해도 남자가 여인에게 말을 건다는 것은 예사로운 일이 아니었
기 때문입니다. 더군다나 유대인 남자가 사마리아 여인에게 말을
건다는 것은 더욱더 이상한 일이었습니다. 유대인과 사마리아인은
여러 가지 이유로 상종하지 않았기 때문입니다.

3. 그러나 예수님은 개의치 않고 말을 거십니다. 예수님께서는 이
미 한눈에 그 여인이 어떤 여인이며, 현재 어떤 상태인지 간파하고

계셨습니다.

4. 아무와도 만나지 않는 여인, 어떤 누구와도 교류가 없는 여인, 동네에서 소외되고 따돌림당하는 고독한 영혼의 여인임을 즉시 아십니다.

5. 대화 중에 이 여인의 상태가 분명하게 드러납니다. 다섯 번이나 결혼하였고, 지금 또 다른 남자와 살고 있는 여인의 모습…….

6. 우리는 어렵지 않게 그 여인의 삶과 마음을 짐작해 볼 수 있습니다.

7. 이 여인도 아마 소녀 시절에는 삶에 대한 꿈과 희망이 있었을 것입니다. 무엇이 잘못되었는지 첫 결혼부터 파국을 맞고 말았습니다. 누구의 잘못이었는지는 정확히 알 수 없지만 당시의 사회 분위기로 볼 때 남자의 잘못이었을 확률이 크다고 할 수 있습니다. 두 번째 남편을 맞으면서 삶의 새로운 희망을 가졌겠지만 그 역시 물거품으로 끝나고 말았습니다. 세 번째, 네 번째, 또 다섯 번째, 그리고 현재에 이르기까지 그 여인의 마음은 아마 상처로 찢어질 대로 찢어져 있었을 것입니다.

8. 오늘 복음에서 나오는 이 여인의 이야기를 어떻게 이해해야 할까요? 오늘의 우리에게 무엇을 가르쳐 주는 것일까요?
어떤 객관적인 사실에 근거한 추론은 참 어렵다고 할 수 있습니다. 당시의 사회 분위기로 볼 때 여섯 번이나 결혼한다는 것은 상식적으로 이해할 수 없는 부분이기 때문입니다.

9. 오늘 복음의 핵심은 바로 이 여인의 상태이고, 그 모습을 보는 구세주 예수님의 용서와 자비를 보여 주는 것입니다.

10. 여인은 모든 사람에게 따돌림당하고 있었습니다. 함께 살아가야 하는 인간에게 따돌림이란 얼마나 무서운 일일까 쉽게 짐작해 볼 수 있습니다. 아이들에게도 가장 큰 문제가 바로 따돌림입니다. 외톨이가 된다는 느낌은 참 무서운 것입니다. 그 따돌림이 얼마나 무거운 마음의 짐인지, 아이들은 때로 너무 쉽게 죽음을 선택하기도 합니다.

함께 살아가고 싶은 인간에게 따돌림은 참으로 큰 형벌입니다. 그것은 마치 죽음과도 같은 것이며, 때로는 살아 있는 인간에게 죽음보다도 더 큰 고통일 수 있습니다.

함께 살아가지만 혼자 살아가는 듯한 절망과 좌절감은 아마 경험해 보지 않은 사람은 쉽게 가늠할 수 없을 것입니다. 혼자라는 느낌, 자신의 내면을 아무도 이해해 주지 않는 듯한 홀로 된 느낌은 경험해 보지 않은 사람에게는 참으로 추상적일 수밖에 없습니다.

아마 예수님께서도 피땀이 흐르는 그 극심한 고통 속에서 혼자라는 느낌을 가지셨을 것입니다. 자신은 땀이 피가 되어 흐르는 고통을 당하고 있는데도 제자들은 잠에 취해 있었습니다. 아무도 그 고통을 이해하지 못하고 함께하지 못하고 있었습니다.

또한 십자가 위에서는 마치 하느님께로부터도 버림받은 듯한 느낌을 갖지 않으셨을까요? 세상의 온갖 어둠이 자신을 덮치고 있는데 아무도 자신과 함께하지 않는다는 그 절대적인 고독감은 마치 하느님께로부터도 버림받은 듯한 고독감이 아니었을까 감히 생각해 보게 됩니다.

인간은 함께 살아갈 때, 또 그 삶의 기쁨과 슬픔을 함께 나눌 사람이 있을 때, 또 자신의 마음을 깊이 있게 이해해 주는 사람이 있을 때 비로소 살아갈 힘과 희망을 발견할 수 있게 마련입니다. 아무리 좋은 일이 있어도 함께 나눌 사람이 없다면 그 좋은 일이 무슨 의미가 있겠습니까? 고통스러운 일이 있을 때 그 마음을 함께 나눌 사람이 없다면 그 인생은 얼마나 가련할까요? 이 세상에 살면서 단 한 사람이라도 애정을 갖고 내 마음을 진정으로 이해해 준다면 그 사람은 어떤 역경에서도 헤쳐 나올 수 있을 것입니다.

그 여인의 이야기를 들어 주는 사람은 단 한 사람도 없었습니다. 그 여인은 철저히 따돌림당하고, 무시와 모욕을 견뎌야 했으며, 수치와 부끄러움을 참고 살 수밖에 없었고, 그런 환경을 벗어날 수 없는 자신의 처지에 더 큰 슬픔과 절망을 느끼고 살았을 것이며, 인생을 거의 포기한 채 어쩔 수 없이 살았으리라 짐작해 볼 수 있게 됩니다. 내 마음이 이해받지 못하는 세상 속에 산다는 것은 인간적으로 볼 때 참으로 가련한 일이라 아니 할 수 없습니다.

11. 절대적인 절망감과 자포자기의 마음으로 살던 여인에게 어느 날 갑자기 예수님께서 나타나십니다. 아무도 그녀에게 말을 걸지 않고 슬슬 피하기만 하는데 예수님께서는 그녀에게 물 좀 달라고 청하십니다.

12. 여인은 의아할 수밖에 없었습니다. 자기에게 말을 거는 사람이 있다니, 그것도 유대인으로 보이는 사람이, 뭔가 범상치 않은 사람

이 온화한 미소를 머금고 말을 걸어 오다니, 이게 무슨 일인가 싶었을 것입니다.

13. 오랜만에 하는 대화라서 그럴까, 여인은 좀 수다스러웠습니다. 묻지도 않은 말을 조잘조잘해 대는 모습을 복음사가는 전해 주고 있습니다.

14. 마음이 완전히 닫혀 있던 여인, 심지어 대인기피증까지 생겼을 여인이 오늘은 웬일인지 말문이 열렸습니다. 어떤 누가 말을 걸어와도 피하고 도망가던 여인이었는데 오늘은 무엇 때문인지 말문이 열리고, 자신도 모르게 마음의 문도 열리고 있었습니다. 그리고 뭔지 모를 호기심과 재미를 느끼기 시작하는 모습을 보입니다. 그리고 서서히 자신의 마음과 삶이 이해받는 듯한 느낌을 갖기 시작합니다.

15. 그 여인에게는 평생 지울 수 없는 크나큰 상처가 있었고, 그 상처는 아직도 진행 중이었습니다. "남편을 불러오너라", 남편은 그야말로 자신의 삶을 망쳐 버린 원수와 같은 존재였고, 증오와 분노의 대상이었습니다. 그 여인은 이 세상에 살면서도 마치 지옥에 사는 듯한 심정으로 살아왔을 것입니다. 세상은 마음으로 사는 것일진대 그 마음이 상처와 미움으로 가득 차 있으니 그녀의 마음은 그야말로 칠흑 같은 어둠이었을 것입니다.

16. 여인은 자신의 그런 마음을 감추고 싶어 합니다.
"저에게는 남편이 없습니다."

함께 살고 있는 남자는 있지만 남편은 없다는 그녀의 말에 예수님께서는 지극한 동정과 이해심을 보여 주십니다.

17. "남편이 없다는 너의 말은 맞는 것이다. 너의 삶에 그 남편들이 무슨 의미가 있었겠느냐."
의미가 없는 것은 존재하는 것이 아닙니다. 사랑의 대상이 아닌 남편, 미움과 증오의 남편은 존재하는 남편이 아니었던 것입니다.

18. 수다스러운 여인, 오랜만에 마음이 열리고, 자신의 상처를 들여다보며 그 상처를 이해해 주는 예수님을 만난 여인은 서서히 마음의 상처가 치유되고 있었습니다. 마음이 치유되니 눈이 열리고 있었습니다.
"선생님은 예언자시군요."
이제는 유대인과 사마리아인 사이에 있는 깊은 종교적 갈등, 그 상처도 치유받기 시작합니다.

19. 여인의 마음속에 예수님께서 주시겠다고 하신 그 샘물이 터져 나오고 있었습니다. 샘물은 한번 터지면 끝이 없습니다. 지하에 매장량이 많을 수밖에 없으니 말입니다. 그 샘물은 감사와 기쁨의 눈물로 표현됩니다.
예수님께서 제자들과 이야기할 때 여인은 보이지 않는 곳에서 수많은 참회와 감사와 기쁨의 눈물을 흘렸을 것입니다. 사람의 눈에서 그토록 많은 눈물이 있다는 것이 신기할 정도로 그녀는 온갖 설움을 쏟아 내며, 자신의 마음과 영혼에 들어오신 그 크신 하느님의 사랑과 용서를 너무나 깊이 체험할 수밖에 없었을 것입니다.

20. 예수님께서도 한 여인의 새로운 삶의 모습을 보시면서 기뻐하십니다.

그 여인의 기쁨은 한 인간을 구원하시는 예수님의 기쁨과 서로 상통하고 있었던 것입니다.

21. 동네 사람들을 거의 만나지 않던 그녀가, 기피하고 미워하던 동네 사람들에게 다가갑니다. 슬픔과 고통의 얼굴을 벗어 던지고 찬란한 기쁨의 모습으로 사람들에게 다가갑니다.

'아니, 우리가 알던 그 여인이 지금 우리 눈앞에 있는 이 여인인가?'

동네 사람들은 여인의 급격한 변화에 놀람과 충격을 받을 수밖에 없었습니다. 그녀의 말에는 진심이 담겨 있어 사람들의 마음에 깊은 감동이 되어 울리고 있었습니다.

22. 동네 사람들은 자진하여 예수님을 향해 뛰어나옵니다. 그분의 말씀을 듣기 시작합니다. 그들은 결론을 내립니다. "우리는 이제 우리가 보았기에 믿습니다." 하고 고백합니다. 이틀을 더 머무신 그 동네에서는 그야말로 회개가 이뤄지기 시작합니다. "이분이야말로 세상의 구원자임을 알게 되었소."라며 고백하기 시작합니다.

23. 형제자매 여러분, 예수님께서는 우리 삶의 구원자이십니다. 그분의 구원 방법은 다른 것이 아니라 우리 안에 있는 슬픔과 고통과 상처를 통해서 구원하시는 방법입니다.

24. 우리는 우리 삶에 있는 수많은 아픔들에 대해 결코 절망하지 말아야 하겠습니다. 그 아픔이 있기에 구원자이신 예수님을 만날 수

있는 것입니다. 우리가 하는 모든 일이 다 잘되고, 원하는 일이 다 이루어진다면 우리는 우리를 구원해 주시는 예수님을 결코 만날 수 없을 것입니다. 하느님은 묘하게도 우리의 부족함을 통해서, 우리의 어둠과 죄를 통해서 우리를 구원해 주시는 분입니다.

25. 그래서 그분은 우리의 아픔에 대해 누구보다도 깊이 이해하시며, 우리에게 다가오시고 말을 걸어 주십니다. 그분의 초대, 그분의 부르심만 거부하지 않는다면 우리는 오늘 사마리아 여인처럼 새로운 인생, 기쁨의 샘이 펑펑 터져 나오는 삶을 살아갈 수 있을 것입니다.

"제 발을 그물에서 빼내 주시리니 제 눈은 언제나 주님을 바라보나이다. 저를 돌아보시어 자비를 베푸소서. 외롭고 가련한 몸이옵니다." 아멘.

사순 제4주일(2014. 3. 30.)

"세상의 빛이신 주 예수 그리스도를 알아 뵙고,
그분만을 믿게 하소서."

1. 벌써 봄꽃들의 잔치가 벌어지고 있습니다. 군이 멀리 갈 필요 없이 응봉산에만 올라가도 개나리들이 피어나고 있습니다.

2. 제가 이곳에 오기 전, 봄에 강변북로를 다닐 때마다 개나리가 노란색으로 가득 찬 아름다운 산을 바라보면서 저곳은 어떤 곳일까 하는 의문과 호기심을 갖고 있었습니다.

3. 그런데 어찌된 인연인지 그 노란 개나리 산을 관할하는 주임신부가 되었습니다. 또 이곳에 사는 여러분을 만나게 되었습니다.

4. 목련이나 개나리는 잎이 나기 전에 꽃부터 피웁니다. 매화나 산수유 같은 꽃들도 봄을 알리지만 진짜 봄의 전령사는 개나리가 아닌가 합니다.

5. 봄꽃들을 보면서 생각해 봅니다. 그 모진 겨울 추위와 찬바람도 다 견뎌 내고 봄이 되면 꽃을 피워 내는 모습은 참 신비롭게 느껴집니다.

6. 저 꽃들이 어디에 숨어 있었을까요? 봄이 되었음을 어찌 알고 꽃들을 피워 내는 것일까요?

7. 찬란한 봄, 아름다운 꽃들이지만 그 꽃들 속에 숨어 있는, 겨우내 죽음과 같았을 고통과 인내를 생각해 보면 참으로 경이롭다 아니 할 수 없습니다.

8. 아름다운 꽃들을 바라보면서, 지난겨울의 그 혹독한 죽음의 고통을 생각하면서 경이로움과 감사함을 느낀다는 것은 모든 사물의 이면을 바라볼 줄 아는 사람만이 가질 수 있는 능력이며, 그 삶의 축복이라 할 수 있을 것입니다.

9. 사람들은 일반적으로 드러나는 겉모습만을 봅니다. 그래서 우리는 어떤 자동차를 타는가, 어떤 집에서 살고 있는가, 어떤 옷을 입고, 어떤 음식을 먹는가에 너무 많은 신경을 쓰고 있고, 그런 점이 우리 삶에 많은 부분을 차지하고 있는 것이 아닌가 합니다.

10. 돈이 많고, 멋지게 생겼으며, 배경이 튼튼하면 혹시나 덕을 보지 않을까, 아니면 잘못 보이면 어떤 피해를 당하지 않을까 하는 생각을 본능적으로 갖고 있는 것은 아닐까 생각해 보게 됩니다.

11. 돈도 없고, 몸도 아프고, 어떤 배경도 없으면 너무 쉽게 그의 삶을 무시하고 소외시키는 경향이 있는 것은 아닌가 생각해 보게 됩니다.

12. 오늘 제1독서에서 주님께서는 사무엘에게 말씀하십니다.
"겉모습이나 키 큰 것만 보아서는 안 된다. 나는 이미 그를 배척하였다. 나는 사람들처럼 보지 않는다. 사람들은 눈에 들어오는 대로 보지만 주님은 마음을 본다."

13. 제가 보좌신부를 마치고 군종신부를 갔는데 그때 가끔 사회 사람들을 만나면 느끼던 것이 있었습니다. 군종신부는 뭔지 부족하고 모자라는 사람으로 보는 듯한 느낌이었습니다. 신부는 신분데 오죽했으면 군종신부를 할까 하는, 아래로 보는 듯한 느낌이었습니다.

14. 이런 현상은 사회에서만 있는 것은 아닙니다. 신앙 세계 안에서도 충분히 느끼는 경험입니다.

15. 아시다시피 저는 명일동에서 이곳 금호동으로 발령을 받았습니다. 그때 어떤 신자들은 저를 아주 측은한 눈빛으로 보았습니다. 마치 좌천당한 사람을 바라보는 느낌이었습니다. 아마 제가 강남 같은 데로 발령을 받았다면 훨씬 더 많은 사람들이 저와 친해지려고 애쓸 것이라는 쓸쓸한 느낌을 지울 수 없었습니다.

16. 신부의 세계에는 영전이나 좌천의 개념이 없음에도 불구하고 이 세상에 사는 사람들은 보이는 대로 판단하는 개념에서 벗어나지 못하고 있는 것이 현실이 아닌가 합니다.

17. 보이는 대로만 바라보는 세상은 우리에게 쓸쓸한 느낌을 줍니다. 그래서 어떻게 해서든지 멋있는 모습으로, 힘 있는 모습으로 신분을 상승하려 죽을힘을 다해 고생하기도 합니다.

18. 오늘 복음에서 주님께서는 태생 소경의 눈을 뜨게 해 주십니다. 왜 그에게 그런 치유를 베풀었을까요?

19. 지난주 사마리아 여인과의 대화에서도 나왔듯이 주님께서는

보이는 대로만 보지 않으시고, 그 이면을 보시는 분입니다. 그 여인의 살아온 세월들, 그 세월 속에 녹아 있는 수많은 한숨과 아픔, 그리고 올바른 길을 잃고 방황하고 절망하고 포기하는 모습들, 이 세상의 상처들이 그녀를 주눅 들게 하고 도망가게 하는 현실을 보셨습니다. 그리고 그 힘든 세월을 살아온 그녀에게 측은지심을 느끼시고 그녀의 마음속에 새로운 삶의 살아 있는 샘물을 베푸십니다.

20. 오늘 복음에서는 태생 소경의 삶의 이면을 바라보십니다. 태어나면서부터 저주 아닌 저주를 받고 태어난 한 인생, 부모의 사랑도 받지 못하고, 하느님께로부터 벌을 받았다는 등 주위 사람들의 숱한 비아냥거림과 비웃음 속에서 자라난 그였을 것입니다.
사람은 느끼는 것은 다 똑같은데 보지 못한다고 해서 그 느낌이 없는 것은 아니었을 것입니다.
그의 삶은 얼마나 비참했을까요? 태어나면서부터 저주 아닌 저주를 받았고, 성장과정에서의 냉대와 천대 또한 이루 말할 수 없었을 것입니다.
그는 거리에서 구걸을 하던 거지였습니다. 살아 있기에 살아야 하는데 그가 할 수 있는 것은 그저 사람들의 동정심이나 자극해서 사는 방법밖에 없었던 것입니다.
사람들에게 버림받고, 하느님께로부터도 버림받은 듯한 분위기는 그의 마음속에 얼마나 큰 상처였을까요?
사람인데 사람으로 인정받지 못하는 마음의 상처는 이루 다 말로 표현할 수 없었을 것입니다. 그 상처는 우리가 아무리 이해하려 애써도 다 이해할 수 없을 것입니다. 우리에게는 그런 경험이 없기 때문에 그 사람의 입장에서 느낄 수 없을 것입니다.

21. 예수님이 우리의 구세주이신 가장 큰 이유는 바로 내 입장에서 내 삶을 보시고, 내 마음을 보시고, 내 이면을 보신다는 것입니다.

22. 주님께서는 그 소경의 삶을 보셨습니다. 그 숨겨진 이면, 그 안에 있는 그 아픔들을 보셨으며, 그만이 갖고 있는 하느님께 대한 절망 속에서의 희망도 보셨습니다. 그 인간의 오염되지 않은 진실성을 발견하셨으며, 오히려 볼 줄 아는 사람들보다 자신의 내면에 있는 하느님을 발견할 줄 하는 그의 신앙을 보셨습니다.

23. 이제 사마리아 여인에게 생명수를 주셨던 것처럼 그 소경에게는 빛을 선물로 주십니다.

24. 사마리아 여인이 자신의 소심함을 용감히 극복하면서 자신을 백안시하던 마을 사람들에게 주님을 전했던 것처럼, 이 소경도 그의 부모와는 달리 아주 용감하고 단호하게 주님을 증거합니다.

25. 어떻게 해서든 예수님에게 올가미의 함정을 씌우려던 당시의 분위기에 맞서 그는 "태어날 때부터 눈이 먼 사람의 눈을 누가 뜨게 해 줬다는 말을 일찍이 들어 본 적이 없습니다. 그분이 하느님에게서 오지 않으셨으면 아무것도 하실 수 없었을 것입니다."라고 외칩니다.
평소 그의 모습에서는 나올 수 없는 참으로 멋진 항변이었습니다. 그는 모든 두려움에서 벗어나 용감하고 용기 있게 주님을 증언하였습니다.

"주님, 저는 믿습니다."

26. 우리 신앙의 핵심은 보이는 것을 통해서 보이지 않는 것을 믿는 것입니다. 보이는 성체를 통해서 그 성체 안에 숨어 있는 주님의 사랑과 그 희생을 믿는 것입니다. 보이는 교회를 통해서 보이지 않는 진정한 주인이신 주님을 보는 것입니다.

27. 우리가 신앙인이라는 것은, 주님께서는 내 마음을 알고 계시며, 내 삶을 알고 계시며, 내 안에 있는 진정성을 알고 계심을 믿는다는 것입니다. 그리고 내가 미처 다 알지 못하는 나 자신도 알고 계시며, 내가 나를 사랑하는 것보다 나를 더 사랑하신다는 사실을 믿는다는 것입니다.

28. 형제자매 여러분!
봄의 아름다운 꽃들을 보면서 그 꽃이 견뎌 온 지난겨울을 볼 수 있어야 하며, 한 톨의 쌀에 숨어 있는 한 해 동안의 농부의 땀방울과 자연의 섭리를 느껴야 하며, 우리 주위 형제자매들의 모습을 보면서 그 삶 속에 숨어 있는 세월과 그 안에 있는 아름다운 고통들을 볼 수 있어야 하겠습니다.

29. 돈 많은 사람들, 멋지게 보이는 사람들이 부러울 수도 있겠지만 그들 안에 있는 두려움을 또한 볼 수 있어야 하겠습니다. 가난하고 아픈 사람들이 하찮게 보일 수도 있겠지만 그들 안에 있는 아프면서도 아름다운 세월들을 또한 함께 볼 수 있어야 하겠습니다.

30. 그 이면을 볼 줄 아는 사람이 될 때 우리는 진정으로 주님의 치

유를 체험하는 사람이 될 수 있을 것입니다.

보아야 하는 것을 보지 못하는 사람을 소경이라 합니다. 그런 면에서 우리 삶에 숨어 있는 것들을 보지 못한다면 우리 역시 소경일 수밖에 없습니다.

31. 오늘의 소경 치유는 단순한 옛날이야기가 아니라 오늘을 살아가는 바로 나의 이야기인 것입니다. 보아도 보지 못하는 가련한 신세의 우리를 주님께서 어여삐 보시어 우리에게도 진정한 인생의 빛을 볼 수 있는 치유의 은사를 내려 주시도록 기도해야 하겠습니다. "빛의 주인이신 하느님, 저의 마음속 깊은 데를 보시니, 어둠의 세력이 저희를 지배하지 못하게 하시고, 성령의 은총으로 저의 눈을 열어 주시어 세상의 빛이신 주 예수 그리스도를 알아 뵙고, 그분만을 믿게 하소서." 아멘.

1. 한식은 동지로부터 105일째 되는 날입니다. 양력 4월 5, 6일 무렵으로 설날, 단오, 추석과 함께 우리나라의 4대 명절에 속합니다.

2. 한식이라는 명칭은 이날에는 불을 피우지 않고 찬 음식을 먹는다는 옛 습관에서 나온 것인데, 그 기원은 중국 진(晉)나라의 충신 개자추(介子推)의 혼령을 위로하기 위해서라고 합니다.
개자추는 문공(文公)과 19년간 망명 생활을 함께 하며 충심으로 보좌하였으나, 문공은 군주의 자리에 오른 뒤 그를 잊어버리고 등용하지 않았습니다. 실망한 개자추는 면산(緜山)에 은거한 뒤 뒤늦게 잘못을 깨달은 문공이 불러도 나가지 않았습니다. 문공은 개자추를 산에서 나오게 하기 위하여 불을 질렀는데, 그는 끝내 나오지 않고 타 죽고 말았습니다. 이에 사람들이 그를 애도하여 찬밥을 먹는 풍속이 생겼다는 것입니다.

3. 한식날 나라에서는 종묘와 각 능원(陵園)에 제향하고, 민간에서는 여러 가지 주과(酒果)를 마련하여 차례를 지내고 성묘를 합니다. 만일 무덤이 헐었으면 잔디를 다시 입히는데 이것을 개사초(改莎草)라고 합니다. 또 묘 둘레에 나무도 심습니다. 그러나 한식이 3월

에 들면 개사초를 하지 않는다고 하였습니다. 이날 성묘하는 풍습은 당나라 때 중국에서 시작하여 전해진 것으로 신라 때부터 있었습니다.

4. 고려시대에는 한식이 대표적 명절로 숭상되어 관리에게 성묘를 허락하고 죄수의 금형(禁刑)을 실시하였습니다. 조선시대에는 민속적 권위가 더욱 중시되어 조정에서 향연을 베풀기도 하였으나 근세에는 성묘 이외의 행사는 폐지되었습니다. 농가에서는 이날 농작물의 씨를 뿌립니다.

5. 우리는 오늘 한식을 맞이하여 우리의 부모, 형제, 지인이 함께 묻힌 이곳 천보묘원에 와서 한식미사를 봉헌하고 있습니다.

6. 이 산을 천보산이라고 하는데 참으로 우리 신앙과 딱 맞는 명칭이라 아니 할 수 없을 것입니다. 하늘의 보화라고 해석할 수 있겠죠.

7. 하늘의 보화란 무엇일까요? 바로 하느님의 영광 안에 함께하는 것입니다. 하느님께서 우리를 위해 마련해 주신 온갖 영적인 상속과 영광에 참여하는 것입니다.

8. 험난한 인생길을 마치신 이곳에 있는 영혼들이 하루빨리 그 영혼의 보화, 천국의 보화를 얻으시길 우리 모두 마음을 다해 기도할 수 있어야 하겠습니다.

9. 먼저 이해인 수녀님의 〈가신 이에게〉 시 한 편을 올려 드립니다.

"갈꽃은 얼굴로

바람 속에 있었습니다

춥고 어두운 땅 밑에 누워
하얗게 사위어 가는 당신이

지금은 울 수도
웃을 수도 없는 당신이

살아 있는 이들보다
더 깊고 맑은
영혼의 말을 건네주십니다

당신의 말은 나비가 되어
나의 하늘에서 춤을 추고

그것은 또 꽃이 되어
내 마음밭에 피고

하나의 별이 되어
어둔 밤을 밝힙니다

시시로 버림받고
시시로 잊혀지는
당신의 목쉰 소리는
이승과 저승을 잇는
바람 같은 기도가 되어

내가 믿지 않은

사랑하지 않은

잃어버린 시간들을

울게 하고 있습니다

스산한 바람이 눈물을 뿌려

꽃도 피지 않은

당신 무덤가에 오면

살아서도 조금씩

내가 죽어가는 소리를

듣고 있습니다

당신이 누운 어둠의 골짜기

강 건너 저편엔

순간마다 촛불 켜는

누군가의 큰 손이

새벽종을 치는 이의

흰 옷자락이 너울대고 있습니다"

10. 형제자매 여러분!

"삶의 마지막 순간에 간절히 원하게 될 것, 그것을 지금 하십시오."

얼마나 열심히, 그리고 후회 없는 삶을 살았으면 자신에게 다가오던

죽음을 바라보던 엘리자베스 퀴블러 로스가 이렇게 말했을까요?

"나는 은하수로 춤추러 갈 거예요. 그곳에서 노래하며 춤추며 놀 거

예요."

2004년 8월, 78세의 나이로 별세한 저자 엘리자베스 퀴블러 로스의 장례식 때의 일입니다. 두 자녀가 그녀의 관 앞에서 작은 상자를 열었습니다. 상자 안에서 호랑나비 한 마리가 날아올랐습니다. 동시에 조문객들이 미리 받은 종이봉투에서도 수많은 나비들이 날개를 펄럭이며 일제히 파란 하늘로 날아올랐습니다.

엘리자베스 퀴블러 로스의 생각처럼 이승의 삶이 다가 아닙니다. 언젠가 우리의 육신이 소멸되는 그 순간, 우리의 영혼은 한 마리 어여쁜 나비처럼 영원한 하느님 자비의 품 안으로 날아오르게 될 것입니다.

결국 우리가 그렇게 두려워하는 죽음은 다름 아닌 영원한 아버지의 집으로 건너가는 생명의 다리입니다. 그 순간은 우리의 인간적 나약함과 그로 인해 빚어졌던 숱한 과오들, 그 많은 죄악들이 주님 사랑 안에 말끔히 씻어지는 순간이 될 것입니다.

11. 〈마지막 손님이 올 때〉라는 이해인 수녀님의 시를 한 편 더 낭송합니다.

"올해도 많은 이들이
저희 곁을 떠났습니다, 주님

눈물의 샘이 마를 겨를도 없이
저희는 또 바쁜 일상으로 돌아왔지만

떠난 이들의 쓸쓸한 기침 소리가
미루어 둔 기도를 재촉하곤 합니다

어느 날 문득

예고 없이 찾아올 손님인 죽음을

어떻게 맞이해야 할지

아직 살아 있는 저희는

두렵고 떨리는 마음으로 헤아려 볼 뿐입니다.

그 낯선 얼굴의 마지막 손님을

진정 웃으면서 맞이할 수 있을까요?

삶을 아름답게 마무리하기가

상상보다는 어렵더라는

어느 임종자의 고백을 다시 기억하며

저희 모두 지상에서의 남은 날들을

겸허하고 성실한 기도로 채워 가게 하소서

하루에 꼭 한 번은

자신의 죽음을 준비하는 마음으로

화해와 용서를 먼저 청하는

사랑의 사람으로 깨어 있게 하소서

지금 이 순간이 마지막인 듯이

생각하고 말하고 행동하는

지혜의 사람으로 거듭나게 하소서" 아멘.

사순제 5주일(2014. 4. 6.)

"하느님의 영이 우리 안에 함께 계시면
우리의 죽을 몸도 하느님께서는 다시 살리실 것입니다."

1. 꽃샘추위와 봄바람, 약간의 비에 그 찬란하던 벚꽃들이 많이 지고 말았습니다.

2. 그리 일찍 떨어질 꽃잎이라면 왜 그리도 아름답게 피워 냈는지 아쉽고, 안타깝기조차 합니다.

3. 어제는 우리 본당의 묘지인 천보묘원에서 한식 미사가 있었습니다.

4. 천보묘원에서의 미사는 약간 다른 느낌과 감동을 줍니다. 오랜 세월을 함께 살아온 이들이 각자의 삶의 이야기를 들려주는 듯합니다.

5. 같은 동네에서 오랜 시간을 같이 보낸 이들이 이제는 같은 장소에 묻혀 있습니다.

6. 사실 살아 있을 때는 인간의 언어로 자신의 마음과 삶의 이야기를 온전히 다 표현해 내지 못합니다. 그래서 미움도 있고, 오해와 분노와 증오도 있을 수 있습니다.

7. 아마 그분들은 이제 이 세상의 언어가 아니라 서로의 마음으로, 또 신앙으로 이야기하고 있을 것 같습니다. 그래서 이제는 서로가

서로를 깊이 이해하며 용서하고, 사랑하며 살아가실 것 같습니다.

8. 사람은 그 속을 알면 어떤 사람도 이해 못 할 사람이 없는 법입니다. 아무리 큰 죄를 지었다 하더라도 그의 태어남과 성장과정, 그 깊은 속마음을 온전히 이해할 수 있다면 어떤 죄든지 아마 다 용서가 될 것이라고 생각합니다.

9. 얼마나 많은 세월의 이야기들이 있을까요? 아픈 이야기도 있고, 감동적인 이야기도 있을 것이며, 아주 재미있는 비하인드 스토리도 있을 것으로 느껴집니다.

10. 이미 앞서가신 분들의 이야기뿐만 아니라 이 세상에서 살아가는 이들의 이야기도 함께 있습니다. 그분들을 떠나보내면서 느꼈던 아픔, 감사함, 미안함, 죄스러운 마음들도 그곳에 가면 들리는 듯합니다.

11. 미워하기도 했고, 증오하기도 했던 수많은 세월들, 그 시간들, 그러나 세월이 지나서 보면 그 미움도, 증오도 다 사랑의 표현이었을진대 왜 그때는 그리도 그 마음의 어둠 속에서 벗어나지 못했는지 생각해 보면 자신의 어리석음을 탓하는 자책도 있으리라 느껴집니다.

12. 죽음은 인간의 마지막 문제입니다.
현대의 인간은 인생의 수많은 문제들을 해결해 왔습니다. 의학의 발전으로 많은 사람이 질병을 이겨 내고 있으며, 수명도 과거보다 10년 이상 연장시키고 있습니다. 온갖 첨단 과학의 발전으로 예전에는 만화로만 보던 공상 과학의 세계가 현실로 이뤄지고 있습니다.

13. 과학과 의학이 엄청난 발전을 이룩하였음에도 불구하고 인간에게 있어 죽음의 문제는 여전히 마지막 문제이며, 아직 풀어내지 못한 문제입니다. 아직도 우리에게 분명한 것은 우리 모두는 언젠가는 그 죽음의 시간을 피할 수 없다는 것입니다.

14. 인간의 마지막 문제인 죽음을 풀어낼 수 없다면 그것은 참으로 비극이 아닐 수 없습니다. 만물의 영장으로 태어난 인간이, 하느님의 명품으로 빚어진 인간이 죽음으로 모든 것이 끝나 버린다면 그 것은 그것 자체로 비극이 아닐 수 없습니다. 죽음으로 모든 것이 끝나 버린다면 우리의 탄생 역시 의미가 없는 것이며, 이 세상에서의 그 수많은 이야기들도 아무런 의미가 없는 것이 되어 버립니다. 내 삶의 고통도, 사랑도, 인연도, 가족도, 즐거움도, 시간들도, 친구들도 아무런 의미가 없는 것이 되어 버립니다.

15. 그 마지막 문제인 죽음의 문제가 풀려야만 내가 지금 살아가는 인생의 모든 것에 비로소 의미를 가질 수 있게 되는 것입니다.

16. 오늘 독서에서 아주 구체적이고, 직접적으로 말씀해 주십니다. "나 이제 너희의 무덤을 열겠다. 내 백성아, 내가 이렇게 너희 무덤을 열고 그 무덤에서 너희를 끌어 올리겠다. 그제야 너희는 내가 주님임을 알게 될 것이다."

17. 바로 나의 죽음에서 나를 끌어 올리겠다고 말씀해 주십니다. 주님께서는 그러한 힘과 능력을 갖고 계심을 보여 주십니다.

18. 구약에서 말씀하시는 하느님께서는 예수 그리스도를 통하여 무덤을 여시고, 그 무덤의 죽은 자를 끌어 올리는 모습을 오늘 복음에서 눈으로 직접 보게 해 주십니다.

19. "무덤의 돌을 치워라. 라자로야, 나오너라."
그러자 죽었던 이가 손과 발은 천으로 감기고 얼굴은 수건으로 감싸인 채 나왔습니다.
"그를 풀어 주어 가게 하여라."

20. 참으로 있을 수 없는 일이 일어났습니다. 완전히 죽은 이가 그 죽었을 때의 모습으로 다시 살아나다니, 보면서도 믿을 수 없는 일이었습니다.

21. 생명의 주인이신 하느님께서 함께 계시지 않으면 있을 수 없는 불가능한 일이 보이는 현실에서 일어난 것입니다.

22. 하느님께서 보내신 분, 하느님 자체이신 분, 하느님의 능력과 사랑을 그곳에 모인 사람들은 귀로 듣고, 눈으로 보았으며, 마음으로 느낄 수 있었습니다.

23. 멀리 하늘 위에만 계시는 무서운 분이 아니라 바로 나의 삶에, 나의 고통에, 나의 기쁨에, 나의 죽음에도 함께하시는 자비로우신 하느님이 눈에 보이는 현실로 나타나신 것입니다.

24. 이 사건은 예수님께서 이 세상에 오셔서 보여 주고자 하셨던 하느님 사랑의 정점을 찍는 일이었습니다. 하느님의 사랑은 죽었던 이도 살리신다는 것입니다. 하느님의 사랑은 인간의 마지막 문제인

죽음까지 해결하시니, 우리 인생에 있는 수많은 문제들을 해결하시는 분이심을 보여 주고 계시는 것입니다.

25. 인간의 마지막 문제인 죽음까지도 해결하신다는 것은 인생의 수많은 문제도 해결해 주신다는 것을 의미하는 것입니다.

26. 예수님께서 우리의 구세주이신 이유는 바로 우리 인생의 문제를 해결해 주시는 분이시기 때문입니다.

27. 우리 인생에 얼마나 많은 문제가 있습니까? 문제가 없는 사람은 없습니다. 우리 인생에 얼마나 많은 십자가가 있습니까? 십자가가 없는 사람은 없습니다.

28. 수많은 문제와 십자가 속에 살아가는 인간들이 그 문제와 십자가 속에서 비참하고 고통스럽게 죽어 가고 있습니다. 깜깜한 암흑 속에서 인생의 진정한 기쁨과 행복을 발견하지 못하고 온갖 욕심과 집착 속에서, 미움과 증오 속에서 죽어 가고 있습니다.

29. 타볼산 위에서 빛나는 모습으로 당신의 천주성을 보여 주신 예수님께서는 사마리아 여인에게는 영원히 목마르지 않는 살아 있는 샘물을 주셨고, 빛을 잃은 소경에게는 인생의 새로운 빛을 주셨으며, 오늘은 그 모든 문제를 해결하는 죽음을 극복하시는 하느님의 모습을 보여 주십니다.

30. 형제자매 여러분!
살아가는 일이 얼마나 힘들고 고통스럽습니까? 살아 있다는 것이 한편으로는 기쁨이 될 수도 있지만, 많은 경우에는 고통이기도 합니다.

31. 예수님께서는 오늘 오빠의 죽음 앞에 처절한 고통을 당하는 마르타와 마리아를 보시며 마음이 북받치시고 산란해지셨으며, 급기야 눈물까지 보이십니다. 왜 그러셨을까요? 그들을 사랑하셨기 때문입니다.

32. 예수님을 사랑한다는 것은 예수님께 사랑받는다는 것입니다. 예수님께 사랑받는 것은 죽음까지도 극복해 주신다는 것을 의미합니다.

33. 달리 말해서 우리가 우리의 가장 큰 문제인 죽음을 극복하고 온갖 삶의 문제들과 십자가들을 극복할 수 있는 길은 예수님의 사랑이 있어야 하는 것이며, 그 예수님의 사랑은 그분을 사랑해야 받을 수 있는 것입니다.

35. 며칠 전, 약 2년 전에 본당 계단에서 넘어져 식물인간이 되신 분을 방문하였습니다. 그 할머니는 아무것도 할 수 없는, 의식도 없는 상태이셨습니다. 모든 병수발을 할아버지께서 다 하고 계셨는데 좁은 집이었는데도 아주 깨끗하였고, 정성스럽게 간호하시는 모습을 즉각 느낄 수 있었습니다. 그분이 하신 말씀이 진한 감동으로 다가옵니다.
"이 모든 일은 제가 하는 것이 아닙니다. 제게 힘을 주시는 하느님의 힘으로 하는 것입니다."

참으로 감사했습니다. 깊이 감동했습니다. 어둠으로, 미움으로, 원망과 증오로 충분히 어둠 속에 사실 수 있으셨는데, 하느님께서 그분과 함께하셔서 빛 속에서, 행복 속에서, 보람 속에서 사실 수 있도록 이끌어 주셨기 때문입니다.

36. 그분의 표정은 고통 속에 살아가는 사람의 모습이 아닌, 하느님의 평화 속에 살아가는 모습이었습니다. 우리 공동체 안에 그처럼 하느님과 함께 살아가는 사람이 있음을 생각해 보면 참으로 큰 행복이 아닐 수 없습니다.

37. "하느님의 영이 우리 안에 함께 계시면 우리의 죽을 몸도 하느님께서는 다시 살리실 것입니다." 아멘.

주님 만찬 성 목요일(2014. 4. 17.)

"주님의 수난 공로를 통해 용기와 희망을 얻으시길
간절히 기도합니다."

1. 대한민국 전체가 큰 슬픔에 잠겨 있습니다.

2. 생때같은 아이들이 실종 상태에 있습니다. 어떤 어머니의 외침
이 귀에서 맴돕니다.
"어떻게 키운 아인데……."

3. 부모들의 마음을 생각해 보면 참으로 허탈해지고, 갑갑해집니다.

4. 어떤 아이는 "엄마, 사랑해."라는 마지막 문자를 남기기도 하였
습니다.

5. 어떻게 이런 어이없는 일이 또 일어났는지, 얼마 전 경주에서 죽
은 젊은이들의 외침과 함께 참담한 마음입니다.

6. 아이들은 죽어 가는데 모든 책임을 진 선장은 맨 먼저 탈출하였
다고 합니다.

7. 어른들의 무책임함과 비도덕적인 행동에 분노를 느끼지 않을 수
없습니다.

8. 선진국을 코앞에 두고 있다고 자랑하는데 이런 사고들을 보면

아직도 후진국이 아닌가 합니다. 물질적으로 아무리 잘살면 무슨 소용이 있습니까? 아이들이 죽어 가는 현장에서 무책임하게 도망가는 모습을 보면 한국 사회는 경제적으로는 발전하였는지는 몰라도 도덕적으로는 과거 어느 때보다도 피폐해졌고, 인간의 기본적인 양심마저 저버리는 황폐한 사회가 되고 있는 것은 아닌가 의심이 듭니다.

9. 오늘은 대한민국의 어른들이 정신적으로, 도덕적으로 사망한 날입니다. 비양심적이며, 무책임하고, 이기적이며, 황폐한 우리 사회의 자화상이 그려진 날입니다. 그 비도덕적인 어른들의 횡포에 우리 아이들이 사망한 날입니다.

10. 절체절명의 위기의 순간에는 아름다운 인간의 본성이 나타나게 마련인데, 아직까지는 그 아름다운 용기들이 보이지 않고 있습니다. 모두들 자기만 살겠다고 아우성치던 그 죽음의 순간들이 그려지고, 정신이 아뜩해집니다. 그중에는 분명 천주교 신자들도 있었을 텐데 아쉽고, 마음이 저 깊은 곳에서부터 아파 옵니다.

11. 참으로 어떤 위로도 통하지 않겠지만 부모, 친지, 지인들에게 마음의 위로와 기도를 봉헌합니다.

12. 우리가 살아가는 세상은 왜 이리도 아픈 일들이 많은 걸까요? 이 아픔을 누가 알아주고 누가 위로해 줄 수 있을까요?
그 부모들이 살아가야 할 세월들, 그 세월들 속에 함께 가는 그 아픔들에 대해서도 기도합니다. 누가 그분들의 아픔을 받아 주고, 진정한 위로와 용기가 될 수 있을까요?

13. 우리는 오늘 예수님의 마지막 만찬과 그분의 고통을 묵상하는
시간을 갖게 됩니다.

14. 생각해 보면 예수님은 이 세상의 어떤 인간보다도 큰 아픔과 고
통을 겪으신 분이십니다.

15. 그토록 아끼던 제자들의 배신, 마음을 다해 하느님의 사랑을 전
해 주었던 백성들의 배신 등 그야말로 하늘이 무너지는 듯한 아픔
이셨을 것입니다. 하느님이 계시지 않는 듯한 어둠은 그 자체로 숨
이 넘어갈 만큼 아픈 고통이었고, 좌절이었을 것입니다.
그분이 베푸신 사랑이 배신의 칼날로 되돌아올 때 그분은 땀이 피
가 되는 고통을 겪지 않을 수 없으셨을 것입니다. 마음 깊이 스며드
는 아픔들, 그 고통들은 어둠이 되어 어둠이 되라고 예수님을 유혹
합니다.
하느님이 어디 계시냐고, 하느님이 계신다면 어떻게 이런 일들이
있을 수 있겠냐고 끊임없이 유혹합니다. 그분의 마음을 어둠으로
채우려고 악의 세력은 준동을 합니다.

16. 인간의 어둠과 죄악 속에서도 하느님께 의지하고, 하느님을 신
뢰한다는 것은 참으로 어려운 일입니다. 어둠을 어둠으로, 악을 악
으로 갚고자 하는 인간 내면의 악함이 있기 때문입니다.

17. 그러나 그분은 그분 안에 있는 하느님을 잊지 않았습니다. 마음
을 어둠으로 채우지 않으시고, 자신을 둘러싼 모든 악행과 죄악들

을 용서하십니다.

"저들은 자신들이 하는 일을 모르고 있습니다. 저들을 용서하여 주소서."

18. 인간의 어둠 그 한가운데 있으시면서도 그 어둠에 물들지 않으시고, 최후의 만찬 중에 당신이 하실 수 있는 가장 위대한 사랑을 베푸십니다. 당신의 몸과 피를 우리들을 위한 속죄의 제물로 봉헌하십니다. 그리고 그 제물을 우리에게 나누어 주십니다.

"이는 내 몸이다. 이는 내 피다. 너희는 받아 먹어라."

19. 참으로 위대한 사랑입니다. 아무 잘못도 없으시면서 인간의 모든 잘못을 뒤집어쓰십니다. 자신의 마음과 영혼과 몸을 다 바쳐서 그 고통을 받아들이십니다. 어둠 속에서도, 죄악 속에서도 끝까지 하느님을 놓치지 않으셨습니다. 끝까지 사랑을 포기하지 않으셨습니다.

20. 이 세상의 모든 어둠과 죄악과 그 고통을 이겨 내신 그분께서 우리에게도 그리 살라 말씀하십니다. "주님이며 스승인 내가 너희의 발을 씻어 주었으니 너희도 서로 발을 씻어 주어야 한다."고 하십니다.

단순히 발을 씻어 주라는 말씀은 아닙니다. 이 세상의 더러운 어둠을 씻어 내야 한다는 것입니다. 칼로써가 아니라, 앙갚음으로써가 아니라 사랑으로, 용서로 그 어둠들을 씻어 내야 한다는 것입니다. 어떤 어둠의 상황에서도 그 어둠에 물들지 말고 사랑으로 그 어둠을 이겨 내야 한다는 것입니다.

21. 그분은 인간이 겪을 수 있는 가장 깊은 심연의 고통을 겪으셨고, 그만큼 마음을 비우셔야 했으며, 하느님께로부터 힘을 얻어야 하셨습니다. 자신을 온전히 비우신 예수님이시기에 우리는 우리 삶의 어떤 고통이라 하더라도 그분 안에서 위로를 얻을 수 있고, 용기를 얻을 수 있게 됩니다. 이미 그분은 이 세상의 모든 고통을 담아낼 수 있는 분이시기 때문입니다.

22. 깊은 골짜기에 있는 호수는 그 큰 산을 다 품어 낼 수 있습니다. 그만큼 깊어졌기 때문입니다.

23. 그분이 그러하셨듯이 우리 삶에 있는 온갖 고통들은 나의 내면을 넓고 깊게 하는 것이며, 다른 이의 고통을 끌어안을 수 있는 힘이 생기게 하는 것입니다.

24. 단지 조건이 있다면 그 고통들 속에서 마음이 무너지거나 어두워져서는 안 된다는 것입니다. 무너지고 어두워진 마음속에서도 하느님을 잊어서는 안 된다는 것입니다. 어둠에 물들지 말고, 그 마음속에 사랑을 놓쳐서는 안 된다는 것입니다.

25. 그리할 수 있다면 우리도 예수님처럼 죽음의 돌덩이를 치워 내고 부활할 수 있게 될 것입니다. 죽어서 부활하는 것이 아니라 살아 있으면서 부활할 수 있게 되는 것입니다.

26. 큰 산이 될 수 있는 것이며, 깊은 호수가 될 수 있는 것입니다. 그때에야 우리의 위로가 이 세상의 수많은 아픈 이들에게 진정한 용기와 희망이 될 수 있을 것입니다.

27. 부모들과 자식과 친지들을 잃은, 그래서 인생 최대의 고통과 위기에 봉착한 이들이 우리의 작은 기도들을 통해, 그리고 주님의 수난 공로를 통해 용기와 희망을 얻으시길 간절히 기도합니다. 아멘.

부활 성야 미사(2014. 4. 20.)
"그리스도 나의 희망, 죽음에서 부활했네."

1. 예년 같으면 오늘은 참으로 기쁜 밤입니다. 알렐루야를 외치면서 기쁨을 노래할 텐데 왠지 이번 부활은 씁쓸하고 참담한 기분입니다.

2. 그 어느 때보다도 어둠이 깊기 때문입니다. 이 깊고도 무서운 어둠이 우리의 맘을 짓누르고 있기 때문입니다.

3. 우리가 살고 있는 사회, 이 사회의 어둠이 깊고 무섭기까지 합니다. 우리나라의 어둠이 적나라하게 표출되고 있는 밤입니다.

4. 수많은 어린 생명들, 그 죽음들은 바로 우리 사회의 어둠을 대변하는 것이며, 우리 모두의 반성과 회개와 변화를 촉구하고 있습니다. 그들은 어떤 면에서는 어린 희생양이라 할 수 있을 것입니다. 우리 모두의 어둠과 죄를 뒤집어쓰고 그들은 아직도 칠흑 같은 바다 속에 잠겨 있습니다.

5. 구약시대에 이스라엘 백성은 정화의 예식으로 어린양을 둘러싸고 모입니다. 어린양에게 자신의 죄를 뒤집어씌웁니다. 그리고 광야로 쫓아내어 어린양은 죽음을 맞게 됩니다.

6. 이번 사건에서도 어떻게 해서든 책임만을 모면하려고 애쓰는 듯합니다. 희생양을 찾고 있는 것입니다.

7. 참으로 깊고 우울한 밤입니다.

8. 예수님께서 돌아가실 때도 세상은 어둠으로 가득 차 있었습니다. 하느님께서는 인간에게 외치십니다.
"내 백성아, 내가 너에게 잘못한 것이 무엇이냐? 대답해 다오. 나는 너를 구해 냈건만 너는 어찌 너의 구세주께 십자가를 마련하였느냐?"

9. 예수님의 제자들도 교만과 두려움으로 예수님을 배반하였고, 지도자들은 백성을 선동하여 예수님을 십자가에 못 박으라고 외쳐 댑니다. 빌라도는 정의를 버리고 우유부단한 처신으로 책임을 모면합니다. 그분께서는 온갖 조롱과 모욕을 당하십니다.

10. 어둠이 온 땅에 뒤덮여 있었습니다.

11. 그러나 오늘 부활 찬송에서는 이렇게 외칩니다.

12. "이 밤은 죄악의 어둠을 몰아낸 밤, 그리스도 신자들을 세속 온갖 죄악과 죄의 어둠에서 구원하여 은총으로써 성덕에 뭉쳐 준 밤, 죽음의 사슬 끊으신 그리스도, 무덤의 승리자로 부활하신 밤,

13. 아담이 지은 죄, 그리스도의 죽음이 씻은 죄, 오 복된 탓이여! 너로써 위대한 구세주를 얻게 되었도다.

14. 이 밤은 내게 기쁨 주는 밤, 거룩하여라 이 밤, 죄를 용서하고, 허물을 씻어 주며, 미움을 없애고, 화목을 이룬 이 밤, 악의 권세가 꺾이는 이 밤,

15. 오, 참으로 복된 밤, 하늘과 땅이 결합된 밤, 하느님과 인간이 결합된 밤, 이 촛불을 끊임없이 타오르게 하시어 이 밤의 어둠 물리치소서. 무덤에서 부활하신 그리스도, 인류를 밝게 비추시는 샛별이시여!"

16. 주님을 믿는 우리는 그래서 이 지독한 아픔과 어둠 속에서도 외칠 수 있습니다. 알렐루야, 예수님께서 부활하셨습니다. 알렐루야, 우리의 어둠이 심할수록 그분의 부활은 우리에게 힘이 되고 희망이 되는 것입니다. 그분의 부활이 있기에 우리는 우리의 어둠에 질식당하지 않고 다시 용기를 내어 일어설 수 있는 것입니다.

17. 부활은 하느님께서 인간에게 베푸시는 최고의 은총입니다. 더 이상의 은총은 존재하지 않습니다. 이 부활의 은총이 모든 아파하는 이들에게 함께하시기를 우리는 진정 기도할 수 있어야 하겠습니다.

18. 하느님의 은총이 있어야만 우리는 우리의 이 아픈 현실을 딛고 일어설 수 있게 됩니다. 하느님은 아파하는 사람들의 하느님이십니다. 누구보다도 당신이 사랑하시는 이 대한민국의 아픔에 함께하실 것이고, 그 어느 때보다도 우리에게 필요한 은총을 충만히 베푸실 것입니다.

19. 주님께서는 말씀하십니다.

"너희에게 새 마음을 주고, 너희 안에 새 영을 넣어 주겠다. 너희에게 정결한 물을 뿌려 너희를 정결하게 하겠다. 너희의 모든 부정에게서 너희를 깨끗하게 하겠다. 너희 몸에서 돌로 된 마음을 치우고, 살로 된 마음을 넣어 주겠다. 너희는 나의 백성이 되고, 나는 너희의 하느님이 될 것이다."

20. 어떠한 일이 있어도, 심지어 죽음의 세력이 우리를 삼켜 버린다 해도 하느님께서는 절대 우리 민족을 저버리지 않으십니다. 이 민족의 아픔과 상처를 누구보다 잘 아시는 하느님께서 우리를 저버릴 수는 없는 것입니다. 어떤 민족보다도 큰 아픔 속에 살아온 이 민족에게 하느님께서는 자비로우신 아버지로서 우리의 아픔에 함께하시며, 우리의 부정과 불의와 어둠과 죄악과 죽음을 이겨 내게 하실 것입니다.

21. 유대인들이 하느님의 사랑을 독차지하는 선택된 민족이었듯이 오늘날에는 우리 민족이 어떤 민족보다도 하느님께 사랑받는 민족인 것입니다. 그만큼 역사를 통해 큰 아픔들을 겪었기에, 그 아픔이 아직도 지속되고 있기에 하느님께서는 사랑하시지 않을 수 없는 것입니다. 하느님께서는 아파하는 이들 편이시기 때문입니다.

22. 우리는 오늘 마음 졸이며 지켜보고 있습니다. 마음 같아서는 물로 뛰어들어 가고 싶은 부모들의 마음을 생각해 볼 때 타들어 가는 가슴, 이루 말할 수 없을 것입니다.

23. 아이들의 죽음이 결코 헛된 죽음이 되어서는 아니 될 것입니다.

이 죽음들이 우리를 변화시키고, 우리 사회를 변화시키는 작은 씨앗들이 될 수 있어야 할 것입니다.

24. 책임을 져야 할 사람은 분명 책임을 져야 하겠지만, 우리 모두도 진정으로 반성해야 하겠습니다.

원칙과 질서가 깨어지고, 돈과 권력만 있으면 안 되는 것이 없는 이 사회가 진정으로 바뀌어야 하겠습니다.

당리당략에 매달려 백성의 아픔을 무시해 버리는 정치인들의 풍조도 바뀌어야 하겠습니다.

가난한 이들, 아파하는 이들, 억울한 이들, 소외된 이들, 마음이 부서진 이들을 그들 탓이라고 치부해 버리는 우리의 이기심과 합리주의도 버릴 수 있어야 하겠습니다.

우리 그리스도인들은 특히 하느님의 뜻과 사랑 안에서 살아가고 있는지 반성하고, 변화되어야 하겠습니다.

가진 자들은 더더욱 가진 것을 함께 나누며 살 수 있어야 할 것입니다. 가졌다는 것은 남의 것을 더 가진 것이라는 자각을 할 수 있어야 하겠습니다. 잘 먹고 잘 사는 것도 중요하지만 함께 살아가고자 하는 마음, 나누며 베풀며 사는 마음이 더 중요한 삶의 덕목이 될 수 있어야 하겠습니다.

25. 요즘 들어 우리 사회는 과거에는 경험해 보지 못했던 정말 어처구니없는 일을 많이 겪고 있습니다. 아기 엄마가 아기를 죽이고, 계모가 아이를 때려 죽이고, 술 취한 아버지가 아이들을 학대하고, 온갖 인재로 인한 재난으로 수많은 사람들이 죽어 가고 있습니다.

26. 정말 어두운 밤입니다. 때로는 칠흑 같은 밤이 우리의 숨을 옥죄어 버립니다.

27. 그러나 깊은 밤이라는 것은 곧 새벽이 가까웠음을 의미하는 것입니다. 이제 곧 새벽 동이 틀 것입니다.

28. 이번 아이들의 죽음은 깊고 무서운 밤이 지나가고 있음을 의미하는 것입니다. 우리 모두가, 우리 사회가 변화될 것이라는 절망 속에서의 희망을 보여 주고 있는 것입니다.

29. 이 어둡고 힘든 밤이 지나가고 나면 우리는 부활하신 주님을 만나는 새롭고도 영롱한 새 아침을 맞을 수 있을 것입니다.
"그분께서는 죽은 이들 가운데서 되살아나셨습니다."

30. 부활하신 주님께서는 우리에게 말씀하십니다.
"두려워하지 마라. 나를 다시 만나게 될 것이다."

31. 우리 하나하나의 이름을 불러 주시며 부활의 은총과 평화를 주십니다.

32. 깊고도 아픈 슬픔과 고통 속에 있는 모든 분들에게 진정 주님 부활의 은총이 함께하시도록 기도해야 하겠습니다.
"그리스도 나의 희망, 죽음에서 부활했네. 그리스도 부활하심, 저희 굳게 믿사오니 승리하신 임금님, 자비를 베푸소서." 아멘.

부활 제2주일 (2014. 4. 27.)

"너는 나를 보고서야 믿느냐?
보지 않고도 믿는 사람은 행복하다."

1. 참으로 마음이 착잡한 한 주간이었습니다.

2. 원래 부활이 끝나면 본당의 사제, 수도자, 직원들이 함께 부활하신 주님을 만나는 엠마오를 떠나는 것이 교회의 오랜 관례입니다.

3. 그런데 이번에는 세월호 참사 이전에 이미 각 개인별로 부활 휴가를 갖는 것으로 방향이 정해졌습니다.

4. 이 어수선한 때에 과연 부활 휴가를 가야 하나 하는 생각으로 마음이 복잡하기도 했지만 조용한 곳에 혼자 가서 피정식의 휴가를 갖기로 하고 떠났습니다.

5. 이번에는 과거와는 달리 혼자만의 시간이었습니다.

6. 산에도 올라가고, 숲길도 걸으면서 많은 사색과 기도의 시간을 가질 수 있었습니다.

7. 사실 혼자라는 것은 매우 불편하기도 합니다. 잠자리도, 먹을 것도, 하루의 시간도 모두 혼자서 결정해야 하기 때문입니다.

8. 세월호 참사를 보면서 중간에 돌아올까도 고민해 보았지만 저에

게 주어진 이 시간들도 매우 의미 있는 것이라는 생각으로 마음의 번뇌와 복잡함을 떨쳐 내려고 애를 쓰기도 하였습니다.

9. 생각해 보면 혼자 떠난 적이 별로 없었던 것 같습니다. 항상 동행자가 있었고, 책임져야 하는 사람들이 있었기 때문입니다.

10. 혼자만의 시간, 그 시간들은 때로는 불안하기도 하였고 불편하기도 하였지만, 이번의 시간들은 뭔지 모를 이끄심을 그 어느 때보다 많이 느끼고 체험했던 시간이 아니었나 합니다.

11. 길다면 긴 시간이었고, 짧다면 짧은 시간이었지만 저는 이번 시간들을 통해 그 어느 때보다도 저와 함께 동행하시는 부활하신 주님을 많이 느낄 수 있었던 것 같습니다.

12. 여태까지는 많은 부분들을 제가 생각하고 결정해야 했지만 혼자만의 시간에서는 제가 아무것도 생각하지 않고, 결정하려 하지 않았습니다. 그저 물 흐르는 대로 순리에 맡기고자 저 자신의 마음을 비우고자 노력하였습니다.

13. 참으로 놀라운 체험들이었습니다. 제 안에 있는 복잡한 생각들, 걱정들, 두려움들이 물러가고, 뭔지 모를 힘이 함께하는 것을 느낄 수 있었습니다. 저를 이끄시는 부활의 힘이 있다는 것을 강하게 느낄 수 있었습니다.

14. '걱정하지 말자, 두려워하지 말자, 그저 이끌어 주시는 대로 맡겨 보자, 내가 하려고 하지 말자'고 수시로 기도하며 하루하루 주어

지는 대로 그냥 맡겨 보자고 저 자신을 다독였습니다.

15. 어느 깊은 산속에서 혼자만의 묵상의 시간을 가지면서 저는 제 마음이 참으로 해방되는 것을 느낄 수 있었습니다.

16. 걱정과 두려움으로부터, 온갖 상처로부터, 온갖 어둠과 죄로부터 자유로워지는 체험은 그 어느 때도 경험해 보지 못했던 참으로 귀중한 부활의 은총이기도 하였습니다.

17. 나무들은 태어나면서부터 좋은 자리에 있어야 합니다. 좋은 자리란 눈에 띄는 자리가 아니라 오히려 반대로 눈에 띄지 않으면서도 토양이 좋아야 하고, 햇빛을 잘 받을 수 있는 곳이어야 합니다.

18. 나무들도 그야말로 적자생존의 치열한 경쟁을 펼칩니다. 남들보다 더 깊이 뿌리를 내려 수분을 섭취해야 하며, 남들보다 더 많이 가지를 뻗어 햇빛을 통한 광합성 작용을 해야 합니다.

19. 생각해 보면 이 자연계는 모든 동식물이 치열한 생존경쟁을 하고 있으며, 강한 놈만 살아남는 질서를 갖고 있습니다. 그들의 경쟁은 냉엄한 현실입니다. 적응하지 못하면 곧 죽는 것입니다.

20. 그러나 인간의 세계는 동식물과는 확실히 다릅니다. 물론 치열한 생존경쟁, 적자생존의 구도를 벗어날 수는 없지만 인간은 함께 살아가고자 하는 질서도 또한 갖고 있습니다. 동식물은 살아남기 위해 자연계의 질서에 따라 철저한 약육강식의 모습을 보이지만 인간만은 생존경쟁, 적자생존, 약육강식의 질서를 넘어서는 또 다른 질서와 법도를 갖고 있는 것입니다.

21. 인간에게는 내가 살기 위해서는 네가 죽어야 한다는 적자생존, 약육강식의 법은 통하지 않습니다. 네가 살아야 내가 살 수 있다는 인간만의 생존 방식이 있는 것입니다. 내가 살기 위해서는 너를 살려야 한다는, 인간만이 가질 수 있는 법칙이 있는 것입니다. 못난 사람도, 능력이 없는 사람도 함께 살아야 한다는 것이 인간에게 주어진 질서라 할 수 있을 것입니다.

22. 그런데 우리 사회를 보면 점점 더 동식물의 정글의 법칙이 지배하는 사회가 되어 가는 것이 아닐까 합니다. '내가 살기 위해서 네가 죽어야 한다, 네가 죽어야 내가 살 수 있다'는 생존 방식이 확산되는 것이 아닌가 합니다. 그래서 약한 놈은 죽어야 하고, 적응 못 하는 놈도 죽어야 하는, 참으로 끔찍할 정도로 무서운 사회가 되고 있는 것이 아닌가 합니다.

23. 자신의 이익을 위해서는 못 할 짓이 없는 사회, 원칙과 질서가 무너지고 사랑과 신의가 너무 쉽게 깨지는 사회, 돈만 된다면 못 할 것이 없는 사회, 서로가 서로에게 항상 무시무시한 칼을 겨누고 있는 사회, 가진 자들은 더 가지려 하고 못 가진 자들은 가진 자들에게 적대감과 분노와 미움이 팽배한 것이 우리가 사는 사회의 모습이 아닌가 합니다. 인간의 세상이라고는 할 수 없는, 마치 동물들처럼 무시무시한 정글의 법칙이 지배하는 사회의 모습이 바로 우리 자신의 모습이 아닌가 합니다.
더 이상 어찌해 볼 힘이 없는 우리 사회, 이제 막장에 걸려 있는 우리 사회의 모습 속에 수많은 이들이 희생 제물로 바쳐지고 말았습니다.

24. 사회가 혼란스럽고, 미움과 분노가 팽배해져 있으며, 쉽게 치유
될 것 같지 않은 수많은 뼈저린 아픔들이 존재하고 있는데 우리가
나아가야 할 길을, 그 아픔을 치유해 주고 미움을 없애 줄 수 있는
어른이 없다는 것이 참으로 우리의 가슴을 먹먹하게 합니다.

25. '이 참혹한 현실에서 하느님께서 과연 계시는가? 과연 주님 부
활의 의미는 무엇인가?'에 갈등과 의심과 의혹이 있는데 누구 하나
속 시원히 우리의 막힌 가슴을 뚫어 주지 못함이 참으로 가슴 아픕
니다.

26. 우리에게는 그 어느 때보다도 주님 부활의 크신 힘이 필요합니
다. 그 죽음마저도 물리치신 주님의 부활, 그 힘이 우리에게 현실적
으로 필요합니다. 그 죽음들로 인해 우리도 무섭고, 부끄럽고, 걱정
이 많고, 미움과 원한 그리고 책임 회피가 있기 때문입니다.

27. 어찌 우리 인간의 힘으로 이 강력하고 무서운 죽음의 힘을 이겨
낼 수 있겠습니까? 그것은 불가능한 일입니다. 어찌 인간의 힘으로
집단적인 무기력감, 침울함, 가슴 먹먹함을 이겨 낼 수 있겠습니까?
그것은 불가능한 일입니다.

28. 오늘 복음에서 주님께서는 불안과 공포에 떨고 있는 제자들 한
가운데로 들어오십니다. 쉽게 치유될 수 없는 상처와 그 아픔 한가
운데로 들어오십니다. 미움과 분노, 그 적개심 한가운데로 들어오
십니다. 그 어둠과 죽음, 그 공포 한가운데로 들어오십니다.

29. 그리고 "평화가 너희와 함께"라고 말씀하시며 성령을 새롭게 베풀어 주십니다. 그들에게 새로운 창조의 숨결을 불어넣어 주십니다.

30. 주님의 말씀은 말씀으로 끝나는 것이 아니라 현실로 이루어집니다. 그들의 공포와 상처는 신뢰와 치유로 바뀌고, 그들의 어둠과 죽음은 새로운 창조와 부활의 모습으로 바뀝니다.

31. 주님께서는 이미 어둠을 극복하셨고, 인간의 죄와 그 죄로 인한 죽음을 극복하신 분이시기에 그분께서 내리시는 말씀은 그 자체로 현실로 이어지는 것이며, 그분의 숨결은 곧 성령의 힘으로 마음 안에 새롭게 자리 잡게 되는 것입니다.

32. 우리는 주님의 부활을 믿는 그리스도인으로 참으로 진실되게 기도할 수 있어야 하겠습니다. 우리 모두가 이 어둠과 죽음을 부활의 은총으로 극복할 수 있도록, 가진 자들의 위선이 드러나고 아파하는 이들에게 하느님의 자비가 함께하실 수 있도록 참으로 기도할 수 있어야 하겠습니다.

33. 그들의 죽음이 결코 헛되지 않도록, 우리 사회가 처음부터 새롭게 초석을 다시 세울 수 있도록, 우리 사회가 저 밑바닥에서부터 새롭게 변화되고 변화될 수 있도록 간절한 마음으로 주님 부활의 은총을 빌어야 하겠습니다.
"너는 나를 보고서야 믿느냐? 보지 않고도 믿는 사람은 행복하다."
아멘.

부활 제3주일(2014. 5. 4.)
"길에서 우리에게 말씀해 주실 때
우리 마음이 타오르지 않았던가?"

1. 5월은 성모님의 달, 가정의 달이며, 어린이와 청소년을 위해 기도하며, 부부의 날이 있으며, 어버이와 스승을 기리고, 모든 노동자들의 노고에 감사하는 뜻깊은 날로 꽉 채워져 있습니다.

2. 연녹색의 잎들도 어느새 짙은 색으로 바뀌어 가고 있으며, 온갖 화사한 꽃들도 피어나는, 1년 중 가장 아름다운 계절이 바로 이 5월이 아닌가 합니다.

3. 성당도 온갖 꽃들로 장식되고 있습니다. 들어오는 입구 쪽에 작은 성모님을 모셨는데 어떠신지요?

4. 어느 성당이나 할 것 없이 신자들이 성당에 들어오면 제일 눈에 잘 띄는 장소에 성모상이 있게 마련인데 우리 성당은 저 후미진 곳에, 마치 비밀동산 같은 곳에 성모님이 모셔져 있었습니다. 용기를 내어 우리 성당에서 가장 눈에 잘 띄는 곳에 성모님을 모셨는데 어떠신지 모르겠습니다. 여러분의 의견을 들어 가며 앞으로 성모님을 어디에 모실지 함께 연구해 보도록 하겠습니다.

5. 흔히 개신교 신자들은, 성당마다 가장 좋은 곳에 성모님 동상을

모시고 신자들이 기도하는 모습을 보면서 '천주교는 성모교다, 성모님을 믿는 종교다'라고 호도하고 있습니다.

가정에 어머니의 사랑이 없다면 그 가정은 차갑고 삭막하기 그지없을 것입니다. 마찬가지로 성당에서도 우리의 어머니이신 성모님이 계시지 않는다면 우리는 마치 엄마를 잃은 아이처럼 슬프고 삶의 방향을 잡을 수 없을 것입니다.

성모님은 이 세상에 있는 어떤 사람보다도 깊은 고통을 받으신 분입니다. 성모님께서는 그 고통을 통해 그 마음속에 그 어떤 사랑보다도 깊은 사랑을 품고 계시는 분입니다. 그분의 얼굴은 이 세상의 온갖 고통을 신앙으로 이겨 내신 가장 아름다우신 얼굴이고, 바로 우리 삶의 지표가 되는 것입니다.

따라서 우리 신앙인들은 바로 성모님의 사랑 안에서 하느님께 대한 신앙이 커 갈 수 있는 것이며, 성모님과 함께 드리는 우리의 기도는 이 세상에서 어떤 기도보다 강력한 기도가 될 수 있는 것입니다.

그러므로 개신교 신자들이 성모님을 폄하하는 것은 참으로 어처구니없는 일이며, 바로 어머니의 사랑과 신앙을 낮춰 버리는 참으로 어리석고 무지한 결과라 할 수 있을 것입니다.

6. 성모님은 바로 생명을 키워 내신 분입니다. 하느님의 생명을 이 세상에 보이는 생명의 모습으로 키워 주신 것입니다. 달리 이야기해서 하느님의 사랑을 예수님을 통해 이 세상에 보이는 현존으로 존재하게끔 해 주신 분입니다. 성모님이 계시지 않았으면 우리가 보고 느끼는 하느님의 사랑도 존재할 수 없는 것입니다.

7. 온갖 죽음과 어둠의 세력, 그 한가운데 계시면서도 성모님께서는 생명과 용서와 부활을 키워 내신 분입니다.

8. 며칠 전 한 TV에서 〈사랑과 전쟁〉이라는 프로를 보았습니다.

9. 사춘기에 접어든 딸아이가 어느 날부터 갑자기 자기 방에서 나오지 않는 것이었습니다. 딸은 학교 가기 싫다면서, 사람들을 만나기 싫다면서 자기 방에서 은둔생활을 시작했습니다.
부모는 거의 미칠 지경이었습니다. 무리해서 학군 좋은 데로 이사하는 등 아이들을 위해서는 못 할 것이 없는 사람들이었기 때문입니다. 딸은 아무 이야기도 하지 않은 채 학교도 가지 않고, 밥도 혼자 먹고, 이야기 좀 하자는 부모의 가슴 아픔도 무시해 버렸습니다. 급기야 남편까지 회사 행정직에서 생산직으로 좌천되어 버렸고, 마음 깊은 곳에서 끓어오르는 분노를 참을 수 없는 상황이 되고 맙니다. 끝내 부부는 이대로는 살 수 없다고, 너무 고통스럽다고 이혼까지 생각하게 됩니다.
어느 날 엄마는 우연히 딸의 친구를 만나 딸이 왜 그런 행동을 하는지 알게 됩니다. 딸은 여태까지 부모를 만족시키기 위해서 살아왔다는 이야기입니다. 사실 자신은 만화가가 되고 싶은데 공부 잘하는 자신의 모습을 보며 기뻐하는 부모를 배신할 수 없어서 부모가 원하는 딸이 되기 위해서 살아왔다는 이야기였습니다.
부모는 너무나 놀랍니다. 딸의 마음보다 자신들의 욕심을 채우고자 했던 잘못된 언행들을 반성하게 됩니다. 그 후 미움과 분노 대신 어떻게 하면 딸의 마음을 이해할까 노력하게 됩니다.

부모의 진심이 통하고, 딸은 어느 날 동생의 생일날에 동생이 좋아하는 로봇 그림을 그려 들고는 방문을 열고 나오게 됩니다.

10. 저는 이 프로를 보면서 아이들을 키우는 부모가 얼마나 힘든 삶의 여정을 거쳐야 하는지 새삼스럽게 느끼고 생각하게 되었습니다. 맨날 신부 생활이 어렵다고 투덜대곤 했는데 아이들을 키우는 부모님들은 그야말로 전쟁터 속에서 사랑을 키워 내야 하는, 정말 존경스러운 분들이라는 생각을 지울 수 없었습니다.

11. 그 속들이 얼마나 타들어 갔을까? 그 마음속에 얼마나 많은 분노와 미움, 사랑과 헌신이 존재하는 것일까? 사랑한 만큼 아파하는 부모님들의 모습을 보면서 저 스스로 많이 반성하게 됩니다.

12. 그렇습니다. 생명은 거저 키워지는 것이 아닙니다. 그 생명은 피와 눈물과 고통을 먹고 커 나가는 것입니다. 한 송이 국화꽃을 피우기 위해서도 그 모진 바람과 무더위와 가뭄과 홍수와 무서리를 견뎌 내야 하는데 하물며 인간의 생명을 키워 내는 것이 얼마나 어렵고 고된 일이겠습니까?

13. 그런 의미에서 금쪽같은 아이들을 잃은 세월호 부모님들의 마음이 또다시 가슴 깊이 아련하게 아픔으로 다가옵니다. 어찌 키운 생명들인데, 얼마나 부모의 피땀이 흐르는 정성과 희생을 다해 키워 온 아이들인데 그 아이들을 한순간에 잃어버린 부모의 마음을 감히 어떤 말로 위로할 수 있겠습니까?

14. 십자가 위에서 비참하게 돌아가신 예수님의 시신을 안고 있는

피에타의 성모님 모습이 생각납니다. 그분의 모습은 아이들 때문에 아파하고 고통스러워하는 이 시대의 모든 부모의 모습을 보여 주고 있습니다. 그리고 위로해 주고 있습니다. 용기를 북돋아 주고 있습니다. 삶의 새로운 희망을 보여 주고 있습니다.

15. 피에타의 성모님, 그 모습은 이 세상의 고통의 끝을 보여 주고 있습니다. 하느님의 사랑을 이 세상의 어둠은 그냥 내버려 두지 않았습니다. 자신들의 어둠과 위선이 드러날 수밖에 없으니 말입니다. 어떻게 해서든지 그 빛과 진리를 없애 버려야만 했던 것입니다. 자기들이 살기 위해서는 어쩔 수 없었을 것입니다. 빛과 그림자, 선과 악, 아름다움과 추함은 결코 공존할 수 없기 때문입니다.
그 어둠 속에서 성모님은 그 어둠의 칼에 갈기갈기 헤어진 예수님의 몸을 안고 계십니다.
어둠의 세력은 성모님의 마음속에서 끊임없이 유혹하고 계십니다. 미워하라고, 화를 내라고, 너도 악의 화신이 되어 보복하라고, 증오심을 갖고 마음의 칼을 갖고 너를 해치는 사람들에게 복수하라고…….
그러나 성모님은 침묵 가운데 이 모든 어둠 가운데에서도 절망하지 않고, 하느님을 포기하지 않고, 마음의 선과 아름다움을 버리지 않고 기도하십니다.
"주님의 종이오니 당신의 뜻이 이루어지소서."

16. 이 말도 안 되는 참사 앞에서 우리는 두려워해야 합니다. 혹시나 우리 자신이 우리를 해친 사람들처럼 사랑을 잃어버리고 미움과

분노의 화신이 되지는 않을까 살펴보아야 합니다.

17. 우리 사회에 너무나 많은 미움과 분노가 넘쳐나고 있습니다. 이것이 참사보다도 더 무서운 현상입니다. 어둠이 우리 안에 깊숙이 스며들고 있습니다. 생명을 죽인 우리 사회의 구조적인 어둠 앞에 우리도 어느샌가 미움과 증오의 화신이 되어 버리고 있습니다.

18. 밤이 깊으면 새벽이 가까이 있는 것입니다. 어둠이 그 막장을 치닫고 있으면 그 어둠을 이겨 낸 선과 아름다움이 곧 우리 앞에 펼쳐질 것입니다. 그것이 바로 부활인 것입니다.

19. 오늘 복음에서 엠마오로 가던 제자들은 어떤 마음이었을까요?

20. 그들은 자신의 인생을 다해 예수님을 따르던 사람들이었습니다. 예수님에게서 인생의 새로운 빛을 발견하고 새롭게 살고자 하던 사람들이었습니다. 그런데 그들의 삶의 희망이요, 지표였던 예수님이 어느 날 갑자기 죄인이 되어 십자가에서 비참하게 돌아가시고 맙니다. 그들의 마음 역시 어둠으로 가득 찰 수밖에 없었습니다. 이제 예수님을 따르던 모든 마음을 청산하고 고향으로 돌아가 옛날처럼 살기 위해서 떠나가던 사람들이었습니다. 어둠으로 희망을 잃고 절망적인 마음으로 옛 생활로 돌아가고자 하는 그들에게 예수님께서 나타나십니다. 너희가 가졌던 그 희망과 사랑과 용서의 삶은 결코 헛된 것이 아니라고, 어둠의 세력으로부터 부활한다는 것이 무엇인지를 예수님께서는 그들이 알아들을 수 있도록 조목조목 가르쳐 주십니다.

그들 마음속에 성령께서 임하십니다. 그분께서 빵을 떼어 나눠 주실 때 그들은 주님을 만나게 됩니다. 그들의 마음은 뜨겁게 되살아나고 있었습니다. 마음속의 온갖 불신과 의혹과 절망을 털어 내고 오던 길을 되돌아 예루살렘으로 돌아가 다른 이들에게 부활하신 주님을 증언합니다.

21. 그렇습니다. 생명이 아름다운 것은 죽음이 있기 때문이고, 빛이 찬란한 것은 어둠이 있기 때문이며, 선이 아름다운 것은 추함이 있기 때문입니다.

22. 하느님께서는 너무나 오묘하게도 죽음을 통해 생명을 보여 주시고, 어둠을 통해 빛을 보여 주시며, 추함을 통해 아름다움을 보여 주시는 분입니다.

23. 형제자매 여러분, 어렵고 힘들지만 결코 좌절하지 말고, 절망하지 말고, 미움과 어둠의 세력의 하수인이 되지 맙시다. 현실은 어둡지만 그 안에 부활의 생명이 살아 있음을 굳게 믿어야 하겠습니다. "길에서 우리에게 말씀해 주실 때 우리 마음이 타오르지 않았던가?" 아멘.

부활 제4주일(2014. 5. 11.)

"착한 목자, 당신 양들을 위하여 목숨을 바치셨네,
당신 양떼를 위하여 돌아가시고 부활하셨네."

1. 오늘 처음 금호동 성당에 발을 디디신 여러분께 환영의 인사를 드립니다.

2. 여러분이 이곳에 오게 된 이유는 각자 다 다를 것입니다.

3. 그러나 한 가지 공통점이 있다면 뭔가 새롭게 살고 싶다, 이대로 살아서는 안 되겠다는 느낌들이실 것입니다.

4. 이대로 살아서는 안 되겠다는 위기감, 절박감 속에서 뭔가 새로운 삶의 계기를 만들고 싶으신 생각이 아닌가 합니다.

5. 오늘날 우리 사회는 살아가기가 참으로 어렵습니다.

아버지들은 평생 가정과 가족을 위해 뼈 빠지게 고생했지만 그 대가는커녕 신뢰받지 못하고, 사랑받지 못합니다. 어머니들은 남편과 자식 중간에 끼여 남편의 부족함을 받아들여야 하고, 또 자라는 자녀들의 온갖 성장통을 같이 겪어 주어야 합니다. 또한 자녀들은 그 어느 때보다도 치열한 삶의 경쟁 속에서 어린 나이부터 힘들게 살아야 합니다.

가정에서 사랑과 신뢰와 대화는 어느샌가 사라져 버리고, 어쩔 수 없이 가족으로 살아야 하는 무거운 마음의 짐들을 짊어지고 있습니다.

6. 그뿐만 아니라 우리 사회는 갈수록 부익부 빈익빈 현상을 보이고 있습니다. 있는 사람은 더 많이 가지려고 탐욕과 욕심에서 벗어나지 못하고, 없는 사람은 있는 사람을 원망하면서 이 사회에 대한 불신을 키워 가고 있으며 그 마음속에서도 미움이 자라나고 있습니다.

7. 누구나 평화롭고, 아름다우며, 풍족하게 살고 싶지만 있어도 불안하고, 없어서 괴로운 삶의 구조 속에 우리 사회는 요동치고 있습니다.

8. 따라서 그 어느 때보다도 새로운 인생의 가치와 빛이 필요한 시기입니다. 어떻게 하면 보다 행복하게 살 수 있을까를 고민해야 하는 시기입니다.

9. 우리 마음속에 있는 탐욕을 절제하고, 미움을 없애며, 사랑과 용서와 평화를 심어야 할 필요가 절실히 요구되는 때라 할 수 있을 것입니다.

10. 어떻게 하면 마음의 평화를 얻을 수 있을까요?

11. 어떤 아버지가 아내가 처음 아이를 가졌을 때 매일 〈나의 살던 고향은〉이라는 노래를 불렀다고 합니다. 그런데 아이가 태어나 얼마 지나지 않았는데 바로 〈나의 살던 고향은〉을 흥얼대더랍니다.

12. 아기는 엄마 배 속에 있을 때 매일 이 노래를, 아빠의 목소리를

들었던 것입니다.

아기를 낳아 보신 어머님들은 아기가 태중에 있을 때 얼마나 엄마와 함께 느끼고 움직이는지 잘 아실 것입니다. 엄마가 불안해하면 아이는 움직임을 멈춘다고 합니다. 엄마가 평안하고 안정돼 있으면 아이도 평안하게 있고, 엄마가 기뻐하면 아이도 함께 기뻐한다고 합니다. 맞습니까?

13. 저는 꼭 체험해 보고 싶은 일이 한 가지 있습니다. 바로 아이가 엄마의 배 속에서 뛰어놀 때 그 태동을 한번 손으로 느껴 보고 싶은 것입니다. 한번은 어떤 엄마가 "신부님, 아이가 뛰어요. 특별히 허락할 테니 한번 만져 보세요." 하는 것이었습니다. 저는 너무 쑥스러웠지만 꼭 한번 느껴 보고 싶었던 일이라 실례를 무릅쓰고 그 엄마의 배에 손을 갖다 대었습니다. 그런데 조금 전까지 활발하게 움직이던 그 아기가 갑자기 조용해지는 것이었습니다.

14. 아기는 낯선 사람의 손길을 즉시 알아챘던 모양입니다.
아직도 저는 이 체험을 꼭 한번 해 보고 싶습니다. 혹시 아기가 열심히 뛰노는 임신부가 계신다면 그 생명의 신비를 저도 한번 느껴 볼 수 있게 허락해 주시기 바랍니다.

15. 그렇습니다. 어머니 태중에 있는 아기는 그 어머니를 통해 이 세상의 모든 것을 느끼고 있습니다. 무엇보다도 엄마의 목소리와 그 체온과 그 감정과 느낌까지도 그대로 공유하고 있습니다.

16. 우리는 하느님의 자녀입니다. 하느님께로부터 새롭게 태어난

것이죠. 그렇다면 우리도 태어나기 전 엄마의 배 속에 있었던 때가 있습니다. 그 시기가 바로 예비자 시기라고 할 수 있을 것입니다.

17. 교회는 바로 어머니라고 할 수 있습니다. 우리는 교회를 통해 우리의 아버지이신 하느님의 목소리를 듣고, 그 체온과 사랑을 느끼게 됩니다.

교회를 통해 세례라는 새로운 생명을 얻게 되는 것이며, 어른으로 성장하는 견진을 받고, 아플 때는 병자성사로 위로와 치유를 얻으며, 새로운 삶의 출발인 결혼 때는 혼인성사를 통해 하느님의 이끄심을 약속 받으며, 생명의 양식인 성체를 받아 모시며, 영혼이 상처받았을 때 고해성사를 통해 그 상처를 낫게 하며, 이 모든 성사를 주관할 수 있는 신품성사를 통해 그 어머니이신 교회의 직무가 유지되어 나가는 것입니다.

18. 그러므로 모든 시기가 다 중요하지만 특히 새로운 생명의 태동기라 할 수 있는 예비자 시기가 참으로 중요하다 할 수 있을 것입니다. 그 안에서 태교가 잘 이루어져야 하며, 건강이 주어져야 하는 것입니다.

예비자 기간 동안 엄마이신 교회의 목소리, 곧 주님의 목소리를 들을 수 있어야 하는 것이며, 그 목소리는 평생 동안 우리가 따라야 할 주님의 목소리인 것입니다. 그 기간 동안 엄마이신 교회의 체취와 사랑을 느낄 수 있어야 하는 것입니다. 그 체취와 사랑은 우리가 평생 따라야 할 주님의 체취와 사랑인 것입니다.

19. 가끔 보면 어떤 사람은 예비자 기간 동안 출석률도 형편없고,

공부를 열심히 하지 않았으면서도 세례 때는 자신이 꼭 세례를 받아야 하는 이유를 여러 가지로 항변하기도 합니다. 때로는 믿고 세례를 허락해 보기도 하였지만 결과는 항상 좋지 않았습니다.

20. 태중에 있을 때 주님의 목소리와 체취와 사랑을 알지 못하면서 나중에 커서 잘하겠다는 말은 잘못된 것입니다. 미숙아로 태어나면 얼마나 큰 어려움을 겪어야 하는지 우리는 경험을 통해 잘 알고 있습니다.

21. 오늘은 성소주일이기도 합니다. 어머니이신 교회의 목소리와 그 체취와 사랑을 느껴야 하는 것은 사제와 수도자가 되고자 하는 성소자들에게도 똑같이 적용되는 일이라 할 수 있습니다.

22. 신학생 시절과 수련자 시절은 바로 어머니 배 속에 있는 태아와 같다 할 수 있습니다.

23. 그들이 잘 커 나갈 수 있어야 우리 교회의 미래도 밝다 할 수 있습니다.
무조건 사제나 수도자가 되는 것이 목표여서는 아니 됩니다. 무엇보다 중요한 것은 주님의 목소리를 듣는 것이며, 그 착한 목자이신 주님만을 따라 살아가는 것입니다. 그분의 사랑만을 믿으며, 그분의 사랑 속에서 이 세상의 온갖 풍랑을 다 이겨 나가며 살아갈 수 있어야 합니다.

24. 저희 사제와 수도자 역시 죽는 그 순간까지 진정한 사제와 수도자가 될 수 있도록 항상 깨어 주님의 목소리와 사랑을 듣고 볼 수

있어야 합니다. 이 엄청난 물질문명 속에서도 이 세상에 물들지 않고 죽는 그 순간까지 언제까지나 주님 안에서 살아갈 수 있도록 노력해야 합니다.

25. 결혼 생활을 하시는 여러분들도 하느님께로부터 결혼의 성소를 받으신 분들이십니다. 그 거룩한 부르심에 합당하게 살아 나갈 수 있도록 최선의 노력을 다해야 합니다. 우리의 삶은 우리가 살아 나가는 것이지 하느님께서 대신 해 주실 수는 없습니다. 우리가 최선을 다할 때 그때 하느님께서도 우리의 삶과 함께해 주실 것입니다.

물론 하느님께서는 용서의 하느님이시니까 언제나 우리를 기다려 주시고, 여러 가지 인생사를 통해 언제나 우리를 새롭게 불러 주실 것입니다.

26. 여러분도 여러분의 삶 속에서 끊임없이 주님의 목소리를 들을 수 있도록 항상 기도하고 깨어 있어야 합니다.

이 세상은 우리가 거룩하게 하느님의 뜻 가운데 사는 것을 질투하고 방해할 것입니다. 그렇다 하더라도 언제까지나 주님의 목소리와 그 체취와 그 사랑을 잊어서는 아니 됩니다. 잊게 되면 목자를 잃어버린 양처럼 들판 속에서, 광야 속에서 헤맬 수밖에 없을 것입니다.

27. 우리 모두 함께 기도해야 하겠습니다. 신자들은 사제와 수도자들이 보다 더 주님의 목소리를 듣고 깨어 기도하며, 신자들을 주님께로 잘 이끌 수 있도록 기도해 주셔야 하겠습니다.

사제와 수도자들은 이 어려운 세상에서 살아야 하는 신자들을 좀 더 잘 이해하고 보살펴 주며 사랑과 인내로 이끌어 갈 수 있어야 할 것이며, 그들을 위해 보다 더 구체적인 기도를 할 수 있어야 합니다. 주님의 목소리와 사랑 안에서 서로를 위해 진심으로 기도할 수 있을 때 우리는 우리를 사랑하시는 주님의 공동체로 거듭 새롭게 태어날 수 있게 될 것입니다.

"착한 목자, 당신 양들을 위하여 목숨을 바치셨네, 당신 양떼를 위하여 돌아가시고 부활하셨네. 할렐루야." 아멘.

부활 제6주일(2014. 5. 25.)

"누구든지 나를 사랑하면 내 말을 지키리니, 내 아버지께서도
그를 사랑하시고 우리가 가서 그와 함께 살리라."

1. 여러분의 염려와 기도 덕분에 사제 연례 피정을 잘 마치고 돌아
왔습니다. 모든 기도에 감사드립니다.

2. 이번 피정은 주교회의 사목연구소에서 주최한 전국 차원의 피정
이었고, 계룡산 근처에 있는 시튼 영성의 집이라는 곳에서 있었습
니다.

3. 피정을 들어가면서 저는 그 동네 분위기에 깜짝 놀랄 수밖에 없
었습니다.

4. 아시다시피 계룡산은 우리나라의 소위 도사라는 사람들이 모여
있는 곳이고, 굿을 하는 굿당이 계룡산 근처에 1,000개가 넘는다고
합니다.

5. 피정센터에 들어가는데 동네마다 굿당이 있었고, 잠깐 동안의
휴식 시간에 산보하는 곳에도 굿당들이 있었습니다.

6. 피정 강의 내용은 아주 훌륭하고 도움이 되는 것이 많았습니다.
그런데 이상하게도 저는 밤마다 잠을 깊이 잘 수 없었습니다. 그뿐
만 아니라 기도에도 깊이 빠져들지 못하였습니다.

7. 사람마다 차이가 있다고 하는데 저는 유난히도 그 동네 잡신들을 타는 것이었습니다. 밤마다 그 잡신들이 저를 괴롭혔고, 기도 시간마다 저를 방해하였습니다.

8. 가끔 입시철이 되면 고해성사에서 신자들이 고백합니다. 점집에 갔다 왔다고, 철학관에 갔다 왔다고 합니다.

9. 물론 불안하고 초조한 마음 때문이겠지만 우리의 영혼이 잡신들에게 영향을 받게 되는 결과를 초래하게 됩니다. 즉 우리의 내적 질서와 영혼의 질서가 깨어지는 것입니다.

10. 하느님의 자녀인 우리 안에는 하느님의 힘이 존재하고 있습니다. 그런데 잡신의 영향을 받게 되면 그 하느님의 힘이 혼란에 빠지게 됩니다. 하느님의 힘과 잡신이 우리 안에서 치열한 싸움을 하게 됩니다.

11. 잡신에 의지한다는 것은 한마디로 우리가 믿는 하느님께 대한 신뢰의 배신이라 할 수 있을 것입니다.

하느님께서는 우리의 삶에 함께 계시는 분이고, 특별히 우리 인생의 중대한 고비에 더더욱 함께하시는 분입니다. 비록 우리 눈에는 보이지 않지만 우리는 우리의 신앙을 통하여 그분의 보호하심과 이끄심 속에 살고 있는 것입니다.

그런데 어떤 중요한 인생의 순간에 유혹을 이기지 못해서 잡신을 접한다는 것은 우리를 사랑하시는 하느님을 신뢰하지 못하는 결과를 초래하는 것입니다.

12. 이 세상에는 확실히 하느님께 반대되는 악의 세력이 존재하고 있습니다. 그 어둠과 악의 세력은 우리 마음속에서 끊임없이 두려움과 불안감을 부추깁니다.

13. 예수님께서는 항상 우리에게 "두려워하지 말라, 내가 너희와 함께 있겠다. 너희를 고아처럼 버려두지 않을 것이다."라고 말씀해 주십니다.

14. 그런데 우리는 많은 경우 두려움에 사로잡힐 때가 참으로 많습니다. 걱정들, 두려움들, 불안감들은 우리가 하느님께 나아가는 데 있어 참으로 큰 유혹이라 할 수 있을 것입니다.

15. 굿을 하는 무당들은 나름대로 초자연적인 힘을 발휘합니다. 작두 위에서 춤을 추기도 하고, 미래의 일을 맞히기도 합니다. 또 신을 받은 사람들이 그 신을 거부하면 몸이 아프다든가 하는 온갖 이상한 일이 많이 벌어지기도 합니다. 신내림은 또 유전이 되어 그 자손들도 그 잡신을 모시지 않으면 안 된다고 합니다.

16. 잡신들도 인간을 초월하는 영적인 능력을 갖고 있는 것입니다.

17. 그러나 여기에서 중요한 점은 하느님께서는 인간의 자유의지를 절대적으로 인정해 주시는 데 비해서 잡신들은 인간의 자유의지를 인정하지 않고 자신들의 종이나 노예로 삼는다는 것입니다.

18. 즉 하느님의 자녀들은 자신의 삶의 방식에 따라서 때로는 하느님을 떠나서도 살 수 있지만 잡신을 공경하는 사람들은 절대 그 영

향력을 벗어나서는 살 수가 없습니다.

19. 하느님께서는 절대로 인간을 마음대로 조종하지 않으십니다. 그분께서는 우리에게 삶을 허락해 주셨고 우리 삶의 주인이시지만 우리에게 주어진 삶을 우리 각자의 방식대로 살아갈 수 있는 자유를 허락하고 계시는 것입니다.

20. 그래서 인간은 동물이나 식물과는 다릅니다. 동식물은 자신들에게 주어진 자연의 질서에 따라 살아갈 수밖에 없습니다. 그래서 자신에게 주어진 운명을 벗어날 수가 없는 것입니다. 즉 동식물은 그저 동식물일 뿐입니다.

21. 그러나 인간은 하느님의 최고의 선물인 자유의지를 갖고 있기에 더 높은, 하느님과도 만날 수 있는 영적인 인간도 될 수 있고, 동식물보다도 못한 하급 인간도 될 수 있는 것입니다.

22. 오늘 복음에서 주님께서는 우리를 초대해 주십니다.
"세상은 나를 보지 못하겠지만 너희는 나를 보게 될 것이다."
"나를 사랑하는 사람은 내 아버지께 사랑을 받을 것이다. 그리고 나도 그를 사랑하고, 그에게 나 자신을 드러내 보일 것이다."

23. 하느님을 보게 되는 삶, 아버지의 사랑을 받는 삶, 예수님이 내 삶 안에 드러나는 삶의 모습은 어떤 모습일까요?

24. 그 삶은 참으로 모든 두려움과 걱정에서 벗어난 삶이요, 인생의 모든 고통과 고난으로부터도 자유로워지는 삶이요, 언제나 하느님

을 신뢰하고 하느님께 감사드리며 마음 깊은 곳에서부터 기쁨이 샘솟듯 터져 나오는 삶의 모습입니다. 어떤 잡신들로부터도 해방되고, 진정한 생명이신 하느님과 함께 그 생명이 더더욱 충만한 삶의 모습입니다. 나를 불러 주시고 이끌어 주시고 목숨 바쳐 사랑해 주시는 하느님의 사랑을 보고 깨달으며, 그 결과로 뉘우치고 함께 살아가는 사람들에게 공짜로 받은 하느님의 사랑을 전할 수 있는 참으로 복된 삶의 모습입니다.

25. 우리는 예외 없이 하느님의 용서와 사랑 속에서 살아가는 사람들입니다. 만일 하느님께서 우리를 용서하지 않으시고 사랑하지 않으신다면 우리는 어느 누구도 단 한순간도 살아갈 수 없을 것입니다. 그 사랑은 말로만의 사랑이 아니라 당신의 온 마음과 목숨을 다 바치시는, 진정하고도 조건 없는 사랑입니다.

26. 하느님께서는 모든 정성을 다해 우리를 당신의 행복한 세계로 끊임없이 초대해 주시는데 우리는 너무나 쉽게 이 세상에 이끌리고, 마치 이 세상이 우리 삶의 목표인 양 힘들고 고통스럽게 살아가고 있습니다. 잡신들에 의지해서 마음의 불안과 두려움을 해소하듯이 이 세상에 의지해서 진정한 행복의 삶을 잃어버린 채 싸우고 투쟁하며 힘들게, 고통스럽게 살아가고 있습니다.

27. 잡신들에게 마음을 빼앗기지 않는다 하여도 이 세상의 물질과 그것들을 얻기 위해 투쟁하고, 욕심과 탐욕 속에서 우리에게 주어진 너무나 귀중한 인생의 시간들을 허비하고 있습니다.

28. 우리 안에도 잡신들 못지않은 허상과 우상이 마음 가득히 존재하고 있습니다. 그 허상과 우상들은 하느님께서 우리에게 주시고자 하시는 진정한 하느님의 힘과 은총을 방해하고 있습니다. 해방되지 못하고, 노예의 삶을 살고 있으며, 진정한 기쁨과 평화 대신 불안과 두려움이 우리 마음속에 가득히 존재하고 있습니다. 생명의 주님 대신 죽음의 온갖 잡신들이 우리의 영혼과 마음과 몸을 더럽히고 있으며, 타락시키고 있습니다.

29. 오늘 독서에서 우리에게 간곡히 말씀하고 계십니다. 이왕 인생의 고통을 겪을 바에는 하느님의 선을 행하다가 고통을 겪는 것이 낫지, 악을 행하면서 고통을 겪는 일은 어리석다고 말씀하십니다.

30. 오늘 복음에서는 예수님께서 너무나 간절한 심정으로 우리 마음에 호소하십니다.
"내가 너희를 사랑하듯이 너희도 제발 나를 좀 사랑해 다오. 너희가 온갖 악과 어둠과 잡신의 포로가 되어 불쌍하게 사는 모습을 더 이상 볼 수가 없구나. 너희를 지켜 주고 힘이 되어 줄 협조자 성령을 너희에게 보내 줄 것이니 제발 하느님 안에서 살기를, 하느님의 뜻대로 살기를, 하느님의 계명을 지키며 살기를" 간절히 호소하고 계십니다. "그리 살면 너희 안에 하느님께서 계실 것이고, 하느님 안에 너희가 있을 것"이라 말씀하고 계십니다.

31. 형제자매 여러분!
들에 핀 하찮은 꽃들도 다 나름대로 존재의 의미를 갖고 있는데 하물며 생명의 주인이신 하느님께서 창조해 주신 우리의 인생과 우리의 삶은 얼마나 더 큰 이유와 의미를 갖고 있겠습니까?

하느님께서는 이 우주 전체보다도 그야말로 먼지와 같은 우리 인간들을 더욱더 사랑하시며 당신의 모든 것을 바치고 계십니다. 그 사랑이 무엇인지 우리가 참으로 깨달을 수 있어야 하겠습니다.

당신이 인간을 창조하실 때 함께 나누시고자 했던 그 행복의 길로 오늘도 우리를 초대하고 계십니다.

32. 오늘은 청소년 주일이기도 합니다. 우리의 미래인 청소년들이 더욱더 밝고 희망찬 내일을 맞이할 수 있도록 부끄러운 우리 어른들의 모습을 좀 더 반성하고 새로운 삶의 길을 찾을 수 있어야 하겠습니다.

33. 주님께서 말씀하십니다. "누구든지 나를 사랑하면 내 말을 지키리니, 내 아버지께서도 그를 사랑하시고 우리가 가서 그와 함께 살리라." 아멘.

성모의 밤(2014. 5. 31.)

"어머니, 이 사람이 어머니의 아들입니다.
이분이 네 어머니시다."

1. 아름다운 밤입니다. 1년 중 가장 아름다운 계절 5월 성모님의 달 마지막 날에 우리는 성모님께 이 밤을 봉헌하고 있습니다.

2. 이 세상에 있는 사랑 가운데 가장 아름다운 사랑은 바로 어머니의 사랑입니다. 우리 모두는 마음 깊은 곳에 항상 어머니의 사랑을 품고 살아갑니다. 그래서 평소에는 좀 잊어버리고, 때로는 당연한 듯이 생각하지만 어렵고 힘들 때는 그 어머니의 사랑을 떠올리곤 합니다. 또 살아생전에 효도를 다 못한 사람일수록 그 어머니의 사랑이 더욱더 그리워지곤 합니다.

3. 우리 시대의 어머니들은 그야말로 자식들을 위해 당신의 몸과 마음을 다 바친 사랑의 화신들이셨습니다.
봉건적이고, 권위적이며, 가부장적인 아버지들 앞에서 언제나 자식들이 상처받지 않을까 마음 졸이며 살아오셨습니다.
자신들은 제대로 먹지도 못하시고, 입지도 못하시고, 호사를 누리지 못해도 자식들은 어떻게 해서든지 굶기지 않으려 하셨고, 남들에게 꿀리지 않게 입히려 하셨으며, 능력을 다해서 끝까지 가르치려 하셨습니다. 군대에서, 또 복잡한 사회 상황 속에서 잘못되지 않을까 노심초사하며 살아오셨습니다.

4. 그야말로 우리 어머니들은 자신의 행복과 안위는 뒤로한 채 오직 자식만을 위해서 살아오신 분들이십니다.

5. 오늘 이 아름다운 밤에 우리를 지극히 사랑하시던 어머님들이 새삼 그리워집니다.

6. 우리는 오늘 그 어머니의 사랑을 기억하며 성모님을 우리의 어머니로 새롭게 모시고자 합니다.

7. 오늘 복음에서 예수님께서는 그 처절한 십자가의 고통 속에서 당신의 어머니를 제자의 어머니가 되게 하시고, 우리의 어머니가 되게 하십니다. 고통의 단말마 속에서, 그 십자가에서 흘리시는 당신의 피로 우리에게 새로운 어머니를 맺어 주고 계시는 것입니다.

8. 우리의 신앙 안에서 맺어진 이 어머니는 예수님의 피로써 맺어진 것입니다. 예수님의 고통, 죽음을 통해 맺어진 관계입니다.

9. 피를 통해 맺어졌다는 것, 그것은 이 세상의 어떤 관계보다도 진실된 관계이며, 결코 떨어질 수 없는 불가분의 관계를 의미하는 것입니다. 어떤 인연보다도 깊은 인연이며, 분신과도 같은 관계입니다.

10. 그 피는 바로 진실된 사랑의 피입니다. 인간을 향한 하느님의 사랑의 절정을 의미하는 것입니다.

11. 그 사랑의 절정의 순간에 성모님은 우리의 어머니가 되셨고, 우

리는 그분의 자녀가 되었습니다.

12. 따라서 그 어머니의 사랑은 우리 육신의 어머니의 사랑보다 훨씬 더 크고 깊다 할 수 있을 것입니다.

13. 제가 아주 어렸을 때 정말 기도로 살아가는 훌륭하신 분이 주변에 계셨습니다. 저는 지금도 그분이 하신 말씀이 잊히지 않습니다. "성모님께서는 정말 너를 사랑하신단다." 하는 말씀이셨습니다. 제가 그 말씀을 깊이 의식하지 않았음에도 불구하고 그 말씀이 저의 마음속에 깊이 새겨졌던 모양입니다.

14. 그 성모님의 사랑 때문인지 저는 다른 친구들과는 달리 저의 사제성소에 대해서 한 번도 의심을 갖지 않았습니다. 그저 사제가 되어야겠다는 마음뿐이었습니다. 신학생 시절 많은 어려움이 있었지만 그 어려움들이 저의 성소를 흔들지는 아니하였습니다.

15. 사제가 되어서도 숱한 어려움, 때로는 죽을 것만 같은 고통의 시간들도 있었지만 다행스럽게도 그 위기들을 잘 넘길 수 있었던 것은 아마도 어머니의 사랑이 있었기에 가능했던 것이 아닌가 합니다.

16. 때로는 저 자신의 부족함과 어리석음, 어둠 때문에 헤매기도 하였지만 어머니의 사랑이 있었기에 오늘 제가 이 자리에 있는 것이 아닌가 합니다.

17. 저의 육신의 어머니가 돌아가시던 순간이 생각납니다. 그때 책상 앞에 있던 성모님이 갑자기 커지면서 저의 손을 잡으시는 것이

었습니다. 잠결에 꿈이 아닌가 했지만 그것은 분명 꿈은 아니었습니다. 저의 마음속에서 '이제는 내가 너의 어머니다.' 하는 목소리가 들려왔습니다. 그 순간의 전율과 감동, 그리고 그 아름다움을 잊을 수가 없습니다.

18. 언젠가 저를 둘러싼 세상이 온갖 어둠으로 까맣게 변한 적이 있었습니다. 얼마나 힘들고 고통스러웠는지 모릅니다. 그 시간들에서 도망칠 수도 있었지만 뭔지 모를 힘으로 그 시간들을 버텨 낼 수 있었습니다. 저의 마음속에는 그야말로 죽음과 같은 상처와 어둠이 가득했습니다.

19. 그 시간들을 견뎌 낸 뒤 저는 사제 연수를 갔는데 마침 터키의 에페소라는 곳을 방문하게 되었습니다. 그곳은 예수님께서 돌아가신 뒤 성모님께서 당신의 여생을 보내신 곳이라 믿어지는 성모님의 집이 있는 곳이었습니다.

이상하게 그날 제가 미사 당번이 되어 미사를 봉헌하는데 성찬의 전례를 막 봉헌하려는 순간 눈물이 흐르기 시작하는 것이었습니다. 마음 깊은 곳에서부터 흘러넘치는 눈물이었습니다. 동료 사제들 앞에서 창피했는데도 그 눈물을 그칠 수가 없었습니다.

한참을 울먹이다 간신히 미사를 마칠 수 있었습니다. 그 시간들은 저의 상처를 치유해 주시는 시간들이었습니다. 어머니께서는 저를 당신의 집으로 부르시어 아들 예수님의 제사를 지내게 하셨고, 예수님의 피로 저를 치유해 주신 것이었습니다.

20. 순식간에 괴롭고 어두웠던 제 마음은 가뿐해졌습니다. 그날

점심에 어떤 농장에서 양고기 바비큐를 먹었는데 제가 얼마나 많이 먹었는지 모릅니다. 지금도 그 맛있었던 양고기가 가끔 생각납니다.

21. 형제자매 여러분!

오늘 우리는 우리의 어머니께 우리의 마음과 삶을 참으로 봉헌할 수 있어야 하겠습니다.

그분께서는 이 세상에 있는 어떤 누구보다도 우리를 어머니의 사랑으로 대해 주시는 분이십니다. 어머니의 사랑은 모든 것을 이해하고, 용서하며, 차가움을 따뜻하게 하고, 어둠을 밝게 만들어 주십니다.

그분께서는 우리 모두의 마음과 삶의 시련과 고통을 너무 잘 알고 계십니다. 이 세상 아무도 나를 이해해 주는 사람이 없다 하더라도 그분만은 나를 속 깊이 이해해 주시고, 따뜻하게 대해 주시며, 나의 새로운 삶을 이끌어 주십니다.

이 세상에 있는 숱한 배신의 아픔 속에 살아가는 우리를 위로해 주시며, 우리에게 힘을 주시는 분이십니다.

아니, 우리의 아픈 삶과 함께 살아가시는 분이십니다. 높은 곳에서 사랑을 베푸시는 것이 아니라 함께 살아 주시는 분이십니다.

22. 성모님은 참으로 아름다우십니다. 이쁘게 생기셔서 아름다운 것이 아니라 당신의 그 숱한 삶의 고통을 주님과 함께 이겨 내신 분이시기에, 이 세상의 그 어둠과 죽음을 이겨 내신 분이시기에 아름다우신 것입니다.

23. 아름다우신 그분께 우리의 삶과 마음을 봉헌합시다. 그러면 그

분께서는 친히 우리의 살아 있는 어머니가 되어 주실 것이며, 이 세상의 어떤 어머니보다도 우리의 삶을 하느님께로 잘 이끌어 주실 것입니다.

24. 십자가 위에서 예수님께서 다시 말씀하십니다. "어머니, 이 사람이 어머니의 아들입니다. 이분이 네 어머니시다." 아멘.

첫 영성체(2014. 6. 1.)

"보라, 내가 세상 끝날까지 언제나
너희와 함께 있겠다."

1. 오늘은 천사와 같은 어린이들의 첫 영성체가 있는 날입니다.

2. 이 아이들을 바라보노라면 어찌 이리도 이쁜지 참 신비롭기까지
합니다. 생명 그 자체는 참으로 아름다운 것입니다.

3. 좀 못나고 덜 이쁘게 생겼어도 잘나 보이고, 이뻐 보입니다.

4. 이 어린이들을 바라보는 여러분들도 마음이 뿌듯하시죠?

5. 우리 모두의 사랑을 오늘 이 어린이들에게 듬뿍 전해 줄 수 있어
야 하겠습니다.

6. 어린이들은 그 자체로 사랑을 받을 권리가 있고, 또 사랑을 받아야
합니다. 이 어린이들이 받는 사랑은 그 마음속에 깊이 스며들 것이고,
일생을 통해 마음의 힘과 인생의 희망이 될 것이기 때문입니다.

7. 언젠가 고아원을 방문한 적이 있습니다. 그곳에 있는 아이들은
자기에게 조금만 관심을 보이면 그저 매달립니다. 때로는 집착에
가까울 정도로 팔에 매달리고, 안아 달라 합니다.
그 아이들을 보면서 생각하게 됩니다. 얼마나 사랑과 정에 굶주렸

으면 저럴까, 가슴이 아려 옵니다.

8. 인간은 사랑으로 태어나고, 사랑을 먹고 자라납니다. 하느님께서
는 인간을 사랑으로 창조하셨기에 사랑은 인간의 가장 절대적인 조
건입니다. 그렇기에 사랑을 받지 못한 아이들은 처절한 정도로 사
랑을 갈구하고 탐닉하게 됩니다.

9. 오늘 이 어린이들은 우리의 사랑을 통해서 하느님의 사랑을 확
인받는 날입니다. 처음으로 성체를 영하는 이들의 마음속에, 영혼
속에 이제 하느님께서 임하시는 것입니다. 하느님의 사랑이 본격적
으로 시작되는 것입니다.

10. 미켈란젤로의 〈천지창조〉 그림을 보면 하느님께서 손가락을 펼
쳐 아담의 손가락과 맞대는 모습을 볼 수 있습니다. 천지를 창조하
신 하느님의 손길이 인간과 맞닿는 모습입니다.

11. 창세기에서 하느님께서는 당신의 모습을 닮은 사람을 만들어
당신의 사랑과 행복을 주고자 하십니다. 정성과 혼을 다해 인간을
만들어 내십니다. 하느님의 외적인 모습을 닮았다는 것이 아니라
하느님의 마음속에 있는 사랑의 모습을 인간에게 주고 계시는 것입
니다.

12. 즉 인간은 하느님의 사랑에 의해서 태어난 것이고, 부모를 통해
그 생명을 물려받았습니다.

13. 사랑을 통해 태어난 이 아이들이 이제 그 사랑 자체이신 하느님

을 만나는 첫걸음을 오늘 시작하는 것입니다. 이제 하느님께서는 이 어린이들의 마음속에 함께 계실 것이고, 이 어린이들의 인생에도 함께하실 것입니다.

14. 하느님의 위대하신 사랑은 바로 예수님을 통해서 이 세상에 우리가 볼 수 있는 사랑으로 드러나셨고, 급기야 성체를 통해 우리 마음속에 들어오시는 것입니다. 성체를 모신다는 것은 나를 위해서 죽으시는 하느님의 사랑을 모시는 것입니다. 세상 태초에 보여 주셨던 그 사랑이 우리 마음속에서 다시 시작되는 것입니다.

15. 이 어린이들의 영혼 속에 천지의 주인이신 하느님께서 당신의 낙인을 찍으시는 것입니다.
"이제 너는 내 것이고, 나는 너의 하느님이 될 것이다."
네가 내 안에 있는 한 나도 영원히 너와 함께 있을 것이라는 불멸의 계약을 맺으시는 것입니다. 이제 너의 인생은 너 혼자 고아처럼 외롭게 살아가는 불쌍한 삶이 아니라, 내가 너와 함께 살아가겠다는 사랑의 약속이신 것입니다.

16. 이 어린이들을 하느님께 정성스럽게 봉헌해야 하겠습니다. 어렵고 힘든 인생길에 하느님께서 언제나 함께하시어 이 아이들을 보호해 주시고, 이끌어 주시도록 간절히 기도할 수 있어야 하겠습니다.

17. 부모님들이 아무리 큰 욕심과 의욕을 가졌다 할지라도 이 어린이들이 부모님께서 바라시는 사람으로 살아가는 것은 아닙니다. 이

제 이 어린이들은 하느님께서 키워 주셔야 합니다. 하느님께서 그 인생에 함께 계셔서 이 어린이들이 이 우주 역사에 단 한 번밖에 없는 자신의 인생길을 잘 걸어갈 수 있도록 기도해야 할 것입니다. 부모의 욕심으로 갈등을 겪는 인생이 아니라, 이 어린이들이 스스로의 삶을 완성해 나가는 인생이 되도록 마음을 비울 수 있어야 할 것입니다.

18. 폴란드에 가면 '블랙 마돈나'라는 검은색 성모님이 계십니다. 이 블랙 마돈나는 폴란드의 수호성인이시기도 합니다. 첫 영성체 때가 되면 전국의 어린이들이 이 블랙 마돈나 앞에서 첫 영성체 예식을 합니다. 어머니이신 성모님께 이 어린이들을 맡기는 것입니다.
예수님을 키우신 성모님께서는 누구보다도 부모님들의 애타는 심정을 잘 알고 계십니다. 성모님께 의지하면 성모님께서는 부모님들과 함께 애타는 마음과 간절한 마음으로 이 어린이들의 삶과 그 기도에 함께하여 주실 것입니다.

19. 어린이 여러분!
여러분 앞에 여러분이 살아 나가야 할 인생길이 이제 시작되고 있습니다. 공부도 해야 하고, 건강하게 자라야 하고, 무엇보다도 기도도 할 수 있어야 합니다. 기도 가운데 공부할 수 있을 때 학문을 통해 여러분은 삶의 이치를 깨달을 수 있을 것이며, 또한 기도해야 여러분의 삶을 건강하게 지켜 나갈 수 있을 것입니다.
기도란 하느님과의 사랑의 대화인 것이죠. 기도하지 않으면 하느님과의 사랑의 관계가 막혀 버리게 됩니다. 여러분들의 기도는 그 누구의 기도보다도 하느님께서 기쁘게 들어 주실 것이고, 그 기도를 이루어 주실 것입니다.

무엇보다도 여러분을 사랑하시는 그 하느님을 잊지 말아야 할 것입니다. 하느님께서는 여러분의 성장과정의 그 어려움들을 잘 알고 계시며, 때로는 그 어려움들을 통해 여러분이 자신의 삶을 살아 나갈 수 있도록 도와주실 것입니다.

부모님의 사랑과 하느님의 사랑을 통해 자신의 삶을 살아가도록 노력하시기 바랍니다.

오늘 처음 모시는 성체는 여러분의 인생을 통해서 체험되는 하느님의 사랑이며, 여러분 인생의 크나큰 디딤돌이 될 수 있을 것입니다. 비록 인생길이 험하다고 해도 그 마음속에 성체가 되시는 귀한 사랑을 품고 있다면 어떤 험한 길도 잘 걸어 나갈 수 있을 것입니다. 오늘 여러분의 마음속에 함께하시는 하느님의 사랑, 바로 그 성체는 여러분의 마음과 건강과 인생길을 지켜 주실 것입니다.

20. "보라, 내가 세상 끝날까지 언제나 너희와 함께 있겠다." 아멘.

성령강림대축일(2014. 6. 8.)
"성령님을 굳게 믿고 의지하는 이들에게
성령 칠은 베푸소서."

1. 오늘은 본당 주보이신 성령강림대축일입니다.

2. 본당 25년사에 금호동 본당 초대 신부님이셨던 김대성 신부님의
이야기가 나옵니다.

3. 1962년 9월 8일자로 김대성 바오로 신부가 금호동 본당 설정과
함께 초대 주임신부로 부임하였습니다. 그런데 금호동 본당은 교우
들의 집회 장소는 물론 사제가 기거할 방 한 칸도 준비되어 있지 않
은 실정이었습니다. 신당동 보좌신부였던 김 신부로서는 그저 난감
할 뿐이었습니다.

4. 김 신부님의 회고록에 따르면 "나는 어리둥절했다. 금호동에 성
당이 없기에 더욱 어리둥절한 것이다. 금호동 하면 구호물자 타러
오는 교우들, 가난하여 한 됫박 밀가루라도 더 가져가려는 교우들
만 보아 온 것 같다. 매우 가난한 사람들이라는 인상만 남아 있었다.
신당동 성당의 공소가 있는 동네인 그곳의 책임자가 된 것이다. 그
러나 어쨌든 기뻤다.
버스를 타고 금호동에 갔다. 신당동 본당에서 보좌신부 생활을 3년
이나 하면서도 한 번도 가 본 일이 없는 곳이었다. 교우들이 누구인

지도 모르고, 어디까지가 금호동인지도 몰랐다. 종점에서 내려 내리막길을 걸어갈수록 '가난하구나' 하는 느낌만 더 들었다.

지저분한 개울물 징검돌을 디디며 건너가니 바윗덩어리투성이에 비탈진 산기슭 경사진 곳이 성당 부지라고 하였다. 신당동 본당에 돌아와서 '나를 당신께 온전히 바치나이다.'라고 기도하며 앞날의 일들을 주님께 맡기는 수밖에 없었다.

5. 금호동 본당 설정일인 9월 8일은 성모성탄축일로 매우 의미 깊은 날이었다. 나와 교우들은 한마음이 되어 성모님께 모든 것을 맡겼다. 성모님의 도움을 청하고 새 본당을 꾸려나갈 것을 다짐하면서 성모님을 본당 주보로 모시기로 결정하고, 성모자헌 본당으로 명명하였다."라고 기록되어 있습니다.

6. 본당에 부임하신 김 신부님은 성당터가 매우 부적합한 곳이라 판단하여 당시 상이군인들의 요양소였던 정양원을 불하받기 위해 노력하시면서 한편으로는 임시 성전으로 사용하기 시작합니다.

7. 기록은 계속 이어집니다.

"다른 본당에 비해 초라하기 그지없는 성전이지만 금호동 모든 교우가 허리띠를 졸라매면서 마련한 하느님의 성전이기에 주님의 은총이 그곳에 더욱 충만하였다."

"본당 첫 미사가 1962년 11월 18일 봉헌되었는데 이웃 본당과 신학교에서 온 손님 신부들과 함께 40여 명의 교우들이 참석하였다. 모두는 한결같이 감격과 기쁨을 감추지 못하면서 주님께 감사를 드렸다. 첫 미사에 초청되었던 손님들에게 저녁 식사가 대접되었으나, 워낙 가난한 본당이라 호롱불빛 아래서 만둣국 한 그릇이 고작이었다."

8. 이 가난하기 그지없는 신설 본당은 당시 가난하지만 열정적인 신자들의 헌신적인 봉사로 본당으로서의 모습을 갖춰 나가기 시작합니다.

한 가지 특이한 점은 당시 교구장이셨던 노 대주교님이 새 성당 건립을 위한 보조금을 지원하겠다고 제안하셨으나 그것을 거절하였다고 합니다. 지금까지 특별히 남의 도움 없이 교우들이 자력으로 일해 왔으니 앞으로 새 성전을 짓는 일도 금호동 교우들의 자력으로 성취하겠다는 의지를 분명하게 밝혔다고 합니다.

그때부터 '우리 본당의 일은 남의 도움 없이 우리 손으로 해결하겠다.'는 금호동 본당 교우들의 자조 정신이 싹트기 시작하였다고 전해 주고 있습니다.

9. 가난한 본당에서 재원을 마련할 수 없었던 당시 상황에서 금호동 교우들은 정말 특이하게도 명동대성당 문화관을 빌려 바자회를 갖게 됩니다. 한 푼이라도 더 모금하기 위하여 구역장단은 팥죽을 쑤어 팔기로 결정하였습니다. 그러나 팥죽을 한꺼번에 끓일 수 있는 솥이 없는지라 각자 자기 집에서 팥 한 되씩을 쑤어 오기로 하였고, 그 팥죽을 머리에 이고 명동까지 그 춥고 먼 길을 이어 날랐다고 합니다.

10. 그다음 해 6월에 금호동 교우들은 비보를 듣게 되고 격분하게 됩니다. 갑자기 교구에서 김 신부님을 교구로 발령 냈기 때문입니

다. 어떤 이들은 거칠고 격렬하게 소리 지르면서 김 신부의 이임은 부당하다고 성토하였고, 어떤 이는 노 대주교님께 이임을 철회하라고 항의하기도 합니다.

교우들은 본당 설정 이래 황량하고 삭막했던 땅에서 영혼들을 위로하고 안식의 터전을 마련하기 위하여 불철주야로 동분서주하던 김 신부를 놓치고 싶지 않았습니다. 그러나 교구장의 명령에는 순종해야 했습니다.

11. 그 후 2대 주임신부로 부임하신 조창희 신부님께서는 금호동의 중심 지역이요, 전 지역을 한눈에 내려다볼 수 있어야 한다는 생각에 오늘날 우리가 사용하고 있는 이 위치에 성전터를 잡게 됩니다. 당시의 임시 성전은 금호동 한쪽에 치우쳐 있었을 뿐 아니라 버스 종점과도 멀리 떨어져 있어 교우들의 미사 참여가 여간 불편한 것이 아니었기 때문입니다. 당시 미사 참례자가 1,000명에 이를 정도로 본당이 활성화되었으며, 조 신부님은 금호동 본당의 초석을 다지는 데 혼신의 힘을 다하셨다고 합니다.

12. 3대 신부님으로 부임하신 김영일 발타살 신부님은 현재 금호동 본당의 자랑인 연령회와 레지오를 탄생시키시며 한편으로는 새로운 성전을 짓기 위한 토대를 마련하십니다.

13. 1967년에 제4대 주임신부로 경갑룡 신부님께서 부임하시게 됩니다. 이때 본당 평의회가 결성되었으며, 본당 수녀원이 설치되었고, 오늘날의 주보 격인 월보 〈천주교 금호동교회〉를 발행하기 시작합니다.

14. 금호동의 보이지 않는 저력이 이때 다시 용솟음치게 됩니다. 바로 '우리 성전 우리 힘으로'라는 캐치프레이즈였습니다. 당시의 기록입니다.

"우리 성전은 우리 손으로 세우고야 말겠다는 당시 교우들의 의지가 얼마나 투철했는지 몇 가지 예를 들어 보자.

네 어린이가 저금통을 들고 와 새성전건립기금으로 봉헌하였으며, 어떤 자매는 매월 10원짜리, 5원짜리 동전만 한 주머니씩 헌납하였다. 그녀가 버스요금을 절약해서 모은 돈이었다. 어떤 익명의 부인은 금반지 3개, 금팔찌 1개를 비닐봉지에 싸 가지고 와서 남몰래 봉헌했던 이야기도 있다. 어떤 이는 손에 지문이 없어지도록 봉투를 붙여 만든 돈도 헌금하였고, 어떤 이는 약초를 캐어 팔아서 헌금하였다. 소년 레지오 단원들은 빈 깡통, 고철, 헌 고무신, 넝마, 폐지 등을 수집하기 위해서 비지땀을 흘리며 산동네를 오르내렸다. 어린이로부터 노인에 이르기까지 모든 교우들이 새 성전 건립을 위하여 얼마나 열성을 다해 참여하였는지를 오늘의 교우들은 마음 깊이 새겨야 할 것이다."

16. 1968년 6월 2일 성신강림대축일에 역사적인 금호동교회의 성전 기공식이 거행되었습니다. 금호동 성전 기공식은 성신강림대축일 미사 그 자체가 기공식이었습니다. 성령의 강림으로 교회가 탄생하였고, 성령의 능력으로 교회가 움직였습니다. 비록 가진 것은 없는 교우들이었지만 공동체 안에 살아 계시는 성령의 능력을 믿고, 그분을 신뢰하며, 교우들이 서로 사랑하는 마음으로 힘을 모아 성실히 일한다면 하느님께 봉헌할 성전이 세워지리라는 확신을 갖

고 성령강림대축일 미사를 성전 기공식으로 대치한 것입니다. 이 미사에서 교우들은 자발적으로 몸과 마음을 다하여 성전 건립에 봉헌할 것을 서약하였습니다.

17. 성전 건축 과정에서 잊을 수 없는 일을 몇 가지 소개합니다.
자동차로 운반해 온 건축자재를 다시 공사 현장까지 손으로 날라야 했는데 교우들이 죽 늘어서서 손에서 손으로 전달하여 날랐습니다. 금호동 교우들의 정성이 그야말로 한곳에 집결되었습니다. 건축 관계자들도 하느님의 집을 짓는데 땀을 흘리면서 자재를 나르는 모습이 한없이 아름답게 보였다고 말하였습니다. 그들은 이 사람들이야말로 진정한 하느님의 자녀라고 크게 감동하였습니다.

18. 본당신부는 가가호호 방문을 하였는데 대문이 있는 집에 살면서 협조 능력이 있는 사람들에게는 문전박대를 당하기 일쑤였고, 가난하고 초라한 집을 방문하였을 때는 소액이라도 정성껏 헌금하였으며, 그나마 못 하는 이들은 몸으로라도 봉사하겠다고 나섰습니다. 노력 봉사하는 이들 가운데는 아침밥도 못 먹고 나온 이들도 있었는데 매일 40~50명이 나와서 기쁜 마음으로 봉사하였습니다.

19. 앞서 노기남 대주교님의 도움도 거절하였던 금호동 공동체는 이번에는 국제가톨릭구제회에서 보내 온 도움도 거절하고 우리 성전은 우리 손으로 짓겠다는 의지를 국제적으로도 천명하는 모습을 보입니다.
구제회에서 보낸 밀가루를 성전 건립에 보태지 않고, 오히려 금호동 지역의 가난한 이들을 위한 구제 사업에 썼던 것입니다.

그런데 밀가루를 받은 극빈자들은 뒤늦게 교회에서 건축비가 부족해서 인건비 지불도 제때 못 하면서 밀가루를 나누어 주었다는 사실을 알게 되자 십시일반의 마음으로 성전건축헌금을 내 주었고, 모인 헌금이 신기하게도 나눠 준 밀가루값만큼이나 되었다고 합니다.

20. 1968년 11월 24일 드디어 기공식 후 5개월 20일 만에 새 성전이 완공됩니다. 어린이부터 노인에 이르기까지 모든 교우들의 일치되고 아낌없는 희생과 헌신적인 봉사로 완공된 성전이었습니다. 게다가 빚 하나 없이 세운 성전이기에 더욱 보람되고 가슴 벅찬 일이 아닐 수 없었습니다. 감사의 미사를 봉헌했던 본당신부와 교우 모두는 한없이 기뻐하면서 눈물을 흘리며 하느님께 감사를 드렸다고 합니다.

21. 저는 초대 신부님이 본당 주보를 성모자헌이라 했는데 왜 오늘날에는 성령강림인지 의문을 갖고 있었습니다. 다음 대목에서 그 의문이 풀립니다.

22. 새 성전으로 이사하면서 성당의 주보를 성모자헌성당에서 성령강림성당으로 바꾸게 됩니다. "이는 성령강림대축일에 가졌던 역사적인 성전 기공식을 영원히 기념하기 위해서"라고 본당 25년사에서 밝히고 있습니다.

23. 형제자매 여러분!
그 후 금호동은 참 많이 바뀌었습니다. 교우들의 열정으로 지어졌던 성전은 1992년도에 오늘날 우리가 접하고 있는 새로운 성전으로 다시금 신축되었고, 동네도 재개발되어 그 옛날의 다닥다닥 붙은 산기슭 판잣집에서 고층아파트도 들어오고, 길도 넓어지고, 환경도 많이 깨끗해졌습니다.

그런데 옛날의 그 열정과 신앙은 어디로 갔는지요? 몸과 마음을 아끼지 않고 하느님의 집을 위해서 헌신하던 그 성령으로 가득 찼던 모습들은 어디로 갔는지요?

24. 이제 우리는 새로운 시대를 맞고 있습니다. 이 새로운 시대, 새로운 환경 속에서 우리는 그때의 성령강림을 새롭게 필요로 하고 있습니다.

25. 성령을 체험했던 그 역사적인 기공식, 성전 축성식 그리고 그 안에 숨어 있는 우리 부모님들의 신앙을 새롭게 생각하고 배우고 되새겨야 할 오늘이 아닐는지 생각이 많아집니다.

26. "오소서, 성령님! 주님의 빛, 그 빛살을 하늘에서 내리소서. 허물들은 씻어 주고, 메마른 땅 물 주시고, 병든 것 고치소서. 굳은 마음 풀어 주고, 차디찬 맘 데우시고, 빗나간 길 바루소서. 성령님을 굳게 믿고 의지하는 이들에게 성령 칠은 베푸소서." 아멘.

삼위일체 대축일(2014. 6. 15.)

"하느님께서 아들을 세상에 보내신 것은
세상을 심판하시려는 것이 아니라 세상이 아들을 통하여
구원을 받게 하시려는 것이다."

1. 오늘은 삼위일체 대축일입니다.

해마다 6월은 하느님의 사랑으로 가득 차 있는 달입니다. 성령강림
대축일을 지난 주일 지냈고, 오늘은 삼위일체 대축일, 다음 주는 그리
스도의 성체성혈 대축일, 마지막 주는 베드로바오로 대축일입니다.

2. 예수님의 마음을 기억하는 6월 모든 주가 하느님의 사랑으로 가
득 차 있는 것입니다.

3. 성령강림은 하느님의 창조의 모습을, 삼위일체는 하느님의 일치
의 모습을, 성체성혈은 예수님을 통해 하느님의 인간에 대한 지극
한 사랑의 모습을 보여 주는 것이며, 베드로바오로 대축일은 그 하
느님의 창조와 일치, 사랑이 바로 보이는 교회를 통해 우리에게 그
힘이 전달되는 것을 보여 줍니다.

4. 가끔 사제관 옥상에 올라가서 묵상의 시간을 갖습니다. 본당 관
리장께서 옥상에 여러 가지 채소를 잘 심어 주셔서 그곳에서 상추,
배추, 고추, 감자, 토마토 등을 수확하기도 합니다.

5. 가만히 살펴보면 저절로 이루어지는 일은 하나도 없습니다. 일

단 식물의 종자가 좋아야 하고, 하늘의 도움이 있어야 하고, 사람의 정성이 있어야 수확을 할 수 있습니다.

가끔 보면 아무리 정성을 다해도 그 종자가 좋지 않으면 원하는 결과를 얻을 수 없고, 또 하늘이 도와주지 않으면 한순간에 모든 정성이 물거품이 될 수 있으며, 아무리 종자가 좋고 하늘이 도와도 사람의 정성이 없으면 아무 소용이 없게 마련입니다.

6. 즉 좋은 종자, 하늘의 도움, 사람의 정성 이 세 가지가 삼위일체를 이루어야만 원하는 결과를 얻을 수 있게 됩니다.

7. 더 깊이 묵상해 보면 이 세 가지 요소는 사랑으로 연결되어 있음을 깨닫게 됩니다.

8. 가정에서도 마찬가지입니다. 좋은 품성을 갖고 태어난 아기는 부모님의 헌신적인 사랑으로 자라나는 것이며, 인간의 힘만으로 성장이 이뤄지는 것이 아니라 눈에는 보이지 않지만 하느님의 사랑과 이끄심이 있어야 비로소 어른으로 성장할 수 있는 것입니다.

9. 좋은 품성이란 그 가계의 사랑의 결과이며, 부모님의 사랑은 의심할 수 없는 눈에 보이는 사랑이며, 하느님의 사랑은 눈에는 보이지 않지만 우리의 삶을 이끌어 주시는 보다 확실하고 진실된 사랑입니다.

10. 이런 삼위일체의 사랑이 없으면 인간은 정상적으로 성장할 수가 없습니다.

11. 본당도 마찬가지입니다. 좋은 본당이 되기 위해서는 선의를 가진 열심인 신자가 많아야 하며, 그들을 하느님께 잘 이끌려는 사제와 수도자가 있어야 하고, 무엇보다도 그 공동체를 사랑하시는 하느님의 극진한 사랑이 있어야 합니다.

12. 이 세 가지 요소, 즉 선의의 신자들, 올바른 사목자들, 모든 것을 주관하시는 하느님, 이 세 가지 요소의 공통점은 바로 사랑입니다. 신자들과 사목자들이 사랑으로 아름다운 공동체를 이루고자 할 때, 하느님의 사랑이 함께할 때 그 공동체는 우리가 살아가면서 영원히 잊을 수 없는 우리의 모태와 같은 고향이 될 수 있는 것입니다.

13. 문제가 많고 복잡한 이 시기에 우리는 삼위일체의 하느님 모습을 자주 생각해 보아야 합니다.

14. 우리 본당은 25개 구역으로 되어 있는데 14개 구역은 아파트로 이루어져 있고, 나머지는 주택단지로 구성되어 있습니다.

15. 사제관 옥상에서 기도하다 보면 수많은 이들의 아픔과 탄식이 들려오는 듯합니다.

16. 함께 모여 살며, 웃으며 사랑하고, 또 때로는 미워하며 살던 동네를 어느 날 갑자기 돈을 가진 기업들이 눈독을 들이게 됩니다. 이곳은 서울의 어느 곳보다 풍경이 좋고 교통이 좋은 곳이기 때문입니다.

17. 재개발을 하면서 얼마나 많은 미움과 싸움, 미움과 증오와 분노가 있었을까 생각해 보게 됩니다.

가진 자들은 한 푼이라도 더 갖기 위해서 수많은 거짓과 회유를 했을 것이고, 못 가진 자들은 한편으로는 손해 보지 않기 위해서, 또 살던 곳을 떠나기 싫어서 얼마나 많은 분노와 증오의 세월을 살아야 했을까 생각해 보면 정신이 아뜩해지기도 합니다. 또 못 가진 자들끼리도 얼마나 많이 치고받았을까, 어제까지만 해도 이웃이었고 형제보다도 가까운 사이였는데 한순간에 원수가 되어 미워하는 경우가 얼마나 많았을까 생각해 보게 됩니다.

여러 가지 이유로 개발이 된 이 동네에 들어와 살게 된 이들도 얼마나 마음 졸이며 살았을까 생각해 보게 됩니다.

18. 원래 재개발은 그 지역의 주민을 위한 것이어야 합니다. 그런데 우리나라의 재개발은 그 지역 주민을 위한 것이 아니라 사업 주체의 이익을 위해서 이루어지는 경우가 대부분입니다.

따라서 경제 능력이 없고, 배운 것이 없는 사람들은 그 사람들과의 싸움에서 결코 이길 수 없습니다. 대부분 살던 곳에서 쫓겨나는 경우가 다반사입니다.

19. 기업의 목적은 이윤추구라고 합니다. 그러나 지나친 이윤추구는 사람들을 해칩니다.

20. 사랑이 없는 이윤추구는 우리로 하여금 정글의 동물처럼 살아가게 합니다. 강한 놈만이 살아남는 정글, 적합한 놈만이 살아남아 누리는 정글의 법칙을 우리는 이 사회 안에서 너무 쉽게 체험하곤 합니다.

약한 사람들은 원망과 탄식과 미움이 그 마음 안에 가득합니다. 하소연할 곳조차 없는 억울함이 하늘을 찌르고 있습니다.

21. 기업들도 이익의 사회 환원이라는 차원에서 나름대로 여러 가지 좋은 일을 많이 하고 있는 것도 사실이긴 하지만 구체적인 이윤 추구 현장에서는 목숨을 걸 정도로 살벌하게 이윤을 추구합니다.

22. 사랑과 자비가 없어진 사회, 우리 사회의 참담한 자화상이 아닐 수 없습니다. 서로가 서로에게 총칼을 겨누고 있지는 않지만 실제로는 전쟁을 방불케 하는 사회의 모습 속에 우리의 아름다운 인간성이 파괴되어 가고 있습니다.

23. 제가 아는 어떤 사람이 있습니다. 빌딩을 몇 개 갖고 있는 그 사람의 사업 목적은 어떻게 하면 그 입주자들이 장사를 잘해서 먹고 살 수 있게 할까 하는 것입니다. 즉 그 입주자들이 잘돼야 자기도 잘된다는 생각을 갖고 있는 사람입니다. 경제가 어려워 장사가 잘 안 될 때는 남몰래 월세를 깎아 주기도 합니다. 또 수시로 들러 격려와 위로를 아끼지 않습니다.
언젠가 그 사람이 아주 어려울 때가 있었습니다. 누군가를 도와주다 배신을 당하고 낭패를 보고 말았습니다. 그때 그 입주자들이 서로 나서서 변호를 해 주었고, 그 변호가 그 사람에게 아주 결정적인 도움이 됐습니다.

24. 또 반대의 경우도 보았습니다. 그 사람은 본당에서는 아주 열심히 봉사하는 사람이었고, 적어도 성당에서는 훌륭한 사람이었습니다. 그 사람도 작은 빌딩을 갖고 있었는데 그 입주자들에게 아주 냉

혹한 사람이었습니다. 조금만 월세가 밀려도 독촉장을 보내기 일쑤였고, 가압류도 너무 쉽게 하는 사람이었습니다. 사람들이 겉으로는 말하지 못했지만 속으로는 원망과 탄성이 가득 차 있었습니다. 사람들의 억울함이 하늘에 이를 정도가 되자 그는 결국 모든 재산과 건강을 한순간에 날려 버리고 말았습니다.

25. 우리 삶에 있어 역시 가장 중요한 과제는 바로 사랑입니다. 사랑은 때론 손해 보는 것 같지만 결과적으로는 절대 손해가 아닙니다. 몇 배의 이익으로 되돌아오기도 하고, 결정적인 도움으로 돌아오기도 합니다.

26. 우리 사회가 잃어버린 사랑을 다시 찾았으면 합니다. 가정에서도, 본당에서도, 직장에서도, 기업도, 정치인도 모든 면에서 사랑이 회복되었으면 합니다.

27. 사랑이 없는 재개발로 인해, 무시무시한 이윤추구의 욕심의 결과로 그 마음속에 엄청난 상처와 아픔을 갖고 살아가는 이들을 위해 예수님의 성심께서 자비를 베풀어 그들의 그 험한 마음을 치유해 주시고, 새로운 생명의 샘이 솟아날 수 있도록 기도할 수 있어야 하겠습니다.

28. 삼위일체의 하느님의 사랑이 우리의 지치고, 부서지고, 아픈 마음에 함께하시어 참된 평화와 일치를 주시도록 기도할 수 있어야 하겠습니다.
또한 우리 가정과 본당, 또 우리 사회에도 삼위일체의 참다운 사랑이 가능하도록 기도할 수 있어야 하겠습니다.

29. "하느님께서 아들을 세상에 보내신 것은 세상을 심판하시려는 것이 아니라 세상이 아들을 통하여 구원을 받게 하시려는 것이다." 아멘.

성체 성혈 대축일(2014. 6. 22.)

"내 살을 먹고 내 피를 마시는 사람은 내 안에 머무르고,
나도 그 사람 안에 머무른다."

1. 요즘 형제님들은 밤잠을 설치시는 분들이 많을 것입니다. 월드
컵이 있기 때문이죠.

2. 일반적으로 자매님들은 축구를 별로 좋아하지 않습니다. 또 군
대 이야기도 별로 좋아하지 않죠. 군대에서 축구 한 이야기는 아주
싫어합니다.

3. 축구를 좋아하는 형제님들은 요즘 열광적으로 시간을 보내고 있
을 테지만 자매님들은 TV에서 맨날 축구 중계만 하니 짜증이 난다
고 합니다.

4. 저는 신학생 때 축구를 아주 좋아했습니다. 소신학교 때는 그 어
린 사춘기 소년들이 24시간 기숙사 생활을 해야 했고, 그 시간들은
그저 공부, 기도로 꽉 짜인 생활이었기 때문에 스트레스가 이만저
만이 아니었습니다. 120명이 입학했는데 37명만 졸업했을 정도니
천주교의 정예 교육을 시키기 위해서 얼마나 엄격한 생활을 강조했
는지 짐작이 가시리라 생각됩니다.

5. 그 엄격한 생활을 이겨 나가기 위해서 운동은 거의 필수였습니

다. 점심시간과 저녁 식사 후 30분간 휴식 시간이 있었는데 운동장이 하나밖에 없으니 할 수 있는 것은 집단 축구밖에 없었습니다. 그 시간 공을 쫓아서 열심히 뛰다 보면 자신도 모르는 사이에 스트레스도 풀리고, 새로운 기분도 얻을 수 있었던 것 같습니다.

6. 정기적으로 1년에 한 번씩 학년 대항 축구 시합이 있었는데 그 시합이 끝나면 여기저기 다리에 깁스한 친구들을 많이 볼 수 있었습니다. 얼마나 치열하게 축구를 했는지 모릅니다. 그야말로 죽기 살기로 뛰었죠.

7. 저는 축구 할 때 별명이 탱크였습니다. 당시에는 축구 기술을 배울 기회도 없었고, 그저 공을 향해서 달리는 것이 축구의 모든 것이었습니다.

제 어렸을 때부터의 좌우명이 '순간순간 최선을 다하자'는 것이었는데 그 좌우명은 공을 차는 시간에도 적용되었습니다. 순간순간 최선을 다해서 공을 향해 달리고 차다 보니 제 발에 정강이를 차여서 부상하는 사람이 많았고, 그래서 제 별명이 탱크가 된 것입니다. 그때는 축구화도 거의 없었고, 운동화도 변변치 않았는데 왜 그리도 열심히 뛰었는지 모르겠습니다. 정말 무식하게 뛰었는데 지금 생각해 보면 그 운동 시간에 흘린 땀이 저를 사제성소에 붙들어 주지 않았나 합니다.

8. 요즘은 중계되는 축구를 좀 새로운 시각으로 바라봅니다.

현란한 발기술, 강력한 슈팅, 잘 짜인 팀워크를 보면 참 감탄스러울 때가 많습니다. 그런데 우리나라 축구는 아직도 뻥축구를 벗어나지 못하는 경우가 많습니다. 특히 상대 문전에서 해결하는 특별한 해결사가 없음이 안타깝습니다.

어떻게 하면 골을 넣을 수 있을까요? 단지 현란한 발 기술만 갖고는 되지 않습니다. 결정적인 순간에 몸에 힘이 들어가면 뻥축구가 될 수밖에 없습니다.

모든 운동은 어떻게 하면 몸에 힘을 빼느냐가 가장 큰 관건입니다. 힘이 빠져야 보다 더 강력하고 정확한 슈팅이 가능한 것입니다. 힘이 빠지는 것은 마음에 의욕을 갖되, 욕심을 버려야 가능합니다. 마음이 욕심으로 가득 차 있으면 힘을 뺄 수가 없습니다.

9. 축구뿐만 아니라 테니스도, 탁구도, 수영도, 사격도, 양궁도, 심지어는 춤도 힘을 빼야만 원하는 동작을 할 수 있는 것입니다. 힘을 뺀다는 것은 마음을 비운다는 말과 같다 할 수 있을 것입니다. 마음을, 나쁜 것은 버리고 좋은 것으로 채워야만 원하는 목적을 이룰 수 있는 것입니다.

10. 마음에 나쁜 것은 온갖 욕심과 명예욕, 교만에 가까운 상대를 무시하는 자신감, 상대를 굴복시키겠다는 강한 탐욕에 가까운 도전심 등일 것입니다. 마음에 좋은 것은 겸허함, 최선을 다하고 하늘의 도우심을 바라는 마음, 상대의 아픈 마음을 동정하고 배려할 줄 아는 마음, 자신의 욕심에서 해방되고 주어진 결과를 받아들일 줄 아는 마음 등일 것입니다.

11. 부디 내일 새벽에 벌어지는 우리나라 축구도 온 국민을 기쁘게 해 주는 좋은 소식이 있기를 기대합니다. 모든 나라가 다 그렇겠지

만 특히 우리나라에는 어두운 현실에 가득 차 있는 우울함과 절망감에서 벗어날 수 있는 기쁜 소식이 참으로 필요합니다.

12. 마음을 비우고 몸에 힘을 빼는 것은 운동할 때만 필요한 것은 아닙니다. 우리의 일상생활에서도, 사회생활에서도 필요한 것이고, 가정에서도, 신앙생활에서도 꼭 필요한 삶의 절대적인 요소라 할 수 있을 것입니다.

13. 기도를 한다는 것도 결국 궁극적으로는 마음을 비우는 일입니다. 그리고 몸에 힘을 빼는 노력입니다. 자기 자신을 버리는 것입니다. 자신을 비우고, 몸에 힘을 빼야만 우리를 사랑하시는 하느님의 모습을 볼 수 있게 됩니다.

14. 자기 자신으로 가득 차 있는 사람, 자신의 생각으로만 가득 차 있는 사람은 주변을 보지 못할 뿐만 아니라 하느님도 보지 못합니다. 가정생활도, 사회생활도 원만할 수 없을 것입니다. 그런 사람은 자신의 생각이 관념이 되고, 그 관념은 고집이 되고, 그 고집은 다른 사람을 배려하지 않는 아집이 되며, 편견 속에서 자신을 벗어나지 못하고 결국은 자기 자신의 노예가 될 수밖에 없는 것입니다.

15. 예수님 시대의 유다인들도 이런 관념과 고집과 아집, 편견에 가득 차 있었기 때문에 예수님을 통해서 보이는 하느님의 모습과 그 사랑을 깨달을 수 없었습니다. 그들에게는, 예수님을 통해 보이는 하느님의 사랑이 아니라 그들이 갖고 있었던 전통이 중요했고, 그 전통 속에서 그들이 누리던 기득권들이 더 중요했던 것입니다. 그

들은 자신들을 노예로 전락시키는 자기 자신을 깨닫지 못했기에 예수님이 그들에게 주시고자 하셨던 새로운 해방된 민족이 될 수 없었던 것입니다.

16. 예수님께서 "나의 몸과 피를 받아먹어야 한다. 이는 생명을 주는 새로운 양식이다."라고 했을 때 그들은 모세의 만나에 얽매여 있었기에 예수님의 말씀과 그 말씀 안에 있는 지극한 하느님의 사랑을 볼 수 없었던 것입니다. 예수님이 '내 몸을 먹어야 한다.'고 했을 때 많은 유다인들이 예수님을 떠납니다. 예수님을 이상한 사람, 미친 사람이라고까지 여기는 사람도 있었습니다.

17. 예수님께서는 제자들에게 물어보십니다.
"자, 너희도 떠나겠느냐?"

18. 우리는 신앙 안에서 예수님의 몸과 피를 받아 모시는 사람들입니다. 그것이 우리에게 어떻게 영원한 생명인지는 과학적으로 증명할 수 없습니다.

그러나 쉽게 생각해 보면 우리가 음식을 먹을 때 우리 몸 어디선가 피가 되고, 살이 되고, 뼈가 되는 것은 알고 있습니다.

마찬가지로 성체와 성혈이 어떻게 우리의 영원한 생명이 되는지 인간의 지력으로는 알 수 없지만 우리의 신앙 안에서 예수님의 살과 피가 우리를 영원한 생명으로, 하느님의 사랑으로 이끌고 있는 것입니다. 예수님의 몸이 우리 안에 머무르는 것이고, 우리도 예수님 안에 머무르게 되는 것입니다. 실제로 예수님께서 우리 몸 안에, 우리 마음 안에, 우리 삶 안에 존재하고 계시는 것입니다.

19. 개신교에서도 성찬의 전례가 가끔 있기는 하지만 천주교와는 근본적으로 개념이 다릅니다. 우리는 성체와 성혈이 예수님의 살과 피라고 믿고 있는데 개신교에서는 예수님의 살과 피를 상징한다고 가르칩니다. 우리의 신앙은 우리 눈에는 보이지 않고 과학적으로도 설명할 수 없지만 그 빵과 포도주는 실체적으로, 즉 진짜로 예수님의 살과 피라고 믿고 있는 것입니다.

20. 자신의 살과 피를 내주고, 그 살과 피가 우리에게까지 이어지고 있다는 것은 바로 하느님의 인간에 대한 지극한 사랑을 의미하는 것입니다. 그 살과 피는 바로 하느님의 진짜 모습, 사랑의 모습을 보여 주고 있는 것입니다. 인간은 음식만으로 살 수 있는 존재가 아닙니다. 인간의 가장 근본적인 본질인 사랑이 있어야 살 수 있는 것입니다. 세상이 아무리 어둡다 해도 인간의 본질이 사랑이라는 사실은 변함없는 진리입니다.

21. 따라서 오늘날의 사람들에게는 더더욱 이러한 조건 없는 지극한 사랑이 필요합니다. 어둡기 때문입니다. 진정한 사랑이 고갈되고 있기 때문입니다. 그래서 인간성이 파괴되어 가고 있기 때문입니다. 인간에게 사랑이 파괴되면 모든 것이 파괴되는 것입니다. 아무리 물질과 명예가 많아도 사랑이 없으면 그 모든 것이 그저 뜬구름에 불과한 것입니다.

22. 성체와 성혈은 바로 하느님의 보이는 사랑입니다. 그 사랑을 먹어야 인간의 본질인 사랑을 향상시킬 수 있고, 사랑 자체이신 하느님을 보고, 깨달을 수 있는 것입니다.

23. 오늘은 민족의 화해와 일치를 위해서 기도하는 날이기도 합니다. 요즘 우리 사회는 총리 후보자가 교회에서 강연한 내용을 갖고 아주 시끄럽습니다. 저도 그 내용을 보았는데 아연실색하지 않을 수 없었습니다.

24. 그분의 주장은 우리나라가 일제의 식민지 생활을 한 것도, 남북으로 갈라진 것도, 심지어 6·25전쟁이 일어난 것도 다 하느님께서 우리나라를 사랑하신 나머지 시련의 시간을 준 것이고, 오늘날 이처럼 잘살 수 있도록 예비하신 것이라고 합니다.

25. 하느님께서는 우리 민족의 고통을 조장하시는 분이 아닙니다. 하느님은 우리 모두가 행복한 사람, 사랑의 사람이 되기를 원하시지 이 민족의 고통을 원하시는 분은 아닙니다. 그 수많은 고통들은 당시의 역사가 잘못된 것이지, 하느님께서 원하신 것은 아닙니다. 당시 사람들이 잘못한 것을 왜 하느님의 뜻이라고 강변하는지 이해할 수 없습니다. 사람들의 고통을 왜 하느님의 뜻이라고 하는지 이해할 수 없습니다.
고통 그 자체는 나쁜 것입니다. 민족의 고통은 구조적이고 역사적인 죄악입니다. 다만 하느님께서는 그 불의한 고통 속에서도 당신의 사랑으로 우리 민족을 지켜 주시고, 이끌어 주신 것입니다. 그 고통 속에서도 신앙이 피어나고, 사랑이 회복되도록 이끌어 주신 분이 하느님이시지, 그분이 민족의 잘못된 역사를 조장하거나 예비하신 것은 아닙니다.

26. 오늘날의 모습이 과연 하느님의 뜻에 맞는 올바르고, 행복하고,

사랑이 가득 찬 모습인지도 또한 물어보고 싶습니다. 경제적인 풍요로움으로 과거의 모든 아픔을 미화하거나 합리화하거나, 또는 하느님께 책임을 돌리는 언행은 참으로 비판받아 마땅하다고 봅니다.

27. 오늘 우리는 특히 우리나라를 위해서도 간절히 기도해야 하겠습니다. 더 이상 억울한 사람이 생기지 않도록, 그들의 한과 분노와 절망이 하늘을 찌르지 않도록 우리 사회가 보다 더 사랑을 회복하고, 하느님께서 원하시는 평화와 진정한 행복이 가득한 나라로 나아갈 수 있도록 기도해야 하겠습니다.

28. 우리 신앙인들이 먼저 성체와 성혈의 사랑의 신비를 깨닫고, 진정한 사랑의 사람으로 새롭게 변화되도록 노력할 수 있어야 하겠습니다.

29. "내 살을 먹고 내 피를 마시는 사람은 내 안에 머무르고, 나도 그 사람 안에 머무른다." 아멘.

성 베드로와 성 바오로 사도 대축일(2014. 6. 29.)
"교황 프란치스코가 말과 모범으로
신자들을 보살피다가 맡은 양 무리와 함께
마침내 영원한 생명에 이르게 하소서."

1. 오늘은 베드로 바오로 대축일이며 교황 주일이기도 합니다. 이 뜻깊은 날 축일을 맞으시는 분들께 축하의 인사를 드립니다.

2. 아울러 오늘 세례를 받으시는 아홉 분께도 그동안의 수고에 감사드리며, 축하드립니다.

3. 요즘 교황님께서는 아마 매우 신나실 것 같습니다. 세상의 어지럽고 복잡한 문제들 가운데에서 항상 머리가 아프시겠지만 월드컵이 있는 요즘은 한시름 놓으시고 축구 보는 재미에 빠지지 않으셨을까 상상해 보게 됩니다. 아르헨티나에 메시가 있어 다행입니다. 왜 남미는 그토록 축구에 열광하는 것일까요? 아마도 그들이 겪어 내야 했던 삶의 무게가 엄청났기 때문일 것입니다. 그들은 축구를 통해 그 엄청난 삶의 무게와 고통을 이겨 내는 것이 아닌가 합니다.

4. 교황님은 1936년 아르헨티나에서 태어나셨고, 1969년 사제 서품을 받으십니다. 교황님께서 사목하시던 아르헨티나는 우리나라 못지않게 수많은 아픔과 고통이 함께하는 역사가 있습니다. 그곳도 엄청난 이념 갈등과 고통과 죽음이 근대사에 함께했던 곳입니다.

우리처럼 남과 북의 이념이 아니라 가진 자와 못 가진 자 사이에 있는 엄청난 이념 전쟁이었습니다.

5. 교황님께서는 권력과 자본의 횡포를 사목자로서 경험하셨을 것이고, 그 횡포들로 인해 얼마나 많은 사람이 아파하고 고통받으며 죽어 갔는지 절절히 체험하셨을 것입니다. 그리고 어떻게 하면 하느님의 아름다운 창조물인 이 인간이 그 품위와 존엄을 지킬 수 있을 것인지 수없이 고민하고 밤을 지새우셨으리라 생각해 보게 됩니다.

6. 그분께서는 교회의 주교, 대주교, 추기경이 되신 이후에도 당신의 이런 고민들을 이어 가셨습니다. 결코 기득권자들과 야합하지 않으시고 당신의 길을 걸어가셨습니다.

7. 그분께서는 화려한 추기경 관저에 머물지 않고 방 한 칸짜리 아파트에 살면서, 추기경 관저는 가난한 선교사들에게 내줬습니다. 그는 겸손하고 가난한 삶을 살았습니다. 보좌주교 시절에는 은퇴 사제 숙소에서 살았고, 대주교가 된 후에도 주교관이 아니라 침대 하나 있는 작은 아파트에서 지냈다고 합니다.

8. 가난하고 소외된 이들에 대한 관심도 남달랐던 그분께서는 자주 에이즈 환자들을 방문해 그들의 발을 씻어 주고 발에 입을 맞췄으며, 직업 교육 프로그램을 만들어 마약 중독자들의 재활을 도왔고, 말기암 환자들을 꾸준히 찾아가 위로했습니다. 부에노스아이레스에서 가장 위험한 빈민가에 불쑥 나타나 가난한 이들과 함께 차를 마시고, 고해성사를 주고 미사를 집전하기도 했습니다. 부에노스아

이레스의 가난한 이들은 교황 선출 소식을 듣고 "빈민가의 교황이 탄생했다."며 기뻐했다고 합니다.

9. 프란치스코 교황은 교황이 되고 나서 첫 만찬 때, 자신을 교황으로 선출한 동료 추기경들에게 다음과 같은 농담을 하셨습니다.
"여러분이 한 일을 하느님께서 용서해 주시기를!"
또한 군중 앞에 첫 모습을 보이실 때는 군중에게 강복을 주기 전에 먼저 자신을 위해 기도해 달라며 고개 숙이는 교황님이셨습니다.
성베드로 광장에 모인 신자들과 인사를 마친 후 저녁 만찬장으로 이동할 때, 운전기사가 딸린 전용 리무진과 경호원이 대기하고 있었지만 이를 마다하고 "저는 그냥 추기경들과 버스를 타고 가겠습니다."라며 버스에 올랐다고 합니다.
은퇴하신 베네딕토 16세 교황님의 도움과 지혜를 높이 평가하시고, 성직자용 호텔의 숙박비를 자신이 직접 지불하시며, 모든 피조물을 사랑하시는 분이고, 열렬한 축구팬이기도 하십니다.
프란치스코 교황님은 원래 계획에 없는 일을 종종 하시어 바티칸 직원들을 당황하게도 하십니다.

10. 교황님께서는 때로 프란치스코 성인처럼 모든 피조물 안에서 하느님을 만나는 자유로운 영혼이시며, 때로는 예수회를 창립하신 이냐시오 성인처럼 단호하시기도 합니다. 보잘것없고 힘없는 사람들에게는 한없이 너그러우시지만, 약한 이를 괴롭히는 강한 자들에게는 한없이 엄격하시며 단호하십니다. 최근에는 마피아 본거지를 방문하여 그들을 직접적으로 단죄하시며 파문하시기까지 하셨습

니다.

11. 교황님은 어린이와 젊은이를 특별히 사랑하십니다. 교황님의 청년들에 대한 사랑은 참으로 지극하십니다. 다음과 같은 말씀들은 청년에 대한 기대와 애정이 얼마나 큰지를 잘 보여 주고 있습니다. 그분은 청년들과 함께하는 시간을 항상 기다리며 놓치지 않으십니다.

"젊은이는 희망을 잃을 수도, 잃어서도 안 됩니다. 희망은 젊은이의 본성과도 같습니다. 희망이 없는 젊은이는 젊지 않습니다. 너무 일찍 나이 들어 버린 거지요.

청년들이여, 교회는 여러분과 여러분 세대가 위대한 일을 하기를 기대합니다. 높은 목표 갖기를 두려워 마세요!

청년들이여, 하느님이 주신 재능을 버리지 마세요! 위대한 일을 하고픈 꿈을 두려워 마세요!"

한 어린이가 강론을 방해해도 그대로 받아주시는 교황님이시기도 합니다.

12. 제가 아는 어떤 수녀님이 이슬람 국가에서 선교활동을 하고 있습니다. 최근에 그 수녀님에게서 아주 반가운 소식을 들을 수 있었습니다. 그곳은 가톨릭 활동이 아주 제한되어 있고 모든 면에서 아주 불편한 곳이었는데 최근에 아주 큰 변화가 있다고 합니다. 갑자기 가톨릭에 대해서 우호적이고 협조적으로 변했다는 것입니다. 얼마 전에 교황님께서 성목요일에 이슬람인의 발을 씻기시고 그 발에 키스한 적이 있었는데 그 일이 그 국가에서 가톨릭에 대한 반감이 없어지는 계기가 되었다고 합니다.

13. 교황님께서는 그 누구도 하기 힘들어하던 중동 평화의 서막을 알리셨고, 모든 이들을 다 가슴에 품으시며 그들의 가능성과 중요성을 인정해 주십니다.

14. 이 복잡하고 고통이 많은 시기에 이와 같은 교황님이 계신다는 것은 전 세계인들에게 말할 수 없는 희망이며 복음이고, 그리스도교 신자들인 우리에게 역시 엄청난 축복입니다.

15. 교회의 어른이 방향을 잘 잡아 주시면 우리 모두의 삶이 올바로 서게 됩니다. 쓸데없는 고통과 분쟁에서 해방될 수 있는 것입니다.

16. 오늘 세례를 받으시는 여러분은 참으로 복되신 분들입니다. 여태까지는 자신의 힘만으로 살아오셨지만 이제 여러분의 삶에는 하느님께서 함께 계십니다. 여러분은 이제 절대 외롭지 않습니다. 하느님께서 여러분을 지켜 주시고, 이끌어 주실 것입니다. 우리가 하느님을 배신하여도 하느님께서는 절대 배신하지 않으시는 분입니다. 여러분이 선택하신 이 신앙의 길에서 삶의 의미와 가치를 깨달으시고, 보다 더 하느님 안에서 행복하시길 바랍니다.

17. 이제 우리는 우리 한반도를 방문하시는 교황님을 위해 특별히 기도할 수 있어야 하겠습니다. 하느님께서 그분과 함께하시어 그분이 하시는 모든 일에 강복하여 주시도록, 그분이 내딛는 모든 발걸음이 모든 이에게 평화와 기쁨이 될 수 있도록 기도해야 하겠습니다. 특히 아픔과 고통으로 얼룩진 이 한반도에 교황님의 방문으로 하느님의 특별하신 사랑과 축복이 함께하시도록 각별한 마음으로

열심히 기도할 수 있어야 하겠습니다.

18. "모든 믿는 이의 목자요, 임금이신 하느님, 친히 주님의 일꾼 교황 프란치스코를 거룩한 교회의 목자로 세우셨으니 인자로이 굽어보시어 교황 프란치스코가 말과 모범으로 신자들을 보살피다가 맡은 양 무리와 함께 마침내 영원한 생명에 이르게 하소서." 아멘.

성 김대건 안드레아 순교자 대축일(2014. 7. 6.)

"너희는 내 이름 때문에 모든 사람에게 미움을 받을 것이다.
그러나 끝까지 견디는 이는 구원을 받을 것이다."

1. 날씨가 덥습니다. 이 더운 날씨에 성당에 오시느라 고생이 많으셨습니다.

2. 우리 성당의 연세 드신 자매님들을 뵈면 참 건강하시다 하는 느낌을 받게 됩니다. 이 험한 세상에서 가정을 지키고, 자녀들을 키우시면서 얼마나 노고가 많으셨습니까?

힘든 인생사의 위안처인 이 성당이 금호동 지역에서 제일 높은 곳에 자리 잡고 있어 성당을 오가느라고 얼마나 고생이 많으셨습니까? 오늘처럼 더운 여름, 땀을 뻘뻘 흘리시면서 성당에 오시는 모습은 한편으로는 안쓰럽기도 하고, 한편으로는 아름답게 보이기도 합니다.

그러나 하느님은 공짜가 없으신 분, 우리가 하는 만큼 주시는 분이십니다. 성당에 많이 오신 분이실수록 참 건강하십니다. 이 언덕까지 오르시느라고 흘리신 그 땀방울들은 기도가 되는 것이며, 건강이 되는 것입니다. 한편으로는 불편하고 고생스럽기도 하지만 그 불편과 고생은 또 다른 숨어 있는 하느님의 선물이기도 합니다.

3. 우리 모두는 대부분 성당을 통해 행복해지기를 원하고, 또 평화

를 간구하며, 삶의 축복을 원합니다.

그런데 많은 경우 우리 생각대로 되지 않을 때가 참 많습니다. 왜 하느님께서는 내가 원하시는 것을 바로바로 주시지 않을까요?

4. 우리는 우리 눈앞에 보이는 인생만을 살아갈 뿐입니다. 그러나 하느님께서는 시간이 없으신 분이십니다. 그분께는 과거도, 미래도 단지 현재일 뿐입니다.

우리는 우리 눈앞에 있는 필요한 것들을 주장하지만 하느님께서는 우리 인생에 필요한 것을 주시길 원하십니다. 즉 하느님께서는 우리보다 우리 인생에 무엇이 필요한지 우리보다 훨씬 더 잘 알고 계시는 분이십니다.

아기가 장난감으로 가위나 칼을 달라고 하여도 부모는 절대로 주지 않습니다. 왜냐하면 그 가위나 칼이 아기를 해칠 수 있기 때문입니다. 그런데 철없는 아기는 그 가위나 칼이 재미있어 보여 그것들을 달라고 고집을 부릴 때가 있습니다.

마찬가지로 하느님께서는 우리에게 무엇이 복된 것이고 무엇이 필요한 것인지 잘 알고 계시며, 무엇이 해가 되고 무엇이 위험한 것인지 잘 알고 계십니다.

그래서 때로는 우리가 원하는 것을 주지 않으실 수 있는 것입니다. 그것이 어떤 때는 고통이 될 수도 있고 질병이 될 수도 있으며, 사고가 될 수도 있습니다.

우리는 우리의 고통, 질병, 사고 앞에서 절망합니다. 하느님께서 왜 나에게 이런 시련의 시간을 주시는지 회의하고, 갈등하며, 하느님께 항의하기도 합니다. 우리는 우리에게 주어진 모든 어려움들을 잘 이해하지 못합니다. 그래서 하느님 앞에서 좌절하고, 믿음을 포기할 때도 많습니다.

5. 오늘 우리는 김대건 안드레아 신부님의 대축일 미사를 봉헌하고 있습니다.

김대건 신부님을 생각해 보면 인간적인 머리로는 참 이해가 되지 않는 부분이 많습니다.

열여섯의 나이에 신학생으로 선발되어 죽을 고생을 하면서 라틴어, 불어, 그리고 철학, 신학, 성서학 등을 다 마스터합니다. 9년 동안의 외국 생활은 결코 만만한 세월이 아니었습니다. 마카오에서 공부하던 학생들은 민란이 생겨 필리핀까지 가야만 했습니다.

부제품을 받은 뒤 몰래 입국하였고, 육로로는 선교사 진입이 어렵다고 파악한 뒤 배를 타고 온갖 풍랑과 태풍을 만나며 거의 죽음 직전에 중국에 도착하게 됩니다.

곧이어 서품을 받지만 한 달도 채 못 돼 라파엘호라는 배를 타고 다시 조선으로 잠입합니다. 그런데 제주도에서 풍랑을 만나 강경의 나바위까지 표류하게 되었고, 간신히 입국하게 됩니다.

그때가 1845년 9월경이었고, 그다음 해 6월에 서해 해로를 개척하려다 체포되고, 9월에 새남터에서 순교하시게 됩니다.

6. 고국에 돌아온 뒤 부모님의 소식을 듣게 됩니다. 아버지는 이미 참수치명을 당하셨고, 어머니 우르술라는 집안이 완전히 풍비박산이 난 채 이곳저곳을 떠돌며 마치 걸인 같은 생활을 하고 있었다고 합니다. 어머니를 만난 김대건 신부님의 마음은 얼마나 찢어지고

아팠을까요? 우리는 쉽게 상상해 볼 수 있습니다.

왜 하느님께서는 그 귀한 아들을 봉헌하신 그 가정을 보호해 주지 않으시고 그 험한 인생길을, 순교의 길을 걷게 하셨을까요?

7. 왜 9년이나 되는 세월을 온갖 고초를 겪으며 사제품을 준비해 온 김대건 신부님을 단 1년 만에 형장의 이슬로 사라지게 하셨을까요? 더군다나 김대건 신부님은 한국인 최초의 신부님이셨는데 어째서 그 꽃다운 나이 26에 순교하게끔 되었을까요? 그가 한 공부가 아깝고, 그가 바친 기도가 아까울 정도로 이해가 가지 않는 역사가 아닌가 합니다.

8. 왜 수많은 순교자들이 이 땅에서 있어야만 했나요? 사실 당시 순교의 역사는 많은 부분 정치적인 당파싸움과 연관된 부분이 있는데 왜 정치 논리에 의해 그 많은 고통과 죽음이 있어야만 했던 것일까요?

9. 하느님의 뜻과 우리의 뜻은 때로는 전혀 맞지 않는 경우가 많습니다.

10. 하느님께서는 인간의 역사에 직접 개입하시지는 않습니다. 이 세상의 어둠과 악을 단번에 쳐 없애시지도 않습니다. 하느님께서는 때로는 너무나 미약하게 그 어둠과 악의 희생양이 되기도 하십니다. 그러나 하느님께서는 너무나 묘하시게도 그 어둠과 악을 통해서 부활이라는 엄청난 신비를 이루시는 분이십니다. 우리 삶에 있는 고통들을 통해서 우리를 성숙시켜 주시고, 우리도 이 세상의 죄를 없

애시는 하느님의 어린양의 뒤를 따르게 하십니다. 우리의 삶에 있는 고통들을 통해 우리를 부활시켜 주시며, 당신의 참다운 자녀로 새롭게 태어나도록 하십니다.

11. 순교의 역사란 어둠과 죄가 승리하는 듯한 역사입니다. 그러나 그 어둠과 죄악들은 순교로 사라지는 것이며, 예수 그리스도의 부활의 징표가 되는 것입니다.

12. 우리의 신앙은 바로 그 순교의 결과입니다. 그분들은 머리로는 이해할 수 없는 순교의 고통을 당하셨지만 그 고통들을 통해 우리에게 이 복된 신앙의 은총이 주어지고 있는 것입니다. 그분들은 순교하셨지만 그분들의 순교로 지금 이 순간도 이 세상의 죄를 사하시는 어린양의 미사가 봉헌되고 있는 것이며, 수많은 사람들이 새로운 하느님의 자녀로 태어나고 있는 것이며, 새로운 삶의 길을 찾아 얻고 깨달으려 구원의 길로 나아가고 있는 것입니다.

13. 고통 그 자체는 하느님께서 원하시는 것이 아닙니다. 우리가 하느님 안에서 우리의 믿음으로 인내하고 하느님의 뜻 가운데 살려고 노력한다면 하느님께서는 우리 삶의 고통들을 통해 내 죄를 없애 주는 것이며, 이웃을 구원하는 것이고, 하느님의 사랑을 널리 퍼뜨리는 부활의 역사를 이루시는 것입니다.

14. 우리 본당은 50년이 넘는 역사를 갖고 있습니다. 50년이 넘는 역사의 징표가 무엇일까 찾아보았습니다.
오래된 본당은 대부분 묘지를 갖고 있는 것이 특징입니다. 그런데 다른 본당에는 잘 없는 그 역사의 징표가 우리 본당에는 한 가지 더 있습니다. 바로 김대건 신부님의 유해를 모시고 있다는 것입니다. 옛날에는 교구의 행정조직이 매우 불완전하였습니다. 그 결과 옛날의 어른 신부님들 중에는 순교자 유해를 그 본당에 모시고자 치열한 경쟁을 벌이셨다고 합니다.

언제부터 우리 본당에 김대건 신부님의 유해가 모셔졌는지는 정확히 알 수 없지만 매일 미사가 봉헌되는 이 제대에 그 유해가 모셔져 있습니다. 순교자의 유해가 모셔진 곳이 바로 성지입니다. 따라서 우리 본당도 김대건 신부님의 성지라 할 수 있을 것입니다.

15. 베론 성지에 가면 최양업 신부님 묘지가 있습니다. 삶의 어려운 문제에 봉착한 이들이 그 묘지를 만지면서 기도하면 그 어려운 문제가 풀린다고 합니다. 많은 어려운 삶의 숙제를 가진 이들이 그 묘지를 방문한다고 담당 신부님께 들은 적이 있습니다.

16. 우리 본당에 모셔진 김대건 신부님의 유해를 어떻게 하면 신자들이 좀 더 가까이 모시면서 기도하게 할 수 있을까 고민하고 있습니다. 보다 많은 분들이 제대 앞에서 김대건 신부님과 함께 보다 많은 기도를 바쳤으면 좋겠습니다. 김대건 신부님의 순교의 공로로 우리 삶의 많은 문제들이 해결되었으면 합니다.

17. "너희는 내 이름 때문에 모든 사람에게 미움을 받을 것이다. 그러나 끝까지 견디는 이는 구원을 받을 것이다." 아멘.

연중 제15주일 (2014. 7. 13.)

"말씀을 듣고 깨닫는 좋은 땅은
백 배, 예순 배, 서른 배의 열매를 거둔다."

1. 날씨가 너무 덥습니다. 불쾌지수도 높습니다. 습도도 높고, 혈압도 높아집니다. 열대야 때문에 밤에 잠도 잘 이루지 못합니다.

2. 마음이라도 편해야 하는데 경제도 좋지 않고, 이럴 때일수록 이상하게 짜증 나는 사람도 많이 만나게 됩니다.

3. 성당 오는 길도 어렵습니다. 땀이 나고, 숨이 찹니다. 성질 같아서는 주일미사도 빼먹고 싶은데 뭔지 모를 찜찜함 때문에 오기는 하지만 이 언덕배기 길을 오르는 것도 짜증이 납니다. 강론이라도 감동으로 다가오면 좋은데 때로는 지루함이 느껴지기도 합니다. 마음이 불편할 수도 있습니다.

4. 저도 더울 때는 강론이 잘 써지지 않습니다. 옛날에 했던 강론도 이리저리 뒤적거려 보지만 마음에 와닿는 구절들이 잘 없습니다. 옛날에 강론을 이렇게 한심하게 했나 하는 자책감이 들기도 합니다.

5. 사제 생활 30년 가까이 하면서도 강론은 항상 부담스럽고 어렵기만 합니다. 매주일 꼭 시험 보는 학생처럼 막바지 시간이 다 되어서야 겨우 마무리를 하곤 합니다.

6. 군대 생활을 할 때 밤에 2시간씩 보초를 섭니다. 한창 젊은 나이, 잠이 많은 나이에 꼭두새벽에 깨어 2시간씩 서 있어야 한다는 것은 참으로 짜증 나는 일이었습니다. 그래서 보초만 없으면 군대 생활도 할 만하다는 생각을 해 본 적이 있습니다.

마찬가지로 사제 생활도 강론이 없으면 해 볼 만하다는 생각을 가끔 갖게 됩니다. 좋은 말들을 대충 엮어서 할 수도 있지만 왠지 그리 성의 없이 준비된 강론은 저 자신이 스스로 불만스러울 수밖에 없습니다.

7. 더군다나 프란치스코 교황님께서 기회 있을 때마다 미사와 강론은 신자들에게 감동과 기쁨이 되어야 한다고 사제들에게 강조하시니, 매주일 성의를 갖고 준비해야 하는 강론이 때로는 큰 스트레스로 다가오기도 합니다.

8. 오늘같이 더운 날은 강론을 생략하고 싶은 마음도 있지만 한 주간을 말씀으로 살아가는 교우들을 생각하면 그리 할 수도 없습니다.

9. 때로는 준비가 잘 안 되고 성의 없는 강론이라 하더라도 그 안에는 온갖 부담과 스트레스가 가득 차 있음을 이해해 주시고, 사제의 인간적인 말로 받아들이기보다는 성령의 힘으로, 하느님의 말씀으로 받아들여 주시길 감히 청해 보기도 합니다.

10. 몇 년 전에 어떤 본당에서 꽤 오래전에 본당 신자로 있었던 분을 만난 적이 있습니다. 그분은 제 기억으로는 그리 열심히 신앙생활을 하는 것 같지는 않았습니다. 그런데 10여 년이 지난 그분의 삶

은 그야말로 하느님의 은총 안에 성령의 힘으로 사는 것처럼 느껴졌습니다.

잠깐의 대화 중에 그분 삶에 함께 계시는 하느님의 힘을 강하게 느낄 수 있었습니다. 그래서 제가 물어보았습니다. 어떻게 그런 삶의 변화를 이룰 수 있었냐고 했더니 그 자매님은 아주 뜻밖의 말씀을 하셨습니다.

"10여 년 전에 신부님께서 하신 강론 말씀들이 제 삶에서 큰 힘이 되었고, 제 삶에 있는 모든 어려움들을 하느님 안에서 극복하는 계기가 되었다."

11. 저는 깜짝 놀랄 수밖에 없었습니다. 그 자매님이 말씀하신 시기는 제 마음이 가장 어두웠던 시절이기 때문입니다.

저는 마음 깊이 하느님께 감사를 드릴 수밖에 없었습니다. 저의 부족한 시간들, 그 마음들 안에서 하느님께서는 당신의 일을 하고 계셨음을 깨달을 수 있었기 때문입니다.

12. 그렇습니다. 부족한 한 사제가 신자들을 하느님께 이끄는 것이 아니라 하느님께서 당신의 능력으로 신자들을 당신께로 이끄시고 부르신다는 것을 새삼 깨달을 수 있었습니다. 제가 하는 것이 아니라 하느님께서 하시는 것이었습니다.

13. 가끔 고해성사 시간에 이러한 하느님의 신비를 깨닫곤 합니다. 저는 A라는 뜻으로 훈화와 보속을 주는데 그 신자는 제가 이야기한 뜻과는 달리, 자기에게 말씀하시는 하느님의 말씀으로 알아듣는 것입니다. 즉 제가 하는 이야기와 그 신자가 받아들이는 뜻이 다를 때

가 참 많습니다. 하느님께서 당신의 말씀을 그 신자의 마음속에서 하시는 것입니다.

14. 가끔 강론이 잘 준비될 때가 있습니다. 그럴 때 저는 미사 후 자신감 있게 신자들의 얼굴과 몸짓을 살핍니다. 어떤 때는 오늘 강론이 어땠느냐고 용감하게 물어봅니다. 물론 마음속으로 오늘 강론이 감동이었다는 대답을 기대합니다.
그런데 희한하게도 그럴 때는 누구 하나 칭찬하지 않는 겁니다.
반대로 스스로 오늘 강론은 형편없었다고 자학할 때도 있습니다.
그런데 뜻밖에도 그런 날은 꼭 누군가가 "오늘 강론 참 좋았습니다."라고 먼저 이야기하는 겁니다.

15. 깨닫게 되고, 느껴질 때가 많습니다. '아, 내가 하는 것이 아니고 하느님께서 하시는 일이로구나.' 하느님께서 하시는 일을 내가 한다고 생각하게 되면 그것은 그 자체로 교만이고, 그 교만은 하느님께서 하시는 일을 방해하는 나 자신의 어리석음임을 깨닫게 됩니다.

16. 오늘 복음에서 예수님께서는 씨 뿌리는 사람의 비유를 말씀해 주십니다. 어떤 씨는 길바닥에, 어떤 씨는 돌밭에, 또 어떤 씨는 가시덤불에 뿌려지고, 어떤 씨는 좋은 땅에 뿌려진다고 말씀하십니다.
즉 같은 씨앗이라도 어디에 뿌려지는가에 따라 결과가 달라진다는 말씀입니다.
우리 마음이 수분이 없는 길바닥과 같다면, 뿌리를 내릴 수 없는 돌밭이라면, 세상 걱정과 재물의 유혹이 가득한 가시덤불이라면 결코 좋은 결실을 거둘 수 없다는 것입니다.

하느님의 말씀의 씨앗은 어느 곳에나 뿌려집니다. 그러나 어느 곳에서나 다 결실을 거둘 수는 없는 것이고, 좋은 땅에 뿌려진 씨앗만 100배, 60배, 30배의 결실을 낼 수 있는 것입니다.

17. 우리의 마음이 어떤 마음이냐에 따라 그 결과가 달라지는 것입니다.

18. 어떤 마음이 좋은 땅처럼 풍성한 결실을 맺는 마음일까요?

19. 악의 세력이 우리 마음에 있다면 길바닥과 같은 마음이고, 말씀을 듣고 받아들이기는 하지만 깨닫지 못하면 돌밭과 같은 마음이며, 말씀을 듣기는 하지만 세상 걱정과 재물의 유혹이 많은 사람은 가시덤불의 마음이라 하십니다.

20. 즉 하느님의 말씀이 결실을 맺는 좋은 마음은 악의 세력의 영향권에서 벗어나 있어야 하며, 세상의 걱정과 재물의 유혹으로부터 자유로워야 하며, 말씀을 듣고 깨달을 수 있어야 좋은 땅과 같은 마음입니다.

21. 하느님께서는 인내심을 가지시고 우리 마음속에 끊임없이 씨앗을 뿌리고 계십니다. 때로는 우리 마음이 길바닥, 돌밭, 가시덤불과 같은 마음이라도 희망을 갖고 씨앗을 뿌리십니다. 언젠가는 우리의 마음도 듣고 깨달을 수 있는 결실을 맺는 좋은 땅이 될 것이라는 희망을 포기하지 않으십니다.

22. 우리가 마음속에 있는 온갖 어둠을 물리치고, 돌덩이와 같은 마

음들을 치워 내고, 이 세상의 온갖 걱정과 유혹으로부터 자유로워질 수 있다면 우리의 마음도 결실이 가능한 좋은 땅으로 변화될 수 있을 것입니다.

23. "말씀을 듣고 깨닫는 좋은 땅은 백 배, 예순 배, 서른 배의 열매를 거둔다." 아멘.

연중 제16주일(2014. 7. 20.)

"성령께서는 나약한 우리를 도와주십니다."

1. 저에게는 사제 생활 은퇴 후에 한 가지 꿈이 있습니다. 저는 저에게 필요한 하느님의 은혜를 잘 기도하지 않습니다. 하느님께서 저를 어떻게 이끄시든지 그 안에는 하느님의 크신 사랑, 깊은 사랑이 있음을 믿고 있기 때문입니다. 저에게 주어지는 모든 삶의 상황을 주님과 함께 살아갈 수 있도록만 기도합니다.

2. 그런데 은퇴 후의 삶에 대해서는 간절한 마음으로 기도합니다. 은퇴 후에는 제발 도시에서 살지 않고 시골에서 살 수 있도록 섭리해 주시도록 기도합니다. 저는 할 수 없이 도시에서 살기는 하지만 어떤 때는 이 도시가 정말 너무 싫습니다. 공기도 나쁘고, 사람들의 마음도 살벌하고, 마음이 편하지 않습니다. 사람들과의 인연도 때로는 피곤할 때가 있습니다.

3. 상상해 보곤 합니다. 텃밭이 달린 작은 집에서 오전에 기도, 미사하고 잡초들을 뽑아내고, 오후에는 마을 사람들과 한담을 나누고, 저녁에는 해가 지는 석양을 바라보며 그동안 살아온 삶을 정리해 보고, 밤에는 정말 주님과 일치되는 깊은 기도의 시간을 갖는 모습을 말입니다.

때로는 사진도 찍고, 낚시도 하고, 여행도 하고, 그동안 살아온 삶에 대한 이야기도 써 보고…… 등등 해 보고 싶은 일이 참 많습니다. 사람들과의 인연에서도 해방되어 자연 속에서 자유로운 영혼이 되어 보기를 꿈꿔 봅니다.

4. 어떤 사람에게 이런 이야기를 하였더니 시골 생활이 그리 쉬운 것만은 아니라고 합니다. 얼마나 바쁘고 힘든지 결코 쉽지 않다고 합니다. 말이 텃밭이지, 요즘 같은 여름에는 돌아서면 잡초가 한가득이라면서 신부님이 그런 일을 어찌하실지 모르겠다고 약간 놀림성 있는 발언을 합니다.

5. 사실 생각해 보면 쉬운 일은 아닌 것 같습니다. 요즘 사제관 옥상에 아주 소소한 재미들이 있습니다. 얼마 전에는 옥수수를 수확하였는데 얼마나 단단하고 맛있었는지 모릅니다. 그곳에서 상추, 고추, 감자 등을 캐어 먹는 재미가 꽤 쏠쏠합니다.

6. 그런데 내가 한 일을 생각해 보니 가끔 물이나 한두 번 준 것밖에 없네요. 나머지 귀찮고 힘든 일은 관리장께서 다 해 주시니 나는 그저 수확하는 재미, 먹는 재미만 느끼고 있는 것이 아닌가 합니다. 농부학교라도 다녀야 하지 않을까 고민하고 있습니다.

7. 사제관의 식복사께서는 좀 더 많은 수확에 대한 욕심을 갖고 있습니다. 그래서 농약을 쳐야겠다고 하십니다. 그럴 때 저는 정색을 합니다. "아니, 얼마나 먹겠다고, 아 벌레도 먹고, 사람도 먹는 것이지, 너무 욕심내지 말라"고 나무랍니다. 식복사께서 대꾸는 안 하시

지만 아마 신부님은 몰라도 너무 모른다고 속으로 대꾸하는 것 같습니다. 그래서야 무슨 땀 흘린 보람이 있냐고 투덜거리는 것 같습니다.

8. 그렇습니다. 경제적인 목적을 갖고 한다면 그리해서는 안 되는 것이겠지요. 아마 내가 은퇴 후에 텃밭을 가꾼다면 풀이 반이 넘는 밭을 갖는 것은 아닐까 생각하며 혼자 미소 지어 보기도 합니다.

9. 예수님께서는 오늘 복음에서 밀밭의 가라지를 그냥 두라고 말씀하십니다. 그 가라지를 뽑다가 밀이 상하면 어떻게 하겠느냐고 걱정하십니다. 상식적으로는 밀이 건강하게 자라고, 또 많은 수확을 하기 위해서는 그 가라지들을 반드시 뽑아야 함에도 불구하고 예수님께서는 왜 상식에 어긋나는 말씀을 하시는 것일까요?

10. 확실히 우리의 생각과 예수님의 생각은 많이 다릅니다.
예수님은 좀 잘못된 것이 있어도 함부로 밭을 갈아엎어서는 안 된다는 것입니다. 주님께서는 밀밭 자체를 소중히 여기고 계시는 것입니다. 풍성한 결실은 주님의 몫이니 주님께 맡겨야 한다는 것입니다. 주님의 이끄심을 믿고 신뢰하면서 기다리고, 기다리는 인내가 필요하다는 것입니다. 그 가라지가 보기 싫다고 뽑아 버리는 행위는 주님을 온전히 신뢰하지 못하는 결과를 초래할 뿐입니다.
결실의 날에 주님께서 그 가라지들을 한데 모아 묶어 태워 버리시겠다고 말씀하십니다. 즉 그 가라지들은 우리가 처리해야 될 대상이 아니라 주님께서 직접 처리하실 대상임을 분명히 말씀하고 계십니다. 때로 가라지 때문에 밀이 풍성한 결실을 맺지 못할까 걱정하지 말라는 것입니다. 밀의 풍성한 결실도 주님께서 이끌어 주시는 것이기 때문입니다.

11. 오늘의 이 말씀은 우리의 삶에도, 가정에도, 공동체에도 그대로 적용되는 말씀입니다.

저도 젊은 시절에는 공동체 안에 있는 가라지와 같은 사람들을 미워한 적이 있었습니다. 그런데 제가 미워하면 할수록 그 가라지들은 자신들의 영역을 확장시켜 나가고, 자신의 힘을 더 강화하는 것을 많이 체험할 수 있었습니다.

젊은 시절의 사랑과 열정은 저의 삶을 많이 아프게 하였고, 그 아픔의 결과로 많은 인생 수업료를 지불하기도 하였습니다.

12. 가라지는 우리가 짊어져야 할 우리 인생의 십자가입니다. 그 십자가는 기쁘게 짊어져야 비로소 약발이 넘치는 희생의 십자가가 되는 것입니다. 가라지는 오히려 어떤 면에서 우리의 인내심을 키워 주고, 하느님께 대한 더 깊은 신뢰심을 키워 주는 신앙의 도구이기도 합니다. 때로는 눈에 거슬리고 상식적으로, 신앙적으로 분명 잘못되어 있다 하더라도 어둠과 죽음에서 부활하신 예수님을 생각해 보면 그 가라지들은 분명 하느님께 맡겨야만 하는 우리 인생의 십자가요, 단련의 도구인 것입니다.

13. 인간에게는 왜 선한 마음과 악한 마음이 공존하는 것일까요? 하느님께서는 인간을 분명 선하고 아름답게 창조해 주셨는데 그 지긋지긋한 어둠과 죄악, 그 가라지들은 어디서 생겨나는 것일까요?

14. 악은 존재하는 것이 아닙니다. 악은 선의 부족함일 뿐입니다. 즉 선이 부족하기에 악이 생기는 것입니다. 그래서 가라지는 어떤 면에서는 나의 부족함이기도 한 것입니다. 내가 좀 더 잘 살아야 하는데, 하느님의 뜻에 맞는 삶을 살아야 하는데 그러지 못하기에 악이 생기고, 가라지가 생기는 것입니다.

따라서 가라지를 책망할 수는 있지만 그들을 판단하고 단죄해서는 안 되는 것입니다. 그 악함 속에 있는 선함을 발견하고, 꾸준히 인내하면서 격려할 수 있어야 하는 것입니다. 그 악함도 우리의 선함으로 이겨 나가야 하는 것입니다. 그러다 보면 가라지가 밀이 되는 뜻밖의 기적을 체험할 수도 있을 것입니다.

15. 앞서 이야기한 시골 생활을 하시는 분께서 한마디 더하신 말씀이 기억납니다.

"신부님, 이상하게도 아무리 물을 많이, 정성껏 주어도 하늘에서 비가 내리지 않으면 식물들이 힘을 못 쓰네요. 같은 물인데도 사람이 주는 물과 하늘에서 주는 물은 확실히 다릅니다. 사람이 주는 물은 그저 생명을 연장시키는 물일 뿐이고, 하늘에서 주는 물은 생명을 꽃피우고 결실을 맺게 하는 물인 것 같습니다."

16. 오늘은 농민주일이기도 합니다. 농민들의 첫 번째 마음가짐은 바로 하늘에 의지하는 일이 아닌가 합니다. 사람이 아무리 많은 수고를 하더라도 하늘의 도움 없이는 될 일도 되지 않습니다.

17. 오늘 땅에 의지해 살아가는 농민들이 참으로 정직하게 일하고, 그 정직하게 일한 대가를 충분히 받고, 우리 모두 믿는 가운데 살아

갈 수 있는 세상이 되기를 꿈꾸어 봅니다. 그리고 교황님의 방문을 계기로 보다 많은 사람이 하늘에 의지하는 참다운 삶의 모습을 회복하기를 기도해 봅니다.

18. "성령께서는 나약한 우리를 도와주십니다. 우리는 기도할 줄 모르지만 성령께서 몸소 말로 다할 수 없이 탄식하시며 우리를 대신해서 기도해 주십니다." 아멘.

1. 이 세상에서 가장 큰 한은 바로 자식을 잃은 아픔입니다. 산이 무너지는 듯한 고통 속에 있는 세월호 부모들이 또 한 번 아연실색할 수밖에 없는 일이 생기고 말았습니다.

2. 모든 아픔은 세월이 가면 잊힌다 하는데 이 세월호는 날이 가면 갈수록 그 아픔이 커져만 갑니다.

3. 그야말로 그 아픔들에 가장 큰 책임감을 가져야 할 사람이 하루아침에 백골로 발견되고 말았습니다. 숱한 의구심과 의혹이 생겨나지 않을 수 없습니다. 그 옛날 오대양 사건 때도 모든 진실들이 유야무야 은폐되고 말았는데 이번에도 그 모든 실체들이 보이지 않는 힘들에 의해 묻혀 버리는 것은 아닐지 한숨이 나옵니다. 이 사건 뒤에 얼마나 큰 악의 힘이 작용하고 있는지, 이 나라의 썩어 버린 모습에 뭔가 큰 악취가 풍겨나고 있는 듯합니다. 마치 소설을 읽는 듯한 느낌입니다.

4. 잠 못 이루던 사람들이 한 사람의 죽음으로 인해 모든 면에 면죄부가 주어진다는 사실에 분노를 느끼고 있습니다.

5. 나라가 휘청거리는 아픔이 있더라도 미래를 위해 밝힐 것은 밝히고, 책임져야 할 사람은 응분의 대가를 치러야 할 텐데, 그래야만 이번 사건을 통해 우리 사회가 보다 새롭게 태어날 수 있을 텐데 역시 가진 자들의 힘은 크고, 크다 못해 두렵기까지 합니다. 그들 힘의 끝은 어디까지인가요?

6. 유병언이라는 사람의 삶을 한번 생각해 보게 됩니다.
그는 종교를 통해 사업을 한 사람입니다. 그에게는 돈이 곧 종교요, 하느님이었던 것입니다.

7. 우리나라에는 이상하리만치 사이비 종교가 많습니다. 그 종교들은 대부분 돈과 연관되어 있습니다.

8. 얼마 전 통일교의 대부였던 문선명 씨가 죽었습니다. 그는 통일교 안에서는 그야말로 재림 예수였습니다. 외국인들은 이야기합니다. 한국 사람들은 얼마나 행복할까? 문선명과 같은 위대한 인물을 갖고 있는 한국이 부럽다고 합니다.
문선명은 종교를 기업화한 사람입니다. 통일교는 세계 곳곳에서 엄청난 사업을 합니다.

9. 옛날에 신앙촌이라고 있었습니다. 거기서 간장, 메주, 메리야스, 양말 등등을 생산했죠. 아직도 신앙촌에서 물건이 생산되고 있습니다. 그들은 공동생활을 하면서 물건을 생산하고, 그 이익을 구성원들끼리 분배합니다. 그런데 지도자들이 사심이 생기면 그 공동체는 깨져 버리는 것이죠.

10. 제가 포천에서 군종신부 생활을 할 때 대순진리회에서 그 근처에 대학을 짓고 있었습니다. 놀라운 사실은 그 대순진리회 사람들이 임금도 받지 않으면서 밤새워 일하는 것이었습니다. 그들 중 많은 사람은 자신의 전 재산을 갖다 바친 사람들이었습니다. 그들은 자신들의 종교가 잘돼야 자기들도 잘된다는 확고한 신념을 갖고 있었습니다.

11. 요즘은 신천지가 극성입니다. 신천지도 어마어마한 자금력을 갖고 선교를 합니다. 일단 포섭되면 그들은 신앙심을 증거하기 위해 자신의 재산을 갖다 바치고, 신천지에서는 그들의 생활을 보장한다고 합니다.

12. 가톨릭 안에도 이와 유사한 기업화된 사이비 종교 모임이 있습니다. 바로 나주성모라는 집단이죠. 그곳에 들어오는 막대한 헌금으로 나주 일대의 땅을 거의 다 사들였다고 합니다. 그곳에 한번 포섭되면 그만한 대가가 주어지고, 활동한 만큼 성과급이 보장됩니다.

13. 세월호 참사의 주역인 구원파 역시 자신들은 세월호와는 상관없다고 하지만 유병언을 통해 직접, 간접으로 다 연결되어 있습니다. 구원파의 사업도 꽤 광범위합니다. 스쿠알렌을 비롯하여 농산물, 공산품 등 손이 뻗치지 않은 곳이 없습니다.

14. 이들 사이비 종교는 종교를 통해서, 신앙을 통해서 돈을 버는 것이 목적입니다. 그 사업들을 통해 사람들에게 이익을 주고, 자신들도 생활의 보장을 받는 것입니다. 즉 종교가 생활의 도구인 것입

니다. 종교 사업이 잘돼야 그들도 잘살 수 있습니다. 겉으로는 종교적으로 포장되어 있지만 그 이면은 엄청난 이권과 권력 투쟁으로 가득 차 있습니다.

15. 이런 모든 사실은 사실 개신교 교리에서 연유합니다. 개신교에서는 돈을 얼마나 바치느냐가 그 사람의 신앙심과 비례한다고 가르칩니다. 신앙심이 깊은 사람은, 하느님을 사랑하는 사람은 그만큼 봉헌을 많이 한다는 것이죠. 또 많이 봉헌할수록 하느님의 물질적인 축복도 많이 받는다고 가르칩니다.

개신교에서는 주보에 각종 헌금을 내는 것이 다 공지되고 있습니다. 얼마 안 되는 신자이기에 누가 얼마나 헌금을 내는지 다 알 수 있게 되죠. 각종 헌금을 많이 내는 사람은 교회 안에서도 그 신앙심을 인정받고 우대받으며, 교회가 연결된 각종 이권에도 우위를 차지하게 됩니다.

16. 저는 식당을 갈 때 적당한 가격에 맛있는 집을 찾습니다. 신자건, 아니건 따지지 않습니다. 신자가 운영하는 집이라도 가격과 맛이 마음에 들지 않으면 다시 그 집을 가지 않게 됩니다.

17. 그런데 개신교 신자들은 완전히 다릅니다. 맛이 형편없어도 신자라는 이유 하나만으로 엄청나게 찾아갑니다. 그들은 그런 면을 자랑합니다. 같은 신자니까, 맛이 없더라도 같은 가격이라면 그 집을 찾는다는 것입니다. 그리고 그것이 마치 사랑의 실천인 것처럼 자랑합니다.

자기들끼리는 서로 엄청난 고리로 연결되어 있는 것입니다.

18. 제가 전에 있던 명일동 지역에 명성교회라는 아주 유명한 교회가 있었습니다. 그 명일동 지역에서 천주교 신자는 거의 다 장사에 실패합니다. 개신교 신자들은 자기네 신자 가게만 찾고, 천주교 신자들은 종교와 상관없이 가격과 맛을 따지니 여간해서는 성공하기 어렵습니다.

19. 개신교에서는 이 세상에서 돈을 많이 벌면 그것이 곧 하느님의 축복이라고 가르칩니다. 하느님의 축복을 많이 받은 사람은 그만큼 교회에 헌금해야 한다고 합니다. 그러지 않으면 그 축복이 저주로 바뀐다고 강조합니다. 신앙의 심지가 깊지 않으니 그 말씀들이 무섭고, 주변의 분위기가 그러하니 교회에 얼굴이라도 내세우려면 돈으로 신앙심을 증거하는 수밖에 없는 것입니다.

20. 오늘 복음에서는 "하늘나라는 밭에 숨겨진 보물과 같다. 그 보물을 발견한 사람들은 기뻐하며 돌아가서 가진 것을 다 팔아 그 밭을 산다."고 말씀하십니다.

21. 과연 오늘 복음에서 말씀하시는 보물이란 무엇일까요? 이 세상에 있는 돈과 명예, 권력일까요?

22. 유병언이라는 사람은 하늘나라의 보물을 이 세상에 있는 돈과 명예, 권력으로 생각했음이 분명합니다. 그것들을 얻기 위해 그야말로 종교를, 하느님을 수단으로 삼아 불철주야 심혈을 기울여 살았을 것입니다. 그가 갖고 있던 권력이 얼마나 막강했는지, 세월호의 눈물과 아픔을 다 짓밟아 버리고 있습니다. 그에게 종교는, 하느

님은 돈을 벌기 위한 이념에 불과했던 것입니다.

그 돈은 그에게 명예를 주고, 그 돈과 명예는 그에게 권력을 주고, 그 권력은 다시 그에게 돈과 명예를 주는 지극히 악독한 악순환의 고리에 그는 빠지고 말았던 것입니다.

그 결과 그는 참회하는 인간성을 잃어버린, 모든 것이 허무인 백골로 우리 눈앞에 나타났습니다. 그가 얻은 돈과 명예와 권력은 결코 하느님의 축복이 아니라 허무 자체인 백골일 뿐임을 우리에게 가르쳐 주고 있는 것입니다.

그의 죽음은 그야말로 참혹한 죽음입니다. 그 누구도 동정하지 않는 죽음이며, 그와 한배를 탔던 사람들도 그의 죽음을 환영하고 있는 죽음입니다.

23. 이 세상의 모든 것을 다 가진 듯한 그였지만 그의 보물은 이 세상에 있는 돈과 권력과 명예였기에 그의 마지막은 모든 국민들의 원망과 한탄이 서려 있는, 모든 것을 다 잃어버린 죽음이 되고 말았습니다.

24. 무엇이 우리가 추구해야 할 진정한 하늘나라의 보물이겠습니까? 예수님께서는 8가지의 보물을 이미 가르쳐 주셨습니다.

"행복하여라, 마음이 가난한 사람들! 하늘나라가 그들의 것이다.

행복하여라, 슬퍼하는 사람들! 그들은 위로를 받을 것이다.

행복하여라, 온유한 사람들! 그들은 땅을 차지할 것이다.

행복하여라, 의로움에 주리고 목마른 사람들! 그들은 흡족해질 것이다.

행복하여라, 자비로운 사람들! 그들은 자비를 입을 것이다.

행복하여라, 마음이 깨끗한 사람들! 그들은 하느님을 볼 것이다.

행복하여라, 평화를 이루는 사람들! 그들은 하느님의 자녀라 불릴 것이다.

행복하여라, 의로움 때문에 박해를 받는 사람들! 하늘나라가 그들의 것이다.

사람들이 나 때문에 너희를 모욕하고 박해하며, 너희를 거슬러 거짓으로 온갖 사악한 말을 하면, 너희는 행복하다!

기뻐하고 즐거워하여라. 너희가 하늘에서 받을 상이 크다. 사실 너희에 앞서 예언자들도 그렇게 박해를 받았다." 아멘.

연중 제19주일(2014. 8. 10.)

"예수님께서 배에 오르시자 바람이 그쳤다."

1. 엊그제 초등부, 중고등부 학생들의 연합 캠프가 평창에 있는 작은 분교에서 있었습니다.

2. 교사들의 간식을 싸 들고 캠프파이어 시간에 맞추어 도착할 수 있었습니다.

3. 마치 온천지에 에어컨을 켜 놓은 듯 시원하고 청량한 날씨였고, 아름다운 달이 멋진 구름과 조화를 이루는 참으로 아름다운 밤이었습니다.

4. 아이들은 그 청정한 자연 속에서 타오르는 장작불과 함께 기쁘게 춤을 추고 있었습니다. 선생님들의 열정적인 지도로 그곳에 있는 모든 아이들의 마음이 열려 있는 것을 볼 수 있었죠.

5. 아이들의 귀엽고 깜찍한 모습들, 중고등부 학생들의 불타는 젊음을 볼 수 있었습니다.

6. 아이들을 볼 때마다 마음속으로 기도를 바치게 됩니다.
이 아이들을 주님께서 보호해 주셔서 그들의 험난한 인생길을 잘 걸어갈 수 있도록 도와주십사, 기도하게 됩니다.

7. 아이들을 보면 그 아이들이 살아 나가야 할 인생길이 함께 보입니다. 얼마나 어렵고 힘든 길을 걸어가야 할까, 가슴 아픈 일을 얼마나 많이 겪어야 할까, 숱한 인생의 고초 앞에서 얼마나 좌절하고 힘들어할까, 이 치열한 사회 속에서 잘 버텨 나갈 수 있을까, 이 안전하지 못한 사회 속에서 혹시나 인생에 큰 좌절이 되는 사건이나 사고에 휘말리지 않을까…… 등등 그들을 바라보는 마음이 애처로움으로 가득 찰 때가 많습니다.

8. 우리가 살아온 인생길을 생각해 보면 앞으로 숱한 날들을 살아야 할 아이들을 위한 기도가 절로 나오게 됩니다.

9. 좋은 일도 있겠지만 많은 경우에는 힘들고 아파해야 할 그들의 인생길에 우리의 관심과 사랑이 기도로 승화되었으면 합니다. 그들에게 야단만 칠 것이 아니고, 좀 더 희망과 긍정의 힘을 불어넣어 주어야 하지 않을까 생각해 보게 됩니다.

10. 언젠가 터키, 그리스 성지순례를 한 적이 있습니다.

11. 터키에서 배를 타고 그리스로 넘어가야 하는 여정이 있었는데 1시간 정도 배를 타고 작은 섬으로 가서 잠을 잔 뒤 그리스로 넘어가는 일정이었습니다.

12. 그런데 그 1시간의 뱃길에 풍랑이 몰아쳤습니다. 그 풍랑이 얼마나 거셌는지 멀미가 시작되었습니다. 1시간이 마치 10시간처럼 느껴질 정도였습니다.
한 사람, 두 사람 멀미를 견디지 못하고 토를 하기 시작하였습니다.

아무리 눈을 감고 안정을 취하려 해도 저 깊은 속에서부터 밀려오는 어지러움을 이겨 나가기가 참으로 어려웠습니다. 아마 뱃멀미를 경험해 보신 분들은 그 고통을 잘 아시리라 생각합니다.

13. 멀미가 얼마나 심했는지 지도급의 한 여성 교우는 남들이 토한 봉지에 입을 대고 다시 토하는 모습까지 볼 수 있었습니다. 그 고통 앞에서는 체면이고 뭐고 아무것도 없었습니다. 한 사람은 항구에 도착하자마자 앰뷸런스에 실려 병원까지 가는 급박한 상황이었습니다.

14. 그 혼란과 두려움의 와중에서 한 교우는 얼굴 전체에 식은땀을 흘리고 있었습니다. 그 고통 속에서도 그녀는 조용히 눈을 감고 묵주를 돌리고 있었습니다. 온몸에 땀이 흐르고 있었지만 그녀는 조금의 동요도 하지 않는 모습이었습니다.

15. 그 짧은 시간, 저는 사람들의 모습을 보면서 그들이 살아온 인생길을, 또 앞으로 살아갈 인생길을 볼 수 있었습니다.
재미있는 일은 전날 혹독한 멀미를 경험한 터라 그다음 날 배를 탈 때는 모두 멀미약을 먹었는데 그날은 바다가 아주 잔잔했습니다. 그런데 그다음 날은 먹은 멀미약 때문에 잔잔한 바다 위에서도 멀미를 하는 것이었습니다. 멀미약 때문에 모두 잠에 취해 아름다운 지중해의 바다를 보지 못하고 말았습니다. 멀미에 대한 두려움 때문에 그 귀한 시간을 낭비하고 말았습니다.

16. 오늘 복음에서 제자들도 거센 풍랑을 만납니다. 평생을 갈릴리

호수에서 살아온 그들이었습니다. 그 갈릴리 호수가 얼마나 큰지, 당시 사람들은 바다로 불렀습니다.

17. 제자들은 예수님의 빵의 기적을 체험한 사람들이었습니다. 어떻게 이런 일이 있을 수 있단 말인가? 빵 5개와 물고기 2마리로 5,000명이 넘는 사람을 먹이고도 열두 광주리나 남는 모습을 눈으로 직접 본 사람들이었습니다. 그들은 마음속으로 큰 감동을 느꼈을 것입니다. 하느님의 위대하신 능력을 직접 눈으로 보았기 때문입니다. 살아 계신 하느님의 능력과 그 사랑을 직접 보고 들은 사람들이었습니다.

그들은 굳게 다짐했을 것입니다. 하느님 안에서 하느님 뜻대로 살아야지, 하느님께는 불가능한 일이 없으니 하느님만 믿고 의지해서 살아야지 등등의 결심을 했을 것입니다.

18. 그랬지만 그들은 큰 풍랑 앞에서 겁을 먹고 있었고, 두려움을 갖고 있었습니다.

19. 눈앞에 있는 현실의 무서움을 보고 그들은 그들의 감동과 결심을 까맣게 잊어버리고 있었습니다. 그들 앞에 있는 예수님을 깨닫지 못합니다.

20. 그 풍랑 속에서 물 위를 걸으시는 예수님을 보고는 유령으로 착각합니다. 현실의 두려움 때문에 그들 마음속에 있었던, 하느님께만 의지하겠다는 결심이 사라지고 말았습니다.

21. 예수님께서는 말씀하십니다.

"용기를 내어라, 두려워하지 마라."

22. 옛날에는 온갖 잡귀들이 이상한 현상으로 나타났습니다. 달걀 귀신도 있었고, 변소 귀신도 있었고, 묘지 귀신도 있었고, 빗자루 귀신도 있었습니다.

23. 그 귀신들의 공통점은 인간의 마음속에 두려움을 유발한다는 것입니다. 두려움을 조장해서 자신의 하수인으로 삼고자 했던 것입니다.

24. 오늘날의 악의 세력들도 우리 마음속에 끊임없이 두려움을 조장합니다. 인간은 그 두려움 때문에 올바로 성장하지 못합니다. 하느님께서 주신 고귀한 인간성이 파괴되는 것입니다.

25. 우리는 너 나 할 것 없이 모두 마음 깊은 곳에 두려움의 바다가 있습니다. 두렵기 때문에 잡신들에 빠지기도 하고, 온갖 잘못된 종교에 빠지기도 합니다. 현실에서 도피하게 됩니다.

26. 두려움은 우리 인생에서 참으로 해결해야 할 숙제입니다. 두려움은 우리 마음 깊은 곳에 있는 상처로부터 나오는 것이며, 하느님을 온전히 신뢰하지 못하는 마음에서 나오는 것입니다.

27. 우리 본당에서도 가끔 가정폭력의 심각성을 듣게 됩니다. 언어의 폭력, 무관심의 폭력, 분노의 폭력, 육체적이고 정신적인 폭력이 의외로 난무한다고 합니다.

28. 그 폭력들은 우리 마음속에, 특히 어린아이들의 마음속에 깊은

상처와 함께 두려움을 심게 됩니다. 그 아이들이 자라면서 그 상처와 두려움 때문에 얼마나 인생길이 험할까 생각해 보면 정신이 아뜩해지기까지 합니다.

29. 이번에 우리 사회를 경악시킨 윤일병 사건에도 이런 두려움이 숨어 있는 것입니다. 가해자도 사실 어떤 면에서는 자신의 내면에 있는 두려움의 피해자라 할 수 있을 것입니다.
자신의 내면에 있는 깊은 두려움이 인간의 도를 넘는 폭력으로 표현되고 있는 것입니다.

30. 두려움은 악의 선물입니다. 악의 세력은 두려움을 통해서 우리를 이상하고도 변태적인 사람으로 만드는 것입니다.

31. 혹시라도 가정폭력을 일삼는 사람들은 오늘 복음의 예수님 말씀에서 깊은 치유를 받으시기 바랍니다.

32. 용기를 내어라, 두려워하지 마라, 내가 너와 함께 있지 않느냐?
아무리 세상의 풍파가 심하다 해도 내가 너와 함께 있는 것을 깨닫는 순간 그 풍파들은 사라지고 말 것이다. 내가 너의 인생길에 함께 하고 있다는 믿음을 굳게 가지거라. 제발 의심을 버리고 나를 믿어라. 너의 인생길에 그토록 많은 나의 손길을 보여 주었음에도 불구하고 아직도 그 약한 믿음을 갖고 있느냐?
두려워하지 마라, 겁내지 마라, 걱정하지 마라. 그 모든 것은 악의 세력에서 나오는 것이고 너를 망치는 것이다. 제발 두려움과 걱정에서 해방되거라. 내가 너를 해방시켜 자유인으로 만들어 주기 위해 내 목숨까지 바치고, 오늘도 성체를 통해 너를 사랑하고 있지 않느냐?

33. "예수님께서 배에 오르시자 바람이 그쳤다." 아멘.

성모승천 대축일(2014. 8. 15.)

"내 영혼이 주님을 찬송하고, 내 마음이 나의 구원자 하느님 안에서 기뻐 뛰니, 그분께서는 당신 종의 비천함을 굽어보셨기 때문입니다."

1. 오늘은 참으로 복된 날입니다. 성모승천 대축일에 광복절을 맞고 있고, 무엇보다도 교황님께서 이 땅에 우리와 함께 계시기 때문입니다.

2. 기쁘시고 행복하시죠? 가톨릭 신자라는 것이 자랑스러우시죠? 매스컴을 통해 교황님의 온화한 얼굴을 보니 마음이 편해지고 푸근해지시죠? 종교와 인종을 뛰어넘어 전 세계에 하느님의 평화를 주시는 교황님의 모습에서 하느님께서 이 땅을 얼마나 사랑하시는지 느낄 수 있었습니다.

3. 예전 같으면 엄청난 더위에 시달릴 텐데 교황님께서 오시니 하느님께서 날씨 복도 주시는 것 같습니다. 확실히 하느님의 뜻이 실천되는 곳에는 하느님의 은총도 함께합니다.

4. 교황님의 온화한 미소와 그 엄청난 내적인 힘은 어디서 나오는 것일까요?

5. 교황님의 삶을 살펴보면 그리 쉬운 삶의 모습은 아니었습니다. 17세에 내적인 영감을 받고 사제가 되겠다고 결심하신 뒤 예수회에

입회하십니다. 36세에 아르헨티나 예수회 관구장이 되시는데 그때 아르헨티나는 참으로 어려운 시기였습니다. 군부독재가 들어서고, 총칼로 사람들을 짓누르던 시기였습니다. 그때를 '더러운 전쟁의 시대'라고 표현하고 있습니다.

많은 사람들이 군부독재에 맨몸으로 맞서기 시작했습니다. 교회의 성직자들도 군부독재에 정면으로 대항하기 시작했습니다. 이때 해방신학이라는 새로운 교회의 기류가 나타납니다. 여기저기서 엄청난 학살이 일어나고, 고문과 가혹 행위가 벌어집니다.

권력을 지키려는 자들과 그 잘못된 권력에 항거하는 사람들의 엄청난 전쟁이었습니다. 당시 성직자들도 총을 들고 항거했습니다.

그때 교황님께서는 엄청난 고민을 하셨을 것입니다. 그분께서는 권력을 가진 자들에게 정면으로 대항하시지는 않으셨습니다. 다만 그 권력으로 인해 죽고 다친 사람들, 피신할 곳을 찾는 사람들을 위해 동분서주하셨습니다.

그래서 많은 비판을 받기도 하십니다. 어째서 불의 앞에 침묵을 지키시는가? 그분은 그 비판 속에서도 오히려 더더욱 가난한 자들을 찾으셨습니다. 빈민가에 불쑥 나타나시기도 하고, 그들의 발을 씻겨 주시고, 그들의 아픔을 함께하셨습니다.

악의 권력에 대항하면 할수록 그 권력은 더더욱 악의 힘을 강화해 나갈 것이고, 그로 인해 더 많은 사람들이 희생되고, 더 많은 아픔이 생겨날 것을 염려하신 것이 아닌가 합니다. 그분은 권력가들의 편도 아니었고, 오직 어떻게 하면 이 불의한 상황에서 사람들을 지켜 낼 수 있을까 하는 것이 그분의 유일한 관심이었던 것으로 보입니다. "폭력을 폭력으로 대항하지 않고, 힘을 힘으로 대항하지 않고, 칼을 칼로 대항하지 말라."는 예수님의 가르침에 충실하셨던 것이 아닌가 합니다.

그 뒤 그분은 조그만 시골 본당으로 발령을 받게 됩니다. 그때 그분은 사막과 같은 죽음의 시간, 정화의 시간을 가졌다고 사람들은 증언합니다.

자신의 내면에 있는 하느님을 발견하기 위한 죽음과 같은 사막의 시간이 아니었을까 생각해 보게 됩니다. 그 사막의 시간을 보낸 후 그분은 더더욱 자유로워지셨습니다. 더더욱 하느님께서 원하시는 뜻을 깨달으신 것이 아닌가 합니다. 더더욱 가난하고 힘없는 자들과 함께하는 시간을 가지시고, 그 안에서 참다운 평화와 기쁨을 발견하시게 됩니다.

6. 죽음과 같은 시간들, 생명이 없는 듯한 시간들, 마치 하느님이 계시지 않는 듯한 시간들을 거쳐 그분 안에서 모든 것이 명확해지게 됩니다.

7. 불의에 가득 찬 이 세상에서 어떻게 살아 나가야 하는지, 그분은 보다 더 분명하고 확신에 찬 메시지를 보내기 시작하십니다.

8. 그분께서는 우리에게 말씀하십니다.
"이 세상에 있는 모든 악과 불의로 인해 너희의 마음이 꺾이거나 좌절해서는 안 된다고, 그 악으로 인해 너희의 마음이 어두워져서는 안 된다."
그 불의는 세상에만 있는 것이 아니고 교회에도 있으며, 가정에도 있으며, 우리 자신 내면에도 있는 것입니다. 중요한 것은 그 불의와 싸우면서 우리도 그 불의의 한 분신이 되어서는 안 된다는 것입니다.

나쁜 사람과 싸워 이기려면 그 나쁜 사람보다 더 나쁜 사람이 되어야 하는 것입니다.

우리는 이 세상의 온갖 불의에 직면하면서도 그 불의에 결코 물들지 말고 우리 자신의 고유한 정체성을 지켜 나가야 한다는 것입니다. 때로는 목소리를 드높이기도 해야 하고, 때로는 처절한 침묵을 지키기도 해야 하겠지만 무엇보다 소중한 것은 우리 안에 있는 하느님의 사랑을 놓쳐서는 안 된다는 것입니다.

9. 엄청난 고통의 시간이 흐른 뒤 아마도 그분 마음속에는 누구도 해칠 수 없는 평화의 시간이 왔을 것입니다. 하느님과 함께하는 평화, 세상의 불의에 목소리를 드높이면서도 그 불의에 아파하는 사람들과 함께 살아가는 자유스러움을 얻으셨을 것입니다.

10. 그분이 가난한 이들, 아파하는 이들, 소외된 이들과 함께하는 힘은 바로 이런 내적인 자유에서 비롯하는 것이라 생각됩니다.

그분의 미소는 바로 이런 내적인 자유에서 나오는 것이며, 모든 사람 안에서 하느님의 모습을 찾아내는 특별한 능력에서 나오는 것이라 생각됩니다.

그분의 여유, 유머, 틈새를 발견하는 참으로 탁월한 능력들은 바로 이 내적인 자유에서 나오는 것이 아닌가 합니다.

11. 오늘 우리는 참으로 행복합니다. 이 세상에 사시는 분으로서 이

세상에서 어떻게 하면 하느님의 뜻을 실천할 수 있는지 몸으로 보여 주시는 분이 계시기 때문입니다. 바로 그분이 이 아프고 힘든 한국 땅에 계시기 때문입니다.

12. 하느님의 사랑은 우리가 보는 사람들을 통해 드러납니다. 교황님을 통해 인간을 지극히 사랑하시는 하느님의 모습을 보게 됩니다. 그 은총을 받게 됩니다. 아마도 많은 사람들에게 이런 은총이 주어질 것입니다. 보다 많은 사람들이 더더욱 올바로 살 수 있는 힘과 용기를 얻게 될 것입니다. 참으로 많은 부분이 쇄신되어야 할 한국 교회도 보다 더 새롭게 태어날 수 있는 기회와 은총을 얻게 될 것입니다.

13. 교황님의 몸짓 하나가, 그분의 미소 하나가, 그분의 말씀 한마디 한마디가 이 어렵고 어두운 한국 사회와 우리 교회와 우리 가정에 하느님의 은총을 전해 주는 참으로 기쁘고 행복한 시간이 될 수 있을 것입니다.

14. 한국 교회의 수호자이신 성모님께서 교황님을 통해 우리 민족과 이 교회에 하느님의 크신 사랑을 전해 주고 있는 것입니다.

15. 오늘은 참으로 기쁜 날입니다. 성모님의 그 모질고 힘든 삶이 하느님께 인정을 받은 성모님의 승천의 날이며, 일제 치하에서 해방된 날이며, 우리 순교자들이 전 세계인들에게 그 삶이 올바른 삶이었다고 인정받는 날이기 때문입니다. 그리고 우리 아시아의 청년들이 새로운 삶의 지표와 희망을 발견하는 날이기 때문입니다.

16. 우리가 올바로 살고자 하면 우리의 삶은 결코 헛되지 않을 것입니다. 하느님께서 우리의 삶을 함께 살아 주시고, 우리의 어머니이신 성모님의 모성이 함께하시며, 이 땅을 자신의 피로 물들인 순교자들의 우리를 위한 기도가 끊이지 않을 것이기 때문입니다.

17. "내 영혼이 주님을 찬송하고, 내 마음이 나의 구원자 하느님 안에서 기뻐 뛰니, 그분께서는 당신 종의 비천함을 굽어보셨기 때문입니다." 아멘.

연중 제20주일(2014. 8. 17.)
"여인아, 네 믿음이 참으로 크구나.
네가 바라는 대로 될 것이다."

1. 슬픔과 좌절과 분노에 빠져 있던 대한민국이 기뻐하고 있습니다.

2. 교황님의 방한은 종파를 초월해서 모든 사람에게 큰 기쁨과 감동을 주고 있습니다.

3. 사랑하는 자식을 잃고 어찌할 줄 모르는 세월호 부모들에게 보여 주시는 교황님의 겸손하신 기도와 위로, 함께 아파하는 모습은 지켜보는 모든 사람을 감동시키고 있습니다.

어제 시복식 미사에서 세월호 가족을 만나는 모습을 다 보았으리라 생각합니다. 어떠셨는지요? 순간적으로 그분들의 아픔이 가슴 깊이 밀려오는 것을 느낄 수 있었습니다.

교황님도 말로 다 표현할 수 없는 아픔을 느끼시면서 조용히 그들의 말을 들어 주시고, 그들의 손을 잡아 주십니다. 그들의 편지를 당신 주머니에 넣으십니다. 열 마디의 말씀보다 마음으로 그들의 아픔에 함께하시는 교황님의 진심을 볼 수 있었습니다.

이 세상의 어느 누가 그들의 아픔을 있는 그대로 이해할 수 있을까요? 자신이 당해 보지 않으면 그 아픔과 억울함을 이해할 수 없을 것입니다.

성모님께 의탁하고, 그 아픔을 봉헌하자고 하십니다. 성모님도 당신의 아들을 십자가 위에서 처참하게 잃으신 분이십니다. 이 세상 누구보다도 성모님께서는 그들의 아픔을 알고 계시고, 위로해 주실 수 있는 분이시기 때문입니다.

그들의 아픔과 상처가 얼마나 큰지, 육체의 고통을 통해서 먼저 간 아이들에게 미안함과 죄스러움을 표현하고자 부모들과 학생들과 뜻을 같이하는 이들이 안산에서 팽목항까지, 다시 대전까지 도보로 이 뜨거운 날씨에 십자가를 들고 걸어왔습니다.

그들의 그 땀과 고통에 쩐 십자가를 교황님께서는 바티칸에 가져가시겠다고 하십니다. 그 십자가에 담겨 있는 고통을 이해하시기 때문입니다. 그 고통 속에 있는 이들을 위해 앞으로도 지속적으로 잊지 않고 기도해 주시겠다는 약속이기도 합니다.

교황님께서는 미사를 드리시는 제의에도 노란색 세월호 배지를 달고 계시며, 어디를 가시든 그 배지를 당신의 옷에 달고 계시며 당신의 약속대로 그 고통들을 기억하고 계십니다.

아마 오늘 아침에는 세월호 가족 중 교리를 준비하던 사람에게 직접 세례를 베푸실 것입니다.

4. 우리 사회의 아픈 사람들을 진심으로 기억해 주시고, 위로해 주시며, 기도해 주십니다.

5. 25년 만에 교황님께서 오신 것인데 기쁨보다는 이런 무시무시한 아픔들만 전해 드리는 것 같아 죄송스럽기도 하고, 마음이 짠하기도 합니다.

6. 어제는 꽃동네에서 환자들, 장애우들과 기쁜 시간을 가지셨다고 합니다. 그들을 일일이 안아 주시고, 축복해 주셨습니다. 그들과의 만남을 얼마나 기뻐하셨는지, 그다음 수도자들과 저녁 성무일도를 함께 바치는 시간이 있었는데 그 시간마저 생략될 정도로 그들과 많은 시간을 가지셨습니다.

7. 만나는 사람들에게 꼭 당부하십니다. 가난하고 힘든 사람들, 억울한 사람들을 잊지 말라고, 그들의 외침을 귀 기울여 들으라고 주교님들에게도, 대통령과 공직자들에게도, 수도자들에게도, 평신도 지도자들에게도, 청년들에게도, 우리 모두에게도 수없이 말씀하십니다.

8. 모든 사람은 그 존엄성이 훼손되지 않고 품위 있게 살 권리가 있는 것이며, 그 누구도 그 존엄성을 해쳐서는 안 된다고 말씀하십니다. 일자리를 통해서 자신의 가정을 지킬 수 있도록 도와주어야 한다고 하십니다. 우리 모두가 함께 그 일에 책임감을 갖고 구체적인 노력을 해야 한다고 말씀하십니다.

9. 가난한 사람을 물질적으로 돕는 일도 중요하지만 그보다 중요한 일은 그 가난한 사람이 스스로 일어날 수 있도록, 스스로 품위를 찾을 수 있도록 정신적이고 영적인 도움을 주어야 한다고 하십니다.

10. 나누지 않는 자본주의는 우리 모두를 패망시킬 것이라면서 배려가 없는 자본주의는 악의 세력이라 말씀하십니다.

11. 가난한 사람과 함께하는 사람이 진정 하느님께서 주시는 참다

운 기쁨을 얻을 수 있다고 하십니다.

12. 그분의 카퍼레이드를 보면 차가 자주 서곤 합니다. 주위에 어린 아기가 있으면 경호원들에게 데려오라 하시어 그 아기들을 축복해 주십니다. 어제 시복식 미사에서 옆에 있던 어떤 신부님이 "이럴 줄 알았으면 나도 아기를 낳을걸!"이라고 농담하셔서 한참을 웃기도 하였습니다.

13. 아기를 축복하시는 것은 동시에 그 부모를 축복하는 것이죠. 그 부모들이 살아온 세월을 축복하시는 것이기도 합니다. 그 가정에 하느님께서 함께하시도록 기도하시는 것입니다. 일일이 그 아기들을 축복하시면서 그 모든 가정을 함께 축복하시는 것 같은 느낌을 받을 수 있었습니다.

그 가정뿐만 아니라 그 광경을 지켜보는 모든 가정과 그 부모와 그 자녀들을 축복해 주시는 것입니다. 비록 우리 아기가 현장에서 축복받지 못했어도 우리 대한민국의 모든 가정이 교황님의 축복을 받고 있는 것입니다.

14. 교황님께서는 청년들을 특별히 이뻐하십니다. 얼마나 이뻐하시는지 방송만 봐도 즉시 느낄 수 있을 정도입니다.

엊그제 청년들과의 만남이 있었는데 홍콩에서 온 한 청년이 교황님께 스카프를 걸어 드리고, 교황님의 볼에 자기가 먼저 뽀뽀하는 것이었습니다. 우리 민족의 정서로 보면 꽤 불경스럽다고 느껴질 정도였는데도 교황님께서는 그 모든 것을 온화한 미소로, 사랑으로 받아 주시는 것을 볼 수 있었습니다.

청년들의 고민을 깊이 들어 주시고, 그 아픔에 함께하시며, 청년들이 어떻게 신앙 안에서 살아 나가야 하는지 심도 깊게 말씀해 주십니다.

청년들이 준비한 노래, 연극이 준비가 없어 소홀했는데도 개의치 않으시고 그들을 격려해 주시고 그들의 편이 되어 주시는 것을 보면서 깊은 감동을 느끼지 않을 수 없었습니다.

15. 수많은 사람의 환호와 사랑을 받으시면서도 그분은 절대로 교만해지지 않으셨습니다. 오직 주님의 종으로서 살아가시는 당신의 직분을 잊지 않으시는 것을 볼 수 있었습니다. 흥분하지 않으시고 차분하게 자신의 자리를 굳건히 지키시며, 자신을 위해 기회가 닿을 때마다 겸손하게 기도해 달라고 청하십니다. 우리 보통 사람 같으면, 아니 대부분의 사람은 그런 상황이 되면 쉽게 메시아 콤플렉스에 빠지게 마련인데 교황님은 절대 그렇지 않았습니다.

16. 요즘 이순신 장군의 〈명량〉이 최고 기록을 세웠다고 합니다. 그만큼 우리 사회에 리더가 필요하다는 이야기일 것입니다. 진정한 지도자가 절실히 필요하다는 방증일 것입니다.

17. 메마르고 살벌하고 각박한 우리 사회에서 길을 잃고 방황하는 사람들에게, 권력가들에게, 종교인들에게 교황님께서는 길이 되어 주시고 방향이 되어 주고 계십니다. 우리가 어떻게 살아야 하는지를 당신의 몸과 마음, 삶을 통해서 가르쳐 주고 계십니다.

18. 주교님도 만나시고, 주요 공직자도 만나시고, 장애인들도 만나

시고, 청년들과는 두 차례나 만나시고, 일반 대중과도 끊임없이 만나시고, 평신도 지도자들과도 만나시고, 수도자들과도 따로 만나시는데 왜 우리 사제들은 그런 시간이 없는지 참으로 아쉽기만 합니다.

19. 교황님 방문이 우리 사회에 귀중한 빛이 되고 방향이 되고 있습니다. 일회성 행사로 끝나서는 아니 될 것입니다. 103위의 성인과 124위의 복자를 자랑스러운 선조로 모신 우리 신앙인들이 교황님의 가르침을 깊이 듣고 깨달아 우리 자신이 이 사회와 교회를 변화시키는 데 앞장설 수 있어야 하겠습니다.

20. "여인아, 네 믿음이 참으로 크구나. 네가 바라는 대로 될 것이다." 아멘.

추석 합동 위령미사(2014. 9. 8.)

"앞서가신 영혼들 당신 자비로 받아들여 주시고,
남아 있는 우리에게는 당신의 특별한 사랑과 은총을
허락하여 주소서."

1. 오늘은 우리 고유의 명절 한가위입니다. '더도 말고 덜도 말고'라
는 표현을 씁니다.

그만큼 이 추석은 뭔지 여유롭고 한가합니다. 마음이 풍요롭습니
다. 고향 가는 길이 힘들어도 고향에 도착하면 넉넉함이 살아 숨 쉽
니다.

2. 조상들께 감사를 드립니다. 예로부터 조상님께 잘하면 그 은덕
을 입는다고 했습니다. 묘지를 잘 쓰고, 제사를 정성껏 바치며, 기일
을 잊지 않습니다.

3. 가족 간에도 서로 감사합니다. 서로 안부를 묻고, 걱정해 주고,
격려해 줍니다. 서로의 어려운 사정에 동참해 줍니다.

4. 이웃들과 나눕니다. 그동안 각박했던 마음들, 살벌했던 마음들을
오늘만큼은 잊고 서로에게 해 줄 수 있는 것을 최선을 다해 잘해 주
고자 합니다.

5. 한마디로 추석은 우리가 갖고 있었던 본래의 아름다운 마음을
다시 회복하는 때입니다.

살기 바빠서, 남보다 더 잘살기 위해서 억척스럽게 사는 우리 자신의 모습을 보면서 반성하고, 우리 마음 깊은 곳에 있는 아름다움을 끄집어내는 때입니다.

6. 이소연이라는 우리나라 최초로 우주 항공을 한 사람이 있었습니다.

7. 그녀는 우주선을 타고 지구를 떠나 우주를 탐사하는 기막힌 인생의 기회를 얻었습니다.

그녀가 우주에서 본 것은 무엇일까요? 그녀가 몸서리치게 감동받았던 장면은 블루 마블(Blue Marble), 즉 지구의 모습이었습니다. 광대한 우주의 엄청난 황홀함이 아닌 바로 자신의 별, 자신의 고향의 모습이 이토록 아름다울 수 있는가였습니다. 우주에서 보는 지구의 모습은 감동 바로 그 자체였다고 합니다.

8. 그녀는 지구를 떠나서 비로소 지구의 아름다움을 볼 수 있었습니다. 그녀는 결심했습니다.

"저토록 아름다운 별에 사는 나는 얼마나 행복한 사람인가. 그런데 아주 작은 일에 토닥거리며 사는 나의 모습이 얼마나 초라했던가. 이제 다시는 작은 사람으로 살지 말고 우주에서 지구를 바라보는 큰마음으로 살아야겠다."

9. 우리도 가끔 산에 올라가 보면 그와 비슷한 느낌을 갖습니다. 높은 산에서 보면 저 아래 있는 것들이 한눈에 들어옵니다. 그 안에서 억척스럽게 살아가는 우리 자신의 모습을 보게 됩니다.

10. 떠나 보면 아는 것입니다. 떠나면 자신이 있던 곳이 얼마나 아름다운 곳인지 새롭게 생각하게 되는 것입니다.

11. 그것은 사람 사이도 마찬가지입니다. 부모님도 떠나니 그 아름다움이, 그 감사함이 아련히 떠오르는 것입니다.

12. 사람이 철든다 함은 바로 있을 때 깨닫고 잘하는 것입니다. 지구의 아름다움에 감사하고, 나의 부모님께 감사하고, 나의 친지, 친구들에게 감사하고, 나에게 주어진 모든 것에 감사할 수 있어야 합니다.

13. 특히 우리는 신앙인으로 진정 하느님께 감사하는 마음으로 살아가야 합니다.

14. 하느님께서는 나의 인생을 허락해 주셨고, 이 우주 전체에서 유일무이하게 나를 창조해 주셨으며, 나와 함께 내 인생을 살아가시는 분이십니다.

15. 그분은 나의 인생을 나 혼자 살아가라고 고아처럼 버려두는 분이 아니십니다. 나와 함께 살아가시는 분이십니다. 그분은 나의 인생에 당신의 꿈과 희망을 갖고 있는 분이십니다.

16. 이 명절에 우리는 우리를 낳아 주시고 길러 주신 어버이뿐만 아니라 진정한 우리 어버이이신 하느님께 감사드리고 새로운 출발의 마음을 가져야 할 것입니다.

17. 또한 살아 계신 부모님께 좀 더 잘해 드릴 결심을 해야 할 것입

니다. 누가 뭐래도 나의 부모님은 나의 삶이 가능하도록 당신들의 역사 안에서 결실을 이루어 내신 것이기 때문입니다. 하느님의 크신 자비와 섭리 안에서 나는 부모님의 사랑의 결실로 이 세상에 태어났고, 살아가고 있는 것입니다.

18. 물론 부모님들도 인간인지라 우리는 많은 경우에 긍정적인 감사보다는 상처와 아픔이 더 많을 수 있습니다. 어른이 된다 함은 그 부모의 부족함을 인정하고, 받아들이고, 용서하고, 화해한다는 것입니다.

19. 그분들은 확실히 우리보다는 더 어려운 세대를 살아오셨고, 더 많은 아픔과 상처를 갖고 계십니다. 그 아픔을 이해하고, 받아들이고, 용서할 수 있어야 할 것입니다.

20. 한 걸음 더 나아가 우리는 특별히 돌아가신 부모님, 친지들, 지인들을 위해 오늘 보다 더 많은 감사와 기도의 마음을 가져야 합니다.

21. 부모님들은 우리 신앙 안에서 우리의 기도를 목마르게 간절히 바라고 계십니다. 우리는 식사 후 기도에 항상 우리보다 앞서가신 영혼들을 위해 기도합니다. 연옥에 있는 영혼들은 자신을 위해서는 기도와 공로를 쌓지 못한다고 합니다. 오로지 이 세상에 살아 있는 사람들의 기도와 공로가 있어야만 자신의 부족한 점을 메울 수 있고, 하느님을 만날 수 있게 됩니다.

22. 우리는 연옥에 있는 영혼들이 우리의 기도를 얼마나 애타게 기다리는지 잘 실감하지 못합니다. 그 입장이 되어 보지 못했기 때문

입니다.

23. 연옥의 영혼들은 우리들의 식사가 끝나기만 기다린다고 합니다. 한 줄기의 물이, 희망이, 힘이 그 식사 후 바쳐지는 짧은 기도를 통해 그들에게 주어지기 때문입니다.

24. 그런데 많은 신자들이 식사 후 기도를 잘 하지 않습니다. 연옥에 있는 영혼들이 얼마나 실망할까요? 그 좌절감은 우리가 죽어서야 체험할 수 있을 것입니다.

25. 오늘 한국의 모든 성당에서 합동 위령미사가 봉헌됩니다. 미사는 인간이 바칠 수 있는 가장 큰 기도입니다. 예수님의 희생을 통한 기도이기 때문입니다. 미사를 통한 기도가 얼마나 강력한가는 그 미사의 힘을 체험한 사람만이 압니다.

26. 오늘 우리는 뿌듯한 한가위를 지내지만 오늘은 천상에서도 잔칫날이라 할 수 있습니다. 1년에 한두 번 간절히 기다리는 날이기 때문입니다. 오늘 바쳐지는 기도를 통해 영혼들은 잃었던 기력을 회복하고, 다시 힘을 내어 지상의 우리를 위해 기도를 바칠 것입니다.

27. 지상에서 바쳐지는 기도와 천상에서 바쳐지는 기도가 오늘 하나로 일치되는 날입니다.
우리가 마음을 새롭게 하고 더 잘살아야지 하는 풍요로운 마음이 왜 생겨나겠습니까? 바로 풍성한 기도의 잔치가 있는 날이기 때문입니다.

28. 오늘 미사에서 우리는 특히 우리보다 앞서가신 분들과 마음의 화해를 해야 합니다. 화해가 있고, 용서가 있어야 우리의 기도가 더 큰 힘을 발휘할 수 있기 때문입니다.

29. 많은 사람들이 부모, 친지가 돌아가신 뒤에도 그 상처와 아픔을 잊지 못하고 원망과 불평 속에 살아가고 있습니다. 그래서는 서로를 위한 기도의 행렬에 동참할 수 없습니다.

30. 이제 우리 마음속에서 깨끗이 용서합시다. 마음의 앙금이 없어야 우리 마음에도 진정한 평화가 가능할 것이며, 우리의 기도가 바로 우리 자신을 위한 천상에서 바쳐지는 기도가 될 수 있을 것입니다.

31. 오늘은 아름다운 날입니다. 풍요로운 날입니다. 하늘과 땅이 만나는 날입니다. 우리가 우리의 삶을 새롭게 출발할 수 있는 날입니다. 그래서 기쁘고 행복한 명절입니다.

32. "자비로우신 하느님, 오늘을 허락해 주심에 감사합니다. 앞서가신 영혼들 당신 자비로 받아들여 주시고, 남아 있는 우리에게는 당신의 특별한 사랑과 은총을 허락하여 주소서." 아멘.

성 십자가 현양 축일(2014. 9. 14.)
"하느님께서 아들을 세상에 보내신 것은
세상을 심판하시려는 것이 아니라 세상이 아들을 통하여
구원을 받게 하시려는 것이다."

1. 아름다운 가을입니다. 하늘은 높고 푸릅니다. 하얀 구름들이 각
종 그림을 그려 가며 우리의 눈을 즐겁게 합니다.

자연은 이제 결실을 향해 힘차게 발을 내딛고 있습니다. 온갖 곡식
도, 과실도 이제 한 해 동안의 모든 수고의 결실을 맺고 있습니다.

2. 서정주 시인의 〈국화 옆에서〉라는 시가 떠오르는 계절입니다.

　"한 송이의 국화꽃을 피우기 위해

　봄부터 소쩍새는

　그렇게 울었나 보다."

3. 이 시는 인간이 하나의 생명체로서 성숙한 삶의 모습을 지니기
위해서는 무수히 많은 시련을 이겨 내야 한다는 것을 보여 주고 있
습니다.

국화꽃이 피는 과정을 통해 어떤 생명체의 탄생이라도 치열한 과정
을 전제로 한다는 것을 이야기하고 있는 것이죠.

국화꽃의 개화에 소쩍새의 울음(봄), 천둥의 울음(여름), 무서리(가
을)가 참여하듯이 국화꽃은 이러한 시련들을 겪어 냄으로써 이루어

지는 것임을 보여 주고 있습니다.

그런데 피어난 국화는 머언 먼 뒤안길에서 돌아와 거울 앞에 선 누님과도 같다고 합니다. 여기서의 누님은 때론 시련이나 고통 때문에 좌절하기도 하고, 힘들어하기도 하는 젊음의 시절을 지난 원숙한 삶의 상징으로 보입니다.

내게 잠이 오지 않는 이유는 아직은 누님과 같은 원숙한 삶의 경지에 다다르지는 않았지만 그 과정 중일 것이라고 이해할 수 있겠습니다.

4. 우리에게 가을의 국화꽃과 같은 결실은 언제쯤 맺어지는 것일까요? 왜 우리 인생은 아직도 이리도 힘들고 고통스러운 일이 많을까요? 수없이 많은 밤을 새우고 또 새워 보지만 아직도 왜 그리 마음의 행복과 기쁨이 없을까요? 좀 쉽게 결실을 맺는 방법은 없을까요? 이런 질문을 던져 보게 됩니다.

5. 오늘 복음에서 그 대답과 해결책을 보여 주고 있습니다.

6. 구약의 이스라엘 백성은 하느님을 불신하는 죄를 짓고 불뱀의 습격을 받게 됩니다. 사막에서의 불뱀은 물렸다 하면 죽을 정도로 그 맹독성이 아주 강하다고 합니다. 많은 사람들이 그 불뱀에 물려 고통스러워하고 죽기도 합니다. 그제야 이스라엘 백성은 자신들의 잘못을 깨닫습니다. "우리가 주님과 당신께 불평을 하여 죄를 지었습니다." 그러고는 간절히 청합니다. "이 뱀을 치워 주시도록 기도해 주십시오."

7. 모세는 그들의 모습에 아마 화가 났을 것입니다. 하느님의 축복의 손길이 함께 계실 때는 희희낙락하며 어떤 경우에도 하느님을 배신하지 않을 듯 보이더니, 조금이라도 삶의 불편이나 고통이 뒤따르면 그 신뢰의 마음을 금방 잃어버리고 불평과 불만으로 가득찬 그들을 보면서 아마 한심한 마음이 들었을 것입니다.

8. 그러나 어쩌겠습니까? 모세는 한편으로는 괘씸하기도 하였겠지만 백성의 고통 앞에서 한편으로는 안쓰러운 마음도 갖고 있었을 것입니다. 이 백성이 불뱀으로 인해 다 죽어 버리면 하느님의 뜻이 어찌 이루어지겠습니까?

9. 모세는 기도합니다.
"고집스럽고 우악한 백성이지만 그래도 당신의 백성이니 제발 용서해 주십시오."

10. 하느님께서는 당신의 마음을 푸시고 해결책을 알려 주십니다.
"구리뱀을 기둥 위에 달아 놓아라."
뱀에 물린 사람들은 그 구리뱀을 쳐다보고 다시 살아나게 됩니다.

11. 하느님을 배신하고 불평, 불만 속에 살아가는 사람들은 이 세상의 악의 세력이 가만두지 않습니다. 그들을 자신의 하수인으로, 또 노예로 만들고자 온갖 힘을 다합니다. 뱀에 물려 죽었다는 것은 진짜로 죽었다는 뜻도 있겠지만 하느님을 떠나 있는 상태를 의미하기도 합니다. 즉 하느님과 함께 있을 때는 살아 있는 것이고, 하느님을 떠나 있을 때는 죽은 목숨과 같다는 것입니다. 즉 하느님께서 그들

을 벌하시기 위해서 불뱀을 보내신 것이 아니라 하느님을 떠나 있는 그들에게 불뱀, 즉 죽음이 들이닥친 것입니다.

12. 하느님께서는 자신의 잘못을 뉘우치고 용서를 구하는 그들을 기꺼이 용서해 주십니다. 어느 누구도 다시금 당신에게 돌아오고자 하는 이를 하느님께서는 물리치지 않으십니다.

13. 불뱀은 죽음이고 악의 세력이지만 구리뱀은 새로운 생명이고 하느님의 은총인 것입니다. 하느님을 떠나 죽음과 같은 악의 세력 하에 살던 사람일지라도 구리뱀, 곧 하느님의 은총을 만나면 그 안에 새로운 생명과 치유가 시작됨을 보여 주고 있는 것입니다.

14. 이스라엘 백성이 겪어야 했던 광야는 거의 죽음과 같은 상황이었습니다. 그 죽음과 같은 상황에서도 그들은 하느님을 의지하고 신뢰하는, 즉 온전히 믿는 신앙을 키워 갔던 것입니다.

15. 우리가 살고 있는 이 세상도, 우리의 인생도 가만히 살펴보면 광야와 같다 할 수 있을 것입니다.
온갖 미움과 질투와 불평과 불평등과 중상모략이 판을 치고 있습니다. 악의 세력이 승리하는 듯이 보입니다. 그렇게 착하게 살면, 또 하느님의 뜻대로 살면 손해이고, 아무것도 아니라고 세상은 그리 돌아가고 있습니다.
이런 세상 속에서 우리도 때로는 세상 사람들처럼 어둠 속에서 살아갈 때가 많습니다. 온갖 불평과 불만 속에서 하느님이 어디 계시냐고 의심하며 살아갈 때가 많습니다. 서로가 서로에게 칼을 겨누고, 보이지 않는 총성이 오가는 전쟁터와 다름없을 때가 많습니다. 하느님이 계시지 않는 세상은 죽은 세상입니다. 하느님께 의지하지 못하고 이 세상의 거짓과 헛된 탐욕 속에 살아가는 모습은 살아 있다 할 수 없고, 죽은 모습과 같은 것입니다.

16. 이처럼 광야 속에 있는 불쌍한 인생길에 구원의 불기둥이 솟아오릅니다. 구약의 역사를 통해 하느님께서 수없이 간절히 말씀해 주시지만 아둔한 인간이 깨닫지 못하자 급기야는 당신의 아들을 이 세상에 보내 주십니다. 그 아들을 통해 당신의 모습을, 당신의 사랑을, 당신의 생명을 보여 주십니다.

17. 그 독한 불뱀에 물린 사람들, 즉 하느님이 존재하지 않는 죽은 사람들에게 당신 친히 십자가에 달리신 모습을 보여 주십니다. 당신을 바라보면 그 죽음에서 벗어날 수 있을 것이라고 보여 주고 계십니다. 그냥 단순하게 달리신 것이 아니라 당신의 모든 것을 다 쏟아부어 주십니다. 당신의 피와 물을 보여 주십니다.
옛날의 구리뱀은 단지 하느님의 생명과 은총을 상징하는 것이었지만 이제 십자가에 달리신 예수님께서는 생명과 은총 그 자체입니다. 더 이상 어찌 설득할 수 있겠습니까? 하느님께서는 우리가 살기만 하면 당신의 고통과 죽음까지도 기꺼이 받아들이심을 십자가를 통해 보여 주고 있는 것입니다. 즉 우리를 살리기 위해 하느님께서 죽으시는 것입니다. 미욱한 인간을 살리시기 위해서는 아마 그 방법밖에 없으셨을 것입니다.

18. 이제 십자가만 바라보면, 그 십자가 안에 살아 계신 하느님의

사랑을 믿기만 하면 자동적으로 그 십자가의 은총이, 그 생명이 살아서 우리 마음속에 내려옵니다. 죽음을 이길 수 있는 그 생명이, 미움을 이길 수 있는 용서의 은총이 우리 마음속에 비처럼 내립니다. 생명의 하느님과 함께 이 죽음의 세상을 살아갈 수 있게 됩니다.

19. 이보다 더 큰 사랑이 어디 있겠습니까? 죽음과 같은 광야, 그 속에서 살아야 하는 우리들에게 이보다 더 큰 희망이 어디 있겠습니까? 죽음에 대한 무서움과 두려움 속에 살아가야 하는 우리에게 이보다 더 큰 용기가 어디 있겠습니까?

20. 이제 우리는 십자가를 통해, 그 십자가에 달리신 하느님의 사랑을 통해 새로운 인생, 새로운 삶을 시작할 수 있게 되는 것입니다.
기쁘고 행복하게, 하느님께서 우리의 아버지이신데, 그분의 크신 사랑이 우리 인생과 함께하는데 우리가 무엇을 걱정하겠습니까? 나를 위해서 죽기까지 하시는 그분인데 어떻게 나를 지켜 주지 않으시겠습니까? 하느님께서 나를 위해 죽기까지 하셨는데 나를 위해서 못 하실 일이 뭐가 있겠습니까?
걱정하지 마십시오. 두려워하지 마십시오. 나를 구원하시는 하느님의 사랑이 이 미사 시간 제대 위에서 다시금 봉헌되고 있는데 무엇을 걱정합니까? 무엇을 무서워합니까?
그저 나는 그분의 사랑만 바라보고, 그분께서 주시는 생명의 은총을 받기만 하면 됩니다. 그리 하면 우리의 인생길이 고난은 있겠지만 그 고난마저도 하느님 안에서 사랑으로 내게 다가올 것이며, 모든 일이 다 잘 풀려 나갈 것입니다.

21. "하느님께서 아들을 세상에 보내신 것은 세상을 심판하시려는 것이 아니라 세상이 아들을 통하여 구원을 받게 하시려는 것이다." 아멘.

한국 순교자 대축일(2014. 9. 21.)

"뿌릴 씨를 들고 울며 가던 사람들,
곡식단 안고 환호하며 오리라."

1. 이 가을에 한낮에는 곡식과 과실이 익는 따사로운 햇살이 비칩니다.

2. 한 톨의 곡식, 하나의 과실을 거두기 위해서 봄부터 농부들은 많은 수고를 아끼지 않았습니다.

3. 우리는 흔히 너무 쉽게 생각합니다. 한 톨의 쌀에 숨어 있는 농부의 정성과 하늘의 조화를 잊어버릴 때가 많습니다.

4. 작디작은 한 톨의 쌀알이지만 그 안에는 온갖 자연과 인간의 노고와 희생과 땀이 함께하고 있는 것입니다.

5. 자녀를 키우시는 부모님들의 모습에서도 이와 같은 희생과 노고를 쉽게 발견할 수 있습니다. 자녀들은 절대 거저 키울 수 없는 것이지요. 자녀의 성장은 그 자체가 부모님들의 땀과 희생, 그리고 남들이 모르는 엄청난 희생의 결과입니다. 그 과정에 얼마나 큰 아픔이 있었는지 부모님들은 가슴속에 그 아픔들을 다 묻어 두고 살아갑니다.

6. 어쩌다 자녀가 그 부모님들의 아픔과 희생을 조금이라도 이해하는 듯하면 그 인생살이의 모든 설움을 한순간에 날려 버리는 것이

부모님들의 심정이 아닌가 합니다.

7. 철이 든다 함은 바로 내 안에 있는 부모님의 희생과 고통을 깨닫는 것이라 할 수 있겠습니다. 결코 내 힘으로 지금 이 시간까지 존재하는 것이 아니라, 바로 엄청난 희생과 아픔을 토대로 내가 지금 존재하는 것임을 깨달을 수 있을 때 비로소 철이 든 것이라고 할 수 있을 것입니다.

8. 마찬가지로 성숙한 사람이라 하는 것은 한 톨의 쌀알에서도 농부의 수고와 희생을 발견하는 사람일 것입니다. 한 알의 포도를 먹으면서도 참으로 감사할 줄 안다면, 그 안에 숨어 있는 자연과 인간의 조화를 느낄 수 있다면 그는 참으로 성숙한 사람이라 할 수 있을 것입니다.

9. 제가 전에 있던 본당에 '파란마음'이라는 장애우 주일학교가 있었습니다. 매주 30~40명의 장애우 학생들이 함께 미사를 하고, 그들끼리 교리도 배우고, 온갖 작업도 진행합니다.

10. 그런데 이 장애우들 뒤에는 항상 마음 졸이는 부모님들이 계셨습니다. 태어나면서부터 혹은 후천적으로 신체장애와 정신장애의 복합 장애를 갖고 살아가는 이들의 삶은 참으로 쉽지 않은 삶입니다. 자신의 힘으로는 할 수 있는 것이 아무것도 없기 때문입니다. 부모님들은 무슨 죄 때문인지 평생 이 아이들에게 꼼짝없이 매여 있어야 합니다. 학교에 가도, 집에 와서도, 성당에 와서도 어딜 가나 어디에서나 부모들의 보살핌이 필수적입니다.

11. 1년에 한 번 여름에 캠프를 갑니다. 이때를 그 부모님들은 참으로 애타게 기다립니다. 1년에 단 한 번, 2박 3일 동안 부모님들에게 자유 시간이 주어지기 때문입니다.

12. 같은 처지에 있는 부모들끼리 모여 '민들레회'라는 단체를 조직하였습니다. 서로 아픔을 나누고 기쁨을 나누기 위해서이고, 함께라는 공동체의 신비를 통해 자신들의 십자가를 좀 더 잘 지고 가기 위해서입니다.

13. 그 부모들의 이야기를 들어 보면 참으로 눈물겹습니다. 얼마나 큰 아픔과 고통을 겪어야 하는지 보통 사람들은 알 수가 없습니다.

14. 다른 사람들이 누리는 행복과 기쁨을 포기해야만 하는 그들이지만, 삶 안에서 그들이 짊어져야 하는 십자가의 무게가 때로는 감당할 수 없을 정도로 힘겹지만, 그래도 그들은 오히려 기뻐합니다. 우리가 볼 때는 아이들이 정상이 아니지만 부모들은 자신들의 아이가 하느님이 보내 주신 천사라고 생각합니다. 그 아이들이 없으면 살아가야 할 의미를 찾을 수 없다고 합니다.

15. 신앙은 참으로 위대한 것입니다. 신앙을 통해 만나는 하느님은 내 삶을 이끌고 계시며, 내 삶 안에 있는 고통들을 통해서 또 다른 삶의 기쁨과 행복을 주시는 것을 수없이 보고 체험할 수 있었습니다.

16. 주위 사람들이 다 안쓰럽게 쳐다보아도 그 부모들은 기쁘게 살아갑니다. 자신의 그러한 처지를, 또 그러한 십자가를 외면하지도 않고, 도피하지도 않고 기꺼이 자신의 삶의 일부로 받아들입니다.

17. 결코 자신의 힘만으로 그리 되는 것은 아닐 것입니다. 신앙 안에서 자신의 고통을 받아들이는 것이고, 그것을 승화시켜 나가는 사람만이 그러한 기쁨과 평화를 얻는 것이 아닌가 합니다. 그들을 보면 살아 계신 하느님을 보는 듯이 느껴집니다.

18. 오늘 독서 후의 화답송에서 "눈물로 씨 뿌리던 사람들, 환호하며 거두리라."고 외치고 있습니다.

19. 눈물로 씨 뿌리는 사람들, 여기 계신 분들은 아마 다 나름대로 자신의 삶 안에서 눈물로 씨를 뿌려 본 경험을 갖고 계실 것입니다.

20. 생각해 보면 사실 눈물로 씨를 뿌릴 때는 마음이 절망감에 가득 차 있을 것입니다. 앞이 보이지도 않고, 인정받지 못하고, 반대로 수많은 오해와 누명을 쓰기도 하고, 마음 깊은 곳에서 끓어오르는 회의와 갈등을 겪기도 하고, 이루 말할 수 없는 고통을 체험하기도 합니다. 희망이 보이지 않는 듯한 상황에서도 자신의 자리를 지켜야 하고 해야 할 일을 한다는 것은 참으로 어려운 시련의 시기입니다.

21. 그러나 씨앗은 눈물을 먹고 자라는 것입니다. 고통을 먹고 성장하는 것입니다. 희생 없는 결실은 있을 수 없는 것입니다.

22. 오늘은 성 김대건 안드레아 사제와 성 정하상 바오로와 동료 순교자 대축일입니다.

23. 우리의 자랑스러운 순교 선열들은 그 깜깜한 시대에 오로지 진리에 대한 확신과 희망을 갖고 그야말로 눈물로, 고통으로, 죽음으

로 씨앗을 뿌리시던 분들이었습니다.

그분들의 눈물, 고통, 죽음이 있었기에 오늘날 우리에게 이처럼 죽음 속에서도 꽃을 피울 수 있는 위대한 신앙이 가능해진 것이라 할 수 있을 것입니다.

24. 한 톨의 곡식에도 감사할 줄 안다면 그 어려운 시대에 눈물로 씨 뿌리던 순교 선열들의 고통에 참으로 마음을 다해 감사할 수 있어야 할 것입니다.

25. 우리에게 주어진 신앙은 참으로 위대한 것입니다. 그 신앙을 통해 하느님의 살아 계신 은총을 얻을 수 있고, 그 은총으로 이 험하고 어려운 세상을 그래도 똑바로, 올바르게 살아갈 수 있기 때문입니다. 그 신앙의 은총이 있기에 때로는 죽음과 같은 삶의 현실 앞에서도 용기와 희망을 잃지 않고 살아갈 수 있기 때문입니다. 그 신앙 때문에 모순과 죄와 불의로 가득찬 이 세상 속에서도 하느님의 선과 아름다움을 발견할 수 있기 때문입니다.

우리에게 신앙이 없다면 이 세상의 죄와 어둠이 우리를 그냥 내버려두지 않을 것입니다. 우리 자신도 모르는 사이에 어둠과 죄의 일부가 되는 비참한 처지를 면할 수 없을 것입니다.

26. 십자가를 바라보십시오. 십자가가 무엇입니까? 그것은 바로 이 세상의 죄와 모순과 불의 그 자체입니다. 그러나 하느님께서는 바로 그 죄스러운 십자가를 우리를 위한 구원의 도구로 바꾸어 주셨습니다. 십자가는 죄이지만 동시에 인간을 지극히 사랑하는 하느님의 사랑이기도 한 것입니다.

27. 우리가 부모님들의 헌신적인 사랑과 희생으로 성장하여 인간으로 살 수 있듯이, 순교자들의 그 피땀 어린 희생과 고통과 죽음을 통해 우리에게 이 귀중한 신앙이 전해지고 있는 것입니다.

28. 우리도 누군가를 위해 때로는 눈물로 씨 뿌리는 시간들을 외면하지 말아야 하겠습니다. 그것이 하느님께서 내 삶에 허락하신 일이라면 아프더라고, 힘들더라도 기쁘게, 내 힘으로가 아니라 하느님의 힘으로 그 모든 것을 기꺼이 받아들일 수 있어야 하겠습니다.

29. 신앙은 어쩔 수 없이, 마지못해 하는 것이 아니라 기쁘고도 즐겁게 해야 하는 것이며, 내 자유의지로 적극적으로 해야 하는 것임을 또한 잊지 말아야 하겠습니다.
"뿌릴 씨를 들고 울며 가던 사람들, 곡식단 안고 환호하며 오리라."
아멘.

연중 제27주일(2014. 10. 5.)
"내가 너희를 세상에서 뽑아 세웠으니
가서 열매를 맺어라."

1. 저의 영명축일을 맞이하여 마음 깊이 기억해 주시고, 기도해 주신 교우 여러분들께 감사드립니다.

2. 많은 기도 중에 '성인 신부님 되라.'는 내용이 있습니다.

3. 성인 신부, 어떤 신부가 성인 신부일까요?

4. 몇 년 전에 저희 동기 신부들이 사제서품 25주년을 맞이한 적이 있었습니다. 그때 동기 신부들의 은경축을 축하하기 위해 전국적으로 퍼져 있는 친구들의 본당을 찾아보았습니다.

5. 그때 느낀 것은 하느님께서는 사제들을 일률적으로 똑같이 키우시는 것이 아니라는 사실이었습니다. 각자에게 주어진 개성과 환경에 따라 나름대로 다 열심히 살아가는 모습은 하느님께서 어떻게 일하시는지를 볼 수 있는 소중한 기회였습니다.

6. 이 자연을 보면 키가 큰 나무도 있고, 미끈한 나무도 있고, 잎이 무성한 나무도 있고 각양각색입니다. 그러나 어떤 나무가 훌륭한 나무라고 할 수는 없을 것입니다. 각자에게 주어진 환경에 따라 나름대로 생존을 위해 열심히 살아가고 있을 뿐입니다. 모든 나무들

이 각자에게 주어진 환경에서 나름대로 열심히 살아갈 뿐입니다. 그런데 자세히 살펴보면 어떤 나무도 필요 없는 나무는 없습니다. 모든 것이 자연 안에서 조화를 이루며 살아갑니다. 그 조화 속에서 우리 인간들은 각종 자연의 혜택을 입게 마련입니다.

7. 이런 자연의 모습은 사제 간에도 마찬가지가 아닌가 합니다. 이런 모습, 저런 모습이 함께 어우러져 살아가는 것이고, 서로 다른 모습이지만 하느님 안에서 조화를 이루며 살아가는 것이 아닌가 합니다. 즉 다양성 안에서 일치를 이루는 것이 우리 신앙의 신비 중의 하나가 아닌가 합니다.

8. 따라서 성인 신부란 각자에게 주어진 환경 속에서 하느님께서 이끄시는, 각자에게 주어진 사제의 길을 충실히 걸어가는 사람이 아닐까 합니다.

9. 그러므로 사제들을 위해서 기도하실 때는 자기가 생각하는 성인 신부가 되도록 기도해서는 안 되며, 하느님께서 원하시는 사제가 되도록 기도해야 하지 않을까 생각해 봅니다. 자기 입맛에 맞는 사제는 훌륭한 사제고, 자기 입맛에 맞지 않으면 문제 신부라는 선입견과 고집에서 벗어날 수 있어야 하겠습니다.

10. 저는 지난 주일에 동티베트의 고산지대에 있었습니다.

11. 참으로 많은 것을 느낄 수 있었던 귀중한 기회였습니다.

12. 중국 청두공항에서 약 400킬로 떨어진 곳에 있는 쓰꾸냥산이라

는 곳이었습니다. 그 산은 해발 6,200미터가 넘는 고산입니다.

13. 고소 적응을 위해서 그곳에서 계곡 트레킹을 하였습니다.

14. 눈 덮인 설산이 눈에 가득 들어오고, 그 설산의 눈이 녹아 풍부한 강물이 되어 흐르고 있었습니다. 엄청나게 높은 설산은 그야말로 우리의 마음을 흔들어 놓고 있었습니다. 장대한 산, 큰 산이었습니다. 눈과 바위밖에 보이지 않는 산이었지만 그 산에서 녹는 물이 만물을 살리고 있었습니다. 나무를 살리고, 온갖 초목을 살리고, 새와 벌레들을 살리고, 그 자연 속에서 살아가는 인간들을 살리고 있었습니다.
그 짙은 생명의 잔치가 눈앞에서 펼쳐지고 있었습니다. 얼마나 아름다웠는지 모릅니다. 하늘은 눈이 시리게 파란색이었고, 그 파란 하늘을 누비는 하얀 구름은 갖가지 형상으로 바뀌면서 아름다움을 뽐내고 있었습니다. 호수 위에는 하늘보다 더 파란 하늘이, 구름보다 더 하얀 구름이 일렁이고 있었습니다.

15. 눈 덮인 장대한 산, 하늘, 구름, 온갖 초목들, 바람 소리, 바람결에 흘러드는 향긋한 냄새들…… 머릿속이 맑아집니다. 마음마저 깨끗해집니다. 행복해지기 시작합니다. 눈으로 온갖 호사를 누리고, 귀로도, 피부로도 온갖 감각이 살아 숨 쉬기 시작합니다. 몸이 살아나니 마음도 살아나고, 영혼도 살아납니다.

16. 영혼이 열리니 자연의 소리가 더 잘 들리고, 그 자연 속에 함께 계시는 하느님의 존재가 깊이 느껴집니다.

17. 아, 그렇구나. 하느님은 바로 이런 분이시구나. 언제나 구름 속에 숨어 계시는 듯하지만 그 구름 속에 있는 산이 모든 생명의 근원이고, 시작이로구나. 때로는 우리 눈에 보이지 않지만 우리 생명들을 위해 끊임없이 당신의 온갖 정성을 다하고 계시는구나. 그 높은 곳의 추위도 아랑곳하지 않으시고, 바람과 구름을 다 끌어안으시고, 억겁의 세월이 흘러도 변하지 않는 모습으로 언제나 그 자리에 계시면서 끊임없이 당신이 이루어 내신 그 빙하로 서서히, 서서히 녹아내리면서 인간에게 생명의 근원인 물을 만들어 내시는구나. 그 물이 흘러, 흘러 적셔지는 곳마다 생명의 꽃이 피어나고, 온갖 초목이 자라고…… 이 모든 것은 이 하찮은 인간을 위한 정성이고, 노력이구나.

'인간이 무엇이기에 이토록 생각해 주시나이까?' 하는 시편 저자의 마음이 내 마음속으로 들어옵니다.

18. 그렇습니다. 이 하찮은 나를 위해서 하느님께서는 그 생명들을 지어 내셨고, 아직도 나를 위해서 당신의 모든 정성을 다하시는 것입니다. 자연 속의 일부분이 되어 느껴 봅니다. 이 모든 것을 이루어 내시는 하느님을 찬양하고 감사드리지 않을 수 없었습니다.

19. 하느님께서 이루어 내시는 생명의 잔치는 얼마나 아름다운가요? 그 계곡에는 약초도 있을 것이고, 독초도 있을 것인데 하느님께서는 어느 것 하나 마다하지 않으시고 생명을 위해 그 높은 곳에서부터 당신의 최선을 다하고 계셨습니다.

20. 다음 날 본격적인 고산 행군이 시작되었습니다.

21. 이 등산은 전날 보았던 그 아름다운 것만은 아니었습니다. 고도 4,000이 넘는 산행은 한 발자국, 한 발자국이 그야말로 고행 그 자체였습니다. 해발 4,000이 넘으면 산소가 60% 정도밖에 없다고 합니다.

바로 눈앞에 앞사람들이 가는데 도저히 따라잡을 수가 없네요. 손에 잡힐 듯한데 한 걸음, 한 걸음이 무겁습니다. 숨은 턱밑까지 차오르고, 숨이 차다 못해 가슴이 터져 나갈 듯이 아파 옵니다. 서너 걸음 걷고 숨을 몰아쉽니다. 머리는 아파 오고, 근육은 어느샌가 힘을 잃고 있었습니다. 손발이 저리기도 합니다.

22. 성서에서 산은 하느님께서 계신 곳이라고 하였습니다. 하느님께 가는 우리 인생길이 얼마나 힘들고 고된 길인지 새삼스레 느껴집니다. 가이드가 이야기합니다. 그 가슴이 터질 듯한 고통이 지나가면 편안해질 것이고, 바로 그 점이 사점(死點)이라고 합니다. 최고의 고통의 순간이 지나자 어느샌가 자신도 모르게 걸음이 걸어지고 있었습니다. 참 희한한 일이었습니다.

23. 마라톤을 하는 친구들의 이야기를 들었습니다. 아무리 체력이 좋고 훈련이 잘돼 있어도 마라톤을 시작하고 한 시간까지는 정말 힘들다고 합니다. 그런데 희한하게도 그 최고의 고통의 순간이 지나면 자신도 모르게 편안해지고, 목적지를 향해 달리게 된다고 합니다.

24. 하느님께 가는 우리 인생길, 참으로 어려운 것입니다. 옆길로 편하게 가면 좀 쉬워 보일 듯하지만 잠시의 잘못된 판단은 더 큰 고

통을 야기할 수밖에 없습니다. 어렵고 힘들고 죽을 것 같다 하여도 자신에게 주어진 길을 그저 참으면서 묵묵히 가는 것이 최고의 선택일 수밖에 없는 것입니다.

25. 얼마나 겸손해야 하는지 새롭게 깨달을 수 있었습니다. 그 산으로 가는 길은 그야말로 겸허하게, 뽐내지 말고, 잘난 척하지 말고, 방방 뛰지 말고 한 걸음, 한 걸음 최선을 다해서 걸어갈 수밖에 없는 길이었습니다. 그렇지 않으면 즉시 문제가 생기고, 그 문제 속에서도 자신을 방치하면 더 큰 문제가 생기고, 급기야는 하산해야 하는 우를 범할 수도 있는 길이었습니다.

26. 사람들은 왜 높은 곳에 오르냐고 묻습니다. 어떤 사람은 산이 있기에 오를 뿐이라고 합니다. 그러나 저는 이렇게 이야기하고 싶습니다. "더 많은 것을 보기 위해서, 더 많은 것을 느끼기 위해서, 더 많은 감동을 얻기 위해서, 더 많은 사랑을 체험하기 위해서, 더 많은 사점을 통과하기 위해서요."

27. 형제자매 여러분, 감사하고, 감동하고, 겸허한 우리의 인생길이 되도록 함께 노력할 수 있어야 하겠습니다.
"내가 너희를 세상에서 뽑아 세웠으니 가서 열매를 맺어라." 아멘.

연중 제28주일(2014. 10. 12.)

"내가 잔칫상을 이미 차렸소.
황소와 살진 짐승을 잡고 모든 준비를 마쳤으니
어서 혼인 잔치에 오시오."

1. 지난 주일 저의 축일을 맞이하여 본당에서는 잔치가 있었습니다. 보좌 신부님의 주도하에 수녀님들이 구역장, 반장들과 많은 수고를 해 주셨고, 대건회, 요셉회에서도 적극적으로 협조해 주셨습니다. 기도해 주신 분들, 수고해 주신 분들, 잔치에 참여해 주신 모든 분들께 다시 한 번 감사드립니다.

2. 잔치 음식으로 비빔밥이 제공되었는데 맛있게 드셨나요?

3. 사실 비빔밥은 우리 고유의 음식으로 깊은 뜻을 갖고 있습니다. 비빔밥에는 각종 나물이 들어갑니다. 콩나물, 고사리를 비롯한 각종 야채들이 계란 또는 고기와 함께 섞여 아주 오묘한 맛을 냅니다. 여러 가지 야채들이 밥과 어우러져 맛을 내는 것이죠. 그 비빔밥 안에서 각종 야채들은 서로 다르지만 어우러져 아주 기묘한 맛을 냅니다.

4. 사실 오늘날에는 이 비빔밥이 가장 글로벌한 음식, 오늘날의 세상을 가장 잘 표현하는 음식으로 평가받고 있습니다. 오늘날에는 세계 모든 사람들이 함께 어우러져 살아갑니다. 이 지구촌은 많은

문제도 있지만 세계 사람들이 함께 어울려 세계 평화와 번영을 위해 노력하고 있습니다. 서로 다른 사람들이 함께 어우러져 평화를 이루는 모습이 바로 비빔밥과 같다 할 수 있는 것입니다.

5. 이런 비빔밥의 모습은 우리 공동체 안에서도 이루어져야 할 귀중한 가치입니다. 우리도 서로 다릅니다. 성격도 다르고, 고향도 다르고, 생각하는 바도 다르고, 때로는 가치관도 다르지만 신앙 안에서 한 형제자매인 것입니다. 서로 다른 사람들이 모여 주님 안에서 평화와 사랑을 이루며 살아간다는 것은 비빔밥의 원리와 같다 할 수 있습니다.

6. 서로 다른 사람끼리 하나의 주님 안에 모여 함께 찬미하고, 그 신앙 안에서 살아간다는 것은 주님께서 이루어 주시는 다양성 안에서의 일치요, 신앙의 신비라 할 수 있을 것입니다.

7. 우리는 서로 다 다른 사람들이지만 주님께 붙어 있는 사람들이고, 그 주님 안에서 형제가 되고, 자매가 되는 것입니다. 식구라 함은 한솥밥을 먹는 사람들인 것처럼, 우리도 한 성합 안에서 주님의 몸이라는 같은 음식을 먹는 사람들입니다.

8. 이 점을 잊지 말아야 하겠습니다. 우리는 서로 다를 수밖에 없지만 주님 안에서 한 형제요, 자매라는 사실을 언제까지나 잊지 말아야 하겠습니다.

9. 언젠가도 말씀드린 적이 있지만 강원도 정선에 가면 '아우라지'라는 동네가 있습니다. 북한강과 남한강이 하나의 한강으로 어우러

져 흘러내린다 해서 아우라지라는 이름으로 오늘날까지 전해지고 있다고 합니다. 2개의 물줄기가 하나의 물줄기로 어우러져서 흐르는 곳이죠.

10. 우리 금호동도 주님 안에서 이제는 2개의 물줄기가 하나의 강으로 통합되어야 할 때가 되지 않았나 생각해 봅니다.

11. 다른 지역과 우리 동네는 많이 다릅니다. 오늘 금호초등학교에서 동문들의 잔치가 있다고 들었습니다. 다른 본당과 달리 우리 본당은 이곳에서 태어나고 자란 사람들이 많습니다. 금호초등학교 동문들도 아직 많이 살고 계십니다. 이곳에서 20년 정도 산 사람은 어디 가서 얼굴도 내밀지 못합니다. 적어도 30년 이상 이곳에서 살았어야만 금호동 사람으로 인정받는 것이 아닌가 합니다.

12. 한동네에서 같은 초등학교를 다니고, 오랜 기간을 함께 사시다 보니 이곳만의 특성과 개성이 있게 마련입니다. 때로는 미워도 하지만 부모 때부터 서로를 잘 알고 있기 때문에 마음 깊은 곳에 흐르는 애정도 함께 있기 마련입니다. 저를 포함해서 다른 동네에서 오신 분들은 때로는 잘 이해하기 힘든 이곳만의 정서가 있는 것으로 보입니다.

어쩔 수 없이 금호동을 떠나 살아가는 사람도 언제나 이곳에서의 삶과 사람들을 잊을 수 없다고 합니다. 금호동에 대한 향수병도 있다고 하죠. 우리 본당도 교적 수는 5,000명이 넘는데 실제 거주하는 교우는 3,000명 정도 되는 것으로 파악됩니다. 비록 몸은 떠났어도 교적을 옮길 수 없는 것이죠. 마음은 이곳에 있는 것이 아닌가 합니다.

13. 그런데 안타깝게도 이곳은 50% 이상이 재개발되어 버렸고, 어쩔 수 없이 많은 외지인들이 들어와 함께 사는 동네가 되어 버리고 말았습니다. 그러나 새롭게 이 동네에 들어오신 분 중 많은 분들이 아직 교적을 이곳으로 옮기지 않고 있습니다. 학교도, 병원도, 만남도, 성당도 전에 사시던 곳에서 계속하고 있는 것이 아닌가 합니다. 때로는 금호동 지역에서 잠만 주무시는 것이 아닐까 하는 생각이 들 정도입니다. 사실 금호동 지역에 적응한다는 것이 새로운 도전이요, 모험이기도 합니다.

14. 그러나 이제는 함께 어우러져야 하지 않을까 합니다. 그리되도록 노력해야 하지 않을까 합니다. 서로를 이해하려는 노력도 필요하고, 나와 다른 사람을 받아들이고자 하는 신앙 안에서의 사랑과 배려가 필요한 때가 아닌가 합니다. 진정 자신을 버리고 나와 다른 사람들을 받아들이고, 포용하고, 깊이 사귈 수 있는 신앙의 노력이 필요한 때가 아닌가 합니다.

세상 사람들은 그리 못 해도 우리는 신앙인이니까 주님의 은총과 이끄심으로 그리 어우러지도록 노력해야 하지 않을까 생각해 봅니다. 우리의 신앙 안에서 인간적인 문제들을 극복할 수 있는 것입니다. 주님의 은총 앞에서는 불가능이 없기 때문입니다.

15. 오늘 복음에서 주님께서는 하늘나라를 잔치에 비유하십니다. 바로 이 미사 시간이 주님의 은총이 쏟아지는 잔치입니다. 이 미사 시간은 이 복잡한 세상 속에서도 하늘나라를 체험하는 시간입니다. 주님의 은총이, 주님의 힘이 함께하기 때문입니다. 살아 계신 하느

님께서 함께하시는 시간이기 때문입니다.

16. 예수님께서는 당신의 교회와 혼인하십니다. 당신의 교회와 온전히 하나이시고, 당신의 모든 능력과 사랑을 교회에 주십니다.

17. 교회는 주님께 받은 사랑과 하느님의 능력을 믿는 이들에게 베풉니다. 교회는 그 사랑과 능력을 믿는 이들에게 주기 위해서 미사라는 잔치를 베풀고 사람들을 초대합니다.

18. 많은 사람이 초대를 받지만 이 세상 살기가 너무 힘들다 보니, 아니 그 마음들에 어둠이 차 있다 보니 온갖 핑계를 대면서 빛과 은총을 피해 달아납니다. 주님의 뜻대로 살면 이 세상에서 손해를 볼 것만 같아 의도적으로 주님을 피해 도망갑니다. 아니, 자신의 어둠이 드러날까 봐 두려워 도망갑니다. 선과 사랑으로 살고 싶지만 실제로는 그리 살고 싶지 않은 마음이 있기 때문입니다.

19. 혼인 잔치를 벌인 임금은 그 초대를 거절한 사람들에게 진노하십니다. 그들 스스로 빛의 세계로 올 때까지 기다리십니다. 분노하시면서도 참고 인내하십니다. 그 인내는 죽음까지도 바치는 인내입니다. 어둠 속에 살아가는 사람들을 미워하시는 것이 아니라 그 어둠을 미워하십니다. 그리고 어쩔 수 없이 그 어둠 속에서 살아가는 사람들에게는 안타까운 자비의 눈길을 보내십니다.

20. 초대에 응한 우리들에게 말씀하십니다. 세상에 나가 어떤 사람이든지 상관하지 말고 다 데리고 오너라 하십니다. 인생의 길을 잃은 사람들, 다친 사람들, 배고픈 사람들, 억울한 사람들, 장애인들,

정신지체아들, 어떤 사람이든지 다 데려오라 하십니다. 어떤 사람이든지 잔치에 와서 먹고 마시라 하십니다. 희망을 잃은 사람들에게 잔치에 와서 먹고 마셔서 기운을 회복하고 희망을 갖도록 하라고 하십니다. 기쁨을 잃고 좌절 속에 살아가는 사람들을 오라 하십니다. 하느님은 기쁨이요, 희망이시니 그 은총을 받으라 간곡하면서도 강하게 말씀하십니다.

21. 바로 우리에게 말씀하시는 것입니다. 너희가 나가서 데리고 오너라, 내가 너희에게 빵이 되어 주었으니 너희도 너희 주위에 있는 사람들에게 빵이 되어 주라고 말씀하십니다. 이것을 실천하면 너희의 삶은 기쁨으로 가득 차고, 축복을 받고 행복해질 것임을 보증해 주십니다. 그러나 실천하지 않으면 그 기쁨과 행복을 체험하지 못할 것이라고 경고하고 계십니다.

22. 미사 시간이 기쁜 것은 바로 그리스도와 교회가 혼인하는 잔치이기 때문이고, 그래서 하느님의 은총이 각자에게 맞는 방법으로 비처럼 쏟아져 내리기 때문입니다. 이 잔치에 보다 많은 사람들이 함께할 수 있도록 더더욱 노력할 수 있어야 하겠습니다. 이 잔치의 기쁨으로, 그 은총으로 우리의 인간적인 부족함을 이겨 나갈 수 있을 것입니다. 우리에게 필요한 마음의 힘과 강건함과 평화로움이 주어질 것입니다. 진정 우리가 기쁘고 행복할 것입니다. 개인적으로, 공동체적으로 필요한 하느님의 은총을 체험할 수 있을 것입니다. 주님의 은총을 통해 주님께서 자신을 버려 우리를 구원하시듯이 우리도 우리 자신을 버릴 줄 알게 되며, 그럼으로써 우리 모두가 한 물

줄기가 되어 우리에게 베푸신 하느님의 자비하심을 증언하게 될 것입니다.

23. "내가 잔칫상을 이미 차렸소. 황소와 살진 짐승을 잡고 모든 준비를 마쳤으니 어서 혼인 잔치에 오시오." 아멘.

1. 지난 주간 본당의 구역장, 반장님들과 함께 일본 성지순례를 다녀왔습니다. 수녀님과 함께 40명이었습니다.

2. 사실 순례를 떠나기 전에 저는 걱정과 약간의 두려움이 있었습니다. 혹시 싸우지나 않을까, 여행의 피로감 때문에 서로 간에 불편함이 생기지 않을까, 출발 시간 등은 제대로 지켜질 수 있을까 등등 생각이 많았습니다.

3. 순례를 시작하기 전에 하나의 원칙을 세웠습니다. 룸메이트를 매일 추첨을 통해 정한다는 것이었습니다. 사실 잠자리를 같이한다는 것은 한편으로는 즐거운 일이기도 하지만 한편으로는 불편할 수도 있는 일입니다. 마음에 드는 사람을 만나면 그보다 즐거울 수 없지만 반대로 마음에 들지 않거나 코를 곤다든가, 잠버릇이 나쁘면 함께 자는 사람이 곤혹스러울 수밖에 없기 때문입니다.

4. 사실 같이 구반장을 한다고 해서 모든 사람을 잘 아는 것은 아닙니다. 그렇기에 때로는 전혀 모르는 사람과 하룻밤을 같이한다는 것은 모험일 수도 있습니다.

5. 그런데 참으로 희한한 일이 벌어지기 시작했습니다. 전혀 모르던 사람이 하룻밤을 같이 지내면 그다음 날에는 아주 친해지는 것이었습니다. 물론 사람마다 다르긴 하지만 밤사이에 많은 대화를 나누다 보니 친밀해지고, 서로를 아끼는 마음들이 생겨나는 것이었습니다.

6. 기껏 사람을 사귀고 알게 되었는데 그다음 날에는 또 다른 룸메이트가 추첨을 통해 정해집니다. 어떨까 했는데 어제 친해진 사람보다 더 친해지는 것입니다.

7. 오늘은 어떤 친구를 사귀게 될까 하는 호기심과 재미를 느끼기 시작합니다. 겉으로만 친절한 것이 아니라 속마음으로도 서로 감사하며 아끼기 시작합니다.

8. 순례하는 3박 4일 동안 매일 일본의 시골 성당에서 미사가 봉헌되었습니다.

9. 아마도 그 미사들을 통해 서로 어색했던 마음이 풀리고, 오해도 풀리고, 서로의 좋은 점, 장점들을 발견할 수 있는 하느님의 힘을 얻을 수 있었던 것이 아닐까 생각해 봅니다.

10. 여행이란 한편으로는 천국일 수도 있지만 한편으로는 지옥일 수도 있습니다. 사랑이 오고 가는 천국일 수도 있지만 불편함과 미움으로 범벅이 된 지옥일 수도 있는 것입니다.

11. 미움이란 우리가 굳이 노력하지 않아도 어느샌가 우리의 마음을 뚫고 들어오는 세력입니다. 그러나 사랑이란 우리가 노력을 해

야 얻어 낼 수 있는 결실입니다.

진정한 사랑이란 어떤 면에서는 인간의 힘, 마음만으로는 잘 성취되지 않습니다. 이기심을 뛰어넘는, 또 자신의 어둠을 뛰어넘는 진정한 사랑이란 바로 사랑 자체이신 하느님의 도우심과 은총이 있어야만 가능해지는 것입니다. 모든 것은 마음에 달려 있는데 그 마음을 만들어 주신 하느님께서 도와주셔야만 그 마음에 빛과 따뜻함이 가능해지는 것입니다.

12. 본당의 구역장, 반장은 사목의 최일선에 서 있는 직책입니다. 따라서 하느님께서 매우 아끼시고 사랑하시는 직책입니다. 구반장에 따라서 그 구역에 하느님의 사랑이 충만하기도 하고, 반대로 그 구역에 나태함과 무관심, 때로는 미움이 창궐하기도 하기 때문입니다.

13. 이번 구반장 순례는 그야말로 은총이 충만한 순례였다고 감히 말씀드릴 수 있겠습니다. 인간의 부족함과 어둠을 이겨 내는 하느님의 힘이 함께하시는 그야말로 행복과 감사와 기쁨이 흘러넘치는 순례가 아니었나 생각해 봅니다. 서로를 받아들이고, 좋은 점을 발견하고, 서로를 위해 기도하고, 아끼는 마음들이 충만하면서 미래에 대한 희망을 발견하는 순례였다고 보입니다.

14. 결코 인간의 힘이 아니었습니다. 우리가 서로 함께하고 아끼니 하느님의 사랑이 더욱더 선명해지는 것이었습니다. 모든 자연과 인간이 함께 조화를 이루며 하느님의 영광을 찬미하는, 참으로 뿌듯한 순례였습니다.

15. 결국 진정한 사랑이란 하느님께서 함께 계셔야만 가능한 사랑입니다. 인간의 힘으로 이루는 사랑은 한계가 있고, 언젠가는 변질되어 버리고, 결국은 신기루처럼 한순간에 사라져 버리는 허무한 사랑일 뿐입니다. 그러나 하느님과 함께하는 인간의 사랑은 진정한 사랑이며, 자신을 뛰어넘는 사랑이며, 변하지 않고 진실되며, 기쁨과 평화, 감사와 행복이 넘치는 사랑이 됩니다.

16. 인간의 본질은 사랑입니다. 하느님께서 인간을 사랑으로 창조해 주셨기 때문입니다. 우리는 사랑으로 가득 차 있을 때 비로소 살맛을 느끼고, 행복해지고, 감사하게 됩니다. 얼굴과 마음에 기쁨이 샘솟게 됩니다.

17. 오늘 복음에서 주님께서는 마음과 목숨과 정신을 다하여 하느님을 사랑해야 하고, 이웃을 자신처럼 사랑해야 함을 가르쳐 주고 계십니다.

18. 우리는 너나없이 모두 행복해지길 원합니다. 인간이 행복해지기 위해서는 사랑이 필수적입니다. 어떤 인간도 사랑 없이는 결코 행복할 수 없습니다. 그 사랑은 하느님을 사랑할 때 하느님께서 인간의 마음에 선물로 주십니다.
인간이 행복해지는 사랑은 저절로 얻어지는 것이 결코 아닙니다. 그 사랑은 하느님을 사랑할 때 하느님께서 선물로 주시는 것입니다.

19. 사랑이란 인간을 인간답게 하고, 행복의 절대조건이지만 그 사랑의 능력은 인간의 힘으로 얻을 수 있는 것이 아닙니다. 사랑의 능

력은 사랑 자체이신 하느님이 주셔야만 가능해지는 것입니다. 사랑할 수 있다는 것은 하느님의 은총이요, 하느님께서 인간에게 주시는 가장 크신 사랑입니다.

20. 인간은 희한하게도 가만히 두면 절대 사랑으로 움직여지지 않습니다. 어둠으로 향합니다. 아무것도 모르는 아이들도 욕하고 미워하는 것부터 습득하는 모습을 보면 참 신기합니다.

21. 사랑은 노력입니다. 사랑은 능력입니다. 그러나 노력만으로 이루는 사랑은 동정심, 막연한 사랑에 지나지 않습니다. 자신을 행복하게 하고, 가족과 이웃을 행복하게 만드는 진정한 사랑의 힘은 하느님으로부터 흘러나오는 것입니다.

22. 따라서 하느님을 사랑할 수 있어야 우리의 사랑이 결실을 맺을 수 있게 됩니다. 우리의 힘으로 결실을 맺는 것이 아니라 하느님의 힘으로 결실을 맺게 됩니다.

23. 진정으로 사랑할 수 있어야 감사하게 되고, 겸손하게 되며, 기쁨이 넘치고, 희망에 가득 찬 삶을 살아갈 수 있게 됩니다. 인간과 세상의 어둠을 이겨 나갈 수 있게 됩니다. 인생의 행복이 시작됩니다. 우리를 괴롭히는 온갖 어둠과 미움에서 해방될 수 있게 됩니다. 더 큰 창조의 세계와 자유의 세계로 나아갈 수 있게 됩니다. 인생의 가치관이 바뀝니다. 허망하게 사라지는 돈이나 권력을 추구하는 인생에서 영원히 변치 않는 결실을 맺는 삶으로 비로소 올바른 길을 찾을 수 있게 됩니다.

24. 교우 여러분, 행복해지길 원하십니까? 진정으로 행복한 삶을 살길 원하십니까? 여러분의 삶이 기쁨과 평화로 가득 차길 원하십니까?

24. 방법은 단 한 가지입니다. 하느님을 온 마음을 다해, 목숨을 다해, 정신을 다해 사랑하도록 노력하는 것입니다. 그리하면 하느님께서 우리 마음속에 더 큰 사랑의 능력을 당신의 은총으로 허락하실 것입니다. 그 사랑으로 이웃을 사랑한다면 뛰어넘지 못할 미움, 어둠은 없을 것입니다. 어디서나, 언제나 여러분 주위에는 평화와 기쁨이 가득할 것입니다.

우리의 삶이 참으로 행복해질 것입니다. 아멘.

라테라노 대성전 봉헌 축일(2014. 11. 9)

"이 성전을 허물어라.
내가 사흘 안에 다시 세우겠다."

1. 지난 주간 2건의 이장 미사 및 이장 예절이 있었습니다. 윤달을 맞아 많은 사람들이 조상님과 부모님의 묘지를 이장하고 있습니다.

2. '이장'은 묘지를 새로 마련하여 장사를 치르는 것을 의미합니다.

3. 한 가족은 우리 포천 묘원 가족묘지에 다섯 분의 조상님과 부모님을 모셨습니다. 원래 인연이 있던 가족이었는지라 제가 묘원에서 난생처음 이장 미사를 봉헌했습니다.

4. 각기 떨어져 있던 조상님과 부모님을 한자리에 모신다는 것은 뭔가 색다른 의미가 있었습니다. 제가 이런 말씀을 드렸습니다.

5. "가톨릭교회는 11월을 위령의 달로 정하고 죽은 이들을 위해 끊임없이 기도할 것을 권고하고 있습니다. 특별히 이 주간에 묘지를 방문하고 연령들을 위해 기도하면 연옥의 벌을 면제받을 수 있는 전대사까지 교회는 허락하고 있습니다.

살아 있는 이들은 죽은 이들을 위해 기도하고, 죽은 이들은 산 이들을 위해 기도합니다. 죽음을 넘어서 서로 통교하고 통공할 수 있는 가톨릭의 교리는 결코 이 세상에서의 삶이 죽음으로 끝이 아니라는 사실을 잘 가르쳐 주고 있습니다. 우리의 삶은 살아 있으면서도 이미 저세상과 연결되어 있는 것입니다.

이와 같은 중요하고 의미 깊은 시기에 증조부를 비롯한 5기의 부모님과 친지들을 이 한자리에 모시는 것은 그 어떤 조상을 위한 기도보다도 훌륭한 기도라 할 수 있을 것입니다. 살아생전에 잘 만나지 못했던 조상님들, 서로 깊은 대화와 마음을 나누지 못했던 그분들이 이제 이 한자리에 모여 서로의 우애와 사랑을 나누실 것입니다. 아울러 후손들을 위해 그 어느 때보다도 지극정성으로 기도하실 것입니다.

이곳에 모셔지는 조상님과 부모님들은 참으로 복 받으신 분들이십니다. 자손들이 잘해서, 마음을 잘 합쳐서 함께 있게 되셨으니 얼마나 뿌듯하시겠습니까?"

5. 조상님과 부모님을 한자리에 모신다는 것은 서로의 상처를 치유해 주고 마음 깊은 곳에 있는 서로의 사랑을 보여 주는, 슬프면서도 그 슬픔을 신앙으로 극복하여 새로운 희망과 치유, 기쁨을 발견하는 아주 소중한 자리였습니다.

6. 또 한 분은 우리나라 굴지의 재벌 가족이었습니다. 재벌 회장의 여동생이 아주 오래전에 병을 앓아 죽었는데 묘하게도 우리 천보묘원 납골당에 안치되어 있었습니다. 그 가족들은 모두 불교신자였고, 죽은 여동생만 유일한 천주교 신자였습니다. 가족들은 아버지 묘소 옆에 그 딸을 모시고 싶어 했습니다. 그 어머니의 간절한 요청으로 이장 예절을 거행하게 되었던 것입니다.

7. 이런 말씀을 드렸습니다.

"고인께서는 아마도 이 시간을 목마르게 기다리고 계셨던 것이 아닌가 합니다. 하느님께서는 고인을 특별히 사랑하시어 1년 중 영혼들을 위한 기도가 가장 많이 바쳐지는 이 주간에 이러한 이장, 즉 면례 예절을 하도록 이끌어 주신 것 같습니다.

불교를 깊이 신봉하시면서도 고인의 종교를 존중하여 이런 기도의 자리가 마련된 것은 가족들의 마음, 특별히 어머니의 애틋한 마음의 결과가 아닌가 합니다.

어머니의 마음, 그 마음속에 얼마나 많은 슬픔과 고통이 자리 잡고 계실까를 생각해 보면 어머니의 마음에 지극한 감사와 기도를 보내지 않을 수 없습니다. 험난한 세상을 헤쳐 나가는 남자들 뒤에서 묵묵히 마음을 다해 기도해 주시고, 모든 고통을 당신 가슴에 끌어안으시며, 모든 것을 참고 견뎌 내시는 어머니의 마음과 그 사랑 앞에 마음이 찡해지고 코끝이 아려 옵니다.

오늘은 고인을 위해 기도하는 날이지만 동시에 어머니를 위해 기도하고, 인고의 세월을 견뎌 오신 그 사랑에 감사하고 위로하는 날이기도 합니다.

고인께서는 가족들 모두에게 감사하다고, 특히 어머니에게 너무너무 감사하다고 말씀하시는 듯합니다. 이제 아버지 옆에서 그 어릴 때의 재롱으로 아버지가 오랜만에 모든 근심을 털어 내시고 활짝 웃으시는 듯합니다. 가족들의 웃음소리가 이 화원에서 명랑하게 울려 퍼지는 듯합니다.

오늘 이곳에 모셔지는 고인에게는 새로운 삶이 시작되는 천상의 잔치일 것입니다. 죽어서도 조상님들, 아버님과 함께 계신다는 것, 그것은 매우 소중한 기쁨이기 때문입니다."

8. 저도 이번에 처음 알았는데, 이장을 다른 말로 '면례'라고 합니다. '면' 자는 멀다, 아득하다는 뜻과 함께 기억한다는 뜻이 있습니다. 즉 면례란 기억하는 예절, 묘소를 옮겨 새로이 장례를 치르는 일을 기억하는 예절이라는 표현을 씁니다.

9. 즉 면례란 고인의 마음과 사랑과 그 삶을 기억하는 것이고, 고인의 삶을 우리 마음속에 담는 것을 의미하는 예절이라고 해석할 수 있겠습니다.

10. 우리는 미사 때마다 '너희는 나를 기억하라'는 주님의 마지막 말씀을 성혈을 변화시킬 때마다 듣습니다. 미사 시간에 주님의 죽으심과 부활하심을 기억하는 것입니다.

11. 기억한다는 것은 먼 옛날의 이야기를 추억하는 것이 아니라 그 죽음과 부활이 실재로 우리 삶에 재현되고 있음을 의미합니다. 마찬가지로 면례 의식을 통해 사랑하는 가족을 기억한다는 것은 단순한 기억이 아닌, 가족들의 마음과 사랑이 지금 이 순간 여기서 재현되고 있음을 의미하는 것입니다.

12. 하느님의 은총으로 두 가족 모두에게 뭔가 특별한 은혜가 내리는 듯했습니다. 가족들 간에는 남모르는 사랑도 있지만 상처도 있기 마련입니다. 때로는 그 상처들이 깊이 곪아 있는 경우도 있습니다. 서로의 마음속을 깊이 이해하지 못하기 때문입니다.

흐르는 눈물들을 통해 돌아가신 분들과 화해와 용서가 이루어지는 것을 보고 느낄 수 있었습니다.

13. 돌아가신 분들을 기억한다는 것은 그분들께 드리는 사랑이지만 동시에 화해와 용서라는 사실을 새롭게 깨닫게 되었습니다. 과거의 상처로부터 새롭게 부활하는 것입니다. 돌아가신 분들과 진정한 화해와 용서가 이루어지지 않으면 우리는 언제까지나 과거에 붙잡혀 사는 불쌍한 인간들일 수밖에 없습니다.

14. 오늘 우리는 라테라노 대성전 축일 미사를 봉헌하고 있습니다. 도대체 라테라노 대성전이 어떤 성전이기에 축일 미사까지 봉헌하는 것일까요?

15. 역사를 거슬러 올라가 보면 오늘날의 베드로 대성전이 세워지기 전까지는 라테라노 대성전이 가장 큰 성전이었습니다. 이 성전은 324년 로마의 콘스탄티누스 대왕이 하느님께 봉헌한 것입니다. 그 이전까지만 해도 로마의 황제가 곧 신이었습니다. 그래서 하느님을 믿는 그리스도교 신자가 무려 300년 동안 극심한 박해를 받게 됩니다.

그런데 콘스탄티누스가 황제가 되었습니다. 그는 그리스도교 신자는 아니었지만 그의 뒤에는 어머니 헬레나 성녀가 있었습니다. 어머니 헬레나는 아들에게 지극정성으로 그리스도교의 정당성과 올바름을 설득하였고, 하느님만이 유일신이심을 가르쳐 주었습니다. 정말 하느님의 은총으로 이 왕이 그리스도교를 받아들이게 되었고, 잡신들의 천지였던 로마를 그리스도교의 본거지로 만들게 되었던 것입니다.

그는 313년 밀라노 칙령을 발표하여 그리스도교를 로마의 국교로 정하는 엄청난 개혁을 하게 됩니다. 그리고 라테라노 성전을 지어 하느님께 봉헌하게 됩니다.

16. 따라서 오늘의 이 축일을 지내는 의미는 우리가 신앙의 자유를 누리게 되었음을 기뻐하는 것이고, 그 안에 숨어 있는 수많은 순교자의 피와 헬레나 성녀의 신앙을 기억하는 데 있다고 할 수 있겠습니다.

17. 우리의 신앙은 거저 얻어진 것이 아닙니다. 수많은 순교자의 피와 희생과 봉헌의 결과인 것입니다.

18. 따라서 우리 신앙의 터전인 이 성전은 참으로 거룩한 곳입니다. 수많은 이들의 신앙과 희생, 그 아픔과 고통이 함께 존재하고 있기 때문입니다. 그 모든 신앙의 유산들은 하느님께 봉헌된 것이기에 참으로 귀중한 것입니다.

19. 우리 금호동 성당도 피난민들의 아픔과 고통, 그 애환이 서려 있는 곳입니다. 세상살이가 고달파도 당시의 신자들은 언제나 이곳에 모여 서로 의지하고, 하느님께 자신의 삶을 봉헌했습니다.

20. 멀지 않은 과거입니다. 바로 우리 아버지, 어머니의 이야기입니다. 그분들의 고통, 하느님께 바쳐진 고통이 있기에 오늘의 우리가 있는 것이고, 우리의 신앙이 있는 것입니다.

21. 따라서 언제까지나 그분들의 삶과 신앙을 기억해야 하겠습니다. 그분들이 하느님께 바친 그 기도와 정성, 희생과 고통을 기억해야 하겠습니다. 그분들은 우리보다 훨씬 더 열악하고 힘든 전쟁터와 같은 삶 속에서도 신앙을 지켜 오셨고, 그 신앙을 키워 오셨고, 또 우리에게 물려주셨습니다. 이 공동체를 이루어 왔습니다.

22. 지금 우리 눈에는 허약하고 암울해 보이는 공동체의 모습인지는 몰라도 이 공동체 안에는 그 어떤 성전보다도 하느님께서 귀하게 여기시는 희생과 정성이 숨어 있음을 기억해야 하겠습니다.

23. 부끄러워해서는 아니 될 것입니다. 기억하고, 자부심을 갖고 긍지를 가져야 합니다. 그리고 더욱더 희망찬 미래를 향해 나아가야 할 것입니다.

"이 성전을 허물어라. 내가 사흘 안에 다시 세우겠다." 아멘.

그리스도 왕 대축일(2014. 11. 23.)
"주님은 나의 목자 아쉬울 것 없어라."

1. "붉은 저녁해 창가에 머물며 내게 이제 긴 밤이 찾아온다 하네.
…… 소리 없이 사그라드는 저녁빛에 잠겨 나 어디선가 들려오는
울먹임에 귀 기울이네. 부서진 꿈들……. 시간의 무늬처럼 어른대
는 유리 저편 풍경들……."

2. 이 시는 남진우 시인의 〈저녁빛〉이라는 시입니다. 이 시를 들으
면 살아온 날들을 가만히 들여다보게 되고, 삶이 때로는 그 얼마나
덧없고 쓸쓸한가를 생각하게 됩니다.

3. 특히 오늘은 그리스도 왕 대축일로, 이번 주간이 교회 달력으로
보면 한 해의 마지막 때이기 때문에 한 해에서 다음 한 해로 넘어가
는 이 시점에서 우리는 자연스럽게 우리가 살아온 삶을 더욱 진지
하게 되돌아보고 자문하게 됩니다.

4. "나름대로 열심히 살고 있지만 무엇이 이리 바쁜가. 나는 누구이
고, 어디에 있는가? 이게 아닌데, 이게 아닌데, 여기까지 밀려온 세
월은 또 무엇인가? 언제 한 번이라도 나 자신을 조용히 들여다보며
지나온 삶을 뒤적여 본 적이 있던가?"

우리가 걸어온 삶의 뒤안길을 볼 때 자연스럽게 고개를 숙이게 됩니다.

5. 40여 년 전 소신학교에 입학한 후 어느 가을날 웅변대회가 있었습니다. 여러 명이 나온 가운데 선배 한 분이 들고나온 웅변 제목은 특이한 것이었습니다. 그 제목은 '왕 중의 왕은 가시관을'이었습니다. 어린 나는 무슨 이야기를 하려고 저런 제목을 들고나왔나 하여 호기심 어린 마음으로 경청하였습니다.

지금이야 그 선배의 웅변 내용을 거의 다 잊었지만, 그래도 생각나는 줄거리는 대략 이런 것이었습니다.

6. "세상의 모든 왕들은 금관을 쓰는데, 왕들 중에서 최고 왕이신 예수님은 금관은커녕 가시관을 쓰셨다. 지배하고자 하는 왕은 금관을 쓰지만, 섬기고자 하는 왕은 가시관을 쓴다. 거짓된 왕은 금관을 쓰지만, 진리의 왕은 가시관을 쓴다. 위선과 교만의 왕은 금관을 쓰지만, 정의와 겸손의 왕은 가시관을 쓴다. 힘으로 짓밟고 권력으로 내리누르는 왕은 금관을 쓰지만, 사랑과 평화로 다스리는 왕은 가시관을 쓴다. 왕 중의 왕이신 그리스도를 따르고자 나선 우리 신학도들이여, 빛나는 금관이 아니라 피 흐르는 가시관을 받아 쓰자."

7. 교회는 매년 마지막 주일을 '그리스도는 왕이시다'라고 고백하는 주일로 지냅니다. 그리스도는 세속적으로 권력을 부리고 명령을 하고 힘을 쓰는 왕이 아니라 사랑의 왕, 봉사의 왕, 진리의 왕이라고 고백하는 것입니다. 그리하여 그리스도를 따르는 이는 누구나 사랑하고 섬기는 데 있어서 왕이신 그리스도를 본받아야 한다는 것을

가르치고자 합니다.

8. 최근 우리나라의 왕이라고 할 수 있는 대통령이 여럿 있는데, 하나같이 금관 쓰기를 요구할 뿐 가시관 받기를 원하지 않는 듯하여 마음 한구석이 시린 듯 저려 옵니다. 남의 잘못이나 떠들어 대고, 약속과 신의를 배반하고, 남을 짓밟고 올라서서 왕이 되려고 할 뿐 정직하고, 진실되고, 사랑으로 섬김으로 왕이 되려고 흉내조차 내는 이 없어 답답할 뿐입니다.

9. 이 시대는 짓밟고 올라서는 왕이 필요한 것이 아니라, 떠받들고 섬기는 왕이 필요합니다. 이 시대는 권력으로 내리누르는 왕이 필요한 게 아니라, 쓰러져 가는 가정을, 황폐화되는 인성을 어루만져 주고 일으켜 세워 주는 왕이 필요합니다.

10. 얼마 전 세상을 떠나 모두의 가슴을 울렸던 인도의 테레사 수녀가 살아생전 병든 어린이 하나를 안고 그 아이에게서 흐르는 고름을 치료하고 있을 때 기자 한 사람이 다가가서 물었습니다.
"수녀님, 당신은 잘사는 사람, 권력과 명예가 높은 사람, 평안하게 즐기며 사는 사람들을 볼 때 부럽거나, 시기심이나 질투 같은 것이 일어나지 않습니까?"
그때 테레사 수녀는 이런 말을 했습니다.
"허리를 굽히고 섬기는 사람에게는 위를 쳐다볼 시간이 없으니까요."

11. 사랑하고 섬기는 데 있어 가히 왕의 자리를 터득한 한 여인의 모습이야말로 얼마나 숭고합니까! 이 시대 지도자가 되겠다는 사람들의 모습이 허리를 굽혀 사랑하고 봉사하는 왕이 된다면 얼마나

축복된 나라가 될 수 있겠습니까!

12. '몇 사람을 밟고 살았는가'가 아니라 '몇 사람이나 섬기며 살았는가'가 우리 삶의 제목이 되어야겠습니다. 짓밟고 일어서서 얻은 금관이 아니라, 섬기며 얻은 가시관을 삶의 보물로 여기는 지혜를 터득해야겠습니다.

13. 우리가 따르는 왕이신 그리스도는 세상 모든 왕들 중의 왕이시온데 그분의 머리에 얹힌 관은 백성을 힘으로 내리누르고 거짓과 음모, 위선과 가면으로 얹힌 금관이 아니라, 위를 쳐다볼 시간조차 없도록 사랑으로, 겸손으로 섬김으로써 얻은 가시관일 뿐입니다.

14. 남을 짓밟음으로써 얻은 금관을 쓰고 있는 빌라도 앞에서 재판을 받기 위하여 사랑으로 섬김으로써 얻은 가시관을 쓰고 서 계신 그리스도의 모습을 생각해 봅니다. 나는 빌라도의 금관을 선택하는가? 그리스도의 가시관을 선택하는가?

15. 오늘은 그리스도 왕 축일입니다. 그분이 어떤 의미의 왕인지 생각해 봐야 합니다. 왕은 최고의 힘을 지닌 자였습니다. 무엇이든 할 수 있었고, 누구도 거역해선 안 되었기에 두려움의 존재였습니다. 예수님을 그런 왕으로 생각해야겠습니까.
빌라도 앞에 서셨던 예수님은 "내 왕국은 이 세상 것이 아니다."라고 하셨습니다.

16. 당신 나라가 이 세상 것이 아니라면 이 세상 개념으로 그분을 생각해선 안 됩니다.

그러므로 왕이신 예수님은 주인이신 예수님으로 고쳐 생각해야 합니다. 무엇의 주인이십니까. 시간과 운명의 주인이십니다.
시간은 어디로 가는지 모릅니다.

17. 주인이신 예수님만 아십니다. 우리의 운명도 어디를 향하고 있는지 모릅니다.

18. 주님만이 아실 일입니다. 그렇기에 우리는 기도하며 맡깁니다. 교회 달력으로 한 해를 마감하는 오늘, 우리는 공적으로 이 믿음을 드러냅니다. 그분을 왕으로 고백하며 시간과 운명의 주인이심을 다시 한 번 고백합니다. 오늘은 그런 날입니다.

19. 사람들은 세상에서 불안을 느낍니다. 고통스러운 일들이 너무 많기 때문입니다. 대부분 자신의 의지와는 상관없이 찾아오는 것들입니다. 이 갑작스러운 시련 앞에서 누군가 지켜 주고 보호해 준다면 아무라도 그를 의지할 것입니다. 아니 왕으로 모실 것입니다. 그렇기에 사람들은 부적을 지니고 굿을 하며 용하다는 사람을 찾아 나섭니다.

20. 그러나 불안은 사라지지 않습니다. 그리스도 왕 축일은 이러한 사람들의 방황에 대한 교회의 공적인 답변입니다. 왕이신 예수님이 인간사 모든 희로애락의 주인이기에 그분께로 돌아가자는 것입니다.

21. 그러므로 예수님이 왕이라는 것은 그분이 우리의 미래를 책임지고 있다는 말과 같습니다. 이것을 인정하고 고백한다면 그분을 왕으로 모시는 행위가 됩니다.

22. 오늘의 현실에서 그분이 우리의 앞날을 책임지고 있다면 얼마나 든든한 일입니까.

23. 시련 속에서 자신의 미래를 좌우하고 계시는 주님을 느낀다면 두려울 것이 무엇입니까. 그러니 주님께서 우리의 앞날을 책임지고 계심을 믿지 않고 있었다면 오늘은 믿는다고 고백해야 합니다. 주님께서 나의 운명을 지켜 주고 계심을 느끼지 못했다면 오늘은 느낄 수 있게 해 달라고 청해야 합니다.

24. 왕이신 예수님은 우리를 지켜 주십니다. 불안한 이 세상에서 두려움을 넘어 희망과 용기로 살아가도록 도와주십니다. 우리는 신앙 생활을 통해 이러한 예수님의 힘을 느끼고 있습니다. 끊임없이 기도하는 사람들은 이것을 체험하기에 의심 없이 왕으로 섬기고 있습니다. 그분을 왕으로 섬기면 그분 또한 우리의 운명 속에 들어오시어 왕이 되어 주십니다. 그러니 이제 남은 일은 이러한 믿음에 어울리게 사는 일입니다.

25. 불안한 세상 속에 사는 만큼 주님께 맡겨야 합니다. 나와 내 사랑하는 사람의 미래를 주인이신 예수님께 맡겨야 합니다. 이것이 믿음의 생활입니다.
그리스도 왕 축일을 맞으면서 다시 맡기는 기도를 시작합시다.

26. 그분은 오셔서 우리와 함께 사시며 왕이 되어 주실 것입니다. "주님은 나의 목자 아쉬울 것 없어라." 아멘.

대림 제1주일(2014. 11. 30.)

"그러니 깨어 있어라.
주인이 갑자기 돌아와 너희가 잠자는 것을
보는 일이 없도록 하여라."

1. 겨울의 문턱에 서서 떨어지는 낙엽을 쓸쓸한 마음으로 지켜봅니다. 언젠가 우리의 인생도 저리 힘없이 스러지는 날이 있을 텐데 그날 우리의 마음은 어떤 마음일까 상상해 봅니다.

2. 모든 것은 다 지나가는 것이고, 우리는 언젠가 마지막 순간을 맞이할 텐데…… 그리 생각해 보면 인생이 참으로 허전하고 쓸쓸하게 느껴집니다.

3. 젊은 날의 열정도, 사랑도 어느덧 마음속에서 식어 내리고, 이제는 회한과 아픔 속에서 오늘을 바라봅니다.

4. 허무하게만 느껴지는 마음이 떨어지는 낙엽처럼 으스스합니다.

5. 이토록 스산한 계절에 우리는 대림 제1주일을 맞이하고 있습니다.

6. 이 대림절은 우리에게 절망 속에서도 새로운 희망을 갖도록 촉구합니다. 제대 앞의 대림초 4개 중 하나가 불을 밝혔습니다. 대림초는 어둠 속에 켜지는 주님의 빛을 의미합니다.

7. 깜깜하고 답답한 현실 속에서 주님께서는 교회를 통하여 우리

마음속에 촛불 하나를 켜도록 이끄십니다. 그 촛불은 우리의 힘으로 켜지는 것이 아니라 주님의 힘으로, 은총으로 켜지는 것입니다. 우리가 무슨 힘이 있어 이 어두운 현실을 밝힐 수 있는 불을 켤 수 있겠습니까? 우리 힘으로는 우리 인생의 어둠을 밝힐 수 없습니다. 주님께서 우리 마음속에 교회를 통하여 당신의 빛을 주시는 것입니다. 오직 주님만이 빛이시고 길이시며 생명이시기 때문입니다. 당신께서 하늘을 찢고 내려오시는 것입니다. 어둠을 뚫고 내려오시는 것입니다.

8. 우리의 죄악이 바람처럼 우리를 휩쓸고 지나가는 현실에서, 우리 모두 나뭇잎처럼 시들어 버리는 상황에서 주님께서는 우리에게 오늘 새로운 희망을 불어넣어 주고 계십니다.

9. '대림'이란 '기다림'이라는 뜻이지만 다른 말로 표현한다면 희망이라고 할 수 있을 것입니다. 희망하는 것이 있기 때문에 기다릴 수 있는 것이기 때문입니다.

10. 희망, 그것은 인간만이 가질 수 있는 고귀한 가치입니다. 희망이 없다면 우리는 절망스러운 현실 속에서 절대로 다시 일어설 수 없습니다. 따라서 희망은 우리를 살리는 힘이고, 이 대림절은 맥이 다 빠져 버린 인간에게 새로운 희망을 주는 시기라 할 수 있을 것입니다. 이제 우리 마음에도 빛이 생기고, 밝음과 기쁨과 평화와 사랑이 회복될 것이라는 희망을 가질 수 있게 됩니다.

11. 얼마 전에 우연히 〈K팝스타 4〉에 등장한 정승환이라는 어린 친

구가 부른 김범수의 〈지나간다〉라는 노래에 필이 꽂혔습니다. 그 친구의 애절한 목소리를 들을 수 있으면 좋겠는데 그러기가 어려워 가사만 일부 소개합니다.

"얼마나 아프고 아파야 끝이 날까

얼마나 힘들고 얼마나 울어야 내가 다시 웃을 수 있을까"

12. 표정이 아주 심각해 보이는 어린 친구의 노래였는데 가수 김범수가 부른 노래보다 훨씬 더 감동적으로 제게 다가왔습니다.

13. 가사 중 "지나간다 이 고통은 분명히 끝이 난다, 내 자신을 달래며 하루하루 버티며 꿈꾼다 이 이별의 끝을, 그 믿음이 없인 버틸 수 없어, 그 희망이 없었으면 난 벌써 쓰러졌을 거야, 무너졌을 거야, 그 희망 하나로 난 버틴 거야, 지나간다 이 고통은 분명히 끝이 난다, 내 자신을 달래며 하루하루 버티며 꿈꾼다 이 이별의 끝을"이라는 부분들이 마음에 와닿았습니다.

14. 그렇습니다. 인간은 희망이라는 믿음이 없으면 결코 하루도 올바르게 살 수 없습니다. 이 고통은 지나가는 것이며, 우리 인생의 어둠도 반드시 끝이 있는 것입니다. 그 고통과 어둠의 시간을 인내로, 희망으로 버틴 시간들이 결코 헛되지 않을 것입니다.

15. 우리 신앙인들에게는 우리의 삶과 함께하시는 하느님이 계시기에 더더욱 그렇습니다.

이 어려운 시간들이 아무런 보상 없이 끝나 버린다면 우리 인생은 그야말로 허무 자체일 것입니다. 그러나 우리에게는 인생이 허무가 아닙니다. 우리에게 주어진 인생은 하느님의 선물입니다. 하찮은 돌 하나도 나름대로 의미를 갖고 있다면 우리의 고귀한 인생이 결코 무의미할 수는 없는 것입니다. 이 시간 우리가 겪는 어둠들, 고통들, 그것은 우리가 하느님의 사람으로 거듭날 수 있는 귀한 하느님의 섭리요, 신앙의 신비라 할 수 있을 것입니다.

16. 오늘 복음에서는 "깨어 있어라."라고 말씀하십니다. 희망을 갖고 있어야만 깨어 있을 수 있는 것입니다. 우리가 처해 있는 상황이 아무리 어렵고 힘들어도 희망을 갖고 있으면 깨어 있을 수 있고, 깨어 있을 수 있어야 우리의 마음을 어둠의 세력에 빼앗기지 않을 수 있게 됩니다.

17. 희망을 갖지 못하고 어둠과 절망 속에 있으면 자포자기의 어두운 마음으로 살아갈 수밖에 없을 것입니다. 모든 것이 무의미하고 의욕이 없고 삶의 중심이 흐트러진, 그야말로 죽어 있는 삶을 살 수밖에 없을 것입니다.

어둠은 어둠을 불러들입니다. 마음속에 쌓인 어둠은 세력이 되고, 우리는 그 어둠의 노예를 면치 못할 것입니다. 깨어 있지 못한 삶은 곧 죽음의 삶이요, 어둠의 삶이요, 자포자기의 삶이며, 절망과 좌절의 삶이며, 그것은 가장 큰 죄악으로 바뀌어 가는 것입니다.

18. 대림 1주일 희망을 갖고 깨어 있어야 하겠습니다. 우리의 어둠은 곧 빛으로 바뀔 것입니다. 우리의 절망은 새로운 기쁨으로 바뀔 것입니다. 우리의 죽음은 곧 부활로 바뀔 것입니다.

19. 이 세상이 가장 어두웠을 때 아기 예수님이 이 세상의 빛으로 탄생하십니다.

20. 아기 예수님의 탄생이 내 마음속에서도 이루어질 수 있도록 깨어 기도할 수 있어야 하겠습니다.

21. "그러니 깨어 있어라. 주인이 갑자기 돌아와 너희가 잠자는 것을 보는 일이 없도록 하여라." 아멘.

대림 제2주일(2014. 12. 7.)

"너희는 주님의 길을 마련하여라.
그분의 길을 곧게 내어라.
모든 사람이 하느님의 구원을 보리라."

1. 우리는 오늘 대림 제2주일을 맞고 있습니다. 제대 앞 대림초에 2개의 촛불이 켜졌습니다. 우리 마음속에 어둠을 뚫고 우리도 2개의 불을 밝혀야 하겠습니다.

2. 오늘 제2독서에서는 "주님께는 하루가 천년 같고, 천년이 하루 같다."는 말씀을 전해 주고 있습니다. 이 말씀은 언뜻 들으면 우리가 쉽게 이해할 수 있는 이야기처럼 들리지만 엄청난 하느님의 신비, 우리 인간이 도달할 수 없는 시간과 공간이 초월된 하느님의 차원을 말씀해 주시는 심오한 말씀이라 할 수 있습니다.

3. 하느님은 시간과 공간을 뛰어넘으시는 분입니다. 즉 하느님께선 어제도 오늘이고, 내일도 오늘인 것입니다. 즉 영원히 현재에 존재하는 분이시고, 있는 자 바로 그분이신 것, 다시 말해 존재 자체인 분입니다. 좀 어렵죠?

4. 어제, 요즘 젊은이들이 선호하는 〈인터스텔라〉라는 영화를 보았습니다. '별 속으로', '별을 향하여'라고 해석해 볼 수 있겠습니다.

5. 간단히 내용을 요약하면 지구가 대재앙 속에 거의 멸망할 즈음,

과거에 우주항공 훈련을 받은 주인공이 어느 날 우연히 어떤 비밀스러운 장소를 찾게 됩니다. 그곳에서는 식량 문제로 지구가 망하기 직전 상태에서 다른 행성에서 인류가 살아갈 수 있는 프로젝트를 실현하고 있었습니다.

주인공은 인류를 살리기 위한 우주여행을 떠나고자 합니다. 그때 그의 사랑하는 딸이 이상한 자연현상을 통해 아빠가 떠나서는 안 된다는 메시지를 받게 됩니다. 딸은 어떻게 해서든 아빠를 말리려 하지만 아빠는 사랑한다는 말과 함께 다시 돌아오겠다는 약속의 표징으로 시계 하나를 두고 눈물을 흘리며 우주로 떠납니다.

그가 떠나기 전 이미 12명의 모험가들이 생존이 가능하다고 추측되는 별을 향해 떠난 뒤였고, 단지 두 곳에서만 생존 신호가 오고 있었습니다. 생존 신호가 오고 있는 별은 웜 홀이라는 곳을 통과해야 하는 곳에 있었고, 그 웜 홀을 통과하면 시간의 제약에서 벗어나는 곳이었습니다. 즉 그 별에서는 시간이 지구보다 몇십 배 천천히 흘렀습니다. 지구와는 전혀 다른 차원의 별이었죠.

사실 두 곳 다 인간이 생존하기는 불가능했습니다. 한 곳은 이미 도착한 사람들이 모두 사망한 곳이었고, 한 별은 한 사람이 동면 상태로 살아 있긴 했지만 구조대를 바라는 심정에서 거짓된 정보, 즉 인간이 살 수 있는 별이라는 거짓된 정보를 보내던 곳이었습니다.

우여곡절을 거쳐 주인공은 함께 갔던 다른 우주인을 살리기 위해 모선에서 떨어져 나와 착륙선을 타고 블랙홀로 빠져 들어갑니다. 그 블랙홀은 시간은 물론 공간의 개념까지 넘어서는 5차원의 세계였습니다. 시간과 공간을 넘어선, 즉 인간의 영역을 넘어선 5차원의 세상에서 그는 자신이 지구를 떠날 때의 딸의 모습을 보게 됩니다. 그 자신이 딸에게 아빠를 보내지 말라고 사인을 보냈던 것입니다. 딸은 그 후 성장하면서 아빠를 보냈던 나사(NASA)에서 인류의 재앙을 넘어설 수 있는 새로운 세계를 연구하고 있었습니다. 유일한 방법은 중력의 비밀을 밝혀내는 것이었습니다. 인간은 중력 속에 있기에 지구에서만 살 수 있는데 이 중력에서 해방되면 우주에서도 살 수 있기 때문입니다.

서로 차원이 다른 상태에서 딸의 모습을 애타게 지켜보던 아빠는 자신이 남겨 준 사랑의 징표인 시계를 통해 메시지를 보내기 시작합니다. 중력의 비밀을 풀 수 있는 메시지를 시계를 통해 보내기 시작한 것입니다. 딸은 아빠를 사랑했기에 그 메시지를 이해하기 시작합니다. 중력의 비밀을 푼 딸은 인류를 구원하는 우주 속의 새로운 삶의 기지를 건설할 수 있게 됩니다.

5차원의 세계에서 떠돌던 아빠는 기가 막히게 다시 인간의 차원으로 되돌아오고, 세월이 흘렀어도 시간의 제약을 벗어난 늙지 않은 아빠와 이미 할머니가 되어 버린 딸의 재회가 이루어집니다. 아빠에게 자신의 죽음의 모습을 보여 주기 싫은 딸은 함께 떠났던 동료를 찾으라며 아빠를 보내 줍니다.

6. 2시간 40분간의 긴 영화였는데 조금도 지루하지 않았습니다. 사실 이 영화의 내용을 깊이 이해하고 싶어 두 번째 본 것이었는데도 말입니다.

7. 인간이 사는 이 3차원의 세계와 시간과 공간이 초월된 5차원의

세계는 서로 상통할 수 없는 다른 영역의 차원입니다.

8. 인간은 지금 여기 존재할 수밖에 없지만 5차원의 세계는 그런 시간과 공간의 제약을 받지 않습니다. 즉 과거가 현재이고, 미래도 현재인 것입니다. 언제든, 어디서든 원하는 곳에 머물 수 있습니다.

9. 영화에서는 이 인간의 세계와 인간의 차원을 넘어서는 세계가 서로 통할 수 있는 유일한 길은 바로 사랑에 있음을 가르쳐 주고 있습니다. 즉 인간의 사랑은 인간의 영역을 뛰어넘어, 즉 시간과 공간의 제약을 뛰어넘어 함께 존재하고 있음을 보여 주고 있다고 할 수 있겠습니다. 인간의 능력 가운데 사랑의 능력만이 그런 것이라고 가르쳐 주고 있는 것입니다. 아빠가 딸을 사랑하는 마음과 딸이 아빠를 사랑하는 마음이 서로 다른 차원에 있었지만 서로 함께 통하고 있었던 것입니다.

10. 이 영화를 두 번씩이나 본 이유는 바로 하느님과 인간의 관계를 새롭게 깨달을 수 있는 기회였기 때문입니다.

11. 그렇습니다. 우리는 하느님에 대하여 수없이 이야기하지만 사실 하느님에 대해서는 잘 모른다고 하는 것이 정답일 것입니다. 하느님은 우리와 차원이 다른 분이시기 때문입니다. 이런 의미에서 볼 때 "하느님께는 하루가 천년 같고, 천년이 하루 같다."는 말씀을 조금이나마 이해해 볼 수 있게 됩니다.

12. 우리가 하느님을 이해할 수 있는 유일한 길은 바로 사랑의 능력이라고 할 수 있을 것입니다. 사랑이란 바로 하느님을 이해할 수 있

는 유일한 통로인 것입니다. 시간과 공간의 제약 속에 살아갈 수밖에 없는 인간이 시간과 공간을 뛰어넘어 언제나 오늘에 존재하시는 하느님을 이해하는 유일한 길은 바로 사랑에 있는 것입니다.

13. 오늘 복음에서는 세례자 요한이 "마음속에 주님의 길을 마련하라."고 외치고 있습니다. 즉 마음속에 하느님을 맞이하기 위해서는 잃어버린 사랑의 마음을 회복해야 함을 외치고 있는 것입니다.

14. 예수님이 이 세상에 오시는 것은 시간과 공간의 제약을 뛰어넘으시는 하느님께서 사랑으로 이 세상에 내려오시는 것을 의미합니다. 즉 시공을 초월하는 하느님이 시공의 제약 속에 내려오시는 것입니다. 그것은 엄청난 사랑의 결과입니다. 사랑이 없으면 절대 불가능한 일입니다. 엄청난 사랑이기에 '강생의 신비'라고 이야기하는 것입니다.

15. 즉 인간도 사랑으로 하느님을 보고 느끼고 깨달을 수 있듯이 하느님도 사랑으로 이 어두운 세상에 내려오시는 것입니다. 그러하신 하느님의 사랑이 있기에 인간도 사랑을 통해 시간과 공간을 뛰어넘는 새로운 차원, 즉 하느님의 차원 속에 머물 수 있게 되는 것입니다.

16. 당신의 것을 모두 버리셨을 뿐만 아니라 인간 중에서도 가장 가난하고 보잘것없는 아기의 모습으로, 십자가의 그 처절한 모습으로 우리에게 다가오시는 것입니다. 그것은 사랑이 아니면 이해할 수도 없는 일이라 할 수 있을 것입니다.

17. 이제 우리는 위대하고도 엄청난 사랑의 탄생을 준비하고 있습니

다. 우리 안에 어둠을 물리치고 사랑을 회복해야만 그분의 탄생을 이해할 수 있고, 그분의 탄생이 우리 안에서도 이루어지게 됩니다.

18. 너무 쉽게 성탄을 축하한다고 이야기합니다. 그 축하가 진심 어린 깨달음에서 나오는 진정하고도 엄청나면서도 위대한 사랑을 증거하는 하느님의 힘이 함께하시는 축하의 인사이길 기도해 봅니다.

19. "너희는 주님의 길을 마련하여라, 그분의 길을 곧게 내어라. 모든 사람이 하느님의 구원을 보리라." 아멘.

성탄 대축일 밤 미사 (2014. 12. 24.)

"두려워하지 마라. 이제 너는 혼자가 아니다.
내가 함께 너의 어둠을 없애 주겠다.
나만 믿고 나를 따라오너라."

1. 성탄을 축하합니다. 진심으로 축하하십니까? 무엇을 축하하시는 것입니까? 왜 축하해야 하는 것일까요?

2. 성탄을 축하한다고 말하면서도 무엇 때문에, 왜 축하하는 것인지 모른다면 그 축하 인사는 아마도 형식적인 인사일 뿐입니다.

3. 아기 예수님께서 탄생하심은 한편으로는 말할 수 없는 기쁨이지만 한편으로는 이 세상의 어둠에 대한 하느님의 슬픔이기도 합니다. 이 세상이 어둡기에, 그 어둠을 인간이 도저히 해결할 수 없었기에 하느님께서는 당신의 모든 것을 버리시고 아기의 모습으로, 가장 가난한 아기의 모습으로 탄생하십니다.

4. 아기 예수님의 탄생은 이 세상의 어둠의 극치를 보여 주는 것입니다. 더 이상 사랑이 없고, 따뜻함이 없고, 용기와 희망이 없는 세상이 되었음을 의미하는 것입니다. 서로가 서로에게 칼날을 휘두르고, 절망과 좌절만 가득한 세상이 되었음을 의미하는 것입니다. 아무리 착한 사람도 착하게 살 수 없고, 도저히 이 세상을 휘어잡고 있는 어둠을 이겨 낼 수 없는 세상이 되었음을 의미하는 것입니다.

5. 하느님께서는 인간을 선하게 창조하셨는데, 그 마음 안에 사랑과 정의를 심어 주셨는데 이 세상의 어둠이 인간의 마음속에 있는 하느님의 선물인 선함을 온전히 파괴하고 말았습니다.

6. 사람들의 마음속에 사랑 대신 미움이, 정의 대신 불의가, 희망 대신 절망이, 믿음 대신 불신이 가득한 세상이 되고 말았습니다.

7. 더 이상 하느님께서 창조해 주신 아름다운 세상을 만날 수 없고, 하느님으로부터 나온 모든 것이 철저히 파괴된 세상에, 인간이 자신의 힘으로는 도저히 선을 회복할 수 없고, 희망을 가질 수 없고, 사랑을 실천할 수 없고, 온갖 무지와 잘못된 권력이 판을 치고 있는 세상에 아기 예수님께서 탄생하십니다.

8. 인간이 어찌하지 못하는 이 세상의 어둠을 없애기 위해서 하느님께서 직접 이 세상에 탄생하시는 것입니다.

9. 하느님께서는 가장 약한 아기의 모습으로 이 세상의 어둠 그 한가운데에서 탄생하십니다. 천지를 창조하시고 모든 것을 주관하시는 전능하신 하느님께서 아무것도 할 수 없어 보이는 아기의 모습으로 탄생하시는 것입니다. 그것도 추운 겨울에 냄새가 펄펄 나는 마구간에서 동물들이 지켜보는 가운데, 이 세상 사람들의 냉대와 무관심 속에 태어나십니다.

10. 해마다 예수님의 탄생을 기뻐하지만 올해는 더더욱 기뻐할 수 있어야 하겠습니다. 우리 사회의 어둠이, 또 우리 가정의 어둠이, 또 우리 교회의 어둠이 최고조에 이르고 있기 때문입니다.

11. 예전에는 들어 보지도 못했던 극악한 범죄가 종종 벌어집니다. 부모가 자기 아이를 죽이고, 자녀가 부모를 죽이고, 사랑하던 사람을 죽여 찢어 버리고 등등 입에 담기조차 부끄럽고 엄청난 일들이 곳곳에서 일어나고 있습니다.

12. 가정에서도 미움과 분노, 불신과 저주가 팽배하고 있습니다. 대화 대신 무관심과 미움으로 가족 서로를 적대시하고, 마음속으로 함께하지 못함을 괴로워하면서도 그 미움의 멍에에서 벗어나지 못하고 있습니다.

13. 교회에서도 함께하는 공동체보다는 끼리끼리 공동체를 더 좋아하고, 사회에서의 명예욕과 과시욕을 교회 안에서도 쉽게 찾아볼 수 있습니다. 하느님께 향한 진솔한 신앙보다는 이 세상에서의 처세를 위한 이중적이고도 위선적인 신앙의 모습을 자주 보곤 합니다. 교회도 어느샌가 섬기는 모습보다 권력자의 모습으로 변질되어 가고, 그로 인해 파벌주의, 출세주의가 이미 오래전부터 조장되고 있습니다.

14. 정치인들도 국민과 나라를 위한 마음보다는 자신의 권력 유지에만 혈안이 되어 있어 민초들의 아픈 마음과 눈물을 헤아리지 못하고 있습니다. 세월호 등의 사건을 겪으면서 우리는 말로만 국민과 나라를 위하는 정치인과 사회 지도층 인사들의 위선과 이중성을 처절하게 체험하고 있습니다.

15. 가진 자들은 수단, 방법을 가리지 않고 더 가지려 합니다. 그로

인해 아픔과 상처를 받는 사람들이 있지만 그들은 무관심으로 일관합니다. 못 가진 자들은 어떻게 해서든지 좀 더 가져 보려 하지만 현실의 벽은 높디높습니다. 마음속이 원망과 분노로 가득하고, 풀리지 않는 미움으로 더더욱 나락으로 떨어지고 맙니다.

16. 어디서부터 풀어야 할지 그 방법이 도무지 떠오르지 않습니다. 풀리기나 할지, 그 희망마저도 체념으로 바뀌어 가고 있습니다. 우리가 살고 있는 이 세상의 문제, 그 어둠은 도저히 인간의 힘과 지혜로는 풀 수 없는 불가능의 문제로 변하고 있습니다.

17. 이 사회 속에 사는 우리는 행복하지 않습니다. 웃으려고 애써 보지만 마음 깊은 곳에 있는 응어리는 풀어지지 않습니다. 그 상처와 한이 여전히 우리 마음 깊은 곳에 자리 잡고 있어 우리를 한없이 괴롭히고 우울하게 합니다.

18. 마음속의 어둠을 이겨 내지 못하는 사람들은 극한적인 방법으로 그 구렁텅이에서 벗어나고자 합니다. 어쩔 수 없이 살아야 하는 사람들은 그 어둠의 노예가 되어 자신의 마음속에 그 어둠을 더 확산시키고 다른 이들에게도 그 어둠을 전파합니다.

19. 우리 자신의 마음과 이 사회와 이 교회를 들여다보면 더 이상 희망을 가질 수 없습니다. 희망이 없는 삶, 그 삶은 이미 죽은 삶입니다.

20. 그래서 이번 성탄은 더 큰 기쁨으로, 더 큰 희망으로 다가옵니다.

21. 어둠을 이겨 내시는 하느님께서 우리에게 아기 예수님을 주시기 때문입니다. 적어도 우리에게는 희망이 생기게 되었습니다. 우리 마음속에도 준비가 됐든, 되지 않았든 상관없이 아기 예수님께서 탄생하시기 때문입니다. 우리 마음속의 미움 그 한가운데에, 이 사회의 부정하고 불의에 가득 찬 괴물과 같은 모습 그 한가운데에, 교만과 위선으로 가득 찬 교회의 이중성 그 한가운데에 아기 예수님께서 탄생하십니다.

22. 그래서 우리가 성탄을 축하하는 것입니다. 성탄은 희망입니다. 아기 예수님께서는 우리에게 말씀하십니다.
"두려워하지 마라. 이제 너는 혼자가 아니다. 내가 함께 너의 어둠을 없애 주겠다. 나만 믿고 나를 따라오너라."

23. 성탄은 하느님의 힘입니다. 아기 예수님도 이 세상의 어둠을 피해 갈 수 없었습니다. 온전히 그 어둠을 당신 온몸으로 맞을 수밖에 없었습니다. 그러나 예수님은 하느님의 힘으로 그 어둠들을 이겨 내십니다. 그 하느님의 힘을 우리에게 주십니다. 이 세상을 창조하신 하느님의 힘은 우리의 상상을 초월하는 것입니다. 이제 우리는 우리 자신의 힘으로가 아니라 하느님의 힘으로 우리 삶의 어둠을 이겨 내는 것입니다. 따라서 성탄은 하느님의 힘입니다.

24. 그래서 우리가 성탄을 기뻐하는 것입니다. 아니, 기뻐해야 하는 것입니다. 하느님께서 내 마음에 들어오시고, 내 맘속에 있는 모든 어둠을 빛으로 바꾸어 주시고, 그 빛으로 이 세상의 어둠을 이겨 나갈 수 있게끔 해 주시기 때문입니다.

25. 이제 우리는 이 죽음과 같은 어둠 앞에서도 의연하게 대처할 수 있습니다. 그 어둠을 이겨 내신 예수님께서 우리 마음속에 태어나시기 때문입니다.

26. 우리 모두 기쁨을 갖고, 희망을 갖고 마음을 다해 성탄을 축하합시다. 우리 마음속에 태어나신 아기 예수님을 진심으로 축하합시다. 성탄을 축하합니다. 아멘.

예수, 마리아, 요셉의 성가정 축일(2014. 12. 28.)

"언제나 주님을 섬기고 이웃을 사랑하며 살다가
주님의 은총으로 영원한 천상 가정에 들게 하소서."

1. 며칠 전에 초저녁잠을 잠깐 잔 뒤 잠을 잘 이룰 수 없어 TV를 틀
었더니 명화극장을 하는 것이었습니다. 〈굿모닝 맨하탄〉이라는 영
화였습니다. 주인공이 이뻐서 늦은 시간까지 계속 보게 되었습니다.

2. 인도의 한 가정 이야기입니다. 주인공은 주부였는데 항상 집안
에서 왕따를 당하고 있었습니다. 남편과 딸은 영어를 잘하는데 이
부인은 교육을 제대로 받지 못해 영어를 할 수 없었던 것이죠. 남편
도 항상 부인의 무식함을 은근히 조롱하고 무시하였고, 사춘기를
맞은 딸도 영어를 못하는 엄마를 창피하게 생각하고 있었습니다.

3. 그러던 어느 날 미국에 사는 부인의 조카가 결혼한다는 소식을
듣게 됩니다. 가족들은 결혼 준비를 도와주게끔 이 부인을 먼저 미
국에 보내게 됩니다.

4. 미국에 도착한 주인공은 어리둥절할 수밖에 없었죠. 말이 통하
지 않기 때문이었습니다. 그러다 지나가는 버스에 붙은, 4주 만에
영어를 완성시켜 준다는 광고를 보게 됩니다. 내면적으로 강한 용
기를 갖고 있던 이 여인은 그 학원을 물어물어 찾아가게 됩니다. 하

루하루 영어를 배우면서 부인은 재미와 함께 자신감을 얻게 됩니다. 언니와 조카에게도 비밀로 한 채 매일매일 학원에 가고, 밤에는 영어 교재로 공부합니다.

5. 드디어 인도에서 가족들이 옵니다. 가족을 다시 만나게 되어서 기쁘긴 한데 학원에 갈 일이 걱정이었습니다. 시내를 구경하던 중 학원에 가야 할 시간이 되자 핑계를 대고 가족 모임에서 빠집니다. 공교롭게도 그때 아들이 공원에서 놀다 다칩니다. 가족에 대한 사랑과 보육에 대한 큰 사명감을 갖고 있던 부인은 낙심합니다. '내가 잘못 생각하고 있는 거야. 가족이 우선인데 이런 내 모습은 무엇인가?' 하며 자책합니다.

6. 그러나 학원에서 배우는 즐거움과 이미 친해진 동료들과의 관계도 이 여인의 마음 깊은 곳에 스며들어 있었죠. 또다시 몰래 학원에 갑니다. 그리고 이 여인을 흠모하던 프랑스 남자로부터 데이트 신청까지 받습니다. 이 여인의 마음은 깊은 갈등 속에 빠지게 됩니다. 그러나 가족을 우선시하는 이 여인에게 다른 길은 없었습니다.

7. 묘하게도 조카의 결혼식 날짜와 학원의 자격증 시험 날짜가 겹치고 맙니다. 시험은 5분 동안 연설하는 것이었습니다. 결혼식은 오후에 있었고, 시험은 오전이었습니다. 여인은, 영어를 배운다는 사실을 이미 알고 있는 조카와 짜고 오전에 시험을 치르기로 했습니다. 그런데 혼주의 결혼식 답례품으로 인도의 떡 같은 것을 준비해 두었는데 아들의 장난으로 그 답례품이 엉망이 되고 맙니다. 부인은 눈물을 흘리며 시험을 포기하고 다시 답례품을 만들기 시작합니다.

부인에게는 항상 가족이 우선이었기 때문입니다.

8. 결혼식이 시작되었는데 부인이 깜짝 놀랍니다. 학원 선생님과 동료들이 와 있었기 때문입니다. 부인의 마음을 아는 조카가 그들을 초청한 것이었습니다.

9. 결혼식 중에 가족들이 덕담을 해 주는 시간이 되었습니다. 부인의 차례가 되자 남편이, 자기 아내는 영어를 못하니까 자기가 대신하겠다고 합니다. 부인은 남편의 옷자락을 잡아당기며 자기가 해 보겠다고 합니다.
부인은 떠듬떠듬 조카를 위한 덕담을 해 나가기 시작합니다.
"가족은 함께 살아가는 거란다. 함께 살아가기 위해서는 서로의 약점을 보듬어 주어야 한다. 약점을 보듬어 주지 않으면 서로 간에 깊은 상처를 남기게 된단다. 가족 간에는 자신의 장점보다는 약점이 더 존중받고 이해받는 것이어야 한단다. 그래야만 가족이란다."라는 내용이었습니다.

10. 남편도 놀라고, 딸도 놀라고, 언니도 놀라고, 모든 사람이 놀라 깊은 감동을 받는 모습이었습니다. 아들은 누나에게, 이제 엄마가 누나보다 영어를 더 잘하니 엄마 앞에서 영어로 흉보지 말라며 놀려 댑니다.

11. 학원 동료들도 힘찬 격려의 박수를 보내고, 선생님은 영어 자격증을 수여합니다. 참으로 기쁜 축제가 벌어지면서 영화가 끝을 맺습니다.

12. 저도 큰 감동을 받았습니다. 가족을 최우선시하는 부인의 마음은 어떤 유혹과 시련도 이겨 내는 귀중한 마음의 가치였습니다. 부인의 연설 "가족은 함께 살아가는 거란다. 함께 살아가기 위해서는 서로의 약점을 보듬어 주어야 한다. 약점을 보듬어 주지 않으면 서로 간에 깊은 상처를 남기게 된단다. 가족 간에는 자신의 장점보다는 약점이 더 존중받고 이해받는 것이어야 한단다. 그래야만 가족이란다."라는 말은 제 마음속에 깊은 반향을 불러일으켰습니다.

13. 오늘은 성가정 축일입니다. 우리는 가정과 가족의 중요성을 잘 알고 있습니다. 그러나 우리의 현실은 그 어느 때보다도 가정이 파괴되어 가고 있고, 가족 간에 불신의 벽이 높아져 간다는 사실에 큰 자괴감과 참담함을 느끼고 있습니다.

14. 고해성사를 주다 보면 이 같은 현실을 더 뼈저리게 느끼게 됩니다. 거의 대부분의 사람들이 가족과의 불화에 큰 상처를 받고 있고, 괴로워하고 있습니다. 부모는 아이들에게, 아이들을 부모에게, 남편은 아내에게, 아내는 남편에게 큰 상처와 스트레스를 받고 있습니다. 돈 때문에, 성격 때문에 서로가 서로에게 상처를 주고, 원한과 분노가 마음속 깊이 존재하고 있습니다.

15. 다른 사람에게는 예의범절을 지키지만 가족들은 막무가내로 대하고 비상식적인 언사와 폭행을 일삼는 경우가 많습니다. 때로는 돈뿐만 아니라 술 때문에, 도박과 마약 때문에 가족 전체가 힘들어하고 지쳐 가는 모습을 발견하게 됩니다.

16. 마냥 편하고, 어떤 경우에도 내 편이 되어야 할 가정과 가족이 처참하게 무너지고 있으며, 마치 철천지원수처럼 느껴지다니 참으로 답답하고 무서운 현실이 아닐 수 없습니다.

17. 우리는 오늘 단 한 가지의 말씀을 우리 마음속에 깊이 새겨 두어야 하겠습니다.

"가족은 함께 살아가는 거란다. 함께 살아가기 위해서는 서로의 약점을 보듬어 주어야 한다. 약점을 보듬어 주지 않으면 서로 간에 깊은 상처를 남기게 된단다. 가족 간에는 자신의 장점보다는 약점이 더 존중받고 이해받는 것이어야 한단다. 그래야만 가족이란다."

18. 서로의 약점을 보듬어 준다는 것은 결심해야 하는 것입니다. 결심하고 생각하지 않으면 우리 마음속에 있는 상처 때문에 서로에 대해 섭섭해하고 분노할 수밖에 없는 것입니다.

19. 우리가 노력한다면, 또 결심한다면 우리의 가정을 가장 많이 아끼시는 하느님께서 반드시 도와주실 것입니다. 하느님에게 있어 우리의 가정은 첫 번째 관심사이고, 사랑의 대상이기 때문입니다.

20. 우리의 가정이 하느님의 은총으로, 우리의 작은 결심으로 아름다워지고 화목해질 수 있다면, 우리의 가정이 이 험한 세상을 살아나갈 수 있는 귀중한 디딤돌이 될 수 있다면 우리의 삶이 얼마나 행복하겠습니까? 하느님께서 얼마나 기뻐하시겠습니까?

21. 나의 가정은 하느님께서 나에게 주신 선물입니다. 나의 가족들은 하느님께서 주신 가장 크신 선물입니다. 가족 간의 약점을 보듬

어 안는 귀중한 새해가 되도록 함께 결심하십시다.

22. "가정생활의 자랑이며 모범이신 성모마리아와 성요셉, 저희 집안을 위하여 빌어 주시어 모든 가족이 건강하고 행복하게 하시며, 언제나 주님을 섬기고 이웃을 사랑하며 살다가 주님의 은총으로 영원한 천상 가정에 들게 하소서." 아멘.

2015년
강론

주님 공현 대축일(2015. 1. 4.)

"자, 보라. 어둠이 땅을 덮고, 암흑이 겨레들을 덮으리라.
그러나 네 위에는 주님께서 떠오르시고, 그분의 영광이 네
위에 나타나리라."

1. 새해 첫 주일입니다. 이제 새로운 시작입니다. 어렵더라도 희망
을 갖고 새롭게 출발할 수 있어야 하겠습니다.

2. 요즘 〈미생〉이라는 드라마를 연속으로 보고 있습니다. 참으로 부
끄러움과 안타까움을 느낍니다. 이 세상을 살아간다는 것이, 가정
과 자녀들을 지켜 낸다는 것이 얼마나 힘든지 새삼 깨닫게 되고, 그
어려운 전쟁터 속에서 살아가는 이들에게 안타까움을 느낍니다. 아
울러 이 어려운 세상 속에서 그래도 의식주는 걱정 없이, 가정과 자
녀에 대한 걱정 없이 살아가는 저의 모습에 부끄러움을 느끼기도
합니다.

3. 바둑에서 아직 완전히 살지 못한 돌이 미생이라고 합니다. 살아
도 무엇을 위해서 살아야 하는지, 왜 살아야 하는지 의미조차 없이
그저 생존만을 위해 버티고 또 버티어 내는 삶의 모습들에 큰 연민
을 느끼지 않을 수 없습니다.

4. 수없는 배신과 고통 속에서도 피어나는 인간애의 진한 모습에
큰 감동을 받기도 합니다. 어려운 상황, 그 진흙탕 같은 상황에서도
아름답게 피어나는 연꽃의 모습을 보기도 합니다.

수많은 사람들과의 경쟁에서 뒤처지는 모습 속에서, 저 마음 깊은 곳에서 아련한 아픔이 스멀스멀 올라옵니다. 살아남기 위해서 그토록 열심히, 처절하리만치 노력하지만 언제나 현실의 벽은 높디높기만 하고, 가야 할 길이 아득하게 느껴질 수밖에 없는 것이 오늘 우리가 살고 있는 세상의 모습이 아닌가 합니다.

5. 마음은 굳어져만 가고, 물기 없이 메마른 사막과 같이 횅한 모래바람만이 불어 들이칩니다. 조금만 더 가면 생명의 오아시스가 있을 것 같지만 번번이 신기루와 같이 모든 것이 사라지고, 희망도, 용기도 사라지고 맙니다.

6. 철부지 아이들은 너무나 이기적입니다. 자신의 안위와 편리만을 추구합니다. 부모들은 전쟁터에서 피를 흘리며 아파하고 있는데 자기들은 자기들의 욕구가 채워지지 않는다고 번번이 부모의 아픈 마음에 소금을 더 뿌려 대고 있습니다. 성장기라고, 사춘기라고 온갖 화려한 핑계를 대 가며 부모의 속을 뒤집어 놓기 일쑤입니다.

7. 부부간에도 어느샌가 대화가 사라지고, 서로를 위한 배려와 이해는 딴 나라 이야기가 되어 버리고 말았습니다. 어려울 때나, 아플 때나, 성할 때나, 병들었을 때나 사랑하겠다는 초심의 마음은 아득한 기억 속에나 남아 있을 뿐입니다.

8. 세상도 전쟁터, 가정도 전쟁터, 부부간에도 싸늘한 냉기만 가득하니 더 이상 어떻게 살아야 할지, 무슨 희망과 의욕을 갖고 살아야 할지 그저 먹먹한 가슴으로 살아야 하니까, 온갖 자존심도 버리고,

체면도 버리고, 옳고 그름도 버리고, 윤리 의식도 버리고, 때로는 하느님마저 잊으면서 살아가고 있습니다.

9. 현실 속에서 살아가는 사람과는 비교도 안 되겠지만 저도 참으로 마음이 어려울 때가 있었습니다. 나를 비난하는 사람의 칼날은 참을 수 있어도 내 친구, 나와 함께 우정과 신앙을 나누던 사람이 쏜 화살은 마음속에 깊이 박혀 잊히지 않고, 때때로 마음 깊은 곳에서 올라와 잠 못 이루는 밤을 만들어 냅니다.

10. 하느님께서는 그런 저의 아픈 마음을 보시고 안식년으로 저의 삶을 이끌어 주셨습니다. 그러나 모든 일을 쉬고 있을 때에도 그 마음의 상처는 쉽게 가라앉지 않았습니다. 인간은 근본적으로 핑계와 책임 전가를 하는 본능을 갖고 있기에 끝없이 남의 탓을 해 대고 비난하고……. 시원할 것 같았는데 반대로 저의 마음속에 어둠이 더 커져만 가던 시기였습니다.

11. 치유가 필요하던 시간들이었습니다. 어느 날 중견사제 연수 프로그램 중 그리스 터키 성지순례가 있었습니다.

12. 터키에 가면 에페소라는 성모님의 집이 있습니다. 전승에 따르면 예수님께서 돌아가신 뒤 성모님께서는 당신의 여생을 이 에페소에서 지내셨다고 합니다.

13. 터키는 이슬람 국가가 되면서 그리스도교에 대한 미움 때문에 온갖 중요한 그리스도교 유물을 파괴하기 시작하였습니다.
성당, 수도원, 그림, 조각 등 그야말로 하나도 남김없이 파괴하고,

회칠로 덧칠하였습니다. 비잔틴 문화가 꽃피었던 시절의 유물이 하나도 남아 있지 못했습니다. 잘 알고 계시는 성소피아 성당도 그들의 이슬람 사원으로 쓰다가 그 옆에 더 큰 모스크를 짓고는 지금은 박물관으로 사용하고 있습니다.

14. 그런데 희한하게도 이 에페소에 있는 성모님의 집만은 건들지 않았습니다. 그들에게도 어머니는 중요했던 모양입니다. 성모님은 종교를 초월하여 그들 마음에도 감동이 되었던 모양입니다.

15. 성지순례를 하면 신부님들이 순서에 따라 매일 미사를 거행하는데 제가 우연하게도 이 성모님의 집에서 미사를 하게 되었습니다.

16. 미사를 하던 중 예물을 봉헌하는 기도 시간에 저는 갑자기 가슴이 탁 막히고 말았습니다. 가슴 속에서 뜨거운 불이 올라오는데 단 한마디도 할 수 없었습니다. 가슴은 뜨겁고, 숨은 막히고, 말은 못하고, 눈물만 하염없이 흐르는 것이었습니다. 머릿속으로는 선후배 사제 앞에서 창피하였지만 몸이 움직이질 않았습니다.
그 침묵의 시간이 얼마나 길게 느껴졌는지 모릅니다. 이윽고 말문이 열렸을 때 저의 가슴이 얼마나 시원하던지 지금도 그 순간이 떠오르면 전율이 생깁니다.

17. 성모님께서 저의 마음을 치유해 주고 계셨던 것이었습니다. 어머님만이 주실 수 있는 사랑이셨고, 모성이셨습니다.

18. 그곳에서의 순례가 끝난 뒤 한 농가에서 새끼 양을 잡아 통째로 구워 먹는 바비큐 식사가 있었습니다. 정말 얼마나 맛있게 먹었는

지 모릅니다. 정신없이 맛있게 먹었습니다. 여태까지 그와 같이 맛있는 음식은 없었던 것 같습니다.

19. 생각해 보면 우연한 일이 아니었습니다. 구약시대에는 양을 속죄의 제물로 삼아 봉헌했습니다. 신약시대에도 예수님을 우리의 죄를 없애시는 하느님의 어린양으로 봉헌합니다. 양처럼 예수님도 우리의 죄와 어둠을 없애 주는 대속물인 것입니다.
우리의 힘으로는 이 어둠과 죄를 이겨 낼 수가 없습니다. 어둠과 죄의 세력은 인간의 힘보다 훨씬 더 강력하기 때문입니다. 오로지 하느님만이 그 죄와 어둠을 없애 주실 수 있는 것입니다. 하느님이신 분이 아기의 모습으로 이 세상에 오시어 십자가의 예수님으로 우리를 대신해서 우리의 죄와 어둠을 씻어 주고 계시는 것입니다.

20. 그 어린양의 모습이신 예수님께서는 오늘도 이 제대 위에서 그렇게 우리를 위해 당신 자신을 아낌없이 희생하고 계시는 것입니다. 저는 미사 때마다 감동을 받습니다. 특히 성체를 쪼갤 때 예수님의 몸이 다시 한 번 찢어지는 것입니다.
예수님의 고통은 2000년 전에 단 한 번으로 끝난 것이 아니라 우리의 죄와 어둠이 있는 한 계속되는 현재진행형인 것입니다. 당신의 몸이 찢어지는 그 고통을 통해서, 그 희생을 통해서 우리를 살리고 계시는 것입니다. 그 희생이 없으면 우리는 죄와 어둠에서 벗어날 수가 없기 때문입니다. 말로만의 사랑이 아니라 당신 몸이 찢어지는 그 사랑을 우리가 미사 때마다 보고 있는 것이고, 그 사랑을 먹고 있는 것입니다.

21. 올해는 양의 해입니다. 우리 신앙과도 잘 맞아떨어지는 양의 해입니다. 그저 아무 생각 없이 양의 해라 하지 마시고, 우리 죄를 없애시는 하느님의 어린양의 해로 인식하고 받아들일 수 있어야 하겠습니다.

22. 그 누가 우리가 살고 있는 이 삶의 어둠과 죄를 씻어 주겠습니까? 가족입니까? 자녀입니까? 친구입니까? 아닙니다. 아무도 없습니다. 오직 주님만이 우리의 죄와 어둠을, 그 죄와 어둠으로 인한 상처들을 씻어 주시고 치유해 주실 수 있는 것입니다. 우리는 미사 때마다 예수님의 피로 씻기는 사람들입니다.

23. 오늘은 동방의 박사들이 긴 여정을 통해 아기 예수님을 뵈온 날입니다. 그들은 무엇을 찾았을까요? 바로 이 세상의 어둠을 없애는 하느님의 사랑을 온몸으로 체험했던 사람들이었습니다.

24. 우리도 부족하지만 이 힘든 세상 속에서 절망하지 말고 하느님의 그 사랑으로, 예수님의 그 희생으로 다시금 용기를 갖고 일어서야 하겠습니다. 그분만이 우리를 살리시는 유일한 구세주이심을 굳게 믿고 고백할 수 있어야 하겠습니다. 그분만이 우리 마음의 어둠과 그 어둠으로 인한 상처를 없애 주시고, 치유해 주시고, 새로운 구원의 삶으로 이끌어 주시는 나의 구세주이심을 고백할 수 있어야 하겠습니다.

25. 형제자매 여러분, 현실은 분명 어렵고 힘들지만 다 같이 용기를 냅시다. 이 새로운 한 해 용기와 희망으로 새롭게 출발하십시다. 죽

음과 같은 절망이 내 마음에 가득하다 하더라도 나를 위해 죽으시는 그 하느님의 사랑으로 우리의 절망은 희망으로 바뀔 것입니다. 걱정하거나 두려워하지 말고 나를 사랑하시는 하느님의 그 크신 사랑을 믿어야 하겠습니다. 믿는 만큼 나는 용서를 받는 것이고, 하느님의 크신 역사가 내 삶 안에서 실현될 수 있을 것입니다.

26. "자, 보라. 어둠이 땅을 덮고, 암흑이 겨레들을 덮으리라. 그러나 네 위에는 주님께서 떠오르시고, 그분의 영광이 네 위에 나타나리라." 아멘.

주님 세례축일(2015. 1. 11.)

"너희는 내가 사랑하는 아들,
내 마음에 드는 아들이다."

1. 요즘 〈미생〉이라는 드라마를 다시보기로 아주 재미있게 보았습니다. 20편의 짧지 않은 분량이었는데 요즘 살아가는 사람들을 좀더 잘 이해하기 위한 목적이었고, 또 그만큼의 동감과 감동을 느낄수 있었던 드라마였습니다.

2. 이 세상에는 두 종류의 사람이 있는 것 같습니다. 첫 번째는 적당히 살아가는 사람이고, 두 번째는 원칙대로 살아가는 사람입니다.

3. 대부분의 사람들은 적당히 살아가는 것이 아닌가 합니다. 원칙대로 산다는 것은 참으로 힘든 일이고, 수많은 난관을 극복해야 하는 피곤한 삶이기 때문입니다. "좋은 게 좋은 거야, 뭘 그리 힘들게 사냐? 적당히 타협하면서 살고, 또 때로는 높은 사람에게 아부도 하면서 살면 되지, 뭐 그리 힘들게 사냐?" 하면서 원리원칙을 따지는 사람들에게 면박을 주기 일쑤입니다.

4. 〈미생〉에는 여러 종류의 사람이 나오는데 그 주인공 중의 한 사람인 오상식 과장은 그야말로 원칙대로, 타협하지 않고 살아가는 사람이었습니다. 그는 만년 과장이었습니다. 능력도 있었고, 또 일의 성취도도 높았지만 윗사람들의 마음에는 들지 않았습니다. 한마

디로 고분고분하지 않았던 거죠. 옳고 그름이 분명해서 목에 칼이 들어온다 할지라도 불의와는 타협하지 않는 성품이었기 때문입니다.

그래서 그에게는 인생이 참 어려웠습니다. 사람들은 뭐 저러면서까지 살아야 하나 하는 비아냥대기 일쑤였습니다. 윗사람들도 그의 능력은 인정하면서도 "참, 사람이 왜 저런지 몰라." 하면서 답답하게 여기곤 하였습니다.

5. 성격이 대쪽 같은 그 앞에 장그래라는 신입사원이 등장합니다. 어릴 때부터 바둑 세계에 심취해 있던 고졸 출신의 그는 낙하산으로 그 회사에 들어오게 됩니다. 대기업이었던 그 회사에서 이 고졸 검정고시 출신은 아무것도 아니었습니다. 수많은 보이지 않는 학대와 핍박을 받곤 하였습니다.

그러나 그는 꿋꿋이 그 모든 시련을 견디어 냅니다. 그리고 남들보다 몇 배 노력합니다. 그의 성실성과 깊은 내면을 간파한 그의 직속상관 유 대리는 점차 그의 매력에 빠져들기 시작합니다.

6. 오 과장도 처음에는 탐탁지 않게 생각하다가 점점 더 그 신입사원에게 마음을 주게 됩니다. 겉으로는 투박한 척하지만 뭔가 모를 호기심이 점점 더 아끼는 마음으로 바뀌어 갑니다.

7. 원칙주의자였던 오 과장은 보다 더 부드럽게 충성을 다하는 유 대리 덕분에 나름대로 그들 영업3팀의 입지를 다져 나가게 되죠.

8. 중간에 영업3팀에 들어온 박 과장은 불분명한 사람이었고, 이미 부정한 세계에 발을 들여놓고 있었습니다. 까딱하면 그냥 무마될

수 있었던 비리가 장그래의 직관력과 관찰력 때문에 밝혀지게 됩니다. 결국 박 과장과 상사였던 부장은 옷을 벗게 되는데 회사 내에서는 오히려 박 과장과 그 부장에 대한 동정론이 우세해집니다. 오 과장은 차장으로 승진하지만 모든 비난의 화살이 영업3팀에 쏠리게 됩니다.

9. 장그래라는 이 신입사원은 2년 계약직이었는데 어떻게 하면 관례를 깨고 정규직원이 될 수 있느냐가 항상 고민이었고, 관심사였습니다.

어느 날 오 차장은 전무로부터 뭔가 냄새가 나는 사업을 하라는 압력을 받게 됩니다. 오 차장은 고심합니다. 그의 성격상 도저히 맡을 수 없는 일이었기 때문입니다. 그러나 그 일이 이루어지면 부서장으로 승진할 수 있고, 그리되면 장그래를 정규사원으로 받아줄 수 있다는 점 때문에 자신의 스타일을 벗어나서 그 일을 맡게 됩니다. 난관이었습니다. 모든 것이 불분명했고, 비리의 냄새가 아주 심하게 풍기는 일이었습니다. 모든 냄새는 전무로 향하고 있었죠. 어느 날 우연히 장그래가 이런 사실을 알게 되고는 오 차장에게 심하게 대듭니다. 자기 때문에 왜 그런 일을 맡으시냐고, 지금이라도 그만두시라고 강력하게 항의합니다. 그러나 오 차장은 그 일을 더 강하게 몰아붙입니다.

고민하던 장그래는 어느 날 중국으로부터 걸려온 전화를 받고는 그만 자신의 내심을 드러냅니다. 신입사원으로부터 예상치 못한 항의를 받은 중국 주재원은 자기 상사에게 그 일을 보고하게 되고, 그 상사는 또 본사에 보고합니다. 일이 커질 대로 커지고 말았습니다. 결국 본사 감사팀이 최 전무를 조사하게 되고, 결국 최 전무는 한직으로 물러나게 됩니다.

비난의 화살은 더더욱 거세졌습니다. 회사도 나름대로 연줄과 인맥이 존재하는데 최 전무에게 연줄과 인맥이 있었던 사람들은 더더욱 비난의 분위기를 조장합니다. 강직한 오 차장이었지만 결국 사표를 내고 맙니다. 오 차장은 회사를 떠나면서 장그래에게 끝까지 버텨줄 것을 요구합니다. 장그래는 계약직 만료까지 끝까지 버티지만, 또 많은 사람들의 도움의 손길이 있었지만 결국 정규직으로의 전환은 실패하고 맙니다.

10. 오 차장은 앞서 나간 선배였던 부장이 세운 조그만 회사로 들어갑니다. 그러고는 얼마 있지 않아 장그래를 끌어들입니다. 능력 있는 조력자였던 유 대리도 회사에 사표를 내고는 그들과 합류합니다.

11. 그들에게는 새로운 인생의 길이 열립니다. 이젠 얼마든지 소신 있게, 신념을 갖고, 원칙대로 일할 수 있는 상황이 된 것입니다. 그들은 그야말로 신나게 마음을 맞춰 가며 일을 합니다. 조그만 회사라 어려운 일도 많았지만 그들에게 그런 어려움은 문제가 되지 않았습니다.

12. 20편의 긴 드라마를 요약하려니 쉽지 않네요.

13. 우리는 어떻게 살아야 할까요? 쉽게쉽게, 적당히 살아야 할까요? 아니면 어렵고 고통스럽더라고 옳고 그름을 분명히 가리면서 살아야 할까요?

14. 맹자는 인간이 가져야 할 기본적인 마음으로 다섯 가지를 꼽습니다.

수오지심(羞惡之心): 자기의 잘못을 부끄러워하고 악을 미워하는 마음입니다.

사양지심(辭讓之心): 겸손하고 양보하는 마음입니다.

측은지심(惻隱之心): 남의 불행을 보고 불쌍히 여기고 측은하게 생각하는 것입니다.

시비지심(是非之心): 옳고 그른 것을 분별하는 마음입니다.

15. 저는 이 드라마를 보면서 인간의 기본적인 다섯 가지 마음을 다시 한 번 떠올릴 수 있었습니다. 적어도 오 차장은 자기 부하를 아끼고 측은하게 여기는 측은지심과, 옳고 그름을 분별하는 시비지심은 갖고 있었던 것으로 보입니다.

16. 그래서 그에게는 새로운 인생의 역사가 시작될 수 있었습니다. 기쁨과 환희와 희망에 가득 찬, 그야말로 존재감이 충만한 새로운 인생이었습니다. 그의 삶은 그간의 모든 고통을 보상받고 새롭게 변화된 삶이 되었습니다.

17. 오늘은 주님의 세례축일입니다. 우리는 세례를 통해 새로운 사람, 새로운 인생을 시작합니다. 낡은 자신에게서 벗어나 새로운 자기 자신으로 태어나야 하는 것입니다.

18. 지난해 우리는 참으로 좋은 기회를 놓치고 말았습니다. 세월호 사건이 터졌을 때 거의 대부분의 사람이 '이건 아닌데, 사회가 좀 더 새롭게 바뀌어야 하는데' 하는 생각들을 갖고 있었습니다.

'위기'는 다른 말로 '호기'입니다. 그런데 나라에서도 이런 호기를 잡지 못했습니다. 그 어린 생명들의 희생의 대가가 하나도 없이 수많은 싸움만을 남겨 둔 채 안타깝게 접히고 말았습니다. 우리 사회가 좀 더 투명하고 정의로운 사회가 될 수 있는 절체절명의 기회였고, 우리 사회가 새롭게 태어날 수 있는 하늘이 주신 호기였고, 그 어린 생명들의 희생이 새롭게 부활할 수 있는 기회였는데 참으로 아쉽고 안타깝기 그지없습니다.

19. 사람은 원래 잘 변화되지 않습니다. 자신이 살던 대로 사는 것이 가장 편하다고 생각하기 때문입니다. 그래서 온갖 합리화와 미사여구를 써 가며 변화되려 하지 않으며, 변화되기를 두려워하기도 합니다.

20. 우리는 세례를 받았지만 여전히 잘 변화되지 못하고 있습니다. 하느님의 사람이 되었지만 여전히 세상의 사람으로 살아가는 경우가 많습니다. 하느님의 사람이지만 세상의 사람으로 살아간다는 것은 그 자체로 우리는 위선적이며, 껍데기뿐인 삶을 살아가는 것입니다. 위선과 껍데기로 살아간다는 것은 진정한 행복과 기쁨을 상실한 채 살아간다는 것을 뜻합니다.

21. 세례로 다시 태어난 우리는 오늘 복음의 예수님처럼 하느님의 힘으로, 성령의 힘으로 살아갈 수 있어야 할 것입니다. 성령께서는 우리의 모든 허물을 불태워 버리시고 우리로 하여금 새로운 사람으로서 새로운 삶을 살도록 이끌어 주십니다.
"너희는 내가 사랑하는 아들, 내 마음에 드는 아들이다." 아멘.

연중 제2주일 (2015. 1. 18.)

"예수님께서 그들에게 와서 보아라 하시니,
그들이 함께 가 예수님께서 묵으시는 곳을 보고
그날 그분과 함께 묵었다."

1. 겨울임에도 비교적 따뜻한 날씨가 계속되고 있습니다.
나이가 들수록 겨울이 싫어지는 것 같습니다. 빨리 생명력이 넘치
는 봄이 왔으면 좋겠습니다.

2. 사람이 사회생활을 하면서 어떤 점이 제일 중요할까 생각해 보
게 됩니다.

3. 사제가 될 때 제일 윗사람들이 중요시 여기는 덕목이 분별력입
니다. 분별력이 부족하면 많은 면에서 혼란스럽고 어렵기 때문입
니다.

4. 본당 신부로 있으면서도 제일 중요한 점이 바로 이 분별력이 아
닌가 합니다. 그중에서도 제일 중요한 분별력은 바로 사람에 대한
분별력이라 할 수 있을 것입니다. 사람을 제대로 파악하지 못하고,
있는 그대로의 모습을 제대로 보지 못하면 그로 인해 치러야 하는
대가가 혹독하기 때문입니다.

5. 언젠가 어떤 본당에서 한 봉사자가 이제 봉사를 그만 했으면 한
다는 이야기를 했습니다. 저는 순진하게 "그동안 고생하셨다. 새로

운 봉사자를 물색해 보겠다."고 하였습니다. 그런데 일이 이상하게 돌아가는 것이었습니다. 그 사람은 그만두는 행동을 하는 것이 아니었고, 뒤로 이상한 소문만 퍼뜨리는 것이었습니다.

나중에 알고 보니 그 사람은 절대 그만둘 생각이 없었고, 저를 떠 보기 위해서, 또는 신뢰를 확인하기 위해서 그만둔다는 이야기를 한 것이었습니다. 그런데 제가 그 속을 제대로 파악하지 못하고 말 그대로를 믿었다가 아주 낭패를 본 경험이 있습니다.

6. 또 한 번은 어떤 봉사자가 저에게 아주 잘해 주는 것이었습니다. 때가 되면 선물도 주고, 어떤 때는 용돈도 주고, 무조건 저의 말을 따라 주고, 절대적으로 충성을 바쳤습니다. 저는 '아, 이런 사람도 참 드물다. 참 괜찮은 사람이다.'라고 생각하였습니다. 그래서 그에게 많은 봉사를 할 수 있도록 배려하였습니다.

그런데 한참 시간이 지난 뒤 어느 날 저에게 전화가 왔습니다. "신부님, 큰일 났습니다. 제가 갑자기 부도를 맞아서 전기요금을 낼 돈이 없네요. 어쩌면 좋지요?" 하는 것이었습니다. 저는 오죽했으면 나에게까지 전화해서 저럴까 하고 저에게 있던 돈을 탈탈 털어 그의 계좌에 넣어 주었습니다. 제 생각에는 금방 회복될 것이고, 제 돈도 갚아 주리라 생각하고 있었습니다.

그런데 한 달이 가고, 1년이 가도 감감무소식이었고, 만날 때마다 "신부님, 다음번에는 꼭 갚겠습니다. 조금만 더 기다려 주십시오." 하는 것이었습니다. 저는 그 말들을 있는 그대로 믿었습니다. 그러나 시간이 흘러도 그 돈은 저에게 돌아오지 않았습니다.

신자에게 돈을 떼였다는 사실이 너무 창피해서 아무에게도 말을 못하고 있었는데 어느 날 술자리에서 어떤 신자가 "아이고, 신부님. 그 사람은 후임 신부님에게도 돈을 떼먹은 사람이에요. 신부님도 당하셨어요? 맙소사!" 하는 것이었습니다. 후임 신부님은 나보다 '따블로' 당하셨다는 사실을 그때 알게 되었습니다. 후에 들은 이야기지만 그 사람은 신자들의 돈도 많이 해먹고 결국은 신용불량자가 되고 말았답니다.

7. 본당 신부에게는 오복이 필요하다고 합니다.
첫 번째는 보좌신부 복, 두 번째는 수녀님 복, 세 번째는 사목회장 복, 네 번째는 사무장 복, 다섯 번째는 무슨 복일까요? 식복사 복입니다.
이 오복만 갖춰지면 신부 생활은 아주 행복하다고 신부님들끼리 농담 삼아 이야기합니다.

8. 모두가 사람복인 것이죠. 대부분 이 오복이 완전히 주어지지는 않습니다. 사람을 잘 만난다는 것, 그것은 참으로 큰 복이 분명한 것 같습니다. 사람을 잘못 만나면 참으로 많은 고통의 시간이 필요하고, 또 많은 기도의 시간이 필요합니다.

9. 예수님께서는 오늘 베드로를 만나십니다. 한눈에 그가 반석이 될 인물임을 알아보십니다. 사실 베드로는 인간적으로는 많이 부족한 사람이었습니다. 그는 배운 것도 별로 없었고, 충동적이고 다혈질적이었습니다.
그러나 그에게는 우직함이 있었습니다. 자기가 옳다고 생각하는 것에 대해서는 한없이 최선을 다하는 사람이었습니다. 그는 변하지 않고, 언제나 그 자리에 있는 사람이었습니다. 아무리 바람이 거세게 불어도 변하지 않는 깊은 마음이 있는 사람이었습니다.

10. 첫 만남에서 예수님께서는 베드로를 눈여겨보시며 "너는 앞으로 케파라 불릴 것이다."라고 말씀하십니다. 케파란 반석이라는 뜻입니다. 예수님께서는 겉으로 드러나는 베드로의 약점을 보지 않으시고 그의 마음 깊은 곳에 있는 심지를 보신 것이었습니다. 사람은 그 품성이 잘 변하지 않는다고 합니다. 겉으로 아무리 위장과 분장을 해도 품성은 쉽게 바뀌지 않습니다.

11. 우리는 많은 경우에 겉으로 드러나는 모습에 분별력을 잃어버릴 때가 많습니다. 그의 깊은 내면을 잘 들여다보지 못합니다. 그래서 사기를 당하고, 배신을 당하고, 낭패를 보기 일쑤입니다.

12. 사람이 살아나가는 데 있어서 가장 중요한 것이 바로 사람입니다. 겉모습이 훌륭한 사람이 아닌, 내면이 훌륭한 사람이 곁에 있을 때 그의 인생은 순풍에 돛을 단 배와 같다 할 수 있을 것입니다. 단 한 사람만이라도 내 옆에 그런 사람이 있으면 그의 인생은 성공한 인생이라 말하는 이유가 여기에 있는 것이 아닌가 합니다.

13. 예수님께서는 제자들을 뽑으실 때 깊은 기도를 통해 그들을 뽑아내십니다. 사람 속을 훤히 들여다보시는 예수님께도 제자들을 선발한다는 것은 그리 쉬운 문제가 아니었던 모양입니다. 속이 제대로 갖춰진 이들을 뽑아낸다는 것은 참으로 쉬운 일이 아닙니다.

14. 저도 사목 생활을 하면서 수많은 사람을 만나곤 하지만 많은 경

우 전혀 몰랐던 면을 발견하면서 아파하고, 실망하고, 좌절했던 경험이 있습니다. 또 때로는 별로 기대하지 않았던 사람으로부터 마치 진주를 발견한 듯한 기쁨을 느낄 때도 많이 있었습니다.

15. 저의 힘으로, 생각으로 하면 많은 경우 실패를 하곤 합니다. 정말 모든 것을 하느님께 맡기고 하느님께서 점지해 주시도록 기도하곤 하지만 저의 기도가 부족할 때가 많다는 것을 항상 느끼곤 합니다.

16. 오늘 복음에서 두 제자는 세례자 요한의 말을 믿고 예수님을 따라나섭니다. 그들은 그날 밤 "와서 보아라!" 하는 예수님의 초대의 말씀을 듣고 예수님과 하룻밤을 지냅니다. 그 하룻밤 사이 무슨 이야기들이 오고 갔을까요? 그들은 그다음 날 베드로에게 확신에 찬 목소리로 "우리는 메시아를 만났소." 하고 말합니다.

17. 주님과 함께하는 시간이 있어야 우리는 인생의 많은 시행착오를 비껴갈 수 있습니다. 이 살얼음판 같은 인생길에서 물에 빠지지 않고 목적지에 도착할 수 있습니다. 도처에 숨어 있는 폭탄들을 피해 갈 수 있습니다.

18. 우리의 인생길에 얼마나 많은 함정들이 있는지 모릅니다. 조금만 방심하면, 또 조금만 교만하면 언제 천길, 만길 낭떠러지로 떨어질지 알 수 없는 인생길입니다. 우리의 인생길은 결코 순탄하고 평탄한 길이 아닙니다. 때로는 길도 없는 길을 가야 하고, 깜깜한 밤에 가야 할 때도 있으며, 폭풍우가 몰아치는 날에 걸어가야 할 때도 있습니다. 때로는 함께 가던 친구에게 칼을 맞을 수도 있고, 가장 믿었

던 사람에게 등에 칼을 맞을 수도 있는 길입니다.

언제, 어느 곳에, 어떤 위험이 도사리고 있을지 참으로 등골이 오싹해지는 길이기도 합니다. 인간을 넘어서는 악의 세력도 우리가 길을 잃도록 우리를 노려보고 있고, 우리가 넘어지도록 끊임없이 우리의 가는 길에 돌부리를 심어 놓고 있는 길입니다.

19. 무슨 배짱으로 이 험한 인생길을 혼자 걸어가려 하십니까? 절대로 혼자만의 힘으로 걸어갈 수 있는 길이 아닙니다. 우리를 끔찍이 아끼시는 하느님의 사랑이 절대적으로 필요한 길입니다. 혼자서 걷는 길, 그 인생길은 온몸에 폭탄을 두르고 불속으로 뛰어드는 참으로 교만한 길입니다. 자신만 다치는 것이 아니고 함께 걷는 사람들이 모두 함께 다치거나 죽게 됩니다.

20. 제자들처럼 주님과 함께 묵어가는 시간이 필요합니다. 그래야 우리를 구원하시는 구세주의 힘과 사랑을 체험할 수 있기 때문입니다. 바쁘고 힘든 세상살이이고, 험하디험한 인생길이지만 주님과 함께 묵어가는 시간을 마련한다면 우리의 삶과 인생길이 달라질 수 있을 것입니다.

21. "예수님께서 그들에게 와서 보아라 하시니, 그들이 함께 가 예수님께서 묵으시는 곳을 보고 그날 그분과 함께 묵었다." 아멘.

연중 제4주일(2015. 2. 1.)

"더러운 영도 무서워하니,
주님의 손을 믿고 한번 살아 보아야 하겠습니다."

1. 새로운 마음과 결심으로 시작한 한 해도 벌써 한 달이 훌쩍 지나가고 말았습니다. 새로운 해에 마음먹은 일들은 잘 실천되고 있는지요?

2. 작심삼일이라는 말이 있죠. 이상하게도 좋은 마음, 좋은 생각, 좋은 결심들을 잘 지켜 나가는 일은 쉽지 않습니다. 왜 그럴까요?

3. 인간은 결코 단순한 존재가 아닙니다. 인간에게는 육체가 있고, 그 육체는 정신과 또 영혼과 밀접하게 연결되어 있습니다. 인간은 단순한 동물도 아니고, 또 천사도 아닌 것이죠.

4. 가수 조성모의 〈가시나무〉라는 노래의 일부 가사입니다.

  "내 속엔 내가 어쩔 수 없는 어둠
  당신의 쉴 자리를 뺏고
  내 속엔 내가 이길 수 없는 슬픔
  무성한 가시나무 숲 같네"

5. 이 노래 가사를 가만히 음미해 보면 그 가사의 깊은 내용에 큰 감동을 느끼게 됩니다. 인간이란 참 복잡한 존재죠. 인간 안에는 사랑

과 미움, 아름다움과 추함이 함께 공존합니다.

그래서 아름답고 싶지만 추하고, 사랑이 가득하고 싶지만 미움도 마음 깊은 곳에 언제나 숨어 있기 마련입니다. 열정으로 가득 차기도 하지만 실망과 포기를 하기도 하고, 상처가 있지만 그 상처를 통해서 피어나는 아름다운 치유가 있기도 합니다.

6. 내 속이 무성한 가시라 누가 들어와도 찔리고 만다는 가사가 마음 깊이 가슴을 찌릅니다.

7. 왜 그럴까요? 어떻게 하면 내 마음이 바다와 같이 넓고, 호수와 같이 잔잔할 수 있을까요? 내 안에 있는 가시들을 뽑아내고, 잡초들을 뽑아내서 아름다운 꽃들이 피어나는 정원으로 만들 수 있을까요?

8. 성서의 가르침에 따르면 영적인 세계에서 선이란 바로 하느님과 함께 있는 상태이고, 악이란 하느님과 멀어진 상태라 할 수 있습니다. 즉 하느님과 함께 있으면 선하고, 행복하고, 아름다울 수 있지만 하느님과 멀리 있으면 선하려 해도 선해지지 않고, 행복하려 해도 행복해지지 않습니다.

9. 하느님과 함께 있는 삶은 자기 마음의 빈터를 선과 아름다움으로 채웁니다. 그러나 하느님과 함께하지 못하면 그 빈터가 온갖 잡초와 돌덩이와 가시로 가득 차게 됩니다.

10. 우리 자신의 힘으로는 그 어떤 누구도 자기 마음속에 있는 그 잡초들과 돌덩이들과 가시를 없앨 수 없습니다. 우리 마음 안에는

하느님의 선도 존재하지만 동시에 악의 세력에서 나오는 더러운 영들도 함께 존재하고 있기 때문입니다.

아니, 악이란, 또 더러운 영이란 존재하는 것이 아닙니다. 그것은 선의 부족이고, 하느님 성령의 부족일 뿐입니다. 하느님께서는 악을 창조하시지는 않으셨기 때문입니다. 하느님이 부족한 부분에 더러운 악령이 스며드는 것이라 할 수 있을 것입니다.

11. 사람은 악의 세력에 물들면 좀처럼 빠져나오기 힘듭니다. 악의 세력은 인간의 힘을 넘어서는 것이기 때문입니다. 오직 하느님의 힘만이, 하느님의 은총만이 우리 마음속의 어둠과 악의 세력과 더러운 영의 세력으로부터 우리를 탈출시켜 줄 수 있는 것입니다.

12. 오늘 복음에서 예수님께서는 더러운 영에 걸린 사람을 치유하여 주십니다. 더러운 영이란 과연 무엇일까요?

내면의 상처로 괴로워하는 사람입니다. 주위에서 가하는 온갖 압박에 스스로를 지탱해 내지 못하는 사람입니다. 외부와 격리된 채 자신만의 세계에서 허우적거리는 사람입니다.

누가 그를 고립시켰습니까? 왜 그는 악령에 들려 허우적거립니까? 그 자신의 나약함 때문일 수 있습니다. 그와 함께하던 이웃이 그렇게 만들었을 수도 있습니다. 그리고 주위를 둘러싸고 있는 악의 세력들이 그를 그토록 비참하게 만들 수 있는 것입니다.

13. 그분이 악령 들린 사람을 고쳐 주십니다. 내면의 쓰라린 상처를 치유해 주십니다. 외부에서 오는 온갖 억압으로부터 그를 자유롭게 해 주십니다.

그분 말씀엔 힘이 있습니다. 그 가르침은 새롭고 권위가 있습니다.

14. 그분을 '하느님의 거룩하신 분'이라고 믿음으로 고백하며 간절히 청할 때에 우리는 안팎으로 우리를 옥죄는 악령의 사슬에서 풀려날 것입니다.

15. 누군가가 내 손을 잡아 주면 좋으련만 남의 편만 드는 '남편'이란 손이 있습니다. 손을 잡았더니 일을 더 어렵게 만드는 손도 있습니다.
이왕 잡아야 한다면 이번에는 주님의 손을 잡아 봐야 하겠습니다.
더러운 영도 무서워하니, 주님의 손을 믿고 한번 살아 보아야 하겠습니다.
"이게 어찌된 일이냐? 새롭고 권위 있는 가르침이다. 저이가 더러운 영들에게 명령하니 그것들도 복종하는구나." 아멘.

사순 제3주일(2015. 3. 8.)
"그분께서 성전이라 하신 것은
당신 몸을 두고 하신 말씀이었다."

1. 이제 봄이 다가오고 있습니다. 봄은 항상 새롭습니다. 죽어 있던 나뭇가지에 새로운 움이 트고, 싹이 나고, 꽃을 피웁니다.

2. 봄은 지난겨울의 더러운 먼지를 털어 내 버리며, 새 생명을 준비하는 계절입니다.

3. 올해 우리가 맞는 봄은 단지 자연의 변화로서의 봄이 아니라 우리 마음 안에서도 온갖 고집과 편견을 털어 내고 참다운 하느님의 생명이 시작되는 봄이길 기도해 봅니다.

4. 얼마 전 〈국제시장〉이라는 영화를 본 적이 있습니다. 아마 많은 분들이 그 영화를 보았을 것이고, 우리가 잊고 지내던 우리의 지난 세월을 다시 생각해 보고, 그 시대를 온몸으로 겪으셨던 부모님들께 새롭게 감사를 드리면서 깊은 감동을 느끼셨으리라 생각됩니다.

5. 부산에 국제시장이 있다면 우리 금호동에는 금남시장이 있습니다. 아마도 우리 금남시장도 그 국제시장 이상으로 수많은 애환과 사연이 있을 것입니다. 언젠가는 금남시장이라는 영화가 나오지 않을까 생각해 보게 됩니다.

6. 전쟁 직후의 우리의 삶은 그야말로 생존을 위한 삶이었습니다. 저도 어린 시절 부모님, 형제들과 한방에서 함께 지내던 기억이 있습니다. 동네마다 물을 파는 가게가 있었고, 그 가게에는 꼭 만화방과 당시에는 희귀했던 TV가 있었습니다. 그 가게에서 보던 김일의 레슬링 경기, 신기하기만 했던 타잔 이야기 등이 기억납니다.

물지게에 물을 지고 언덕을 오르던 일이 주마등처럼 스쳐 갑니다. 재래식 화장실은 항상 구더기가 득실거렸고, 신문지로 뒤를 닦던 기억도 떠오릅니다. 버스 정거장에서 형들과 함께 센베이와 고구마를 팔아 본 일도 있고, 아이스케키 등을 친구들과 어울려 팔아 본 경험도 있습니다. 때로는 술에 취한 아버지를 피해 골목길에 숨어 본 적도 있고, 차비가 없어서 먼 길을 걸었던 기억도 새롭네요.

7. 한번은 아버지가 기성회비를 주셨는데 저는 그 돈으로 〈벤허〉라는 영화를 친구들과 함께 보았습니다. 학교에서는 제가 기성회비를 내지 않자 저 몰래 아버지께 연락을 드렸나 봅니다. 저는 매일 좌불안석이었습니다. 이상하게 선생님도 기성회비에 대해서는 더 이상 물어보지 않았기에 그 불안감은 더 커져 갔습니다.

나중에 알게 되었는데 아버지가 저 몰래 기성회비를 내셨다고 합니다. 아들의 잘못된 일탈을 꾸짖지 않으시고 세월에 맡겨 두시는 어른의 지혜를 훗날 가슴 깊이 새길 수 있었습니다.

8. 저희 금호동 지역을 생각하면 저의 어린 시절과 많은 부분이 닮았음을 보게 됩니다. 피란민으로서 이 지역에 정착했던 수많은 사람들의 아픔과 애환을 떠올려 보게 됩니다. 지금은 재건축으로 동

네가 많이 깨끗해지긴 했지만 아직도 뒷골목은 예전 저의 어렸을 때의 모습이기도 합니다.

9. 얼마나 많은 슬픔과 고통이 이 지역에 있었을까 생각해 보면 참으로 큰 아픔이 물밀듯이 밀려옵니다.

10. 우리 금호동 공동체는 초기에 신앙을 자발적으로 믿기 시작한 우리 신앙의 선조들과 많이 닮았다고 느껴집니다. 신자들이 먼저 모이기 시작했고, 공동체를 이루어 내고, 그 후 신부님이 신당동에서 부임하시게 됩니다. 신자들이 전력을 다해 간신히 미사드릴 공간을 마련하고 손님들을 초대하였는데 전기, 수도, 하수 시설도 없는 초라한 공간이었고, 대접할 것이 없어 호롱불 밑에서 만두 한 그릇을 대접하였다는 금호동 초기의 역사가 마음 깊이 와닿습니다.

11. 그 후 세월이 지난 뒤 지금은 은퇴 주교님이신 경갑룡 주교님이 성령강림 대축일에 성전을 새로 짓자는 제안을 하셨고, 가난에 절어 있음에도 불구하고 전 신자가 찬성하였다고 합니다.
경 주교님은 그때의 역사가 성령의 역사이셨음을 역설하시면서 성모님이 본당 주보이셨는데 그날 이후 성령강림을 본당 주보로 바꾸십니다.

12. 얼마 전 한국순교복자회에 있는 동창 신부를 만나 대화 중에 아주 우연히 그 경갑룡 주교님이 지으셨던 이전의 성당에 대한 비화를 들을 수 있었습니다.
그때 당시 경 주교님의 요청에 따라 복자회에서 건축에 조예가 깊은 수사님이 성전 건축에 깊이 관여하시면서 큰 도움을 주셨다고 합니다. 당시에는 이 높은 곳까지 공사 차량이 올라올 수가 없었다고 합니다. 하는 수 없이 신자들이 골목길에 도열해서 시멘트, 벽돌 등등 건축자재를 손에서 손으로 직접 운반하였고, 모든 아낙네들이 행주치마에 건축자재를 담아 날랐다고 합니다. 하나에서 열까지 모두 인력으로 성당을 지었다고 합니다.

13. 먹고사는 일도 빠듯하고, 지칠 대로 지쳐 있는 사람들이 저녁마다 모여 기도하면서 온몸으로 성전 건축에 매달렸다고 합니다.

14. 우리 금호동 공동체는 참으로 대단한 역사를 갖고 있습니다. 그야말로 몸으로, 맨몸으로 이 공동체를 일구어 낸 것입니다. 저마다 어떻게 하면 오늘 굶지 않을까를 걱정하던 시기에 우리의 안식처인 성당을 짓는 일에 마치 일꾼처럼 온몸을 다해 자신의 노동력을 바쳤다는 것은 우리가 오늘날 다시 한 번 깊이 새겨보아야 할 위대한 신앙의 유산이라 할 수 있는 것입니다.

15. 물론 먹고살기 바빠서, 너무 힘들어서 때로는 술에 취해 비틀거리며 온 동네를 휘젓고 다니며 고성을 지르기도 하지만, 또 자녀 교육보다는 먹고사는 일에 매달려야 했기에 사랑을 받지 못한 자녀들이 부모에 대한 불만을 갖고 있기도 하지만, 그 부모님들의 입장에서 생각해 보면 아련한 아픔을 느끼지 않을 수 없고, 신앙에 대한 열정에 존경심을 갖지 않을 수 없는 것입니다.

16. 제대로 된 첫 성전은 한마디로 살아 있는 신앙인들의 열정으로

지어진 것입니다.

17. 그 후 30여 년의 세월이 흘러 성당이 많은 문제를 노출시켰나 봅니다. 그리하여 이해욱 신부님이 계실 때 성전 재건축이 시작됩니다. 1971년경부터 시작된 천보묘원이 있었습니다. 생활고에 시달리던 신자들은 다시 시작된 성전 재건축을 감당할 수 없었고, 많은 공사 비용을 묘지를 개발하면서 충당할 수 있었습니다. 당시 신자들이 모은 헌금은 5억 원, 총공사비는 32억이었는데 이 나머지 비용은 묘지 개발로 얻은 자금이 아닌가 합니다.

18. 즉 지금의 이 성당은 천보묘지로 인해 지어진 것이라 할 수 있겠습니다. 다시 말해 앞서가신 분들이 지어 주신 것이죠.

19. 생각해 보면 우리 성당은 살아 있는 자들이 지은 성당이고, 또 죽은 자들이 지은 성당이라 할 수 있습니다. 삶과 죽음이 성당을 통해 서로 묘하게 연결되어 있다 할 수 있겠습니다.

20. 그 후 또다시 세월이 많이 흘렀습니다. 수많은 열정들, 아픔들, 은총과 죄의 역사들, 빛과 그림자, 선과 악의 세월들, 그 애환의 역사를 우리 금호동 성당은 이 높은 언덕 위에서 묵묵히 지켜보고 있습니다. 아름다움도 있었지만 추함도 있었고, 선함도 있었지만 악함도 함께 공존했으며, 때로는 공동체를 위한 열정에 시간 가는 줄 몰랐지만 또 때로는 배신감과 좌절과 실망에 울어야 했던 시간들도 있었습니다. 하느님은 다 알고 계시겠지요?

21. 오늘 복음에서는 인간의 욕심으로 더럽혀진 성전을 깨끗이 정

화하시는 예수님을 만나게 됩니다. 아주 단호하게, 열정적으로 더럽혀진 성전을 정화하십니다.

22. 오늘의 우리 성전의 모습은 어떠합니까? 정말 묻고 싶습니다. 사랑과 희망과 기쁨과 정열로 가득 찬 성전입니까? 아니면 과거의 상처에 아파하면서 그 실망과 좌절감이 아직도 우리의 마음을 지배하면서 어둡고, 나약하고, 포기와 절망에 가까운 모습입니까?

23. 제가 이곳에 처음 와서 첫 본명축일 때 수녀님이 축하 카드에 이렇게 쓰신 내용이 아직도 기억납니다.
바로 프란치스코 성인이 하느님께로부터 들은 계시의 내용입니다. "무너진 내 성전을 다시 세워라." 저는 그 카드를 보고 내가 어찌 새로 마음의 성전을 세울 수 있단 말인가? 마음의 성전을 짓는 일은 보이는 성전을 짓는 일보다 더 어렵고 힘든 일인데. "아이고, 나는 못합니다. 주님께서 해 주십시오. 이제부터는 당신께서 이 본당의 주임이십니다. 나는 그저 주임의 명령에 복종하는 종에 지나지 않습니다."라는 기도를 바쳤습니다.

24. 무너진 마음들을, 무너진 신앙들을 어찌하면 다시 회복할 수 있을까요?

25. 오늘도 저의 질문과 기도는 계속됩니다. 주님, 도대체 어찌하면 되겠습니까? 저는 정말 능력도 없고 지혜도 모자랍니다. 당신이 해 주시지 않으면 어떻게 사람들 마음속에 무너진 성전을 새롭게 세울 수 있겠습니까? 당신이 해 주십시오. 저는 당신께서 하라시는 대로

할 뿐입니다.

26. 오늘 성전을 정화하시는 예수님의 모습을 보면서, 그 모든 기쁨과 고통을 말없이 끌어안고 있는 이 성전을 보면서 간절히 기도하게 됩니다.

27. "그분께서 성전이라 하신 것은 당신 몸을 두고 하신 말씀이었다. 예수님께서 죽은 이들 가운데에서 되살아나신 뒤에야 제자들은 예수님의 이 말씀을 기억하고, 그분의 말씀을 믿게 되었다." 아멘.

사순 제5주일 (2015. 3. 22.)

"아버지, 아버지의 이름을 영광스럽게 하십시오."

1. 이제 봄이 가까이 왔습니다. 아침저녁에는 쌀쌀하지만 낮 기온 은 영상 16도까지 오르고 있습니다.

2. 겨우내 입었던 두꺼운 옷들도 정리해야 할 때입니다. 아울러 지난 겨우내 쌓였던 우리의 무거워진 마음들도 정리해야 할 때입니다.

3. 이 자연은 새로운 생명을 준비하고 있습니다. 우리 눈에는 보이 지 않지만 땅속에서는 생명을 위한 엄청난 준비로 바쁠 것입니다.

4. 조만간 움을 틔우고, 잎을 피우고, 꽃을 보여 줄 것입니다.

5. 우리도 이 사순 5주일에 바짝 다가온 부활을 의식하면서 부활의 생명을 꽃피우기 위한 준비에 마음을 새롭게 다져야 하겠습니다.

6. 부활의 생명이란 무엇일까요? '해마다 다가오는 부활절이니까'라 고만 단순하게 생각한다면 그리 큰 부활의 기쁨이 없을 것입니다. 부활은 말 그대로 죽음을 이겨 내는 것입니다. 죽음이란 인간에게 있어 가장 크고 근본적인 문제입니다. 인간은 누구나 예외 없이 죽 음을 맞이하는데 이 죽음은 단지 육체의 생명이 끝나는 것만을 의 미하지 않습니다.

죽음은 여러 가지 의미가 있죠. 마음속이 미움으로 가득 차 있다면, 그 미움이 원한과 분노로 발전한다면 그 마음은 사실 죽어 있는 것입니다. 우리의 정신이 깨어 있지 못한다면, 그래서 단지 먹고사는 짐승의 수준으로 전락한다면 우리는 정신적인 죽음의 상태에 있는 것입니다. 우리의 영혼이 깨어 있지 못한다면, 그래서 아무 생각 없이 꿈도, 희망도, 신앙도 갖지 못하고 살아간다면 우리의 영혼도 죽어 있는 것입니다.

7. 인간은 육체적인 동물이지만 동시에 정신적이고, 영적인 존재입니다. 육체의 생명을 위해서는 올바른 식습관이 필요하고, 정신적인 생명을 위해서는 문화와 예술, 그리고 학문의 세상이 필요한 것이고, 영적인 생명을 위해서는 신앙과 기도, 내적인 영성이 필요한 것입니다.

8. 부활의 생명이란 단순한 종교적인 의미에서만의 부활이 아니라 우리의 육체가 건강하고, 정신이 깨어 있어야 하며, 영혼이 하늘을 향해 열려 있어야 가능해지는 것이라 할 수 있습니다.

9. 그런데 우리 삶의 실상은 생명보다는 죽음에 가까운 것이 아닌가 합니다.

의학의 발전으로 인간 수명은 늘어나지만 죽는 순간까지 건강하게 사는 사람은 의외로 적습니다. 나이가 드신 분들은 왜 하느님께서 빨리 데려가시지 않나 한탄하십니다. 그만큼 노화된 육체를 갖고 사신다는 것이 만만한 일이 아니기 때문일 것입니다. 온갖 질병에 시달리고, 그 고통으로 본인과 가족이 힘들어하는 등 노인으로 살아가는 것은 쉬운 일이 아닐 것입니다.

각종 문화와 예술, 학문이 발전하고 있지만 여전히 우리의 마음은 먹고사는 문제, 또는 남보다 더 잘 먹고사는 문제에 노예가 되어 있습니다. 여전히 경제적인 문제가 우리 삶의 중심이고, 모든 것일 때가 많습니다. 정신보다는 물질이, 가치보다는 돈이 우선시되는 세상에서 우리는 살고 있습니다. 남보다 많은 재산을 갖고 있지만 여전히 불안하고 불행한 삶을 사는 사람이 참으로 많습니다. 깨어 있지 못하고 부와 명예와 권력의 노예 생활을 하는 사람이 많습니다. 세상에서 가장 십자가가 많은 대한민국이지만, 어렵고 한스럽게 살아온 민족이라 종교적인 욕구가 강한 나라지만 우리는 여전히 자살률, 이혼율, 낙태율이 세계에서 가장 높은 나라입니다.

기존 종교들이 참다운 영성으로 사람들을 하느님께로 이끌지 못하고 하느님을 이용하고 있으며, 올바른 사회정의도 실현하지 못하고 있습니다. 정말 많은 사람들이 종교에 대해 실망하고 좌절하고 있습니다. 어느샌가 종교인들이 물질주의에 물들어 우상을 섬기고 있으며, 어느샌가 종교가 권력과 야합하여 가난한 이들을 외면하고 있기 때문입니다.

10. 죽음으로 치닫는 사회, 정말로 큰 어둠과 가치관의 혼란이 가득한 이 나라에서 우리는 치열하게 살아가고 있습니다. 5000년의 문화를 어느샌가 저 멀리 내던져 버리고, 마치 정글의 짐승들처럼 적자생존, 약육강식의 세상에서, 죽음의 세상에서 살아가고 있습니다.

11. 우리의 마음은 행복하지 않습니다. 옛날보다는 훨씬 잘 먹고,

잘 입고 있지만 우리는 내가 살기 급급하고, 남을 배려하지 못하고, 항상 이기적이며, 계산적이고, 희생하고자 하는 마음이 없으며, 불신과 부정적인 마음속에서 힘들어하며 살고 있습니다.

12. 오늘 복음에서 예수님께서 말씀하십니다.
"이제 제 마음이 산란합니다. 무슨 말씀을 드려야 합니까?"

13. 오늘의 세상, 오늘을 살아가는 우리에게 하시는 말씀으로 들립니다. 이 어두운 세상을 보면서 느끼시는 예수님의 한숨과 탄식과 눈물이 보입니다.
하느님의 말씀을 깨닫지 못하는 이스라엘을 바라보시면서 예수님께서는 탄식하시며 눈물을 보이십니다. "내가 내 백성을 끌어안으려고 얼마나 애를 태웠던가? 너는 정녕 그것을 깨닫지 못하고 죽음의 길로 가고 있구나!"

14. 오늘의 세상을 보시면서, 이 비참한 세상 속에서 살아가는 우리를 보시면서 예수님께서는 이 어둠을 해결할 수 있는 해법을 보이십니다.
"내가 진실로, 진실로 너희에게 말한다. 밀알 하나가 땅에 떨어져 죽지 않으면 한 알 그대로 남고, 죽으면 많은 열매를 맺는다."

15. 자연의 법칙에 의존한 아주 간단한 해법이십니다. 아주 이해하기 쉽습니다. 많은 열매를 맺기 위해서 밀알은 자신이 갖고 있는 모든 힘을 다해, 모든 영양분을 다해 뿌리를 내리고 거친 땅을 향해 위로 향해야 합니다. 자신의 존재를 의식하지 않고 오로지 생명을 위

해 자신을 버려야 합니다.

16. 이 자연의 질서는 그리되어 있습니다. 자연계도, 인간의 세상도 자신의 희생을 통해 누군가를 살리는 것입니다. 부모님들이 처절한 자기희생을 통해 자녀들을 키워 나가는 것과 같은 것입니다.

17. 언젠가부터 지극히 자연스러운 이 질서가 우리 사회에서 깨지고 있습니다. 부모와 자녀 사이에도 희생과 공경이 깨지고 있고, 저마다 자신만을 위해서 살려고 합니다. "그래 봤자 무슨 소용이야. 아무 소용도 없어. 그리 사는 사람만 바보고, 병신이지."

18. 어제 신문에 참 가슴 아픈 기사가 실렸습니다. 세월호 사건 때 파란 청바지를 입고 소방 호스를 몸에 묶은 채 학생 등 승객 20여 명을 끌어올려 구조한 김동수 씨 이야기입니다. 그는 최근에 자택에서 왼쪽 손목을 흉기로 그어 자해했다가 병원에 옮겨졌다고 합니다. 그는 왼손이 너무 아파 잘라 버리고 싶었다고 합니다. 자살하려고 한 것이 아니라 고통에서 벗어나고 싶어 그랬다고 합니다.
그는 애기합니다. "사고 후 모든 것이 무너져 내렸습니다. 사고 이전으로 돌아가고 싶습니다. 나의 전 재산이나 다름없던 트럭은 바다로 들어갔고, 지금은 실업자 신세이며, 사고 당시 입은 외상으로 손이 내 맘대로 움직이지 않습니다. 세월호 의인에게 영광은 잠시뿐이고, 고통 속에 나날을 보내고 있습니다."라는 내용입니다.

19. 우리 사회는 참으로 많이 아픕니다. 희생하는 사람은 다 바보고, 병신이고, 천치이기 때문입니다. 대부분의 사람들이 잔머리를

굴리며 어떻게 하면 손해를 보지 않을까 궁리하며 살아갑니다.

20. 그러하기에 우리에게는 예수님의 부활이 절실히 필요합니다. 그분 자신의 온전한 희생으로 우리에게는 새로운 생명이 시작될 수 있기 때문입니다. 예수님이 오늘날에 다시 오신다면 여전히 당신의 목숨을 던져 우리 모두를 살리실 것입니다.

21. 어둠이 깊을수록 새벽이 가까이 온 것입니다. 지금 이 순간에도 보이지 않게 부활의 삶을 살아가는 수많은 사람들이 존재합니다. 어떤 의미에서는 우리가 그 사람들 덕분에 살고 있는지도 모르겠습니다.

22. 예수님의 한숨과 탄식과 눈물을 기억합시다. 그분의 마음과 뜻을 헤아려 우리도 부족하지만 그분께서 깨우쳐 주시는 삶의 길을 걸어 나갈 수 있어야 하겠습니다. 무시도 받고, 오해도 받고, 때로는 누명도 쓰고, 욕도 먹겠지만 올바른 삶의 길을 걸어갈 수 있도록 기도하고 노력하고, 또 실천해야 하겠습니다. 주님의 길을 걸어간다면 몸소 그 길을 먼저 걸어가신 예수님께서 우리 마음속에 당신만이 주실 수 있는 용기와 평화를, 죽음을 이기는 진정한 부활의 선물을 베풀어 주실 것입니다.
"이제 제 마음이 산란합니다. 아버지, 이때를 벗어나게 해 주십시오 라고 말할까요? 그러나 저는 바로 이때를 위하여 온 것입니다. 아버지, 아버지의 이름을 영광스럽게 하십시오." 아멘.

"왜 자고 있느냐!
유혹에 빠지지 않도록 일어나 기도하여라."

1. 오늘 오전에 명동성당에서 성유축성 미사가 있었습니다.

2. 미사 전 사제들은 서품순에 따라 행렬을 합니다. 부제, 새 사제들이 맨 앞에 서고, 서품순에 따라 긴 행렬을 하는 것이죠.

3. 이 행렬을 보면 참으로 큰 감동을 느끼게 됩니다. 저도 저렇게 앳된 부제 시절, 새 사제 시절이 있었고, 젊은 혈기에 세상 무서운 줄 모르고 정열에 불타오르던 시절도 있었는데 이제 조금 마음을 가라앉히고 젊은 사제와 노년 사제를 돌이켜 보는 세월이 되었습니다.

4. 행렬은 한 사제의 일생을 마치 파노라마처럼 보여 줍니다. 앞을 보니 살아온 세월이 있었고, 뒤를 보니 앞으로 살아갈 세월이 보입니다. 어느샌가 앞줄이 훨씬 길고 뒷줄은 얼마 남지 않았음을 보면서 왠지 모를 착잡함을 느낍니다.

5. 오늘 미사중에는 사제서품 50주년을 맞는 신부님들의 축하식도 있었습니다. 나도 20년 뒤에 저 자리에 앉을 수 있을까 하는 생각도 해 보게 됩니다.

6. 50주년을 맞는 신부님들의 살아오신 세월이 상본에 적혀 있었습

니다. 어떤 신부님은 자신의 길을 찾아 나름대로 열심히 사신 분도 계셨고, 어떤 분은 교구에서 원하는 일을 하면서 사시기도 하셨고, 어떤 분은 그저 부유한 본당 사제로만 사신 분도 계셨습니다.

또 특이하게도 뉴질랜드 출신인데 골롬반 선교회 사제로서 1966년 한국에 오셔서 지금까지 평생 동안 한국의 가난한 이들과 함께 사신 분도 계셨습니다.

7. 똑같은 50년의 세월이지만 누가 더 행복하실까 생각해 보았습니다. 제 느낌으로는 50년을 한결같이 가난한 이들과 함께하신 신부님이 제일 행복하실 것 같다는 생각이 들었습니다. 그리고 그분이 사람들로부터도 가장 기도를 많이 받으시고, 하느님께로부터도 가장 큰 칭찬을 듣지 않으실까 생각해 보았습니다.

죄송한 말씀이지만 부자들, 권력자들과 사신 분은 그리 행복해 보이지 않았습니다.

8. '나도 20년 뒤에는 저 자리에 설 수 있을까? 그리고 당당하고 벅찬 마음으로 지난 세월들에 대해 하느님께 감사드릴 수 있을까?' 생각해 보게 됩니다.

9. 미사 전에 어떤 선배 신부님이 묻습니다. "조 신부는 왜 항상 어려운 본당에 있는 거야?" "저야 뭐 어려운 본당 전문가 아닙니까?" 라는 대답이 저도 모르게 나옵니다.

10. 그렇습니다. 세월이 지나고 보면 뭐가 진실이고, 뭐가 거짓인지 밝혀질 것이고, 어떤 것이 하느님 마음에 드는 감동적인 삶인지도

드러날 것입니다. 그저 지금 이 순간, 이 자리에서 저에게 주어진 삶에 최선을 다하는 것이 정답이 아닌가 합니다. 그 삶이 어떤 삶이든 상관없이 그 자리에서 최선을 다하는 것이 사제의 삶이 아닌가 합니다.

11. 오늘은 사제의 생일이기도 합니다. 미사를 봉헌하면서 명동성당에서 기도드렸던 그 초심의 기도들에 대해서 생각해 보았습니다. 부제 시절에 명동 성모병원에서 병원 사목에 대해 배울 기회가 있었는데 항상 아침 일찍 성당에 와서 기도드리던 저의 순수한 시절의 기도가 그립기도 합니다. 성당은 모든 것이 그대로인 것 같은데 벌써 30년의 세월이 흘렀습니다. 세상도 변하고, 사람들도 변하고, 저도 많이 변했네요. 그러나 하느님만은 변하지 않으시고 언제나 그 자리에, 그 모습으로 현존해 계십니다.

12. 명동성당은 이 사회의 모든 애환을 가슴에 품고 항상 그 모습 그대로 모든 사람을 끌어안고 있네요. 그 안에 계신 하느님도 역시 그때나 지금이나 똑같은 모습으로, 아니 더 가슴 아픈 모습으로 힘들게 살아가는 사람들을 자비로이 내려다보고 계십니다.

13. 모든 것이 변해도 변하지 않으시는 하느님은 오늘도 우리에게 똑같은 가르침을 주십니다.

14. 그 절체절명의 순간, 뭔지 모를 긴장감과 불안감, 답답함이 가득 찬 당신의 이 지상에서의 마지막 식사 시간에 주님께서는 당신의 몸과 마음과 영혼을 빵과 포도주의 모습으로 제자들에게 주십니

다. 당신의 모든 것을 아낌없이 주십니다.

예수님께서는 잡히시던 날 밤에 빵을 들고 감사를 드리신 다음, 그것을 떼어 주시며 말씀하셨습니다. "이는 너희를 위한 내 몸이다. 너희는 나를 기억하여 이를 행하여라."

또 만찬을 드신 뒤에 같은 모양으로 잔을 들어 말씀하셨습니다. "이 잔은 내 피로 맺는 새로운 계약이다. 너희는 이 잔을 마실 때마다 나를 기억하여 이를 행하여라."

사실 제자들은 이 말씀이 무슨 뜻인지 전혀 알 수가 없었습니다. 그저 평상시와는 다른 예수님의 모습에서 긴장과 불안, 그리고 답답함을 느낄 뿐이었습니다. 뭔지 세상이 어둠에 가득 차 버려 빛과 희망이 없어 보이는 가슴 답답함만이 있었을 것입니다.

15. 미사를 마치신 예수님께서는 또 뜻밖의 행동을 보여 주십니다. 겉옷을 벗으시고 수건을 들어 허리에 두르시고는 제자들의 발을 씻어 주시는 것이었습니다. 그리고 말씀하십니다.

"내가 너희에게 한 일을 깨닫겠느냐? 너희는 나를 스승님, 주님이라 부른다. 너희의 주님이며 스승인 내가 너희의 발을 씻었으면 너희도 서로 발을 씻어 주어야 한다. 내가 너희에게 한 것처럼 너희도 하라고 내가 본을 보여 준 것이다."

16. 제자들은 죽었다 깨어나도 그 자리에서의 예수님의 말씀과 행동을 이해할 수 없었을 것입니다.

17. 오늘은 하느님의 지극한 사랑이 이뤄지는 성체성사와 신품성사가 세워진 날입니다. 그래서 사제들의 생일이라 하는 것이죠.

18. 당신의 몸과 피를 우리에게 나눠 주십니다. 참으로 상상하기 힘든 예수님만의 표현 방식이었고, 그 깊은 마음이셨습니다. 사랑하는 사람들을 위해 당신의 모든 것을 아낌없이 전부 내어 주시는 모습을 보여 주십니다.

우리는 겨우 마음을 주면서 사랑을 실천한다고 자랑하지만 주님께서는 당신의 모든 마음을, 정신과 영혼을 주십니다. 그것도 모자라 당신의 몸과 피까지 아낌없이 주시는 것입니다. 이것이 예수님의 사랑이고, 하느님의 사랑이심을 보여 주십니다.

19. 그 옛날 이스라엘 백성은 이집트에서 탈출할 때 영원히 잊을 수 없는 큰 사건을 겪게 됩니다.

이집트에서의 마지막 날 밤에 이스라엘 백성은 1년 된 흠 없는 수컷으로 양이나 염소를 잡아 그 피를 집 문설주에 바릅니다. 그날 밤 죽음의 천사가 문설주에 피가 발린 집을 제외하고는 맏배들과 맏아들을 모두 칩니다. 피가 발린 집은 죽음의 천사가 거르고 지나갑니다. 이스라엘 백성은 그 혼란의 밤에 이집트를 탈출하게 됩니다.

거르고 지나간다는 뜻의 과월절은 예수님의 피로 새로운 차원을 맞게 되는 것이죠. 그때와 같이 지금도 그 영혼의 문설주에 예수님의 피가 발린 사람은 죽음을 면하고 새로운 생명으로 나아갈 수 있음을 의미하는 것입니다.

20. 예수님의 피로 죽음을 면하고, 예수님의 몸으로 새 생명으로 나아갈 수 있음을 오늘 전례에서 가르쳐 주고 있는 것입니다.

21. 단순한 사랑이 아니라 당신의 몸과 피로 우리를 죽음에서 구하

는 예수님의 사랑, 하느님의 사랑을 보여 주고 있는 것입니다.

22. 그 사랑은 말로만의 사랑, 마음으로만의 사랑이 아니었습니다. 당신의 말로 표현할 수 없는 고통을 대가로 치러야 하는 사랑이셨습니다. 당신의 온몸이 쪼개지는 고통을 통해서 이루어 내시는 사랑인 것입니다.

23. 우리에게 말씀하십니다. "내가 하는 일의 뜻을 알겠느냐? 너희도 내가 한 것처럼 하여라."

24. '어이구, 주님! 제가 어찌 주님처럼 할 수 있겠습니까?' 우리의 머릿속에는 당장 나는 그리할 수 없다는 대답이 나옵니다. 그래서 우리는 하느님 앞에 하느님의 자비를 빌 수밖에 없는 가련한 존재들이고, 하느님의 힘과 은총이 필요한 사람들입니다.

25. 그 예수님의 사랑을 실천한다는 것은 어찌 보면 내 힘으로는 불가능한 일이기도 합니다. 그러나 예수님께서는 우리에게 요구하십니다. "너희도 그리하여라."

26. 내 힘으로 하면 불가능한 일을, 하느님께서 내 안에 계셔서 나와 함께 하시면 그 불가능이 가능으로 바뀝니다.

27. 무엇보다도 하느님의 사랑이 내 마음 안에, 내 영혼 안에 충만하도록 기도해야 하겠습니다. 내 힘으로 세상을 사는 것이 아니라 하느님의 힘으로 살도록 해야 하겠습니다. 하느님은 멀리 계신 분이 아니라 의외로 우리의 삶과 가까이 계시는 분이십니다. 내가 간절히 청하고 구한다면 어쩌면 너무 쉽게 우리가 만날 수 있는 분이

시기도 합니다.

이 세상을 살아가는 데 필요한 현세적인 복을 구하기에 앞서 그분의 사랑이 내 마음에 가득할 수 있도록 기도할 수 있어야 합니다. 우리를 구하시기 위해 당신의 몸과 피까지 아낌없이 주신 그분께서 진정 우리에게 필요한 것을 기꺼이 주실 것임을 굳게 믿을 수 있어야 하겠습니다.

28. 우리가 그분의 사랑을 체험하고 싶다면, 그분의 사랑이 내 삶의 원동력이 되기를 원한다면 먼저 그분의 사랑하시는 방식, 곧 구체적인 실천인 수난의 시간에 함께할 수 있어야 할 것입니다.

29. 이제 이 미사가 끝나면 주님의 고통을 함께하는 시간이 시작됩니다. 모두 한마음으로 함께해 주셨으면 합니다.

"왜 자고 있느냐! 유혹에 빠지지 않도록 일어나 기도하여라." 아멘.

예수 부활 대축일(2015. 4. 5.)

"그분께서는 내 안의 슬픔과 어둠을 뚫고
부활하셨나이다."

1. 아름다운 꽃들이 사방에서 피어나고 있습니다. 요즘에는 모든 꽃들이 한꺼번에 다 피어나고 있는 것 같습니다. 금호동 지역의 명물인 응봉산에도 어느샌가 노란 개나리가 활짝 피어 온 산을 노랗게 물들이고 있습니다. 간혹 섞여 있는 벚꽃이 노란 개나리와 너무 잘 어울립니다.

2. 꽃들은 지난 겨울의 혹독한 추위를 견뎌 내고, 봄바람, 꽃샘추위도 이겨 내고 피어납니다. 우리가 잘 몰랐지만 꽃들은 아마 그 꽃들을 피워 내기 위해 무진 고생을 했을 것입니다.

3. 성당도 아름다운 꽃들로 가득 채워져 있습니다. 예수성심상 앞에 있는 나무들을 살리기 위해 지난겨울 신자들과 직원들이 온실을 만들고 성심성의껏 많은 애를 쓰셨습니다.

4. 생명을 살린다는 것, 꽃을 피워 낸다는 것은 죽음을 이겨 내는 부활을 잘 상징하는 것이라 할 수 있을 것입니다.

5. 엊그제 성목요일 저녁, 새벽 시간에 성체조배에 참여하였습니다. 남자 신자분들이 모여 성체조배 중 묵주의 기도를 하는 시간에 저

는 깜짝 놀랐습니다. 정말 애가 타는 듯한 목소리로 성모송을 외우는 기도를 들었기 때문입니다. 술을 드시고 오셨나 자세히 보았지만 그렇지는 않았습니다. 그분의 기도 소리가 얼마나 간절하였던지 그분의 삶 안에 얼마나 많은 한숨과 아픔, 고통이 있었는지 느낄 수 있었습니다.

6. 우리는 각자 나름대로의 삶의 십자가가 있기 마련입니다. 각 가정에도 십자가가 없는 집이 없습니다. 개인적으로도, 가정적으로도, 공동체 안에도 다 나름대로의 십자가가 있게 마련입니다.

7. 각종 질병에 시달리기도 하고, 아무리 열심히 살아도 좀처럼 나아지지 않는 경제적인 삶에 자존심이 상하기도 하고, 온갖 사고를 당하기도 하고, 신체적 열등감 속에 평생을 아프게 살기도 하고, 배우지 못해 항상 무시와 소외감을 느끼기도 하고, 남편 문제, 아내 문제, 시부모, 친정 부모 등 일가친척의 문제는 항상 머릿속을 짓누르고 있으며, 특히 자녀 문제는 우리 마음속에 지울 수 없는 상처와 십자가이기도 합니다.

또 때로는 믿었던 사람에게 배신당하기도 하고 경제적인 손실을 입기도 합니다. 억울하고 분통 터지는 일에 휘말리기도 하고, 온갖 오해와 질투 속에 살기도 합니다. 특히 자신의 탓이 아닌 어쩔 수 없는 환경 속에서 성격적인 문제, 내적인 문제, 마음의 문제에 시달리기도 합니다.

8. 우리의 사는 모습을 가만히 살펴보면 자신의 삶에 주어진 십자가에 짓눌려 숨도 못 쉬고 힘들어하며, 그 상처 속에서 원망과 분노

속에 살아가는 것이 아닌가 합니다. 때로는 자포자기와 무관심 속에서 살아가기도 합니다.

9. 문득 가수 조성모의 〈가시나무〉라는 노래 중 '내 속엔 내가 이길 수 없는 슬픔, 내 속엔 내가 어쩔 수 없는 어둠'이라는 가사가 마음에 와닿습니다.

10. 나의 삶에 주어진, 내가 이길 수 없는 슬픔들, 내가 어쩔 수 없는 어둠들이 다 나름대로 존재하기 마련입니다. 그래서 우리는 서로 찌르며, 힘들어하며 살아갑니다.

11. 주님께서는 내가 이길 수 없는 슬픔들, 내가 어쩔 수 없는 어둠들을 당신의 십자가로 짊어지십니다. 그 슬픔들, 그 어둠들 속에 사는 나를 두고만 보실 수 없으셨기 때문입니다. 그 슬픔과 어둠 속에서 노예로 살아가는 나의 모습이 너무 애처롭고 가련하기 때문입니다. 불쌍하기 때문입니다. 나 자신의 힘으로는 도저히 그 슬픔과 어둠을 감당할 수 없기 때문입니다.

12. 우리 모두의 슬픔과 어둠이 십자가의 모습으로 예수님의 어깨를 내리누릅니다. 그 무게가 얼마나 심각한지 예수님께서는 무려 세 번이나 넘어지십니다. 그리고 그 슬픔과 어둠의 십자가에 못 박히시고 끝내는 돌아가십니다.

13. 예수님께서는 내 삶의 슬픔과 어둠 때문에 모든 것을 버리시고 처절한 모습으로 돌아가시지만 그것은 바로 내가 이길 수 없는 슬픔마저도, 내가 어쩔 수 없는 어둠마저도 사랑하시는 하느님 사랑

의 모습이셨습니다. 그분의 사랑 덕분에 우리는 우리의 슬픔을 이 길 수 있게 되었고, 우리의 어둠을 극복할 수 있게 되었습니다.

14. 하느님께서는 그 내가 어쩔 수 없는 슬픔과 어둠의 십자가를 부활의 십자가로 바꾸어 주십니다. 오직 이 세상에 그 누구도 보여 주지 못했던 하느님 사랑의 힘으로 그 슬픔을 희망으로 바꾸어 주시고, 그 어둠을 빛으로 바꾸어 주십니다.

15. 그래서 우리가 이 밤을 기뻐하는 것입니다. 마음을 다해 찬미하는 것입니다. 우리 영혼의 힘을 다해 감사드리는 것입니다. 내가 이길 수 없는 슬픔을, 내가 어쩔 수 없는 어둠을 나 대신 이겨 주시고, 극복해 주시는 예수님의 부활을 목소리 드높여 찬송하는 것입니다. 그분의 부활이 없었다면 여전히 나는 밤의 노예요, 분노와 미움의 화신이요, 내가 살기 위해서 남을 찌르고 해치는 무자비한 동물일 수밖에 없는 것입니다.

16. 사제는 부활초에 5개의 향 덩어리를 꽂으며 기도합니다.
"주 그리스도님, 거룩하시고 영광스러우신 상처로 저희를 지켜 주시고, 보살펴 주소서."

17. 새로이 마련한 불에서 부활초에 불을 댕기면서 기도합니다.
"영광스러이 부활하신 그리스도의 빛은 저희 마음과 세상의 어둠을 몰아내소서."

18. 부활 찬송에서는 이렇게 노래합니다.
"성자께서는 우리 대신 성부께 아담의 죄 갚으시고, 참된 어린양 오늘 살해되시어 그 피로 우리 마음 거룩해지나이다.

이 밤은 죄악의 어둠 몰아낸 밤, 세상 온갖 죄악과 죄의 어둠에서 구원하여 은총으로써 성덕에 뭉쳐 준 밤.

아담이 지은 죄 그리스도의 죽음이 씻은 죄. 오, 복된 탓이여. 너로써 위대한 구세주를 얻게 되었도다.

이 촛불을 끊임없이 타오르게 하시어 이 밤의 어둠 물리치소서.

무덤에서 부활하신 그리스도, 인류를 밝게 비추시는 샛별이시여"

19. 소중한 하느님의 빛이기에 아담이 지은 죄마저도 복된 탓이라고 노래하는 것입니다.

20. 우리는 오늘 이 밤에 굳게 믿어야 하겠습니다. 믿는 대로 이루어지기 때문입니다.

21. 이 밤의 부활로 나의 슬픔과 어둠을 희망과 빛으로 바꾸어 주심을 믿어야 하겠습니다. 여전히 나는 내 삶의 십자가를 짊어지고 살 수밖에 없지만 그 십자가가 이제는 더 이상 나를 고통스럽게 하는 징벌이 아니라 새로운 생명으로, 새로운 세상으로, 새로운 삶으로 새롭게 탄생시키는 하느님의 구원의 도구임을 믿어야 하겠습니다. 내 삶의 십자가 안에 그리스도께서 함께 계시니 그 치욕과 무거운 십자가가 부활의 도구임을 믿어야 하겠습니다.

22. 이제 우리는 슬프지만 웃을 수 있고, 어둡지만 우리 안에 새롭게 올라오는 부활의 빛을 보면서 기뻐할 수 있는 것입니다.

더 이상 원망과 탄식의 기도가 아니라 기쁨과 희망의 기도를 바칠 수 있는 것입니다.

23. 주님께서 내 마음 안의 어둠과 슬픔을 이겨 주시기 때문입니다. 그 힘든 슬픔과 어둠들로 인한 죄들을 용서해 주시고, 그 아픈 마음들을, 그 상처들을 위로해 주시고 치유해 주시기 때문입니다.

24. 이젠 내가 이길 수 없는 슬픔이 아니라 이길 수 있는 슬픔이며, 내가 어쩔 수 없는 어둠이 아니라 주님과 함께 그 어둠을 이겨 나갈 수 있는 어둠임을 믿을 수 있어야 하겠습니다. 이 밤은 부활의 은총이 가득히 내리는 밤이기 때문입니다.

25. 기뻐합시다, 환호합시다, 찬미합시다, 감사합시다. 알렐루야, 그분께서는 내 안의 슬픔과 어둠을 뚫고 부활하셨나이다. 아멘.

부활 제2주일(2015. 4. 12.)

"어머니들은 하느님의 사랑의 마음을
갖고 계십니다."

1. 온 천지에 새로운 생명이 돋아나고 있습니다. 아침저녁으로 약간 쌀쌀하지만 봄은 왔습니다. 봄은 화려한 계절입니다. 온갖 꽃들이 피어나고 생명이 용솟음칩니다. 그중에서도 새롭게 돋아나는 새순들을 보면 참으로 신비롭고 경이롭기까지 합니다.

2. 지난 주간에 본당에서 온갖 궂은일을 마다하지 않는 구역장, 반장들과 함께 선운사와 장성 편백나무 숲길을 다녀왔습니다.

3. 세상 참 좋아졌더라고요. 용산역에서 출발한 KTX 열차가 불과한 시간여 만에 전북 익산에 도착하였습니다. 선운사의 새롭게 피어나는 봄을 보고, 점심을 먹고, 전남 장성에 있는 편백나무 숲을 둘러보았습니다. 약간 숨이 찰 정도로 힘든 고갯길을 넘은 뒤 온갖 나무들로 우거져 있는 숲길을 걸었습니다.

임종국이라는 사람이 그 산에 나무를 심기 시작하였는데 막상 그 본인은 지금처럼 아름다운 산은 보지 못하고, 끊임없는 부채와 싸움 속에서 속만 끓이다가 병고로 숨졌다고 합니다. 그의 나무에 대한 식지 않는 애정 덕분에 지금은 편백나무, 낙엽송, 측백나무 등등이 온 산을 뒤덮고 있었습니다.

4. 누군가의 희생으로 그 좋은 숲길이 만들어졌고, 또 누군가의 희생으로 우리 공동체가 유지되고 있는 것이 아닌가 합니다.

5. 나무는 광합성 작용을 통해 이산화탄소를 흡수하고, 밤이 되면 CO_2 중에서 탄소는 자기 몸에 저장하고 O_2, 즉 산소만 내뿜는다고 합니다. 인간에게는 나무가 내뿜는 질 좋은 산소가 살아가는 데 꼭 필요합니다.

6. 예수님도 이 세상에 오셔서 이 세상의 온갖 나쁜 죄악들을 다 당신 몸에 받아들이시고, 그 나쁜 죄악들 때문에 돌아가시지만 우리 인간에게 부활이라는 새로운 생명을 주십니다.

7. 나쁜 것을 받아들여 자신 안에서 소화하고, 좋은 것을 내어 놓는 모습은 우리 신앙인들이 살아가야 할 삶의 모델이 아닌가 합니다.

8. 언젠가 유럽 성지순례 기회가 있었습니다.

9. 저는 여행사 사장에게 성지순례의 성공과 실패는 많은 부분 가이드에게 달려 있으니 제발 똑똑하고 심성 좋은 가이드를 붙여 달라고 신신당부하였습니다.

10. 그런데 막상 저희 가이드가 된 사람은 심성은 착한 것 같은데 아는 것이 별로 없었습니다. 현지 가이드를 만나야 하는데 쉽게 찾을 수 있는 장소였고 누구나 아는 장소였음에도 불구하고 그 장소를 찾기까지 온 시내를 다 헤매고 다니기도 했으며, 성지에 대한 지식도, 순례에 따른 제반 사항도 잘 모르고 있었습니다. 오죽하면 제

가 그 지역의 역사와 순례의 의미 등을 설명해야 했겠습니까.

저는 정말 왕짜증이 났습니다. '아니, 어떻게 저런 사람이 가이드를 할 수 있을까?' 이해할 수가 없었습니다.

11. 그런데 더 이해할 수 없었던 점은 함께한 아줌마들의 태도였습니다. 아무것도 모르고 능력도 없는 가이드에게 더 웃어 주고, 친절하게 대해 주며, 아무것도 아닌 농담에 깔깔거리는 것이었습니다.

12. 저는 대표 격이었던 자매에게 물어보았습니다. 아니, 뭐가 그리도 좋아서 깔깔거리냐고, 저 가이드 때문에 속상하고 불편하지 않냐고.

13. 깜짝 놀랄 대답을 들었습니다.

"신부님은 역시 애를 안 낳아 봐서 뭘 모르시네요. 애를 낳고 길러 봐요. 세상에 똑똑하고 잘난 애들보다 저 사람처럼 못나고 모자란 사람에게 더 정이 가고, 안된 마음에 더 잘해 주게 되는 거예요. 역시 신부님은 결혼을 안 해 봐서 어쩔 수가 없네요."

14. 저는 순간 뒤통수를 망치로 맞은 기분이었습니다. 아니, 가이드면 가이드다워야지, 저런 미숙한 가이드를 편드는 아줌마들이 믿기조차 하였습니다. 그러나 그 자매가 저에게 한 말은 제 가슴속에 비수처럼 꽂혔습니다. 그리고 그 말이 오랫동안 제 가슴속에 남아 있었습니다.

15. 아, 맞아. 하느님도 그런 분이시구나. 하느님께서도 똑똑한 사람, 잘난 사람보다도 못나고 부족한 사람을 더 사랑하시고, 이뻐하

시고, 자비를 베푸시겠구나. 부족한 만큼 당신의 사랑이 더 크시겠구나. 못난 만큼 하느님의 마음도 아프시겠구나. 저 못나고 부족한 사람이 이 험난한 세상을 어찌 살아갈지 하느님도 못내 마음 졸이고 계시겠구나.

16. 세상 사람들은 다 잘나고 똑똑하고 멋있어 보이려고 합니다. 돈과 권력을 손에 쥐고 자기 자신을 한도 끝도 없이 키워 가려고 합니다. 이 험한 세상에서 남들보다 열심히, 성실히 살았으니 하느님께서도 인정해 주실 것이라고 생각합니다.

17. 그러나 그것은 오산이고 착각입니다. 하느님께서는 이 세상에서 천대받고, 무시당하고, 소외받고, 따돌림당하는 사람들을 더 사랑하시고, 그들의 편이시기도 합니다. 하느님은 자비의 하느님이시기 때문입니다. 하느님께는 정의도 중요하지만 자비가 없는 정의는 물리치시는 분이시기 때문입니다. 자비에 기초한 정의만이 올바른 정의임을 성서와 교회에서 가르쳐 주고 있습니다.

18. 형제자매 여러분!
오늘은 부활 2주일이면서 자비주일이기도 합니다.

19. 자비의 사도이신 성녀 파우스티나는 폴란드에서 가난한 농부의 가정에서 태어납니다. 가정 형편 때문에 초등학교를 3년밖에 다니지 못했고, 생계를 위해 가정부로 일하다가 스무 살에 자비의 성모 수녀회에 입회합니다. 입회 전부터 엄격한 생활과 무리한 단식 등으로 몸이 쇠약했던 데다 결핵까지 걸려 건강을 잃은 파우스티나

수녀는 33세의 젊은 나이에 선종하게 됩니다.

이 수녀의 환시와 신비 체험은 고해 사제 권고에 따라 일기 형태로 기록됩니다. 2000년 교황 요한 바오로 2세께서는 이 파우스티나 수녀를 시성하고, 부활 2주일을 자비주일로 선포하시게 됩니다.

20. 왜 하느님께서는 무식하고, 쇠약하고, 나약하기만 한 파우스티나 수녀에게 당신의 자비의 모습을 보여 주시고, 그에게 천상의 비밀들을 알려 주셨을까요? 왜 그 수녀를 통해 당신의 자비로우심을 온 세상에 보여 주시는 것일까요?

21. 하느님은 그런 분이십니다. 나약하고, 배운 것 없고, 소외받고, 천대받고, 무시당하는 사람들을 더 사랑하시는 분이십니다. 그것이 하느님의 자비입니다.

22. 하느님께서는 당신 앞에서 똑똑한 척하고, 있는 척하고, 잘난 척하는 사람들을 내쳐 버리시고, 그 잘나고 똑똑한 사람들이 내치는 사람들을 당신 가슴에 안아 주시는 분이십니다.

23. 우리가 잘난 사람이면 우리 안에 하느님의 자비가 내려오지 않습니다. 잘난 사람들은 자기보다 못한 사람들을 업신여기고, 판단하고, 단죄하기 때문입니다. 자신들이 하느님의 자비로 잘난 사람들이 되었음을 잊어버리는 사람들에게는 무자비한 하느님으로 나타나시는 것입니다.

24. 우리가 하느님의 자비를 실천해야 하는 이유는 우리 자신이 하느님의 자비를 입고 있는 사람이기 때문입니다. 하느님께서 우리에

게 베푸시는 자비를 실천하지 않는다면 하느님께서도 당신의 자비를 거두어들이실 것입니다.

우리가 이웃을 용서해야 하는 이유는 우리가 잘나서가 아니라 우리가 이미 하느님의 용서를 받고 있기 때문입니다. 우리가 주위 사람들을 단죄하지 말아야 하는 이유는 하느님께서 우리를 단죄하지 않으시기 때문입니다. 우리가 하느님의 사랑을 실천해야 하는 이유는 우리 자신이 하느님의 사랑 속에 이미 살고 있기 때문입니다.

25. 우리가 잘나서 하느님의 사랑, 용서, 자비를 받는 것이 아니라 부족하기 때문에, 못났기 때문에 하느님께로부터 공짜로 그 선물들을 받고 있는 것입니다.

26. 그래서 예수님께서는 말씀하십니다. "거저 받았으니 거저 주어라."

27. 부활하신 예수님을 의심하고 믿지 못하는 토마스, 나름대로 똑똑하다고 생각하는 토마스를 통해 우리에게 오늘 복음을 통하여 큰 교훈을 주고 계십니다. "너는 나를 보고서야 믿느냐? 보지 않고도 믿는 사람은 행복하다."

28. 어머니들은 하느님의 사랑의 마음을 갖고 계십니다. 못난 자식에게 더 정이 가고 애틋한 마음을 갖고 계시는 어머니들, 그들이 살아가야 할 험난한 세상 때문에 더 마음 아파하시고, 더 많은 기도를 하시는 어머니의 하느님의 사랑을 닮은 그 마음들 속에 하느님께서 함께 계십니다. 아멘.

부활 제3주일(2015. 4. 19.)
"그리스도는 고난을 겪으시고 사흘 만에 죽은 이들 가운데서 부활하셨으니, 죄의 용서를 위한 회개를 그분의 이름으로 모든 민족들에게 선포하여라."

1. 아름다운 꽃들도 찬란하지만 새롭게 돋아나는 새순들도 꽃들 못지않게 우리의 마음을 감동스럽게 합니다.

2. 모든 동물이나 식물들은 새롭게 태어날 때 참으로 이쁘고, 아름답습니다. 가정집에서도 아기가 태어나면 이 세상의 모든 고통을 다 잊어버릴 수 있습니다.

저의 친구들도 어느샌가 할아버지, 할머니가 되는 나이가 되고 말았습니다. 어쩌다 그들을 만날 기회가 있으면 주된 화제가 손자, 손녀에 대한 이야기입니다. 아기들의 사진이 핸드폰 배경 사진이고, 핸드폰에 있는 아기 사진들을 보여 주면서 자랑하느라고 시간 가는 줄 모릅니다. 하도 반복되는 손주들 자랑에 식상한 친구들이 자랑을 하려거든 벌금을 내고 하라 하면 실제로 벌금을 내면서 자랑하는 친구도 있습니다.

3. 새로운 생명은 그 자체로 참으로 아름답습니다. 연녹색의 잎들도, 이쁜 강아지들도, 아기들도 새로운 생명 그 자체로 우리의 마음을 기쁘게 하고, 또 때로는 황홀하게 하고, 환희로 가득 차게 합니다.

4. 해마다 이때쯤 되면 남편이나 아내, 또는 부모나 자식을 먼저 하늘나라로 보낸 사람들은 우울하다고 합니다. 자연 만물은 봄이 되면 새롭게 다시 살아나는데 먼저 가신 분들은 여전히 우리 마음속에서 그리움의 대상이기 때문입니다. 살아 있을 때는 미워도 하고, 사랑도 하지만 죽음 이후에는 아무것도 할 수 없기 때문입니다. 아무리 아프고 힘들게 하는 사람도 역시 살아 있다는 것이 소중한 것이 아닌가 합니다.

5. 다시는 태어날 수 없는 삶, 죽음으로 모든 것이 끝나 버리는 듯한 우리의 삶이 한스럽고 우울하게 느껴지는 것도 이 봄에 우리가 견뎌야 하는 삶의 십자가가 아닌가 합니다. 살아 있을 때 좀 더 잘할걸, 좀 더 친절하게 할걸, 원하는 바를 들어줄걸 등의 후회스럽고, 미안하고, 죄스러운 복잡한 마음이 이 찬란한 봄에 더 우리의 마음속에 깊이깊이 스며들기도 합니다.

6. 그러나 우리는 새로운 생명이 돋아나는 이 봄에 부활하시는 예수님을 만나 뵈올 수 있어야 하겠습니다.

7. 제자들은 마음이 참담했습니다. 모든 것이 끝나 버리고 무너져 버린 듯한, 마치 세상이 어둠과 죽음으로 가득 찬 것만 같은 마지막 절망감을 체험했습니다. 그것은 죽음에 대한 깊고 깊은 체험이었습니다. 그들의 허무감과 상실감, 그리고 그로 인한 고통은 말로 다 설명할 수 없을 정도였을 것입니다.

어떻게 이런 일이 있을 수 있는가? 그들의 예수님께 대한 기대는 그야말로 철저히 무너지고 말았습니다. 또한 그들은 두려움에 사로잡혀 있었습니다. 앞으로 어떻게 살아야 할까? 삶에 대한 의지도, 방향도 모두 상실한 상태였습니다. 그들의 마음은 어둠과 죽음 그 자체였습니다.

8. 어느 날 그들은 참으로 이해하기 어려운 이야기를 듣게 됩니다. 예수님이 다시 살아나셨다는 것입니다. 이게 무슨 이야기인가? 머리로는 이해가 가지 않지만 뭔가 대단한 일이 일어났음을 직감하게 됩니다. 여기저기서 부활하신 예수님을 체험한 이야기들을 듣게 됩니다.
그래도 그들의 마음은 여전히 확신이 가지 않습니다. 도대체 어떻게 그런 일이 생길 수 있는가? 어떻게 죽은 사람이 다시 살아날 수 있을까? 그들의 마음은 의심과 의혹에서 벗어나지 못하고 있었습니다.

9. 그런 두려움, 의심, 의혹의 마음 한가운데에 부활하신 예수님께서 나타나십니다. 그들 가운데 서시어 "평화가 너희와 함께!" 하고 말씀하십니다.

10. 제자들은 숨을 쉴 수가 없었습니다. 아니, 지금 뭘 보고 있는 거야? 도대체 저분은 누구지? 내가 헛것을 보고 있는 것은 아닌가? 내가 마음이 혼미해져서 유령을 보고 있는 게 아닌가? 아니, 이게 도대체 어떻게 된 일이지?

11. 예수님께서는 차분하게 말씀하십니다. "왜 놀라느냐? 어째서 의혹을 품고 있느냐? 자, 봐라. 바로 나다. 내 손과 발을 보아라."

12. 제자들은 여전히 꿈을 꾸고 있는 것 같았습니다. 아니, 이게 뭐야? 여전히 의심을 품지 않을 수 없었습니다.

13. 황당한 일에 멍해 있는 제자들에게 예수님께서는 생전의 친숙한 모습을 보여 주십니다. "여기에 먹을 것이 좀 있느냐?" 생선 한 토막을 그들이 보는 앞에서 잡수십니다.

14. 아주 익숙한 모습이었습니다. 바로 생전의 예수님, 바로 그 모습이셨습니다.

15. 예수님께서는 담담하게 구약의 예언들을 설명해 주시면서 그들의 마음을 열어 주십니다. 마음이 열려야 새로운 사실들을 볼 수 있고, 깨달을 수 있게 됩니다. 예수님의 죽음의 의미도 설명해 주십니다.

16. 제자들의 마음에 가득 찼던 두려움, 의혹이 사라지기 시작합니다. 마음 깊은 곳에서 희망이 솟아오르고, 뭔지 모를 기쁨이 용솟음치기 시작합니다. 바로 눈앞에 계신 예수님이 마음에 들어오기 시작합니다. 아, 바로 그분이구나. 진짜 그분이 다시 살아나셨구나. 의혹은 확신으로, 두려움은 용기로, 절망감은 희망으로, 어리석음은 깨달음으로 바뀌기 시작합니다. 그들의 어둠은 빛으로, 죽음은 새로운 생명으로, 억압되었던 마음은 자유로운 마음으로 바뀌기 시작합니다.

17. 예수님께서는 이어서 말씀하십니다.
"너희는 이 모든 일의 증인이다. 그리스도는 고난을 겪고 사흘 만에 되살아나셨고, 그분의 이름으로 모든 죄가 용서된다는 사실을 모든 사람에게 선포해야 한다."

18. 부활의 증인, 어둠을 뚫고, 죽음을 뚫고 그분께서는 부활하셨음을 증언해야 하는 것입니다.

부활은 우리 삶의 절망을 뚫고, 고독을 뚫고 좌절과 실의를 이겨 내는 것이며, 우리의 어두운 마음속에 빛과 희망을 주는 것이며, 두려움 속에서 용기를 주는 것이며, 궁극적으로 우리의 죽음에서 새로운 부활로 나아감을 선포해야 하는 것입니다.

19. 여전히 삶의 무게로 고통스러워한다면, 여전히 두려움에 사로잡혀 있다면, 여전히 미워하고 분노하고 좌절하고 있다면 우리는 아직도 부활 이전 제자들의 그 참담한 모습 속에 있는 것입니다.

20. 우리는 어떤 상황에서도 용기를 잃지 말고, 확신 속에서 우리 삶의 어둠을 이겨 내고, 우리 마음의 좌절과 분노와 상처들을 이겨 내야 하는 것입니다. 그것이 부활의 삶이며, 우리는 바로 그 부활의 증인이 돼야 하는 것이며, 우리 안에서 이뤄지는 부활을 선포할 수 있어야 하는 것입니다.

21. 부활, 그것은 참으로 우리 신앙의 핵심입니다. 우리 안에 부활에 대한 확신과 체험이 없다면 우리는 살아 있어도 여전히 죽은 목숨이며, 산다 해도 헛사는 것입니다. 부활이 없으면 우리의 생명, 살아야 하는 이유와 가치 역시 아무것도 존재하지 않는 것입니다.

22. 부활은 우리의 삶 속에 체험되어야 하는 것입니다. 우리의 어둠

과 죽음이 극복될 수 있음을 체험해야 하는 것입니다. 쉽게 말하면 우리의 미움이 용서로, 우리의 절망이 희망으로, 우리의 두려움이 용기로 바뀌어야 하는 것입니다.

23. 살아 있을 때 부활을 체험해야 실제로 우리의 죽음 앞에서도 우리는 부활할 수 있을 것입니다. 살아 있을 때 여전히 우리의 마음이 의혹과 불신과 미움과 분노로 가득 차 있다면 우리는 죽어서도 결코 부활할 수 없을 것입니다.

24. 부활은 먼 훗날 이뤄지는 것이 아니라 지금, 바로 여기서 이뤄져야 하는 하느님 사랑의 결정판인 것입니다.

25. 부활은 지금의 내 삶 안에서 체험되어야 하며, 우리는 그 사실을 만방에 선포해야 하는 예수님의 사명을 받은 사람들인 것입니다.

26. "그리스도는 고난을 겪으시고 사흘 만에 죽은 이들 가운데서 부활하셨으니, 죄의 용서를 위한 회개를 그분의 이름으로 모든 민족들에게 선포하여라. 알렐루야." 아멘.

1. 요즘은 동네마다 아름다운 꽃들이 만발해 있습니다. 예전 같으면 5월이나 돼야 이처럼 꽃들이 만발하는데 벌써부터 풍성한 꽃 잔치가 벌어지고 있습니다.

2. 우리 인생에서도 이처럼 화려한 시절이 있었을 텐데 그때가 언제였을까 생각해 보게 됩니다.

3. 저의 인생에서도 이처럼 화려한 봄날이 언제였을까요?

4. 오늘은 성소주일이기도 합니다. '성소'란 말 그대로 '하느님의 거룩한 부르심'이라는 뜻입니다. 예전에는 성소란 사제성소, 수도성소만을 가리키는 말이었는데 요즘은 평신도들에게도 결혼성소라는 말을 쓰기도 합니다. 사제나 수도자가 되기 위한 하느님의 부르심과 함께 평신도들에게도 아버지, 어머니가 되기 위한 하느님의 부르심이 있다고 가르칩니다.

5. 생각해 보면 하느님 안에서 살아가는 신앙인들에게는 누구에게나 하느님의 부르심과 이끄심이 있습니다. 그것을 저는 '삶의 성소'라는 말로 불러 보고 싶습니다.

6. 삶의 성소, 하느님을 믿는 사람은 하느님께서 부르시는 삶의 자리가 있게 마련입니다.

7. 오늘 저는 저의 사제성소를 통해 저를 부르시는 저의 삶의 성소에 대해서 묵상한 바를 함께 나눠 보고자 합니다.

8. 저의 아버지는 한때 경제적으로 큰 성공을 거두셨지만 인생의 가장 중요한 시기에 가장 믿었던 분에게 배신당하고 당신의 모든 것을 잃고 말았습니다. 그 후 가족들을 잘 돌보지 않으셨고, 당신의 그 가슴 아픈 상처에 매달리셨습니다.

9. 언젠가도 말씀드린 것 같은데 저는 아버지의 성공 시기에 태어났습니다. 부모님은 형이 3명이나 있는 가운데 마지막 자식으로 딸을 간절히 원하셨지만 저는 불행히도 아들로 태어나고 말았습니다. 그때 당시 병원에서 태어날 정도였으니 저는 태어날 때부터 부모님의 기대와 희망을 잔뜩 받고 있었습니다만 아들로 태어나는 순간부터 저는 실망과 좌절의 대상이기도 했습니다.

10. 그 후 아버지의 실패 시기에 제 동생이 새하얗게 태어납니다. 그야말로 여동생은 가족들의 암울한 시기의 희망이요, 기쁨이었습니다. 여동생은 가족의 중심이었고, 저는 그저 귀찮은 존재로 여겨지지 않았을까 생각해 봅니다.

11. 혹시라도 동생과 싸우면 부모님은 무조건 동생 편이었고, 저의 존재감은 미약할 뿐이었습니다.

12. 어떤 면에서는 그 불행한 어린 시절이 사실은 하느님께서 저를 부르시기 위한 준비의 시간이 아니었을까 생각해 보게 됩니다.

13. 중학교에 들어갈 때 정말 묘하게도 하느님께서는 가톨릭 학교인 동성중학교로 저를 인도해 주십니다.

저는 중1 때 세례를 받게 되는데 예비자 때부터 저의 행동은 좀 남달랐던 것 같습니다. 그 학교에서는 매일 새벽미사가 있었는데 저는 예비자 때부터 그 새벽미사를 한 번도 빠지지 않았습니다. 예비자 때 교리경시대회가 있었는데 제가 1등을 하기도 하였습니다. 본당에서도 레지오에 들어가 중학생임에도 불구하고 본당의 온갖 험한 일을 마다하지 않았습니다.

학교에 종교부라는 특별부서가 있었는데 제가 종교부장을 하기도 하였습니다. 종교부 학생들과 함께 시립병원, 나환자 마을, 양로원 등 그 당시 무슨 열정이었는지 안 해 본 봉사가 없었습니다. 여러분이 다 알고 계시는 지금은 국회의원이신 한선교 의원이 제 밑에서 종교부 차장을 하였습니다.

14. 부모, 형제들로부터 받는 소외감이랄까, 그런 아픔이 제가 하느님께 매진하는 계기가 되지 않았나 생각해 보게 됩니다. 또한 태어나는 순간부터 이미 그런 길을 예비하지 않으셨나 생각해 보게 됩니다.

15. 중3 때 제가 좋아하던 수녀님이 다른 곳으로 가시고 새로운 수녀님이 오셨는데 제 마음에는 별로였습니다. 그런데 하루는 그 마음에 들지 않는 수녀님이 저에게 "애, 너 신학교 가지 않을래?" 하는

것이었습니다. 저는 뭔지 모를 오기가 생겨 그 수녀님에게 "걱정 마세요. 저 신학교 갈 거예요"라고 마음에도 없던 이야기를 했습니다. 당시에는 고등학교부터 신학교가 있었는데, 그날로 제 의지나 생각과는 상관없이 제가 그 신학교로 진학하는 방향으로 일이 진행되는 것이었습니다. 지도 신부님과 교장 선생님을 비롯한 모든 사람이 알게 되었습니다. 저는 꼼짝없이 신학교에 갈 수밖에 없었습니다. 많은 사람들의 기대 속에 저는 저의 속내조차 이야기할 수 없었습니다.

이 일을 어쩌나. 저는 상고나 공고에 가서 어려워진 집안을 돕고 싶었는데 모든 상황이 저를 신학교로 몰아대고 있었습니다.

16. 하느님은 참 묘하신 분이기도 하십니다. 제가 싫어하던 수녀님을 통해서 저의 성소의 첫걸음을 딛게 하시니 말입니다.

17. 소신학교에서의 생활은 사관학교나 군대 생활보다 엄격하였습니다. 조그마한 결격 사유나 잘못이 있어도 절대 용서하지 않았습니다. 120명이 입학하였는데 37명만 졸업하게 됩니다.

18. 저는 사실 소신학교 때 공부를 잘했습니다. 그때 학교의 걱정은 되도록 많은 학생을 대신학교에 진학시켜야 하는 것이었습니다. 공부를 잘하지 못했던 학생들은 예비고사라는 관문에 걸리기 일쑤였습니다. 저는 그 정도는 걱정하지 않았습니다.

19. 그런데 예비고사를 보는 날 일반 고등학생들과 함께 시험을 보는데 그 학생들이 사정없이 커닝을 하는 것이었습니다. 저는 마음

이 흔들리고 말았습니다. '나도 커닝을 할까? 안 되지.' 결국 시험을 망치고 말았습니다. 결과가 나왔는데 아니나 다를까, 저는 서울지역 예비고사 커트라인에 들지 못하게 됩니다.

시험 결과지를 받아 들고 우울한 마음으로 집까지 걸어오던 그 참담한 심정이 마치 어제 일처럼 느껴집니다.

20. 본당의 보좌 신부님과 상의하였습니다. "1년 재수해서 내년에 대신학교에 들어가겠습니다." 신부님은 버럭 역정을 내시면서 "야, 광주신학교라도 가." 하는 것이었습니다. 당시 신부님을 하느님으로 알고 있었던 저는 그 말씀을 거역할 수 없었습니다.

21. 할 수 없이 서울의 동창들과 헤어져 광주신학교에 입학하게 됩니다.

22. 실망과 좌절스러운 마음으로 광주신학교에 입학하게 되는데 그곳에서의 삶이 저의 삶 중에 가장 찬란한 삶이 아니었던가, 지금 다시 한 번 느껴 보게 됩니다.

그 신학교는 자연 속에 있었습니다. 산보를 하면 한 시간이 걸릴 정도로 넓은 교정과 산보길을 갖고 있었습니다. 그 학교의 부식은 모두 학교에서 직접 재배하는 무공해, 친환경 음식이었습니다. 쌀은 또 얼마나 기름졌는지요.

교수 신부님들과 학생들과의 사이는 그야말로 진정한 사제지간이었습니다. 무슨 일이나 고민이나 다 털어놓고 이야기할 수 있었습니다. 서울지역, 대전지역, 경상지역, 전라지역, 제주도까지 전국의 학생들과 어울리고 우정을 나누는 것도 참으로 소중한 삶의 자산이 되었습니다. 학문을 연구하고, 기도하고, 성찰하고, 대화하고, 멋진 술자리도 가져 보고, 봉사하고…… 참으로 보람차고 재미있는 시간들이었습니다. 방학이 싫을 정도였습니다.

23. 그런데 서울신학교의 상황은 매우 심각하였습니다. 그 당시는 사회의 온갖 소요와 분쟁과 갈등이 극에 달해 있었습니다. 반민주적인 모습에 대학생들이 가만히 있지 않았고, 연일 데모와 투쟁의 연속이었습니다.
서울의 대신학교도 예외가 아니었습니다. 그야말로 살벌한 서울의 분위기가 신학교에까지 연장되고 있었습니다. 슬픈 소식들이 들려오기 시작합니다. 저의 소신학교 동기들이 이런저런 사건에 연루되어 성소의 꿈을 포기하기 시작합니다. 또 어떤 교수 신부님의 멘탈시험에 걸려들어 결국 서울로 진학한 저의 동창들은 단 한 명도 살아남지 못하게 됩니다.

24. 저도 그 당시 서울로 진학했다면 그들과 운명이 다르지 않았을 것입니다. 광주로 간 친구들만이 그 소중한 성소의 꿈을 잘 키워 나갈 수 있었습니다.

25. 하느님의 섭리가 무엇인지를 다시 한 번 생각해 보게 됩니다.

26. 어려운 가정에서 그 어려움을 계기로 신앙을 갖게 되고, 내가 싫었던 사람을 통해 성소의 계기를 얻게 되고, 시험의 실패를 통해 당신께서 부르시는 그 성소를 이어갈 수 있게 해 주시는, 그야말로 돌이켜봐야 깨달을 수 있는 하느님의 오묘한 부르심 앞에 때로 소

름이 돋을 정도로 전율을 느끼게 됩니다.

지금은 감사할 수 있는데 그 순간순간은 왜 그리도 힘들고 괴로웠는지, 마음속에 미움이 가득했는지, 좌절하고 하느님을 원망했는지, 돌이켜보면 부끄럽고 죄스러운 마음입니다. 그때그때 그 이해할 수 없는 순간들 속에서 감사할 수 있었다면, 또 그 모든 과정을 긍정적으로 받아들일 수 있었다면 지금의 나보다는 훨씬 더 성숙하고 아름다운 사제가 됐을 텐데 하는 후회와 회한이 남기도 합니다.

27. 시간이 많다면 그 후 이야기도 들려드리고 싶은데, 다음 기회가 있으면 그때 하기로 하죠.

28. 성소, 즉 하느님의 부르심이란 우리 삶의 기쁨보다는 고통의 순간, 좌절의 순간에 이뤄지는 것이 아닌가 합니다. 그 고통과 좌절의 순간에 감사할 수 있다면, 그리고 받아들일 수 있다면 하느님께서 당신의 부르심을 좀 더 완전하게 이룰 수 있지 않을까 생각해 봅니다.

29. "이 예수님께서는 너희 집 짓는 자들에게 버림을 받았지만 모퉁이의 머릿돌이 되신 분이십니다." 아멘.

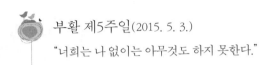
부활 제5주일(2015. 5. 3.)
"너희는 나 없이는 아무것도 하지 못한다."

1. 5월은 1년 중 가장 아름다운 계절입니다. 왜 아름다울까요? 바로 생명이 춤추고 있기 때문입니다.

그런데 마음이 어두우면 아름다움이 보이지 않습니다. 아무리 좋은 것도 좋은 것으로 보이지 않습니다. 마음이 밝다는 것은 아름다운 것을 보고 감탄하고, 감동하고, 감사하는 것입니다.

2. 꽃망울 하나하나에 감탄하고, 그 기묘한 조화에 감동하고, 그 어우러짐에 감사할 수 있어야 하고, 5월의 찬란한 햇살에 감사하고, 춥지도 덥지도 않은 날씨에 감사할 수 있어야 하겠습니다.

3. 함께 모인 우리들에게도 감사해야 합니다. 각자를 보면, 그 삶의 스토리를 보면 누구 하나 치열하지 않은 사람이 없습니다. 각자가 다 나름대로 마음속에 선한 의지를 갖고 힘든 세상과 싸워 나가고 있습니다. 어렵지만 다 나름대로 아름답게 살려고, 선하게 살려고 노력합니다. 마음속에 어둠이 존재하는 것은 사실이지만 그럼에도 불구하고 빛과 선으로 살고 싶어 합니다. 우리 각자의 삶의 스토리, 그 이면을 볼 수 있다면 참으로 큰 감동을 느낄 수 있을 것입니다.

4. 그런데 우리는 우리 자신을 너무 부정적으로 보는 경향이 있습니다. 보다 더 우리 자신을 긍정적으로 보아야 하겠습니다. 좀 칭찬해 주어야 하겠습니다. '어렵지만 참 잘 살고 있구나.' 격려해 주고 위로해 주어야 하겠습니다.

5. 신자 여러분은 제대를 보며 미사를 봉헌하지만, 제대에서 신자석을 보면 참으로 색다릅니다. 색다른 느낌과 감동이 있습니다. 높은 산에서 아래를 내려다보면 모든 것이 보이듯이, 각자의 삶의 모습을 종합해 보면 정말 다른 감동과 감사를 느끼게 됩니다.

6. 이 자연은 꽃이 피고, 열매를 맺고, 씨앗을 내고, 집니다. 사람도 태어나고, 성장하고, 가정을 이루고, 나이가 들어 가고, 언젠가는 죽음의 순간을 맞이하게 마련입니다.

7. 자연의 생명이나 인간의 생명은 얼마나 아름다운가요? 치열하기에 아름다운 것입니다. 고통 속에서도 열매를 맺기에 아름다운 것입니다. 어둠 속에서도 끝까지 선의 끈을 놓지 않는 모습이 아름다운 것입니다.
비바람은 불지만, 때로는 홍수와 가뭄이 오지만, 예기치 못한 태풍이 오지만 그 모든 것을 이겨 내기에 아름다운 것이라 할 수 있는 것입니다. 그저 평탄하다면 그것은 진정한 아름다움이라 할 수 없을 것입니다.

8. 부활하신 주님께서는 당신의 평화를 주시겠다고 말씀하십니다. 미사 때 근엄한 성격의 무뚝뚝한 신자라도 평화의 인사 때만큼은

얼굴을 펴고 웃으면서 평화를 나누십니다.

9. 주님께서 주시고자 하는 평화가 무엇일까요? 언젠가 어떤 본당에서 아주 힘들고 어렵게 지낸 적이 있었습니다. 그 본당의 신부님들은 견디기 힘든 상황이 많았습니다. 평균 임기가 2년이 조금 넘었습니다. 저도 아주 힘들었지만 하느님의 도우심과 선의의 신자들의 도움으로 5년 임기를 다 채울 수 있었고, 그 본당의 숙원 사업도 해결한 적이 있었습니다.
그때 그 본당에서의 마지막 세례를 끝내고 나서 이런 느낌이 들었습니다. '이제 다 이루었구나.' 그때 마침 사진을 찍는 분이 사진을 찍었는데 제 얼굴이 제가 보기에도 참으로 평화스러운 모습으로 찍혀 있었습니다.

10. 어렵고 힘든 고비를 무사히 넘긴 제 마음속에는 남들이 알지 못하는 뿌듯함과 감사와 감동이 넘치고 있었습니다. '주님, 감사합니다. 함께해 주신 신자 여러분들, 고맙습니다.' 그 수많은 고갯길과 높은 산, 수없는 불면의 밤들, 마음속의 고통과 말로 다 표현할 수 없는 사연들이 다 아름다운 추억으로 마음속에 새겨지는 것을 느낄 수 있었습니다.

11. 예수님께서는 십자가 위에서 "이제 다 이루었다." 말씀하십니다. 그 말씀은 고통 속의 울부짖음이 아니라 감사와 감동의 기도였을 것입니다. 그 다 이루었다 하신 말씀 속에 숨어 있는 예수님의 마음을 우리가 어찌 다 헤아릴 수 있을까요? 그러나 그 말씀은 자신의 삶을 통해 보여 주고자 하셨던 하느님의 사랑을 다 보여 주셨음을

의미하는 말씀이었을 것입니다.

12. 우리에게 주시고자 하는 주님의 평화는 그저 감상적인 평화가 아닙니다. 심연의 고통을 견뎌 내신 인내와 겸손과 사랑의 평화입니다. 그 평화는 당신의 온몸을 다해, 마음을 다해, 영혼을 다해 이루어 내신 평화입니다.

13. 따라서 그 평화는 참으로 힘이 있는 평화입니다. 사람의 마음속을 파고드는 평화입니다. 사람을 기쁘게, 춤추게 만드는 평화입니다. 우리 대신 죽음을 겪으신 주님의 사랑을 드러내는 평화입니다. 조용하면서도 힘이 있는 평화입니다.

14. 부활하신 주님께서는 첫 인사로 "평화가 너희와 함께!"라고 하십니다. 예수님이 돌아가신 뒤 깊은 실연과 불안 속에 떤 제자들의 마음은 일순간에 주님 평화의 힘으로 새로워지고 있었고, 그 작고 상처받은 영혼들에 새살이 돋고 새 희망이 가득 차기 시작했으며, 부활의 예수님과 동참하기 시작하였습니다.

15. 하느님과 함께 인생의 고통을 이겨 낸 사람들은 그 고통 때문에 상처도 생기지만 그 상처는 나무옹이처럼 성장을 위한 상처이며, 주님의 치유를 통해 주님의 이끄심과 살아 계심을 체험하게 하는 귀중한 삶의 훈장이기도 합니다.

16. 하느님 없이 인생의 고통을 겪는 사람들은 그래서 참으로 불쌍합니다. 그 고통은 몸과 마음과 영혼을 망가뜨리는 상처이기 때문입니다. 자신만 망가지는 것이 아니라 주변 사람들까지 망가지게

만듭니다. 얼마나 억울한 삶이겠습니까?

17. 이왕 어찌할 수 없는 인생의 고통이라면 새로운 생명을 위한 고통이 훨씬 더 현명하지 않겠습니까? 억울하게 죽음을 향한 고통 속에 살고 있지는 않은지 자문해 보아야 하겠습니다.

18. 하느님이 함께 계실 때 우리에게 주어지는 재물도, 권력도, 명예도 그 본래의 의미를 이루어 나갈 수 있습니다.

19. 우리는 항상 불만족 속에 살고 있지만 나에게 나름대로 주어지는 재물, 명예, 권력이 있게 마련입니다. 많은 경우에는 그것을 얻기 위해 전력투구를 하게 됩니다. 무엇을 위해서인가요? 그게 행복이고, 평화이고, 보람이라 보기 때문입니다.

20. 그러나 하느님께서 함께하시지 않는 재물, 명예, 권력은 그저 뜬구름에 불과합니다. 한순간에 모였다가, 한순간에 흩어져 버립니다. 그것은 때로 불행의 씨앗이기도 하고, 죽음의 씨앗이기도 합니다.

21. 재물, 명예, 권력이 인간 삶에 필요하긴 하지만 하느님과 함께해야 합니다. 그래야만 생명을 창조할 수 있기 때문이다. 어렵고 힘든 이들 눈에서 눈물을 닦아 줄 수 있고, 삶에 대한 새로운 희망을 줄 수 있기 때문입니다. 감사와 감동을 이끌어 낼 수 있기 때문입니다.

22. 다른 사람의 생명을 살리는 사람이라야 자신의 생명을 살릴 수 있음을 명심해야 합니다. 자신만 살려고 하면 자신도 죽고, 다른 사람도 죽이는 결과를 초래할 뿐입니다.

23. 모든 사람이 모든 것을 가질 수는 없습니다. 최선을 다하는 삶이지만 각자의 삶의 모습은 다 다릅니다. 우리는 자신에게 주어진 것에 대해 보다 더 적극적으로, 의지적으로 감사할 수 있어야 합니다. 인생의 초점을 무엇을 더 가질 것인가에 두지 말고, 어떤 존재로 살 것인가에 더 초점을 두어야 할 것입니다.

24. 하느님과 함께 인생의 온갖 경험과 고초를 통해 진정한 마음의 평화를 이루어야 하며, 기쁨을 이루어야 하며, 그 평화와 기쁨을 이웃과 자연과 함께해야 할 것입니다.

25. "너희는 나 없이는 아무것도 하지 못한다." 아멘.

부활 제6주일(2015. 5. 10.)
"내가 너희에게 말하고 싶은 것은 이것이다.
서로 사랑하여라."

1. 여러분들의 염려와 기도 덕분에 사제 연례 피정을 잘 다녀왔습니다. 사제들은 의무적으로 1년에 한 번 피정을 해야 합니다.
저는 이번에도 작년과 같은 장소에 다녀왔습니다. 충남 계룡산 밑에 있는 시튼 영성의 집이었습니다.

2. 작년에 피정을 하면서 저는 잠을 잘 자지 못했습니다. 피정 장소 인근에 계룡산 굿당들이 많이 몰려 있었고, 왠지 잡신들이 많다는 느낌 때문이었습니다. 그런데 이번에는 아주 잘 잤고, 많이 잤습니다. 작년보다 훨씬 더 마음이 편했습니다.
아마도 제 마음 안에서 하느님께서 그 잡신들을 다 이겨 냈기 때문이 아닌가 합니다. 마음에 가득한 하느님의 사랑과 평화를 느끼면서 그 잡신들로 가득 찬 것만 같았던 계룡산이 얼마나 아름답게 느껴졌는지 모릅니다. 역시 사람의 마음에 따라 평화와 불안이 달리 나타나는 모양입니다.

3. 작년과 똑같은 곳을 다녀온 이유는 피정 지도를 해 주신 스페인 신부님께 큰 감동을 받았었는데, 이번에도 그 신부님이 지도를 해 주셨기 때문입니다. 올해 사제 서품 50주년을 맞으시는 노신부님이

셨는데 그 영성이 얼마나 깊고 아름다운지 참으로 행복한 일주일이었습니다. '나도 50주년이 되면 저리 아름답고 깊은 영성을 지닐 수 있을까?' 스스로 자문해 보기도 하였습니다.

4. 느끼고 깨달은 바가 실천으로 이어져야 하는데 과연 그리 될 수 있을까 하는 불안감도 있지만 여태까지 하느님께서 이끌어 주셨으니 앞으로도 이끌어 주실 것이라는 믿음과 신뢰를 가져 봅니다.

5. 피정 기간 많은 기도 시간을 통해 저 자신이 얼마나 미약한 존재인지 뼈저리게 느낄 수 있었고, 이 미약한 존재에게 하느님께서 얼마나 큰 사랑과 인내를 보여 주셨는지 깨달을 수 있었습니다.
예수님께서는 당신의 제자들을 선택하실 때 똑똑하고 재능이 많은 사람보다는 약간 미련한 듯하지만 우직한 사람들을 선택하셨습니다. 예수님의 속마음을 모르는 그들 때문에 속도 많이 상하셨겠지만 예수님께서는 끝까지 참아 주시고, 그들을 사랑으로 이끄시고, 사도로 성장시켜 주십니다.

6. 우리가 진실되이 우리 자신의 속을 들여다보면 우리가 얼마나 부족한 사람인지, 미약한 존재인지 깨달을 수 있게 됩니다. 보통 때는 치장하고, 분장하고, 가면을 쓰고 살지만 좀 더 자신의 내면을 들여다보면 자신의 진짜 모습을 깨달을 수 있게 됩니다. 물론 그것 자체도 하느님께서 이끌어 주시는 사랑이 있어야 가능한 것입니다.

7. 하느님의 사랑이 없으면 우리는 죽은 목숨과 다를 바 없습니다. 그 사랑이 없다면 우리는 우리 자신의 욕심과 탐욕에 사로잡혀 미

위하고 싸우는 허망한 세월을 보낼 수밖에 없을 것입니다. 우리 안에는 천사도 있고, 악마도 있는 것인데 어둠과 죽음이 지배하는 우리의 삶이라면 얼마나 가련하고 불쌍한 삶이겠습니까? 우리 안에 끝없는 갈등과 투쟁이 있지만 하느님의 사랑이 있기에 부족하지만 선으로 나아갈 수 있고, 생명으로 나아갈 수 있게 됩니다.

8. 하느님께서는 부족하고 미약한 우리를 끝없이 사랑하십니다. 당신 아드님 예수 그리스도의 목숨을 대가로까지 우리를 사랑하십니다. 우리가 하느님을 사랑하는 것보다 몇백 배, 몇천 배 더 사랑하십니다. 때로는 하느님께서 애원하시면서 우리를 사랑하십니다.
"내가 너와 함께 있다. 내가 너의 삶의 문밖에서 끊임없이 너의 마음을 기다리고 있다. 네가 나의 마음을 알아준다면, 그래서 나에게 문을 열어 준다면 나는 너와 함께 너의 삶을 살 것이고, 나는 너에게 말할 수 없는 큰 기쁨과 행복을 줄 것이다. 나는 너의 자유를 존중하기에 강요하지 않고, 강박하지 않고 너를 기다리고 있다."

9. 부족한 우리를 모든 것을 바쳐 사랑하시는 하느님의 사랑을 깨달아야 합니다. 그래야 진정한 감사와 찬미를 드릴 수 있고, 나도 내 주위의 부족한 사람들을 사랑할 수 있게 됩니다. 새로운 세상이 열리는 것이죠. 새로운 기쁨이 마음 깊은 곳에서 터져 나오게 됩니다.

10. 오늘 복음에서는 예수님께서 당신의 사명을 보다 더 구체적으로 말씀해 주십니다. "내 기쁨이 너희 안에 있고, 또 너희 기쁨이 충만하게 하려는 것이다."
예수님께서 주시고자 하는 기쁨은 어떤 것일까요? 이 세상에 있는 일시적이고, 감정에 따른 기쁨은 아닐 것입니다. 그 기쁨은 언제나 마음 안에 있어 마치 온 세상을 다 가진 듯한 충만한 기쁨이고, 완전한 기쁨입니다.

11. 아무나 하느님께 갈 수 있는 것은 아닙니다. 수많은 사람이 있지만 하느님께서 이끌어 주시는 사람만이 하느님께 갈 수 있습니다. 하느님께서는 모든 사람을 다 사랑하시지만 그 사랑에 응답하는 사람만 새로운 삶, 행복의 삶으로 나아갈 수 있는 것입니다.

12. 오늘 복음에서는 또 우리에게 큰 위로를 주십니다.
"나는 너희를 친구라고 부른다. 너희는 종이 아니다."
우리를 주님의 친구로 삼아 주시는 것입니다. 친구는 마음을 터놓고 무슨 이야기든지 다 합니다. 때로는 친구가 있어 이 험난한 세상을 살 수 있는 것입니다. 단 한 명이라도 마음을 나눌 수 있는 친구가 있다면 그 사람의 삶은 행복한 삶일 것입니다.
우리는 세상을 살면서 믿었던 친구에게 실망하고, 배신당하는 경우도 많습니다.
그러나 우리와 친구가 되기를 바라시는 예수님은 절대 배신하지 않으십니다. 우리의 모든 이야기를 다 들어 주십니다. 그 이야기 속에 있는 우리의 마음을 다 이해해 주십니다. 우리 스스로 삶의 길을 찾도록 우정을 보여 주십니다.
주님은 당신의 그 높은 자리에서 내려오셔서 우리와 친구가 되기를 원하십니다. 주님이 우리의 친구라니, 참으로 놀랍지 않습니까?
주님은 우리의 이야기를 들어 주시고, 당신의 이야기를 우리가 들기를 원하십니다. 친구는 서로 동등한 관계입니다. 우정으로 마음을 나누고 사랑을 나누는 사이입니다.

"나는 너희를 친구라고 부른다. 내가 아버지에게 들은 것을 모두 다 너희에게 이야기해 주었고, 이야기하고 싶다."

어떤 친구를 갖느냐에 따라 우리 삶의 모습이 달라질 수 있습니다. "친구 따라 강남 간다"는 말도 있듯이 사실 친구는 우리 삶에 결정적인 전환점이 될 수 있는 것입니다.

주님이 우리의 친구이십니다. 멀리 있는 친구가 아니라 바로 내 옆에, 내 삶 가운데 있는 친구이십니다.

친구가 되기 위해서는 많은 대화를 나누어야 합니다. 대화를 나누어야 서로의 마음과 생각을 알 수 있기 때문이고, 그래야만 친구를 위한 우정이 생길 수 있기 때문입니다. 진정한 친구는 모든 것을 나눕니다. 고민도 고통도 기쁨도 행복도 나누고, 함께 슬퍼하고 함께 기뻐합니다.

우리와 친구 되기를 원하시는 주님께서는 한 걸음 더 나아가 친구를 위해 목숨까지도 내놓으시겠다고 약속하시고, 그 약속을 지키십니다. 친구를 위해 목숨까지 내놓으시는 주님께서 하늘나라의 비밀을 알려 주지 않으실 리 없습니다.

우리의 친구이신 예수님께서 갖고 계신 그 하늘의 기쁨을 알려 주십니다. 예수님께서는 말씀하십니다. "내가 참으로 기쁘니 나의 친구인 너도 이 기쁨에 참여했으면 좋겠다. 우리 함께 기쁜 인생을 살아가자꾸나. 내가 이토록 기쁜 것은 내 아버지의 말씀과 뜻을 지키기 때문이다. 너도 기쁘려면 아버지의 뜻을 따라야 하는 것이다. 그 뜻은 아주 간단하다. 아버지께서 미약한 너를 사랑하시듯이 너도 네 주위의 사람들을 사랑하는 것이다."

13. 주님은 멀리 계시는 분이 아니십니다. 우리 삶 그 한가운데에, 우리 마음 그 한가운데에 함께 계십니다.

14. 주님과 친구가 되고, 주님의 기쁨이 우리의 기쁨이 된다면 우리는 이 세상에서 우리의 삶을 통해 많은 열매를 맺을 수 있을 것이라고 말씀해 주십니다. 그 열매는 사람들 마음 안에서의 평화와 감사와 사랑의 마음이라 할 수 있을 것입니다.
"너희가 나를 뽑은 것이 아니라, 내가 너희를 뽑아 세웠다. 너희가 가서 열매를 맺어 너희의 열매가 언제나 남아 있게 하려는 것이다."
호랑이는 죽어서 가죽을 남기고, 사람은 죽어서 이름을 남긴다 했는데 이제 우리 그리스도인은 사랑의 열매를 남겨야 하겠습니다.
"내가 너희에게 말하고 싶은 것은 이것이다. 서로 사랑하여라." 아멘.

주님 승천 대축일(2015. 5. 17.)

"예수님께서는 하늘로 올라가신 모습 그대로
너희에게 다시 오실 것이다."

1. 5월은 원래 아름다운 계절인데 어느샌가 봄은 어디론가 사라져
버리고 벌써 여름이 다가오는 듯합니다.

2. 5월은 아름다운 마음의 계절이기도 합니다. 가정의 달이며, 어린
이날, 어버이날, 스승의날, 부부의날 등등 아름다운 마음을 나누어
야 할 축제들로 가득 차 있는 달입니다.

3. 그뿐만 아니라 우리 교회에서는 가장 아름다우신 여인이시며,
가장 완전한 신앙인이신 우리의 어머니 성모님의 달이기도 합니다.
그리고 부활 대축제를 마감하는 주님 승천 대축일, 성령강림 대축
일, 그리고 삼위일체 대축일로 이어집니다. 매주일 주님의 신비로
가득 차 있는 대축일로 이어지고 있습니다.

4. 저는 요즘 한국 프로야구를 즐겨 봅니다. 어떤 특정한 팀을 응원
하는 것은 아닌데 한화 이글스 경기를 주로 봅니다.
한화 이글스팀은 2010년 이래로 매년 꼴찌를 하던 팀입니다. 그런
데 요즘에는 정말 재미있습니다. 그 형편없던 팀이 정말 달라졌기
때문입니다. 최강이라는 삼성도 이기고, 어떤 팀과 붙어도 손색이

없습니다. 요즘에는 순위가 6위까지 뛰어올랐습니다.

전혀 가망이 없어 보이던 팀이 왜 갑자기 이렇게 달라진 것일까요? 여러 가지 이유가 있겠지만 가장 큰 이유는 감독이 바뀌었기 때문이 아닌가 합니다. 야구의 신, 일명 '야신'이라 불리는 한국 프로야구 최고의 명장인 김성근 감독이 부임한 후 한화는 달라지기 시작하였습니다.

지난겨울 그야말로 혹독한 전지훈련을 하였고, 감독의 철저한 지략과 리더십이 선수들 안에서 큰 감동과 용기, 희망을 주고 있기 때문이 아닌가 합니다. 앞날을 향해 긍정적으로 나아갈 수 있다는 희망과, 우리도 할 수 있다는 자신감 속에서 한화 선수들은 똘똘 뭉쳐서 예전에는 볼 수 없었던 유대감과 일치하는 모습을 보여 주고 있습니다.

작년까지만 해도 한화그룹에서 야구 이야기는 금기시되었다고 합니다. 맨날 지니까요. 그런데 요즘에는 모이기만 하면 야구 이야기를 한다고 합니다. 모두 신나는 분위기가 회사 운영에도 상당히 긍정적인 영향을 미친다고 합니다.

감독 한 사람을 통해 이처럼 패배주의와 절망에 절어 있던 팀이 새로운 팀으로, 희망과 자신감과 일치된 팀으로 바뀔 수 있다는 점에서 매우 큰 감동과 재미를 발견하게 됩니다.

5. 단 한 사람의 올바른 지도자를 만난다는 것, 그것은 어떤 조직이나 나라, 또는 교회에도 매우 중요한 일이며, 축복이고, 희망이기도 한 것입니다. 때론 세상이 아래로부터 바뀌기도 하지만 그것은 엄청난 희생을 담보로 하는 것이죠. 제일 좋고 빠른 방법은 위로부터

바뀌어야 하는 것입니다. 그 방법이 가장 현명하고, 희생을 최소화하는 방법인 것입니다.

6. 인류 역사에서 어떤 사람이 가장 큰 영향력을 미쳤을까요? 바로 예수님이십니다. 어둠과 죄악과 절망과 비탄에 절어 있던 사람들과 이 세상을 사랑과 희망과 용서의 세계로 바꾸어 주십니다.
그분을 믿기만 하면 하느님의 능력이 우리 마음 안에 내려와 우리의 고통이 희망으로 바뀌고, 우리의 분노와 미움이 용서로 바뀌어 나가고, 우리의 소심함이 용기로 바뀌게 됩니다.

7. 오늘은 주님승천 대축일입니다. 어떤 의미를 갖고 있을까요?
바로 하늘을 향한 희망을 가지라는 것입니다. 이 지저분한 땅에 발을 딛고 살아갈 수밖에 없는 인생이지만 하늘을 바라보며 희망과 용기를 갖는다면 더러운 물에서도 아름답게 피어나는 연꽃처럼 이 세상을 깨끗이 할 수 있고, 하늘을 향해 살아 나갈 수 있음을 의미하는 것입니다. 즉 주님승천 대축일은 바로 희망의 대축일이라 할 수 있는 것입니다.

8. 주님을 믿는 우리의 인생은 축복받았다고 할 수 있습니다. 어둠 속에서도 빛을 발견할 수 있고, 좌절 속에서도 용기를 발견할 수 있으며, 절망 속에서도 희망을 발견할 수 있기 때문입니다.

9. 탄식과 절망에 싸여 있던 한 야구팀이 한 사람의 감독으로 인해 전혀 다른 새로운 팀으로 변화될 수 있듯이 우리에게는 주님이라는 우리 인생의 감독이 있는 것이고, 그분의 말씀만 잘 따른다면 우리

의 인생은 전혀 다른 새로운 인생으로 탈바꿈될 수 있는 것입니다.

10. 저는 가끔 인순이라는 가수의 노래를 듣는 것을 좋아합니다. 그분의 열정과 희망, 꺾이지 않는 용기를 보기 때문입니다. 그분에게서 그야말로 엄청난 내적인 힘을 느낍니다. 그 내적인 힘이 어디서 나왔을까를 생각해 봅니다.

그는 어린 시절 동두천 근처 청산리라는 조그만 동네에서 자랐습니다. 다 아시다시피 그의 아버지는 주한미군이었고, 어머니는 한국 사람입니다. 그 어린 마음에 얼마나 큰 상처가 있었을까를 쉽게 상상해 볼 수 있습니다. 그러나 그 상처는 그녀를 죽이는 상처가 아니라 새롭게 일어설 수 있는 정말 강한 내적인 힘이었습니다. 그녀는 자신의 상처를 극복하면서 정말 많은 사람들에게 용기와 희망을 주고 있습니다.

11. 인순이의 〈거위의 꿈〉이라는 노래의 가사가 있습니다. 거위는 몸집이 뚱뚱해서 절대 날 수 없는 동물이죠. 인순이는 자신을 거위라 생각하며 그 거위도 날 수 있는 꿈을 갖고 있다고 믿고 있었으며, 결국 그 거위가 하늘을 향해 날아가는 모습을 우리는 보고 있습니다. 모든 사람이 다 거위는 날 수 없다고 생각했음에도 불구하고 거위의 마음속에 있는 꿈이 거위를 날게 하는 것이죠.

저 차갑게 서 있는 운명이란 벽 앞에 당당히 마주칠 수 있어요, 언젠가 나 그 벽을 넘고서 저 하늘을 높이 날을 수 있어요, 이 무거운 세상도 나를 묶을 수 없죠.

12. 우리 앞에 차갑게 서 있는 운명의 벽도 꿈과 희망이 있으면 당

당히 마주할 수 있고, 그 벽을 넘어서 훨훨 날아갈 수 있음을 인순이는 자신의 삶에 비추어 노래하고 있는 것입니다.

13. 그렇습니다. 우리에게는 죽음마저도 이겨 내시는 주님의 사랑이 우리의 인생에 함께하고 있는 것이며, 그분의 사랑은 우리에게 죽음까지도 넘어설 수 있는 꿈과 희망을 주고 있는 것입니다.

14. 그렇습니다. 우리에게는 야구팀을 변화시킨 감독보다도 훨씬 더 위대하시고 사랑이 깊으신 우리의 스승 예수님이 계시고, 우리가 그분의 뜻을 따르기만 한다면 우리의 삶은 전적으로 완전히 기쁨으로, 희망으로, 행복으로 변화될 수 있는 것입니다.

15. 우리 자신의 힘만으로는 어쩔 수 없는 우리 자신의 어둠과 슬픔을 넘어 새로운 희망으로 새롭게 살아갈 수 있는 길이 이미 우리에게는 주어져 있는 것입니다.

16. 예수님의 승천 대축일을 봉헌하면서 그분께서 우리의 마음을 하늘로, 희망으로, 용기로 이끌어 주심을 굳게 믿으며 우리의 삶을, 그리고 우리가 살고 있는 이 세상을 변화시켜 나가십시다.

17. "너희는 왜 하늘만 쳐다보며 서 있느냐? 예수님께서는 하늘로 올라가신 모습 그대로 너희에게 다시 오실 것이다." 아멘.

성령강림 대축일(2015. 5. 24.)

"주님 도움 없으시면
저희 삶의 그 모든 것 해로운 것뿐이리라."

1. 새순들이 어느새 신록의 모습으로 바뀌어 가고 있습니다. 생명을 이어갈 결실을 준비하고 있습니다. 이제 봄의 향연은 끝나 가고, 성장 속에서 결실을 향해 나아가고 있습니다.

2. 결실을 맺는다는 것은 말처럼 쉬운 일은 아닐 것입니다. 뜨거운 태양도 견뎌 내야 하고, 가뭄과 홍수 같은 자연재해도 이겨 내야 합니다.

3. 서정주 시인의 〈국화 옆에서〉라는 시가 떠오릅니다.

"한 송이 국화꽃을 피우기 위해

봄부터 소쩍새는

그렇게 울었나 보다."

4. 결실을 맺기 위해 생명을 노래하는 소쩍새 울음소리도 필요하고, 성장기에는 천둥과 같은 두려움의 시간도 있어야 했으며, 젊은 날의 가슴 졸이는 아픔과 간절함이 있어야 했고, 결실을 맺었다 해도 그 마지막 순간에 남아 있는 생명마저 꺾어 버리는 된서리의 허무함을 체험해야 함을 시인은 노래하고 있습니다.

5. 이제 생명은 결실을 향해 나아갑니다. 누가 뭐라든 상관없이 자신에게 주어진 길을 그저 자연의 섭리에 따라 걸어갈 뿐입니다.

6. 자연은 본래부터 주어진 자연의 질서에 따라 살아갑니다. 자연은 자유의지가 없기에 그저 주어진 길을 갈 뿐입니다.

그러나 인간은 다릅니다. 인간에게는 하느님께서 주신 선물 가운데 가장 귀한 선물인 자유의지가 있기에 인간에게 주어진 차원을 넘어 고귀한 정신적인 세계와 신비한 영적인 세계로 나아갈 수 있습니다. 즉 나무는 그저 나무일 뿐이지만 인간은 천사도 될 수 있는 존재이고, 때로는 동물만도 못한, 인간의 차원에서 전락한 인생의 실패자로 살 수도 있는 것입니다.

7. 우리 신앙인들에게는 아주 특별한 선물을 주십니다.

8. 예수님께서 부활하신 뒤의 행적을 보면 아주 특별한 점을 발견할 수 있게 됩니다. 즉 부활하신 예수님은 대중 앞에서는 당신의 부활하신 모습을 절대 보여 주지 않으십니다. 부활하신 예수님을 볼수 있었던 사람은 믿음이 있었던 사람들이었습니다.

즉 부활이란 인간의 차원을 넘어서는 신적인 차원의 일이기에 믿음이 없으면 그 부활을 볼 수도 없고, 이해할 수도 없으며, 그 뜻을 깨달을 수도 없다는 사실을 이야기해 주고 있습니다.

믿음이 있는 사람들에게만 부활은 부활인 것입니다. 믿지 않는 사람들에게 부활은 그저 신기한 이야기일 뿐입니다. 믿는 이들에게 부활은 새로운 삶으로의 초대이고, 하느님의 엄청난 능력이지만 믿지 않는 이들에게 부활은 그저 뜬구름 같은 이야기일 뿐입니다.

따라서 부활의 진정한 은총을 믿는 이에게만 내리는 하느님의 크신 사랑인 것입니다.

9. 이 부활의 진정한 새로운 생명을 확인시켜 주고, 그 믿음을 더하여 주며, 진정한 부활의 뜻을 깨닫게 해 주는 분이 바로 성령이십니다. 따라서 성령강림 대축일은 바로 부활을 완성하시는 하느님의 기묘하신 섭리라 할 수 있는 것입니다.

10. 모든 인간에게 주신 큰 선물인 자유의지를 넘어 신앙인들에게는 부활이라는 선물과 함께 그 부활의 완성인 성령을 주시는 것입니다.

11. 오늘 성령송가에서는 "마음의 빛, 가장 좋은 위로자, 영혼의 기쁜 손님"이라고 이야기합니다.
그 성령께서는 우리 힘들고 지친 삶에 휴식처이시며, 우리 인생의 무더위에 시원함을 주시며, 우리가 슬플 때에 위로를 주시며, 우리 인생에 행복의 빛을 주신다고 하십니다.
성령께 기도합니다. 우리의 허물을 씻어 주시고, 우리 메마른 마음에 생명의 물을 주시며, 우리 삶의 병든 부분을 고쳐 달라고 기도합니다. 굳은 마음 풀어 주시고, 차디찬 마음 데워 주시고, 우리 인생에서 빗나간 길 올바른 길로 돌아올 수 있게 해 달라고 청원합니다.

12. 오늘은 성령강림 대축일이며, 또한 우리 본당의 주보축일이기도 합니다.

13. 오늘 특별히 우리는 우리 공동체를 위해 우리에게 필요한 성령

의 은총을 주십사 하고 간절히 기도해야 하겠습니다.

14. 저는 우리 금호동 본당에 오면서 몇 가지 이해하기 힘든 부분이 있었습니다.

우리 신자들은 참 소박합니다. 힘들고 어렵게 살지만 서로를 이해하고 받아주는 정이 있습니다. 또 착합니다. 소위 '검은 봉다리' 문화가 있습니다. 아무리 가진 것이 없어도 함께 나눠 먹을 줄 압니다. 때로는 싸우고 미워도 하지만 시간이 지나면 그 모든 흉허물을 용서해 주고 함께 어울립니다. 다른 본당에서처럼 자신을 포장하지도 않고, 과장하지도 않습니다. 지나친 잘난 척도 없고, 있는 그대로의 모습으로 살아갑니다. 위선적이지도 않고, 부족하면 부족한 대로 살아갑니다.

그런데 왜 유독 사제나 수도자에게만은 그 순수하고 소박한 마음들을 숨기고 있을까, 표현하지 않을까 생각해 보게 됩니다.

어려워서 그럴까? 무서워서 그럴까? 상처받을까 두려워서 그럴까? 자신의 처지가 부끄러워서 그럴까? 함께하는 사람들에게서 소외받을까 봐 그럴까?

별의별 생각을 다 해 보게 됩니다.

15. 저는 이 대목에서 신자들 안에 있는 큰 상처와 두려움을 발견하게 됩니다. 매우 안타깝게도 우리 공동체는 사제와 신자들 사이에 큰 금이 가는 가슴 아픈 역사가 있습니다.

묘지 때문에 그러했고, 사제의 현실을 모르는 지나친 과욕 때문에 그러했으며, 사제의 마음을 깊이 헤아리지 못하고 패를 지어 대든 역사가 있기에 그러한 것이 아닌가 합니다. 또 때로는 정당하지 못한 재정 운영의 역사가 있었기에 그러한 것이 아닌가 합니다. 사제는 신자들을 받아주지 못하고, 그런 사제를 신자들도 또한 받아주지 못한 역사가 우리 공동체의 큰 상처가 아닌가 합니다.

서로가 서로에게 깊은 상처가 되어 버린 시간들이 참으로 가슴 아프게 현실로 다시 되돌아옴을 보고 느끼게 됩니다. 아직도 용서하지 못하고 마음 깊은 곳에 응어리진 채로, 말은 안 하지만 아직도 서로를 탓하며 살아가는 우리의 모습이 더더욱 가슴 아프게 느껴집니다.

16. 공동체는 사제와 수도자, 신자가 함께 이루어 나가고 성장해 나가는 하느님의 집입니다. 그 어떤 누구도 소외되어서는 안 되고, 함께 신뢰하고 사랑하며 마음을 나누어야 진정한 하느님의 공동체라 할 수 있을 것입니다. 사제가 신자들을 못 믿고, 신자들이 사제를 불신하며 소외시키는 상황에서 진정한 하느님의 은총이 가득한 공동체를 만든다는 것은 거의 불가능합니다.

17. 우리는 지나가 버린 과거를 사는 사람들이 아닙니다. 과거는 단지 과거일 뿐입니다. 과거의 아픔이 있었다면 그 아픔에 대해 서로 반성하고 기도하며, 새로운 성장을 향해 미래로 나아가야 하는 것입니다. 아직도 과거에 사로잡혀 있다면 우리는 어리석은 사람일 뿐이고, 하느님의 은총이 가득한 공동체를 만들어 나가는 것은 참으로 어려운 일일 것입니다.

18. 52년의 역사를 갖고 있는 우리 공동체가 좀 더 변화되고 발전될 수 있도록, 무엇보다도 하느님이 주인인 공동체로 나아갈 수 있도

록 우리에게 무엇보다 성령의 도움이 절실히 필요하다 할 수 있을 것입니다. 그 옛날 성령의 감도로 성전을 짓기로 결심하였던 시기, 가난하였기에 하느님만을 의지하고 하느님께 향해 나아갔던 우리 부모님들의 그 순수하면서도 열정적인 신앙을 다시 한 번 떠올려 보게 됩니다.

19. "주님 도움 없으시면 저희 삶의 그 모든 것 해로운 것뿐이리라.
허물들은 씻어 주고, 메마른 땅 물 주시며, 병든 것 고치소서.
굳은 마음 풀어 주고, 차디찬 맘 데우시고, 빗나간 길 바루소서.
성령님을 굳게 믿고 의지하는 이들에게 성령칠은 베푸소서.
덕행공로 쌓게 하고, 구원의 문 활짝 열어 영원복락 주옵소서."
아멘.

성체 성혈 대축일(2015. 6. 7.)

"이는 너를 위하여 바치는 내 몸이고,
이는 너를 위하여 흘리는 내 피다."

1. 온 나라가 메르스라는 바이러스 때문에 난리입니다.
의사들의 전문적인 의견에 따르면 이 메르스라는 바이러스는 인간
의 정상적인 면역체계만 있으면 그리 큰 문제가 되지 않는다고 합
니다. 그런데 마치 대한민국 전체가 메르스의 온상지가 된 것 같은,
또 그리될 것 같은 불안감 속에 빠져 있습니다.

2. 이 불안감의 정체가 무엇인지 생각해 볼 필요가 있겠습니다.

3. 작년 4월 우리는 또다시 기억하고 싶지 않은 큰 참사를 겪었습니
다. 수많은 아이들과 사람들이 돈을 벌려는 욕심과 탐욕 속에 죽음
을 맞이하였고, 아직도 그 진실이 명확하게 밝혀지지 않고 있으며,
여당과 야당이 사사건건 이 문제를 두고 충돌하고 있습니다.

4. 참으로 불행한 일은 이 정부가 그런 일을 처리하고 수습하는 데
있어 너무 무능하고 무책임했다는 사실이 온 국민의 머릿속에 남아
있다는 것입니다.

5. 저는 지금도 대통령의 눈물을 기억하고 있습니다. 그 불행한 사
건에 가슴 아파하는 모습 속에서 '참으로 우리의 대통령이다.'라는

생각도 한 바 있습니다. 그리고 큰 기대를 하였습니다. 그런 부정한 사회현상을 어떻게 해서든지 뿌리 뽑으리라 기대하였습니다. 세월호 사건은 그 자체로 아픈 사건이었지만 그 사건은 우리 사회가 좀 더 깨끗해지고, 투명해지고, 올바른 정도를 걸을 수 있는 귀중한 기회를 제공해 주리라 생각하였고, 그리된다면 그 아이들의 희생이 결코 무의미한 희생이 아닐 수도 있으리라 생각하였습니다.

6. 그러나 우리의 기대는 무참히 무너지고 말았습니다. 정부는 어찌된 연유인지 우리 사회를 올바로 잡아야 하겠다는 의지도, 책임감도, 사명감도 보여 주지 못했습니다. 그 아이들의 희생은 그야말로 무의미한 죽음이 되고 말았습니다.

7. 지금에 와서 사회를 바로잡아 보겠다고 칼날을 휘둘러 대고 있지만 누구 하나 공감하지 못하고 있습니다. 모든 일은 다 때가 있는 법인데 가장 귀중한 때를 놓쳐 버리고 만 것입니다.

8. 진심으로 가슴 아파 하는 것 같았던 대통령의 눈물마저 믿을 수 없는 세상이 된 것이 더욱더 불행한 현실입니다.

9. 오늘날 이 불안감의 정체는 바로 그것입니다. '이제는 정부를 못 믿겠다, 어떻게 해서든지 자구책을 찾아야겠다' 하는 것입니다. 신뢰를 잃어버린 정부의 말을 누구 하나 믿으려 하지 않는 것이 이 불안감의 정체이고, 우리의 가슴 아픈 현실인 것입니다.

10. 한 번, 두 번 속고, 또 당하다 보면 신뢰가 무너지는 것입니다. 신뢰를 쌓기는 어려워도 무너지는 것은 시간문제입니다.

11. 무너진 신뢰 속에서 우리의 불안감이 커져 가고 있습니다.

12. 몇 년 전 사스라는 무서운 전염병이 기승을 부린 적이 있었습니다. 그때 저는 본당의 레지오 단원들과 홍콩, 마카오 성지순례를 계획하고 있었습니다. 이런 시기에 그 위험한 나라에 가야 하나 하는 반론들이 만만치 않았습니다. 그러나 제 마음속에는 확신이 있었습니다. 우리가 하느님 안에서 하느님의 일을 하면 그 어떤 무서운 전염병도 이겨 나갈 수 있을 것이라는 믿음이 있었습니다. 많은 두려움이 있었지만 계획했던 성지순례를 무사히 잘 마칠 수 있었습니다.

13. 모든 질병은 사실 마음에서부터 시작되는 경우가 많습니다. 마음이 건강하지 못하면 병이 시작되는 것입니다. 마음의 건강을 해치는 것 중 가장 강력한 것은 바로 두려움입니다. 우리 인간을 못된 길로 이끄는 온갖 악의 세력도 이 두려움을 이용해서 인간의 마음에 파고듭니다.

14. 요즘의 이 메르스는 면역체계가 부족한 사람에게 치명상을 입힌다고 합니다. 육체의 면역체계는 바로 마음의 면역체계에서 시작되는 것이죠. 마음에서 두려움을 느끼기 시작하고, 그 두려움에서 해방되지 못하면 신체의 면역체계가 무너지기 시작하고, 그리되면 조그만 바이러스에도 지고 마는 것입니다.

15. 예수님께서는 성서에서 365번 "두려워하지 마라. 걱정하지 마라." 말씀하고 계십니다. 이 두려움과 걱정의 폐해를 알고 계셨기에 매일 한 번씩 우리에게 두려워하지 말고, 걱정하지 말라고 당부하

시는 것입니다.

16. 두려워하지 말고 걱정하지 말아야 하는 이유는, 우리를 위해 천상천하의 모든 능력을 가지고 계셨음에도 불구하고 가장 작고 가난한 인간이 되셨으며, 그것도 모자라 당신의 모든 마음을 다해 우리를 가르치고 올바른 인생의 길로 인도하고 계시기 때문입니다. 그래도 아둔한 인간들이 깨닫지 못하자 급기야는 당신의 몸마저도 아낌없이 내주시고, 그것도 모자라 당신의 몸을 성체와 성혈의 모습으로 우리에게 내주고 계시기 때문입니다.

17. 개신교에서는 성체와 성혈을 예수님의 희생을 상징하는 것으로 가르치고 있습니다. 우리가 분명히 알아야 할 것은 성체와 성혈은 진짜 예수님의 몸이며, 피라는 사실입니다. 그것은 상징이나 기념이 아니라 실제로 그 자체로 예수님의 몸과 피이며, 예수님을 통해 드러난 하느님의 사랑 자체라는 사실입니다. 이것은 꼭 믿어야 되는 진리입니다. 왜냐하면 그리 믿어야 진짜로 우리 몸 안에 최고요, 최상의 하느님의 사랑이 살아 숨 쉴 수 있기 때문입니다.

18. 저는 사제서품 이후 한 가지 특이한 버릇을 갖고 있습니다. 매일 외우는 경문이지만 항상 그 뜻을 생각하면서 미사를 봉헌합니다. 습관적으로 외울 수도 있지만 항상 경문의 뜻을 생각하면서 미사를 봉헌합니다. 아마도 그 작은 정성을 하느님께서 크게 보시고 저를 지금 이 순간까지도 당신의 도구로, 당신의 사제로 써 주시는 것이 아닌가 합니다.

그뿐만 아니라 하느님께서는 제가 사제가 되는 순간부터 마이크를 통해 나가는 제 목소리를 신자들이 듣기 좋은 목소리가 되도록 은총을 주셨습니다. 저는 제 목소리가 별로 좋지 않다고 생각하는데 신자들은 제 목소리가 좋다 하시고, 제 이야기가 별로 뜻이 없어도 그 안에서 뭔가를 느끼고 힘을 얻는다 하십니다.

19. 예수님의 성체와 성혈이 이루어지는 미사는 우리 인생에 있어 하느님께서 베푸시는 가장 큰 사랑이고 은총입니다. 이 가장 큰 선물인 미사에 정성스럽게 참석하고 기도한다는 것은 정말 살아 계신 예수님께서 직접 우리의 이 비천한 몸에 들어오시는 것이고, 우리의 이 작은 몸과 마음이 우주를 창조하신 그 엄청난 하느님을 만나는 유일한 통로임을 깊이 생각해야 합니다.
우리가 그 선물에 대해 감사하고 기뻐한다면 하느님께서도 우리 마음에, 또 우리 몸에 필요한 은총을 더더욱 허락하시고, 우리가 부족하더라도 우리를 사랑하시고, 당신의 길로 이끌어 주십니다.

20. 하느님의 그 크신 사랑이 예수님의 몸과 피를 통해 우리 안에 들어오신다면 우리의 마음은 그야말로 어떤 악의 세력도 이겨 나갈 수 있는 가장 강력한 면역체계를 갖게 되는 것입니다. 우리의 마음을 하느님께서 지켜 주신다면 어떤 두려움도, 걱정도 극복할 수 있는 것이며, 우리의 육체도 건강한 모습으로 더더욱 하느님께 나아갈 수 있게 될 것입니다.

21. 이 세상의 죄를 없애시는 하느님의 어린양의 그 사랑이 우리 안에 함께 계시는데 뭐가 두렵겠습니까? 뭐가 걱정이겠습니까? 그 엄청난 사랑이 이 미사 안에서 이루어지고 있는데 두려울 것이 무엇

이고, 걱정할 것이 무엇이겠습니까?

22. 이 세상은 우리를 실망시켜도, 때로는 우리의 부모, 자식이 우리를 실망시켜도, 우리가 살아가는 이 사회를 믿기 힘들어도, 또 때로는 교회 자체가 우리에게 답답함을 야기해도 하느님만은 믿을 수 있는 분, 신뢰할 수 있는 분이십니다. 우리 인생에 단 한 분, 하느님만을 신뢰할 수 있는 것이고 믿을 수 있는 것입니다. 모든 신뢰를 잃어버린다 해도 하느님께서 우리 인생을 지켜 주시는 그 사랑만은 굳게 믿을 수 있어야 하겠습니다.

23. "이는 너를 위하여 바치는 내 몸이고, 이는 너를 위하여 흘리는 내 피다." 아멘.

연중 제11주일(2015. 6. 14.)

"이스라엘의 드높은 산 위에 그것을 심어 놓으면
햇가지가 나고 열매를 맺으며
훌륭한 향백나무가 되리라."

1. 6월은 예수님의 성심성월입니다. 예수님의 나를 생각하시는 지극한 사랑을 기억하고 기도해야 하는 달입니다. 우리를 사랑하시는 예수님의 성심에 나 자신과 나의 가정과 본당 공동체를 봉헌하는 기도를 잊지 말아야 하겠습니다.

2. 봉헌이란 무엇이겠습니까? 단순한 헌금 봉헌만이 아닌 것이죠. 헌금을 봉헌할 때도 마음 없이 그저 습관적으로 한다면 그것은 아무 의미가 없을 것입니다. 봉헌이라 함은 외적인 행동 뒤에 숨어 있는 마음이 더 중요한 것입니다. 감사하는 마음을 담아, 찬미하는 마음을 담아 봉헌한다면 그것은 바로 우리 자신의 삶을 봉헌하는 것입니다.

3. 우리는 미사 때마다 우리 삶의 정성을 모아 하느님께 봉헌합니다. 돈이란 무엇이겠습니까? 그것은 우리 삶의 모든 노력을 다해야 얻을 수 있는 것입니다. 즉 그것은 바로 우리 노력의 결실이며, 더 근본적으로 이야기한다면 바로 자기 자신이라 할 수 있을 것입니다. 즉 미사 때마다 봉헌한다는 것은 바로 자신의 노력을 봉헌하는 것이며, 자신의 삶을 봉헌하는 것이라 할 수 있겠습니다. 따라서 마음

이 없는, 정성이 없는 봉헌은 형식적이며, 가치가 없는 봉헌입니다. 우리 자신을 하느님의 대전에 온전히 봉헌하는 마음으로 봉헌한다면 우리의 작은 정성도 하느님께서는 크게 보실 것입니다. 그리고 그런 아름다운 봉헌이 지속될 수 있도록 더 크게 물질의 은혜를 베풀어 주실 것입니다.

4. 하느님께서 갚아 주시는 신앙의 신비를 체험한 사람은 그 삶의 방식이 다를 수밖에 없습니다. 열 배, 백배, 때로는 천배로 갚아 주시는데 이보다 더 이익이 남은 일이 어디 있겠습니까?

5. 단순한 헌금 봉헌뿐만 아니라 우리의 삶 자체를 하느님께 온전히 봉헌하는 삶의 습관을 지닐 수 있다면 우리는 이 세상에서 누구보다도 행복한 삶을 살아갈 수 있을 것입니다.

6. 우리를 지극히 사랑하시는 예수님의 성심께 우리 자신을 온전히 봉헌하는 삶을 살아간다면 우리는 진정 내적으로부터 우러나오는 기쁨과 평화, 그리고 행복 속에 살아갈 수 있을 것입니다.

7. 성전 입구에 예수님의 성심상이 아름다운 꽃들로 장식되어 있습니다. 우리 공동체를 온전히 예수님의 성심께 봉헌하고자 하는 마음 때문입니다. 오고 갈 때마다 그 예수님의 성심께 우리 자신을, 또 우리 가정과 공동체를 습관적으로 봉헌하는 기도를 바칠 수 있다면 우리 안에 함께하시는 예수님의 지극한 사랑을 체험할 수 있게 될 것입니다.

8. 6월은 아름다운 장미가 피어나는 계절이기도 합니다. 요즘은 메

르스 때문에 정신이 없어서 사람들이 이 아름다운 장미의 계절을 잊고 사는 듯합니다. 우리가 살아가는 세상이 험난해도 우리 안에 아름답게 피어나는 장미를 보면서 살아가는 여유와 멈춤의 시간을 가져 보아야 하겠습니다.

9. 저는 소신학교 때 대신학교에서 성소주일에 개최하는 전국 규모의 백일장에 참여한 적이 있었습니다. 바로 오늘 복음에 나오는 '하느님 나라는 겨자씨와 같다'는 내용의 저 나름대로의 수필이었습니다. 내용은 대략 다음과 같습니다.

"하느님께서는 내 안에 너무나 귀중한 성소의 씨앗을 심어 주셨다. 이 씨앗이 어떻게 하면 잘 자랄 수 있을까? 뿌리로는 열심히 물을 빨아들여야 하고, 잎으로는 열심히 햇빛을 받아야 한다. 뿌리의 역할은 바로 나 자신의 노력이다. 그리고 햇빛은 하느님의 역할이다. 이 성소의 씨앗은 나 자신의 힘만으로 되는 것도 아니고, 나의 노력 없이 하느님 사랑만으로 되는 것도 아니다. 하느님의 크신 사랑과 나의 노력이 함께 어우러질 때 비로소 큰 나무가 될 수 있을 것이다. 하느님의 크신 사랑, 나의 작지만 절실한 노력은 이 세상의 모든 난관을 극복할 수 있는 가장 큰 핵심 포인트다. 뿌리가 뽑힐 듯한 태풍도 이겨 내야 하고, 온 세상이 타는 듯한 가뭄도 이겨 내야 한다. 인생에서 이겨 내야 할 것이 얼마나 많겠는가? 고난과 고통의 시간이 얼마나 많겠는가? 그러나 그 시간들을 견뎌 내다 보면 어느샌가 잎이 무성해지고, 가지가 자라며, 꽃이 피고, 열매를 맺지 않겠는가? 나는 풍성한 잎을 가진 큰 나무가 되고 싶다. 사람들이 와서 그늘에서 쉬고, 아름다운 꽃들에 감동을 받고, 내 나무가 주는 열매로 삶의 풍요로움을 느낄 수 있었으면 좋겠다. 아무도 내 삶의 수고를 기억해 주지 않아도 그저 나로 인해 사람들이 행복할 수 있었으면 좋겠다. 나는 그런 길을 가고 싶다. 나의 작은 노력에 하느님의 사랑이 함께하시어 그 큰 나무, 아름다운 나무, 풍요로운 나무가 되었으면 좋겠다."

10. 부끄럽게도 이 수필은 당시 심사위원장이셨던 김남조 시인에게 발탁되어 장원이라는 큰 상을 수상하였던 기억이 아직도 생생합니다. 그때 당시 취재를 나왔던 가톨릭신문사의 신입 기자가 있었습니다. 놀랍게도 20여 년이 지난 어느 날 만나게 되었는데, 그때의 일을 생생하게 기억하고 있는 것에 또 한 번 놀라기도 하였습니다.

11. 지금 그때의 수필을 생각하며 저 자신을 반성하는 시간을 가져 봅니다. 과연 내 나무는 얼마나 컸을까? 온갖 상처와 세파로 수많은 옹이가 생겨 버린 듯한 내 마음의 나무가 안쓰럽게 느껴지기도 합니다.

하느님께서 나를 위해 참아 주시고, 사랑을 베풀어 주시고, 모든 위험에서 구해 주셨는데 나는 얼마나 감사하면서 살아왔을까? 많은 경우 불평과 불만 속에서 나를 키우기 위한 시련들을 거부하고 부정하면서 살아온 것은 아닐까? 과연 내 안에 있는 생명의 나무, 하느님의 나무를 키우기 위해 나는 최선의 노력을 다한 것일까? 내가 어린 시절 바라던 그 풍성한 나무, 잎과 과실이 풍성한 나무는 어디에 있는 것일까?

12. 참으로 부끄럽기 그지없습니다. 참으로 하느님께 죄송스럽기

이를 데 없습니다. 마치 아무도 걷지 않은 눈길을 걷는 사람처럼 똑바로 걸으려 노력했는데 뒤돌아보면 발자국들이 삐뚤빼뚤되어 있는 모습과 같다고 할 수 있겠습니다.

13. 그러나 하느님께서는 내 삶 안에서 당신의 기대를 저버리지 않으셨음에 다시 한 번 용기와 희망을 가져 봅니다. 그래도 가끔 저의 사목을 통해 새로운 삶을 발견한 사람을 만나기도 하고, 저로 인해 용기와 희망을 갖게 되었다고 고백하는 사람도 만나기 때문입니다. 또 지금은 뭔지 확실히 모르지만 저를 통해 하느님께서 당신의 일을 해 오고 계셨음을 마음속으로 느끼고 확신을 가져 보기도 합니다.

14. 오늘 복음에서 주님께서는 하느님 나라는 씨앗 중에 가장 작은 겨자씨와 같다고 하십니다. 눈에 보일 것 같지도 않은 작은 씨앗 속에 있는 생명력과 그 생명을 키우기 위해 온갖 사랑으로 헌신적으로 함께하시는 하느님의 사랑으로 인해 그 겨자씨가 언젠가는 어떤 나무보다도 큰 나무가 된다고 하십니다.

15. 아직도 저는 그 큰 나무가 되고 싶은 꿈이 있고, 아직도 하느님께서는 온갖 일들을 위해 그 길로 이끄시고 계심을 느낍니다.

16. 언제쯤 저 자신을 온전히 버리고 하느님의 뜻이 온전히 제 안에 살아 있는 그 큰 나무가 될 수 있을까요? 그것이 과연 가능할까요?

17. 오늘도 저는 제 삶을 하느님께 의지하고, 봉헌하고자 노력합니다. 저의 노력이 미약하고 보잘것없어도 하느님께서는 여전히 저를 위해 당신의 인내를 보여 주시고 계심을 알고, 또 느낍니다. 이제는

저의 노력보다는 하느님의 은총에 저 자신을 맡겨야 한다는 새로운 사실에 새롭게 눈을 뜹니다.

내가 내 인생에 있어 내 힘으로 할 수 있는 일이 별로 없다는 깨달음이 마음속에 치밀어 오릅니다. 그저 마음을 비우고 하느님께서 나를 온전히 이끌어 주시도록 맡겨 드리고, 오롯한 마음으로 봉헌하고자 노력할 뿐입니다.

18. 그 어린 시절의 순수하고 아름다운 꿈을 아직도 마음속에 간직하고 있다는 사실 자체만으로도 하느님의 큰 은총이라 할 수 있을 것입니다.

19. 모든 사람의 인생에는 하느님의 꿈이 있고, 하느님의 기대가 있습니다. 하느님께서는 내 인생에 어떤 꿈을 꾸고 계실까? 내 인생은 내 것이기도 하지만 동시에 하느님의 것이기도 합니다. 내 인생은 내가 살아가는 것이지만 동시에 하느님께서 함께 살아 주시는 것입니다. 저 들판의 하찮은 들꽃에도 하느님의 뜻이 있다면 그보다 훨씬 더 귀중한 내 삶에 하느님의 뜻과 기대와 꿈이 있다는 것은 확실한 사실이고, 진리입니다.

20. 외로워하지 맙시다. 고독 속에, 절망 속에 빠지지 맙시다. 내가 포기하면 하느님도 어쩌실 수 없기 때문입니다. 내가 하느님의 사랑을 믿고 내 꿈을 갖고 살아간다면 내 안에 계신 하느님께서 절대 나를 버리실 리 없기 때문입니다.

21. 나를 향한 하느님의 기대를 생각합시다. 내 인생 속에 함께 계

시는 하느님의 꿈을 생각합시다. 하느님께서는 오늘도 나를 위해 당신의 최선의 노력을 다하고 계십니다. 기다려 주시고, 배려해 주시고, 보살펴 주십니다. 나의 인생을 허락하신 하느님이시기에 나의 인생을 통해 하느님께서는 뭔가를 얻고 싶어 하시는 것입니다.

"내가 손수 높은 향백나무의 꼭대기 순을 따서 심으리라. 이스라엘의 드높은 산 위에 그것을 심어 놓으면 햇가지가 나고 열매를 맺으며 훌륭한 향백나무가 되리라. 온갖 새들이 그 아래 깃들이리라. 높은 나무는 낮추고, 낮은 나무는 높이며, 푸른 나무는 시들게 하고, 시든 나무는 무성하게 하는 이가 나 주님임을 알게 되리라." 아멘.

연중 제23주일 (2015. 9. 6.)

"저분이 하신 일은 모두 훌륭하다.
귀먹은 이들은 듣게 하시고,
말 못하는 이들은 말하게 하시는구나."

1. 지난 여름은 매우 더웠습니다. 폭염 속의 여름을 보내시느라 고생들이 많으셨습니다. 이제 가을의 문턱에 서 있습니다.

봄에 꽃이 피고, 여름에는 성장을 하며, 가을에는 결실을 맺는 것이 자연의 이치입니다. 결실을 맺는 가을을 맞이하면서 우리는 어떤 결실을 맺을까 생각해 보았으면 합니다.

2. 언젠가 우리나라에서 재계 20위 안에 드는 재벌가의 비서한테 전화가 왔습니다. 재벌 회장의 여동생이 젊은 나이에 죽었는데 그 여동생이 신자인지라 우리 금호동 천보묘원에 안장되어 있었습니다. 그 비서가 얘기하기를 재벌 회장의 아버지가 돌아가셨는데 그 무덤 옆에 그 여동생의 유골을 안장하기를 원한다는 것이었습니다. 생각해 보았습니다. 그 집안은 불교에 가까웠습니다. 이번에 정성껏 해 주면 천주교에 대한 이미지가 좋아지지 않을까, 혹시 천주교로 올 수 있지 않을까…… 등등의 생각이었습니다.

그래서 정성껏, 아주 정성껏 그 이장 예절을 해 주었습니다. 면례라는 예절이 있더군요. 연령 회원들과 함께 해 줄 수 있는 모든 성의를 다했습니다.

그런데 그 집안의 분위기는 뭔가 달랐습니다. 뭔지 모르게 냉랭하고, 우리는 정성을 다하는데도 별로 고마워하는 것 같지도 않고, 하여튼 보통 사람들과는 많이 달랐습니다. 한마디로 인간미가 별로 느껴지지 않는 분위기였습니다. 남의 정성과 사랑의 마음에 당연히 그리해야 하는 것 아니냐는 분위기였고, 저도 기분이 매우 언짢았습니다. 우리가 뭘 크게 바라는 것도 아니었는데 마치 아랫사람 대하듯 하는 언행에서 마음속의 정성과 사랑이 싹 식어 버리는 듯한 느낌을 지울 수 없었습니다.

3. 생각해 보게 됩니다. 왜 우리나라 굴지의 재벌가가 저 정도밖에 안 되는가? 왜 기본적인 인간미와 예의가 없을까? 자신들에게 필요한 일을 정성껏 해 주었는데도 왜 그들은 그 정성을 몰라주는 것일까?

4. 얼마 전에 1,000만 관객을 돌파했다는 〈베테랑〉이라는 영화를 보았습니다. 한 정의로운 형사가 재벌가 아들의 방탕함과 비리, 부정과 거짓을 죽을힘을 다해 밝혀내는 내용이었습니다. 그 영화에 나오는 재벌의 모습은 그야말로 돈으로 모든 것을 해결할 수 있다는 비인간적이었고, 비상식적이었으며, 비도덕적인 모습이었습니다.

5. 요즘에는 월말만 되면 사람들이 예민해진다고 합니다. 집 대출 빚도 갚아야 하고, 자동차 할부금도 내야 합니다.
강남에 가면 호화로운 외제 차들이 수없이 오고 가지만 그들에게서 나오는 클랙슨 소리가 더 큽니다. 참지 못합니다. 누가 조금만 끼어들어도, 들리지는 않지만 자기 차 안에서 욕하는 소리가 들리는 듯합니다.

6. 가끔 사제관 옥상에 올라가 우리 금호동 지역을 둘러봅니다. 많은 생각과 묵상, 기도를 하게 됩니다. 새로 지은 지 얼마 안 되는 비싼 아파트들과, 오랜 세월 가난에 찌든 주택의 모습들이 묘하게 한눈에 들어옵니다. 저 아파트에 사는 사람은 무슨 생각을 하며 살까? 저 주택에 사는 사람은 또 무슨 생각을 하며 살아갈까? 누가 더 행복할까? 아파트에 있다고 행복할까? 주택에 있다고 불행할까?

같은 지역에 서로 다른 두 계층이 함께 살아가고 있습니다. 서로 다른 사람들, 생각도 다르고, 생활 방식도 다르고, 사고방식도 다른 사람들이 한동네에서 살아가고 있습니다.

7. 얼마 전에 끝난 한 드라마의 마지막 편에서 일생을 통해 큰돈을 번 한 회장의 이야기가 떠오릅니다.

"나는 돈을 많이 벌면 우리 가족 모두가 행복해질 거라고 믿었다. 그래서 수단, 방법을 가리지 않고 많은 돈을 벌었다. 그런데 '지금 우리 가족은 과연 행복한가?'라는 질문을 던져 보지 않을 수 없다. 결코 행복하지 않은 우리의 모습은 오히려 비참하게 느껴진다."

8. 돈이 인간의 행복과 불행을 좌우하는 기준이라면 부자는 당연히 행복하고, 가난한 이는 당연히 불행해야 맞을 것입니다. 그러나 현실은 다릅니다. 비싼 아파트에 살아도 불행할 수 있을 것이고, 가난한 주택에 살면서 온갖 상처와 피해의식 가운데 불행하게 살아갈 수 있습니다. 그러나 아파트에 살면서도 행복할 수 있고, 주택에 살면서도 행복할 수 있습니다.

9. 그렇다면 진정한 행복이란 무엇이며, 우리는 어찌해야 그 진정한 행복을 얻을 수 있을까요? 과연 우리는 어찌 살아야 행복할 수 있을까요?

10. 오늘 독서와 복음에서는 그 해답의 실마리를 주고 있습니다.
"귀먹은 이들의 귀가 열리고, 눈먼 이들의 눈이 열리리라. 다리 저는 이는 사슴처럼 뛰고, 말 못하는 이는 환성을 터뜨리리라. 광야에서 물이 터져 나오고, 사막에서는 냇물이 흐를 바로 그 구원의 날이 오리라."
진짜 귀먹은 이들, 눈먼 이들, 다리 저는 이들, 말 못하는 이들은 누구일까요? 죽음과 같은 광야, 사막에서 사는 이들은 누구일까요?
아이로니컬하게도 귀먹고, 눈멀고, 다리 저는 이들, 말 못하는 이들, 죽음 속에 사는 이들은 오히려 거꾸로 자신들은 들을 수 있다고, 볼 수 있다고, 제대로 걷고 있다고, 생명의 땅에서 살고 있다고 외치고, 주장하고, 강변하고, 합리화하고 있다는 사실입니다. 삶의 기쁨을 해치는 온갖 장애와 죽음 속에 살면서도 그 사람들은 자신의 장애와 죽음의 모습을 인정하지 않는다는 데에 오히려 그 심각성이 더 큽니다.

11. 재물을 삶의 최종 목표로 삼고 온갖 아귀다툼 속에서 살아가는 사람들, 명예와 권력을 또 그렇게 목숨을 다해 추구하는 사람들……
재물이 눈을 멀게 하고, 명예를 향한 욕심이 귀를 막습니다. 권력을 향한 탐욕이 죽음과 같은 광야와 사막으로 우리 인생을 내몹니다.

12. 세상과 사람들을 위한 재물, 명예, 권력이어야 할 텐데 자신의 욕심과 탐욕을 채우기 위한 재물, 명예, 권력은 자신을 장애인으로 만들고, 수많은 사람들에게 아픔과 상처를 남기고 있습니다.

13. 우리는 우리가 살고 있는 이 세상과 그 안에 있는 나 자신의 모습을 있는 그대로 인정할 수 있어야 하겠습니다. 그래야만 오늘 복음에서처럼 귀먹고 말 더듬는 나 자신을 예수님께 보여 드리면서 손을 얹어 주십사 청할 수 있기 때문입니다. 내가 문제가 없다면 나의 구세주이신 예수님도 어쩔 수 없기 때문입니다. 나에게 주어진 자유의지가 오히려 예수님의 능력을 방해하는 결과를 초래하는 것입니다.

14. 우리가 살고 있는 이 세상은 죽음과 같은 광야와 사막으로 점점 악화되어 가고 있습니다. 그 속에 있는 우리 자신도 어느샌가 죽음의 세력하에 하수인이 되어 가고 있습니다.

15. '어느샌가 우리는 장님이 되어 버렸고, 벙어리가 되어 버렸으며, 다리 저는 불구가 되어 버렸고, 죽음의 땅에서 마귀인 아귀들과 함께 살아가는 불행한 인생을 살고 있는 것은 아닐까?' 질문을 던져 봅니다.

16. 이 심각한 문제를 해결하실 수 있는 분은 하느님의 사랑으로 이 세상에 오신 예수 그리스도가 유일합니다. 예수님은 특히 이 불행과 죽음의 시대에 더더욱 우리의 구세주가 되어야 합니다. 말로만의 구세주가 아니라 실제로 하느님의 사랑의 능력을 드러내고 실현

하시는 구세주가 되어야 합니다.

17. 구슬이 서 말이라도 꿰어야 보물이 될 수 있는 것처럼 우리의 자유의지로 이 어둠들을, 이 악의 세력들을 극복해 나갈 수 있어야 하겠습니다. 오직 예수님만이 우리를 향해 '에페타, 열려라!' 하실 수 있는 것입니다.

18. 우리 인생에 하느님의 말씀을 들을 수 있는 귀가 열릴 수 있다면 우리 인생에 베푸시는 하느님의 사랑을 찬양할 수 있는 우리의 혀도 풀릴 것입니다. 우리의 귀가 열리도록, 우리의 묶인 혀가 풀리도록 그분께 우리의 모습을 보여 드리고 간청해야 할 것입니다.
"저분이 하신 일은 모두 훌륭하다. 귀먹은 이들은 듣게 하시고, 말 못하는 이들은 말하게 하시는구나." 아멘.

연중 제24주일(2015. 9. 13.)

"정녕 자기 목숨을 구하려는 사람은 목숨을 잃을 것이고,
나와 복음 때문에 목숨을 잃는 사람은 목숨을 구할 것이다."

1. 아름다운 가을입니다. 자연은 지난여름의 폭염을 이겨 내고 결실을 준비하고 있습니다. 어려운 시련의 시간을 견뎌 낸 자연의 생명은 이제 결실의 축제를 준비하고 있습니다.

2. 자연의 이치처럼 사람도 시련을 이겨 내야만 삶의 기쁨과 여유를 얻을 수 있게 됩니다. 기쁨이란 시련을 이겨 낸 자만이 누릴 수 있는 특권이라 할 수 있을 것입니다.

3. 언젠가 어떤 본당에서 본당 전체 가족 캠프를 한 적이 있었습니다. 2박 3일간 강원도 인제에서 800여 명의 본당 신자들이 모였습니다. 약 6개월의 치열한 준비 과정이 있었죠. 사목위원을 비롯한 많은 임원들이 정말 힘들고 고된 과정을 거치면서 준비의 시간을 보냈습니다.

제가 여태까지 해 본 본당 행사 중에서 가장 성령의 은총을 충만히 느낄 수 있었던 복된 시간들이었습니다. 정말 하느님께서 함께 계시는구나, 우리의 시간시간마다 그분께서 함께하심을 체험할 수 있었습니다. 초등부부터 중고등부, 청년, 중년, 장년, 노년의 모든 신자들이 그야말로 하나 되는 체험, 하느님께서 함께 계시는 특이한

체험을 할 수 있었던 시간들이었습니다.

캠프장의 숙소도 좋았고, 음식도, 프로그램도 좋았습니다. 모든 이가 감사하면서 한마음으로 신앙 안에 한 가족임을 체험할 수 있었던 매우 뜻깊은 시간들이었습니다. 하느님 안에 한 형제자매로 있다는 것이 얼마나 큰 행복인지 알 수 있었습니다.

모든 일정을 마치고 집으로 돌아가는 시간이 되었습니다. 오후 2시에 캠프장에서 출발하였는데 서울로 들어가는 차량이 심각할 정도로 많았습니다. 보통의 경우에는 그곳에서 본당까지 2시간이면 충분했는데 그날은 아주 최악이었습니다. 밤 9시나 되어서야 본당에 도착할 수 있었습니다.

돌아오는 그 시간은 그야말로 아수라장이었습니다. 아이들, 어른들 할 것 없이 지쳐 쓰러졌고, 휴게소 화장실도 이용하기 힘들어 길가에 정차해 놓고 볼일을 봐야 했고, 아이들은 서로 싸우다 힘들어 지쳐 자고, 배고픔과 지루함, 지겨움을 견뎌 내야 했습니다.

3. 하느님께 물어보았습니다. '왜 마지막 순간에 이런 시련의 시간을 주십니까? 여태까지 행복했고, 즐겁기 이를 데 없었는데 왜 마지막 귀경길에 이토록 고생하게 하십니까? 우리를 행복하게 해 주시던 당신은 도대체 어디에 계십니까?' 이런 치기어린 질문이 가슴속에서 떠나지 않았습니다.

그때 하느님께서 조용히 제 마음속에서 이런 말씀을 주시는 것을 느낄 수 있었습니다.

"얘야, 너희가 살아야 하는 세상이 바로 이런 세상이란다. 힘들고, 지치고, 상처받고, 피곤하고, 지겨운 세상 속에 너희는 살아가는 거란다. 힘들다고 짜증 내지 말고, 미워하지 말고 그 현실을 받아들이렴. 너희가 체험했던 그 행복을 그리워하면서, 희망으로 삼으면서 너희가 살아야 할 세상을 견뎌 내렴. 너희의 마음속에 그 행복에 대한 추억이 남아 있는 한 나도 너희와 함께 그 어려운 세상 속에서 함께 존재하는 것이란다."

4. 신자들은 말은 별로 안 했지만 아마 제가 느낀 하느님의 마음을 함께 느낀 것이 아닌가 훗날 생각해 보게 되었습니다. 그래서 모두가 함께 참고 견디면서 그 시간을 이겨 냈던 것이 아닌가 합니다.

5. 그렇습니다. 우리가 사는 세상은 때론 너무 힘들고, 우리가 살아야 하는 인생은 때론 너무 지치고 고통스럽습니다. 우리 모두는 행복한 삶을 바라지만 우리 삶은, 우리 인생은 생각처럼 풀려 나가지는 않습니다.

때론 소용돌이에 휘말리기도 하고, 때론 살얼음판에 빠지기도 하고, 때론 분노와 격정과 미움의 시간을 보내기도 합니다. 사랑해야 함을 알면서도 미워하기 일쑤이고, 진실해야 함을 알면서도 거짓과 위선의 삶을 살기도 하고, 올바른 삶을 살아야 함을 알면서도 부정과 불의의 시간을 보내기도 합니다. 원하는 삶을 살길 원하지만 원치 않는 삶의 길을 가기도 합니다.

그래서 우리의 삶과 우리의 인생은 어렵고, 힘들고, 고통스럽고, 때로는 실망과 좌절감, 자기 상실감을 체험하기도 합니다.

6. 사실 모든 사람이 그런 세상에서 그런 삶을 살아가는 것입니다. 가진 사람도, 못 가진 사람도 다 마찬가지입니다. 어떤 사람도 완전

한 행복 속에, 평화 속에 완벽하게 살아가는 사람은 없다고 할 수 있을 것입니다.

7. 우리의 삶은, 우리의 인생은 시련과 고통의 연속이라 할 수 있을 것입니다. 한 개의 행복을 위해 9개의 시련의 봉우리를 넘어야 하는 것이죠. 이게 마지막 시련이겠지, 하면 그보다 더 큰 시련이 찾아오곤 합니다.

8. 왜 하느님께서는 이런 시련과 고통이 연속되는 삶을 허락하시는 것일까요? 왜 우리는 행복한 삶을 원하지만 그리되지 않는 것일까요?

어떤 사람은 신앙을 가지면 더 행복해질 것이라고 기대했는데 막상 신앙생활을 하니 더 불편하고 더 힘들다고 합니다. 어떤 사람은 냉담 중의 삶이 죄책감도 덜 받고 아무 생각 없이 살아 나가는 좋은 방법이라고까지 이야기합니다.

어떤 사람은 하느님을 믿으면 모든 것이 평화롭고, 물질의 행복도 찾아오고, 모든 일이 잘 풀리리라 기대했는데 때로는 더 큰 고통의 시간이 오는 걸 보면서 신앙을 포기하기도 합니다.

또 어떤 사람은 교회에서 열심히 봉사하면 모든 일이 다 잘될 것이라고 기대하고 열심히 했는데 남는 것은 후회와 좌절뿐이라고 합니다. 교회 안의 사람들에 대해서도 기대가 실망으로 바뀐다고 합니다.

9. 하느님을 믿으면 모든 일이 다 잘되나요? 잘 안 되는 사람은 하느님을 덜 믿어서 그런가요?

10. 오래전에 돌아가신 최민순 신부님의 〈주여, 오늘 나의 길에서〉라는 시 한 편을 소개합니다.

"주여, 오늘 나의 길에서 험한 산이 옮겨지기를 기도하지 않습니다. 다만 저에게 고갯길을 올라가도록 힘을 주소서.

내가 가는 길에 부딪히는 돌이 저절로 굴러가길 원치 않습니다. 넘어지게 하는 돌을 발판으로 만들어 가게 하소서.

넓은 길, 편편한 길 그런 길을 바라지 않습니다.

다만 좁고 험한 길이라도 주님과 함께 걸어가는 더욱 깊은 믿음 주소서."

11. 그렇습니다. 시련이라는 것은 하느님께서 주시는 것이 아니라 우리 인생에 부족함의 결과로 언제나 존재하는 것입니다. 우리가 해야 할 일은, 우리의 신앙이 요구하는 바는 그 시련을 없애 주십사 기도하는 것이 아니라 그 시련 속에서 주님과 함께 있을 수 있음을 기도해야 하는 것입니다. 시련을 없애 달라는 기도는 미성숙한 기도라 할 수 있을 것입니다.

12. 삶의 시련과 고통은 하느님께서 허락하시는 것이 아니라 인간의 부족함이 만들어 내는 삶의 과정일 뿐입니다. 하느님께서도 그 삶의 시련과 고통을 우리와 함께 겪어 내시는 것입니다. 하느님께서는 예수님을 죽음으로 몰아넣는 사람들과 세상의 죄를 함께 겪어 내시는 분이신 것입니다.

하느님께서 우리 삶의 시련과 함께 계신다면 우리도 그 하느님과 함께 있어야 할 것입니다. 하느님께서는 예수님의 그 죄악에 가득 찬 죽음을 당신의 영광이 가득한 부활로 바꾸어 주시는 분이심을 믿을 수 있어야 하겠습니다.

13. 오늘 복음에서 시련과 고통을 부인하는 베드로를 보시며 예수님께서는 불같이 화를 내십니다. "너는 하느님의 일을 생각하지 않는구나." 심지어 다른 복음에서는 "사탄아, 물러가라!" 하시며 최고의 혼을 내십니다.

14. "너희의 주님이신 내가 이런 시련과 고통의 길을 걸으니 너희도 내 뒤를 따르려면 자신을 버리고 제 십자가를 지고 나를 따라야 한다."고 말씀하십니다.

15. 하느님과 함께하는 나의 삶, 나의 시련은 나를 더더욱 하느님의 사람으로 만들어 주시는 것이며, 부활의 생명이 이미 그 안에 시작되고 있는 것입니다.

16. "정녕 자기 목숨을 구하려는 사람은 목숨을 잃을 것이고, 나와 복음 때문에 목숨을 잃는 사람은 목숨을 구할 것이다." 아멘.

"눈물로 씨 뿌리던 사람들,
환호하며 거두리라."

1. 아름다운 가을입니다. 봄은 봄대로 생동감과 생명력이 넘치지만 가을은 가을대로 차분함 속에서 아름다움을 전해 주고 있습니다. 젊은 시절에는 봄이 좋았던 것 같았는데 나이가 들수록 가을이 좋아지고, 석양의 태양이 좋아집니다.

2. 가을에는 무엇보다 풍요로움과 여유가 있는 것 같습니다. 뭔지 모를 뿌듯함도 있습니다. 황금빛 논을 바라보면 풍요로움이 느껴집니다. 단풍으로 물드는 나무들을 보면 아름다움이 느껴집니다. 석양에 넘어가는 해를 보면 숙연함이 느껴집니다.

3. 우리의 인생도 아름답고, 풍요롭고, 뿌듯한 가을 풍경과 같았으면 좋겠다는 생각을 해 봅니다. 이제 세상의 모든 것을 다 이룰 수 있을 것 같았던 어린 봄날의 그 격정과 열정도, 이 세상의 온갖 풍파 속에서 견디어 내야 했던 그 젊은 여름날도 다 지나가고 이제는 인생을 관조하면서 보다 더 풍요롭고, 여유롭고, 뿌듯한 인생의 가을이기를 빌어 봅니다. 모든 것을 다 받아들이고, 이해하고, 좀 더 자신을 버리고 죽일 줄 알고, 마음속의 욕심도, 탐욕도 다 버릴 줄 아는 가을이기를 빌어 봅니다.

4. 봄에 뿌려진 씨앗은 뿌리가 되고, 줄기가 되고, 잎이 되고, 꽃이 됩니다. 그리고 결실을 맺으며 또 다른 새로운 씨앗을 만들어 냅니다. 우리는 결실을 보면서 그 나무의 뿌리와 줄기와 잎과 꽃을 잊어버리기 일쑤입니다. 그러나 분명한 것은 바로 씨앗이 있었기에 그 풍요로운 결실과 새로운 생명을 잉태한 씨앗을 얻는다는 사실입니다. 만일 씨앗이 자신의 모습을 간직하려는 욕심을 갖고 있었다면 아무것도 이루어 낼 수 없었을 것입니다.

5. 우리의 삶도 마찬가지입니다. 우리 자신이 우리 자신을 고집한다면, 즉 자신을 버리지 않는다면 결코 새로운 생명을 얻지 못할 것입니다.

6. 가끔 결혼식 주례를 부탁받곤 합니다. 싱싱한 젊은이들을 보는 것만으로도 기쁘고 마음이 설렙니다. 저는 그 젊은이들에게 꼭 이렇게 당부하곤 합니다.

"이제 인생이 바뀌는 것이란다. 지금까지는 받는 삶이었지만 이제는 주는 삶이 되는 것이지.

그렇기에 결혼은 새로이 태어나는 삶이란다. 어린아이의 삶에서 어른의 삶으로, 이기주의적인 삶에서 이타주의적인 삶으로, 즉 사랑과 희생을 받던 존재에서 이제는 결혼을 통해 사랑과 희생을 주는 존재로 새로 태어나는 것이란다. 그렇기에 이제부터는 자신을 위해서 살아서는 안 되는 것이란다. 배우자를 위해서, 자녀들을 위해서, 가정을 위해서 살아야 하는 것이지.

그런 사람이 되기 위해서는 끊임없이 자신을 버릴 줄 알아야 한단다. 자신을 버리지 못하면 못한 만큼 괴로울 수밖에 없단다. 버릴 때까지 괴로울 수밖에 없는 것이야. 자신을 버릴 줄 알아야 가정을 지켜 낼 수 있고, 자녀들을 헌신과 희생과 사랑으로 키워 낼 수 있는 것이란다.

너무 어려운 일이야, 결혼한다는 것은. 아니, 자신을 버리고 가정과 자녀와 배우자를 위해 산다는 것은, 이기적인 동물이라는 인간의 관점에서 볼 때는 불가능에 가깝다고 할 수 있지. 그러나 인간에게는 그 본능적인 이기심을 극복할 수 있는 영적인 가치, 하느님이 주신 사랑이라는 또 다른 능력이 있단다. 그 능력으로 인간의 본능적이고도 동물적인 이기심을 극복해 나갈 수 있는 것이지.

따라서 사랑이란 다른 말로 하면 누군가를 위해 자신을 버리는 것이며, 그로 인해 고귀한 생명을 키우고 지켜 나갈 수 있는 것이야. 그래서 동물은 사랑을 할 수 없단다. 오직 인간만이 진정한 사랑을 할 수 있는 것이란다.

어렵고 힘든 인생길이지만 걱정하거나 두려워하지 말거라. 너희 부모님도 너희가 볼 때는 부족하게 느껴질지 모르겠지만 바로 그런 사랑의 길을 걸어오신 분이란다. 바로 너희의 존재가 그 부모님들의 사랑의 증거요, 표지란다. 이제 너희도 바로 너희 부모님이 걸어오신 인생길을 걸어가는 시점에 서 있는 것이란다."

7. 그렇습니다. 아름다운 생명일수록 그 안에 진정한 사랑이 숨어 있는 것입니다. 그 사랑은 진정 조건 없는 사랑이며, 자신을 버린 아름답고도 고통스러운 사랑입니다. 진정한 사랑이란, 슬프지만 그 안에 고통을 내포하고 있습니다. 말로만의 사랑은 아무 소용이 없

습니다. 그 안에 상대방을 위한 아픔과 고통이 있어야만 진정한 사
랑인 것입니다.

8. 그런 의미에서 저는 자녀들을 훌륭하게 키워 내신 부모님들을
진심으로 존경합니다. 저 의젓하고 품격 있는 젊은이가 되기까지 부
모님들의 헌신적인 진정한 희생의 사랑에 존경심을 갖게 됩니다. 올
바른 젊은이들은 바로 부모님들의 올바른 인생의 결과인 것입니다.

9. 그런 헌신적인 부모님들의 조건 없는 사랑의 모습은 바로 하느
님께서 주신 선물입니다. 부모님들의 사랑의 원조는 바로 하느님인
것입니다.

10. 하느님의 사랑의 모습을 잘 이해하지 못하는 인간들에게 하느
님께서는 몸소 당신의 아들을 이 세상에 보내시어 가장 가난한 인
간이 되게 하셨고, 그 삶을 통해 하느님의 지혜와 능력과 자비를 가
르쳐 주셨습니다. 그분이 가르쳐 주신 사랑의 하느님의 모습을 십
자가의 고통을 통해 우리에게 극명하게 보여 주고 계십니다.
예수님께서 겪으신 십자가의 고통은 바로 하느님께서 그리 고통 속
에 인간을 사랑하심을 보여 주고 있는 것입니다. 말로만의 사랑이
아니라 당신의 온몸과 온 마음과 모든 것을 다해서 인간을 사랑하
시는 완전한 사랑의 하느님을 보여 주고 있는 것입니다. 하느님께
서 인간을 살리시기 위해서 당신의 모든 것을 아낌없이 버리시는
모습을 예수님을 통해 보여 주고 계시는 것입니다.
아름다운 인간을 얻으시기 위해서, 이 세상에 가장 아름다운 인간
이 어둠에 의해 변질되는 것을 막기 위해 당신의 모든 것을 버리시

고 계시는 것입니다. 이제는 우리가 하느님께 기도하고 하소연하는 것이 아니고, 반대로 하느님께서 우리를 위해 읍소하시며 고통스러워하시는 모습을 보여 주고 있는 것입니다.

11. 바로 부모님들의 그 헌신적이고 이타적인 사랑은 하느님 사랑의 모습에서 비롯한 것입니다.

12. 오늘 복음에서 예수님께서는 "나를 따르려면 자신을 버려라." 하고 말씀하십니다. 자신을 버린다는 것, 포기한다는 것은 참으로 고통스러운 일입니다. 그러나 바로 그 길 속에 참다운 사랑이 숨어 있는 것이며, 그 길이 아름다운 생명을 지켜 내고 키워 내는 길인 것이며, 그 진정한 사랑을 통해서 우리가 하느님께서 창조해 주신 그 아름다운 인간으로 다시 태어날 수 있는 것입니다.

13. 또한 예수님께서는 자신에게 주어진 십자가를 날마다 짊어지고 따라야 한다고 하십니다. 우리는 모두 부족한 존재입니다. 아무리 훌륭한 부모님도 완벽할 수는 없습니다. 그 부족함으로 인해 우리 삶에는 각기 나름대로의 십자가가 존재하는 것입니다. 그리고 또 특별히 하느님께서 허락해 주시는 십자가를 통해 우리는 자신을 연마할 수 있는 것이며, 어둠에 대항할 수 있는 굳센 마음을 가질 수 있게 되는 것입니다.

그래서 누구에게나 필연적으로 십자가는 존재할 수밖에 없습니다. 만일 십자가가 없다면 우리는 바벨탑을 쌓는 그 교만한 사람이 될 수밖에 없을 것입니다. 인간에게 십자가는 아픈 것이지만 불행하게도 인간은 그 십자가를 통해서만 하느님께 나아갈 수 있다는 사실을 또한 받아들일 수 있어야 하겠습니다.

그 십자가는 자신이 하느님께 가는 길이지만 또한 동시에 이 세상의 죄를 없애는 방법임도 깨달을 수 있어야 하겠습니다. 스승께서 십자가의 인생길을 가셨으니 제자들인 우리도 당연히 그 십자가의 인생길을 갈 수밖에 없는 것입니다.

14. 오늘은 한국 순교자들의 대축일이기도 합니다. 과연 그분들은 어떻게 그 혹독한 순교의 시간을 버텼고, 그 월계관을 받을 수 있었을까요? 바로 자신에게 주어진 삶의 길을 하느님의 은총 안에서 성실히 걸어간 결과일 것입니다. 자신을 끊임없이 버리고, 자신의 십자가 안에서 하느님의 사랑을 깨달으며 예수님의 길을 성실히 걸어간 사람들입니다.

15. 오늘날의 우리도 우리의 삶 안에서 그리 살 수 있다면 우리에게도 때가 왔을 때 그렇게 하느님을 증거하면서 월계관을 받을 수 있을 것입니다.

16. "눈물로 씨 뿌리던 사람들, 환호하며 거두리라." 아멘.

추석 합동 위령미사(2015. 9. 27.)
저희가 거둔 것을 모두 주님께서 주셨음을 깨달아
언제나 주님께 감사하며 살아가게 하소서."

1. 살아갈수록 세월이 참 빠르다는 느낌을 지울 수가 없습니다. 엊
그제 새로운 한 해를 시작한 것 같은데 벌써 추석, 한가위를 맞이하
고 있습니다.

2. 이 가을에 맞이하는 추석은 우리에게 남다른 느낌을 줍니다. 하
늘은 높고, 푸릅니다. 들판은 황금색으로 변해 가고 있습니다. 한낮
에는 아직 따가운 햇볕이 있지만 아침저녁으로는 기분 좋을 정도로
선선하고, 쾌적합니다. 자연의 온갖 곡식들이 익어 가고, 과실들도
그 색깔이 얼마나 선명하고 아름다운지 모릅니다. 가끔 석양에 넘
어가는 해는 정말 멋진 노을을 선사해 줍니다. 어느샌가 나뭇잎들
도 벌써 진한 초록의 생명의 색에서 아름다운 울긋불긋한 단풍들로
바뀌어 가고 있습니다.

3. 아기들이 새로이 태어나고, 젊은이들은 짝을 찾아 새로운 삶을
살아가고, 많은 이들이 사고로, 질병으로 아파하기도 하고, 어떤 이
들은 경제적인 성공을 하기도 하고, 더 많은 사람들은 인생의 고된
시련의 시간을 겪기도 합니다. 이 한 해 동안 또 많은 이들이 우리
곁을 떠나 저세상으로 가기도 하였습니다.

4. 이미 한 해가 다 끝난 것은 아니지만 우리는 이 한가위에 잠시 멈춰 서서 우리에게 주어진 삶을 되돌아보는 시간을 가져 보았으면 합니다.

5. 한가위는 왠지 모를 쓸쓸함 가운데서도 함께하는 기쁨이 있는 명절인 것 같습니다.

6. 우리의 고된 인생길을 돌이켜 보면 치열하게 살아온 지난 나날들이 부끄럽게도 느껴지고, 뿌듯하게도 느껴집니다. '그래, 한 해 동안 정말 수고했다, 애썼다.' 하고 자신을 칭찬하고 격려할 수 있어야 하겠습니다.

7. 가족들이 함께 모입니다. 때로는 함께하지만 저마다의 사고방식, 생활 방식에 서로 다름을 느끼게도 됩니다. 함께 밥을 먹으면서도 연신 핸드폰만 들여다보는 아이들, 함께 이야기를 나누지만 술만 드시면 자신의 과거에 집착하시는 어르신들, 명절 준비에 허리가 휘는 어머니들, 며느리들, 시집, 장가 못 간 다 큰 자녀들은 집안 어르신들을 피해 다니기만 하고…….
그래도 함께 모인 사람들은 그나마 행복한 것입니다. 명절이 되어도 함께하지 못하는 사람들이 많습니다. 부모, 형제, 친지들 볼 낮이 없어 명절이 괴롭고, 외로운 사람들도 있습니다.

8. 그래서 명절은 한편으로는 기쁨이기도 하지만 한편으로는 서글픔일 수도 있는 것입니다. 모든 가족이 함께 모이는 집은 그 자체로 뿌듯함일 수도 있지만 그렇지 못한 사람들은 외로움과 부러움의 시

간일 수도 있습니다.

만일 외로움의 시간을 보내시는 분들이시라면, 그 시간 하느님과 함께하는 시간이 될 수 있다면 그 외로움은 하느님께서 주시는 기쁨의 원천이 될 수 있을 것입니다.

10. 우리는 이 명절에 먼저 가신 조상님들, 부모님들, 친지들, 지인들의 삶을 살펴보면서 기도합니다. 하느님께서 그분들의 부족함을 용서하여 주시고 자비를 베풀어 주시도록, 또 그분들을 통해 우리의 인생이 있음에 감사의 기도를 바쳐야 하겠습니다.

11. 먼저 가신 분들의 그 치열했던 삶에 대해 새롭게 깨닫고, 이해하고, 화해할 수 있어야 할 것입니다. 시간이 지나고 세월이 지나다 보면 다 이해하고 용서할 수 있었을 텐데 그때는 왜 그리도 옹졸하고 속이 좁아서 원망하고 한탄했는지, 왜 그런 상황에서도 감사하지 못했는지, 이제라도 기도로나마 그 부족함을, 그 어리석음을 대신할 수 있어야 하겠습니다.

화해는 살아 있는 사람하고만 하는 것이 아닙니다. 이미 우리 곁을 떠나신 분들과도 진심으로 용서를 구하고, 용서를 하는 화해가 이루어져야 합니다. 그래야만 우리 마음속의 깊은 응어리가 풀릴 것이고, 그로 인한 상처도 비로소 치유될 수 있기 때문입니다.

12. 우리가 기억하는 먼저 가신 한 분, 한 분의 삶이 다 소설과 같을 정도로 치열하고, 아름다웠고, 슬펐을 것입니다. 어떤 사람 하나 예외 없이 모든 이의 삶이 다 슬프면서도, 고통스러우면서도, 안타까운 역사를 가지고 계실 것입니다. 그분들의 삶 속에 있는 수많은 애

환과 애증의 역사 속에서도 우리는 아름다운 사랑의 시간들을 추억하고 있는 것입니다.

지나고 보니, 이제 그 나이가 되어 보니 그분의 깊은 마음이 전해지고, 이해가 되는 부분들이 있게 마련인 것입니다. 내가 몰랐던 그분들의 삶 속의 고통들이 이해되고, 내가 몰랐던 그분들의 삶 속의 사랑들이 이해되게 마련입니다.

13. 모든 사람이 다 완벽한 사랑과 평화 속에 자랄 수는 없는 것입니다. 수많은 상처 속에서, 고통 속에서, 이해되지 않는 현실 속에서 태어나고 자라게 마련입니다. 그래서 우리의 마음속에 있는 불신과 미움, 또 때로는 증오 속에 우리는 갈등하며 아파하며 고통스러워하며 살아옵니다.

그러나 시간과 세월은 많은 것을 이해하게 해 줍니다. 그때는 몰랐던 그분들의 마음을, 그분들의 삶 속에 있었던 치열한 삶의 과정들을, 그 세월 속에 숨어 있는 사랑을 이해하게 해 줍니다.

그래서 이제는 어쭙잖게 고백하기도 합니다. 이제는 이해하노라고, 이제는 사랑할 수 있겠노라고, 그때의 어린 치기들을 용서해 달라고, 이제 나의 마음을 받아 달라고 우리는 여기서 이 위령미사를 봉헌하고 있는 것입니다.

14. 돌이켜 생각해 보면 우리가 기억하는 분들은 다 나름대로 자신에게 주어진 삶에 최선을 다하고, 사랑의 표현이 미숙한 가운데에서도 깊은 사랑의 마음을 갖고 계셨던 분들, 나를 지켜 주시고, 가정을 지켜 주시고, 이 사회를 지켜 주셨던 분들이십니다. 남들보다 가

난하고, 차별받고, 억울한 사회 속에서도 굳건하게 자신의 삶과 자녀들, 가족들과 가정들을 지켜 주신 분들이십니다.

15. 세상 사람은 다 몰라도 하느님께서만은 그분들의 마음과 그 삶의 이면을 다 알고 계실 것입니다. 그분들의 마음속에 숨어 있는 그 진실함과 사랑을 다 알고 계실 것입니다. 그분들의 삶의 애환과 고통과 억울함까지도 하느님께서는 다 헤아리고 계실 것입니다. 그 하느님의 사랑 덕분에 그분들은 이제 우리의 기도 속에 평화로이 머물러 계셔야 하겠습니다.

16. 이 풍요로운 가을에 우리의 마음이 오늘의 복음 말씀처럼 탐욕을 버리는 아름다운 마음이 되도록 기도해야 하겠습니다. 변하는 이 세상에 의지하기보다는 변치 않는 하느님께 의지하는 마음을 가져야 하겠습니다.
또한 주위의 보다 가난하고 힘들고 외로운 이들에게 보다 더 따뜻한 마음과 손길을 보여 주어야 하겠습니다. 또한 우리가 기억하는 모든 영혼들이 하느님의 자비 안에 평안히 쉴 수 있도록 열심히 기도할 수 있어야 하겠습니다. 그리고 그분들과 진정한 화해를 할 수 있도록 우리 마음의 모든 짐에서 자유로울 수 있어야 하겠습니다.

17. "주님, 한 해 동안 땀 흘려 거둔 것을 예물로 바치오니 주님께서 기뻐하시는 향기로운 예물이 되게 하시고, 저희가 거둔 것을 모두 주님께서 주셨음을 깨달아 언제나 주님께 감사하며 살아가게 하소서." 아멘.

연중 제27주일(2015. 10. 4.)

"예수님께서는 우리를 형제라고 부르기를
부끄러워하지 않으십니다."

1. 가을비가 한 번 오더니 아침저녁으로는 긴팔 옷이 생각날 정도
로 쌀쌀해졌습니다. 이제 본격적으로 가을이 시작되려 합니다.

2. 오늘은 부족한 저의 수호성인이신 프란치스코 성인의 기념일입
니다.

저의 축일을 맞이하여 저를 사랑하시고 이끌어 주시는 성모님의 특
별한 보호하심을 느끼게 됩니다.

어제 어떤 화가분이 찾아오셨는데 지인의 소개로 저를 알게 되었다
하시며 너무나 이쁘게 그리신 평화의 성모님 그림을 기증하시겠다
고 하십니다. 그렇지 않아도 새로 만든 면담실에 그림 하나 걸어 두
길 바랐었는데 정말 뜻하지 않게 성모님의 그림을 기증받게 되었습
니다. 면담실에 아주 딱 어울리는 그림이었습니다. 어쩜 그리도 잘
어울리던지 보는 모든 사람이 감탄을 합니다.

사실 면담실은 대부분 힘들고 상처받은 이들이 사용하는 공간입니
다. 그 성모님을 바라보기만 하여도 왠지 아픈 이들의 상처가 깨끗
이 치유될 수 있을 것 같은 느낌이 들었습니다. 그분이 귀한 작품을
기증해 주셨지만 한편으로는 그 성모님이 저의 본당 면담실을 찾아

오신 게 아닐까 하는 생각이 들기도 합니다.

사실 지난 금요일에 어떤 분이 찾아오셔서는 기막힌 아픔을 토로하였습니다. 그분의 따님이 48세이신데 어렸을 때 한약을 과용해서 소아당뇨에 걸리고 말았다고 합니다. 그 따님은 평생을 당뇨와 싸우는 삶을 살고 있었습니다. 소아당뇨는 거의 완치가 안 되는 무서운 병이라고 합니다. 결혼도 하지 못하고 자신에게 주어진 삶의 십자가를 묵묵히 지고서도 성실히 살아가는 아주 똑똑한 딸이었다고 합니다.

그런데 어느 날 어머니가 외출 뒤 집에 돌아와 보니 딸이 싸늘한 시신이 되어 있었다고 합니다. 저혈당 쇼크가 왔는데 뭔가 먹을 것을 찾아 방에서 나오다가 넘어져서 뇌출혈로 급작스럽게 사망하게 되었다는 것입니다. 그 어머니는 딸의 싸늘한 시신을 안고서는 눈물도 나오지 않았다고 합니다.

그 어머니는 신앙이 매우 깊으신 분이셨는데 만일 자신이 신앙이 없었다면 그 딸의 뒤를 따라갔을 것이라고 그 깊은 아픔을 토로하시는 것이었습니다. 참으로 어떤 말로도 위로할 수 없었습니다. 순간 제 머릿속에는 처참하게 돌아가신 예수님의 시신을 안고 계신 성모님의 모습이 생각났습니다.

"아마도 이제 자매님은 그 누구보다도 그 죽음과도 같은 고뇌에 가득 차 계신 성모님을 깊이 이해하게 되셨을 겁니다. 따님의 죽음은 참으로 애통스러운 일이지만 자매님은 이제 성모님처럼 보다 더 깊은 신앙 속으로 초대받고 있는 것입니다. 그 죽음은 참으로 말로 다할 수 없는 아픔이지만 아마 하느님께서는 이제 따님에게도, 가족들에게도 그 십자가를 면제해 주신 것이 아닌가 합니다. 그 십자가로 인한 고통에서 해방시켜 주신 것입니다. 그러니 그 불행한 일은 하느님의 선물일 수 있는 것입니다. '애야, 이제 됐다. 그 정도 고통을 겪었으면 이제 되었다.' 하는 하느님의 특별한 사랑일 수 있는 것입니다. 이제 더 이상 괴로워하거나 좌절하지 마세요. 괴로움과 좌절은 우리 마음을 어둠으로 이끄는 어둠의 유혹일 수 있는 것입니다. 어둠의 유혹에 빠지지 마시고, 하느님의 선물에 기뻐하는 마음을 갖는 것이 훨씬 더 신앙에 맞는 모습일 것입니다."

자매님은 저의 이야기를 가만히 듣고 큰 위로와 치유를 받은 듯한 모습이었습니다. "이제 마음이 훨씬 가벼워졌습니다. 신부님의 말씀을 들으니 훨씬 더 용기가 나고 희망이 생깁니다."라고 말씀하시는 것이었습니다.

저는 순간 참으로 하느님께 깊은 감사를 드렸습니다. 저를 통해서 아픔과 죽음을 이겨 내시는 하느님의 크신 능력과 사랑을 볼 수 있었기 때문입니다. 저의 존재는 참으로 부족하고 미미할 수밖에 없는데 하느님께서는 저를 당신의 도구로, 힘들고 고통스러워하는 이들에게 위로와 치유를 베푸시는 것을 보고 느낄 수 있었기 때문입니다.

그 하루 후에 그 아름다우신 평화의 성모님께서 면담실에 찾아오셨습니다. 아주 기막힌 섭리와 사랑을 느끼게 됩니다.

3. 《상처 입은 치유자》라는 책을 쓴 헨리 나웬이라는 분이 계십니다. 그분은 현대 사회의 사목자를 '상처 입은 치유자'로 정의하며 자기가 입은 상처로 다른 사람들에게 생명을 주는 원천이 된다고 말

하고 있습니다.

상처를 입지 않으면 다른 사람의 상처를 이해할 수도 없고, 다른 사람의 상처를 이해하지 못하면 진정한 사랑을 할 수 없는 것입니다. 따라서 사목자의 상처는 그 사목자를 해치는 것이 아니라 더 깊이 상처 입은 사람을 이해하게 되며, 치유하게 된다는 이야기입니다.

4. 오늘 축일을 맞이하면서 상처 입은 치유자의 모습을 많이 생각해 보게 됩니다.

'왜 하느님께서는 나의 삶에서 수많은 상처들을 허락하셨을까? 왜 아직도 그 많은 상처들 속에서 때로는 괴로워하기도 하고, 미워하기도 하고, 나 자신이 움츠러들기도 하는 것일까? 나의 사부이신 프란치스코 성인처럼 때로는 자유로운 것 같기도 한데, 왜 아직도 마음 깊은 곳에는 아픔이 존재하는 것일까?' 이런 질문을 던져 보게 됩니다.

5. 사제는 한 본당에 부임하면 그 공동체와 혼인을 하게 되는 것입니다. 부부가 좋든 싫든 한평생을 살아야 하듯이, 사제도 좋든 싫든 그 본당에서 임기를 채워야 합니다. 공동체마다 그 모습이 다 다릅니다. 순박한 공동체도 있고, 성질 고약한 공동체도 있고, 또 때로는 교활한 모습의 공동체도 있습니다.

그러나 어떤 공동체라 하더라도 사제는 늘 어둠과 싸우는 최전선에 서 있는 사람입니다. 사람을 미워하는 것이 아니라 사람들 안에 존재하는 어둠과 악을 미워하며 싸우게 됩니다. 그러나 경험컨대 항상 어둠과 악의 세력이 저보다는 힘이 셉니다. 저는 번번이 상처받고 힘들어합니다. 때로는 열정이 넘쳐서 상처받기도 하고, 또 때로는 분별력이 모자라서 상처받기도 합니다.

6. 사제 생활 30년 가까이를 돌이켜 보면 수많은 애증의 세월이지 않았나 생각합니다. 때로는 말할 수 없이 사랑하고, 또 때로는 미워하기도 하고, 평화롭기도 하지만 때로는 번민과 고뇌에 싸여 있을 때도 많습니다. 부부간의 애증의 세월, 부모와 자녀 간의 그 애증의 세월처럼 사제의 삶도 그러한 것이 아닌가 합니다.

7. 수많은 사목적인 기쁨들, 구원의 역사를 체험하기도 하지만, 반대로 수많은 어둠과 죄악들도 뼈저리게 체험하곤 합니다.
수많은 하느님의 자비와 수많은 어둠들로 인한 상처가 존재하고 있음을 고백하지 않을 수 없습니다.

8. 딸을 잃어버린 어머니의 모습에서 우리는 아들을 잃어버린 성모님의 모습을 발견하게 됩니다. 그 아픔과 죽음 속에서 그 어머니는 서서히 성모님의 모습을 닮아 가게 됩니다. 그 상처 속에서 성모님의 모습은 서서히 그분의 진정한 어머니로서 새롭게 태어나기 시작합니다.

9. 예수님의 죽음을, 그 상처를 다시 한 번 묵상해 보게 됩니다. 그 처절한 죽음의 모습은 바로 인간을 사랑하기 위한 최선의 선택이었음을 느끼게 됩니다. 그분의 부활은 상처입은 치유자의 모습임을 새롭게 발견하게 됩니다. 하느님께서는 어둠과 죄를 통해 예수님의 죽음을 허락하시지만 그 어둠을 통해 빛의 부활을 보여 주십니다.

10. 사실 생각해 보면 오늘을 살아가는 수많은 부부들에게도 수많은 상처가 있음을 발견하게 됩니다. 젊어서는 좋아서 결혼했지만 살다 보면 한계를 느끼기도 하고, 때로는 배우자의 이해할 수 없는 성격, 생활방식에 회의와 갈등을 느끼게도 되고, 서로 주고받는 상처 속에서 마음이 닫힌 상태로 힘들고 어렵게 살아가는 부부들이 많음을 발견하게 됩니다.

오늘 복음에서 예수님께서는 한번 결혼했으면 절대로 물릴 수 없다고 강조하고 계십니다. 하느님께서 맺어 주신 혼인을 사람의 힘으로는 풀 수 없음을 말씀하고 계십니다. 하는 수 없이 많은 부부들이 포기하고 살아갑니다. 아이들 때문에, 체면 때문에 하루하루 힘들게 살아가기도 합니다.

11. 그러나 하느님께서는 사제에게나, 부부에게나 그 상처와 아픔을 통해서 당신의 부활의 역사를 이루어 내시는 것입니다.

죽어야 예수님의 죽음이 이해되고, 그 죽음을 받아들이시는 성모님이 이해되는 것입니다. 죽지 않는다면 그 어떤 열매도 맺을 수 없는 것입니다. 죽어야 비로소 많은 열매를 맺는 것입니다. 하느님께서는 나의 상처와 죽음을 통해서 또 다른 수많은 사람들을 구원하고, 치유하고 계시는 것입니다.

12. 그래서 우리는 힘들어도, 괴로워도 기뻐하며, 감사할 수 있어야 합니다. 기쁨과 감사가 없으면 어둠의 세력은 우리를 좌절과 우울함의 늪으로 밀어 넣어 버립니다. 기쁨과 감사는 하느님께 가는 우리 삶의 길이어야 합니다. 내 아픔과 상처를 아시는 하느님께서는

그 아픔과 상처를 통해서 당신의 일을 하신다는 것을 굳게 믿어야
하는 것입니다.

"형제 여러분, 우리는 죽음의 고난을 통하여 영광과 존귀의 관을 쓰
신 예수님을 보고 있습니다. 그분께서는 하느님의 은총으로 모든
사람을 위하여 죽음을 겪으셔야 했습니다.

예수님께서는 우리를 형제라고 부르기를 부끄러워하지 않으십니
다." 아멘.

"예수님은 주님이시라고 입으로 고백하고,
믿고, 실천하면 구원을 받을 것입니다."

1. 가을이 깊어갑니다. 이번 가을은 그 어느 때보다 차분하고, 아름다운 것 같습니다. 물론 비가 부족해서 걱정이긴 해도 예년에 비해 태풍도 없었고, 일조량도 풍부해서 곡식과 과일이 잘 익어 갑니다. 아마 지난봄 메르스 때문에 고생한 우리 국민들을 위해 하느님께서 좋은 선물을 주시는 듯합니다.

2. 어제 어떤 지인의 따님의 혼사가 있었습니다. 아주 특별한 감동을 느낄 수 있었던 혼인미사였습니다.

3. 어느 날 그분께서 자신의 고등학교 때 친구가 11명이 있었는데 그중 2명은 유명을 달리하셨고, 나머지 9명이 지금까지 친분을 이어 오고 있다면서 따님의 결혼식 때 그 친구들과 축가를 부르기로 하셨다고 하십니다. 원래 노래하고는 담을 쌓고 살던 친구들이었는데 이번 기회에 의기투합하셨다고 합니다. 그러면서 노래를 잘할 수 있을까 걱정이 태산이라고 하십니다. 망신만 당하는 것은 아닌지, 결정은 하였지만 후회가 된다고 하십니다.

4. 저는 그 발상 자체가 아주 신선했고, 아름답게 느껴졌습니다. 딸

을 위한 축가를 아버지와 그 친구들이 부른다는 것이 상상만 해도 가슴 뿌듯하게 느껴졌습니다. 저에게 요청하기에 두 달 동안 저희 금호동 성당에서 연습하도록 허락하였습니다.

5. 참석한 모든 사람들이 깊은 감동을 느꼈습니다. 딸을 위한 아버지의 사랑을 모두 느꼈기 때문입니다. 그분은 원래 좀 무뚝뚝한 분이셨는데 그 마음속에는 어떤 태산보다도 큰 사랑을 품고 계셨던 것입니다. 그 친구들도 대단했습니다. 친구의 기쁨에 함께하는 그 모습이 예사롭지 않았기 때문입니다. 참 인생을 잘 살아오신 분이구나 하고 느낄 수 있었습니다. 그 노래를 듣고 있는 딸과 사위의 눈가가 촉촉이 젖어 듭니다.
노래를 들려 드리면 더 좋겠지만 가사를 음미해 보겠습니다.

6. 〈시월의 어느 멋진 날에〉라는 노래였습니다. 사랑하는 딸의 결혼식에 부르는 아버지의 노래가 참으로 마음 깊이 스며들어 왔습니다. 창밖에 앉은 바람 한 점에도 사랑은 가득한걸, 널 만난 세상 더는 소원 없어, 바람은 죄가 될 테니까, 살아가는 이유 꿈을 꾸는 이유 모두가 너라는 걸, 네가 있는 세상 살아가는 동안 더 좋은 것은 없을 거야.

7. 보통 때는 연인들이 부르는 노래인 줄 알았는데 아버지의 마음과 사랑을 담아 부르는 이 노래는 참으로 아름다웠고, 부모님의 사랑을 담은 노래였습니다. 그 딸을 얻은 게 얼마나 행복했는지, 그 딸과 함께한 인생이 얼마나 큰 축복이었는지, 이제 또 그 딸을 다른 세상으로 보내는 아버지의 안타까움과 애절함이 사랑으로 묻어나고

있었습니다.

8. 그 두 청년을 면담할 때 어떤 점이 제일 맘에 들어 결혼에까지 이르게 되었냐고 물어보았습니다. 둘의 대답이 똑같았습니다. 천주교 신자라는 점이 제일 가슴에 와닿았다는 것이었습니다. 하느님께 제발 신앙이 깊은 배우자를 만나게 해 달라고 기도했다고 합니다.
정말 사제의 입장에서 볼 때 최고의 대답이었고, 맘에 꼭 들었습니다. 눈에 콩깍지가 씌었는지 그 후 그 둘이 얼마나 이쁘고 사랑스럽던지 제 입이 귀에 걸렸습니다. 하느님께서 기뻐하시며 충만한 축복을 베풀어 주실 것임을 직감할 수 있었습니다.

9. 혼인미사에 참석한 사람들의 마음속에 감동의 물결이 흘러넘쳤습니다. 그 아버지의 살아온 세월이 상상되었고, 그 세월 속에 숨어 있는 가정과 자녀에 대한 사랑이 큰 공감으로 다가왔기 때문입니다. 믿지 않는 사람이 많았지만 천주교에 대한 호감이 퍼져 나가고 있음을 느낄 수 있었습니다.

10. 믿지 않는 사람들은 천주교의 혼인미사와 장례 때에 큰 감동을 느낀다고 합니다. 아마도 우리 사회에서 다른 종교에 비해 천주교에 대한 호감도가 높은 이유가 아닌가 합니다. 사실 올바른 삶을 살아온 사람들에게 혼인식이나 장례식은 다른 사람들에게 감동을 줍니다. "하느님을 믿는 사람은 달라도 뭐가 달라. 그중에서도 천주교는 좀 달라. 내가 종교를 갖게 되면 천주교를 선택할 거야." 하는 이야기들을 자주 듣곤 합니다.

11. 그런데 요즘에는 안타깝게도 천주교 신자임에도 불구하고 도떼기시장 같은 일반 예식장에서 일반 사람들처럼 혼례를 치러 버리는 경우가 많습니다. 사람들은 천주교의 예식을 좋아하고, 원하는데 우리 신자들이 사회 사람들처럼 해치워 버리는 것을 보면 씁쓸한 마음을 금할 길 없습니다.

12. 옛날 우리 순교 선조들은 신앙을 드러내 놓고 살기가 매우 어려웠습니다. 신앙을 발설한다는 것은 곧 죽음이었기 때문입니다.
어쩌다 자신들이 사는 마을에 신부님께서 오시면 사람들은 비밀리에 모여 고백성사를 보고 미사를 봉헌했습니다. 요즘에도 우리는 미사나 고백성사를 봤다는 표현을 씁니다. 사실 어법상으로 미사나 고백성사를 봤다는 말은 맞지 않습니다. '봤다'는 표현은 구경을 했다는 뜻이기 때문입니다. '자네 봤나?'라는 표현은 박해시대에 우리 선조들의 암호였습니다. 미사나 고백성사라는 표현을 할 수 없었기에 '자네 일 봤나?' 하고 물어보았던 것입니다.

13. 자신의 신앙을 숨겨야 했던 그 박해시대의 전통이 오늘날까지 이어지는 것을 자주 보곤 합니다. 천주교 신자들은 때론 동네에서도, 사회에서도 신자라는 사실을 드러내길 꺼리는 경향이 있습니다. 회사에 취직할 때도 신자임에도 종교란을 비워 두는 경우가 많습니다.

14. 오늘은 전교주일입니다. 남에게 주님을 전하는 일도 실천해야 하겠지만 먼저 우리 자신이 천주교인이라는 점에 대해 자부심과 긍지를 가져야 하겠습니다. 우리는 믿지 않는 사람들보다 훨씬 더 하

느님의 사랑과 축복 속에 살아가는 사람들입니다. 우리가 세상 사람들보다 더 올바르게 살지 못한다면 하느님의 사랑과 축복을 배신하는 결과를 초래하는 것입니다. 우리 자신이 천주교인임을 당당히 밝히고, 또 그에 합당한 삶을 살아가야 하겠습니다.

우리가 천주교인임을 밝히는 것은 어떤 면에서는 우리의 삶과 함께 하시는 하느님을 증거하는 일이기도 합니다. 또 그래야만 천주교인으로서의 모범을 보일 수 있는 계기와 자극이 되기도 합니다. 주님을 증거해야 주님께서도 우리 삶에서 우리 편이 되어 주시는 것입니다. 내가 주님을 모른 척하면서 어찌 주님의 도우심을 청할 수 있겠습니까?

주님을 모른 척하는 것은 우리가 믿는 주님을 부끄러워하는 것입니다. 우리가 주님을 부끄러워하면 주님께서도 우리를 부끄러워하실 것입니다. 그리되면 우리가 주님의 자녀로서 당연히 받을 수 있는 축복을 물리치는 결과를 초래하게 되는 것입니다.

15. 부모들은 자녀가 싫어하는 것일지라도 자녀에게 도움이 되는 것은 어떻게 해서라도 먹이고, 입힙니다. 때로 어떤 부모들은 자녀들의 신앙은 자신들의 선택사항이라면서 종교 교육의 의무를 소홀히 하기도 합니다. 그것은 분명 잘못된 것입니다. 종교는 선택이 아니라 운명적인 것입니다. 종교는 당연히 부모에 의해서 선택되고, 자녀들에게도 운명적으로 전수되는 것입니다.

16. 배우자라 할지라도 종교가 다르면 많은 정신적, 영적인 어려움을 겪을 수밖에 없습니다. 삶에 대한 가치관이 다르기 때문입니다.

자녀를 사랑한다고 하면서 자신의 종교를 전해 주지 못한다면 다른 것은 아무리 잘해도 아무 소용이 없게 되는 것입니다.

17. 이제 우리는 보다 더 우리 신앙에 대해 확고한 신념을 가질 수 있어야 하겠습니다. 그리고 우리 신앙에 대해 당당히 증거하고, 또 실천할 수 있어야 하겠습니다. 그래야만 하느님께서도 우리의 신앙을 통해서 다른 사람들에게도 생명의 길을 보여 줄 수 있기 때문입니다. 우리 자신이 확고하지 못하다면 하느님께서도 어쩔 수 없기 때문입니다.

나 자신을 살리는 신앙에 확고하게 서 있을 수 있어야만 나의 신앙을 통해 이웃도 살릴 수 있게 되는 것이고, 그래야만 하느님의 축복이 우리와 함께 머물 수 있게 됨을 깊이 생각해 보는 전교주일이 되시기 바랍니다.

"형제 여러분, 여러분이 예수님은 주님이시라고 입으로 고백하고, 믿고, 실천하면 구원을 받을 것입니다. 성경도 그를 믿는 자는 부끄러운 일을 당하지 않으리라고 말합니다." 아멘.

연중 제30주일(2015. 10. 25.)

"그들은 울면서 오리니,
내가 그들을 위로하며 이끌어 주리라."

1. 가을이 깊어 갑니다. 올가을은 비가 안 와서 그런지 유난히 단풍
잎이 곱습니다.

2. 봄이 되면 나무는 잎을 피워 냅니다. 그 이쁜 연녹색의 잎들이 이
제 붉은 단풍으로 바뀌어 갑니다. 그 사이 무슨 일이 있었을까요?

나뭇잎들은 나무의 생명을 살리기 위해 끊임없이 생명의 활동을 합
니다. 태양으로부터 햇빛을 받아 광합성 작용을 합니다. 광합성이
란 녹색 식물이 빛에너지를 이용하여, 흡수된 이산화탄소와 수분을
유기물과 산소로 변환시키는 작용을 말합니다.

단풍이란 가을철 잎이 떨어지기 전에 광합성 작용을 하던 엽록소가
파괴되어 엽록소에 의해 가려졌던 색소들이 나타나거나, 잎이 시들
면서 잎 속의 물질들이 다른 색소로 바뀌면서 생기는 현상이라고
합니다.

3. 가만히 생각해 보면 나뭇잎들은 1년 내내 나무를 살리기 위해 숱
한 고생을 합니다. 그 봄의 억센 바람도 이겨 내야 하고, 그 여름의
폭우와 폭염도 이겨 내야 합니다. 황사도, 미세 먼지도, 가뭄도 다
이겨 내야 합니다. 오로지 나무를 살리기 위해서입니다. 나무를 살

리기 위해서 있는 힘을 다해 나무에 붙어 있고자 합니다.

4. 이제 때가 되었을 때 나무는 어떤 면에서는 야속하게도 자신을 살리는 나뭇잎들에게 영양분 공급을 중단합니다. 그러면 나뭇잎의 엽록소들이 파괴되면서 자신에게 숨겨져 있던 아름다운 단풍의 색깔을 보여 주며 한 해의 삶을 마감합니다.
따라서 단풍이란 이제 할 일을 다 했다는 표시이며, 충실히 자신의 역할을 다한 나뭇잎들의 아름다운 마지막 모습인 것입니다.

5. 가만히 생각해 보면 하찮게 보이는 나뭇잎들 안에는 수많은 노고와 기쁨과 감동과 애환이 숨어 있음을 발견하게 합니다.

6. 생명을 살리기 위해 어떤 고통 속에서도 자신에게 주어진 역할에 최선을 다하는 모습, 그 모습을 통해 우리는 많은 교훈을 얻을 수 있습니다. 잎들은 그저 자신에게 주어진 상황에 최선을 다할 뿐입니다. 하늘과 땅이, 이 자연이 그 나뭇잎들을 통해 나무의 생명을 유지시켜 주고 있는 것입니다.

7. 우리가 살아가는 삶도 그런 것이 아닌가 합니다. 우리가 왜 이 세상에 태어났고, 어떤 의미를 갖고 있는지 우리는 때로 잘 이해하지 못합니다. 그러나 자연과 인생의 조화 속에 우리의 삶을 통해 생명이 유지되고, 이어집니다. 우리가 살고 있다는 것, 그 자체는 뭔가를 위해서 존재하는 것입니다.
요즘에는 자신만을 위해서 사는 사람이 많은데 그것만 갖고는 인생이 너무 허무하게 느껴집니다. 우리의 인생은 뭔가를 위해서 존재해야 비로소 삶의 의미와 가치를 깨달아 갈 수 있게 됩니다.

8. 무엇을 위해 존재하는가? 무엇을 위해 살고 있는가? 내 삶의 의미는 과연 무엇인가? 묻지 않을 수 없습니다.

9. 나뭇잎들은 나무의 생명을 위해 존재합니다. 나뭇잎은 단지 하나, 그저 자신에게 주어진 역할을 충실히 할 뿐입니다. 그러면 자연이 나무에게 생명을 줍니다.

10. 마찬가지로 우리의 삶도 그러한 것이 아닌가 합니다. 우리도 생명을 위해 존재하는 것입니다. 아이들을 위해서, 가정을 위해서, 교회를 위해서 그저 자신에게 맡겨진 삶에 최선을 다할 것뿐입니다. 그러면 하느님이 우리의 수고를 모아서 생명을 유지시켜 주시는 것입니다.
우리가 생명을 살린다는 것은 너무 교만한 생각입니다. 우리는 그저 자신의 존재에 최선을 다할 뿐입니다. 생명의 하느님께서 모든 것을 주관하시기 때문입니다.

11. 자연은 때로 생명의 환희를 노래하기도 하고, 성장을 위한 혹독한 시련의 시간도 허락하며, 아름다운 생명의 마감인 단풍의 시간을 허락하기도 합니다.

12. 우리의 삶도 때론 온 세상을 얻은 듯 설레고, 기쁘고, 감동스럽기도 하지만 또 때로는 온 세상의 무게가 나에게 다 쏠린 듯 아프고, 힘들고, 고통스러운 시간을 보내기도 합니다.
그러나 우리가 우리의 존재에 최선을 다할 때 언젠가는 우리 삶의 진정한 아름다운 모습을 온 세상에 보여 줄 수 있게 될 것이고, 창조주이신 하느님께로부터 인정과 칭찬을 받을 수 있게 될 것입니다. 우리의 삶의 수고를 하느님께서 얼마나 오묘하게 생명의 신비로 연결시켜 주시는지를 볼 수 있을 것이고, 그 뿌듯함과 만족감은 말로 다 표현할 수 없을 것입니다.

13. 이 가을에, 이 아름다운 단풍의 시기에 우리의 삶도 저리 아름다울 수 있도록 지금 있는 이 자리에서 모든 것을 주관하시는 하느님을 굳게 믿고, 나의 삶을 통해 당신의 오묘한 일을 계속하신다는 신념을 굳게 가질 수 있어야 하겠습니다. 지금 내가 나에게 주어진 삶에 충실해야, 하느님 안에서 충실해야 그 아름다운 인생의 마지막 감동을 노래할 수 있을 것입니다.

14. 또한 단풍은 어우러져야 비로소 아름다운 것입니다. 큰 나무도, 하찮은 풀도 다 단풍이 듭니다. 어느 것 하나 소중하지 않은 것이 없습니다. 하느님 눈에는 모든 존재가 다 이쁠 것입니다. 큰 나무는 큰 나무대로, 길가에 버려진 듯한 잡초도 하느님께는 다 소중한 존재들이고, 다 똑같은 존재들입니다.
인간에게는 높고 낮음이 있지만 하느님 안에서는 다 똑같은 것입니다. 이 세상에서 낮은 존재이기에, 하찮은 존재이기에, 아무도 눈길을 주지 않는 보잘것없는 존재이기에 하느님께서는 더 애정을 갖고 바라보십니다. 이 세상에서 사랑과 존중을 받지 못하는 존재들에게 하느님께서는 더 큰 사랑과 관심을 보여 주십니다.

15. 오늘 복음에서도 바로 그런 모습이 나오고 있습니다.

예리고의 소경 바르티메오. 예리고라는 도시는 예수님 당시 1000
년이 넘는 역사를 가진 도시였습니다. 관개수로가 잘 발달되어 있
었고, 교통의 요지였으며, 상권이 잘 발달된 도시였습니다.

사람이 많고 번화한 도시에 눈먼 거지가 있었습니다. 쉽게 상상해
볼 수 있습니다. 그는 한마디로 버려진 존재였습니다. 쓰레기와 같
은 불편한 존재였습니다. 잘 먹고, 잘 사는 사람들에게 그는 한마디
로 사람도 아니었습니다. 그는 사람들에게 사랑받지 못하고, 존중
받지 못하고, 관심 받지 못하는 존재였습니다.

그런 그가 예수님이 지나가는 길목에서 크게 소리를 지릅니다.
"다윗의 자손 예수님, 저에게 자비를 베풀어 주십시오!"

사람들은 그에게 조용히 하라고 윽박지릅니다. 사람 같지도 않은 네
가 왜 저 위대하신 선생님이 가시는 길목에서 소리를 지르냐고, 조용
히 하라고 입을 막고, 손을 꺾으며 그의 행동을 제지합니다. 그럴수
록 그는 더 큰 소리로 외칩니다. "저에게 자비를 베풀어 주십시오!"

예수님께서는 그를 데려오라 하십니다. 아무에게도 인정받지 못하
던 그가 예수님이 부르신다는 소리를 듣고는 그 더러운 겉옷을 벗
어 던지고 벌떡 일어나 예수님께 갑니다.

예수님께서는 그의 모습을 보면서 그의 인생을 직감하셨습니다.
"무엇을 해 주길 바라느냐?" "제가 볼 수 있게 해 주십시오." 예수님
께서는 바로 치유해 주십니다. 그가 살아온 그 무거운 인생길을 보
셨기 때문입니다. "네 믿음이 너를 구원하였다." 참으로 너의 그 처
절한 삶의 이야기를 하느님께서 다 알고 계신다, 고생했다, 애썼다.
예수님께서는 눈으로 말씀하고 계십니다.

하느님을 잊지 않고 살아왔기에 그 결정적인 시기에 예수님이 그리스도라는 사실을 이 거지는 누구보다 절실히 깨닫고 있었던 것입니다.

부모, 형제에게도 버림받고, 사회로부터도 버림받고, 처절한 자기 상실감 속에서 벼랑 끝에 서 있던 불쌍한 거지, 그 마음속에 얼마나 많은 회한과 분노와 상처가 있었을까 생각해 보게 됩니다.

그 많은 아픔과 고통을 누가 다 헤아릴 수 있었을까요? 오직 예수님만이 그의 마음을 보아 주었고, 헤아려 주었고, 이해해 주었고, 측은히 여기십니다.

그의 눈이 뜨이고, 새로운 인생이 시작됩니다. 어두웠던 만큼, 힘들고 고통스러웠던 만큼 그의 인생은 이제 빛으로, 감사와 찬미로 새롭게 시작되고 있습니다. 그는 예수님을 따라 길을 나서게 됩니다. 새로운 인생길, 어두웠던 만큼 밝은 인생길을 걸어 나가게 됩니다.

16. 하느님의 눈과 사람의 눈은 다릅니다. 사람들은 큰 나무, 멋있는 나무, 유익한 나무의 단풍들을 더 좋아하지만 하느님께서는 길가의 사람들 발에 밟히는 풀잎의 단풍을 더 사랑하십니다.

사람들은 번듯한 사람, 힘 있는 사람, 능력 있는 사람을 좋아하지만 하느님께서는 바로 그런 사람들 때문에 힘들고 고통스러워하는 사람들을 더 측은하게 바라보십니다.

"그들은 울면서 오리니, 내가 그들을 위로하며 이끌어 주리라. 물이 있는 시냇가를 걷게 하고, 넘어지지 않도록 곧은길을 걷게 하리라." 아멘.

모든 성인의 날(2015. 11. 1.)

"저 사람들은 어린양의 피로 자기들의 긴 겉옷,
즉 인생을 깨끗이 빨아 희게 한 사람들이다."

1. 가을의 깊은 정취를 느낄 새도 없이 비가 한 번 오더니 초겨울의
쌀쌀함을 보이고 있습니다.

아침저녁 일교차가 매우 큽니다. 요즘과 같은 때는 조금만 건강에
주의하지 않으면 감기에 걸리기 쉽습니다. 규칙적인 생활, 음식, 운
동이 우리 건강에 매우 소중한 요소입니다. 그뿐만 아니라 기도와
봉사하는 생활은 우리의 영혼과 마음을 건강하게 해 주고, 기쁘고
밝은 생활을 할 수 있게 해 줍니다. 몸과 마음과 영혼이 건강할 수
있도록 더더욱 깨어 노력할 수 있어야 하겠습니다.

2. 떨어지는 낙엽을 보면 왠지 마음이 쓸쓸해지고, 때로는 우울해
지기까지 합니다. 가을은 남자의 계절이라 했던가요? 마음이 허해
지기도 하고, 차분하다 못해 가라앉기까지 합니다.

남자들은 나이가 들면 뭔지 모를 소외감과 외로움을 많이 느낀다고
합니다. 젊어서 체력과 경제력이 있을 때는 자신감과 활력이 넘쳤지
만 나이가 들어 어디 갈 데도 없이 집에만 있는 신세가 되면 괜히 마
누라 눈치만 살피게 되고, 혼자라는 고독감이 생겨난다고 합니다.

집에서 밥 세 끼 다 먹으면 '삼식이'라고 불평을 들으니 갈 데가 없

어도 그냥 집을 나와 이리저리 헤매고 다니는 사람도 많습니다. 젊어서는 동네 뒷산 한 번 가 보지 않던 사람도 북한산, 도봉산 등을 찾아다닙니다. 부부간의 오순도순한 노후를 꿈꾸던 사람들도 부인의 자유로운 삶을 위해 양보를 해야 하고, 포기해야 할 것이 한두 가지가 아니라고 합니다. 평생을 가정과 가족을 위해 헌신적으로 살아왔건만 나이 들어서 대접을 받기는커녕 눈치와 눈총을 받는 경우가 많다고 합니다.

여성 위주의 사회로 변하다 보니 남자들의 외로움과 고독은 더 깊어져만 가고 있습니다. 그렇다 보니 마음도 약해지고, 창의성도 떨어지고, 활동력도 감소되고, 몸도 한두 군데씩 고장이 나기 시작하고, 경제력이 없으니 누구 하나 마음 놓고 만나기도 어렵습니다. 세상을 다 품을 수 있을 것 같았던 마음도 어느샌가 옹졸함과 고집으로 가득 차게 되니 더더욱 가족과 주위로부터 멀어지는 악순환이 반복되는 경우가 허다합니다.

3. 우리의 인생이 이토록 허무할 수밖에 없는 것일까요? 어찌 얻어진 인생인데 외로움과 고독 속에 사는 사람들을 보다 보면 참 한숨이 나옵니다. 노년이란 삶의 성취감과 만족감, 뿌듯함 속에서 지내야 하는 행복의 시간이어야 할 텐데 실상 우리가 살아가는 현실은 때로는 참담한 경우가 많습니다.

4. 어찌하면, 어떻게 살면 보다 더 행복하고 뿌듯한 삶을 살아갈 수 있을까요? 왜 소외감과 외로움을 느끼는 것일까요?

5. 보이는 세상, 보이는 가족들, 친구들에 너무 의지해서 살아온 결

과가 아닐까요?

6. 어떤 지인이 평소 전원생활을 꿈꾸었습니다. 어느 정도 나이가 들자 포천 깊숙한 곳에 집을 짓고 시골 생활을 시작하였습니다. 남편은 사교성이 좋은 사람이라 그 시골에서 잘 적응해 나갔습니다. 문제는 부인이었습니다. 만날 사람도 별로 없고, 문화생활도 할 수 없는 그곳에서 부인은 우울증에 걸리기까지 하였습니다.

2~3년이 지난 후 만난 그 부인의 모습은 시골 아줌마와 같은 모습이었지만 훨씬 더 행복하고 기쁜 모습이었습니다. 어찌 된 일이냐고 묻자 이렇게 말했습니다.

"제가 너무 보이는 세상에만 의지하고 살았나 봐요. 어느 날부터 하느님과 함께하는 시간을 갖기 시작했어요. 서서히 마음이 치유되고 기뻐지는 것이에요. 태양도 빛나고, 나무들도 너무 이쁘고, 자라 주는 채소들에게도 감사하고, 아침저녁의 풍요로움과 여유로움이 너무 좋아지는 거예요. 눈이 와도 아름답고, 비가 와도 그 아름다움의 정취를 새롭게 느끼게 되네요. 모든 것이 기쁘고 감사해요. 아마도 보이는 세상보다는 보이지 않지만 언제나 우리 삶에 함께 계시는 하느님을 만난 것이 가장 큰 이유일 거예요. 눈에 보이지 않는 하느님을 만나니 눈에 보이는 이 세상의 모든 것들이 아름다워지기 시작했답니다. 지금은 이 시골을 떠나서는 살 수 없을 것 같아요. 도시는 너무 복잡해서 하느님을 깊이 만날 수 없을 것 같네요."

7. 마치 한여름의 더위를 조용히 식혀 주는 보슬비처럼 그 부인과의 대화는 제 마음속의 갈증도 해소해 주는 아름다운 시간들이었습

니다.

8. 그렇습니다. 아무리 주위에 사람이 많아도, 재물이 많아도, 재미있는 일이 많아도 그 마음속에 하느님이 계시지 않으면 인생 동안 온갖 고초를 겪으며 얻어 낸 모든 것들이 오히려 허무하고 금방 없어질 구름과 같은 것들일 수밖에 없는 것입니다. 마음속에 하느님께서 함께 계시면, 또 그 하느님과 깊은 관계, 친밀한 관계에 있으면 아무리 사소한 것도 귀중한 것일 수밖에 없습니다.

9. 오늘은 모든 성인의 날입니다. 성인이란 어떤 분들이겠습니까? 수많은 성인, 성녀가 있고, 그들만의 고유한 삶의 방식이 있었겠지만 공통점을 찾으라 한다면 아마 어떤 상황에서도 하느님과 함께 있는 삶이라 할 수 있을 것입니다.

천국이란 죽어서 가는 곳이 아니라 이 세상에서 천국의 삶을 살아갈 때 그 연장선상에서 천국의 삶이 주어지는 것이 아닌가 합니다. 지금 사는 모습대로 죽을 수밖에 없는 것이고, 그 모습대로 사후의 삶의 모습이 이어지는 것이 아닌가 합니다. 지금 내가 여기서 행복하지 못하면 죽는 그 순간도 행복하지 못한 것이고, 죽어서도 행복할 수 없는 것입니다.

인간에게 있어 진정한 행복이란 하느님과 함께 사는가에 달려 있는 것입니다. 아무리 가진 것이 없어도, 또 사람들에게 무시받고 천대받는 삶을 산다 하더라도 그의 마음속에, 그의 삶 속에 하느님께서 살아 계신다면 그는 어떤 사람보다도 행복한 사람일 것입니다.

10. 사람마다 다 살아가는 길이 다릅니다. 우리 각자에게 주어진 길

을 찾고, 그 길의 여정 속에서 함께 계시는 하느님을 만날 수 있다면 우리는 적어도 하느님과 함께하는 시간만큼은 성인이 될 수 있는 것입니다.

11. 오늘 복음에서는 우리 각자에게 주어진 삶의 길을 말씀해 주고 계십니다.

12. 이 세상의 어떤 부귀영화와 권력에도 흔들리지 않는 마음이 가난한 사람, 그는 진정 모든 면에서 자유로운 행복한 사람일 것입니다.
주어진 삶의 여건 때문에 슬픔과 고통이 떠나지 않는 사람, 그 슬픔과 고통 때문에 하느님을 찾을 수밖에 없으니 그는 행복한 사람인 것입니다.
원래 천성이 착한 사람들, 그 삶 속에 숨겨진 하느님의 보물을 찾을 수 있다면 그는 참으로 이 세상의 온갖 냉기를 따뜻하게 덥혀 주는 온유한 사람이 될 수 있을 것입니다.
반대로 옳고 그름이 분명한 사람들, 자신에게 주어진 삶의 길 때문에 괴로울 수밖에 없겠지만 그로 인해 세상이 좀 더 밝아지고 정의로워질 수 있을 것입니다. 하느님께서 함께 계신다면 자신의 잣대로 옳고 그름을 따지는 것이 아니라 정의로우신 하느님의 잣대로 따질 수 있을 것이고, 그의 정의는 자비의 정신 안에 실현될 수 있을 것입니다. 의로움 때문에 많은 박해를 받기도 하겠지만 그는 하느님의 정의를 이루는 사람입니다.
자비로운 사람들, 그들의 자비는 그들도 어쩔 수 없을 것입니다. 하느님의 측은지심을 닮아 자비로울 수밖에 없는 사람을 행복하다 하십니다.

마음이 깨끗하여 주변 사람들에게 기쁨과 평화를 주는 사람들, 그들로 인해 세상이 밝아지고 인간의 내면에 있는 어둠을 이겨 나갈 수 있게 됩니다.

13. 하느님께서 우리 마음속에, 우리 인생 속에 감추어 두신 귀중한 선물은 무엇입니까? 적어도 한 가지씩만은 하느님께서 선물로 주셨습니다. 하느님께서 주셨으니 하느님과 함께 있어야만 그 선물을 찾아낼 수 있는 것이고, 그 주어진 선물에 따라 우리의 삶이 이웃들에게도 선물이 될 수 있는 것입니다.

14. 너무 보이는 세상, 보이는 사람들에게만 의지한다면 이 귀중한 선물, 너무 깊게 감추어져 있어 찾아내기 어려운 그 선물을 발견한다는 것은 참으로 불가능에 가까운 일일 것입니다.

15. 우리 인생에 주신 그 귀한 선물을 발견하고, 그 선물에 따른 삶을 살아간다면 우리에게도 성인의 삶이, 지금부터 천국의 삶이 선물로 주어질 수 있는 것입니다.

16. 때로는 그 보이지 않는 하느님 때문에 사람들에게 오해도 받고, 모욕도 당하고, 온갖 해코지를 당할 수도 있습니다. 그러나 그럴 때 예수님께서는 말씀하십니다. "기뻐하고 즐거워하여라. 너희가 받을 상이 크다."

17. 이제 한 해의 생명을 마치고 떨어지는 낙엽을 보노라면 우리 인생의 마지막 순간도 생각해 보게 됩니다. '나에게 주어진 삶을 나는

과연 최선을 다해 살고 있는가? 하느님 안에서 살고 있는가? 내 삶 안에 하느님께서 살아 계신가?' 질문을 던져 보아야 하겠습니다.

18. 쓸데없는 세상 걱정에 몸과 마음과 영혼을 빼앗기지 말고, 아까운 시간을 헛되이 보내지 말고 오로지 변하지 않는 하느님과 함께하는 삶을 찾을 수 있어야 하겠습니다.
"저 사람들은 어린양의 피로 자기들의 긴 겉옷, 즉 인생을 깨끗이 빨아 희게 한 사람들이다." 아멘.

위령의 날(2015. 11. 2.)

"전능하시고 자비로우신 하느님,
세상을 떠난 이들을 그리스도의 피로 깨끗이 씻어 주소서."

1. 아름다운 가을의 막바지에 우리는 오늘 위령의 날을 맞이하고 있습니다. 떨어지는 낙엽을 바라보며 앞서간 이들의 영혼을 위로하고, 남아 있는 우리 자신의 삶을 위해 기도하는 날입니다.

2. 얼마 전에 저희 동창 신부 한 사람이 갑작스러운 뇌출혈로 미국에서 선종하였습니다. 저희 동창 중에서 처음 맞는 죽음이었습니다. 모두 놀라 이게 어찌된 일이냐며 마음 아파하였습니다.

3. 그 신부는 수도회 소속의 신부였는데 정말 열심히 기도하는 친구였습니다. 전국적으로 피정 강의도 많이 하였으며, 미국 등지에서도 활동한 전문적인 피정 강사였습니다.
이 친구는 미국 순회강연 도중 엘파소라는 지역에서 한국인 신부를 구한다는 이야기를 듣게 됩니다. 그곳은 한국의 어떤 신부도 성공한 적이 없는 신앙적으로 척박하고, 억센 지역이라고 합니다. 아마그 친구는 뭔가 자신을 부른다는 영감을 받았던 듯합니다. 그래서 그곳 주교님과 이야기해서 그곳에 부임하게 됩니다.
2년간의 주임신부 생활을 하면서 그야말로 기도로 그 공동체를 부흥시키고자 불철주야 노력하였습니다. 그러나 아무리 노력해도 그 공동체는 좀처럼 변화되지 못했던 모양입니다. 급기야 귀국하기로 마음먹고 있었는데 항상 복용 중이던 혈압약이 떨어지게 되었고, 어느 날 죽어 있는 상태로 사제관에서 발견되었습니다.

4. 참으로 기분이 착잡하였습니다. '그 친구에게 좀 더 친절하게 잘 대해 줄걸, 전화라도 자주 하여 안부라도 물어볼걸.' 등의 온갖 후회가 가슴속에 가득하였습니다.

5. 왜 하느님께서는 우리 동창 중에서 제일 열심이고, 기도도 제일 많이 하는 친구를 제일 먼저 부르셨을까 하는 질문이 제 마음속에 솟구칩니다.

6. 살다 보면 우리는 정말 안타깝고 슬픈 죽음의 모습을 많이 보게 됩니다. 때때로 정말 하느님이 계시는가 하는 회의가 들 정도의 죽음도 경험하게 됩니다.

7. 생각해 보면 아마 하느님께서는 그 친구의 죽음을 통해 그 공동체를 변화시키고자 하셨던 것이 아닌가 합니다. 어떤 누구의 노력도, 정성도 통하지 않는 공동체의 모습 속에서 그 죽음을 통해 아마 그곳 신자들의 마음속에는 조그만 변화가 시작되고 있지 않을까 추측해 봅니다.

8. 하느님께서는 때로는 착한 사람들과 올바른 사람들의 죽음을 통해 우리에게 어찌 살아야 하는지를 가르쳐 주실 때가 많습니다.
이 세상에 어둠과 악이 흘러넘칠 때 하느님께서는 선인과 의인의 죽음을 통해 그 죄악들을 없애시는 것이 아닌가 합니다. 누군가는 보속을 해야 하기에, 누군가는 그 어둠과 죄악들을 씻어 내야 하기에 아프지만 선인들과 의인들을 선택하시는 것이 아닌가 합니다. 그 어둠과 죄악을 누군가가 씻어 내지 않으면 더 많은 고통과 죄악이 온 천하에 퍼질 수 있기에 하느님께서는 하는 수 없이 그 뜻을 이해할 수 있는 사람들로 하여금 보속물, 대속물을 바치게 하시는 것이 아닌가 합니다.

9. 일반적으로 보면 빨리 죽었으면 하는 사람은 훨씬 오래 삽니다. 왜 그럴까요? 세상이, 또 하느님이 불공평해서 그럴까요? 그것은 아닙니다. 그 악한 사람들을 빨리 데려가시면 그들은 그들의 죽음을 통해 더 큰 어둠과 악을 확산시키기 때문입니다. 그래서 그들이 회개할 때까지, 자신의 모습을 깨달을 때까지 기다리시는 것이 하느님의 정의가 아닌가 합니다.

10. 선인과 의인의 죽음을 통해 이 세상의 죄악을 씻고, 그럼으로써 누군가가 새로운 삶을 살아 나갈 수 있는 것입니다.

11. 얼마 전에 어떤 지인의 아들이 아침에 죽은 채로 발견되었습니다. 26세의 건장한 청년이었습니다. 어떤 누구도 왜 그 아들이 그리되었는지 설명해 줄 수가 없었습니다. 도저히 이해되지 않는 죽음, 받아들일 수 없는 죽음 앞에 모두 넋을 잃고 할 말을 잊었습니다. 저도 그 죽음 앞에 할 말이 없었지만 아마도 그 순수한 청년이 이 세상에서 가장 아름다울 때 하느님께서 필요하신 것이 아닌가 하였습니다. 하늘의 도구로 쓰고 싶으셔서, 당신의 천사가 필요하셔서 아들을 데려가신 것이라고 거의 무의식 가운데 이야기하였습니다.

세상이 무너진 듯한 슬픔 속에 있던 부모들이 뜻밖에도 마음속의 치유를 받게 되는 모습을 볼 수 있었습니다. 지금도 슬프지만 당당하게 살아가고 있는 모습에서 참다운 신앙인의 모습을 발견하게 됩니다. 얼마 전에는 그 공동체의 봉사직에 부름을 받고 고민하고 있다는 전화를 받기도 하였습니다.

처참할 수 있는데, 모든 것이 원망스럽고 한탄스러울 수 있는데, 마음속의 상처를 지워 낼 길이 없는 죽음인데 그 부모가 그 죽음을 넘어선 희망과 부활을 향해 나아가고 있는 모습에서 큰 감사와 감동을 느끼지 않을 수 없습니다.

12. 하느님께서는 아프고 힘든 죽음을 통해 부활하시는 분이심을 보고 느끼게 됩니다. 우리 모두를 살리시기 위해서 당신과 같으신 당신의 아드님을 이 세상의 어둠과 죄악에 맡기시는 분이신 것입니다. 사랑하는 사람을 잃은 그 막막한 심정을 알고 계시는 분들은 또한 하느님의 그 아픈 마음도 어느 정도 알고 계실 것입니다. 그 아들의 죽음을 지켜보시는 어머니 성모님의 마음도 깊이 이해하실 수 있으실 것입니다. 하느님께서는 그 죽음들을 통해 살아 있는 우리들을 살려 내시는 것입니다.

13. 이 세상에는 이처럼 살아 있는 사람을 살리는 아름다운 죽음도 있고, 사람들의 마음속에 커다란 고통의 심연을 가중시키는 가슴 아픈 죽음도 있게 마련입니다.

14. 오늘 우리는 이 위령미사에서 아름다운 죽음들을 추모하고, 그 추억을 기억하며, 우리의 마음도 보다 더 부활의 마음이 될 수 있도

록 기도하는 것입니다. 또한 가슴 아픈 죽음이 이제는 하느님의 자비로 아름다운 죽음으로 새롭게 승화되도록 기도하는 것입니다.

15. 죽음은 삶과 연결되어 있는 것입니다. 죽은 자의 세계는 신앙 안에서 산 이들의 세계와 연결되어 있습니다. 예수님의 죽음을 통해 이처럼 죽은 이와 산 이가 서로 교감하고 기도할 수 있게 되었으며, 서로를 사랑하고 화해할 수 있게 된 것입니다.
그래서 우리가 신앙을 갖고 있다는 것은 살아 있는 이들만의 신앙이 아닌, 죽은 자들과도 연결되는 고리를 갖고 있다는 것을 의미하는 것입니다.

16. 오늘 우리의 기도는 참으로 아름다운 기도입니다. 어둠과 죄악의 결과인 처참한 죽음을 아름다운 생명으로, 새롭게 피어나는 부활로 바꾸는 기도이기 때문입니다. 이 세상에 이보다 아름다운 기도가 또 어디에 있겠습니까? 우리보다 앞서간 이들을 위한 기도는 우리의 죽음을 준비하는 기도이기도 합니다. 내가 앞서간 이들을 위해 기도한 만큼, 나도 죽어서 그만큼의 기도를 받을 수 있기 때문입니다.

17. 죽은 이들을 위한 기도와 봉사는 살아 있는 자들이 바칠 수 있는 가장 귀중한 기도이고, 아름다운 봉사입니다. 요즘에는 장례가 나도 이 핑계, 저 핑계 대면서 연도에 잘 참여하지 않으려 합니다. 그러나 내가 연도를 바친 만큼 나도 연도를 받는 것이고, 내가 상가에 봉사한 만큼 나도 그 봉사를 받을 수 있다는 아주 간단한 삶의 원리를 잊지 말아야 할 것입니다.

18. 공동체와 함께 바치는 나의 죽은 자들을 위한 기도는 그들에게
말할 수 없는 위로가 되고, 용기가 되며, 하느님의 자비를 입는 그날
까지 버틸 수 있는 인내가 될 것입니다.

"전능하시고 자비로우신 하느님, 세상을 떠난 이들을 그리스도의
피로 깨끗이 씻어 주소서." 아멘.

1. 전례력으로는 어느덧 한 해의 마지막 주일인 그리스도 왕 대축
일을 맞이하고 있습니다. 엊그제 새로운 해를 시작한 것 같은데 벌
써 1년이 저물고 있는 것입니다.

2. 지난 10월경에 선배 신부님으로부터 히말라야 트레킹을 가지 않
겠느냐는 제의를 받았습니다. 작년에 동티베트 트레킹을 경험한 저
는 그때의 아름다웠던 추억을 생각하면서 쉽게 승낙하였습니다. 사
실 내년 사제 서품 30주년을 앞두고 산티아고 순렛길을 경험하고
싶었지만 여러 가지 여건상 내년으로 미루고 있는 상황이었습니다.

3. 드디어 출발하는 날이 되었고, 저는 가볍고 기쁜 마음으로 출발
하였습니다. 네팔 카트만두까지 7시간이 넘는 긴 비행시간이었습
니다.
네팔 공항은 아주 작고 지저분하였습니다. 공항의 모습은 그 나라
의 국력을 상징한다던데 네팔이 어떤 나라인지 쉽게 짐작이 갔습니
다. 산행 트레킹이라 짐이 아주 많았는데 좀처럼 짐이 나오지 않는
것이었습니다. 곧바로 경비행기로 포카라라는 곳으로 이동해야 하
는데 아주 난감한 상황이 되고 말았습니다.

하는 수 없이 짐 찾는 일은 현지 가이드에게 맡겨 두고 우리는 뛰어서 경비행기에 탑승합니다. 프로펠러가 달려 있는 작은 경비행기로 약 한 시간 가까이 간 후 포카라라는 지역에서 지프차로 험한 산길을 약 3시간 달려갑니다. 마지막 40분 정도의 구간은 비포장이었고, 어느새 날이 깜깜해져서 밖이 보이지 않았지만 아주 험한 길이었습니다.

4. 피곤한 몸을 이끌고 간신히 도착한 숙소는 소위 로찌라고 불리는 작고 초라한 집이었습니다. 그곳에 대기하던 셰르파들이 해 준 한국 음식을 먹고 술 한잔하며 앞으로의 등정에 대해 이야기꽃을 피웁니다. 함께한 신부님들은 선배 신부님 한 분, 후배 신부님 일곱 분이었습니다.

5. 짐이 도착하지 않은 상태라 양치도 제대로 할 수 없는 상황이었습니다. 물도 풍족하지 않았고, 첫날부터 모든 것이 불편하기 이를 데 없었습니다.
잠을 자는데 어찌나 추운지 추위가 살 속을 파고듭니다. 다행히 저는 선배랍시고 여행사 쪽에서 침낭을 빌려 주었는데 그래도 춥고, 좁고, 갑갑하고, 불편하기만 합니다. 그래도 워낙 피곤했는지라 잠에 빠져듭니다.

6. 둘째 날 아침에 일어나 보니 짐이 도착해 있었습니다. 현지 셰르파들이 카트만두에서 8시간에 걸쳐 차로 수송해 놓았다고 합니다. 고맙고 반가운 마음으로 양치부터 합니다. 그리고 화장실을 가야 하는데 이게 보통일이 아니었습니다. 옛날 그 재래식 변기였습니

다. 좌변기에 익숙해져 있는 일행에게 아침의 볼일은 성공 여부에 따라 기쁨과 불행이 오가는 이슈가 되었습니다.

7. 우리를 돕기 위한 현지 셰르파들이 16명이라고 합니다. 8명은 짐을 이송하는 사람들이고, 나머지 8명은 음식 자재, 취사도구를 나르고 취사를 준비하는 사람들이라고 합니다. 우리가 아침을 다 먹기도 전에 셰르파들은 능숙하게 짐을 꾸려 먼저 출발합니다.

8. 드디어 첫 산행이 시작되었습니다. 그런데 그 산행은 제가 생각하던 그 낭만적인 트레킹이 아니었습니다. 출발 후 2시간을 꼬박 걸어갑니다. 첫 구간부터 '어, 이게 아닌데……' 하는 생각과 함께 불안감이 마음속에 솟구칩니다.

산은 거의 직벽이었습니다. 평소에 높은 산을 다니는 것을 별로 좋아하지 않던 저는 적잖이 당황할 수밖에 없었습니다. 오르고 또 오르고, 무수한 돌밭과 계단, 비탈길을 오릅니다. 간신히 첫 휴게소에 도착했는데 벌써 온몸이 땀으로 젖고 기운이 다 빠졌습니다. 잠깐의 휴식 뒤에 또 2시간의 산행이 시작됩니다.

'어, 이게 뭐야? 계속 이런 길인가? 3일 내내 올라가야 한다는데 어찌지?' 회의와 불안감이 제 마음속에서 요동칩니다.

점심을 먹는 로찌에 도착했을 때 벌써 온몸이 지쳐 버렸습니다. 점심 후 또 출발을 합니다. 이제는 어디로 도망을 갈 수도 없습니다. 죽으나 사나 그저 올라가야 함을 깨닫게 됩니다. 첫날부터 죽을힘을 다해 오르고 또 오릅니다. 올라가면서 가끔 만나는 사람들이 위로를 줍니다.

"힘드시죠? 힘내세요. 올라가시면 보람이 있을 거예요."

내려오는 사람들의 표정은 뭔가에 홀린 듯 밝고 경쾌한 발걸음이었습니다. '아니, 저 사람들은 도대체 뭘 보고 왔기에 저리도 기분이 좋은 것일까?' 생각하면서 오르고 또 오릅니다. 웬 계단이 그리도 많고, 웬 오르막길이 그리도 많은지 원망스럽고, 저 자신의 결정이 후회스럽기도 합니다.

9. 하루 8시간의 산행, 그것도 오르막길로 연속된 산행은 난생처음 해 보는 것이었습니다. 간신히 참롱에 있는 숙소에 도착합니다. 저 멀리 안나푸르나봉이 눈에 쌓여 그 모습을 드러내기 시작합니다. 저기까지 가야 한답니다. 안나푸르나 베이스캠프까지 간다고 합니다. 가야 할 길을 보니 아득하기만 합니다. 첫날부터 이리 힘든데 어찌 저기까지 갈 수 있을까?

10. 다음 날 아침 일찍이도 눈이 떠집니다. 하긴 그곳에서는 밤에 할 일이 없으니 저녁 8시경이 되면 다 취침에 들어갑니다.

아침에 본 안나푸르나에 햇살이 쏟아집니다. 순간 눈을 의심하지 않을 수 없었습니다. 그 희디흰 순백의 설산이 서서히 황금빛으로 물들어 가고 있었습니다. 하얀 산이 황금 산으로 변해 가고 있는 것이었습니다. 그리 아름다운 황금 산은 본 적이 없었습니다.

10-1. 미사가 시작됩니다. 마침 저의 주례로 하는 주일미사였습니다. 강론 중에 짧은 인사를 합니다. 마침 그날 복음은 과부의 헌금이었습니다. "과부가 자기가 가진 것을 다 바쳐 주님께 칭찬을 들었듯이 우리도 이 여정을 통해 우리의 가진 것을 다 바쳐야 할 듯싶다.

우리에게 주어진 것은 다 하느님께서 주신 것이니 기쁘고 즐겁게 오늘도 우리의 가진 것을 다 바치자."는 내용이었습니다.

11. 출발 시간이 되어 스트레칭으로 몸을 푼 뒤 다시 길을 떠납니다. 오늘은 시작부터 3,000계단을 내려가야 합니다.

어제 한 후배 신부가 오래된 등산화를 신고 왔다가 그 등산화 밑창이 너덜너덜해지고 말았습니다. 강력 본드로 붙이고자 했지만 쉽게 붙지 않았습니다. 3,000계단 밑에 조그만 가게가 있었는데 그곳에서 신기하게도 등산화 몇 켤레를 팔고 있었습니다. 어제는 그 후배 덕분에 하루의 피곤이 싹 달아났습니다. 그 떨어진 등산화를 본드로 얼마나 정성스럽게 붙이고 있는지 참으로 코미디가 따로 없었습니다. 신기하게도 하루 자고 나니 그 불편한 상황과 고된 여정에 서서히 적응되어 가기 시작합니다.

12. 둘째 날도 걷고 또 걷습니다. 산을 넘고 계곡을 건너고, 또 수없는 고갯길에 큰 숨 한 번 들이쉬고 앞만 바라보고 걷습니다.

도중에 한국인 가족을 만납니다. 아버지, 어머니, 아들이었습니다. 그 어머니가 이야기합니다. "힘드시죠? 페이스 지키면서 천천히 가시면 도착하실 수 있어요. 저도 갔다 왔는데요." 그 아주머니의 체형은 꽤 뚱뚱해 보였습니다. 피곤한 기색도 없이 가벼운 발걸음이었습니다. 아들도, 아버지도 행복해 보였습니다. 그 아들의 인생에 얼마나 큰 선물이었을까 생각해 보며 또 걷습니다.

13. 어느 순간 문득 걸어온 길을 바라보았습니다.

'아니, 벌써 이만큼 올라온 거야! 그저 한 걸음, 한 걸음 왔을 뿐인데 벌써 이만큼 왔네!'라는 생각과 함께 제 마음속에 커다란 깨달음이 떠오르기 시작합니다. '아, 그래! 희망이란 건 앞에 있는 게 아니구나! 보이지도 않는 앞날에 희망을 걸고 살아가는 것은 참 힘든 일이구나! 희망은 뒤에 있는 것이로구나! 이미 걸어온 길에 희망이 있고, 위안이 있고, 뿌듯함이 있는 것이구나! 이미 걸어온 길을 뒤돌아보면 지금 내가 걷고 있는 이 한 걸음, 한 걸음이 얼마나 소중한 것인가! 이 한 걸음을 통해 내가 생각하는 것보다 훨씬 위로 올라가는 것이구나!'

앞만 보면 가기 힘든 길, 이미 걸어온 길을 보면 올라갈 수 있다는 사실을 깨닫게 됩니다.

그때부터 저의 한 걸음, 한 걸음은 기도였습니다. 한 걸음씩 걷다 보면 언젠가 시간이 되었을 때 목적지에 도착할 수 있는 것이었습니다. 지금 내딛는 한 걸음의 중요성을 깨닫기 시작합니다. 천천히, 쉼없이 한 걸음씩 내딛기 시작합니다. 주님을 초대하면서, 내 삶의 여정에 주님을 초대하면서 한 걸음씩, 한 걸음씩 걷기 시작합니다.

14. 어느샌가 숙소에 도착해 있었습니다. 생각해 보면 하루가 얼마나 긴지 모릅니다. 오늘도 2만 보 이상을 걸었고, 산길로 15킬로, 평상 길로 환산하면 40킬로가 넘는 거리였습니다. 평상시의 저로서는 도저히 걸을 수 없는 거리였고, 체력이었습니다. 젊은 후배 신부들은 어느새 피곤이 풀렸는지 저녁 식사 때 즐겁게 웃고 수다를 떱니다. 그날 밤 저는 참으로 깊고 달콤한 잠을 잘 수 있었습니다. 이제 일상의 불편함은 문제가 되지 않았습니다. 자신의 모든 힘을 다 쏟은 하루, 그 하루의 밤은 그 어떤 밤과도 비교할 수 없는 기쁨이었습니다.

15. 벌써 시간이 되었네요. 그다음의 일정은 다음 주일에 들려드리 겠습니다. 같은 주제로 강론을 2주에 걸쳐 해 보는 것도 처음 있는 일이네요.

16. 오늘은 그리스도 왕 대축일입니다. 우리의 왕이신 그리스도를 깨닫는 것, 그리고 그분의 길에 도달하는 것은 결코 쉬운 일이 아닙 니다. 우리의 가진 것을 다 쏟아부어도 때로는 불가능할 수도 있는 일입니다. 그러나 모든 걱정과 불안을 떨쳐 내고 그저 오늘 나에게 주어진 한 걸음, 한 걸음을 성실히 걸어갈 수 있다면, 기도하면서 그 분과 함께 오늘의 이 한 걸음을 걸어갈 수 있다면 우리는 어느샌가 우리가 걸어온 위대한 길을 발견할 수 있을 것이고 새로운 희망과 용기와 위안을 얻을 수 있을 것입니다.

17. 오늘 우리에게 가장 중요한 것은 오늘 걸어야 하는 한 걸음, 한 걸음인 것입니다. 우리의 정성과 주님께서 주신 모든 삶의 선물을 다시 그분께 드리는 마음으로 오늘의 이 한 걸음을 살아갈 수 있을 때 그분께서는 우리 마음속에서 이루어진 하느님의 나라에서 우리 의 왕으로 임하실 수 있을 것입니다.
"예수 그리스도께서는 우리를 사랑하시어 당신 피로 우리를 죄에 서 풀어 주셨고, 우리가 이루는 하느님 나라에서 하느님께 영광을 드리십니다." 아멘.

대림 제1주일(2015. 11. 29.)

"너희는 스스로 조심하여 방탕과 만취와 일상의 근심으로
너희의 마음이 물러지는 일이 없게 하여라."

1. 지난 주간 저는 약간의 방심으로 체온 관리를 잘 못했고, 그 결과 감기에 걸려 고생하는 중입니다. 아마도 히말라야를 다녀온 여파가 아닐까 합니다.

2. 보통 사람들은 10일 이상의 일정으로 안나푸르나를 다녀온다고 합니다. 그런데 저희는 7박 8일간의 일정이었으니 그 여정이 얼마나 빡세고 힘들었는지 모릅니다. 3일 꼬박 올라가고, 이틀 반 꼬박 내려오고, 가는 데 하루, 오는 데 하루가 걸렸습니다.

3. 지난주에 이어 오늘은 등정 3일째의 이야기를 해 드리겠습니다.

4. 전날 아주 깊은 잠에 빠져들었던 저는 아침에 깨어나면서 아주 포근한 행복을 느낄 수 있었습니다. '여기가 어딘가? 집인가?' 할 정도로 편안한 아침이었습니다. 그야말로 가뿐한 아침이었습니다. 자신의 모든 것을 다 쏟아부은 듯한 하루를 지낸 후의 그 밤은 참으로 편안하고 행복한 휴식이었습니다.

5. 출발 전 스트레칭으로 몸을 푸는데 어디 하나 아픈 곳이 없었습니다. 보통 때 같으면 온몸이 뭉치고 힘들 텐데, 역시 출발 전과 도

착 후의 스트레칭이 얼마나 중요한지 새삼 깨닫게 됩니다.

6. 아침 식사 후 다시 출발입니다. 오늘은 안나푸르나 베이스캠프까지 간다고 합니다. 약자로 abc라고 합니다. 중간에 마차푸차레 베이스캠프를 거친다고 합니다. 이 베이스캠프는 mbc라고 합니다.

7. 아침 미사 중 후배 신부님이 이런 말씀을 하셨습니다.
"어제 올라온 길에 놓여 있는 수많은 계단을 누가 다 놓았을까? 수많은 사람이 피땀 흘리며 그 계단을 놓았을 것이고, 또 수많은 사람의 발길에 따라 그 길들이 만들어졌을 것이다."
순간 저의 마음속에는 '아, 그렇구나. 나는 나만의 고통을 생각했는데 이미 수많은 사람들이 그 길을 걸어왔고, 이미 그 길을 만들어 왔구나. 우리 인생길도 힘들다고 하지만 이미 예수님께서 그 길을 걸으셨고, 또 수많은 사람들이 그 길을 걸어 이미 길을 만들어 왔구나. 우리가 걷는 이 길은 우리 인생길과 같은 것이로구나. 예수님께서도 그 길을 걸으셨으니 우리의 고통을 이해하실 수 있는 것이고, 수많은 성인, 성녀들도 그 길을 걸어왔으니 우리에게 그 길이 만들어진 것이로구나. 나 혼자 걷는 길이 아니구나. 예수님이 함께 걸으시고, 교회가 함께 그 인생길을 걷는 것이고, 성인, 성녀들이 그 길을 함께 걸으시는 거구나.' 하는 깨달음이 아침의 신선한 바람줄기처럼 울려 퍼집니다. 결코 혼자 걷는 고통의 길이 아니고, 함께 걷는 길임을 새삼 깨닫게 됩니다.

8. 마음의 여유가 조금 생기기 시작하자 셰르파들의 모습이 눈에 들어오기 시작합니다.

그 사람들은 참 대단합니다. 한 사람이 35~40kg의 짐을 집니다. 줄로 짐을 단단히 묶어 이마에 댑니다. 어깨끈 같은 것은 없습니다. 그 무거운 짐을 단지 이마로, 목으로 버텨 냅니다. 또 어떤 사람은 운동화, 어떤 사람은 허름한 샌들을 신습니다.

우리는 짐도 가볍고, 신발도 고급 등산화이고, 옷들도 기능성인데 그 사람들은 아무것도 가진 것이 없었습니다. 그러면서도 하루 일당이 15불, 약 1만 7,000원이라고 합니다. 그래도 그들은 웃으면서 씩씩하고 당당하게 우리보다 훨씬 빨리 산을 올라갑니다. 또 음식을 담당한 셰르파들은 그 무거운 취사도구와 쌀, 식자재를 다 메고 올라갑니다.

9. 가벼운 발걸음으로 시작하였지만 이내 온몸에 피로와 고통이 몰려옵니다. 어제보다 더 힘이 듭니다. 땀이 비 오듯 흘러내리고, 아름다운 계곡의 풍광이 있지만 눈에 들어오지 않습니다. 그저 고통 그 자체입니다. 후회가 됩니다. '괜히 왔구나.' 마음속에 번민이 생깁니다. 왜 이렇게 일정을 힘들게 잡았을까? 원망이 생깁니다.

간신히 중간 휴식 장소에 도착하였습니다. 휴식소마다 삶은 계란 2개씩을 먹습니다. 나중에 생각해 보니 그 유정란이 얼마나 맛있었는지 모릅니다. 그 힘으로 올라갑니다. 제 짐에 있던 본당 수녀님이 마련해 주신 초콜릿, 사탕, 과자를 배포하였고, 맛있게 먹습니다. 먹지 않으면 도저히 그 길들을 버텨 낼 수가 없었습니다.

올라가는 중간에 어떤 외국 사람을 만납니다. 오늘 중으로 mbc를 거쳐 abc까지 간다고 하니 고개를 갸우뚱거리면서 우리보고 미쳤다고 합니다.

10. 너무 힘들다 보니 생각이 바뀝니다. '그래, 시간이 되면 도착할 수 있는 거야. 시간아, 흘러라. 그 시간까지는 어쩔 수 없이 이 과정들을 거칠 수밖에 없는 거야.'

11. 너무 힘들다 보니 걷는 태도가 바뀝니다. '그래, 내가 걷는 게 아냐. 주님이 걸으셨던 길이고, 성인, 성녀들이 걸었던 길이야. 어쩔 수 없이 걸어야만 하는 길이야.' 어느샌가 고통스러운 내가 어디론가 사라지고, 누군가가 내 발걸음을 통해 대신 걷고 있는 이상하고 신비스러운 체험을 합니다.

12. 고도가 높아질수록 숨이 가빠집니다. 저 멀리 목적지가 보이는데 좀처럼 가까워지지 않습니다. 그럴수록 천천히 자신의 페이스를 유지합니다. 마음도 조급해지지 않으려고 노력합니다. 제 안에 있는 온갖 부정적인 생각도 지워 보려고 노력합니다.
이제 제 몸 안에는 힘이 하나도 남아 있지 않은 것처럼 느껴집니다. 온 힘을 다했는데도, 온갖 마음의 노력을 다했는데도 시간이 왜 이리도 천천히 가는지 모르겠습니다.

13. 죽을힘을 다해, 아니 힘이 다 없어졌다고 느껴질 때 간신히 점심을 먹는 마차푸차레 베이스캠프에 도착합니다. 아무 생각도 없습니다. 눈앞에는 기가 막힌 광경이 펼쳐지고 있었지만 아무런 감동도, 감탄도 떠오르지 않습니다. 그저 내 몸 하나 힘든 것이 다였습니다.

14. 점심을 먹고 잠시 눈을 붙입니다. 이제 조금만 가면 안나푸르나라고 합니다. 풍광은 완전히 바뀌었습니다. 여태까지는 나무도 있

고, 시원한 바람도 있었고, 새소리, 풀벌레 소리도 있었지만 여기부터는 새하얀 눈밭이 광활하고 삭막한 대지 위에 펼쳐져 있을 뿐입니다. 생명이 없는 듯한 삭막한 눈밭으로 뚫고 다시 마지막 등정을 합니다.

15. 안나푸르나 봉과 마차푸차레 봉은 서로 마주 보고 있었습니다. 구름에 가렸다가는 다시 보이고, 어느샌가 안개와 운무가 가득하기도 하고, 한쪽은 햇살에 자신의 모습을 드러내고, 한쪽은 무거운 구름에 갇혀 있기도 하고 시시각각 그 모습이 달라집니다. 마치 2개의 산이 서로 시샘하는 듯하기도 하고, 자신의 모습을 자랑하는 듯도 합니다. 자신만이 갖고 있는 멋진 쇼를 보여 줍니다.

16. 다행히 마지막 등정 길은 그리 가파른 길이 아니었습니다. 두 봉우리가 쇼를 하는 그 사이를 눈밭을 헤치고 올라갑니다. 앞에는 안나푸르나가 있고, 뒤에는 마차푸차레가 있습니다.

17. 오후 5시 30분 드디어 안나푸르나 베이스캠프, 즉 abc에 도착합니다. 도착의 기쁨을 느낄 새도 없이 숨 쉬는 것이 힘들어집니다. 고도 4,200미터. 산소가 부족함을 느낍니다.
산소의 농도가 줄어든다면 생명체가 호흡하기 곤란하고, 불을 붙이기 어렵고, 산불도 발생하지 않습니다. 오존층이 훨씬 얇아지고, 그렇게 되면 지표면에 도달하는 자외선의 양이 많아지고, 식물도 호흡이 어려워지고, 강렬한 자외선으로 인해 쉽게 말라 죽게 되며, 물 속에도 산소가 부족하므로 물고기나 수초가 살아가기 어려워진다고 합니다.

18. 이미 고도 3,000부터는 흡연 금지 권고를 합니다. 흡연을 하면 산소 요구량이 많아져서 더 힘들다고 합니다.

19. 등산가들은 고도 4,000부터는 신의 세계라고 합니다. 사람은 살 수 없는 곳이라는 뜻이겠죠.

20. 양말 하나 갈아 신는데도 숨이 찹니다. 추위가 예사롭지 않습니다. 기온은 그리 낮지 않은데도 추위가 살 속으로 파고듭니다.

21. 젊은 신부 하나가 이미 고산병 증세를 보이고 있습니다. 저녁 식사 때도 나오지 못하고 머리가 아프다고 끙끙대면서 계속 누워 있기만 합니다.
우리 일행의 분위기가 사뭇 가라앉고 말았습니다. 모두 말없이, 또 힘없이 저녁 식사를 한 후 간단히 양치만 하고 잠자리에 듭니다. 얼마나 힘든 저녁이었고, 무거운 저녁이었는지 말로 표현하기 어렵습니다. 다 힘들어합니다. 도착의 기쁨도 없이 일찍이 경험해 보지 못한 고산지대의 험난한 상황을 답답한 마음으로 겪어 내야 하는 밤이었습니다.

22. 밤 12시쯤 갑자기 제가 잠에서 깨었습니다. 숨이 쉬어지지 않는 것이었습니다. 가슴이 답답하고, 손발은 차갑고, 두꺼운 침낭 속에 있었지만 온몸이 사시나무 떨리듯 하는 것이었습니다. 심장이 오그라드는 듯한 느낌이었습니다. 크게 심호흡을 하고 손과 발을 문질러 보았지만 소용이 없었습니다.
갑자기 두려움과 공포가 몰아칩니다. 점점 더 숨을 쉴 수 없었기 때문입니다. '어, 이러다 죽는 거 아닌가?' 하는 두려움이 커져만 갔습니다. 하는 수 없이 함께 자던 선배 신부님을 깨웠습니다. "형, 저 지금 너무 힘들어요. 약 좀 갖다 주세요." 그 선배 신부님의 말에 의하면 마치 공포영화에 나오는 신음 소리 같았다고 합니다. 약을 가진 신부가 어느 방에 있는지 몰랐는데 마침 처음 들어간 방에 이미 고산병을 앓고 있던 신부의 약이 있었습니다.

23. 약을 먹고 나니 서서히 심장이 펴지는 듯한 느낌이 들었습니다. 수축되었던 혈관이 이완되면서 피가 돌기 시작하는 것이었습니다. 가슴이 편해지면서 숨이 쉬어지고, 손발에도 온기가 돌기 시작하였습니다. 무슨 약을 먹었는지는 여러분의 상상에 맡기겠습니다. 그 다음 날 후배들이 놀립니다. "형님, 아침에 괜찮으셨어요?" 의미 있는 농담이었습니다.

24. 그 악몽 같던 밤이 지나고 또 어느샌가 아침이 되어 있었습니다. 아침의 추위를 무릅쓰고 전망대로 향합니다. 이미 많은 사람들이 몰려 장엄한 풍경을 보고 있었습니다. 그 아침의 광경을 어떻게 설명할 수 있을까요? 멀리서 보았던 그 안나푸르나의 장엄한 아침, 설산이 금산으로 변하는 그 모습을 목전에서 볼 수 있었습니다.
그러나 여전히 숨을 쉬기 힘들고, 몸도 힘듭니다. 빨리 이 지긋지긋한 곳에서 내려가고 싶다는 생각뿐이었습니다. 후배들도 얼른 내려가자고 보챕니다. 아침이 되었지만 다 힘들어하고 있었습니다.
서둘러 아침을 먹고 하산하기 시작합니다. 고산병 증세가 온 신부는 거의 죽기 직전의 환자 같아 보였습니다. 비상시에는 돈만 내면

헬기를 부를 수 있다고 합니다. 가이드는 내려가기만 하면 된다며 편안한 얼굴이었습니다.

25. 이번 주에도 히말라야 이야기를 다 끝내지 못하네요. 그만큼 저에게는 일생일대의 체험이었고, 하느님의 은총이었습니다.

26. 오늘은 대림 제1주일입니다. 복음에서 "너희는 스스로 조심하여 방탕과 만취와 일상의 근심으로 너희의 마음이 물러지는 일이 없게 하여라." 하고 말씀하십니다. 방탕과 만취는 아니었지만 일상의 근심이 저로 하여금 그 위대한 자연의 모습을 마음 깊이 느끼게 하지 못하였습니다. 마음속의 작은 근심들, 걱정들, 두려움들이 하느님의 위대하신 그 창조물을 보고 느끼고 깨닫고 감동하지 못하게 하였던 것입니다.

27. 저는 참으로 안타까운 마음으로 회개하고자 합니다. 아직도 제 안에 이토록 제가 넘기 힘든 저 자신이 있다는 사실에 부끄러움을 느끼기도 합니다. 주님께서는 너희는 이 모든 일에서 벗어나 사람의 아들 앞에 설 수 있는 힘을 지니도록 늘 깨어 기도하라 말씀하시는데 저의 모습은 제 안에 있는 한계성 앞에서 정말 어리석고, 나약하고, 비참한 모습이라는 사실을 새삼 깨닫게 됩니다.
위대한 자연 앞에서, 위대하신 하느님 앞에서 저는 참으로 보잘것없는 부족한 사람임을 다시 한 번 깊이 뉘우치며 겸손의 덕을 구해 봅니다.

28. 다음 주에도 히말라야 이야기가 이어집니다. 마침 〈히말라야〉

라는 영화를 상영한다고 합니다. 관람하실 수 있다면 저의 부족한
이야기가 조금이나마 실감나시리라 생각됩니다.

"너희는 스스로 조심하여 방탕과 만취와 일상의 근심으로 너희의
마음이 물러지는 일이 없게 하여라." 아멘.

대림 제2주일(2015. 12. 6.)

"모든 사람이 하느님의 구원을 보리라."

1. 이제 겨울이 되었습니다. 춥고 매서운 추위와 바람이 옷 속으로 스며듭니다. 언젠가 안식년 기간 중에 인도네시아에서 6개월가량 있었습니다. 그곳은 언제나 더운 열대지방이죠. 계절이 그저 우기와 건기로 구분될 뿐입니다. 생활이 아주 단순합니다. 옷도 많이 필요 없고, 집 구조도 간단합니다. 어떤 부인이 이야기합니다.

"신부님, 겨울옷이 입고 싶어요. 몸을 따스하게 감싸주는 겨울옷의 촉감을 느껴 보고 싶네요."

그곳에 있는 사람들의 삶은 매우 단순합니다. 어떤 변화도 없고, 어떤 의미에서는 그저 무미건조한 삶의 모습입니다.

사계절이 있다는 것은 참으로 큰 축복임을 그때 깨달았습니다. 봄의 생명력이 넘치는 화사함과, 더운 여름의 생명을 키우는 온갖 수고와, 한 해의 축복을 거두는 가을의 결실이 있다는 것, 그리고 또다시 새로운 생명을 위해 기다려야 하는 겨울이 있다는 것이 얼마나 큰 축복인지 우리는 생각해 보아야 하겠습니다.

더운 지방의 나무는 크기는 한데 속이 비어 있고, 추운 지방의 나무는 작기는 한데 속이 꽉 차 있다고 합니다.

겨울이라는 계절, 춥고 괴로울 수 있는 인내의 계절이지만 그 겨울

2015년 강론 • 593

이 있기에 봄의 아름다움이 있을 수 있다는 사실을 기억하며, 또다시 봄을 기다리는 희망과 인내를 다짐할 수 있어야 하겠습니다.

2. 이해인 수녀님의 〈12월의 시〉를 소개합니다.

"또 한 해가 가버린다고 한탄하며 우울해하기보다는
아직 남아 있는 시간들을 고마워하는
마음을 지니게 해 주십시오

한 해 동안 받은 우정과 사랑의 선물들
저를 힘들게 했던 슬픔까지도 선한 마음으로 봉헌하며
솔방울 그려진 감사 카드 한 장
사랑하는 이들에게 띄우고 싶은 12월

이제 또 살아야지요
해야 할 일들 곧잘 미루고 작은 약속 소홀히 하며
나에게 마음 담아 걸었던 한 해의 잘못을 뉘우치며
겸손히 길을 가야 합니다

같은 잘못을 되풀이하는 제가 올해도 밉지만
후회는 깊이 하지 않으렵니다
진정 오늘밖에 없는 것처럼
시간을 아껴 쓰고 모든 나를 용서하면
그것 자체가 행복일 텐데
이런 행복까지도 미루고 사는
저의 어리석음을 용서하십시오

보고 듣고 말할 것 너무 많아 멀미나는 세상에서

항상 깨어 살기 쉽지 않지만

눈은 순결하게 마음은 맑게 지니도록

고독해도 빛나는 노력을 계속하게 해 주십시오

12월엔 묵은 달력을 떼어내고

새 달력을 준비하며 조용히 말하렵니다

'가라' 옛날이여

'오라' 새날이여

나를 키우는 모두가 필요한 고마운 시간들이여"

3. 그렇습니다. 한 해를 마감하고 새로운 한 해를 준비하는 이 겨울은 나를 단련시키고, 인내하게 하고, 침묵하게 하는 참으로 의미 깊은 계절입니다. 이 겨울이 나를 키우는 고마운 시간들이 될 수 있도록 기도해야 하겠습니다.

4. 오늘은 생명수호 주일이며, 인권 주일이고, 사회교리 주간이기도 합니다.

5. 생명과 인권은 무엇이겠습니까? 오늘날 우리는 생명이 파괴되고, 인권이 무시당하는 세상 속에서 살아가고 있습니다. 히말라야의 그 험난한 여정처럼 우리는 이루 다 말로 표현할 수 없을 정도로 힘들고 고통스러운 삶의 여정을 이어가고 있습니다. 정말 내 깊은 속마음의 그 고통과 고독을 누가 이해할 수 있겠습니까?

6. 그래도 우리는 살아가야 합니다. 그래도 우리는 올라가야 합니

다. 수많은 번민과 의혹의 마음을 여전히 갖고 있지만 우리에게 주어진 이 하루라는 한 걸음을 걸어가야 하는 것입니다. 때로는 그 한 걸음이 천근만근처럼 무겁다 하여도, 그 한 걸음을 지고 가는 마음이 그 이상으로 우리 가슴을 짓누른다 하여도 그 한 걸음을 걸어가야 하는 것입니다. 그 한 걸음의 의미와 보람과 가치를 마음 깊이 느낄 수 있어야 하는 것입니다. 그 한 걸음을 통해 이미 올라온 길을 뒤돌아보며 감사와 새로운 희망과 의지를 가질 수 있어야 하는 것입니다.

시간이 흐르다 보면, 세월이 흘러 보면 우리는 우리가 걸어온 삶의 길의 의미와 가치를 깨달을 수 있게 될 것입니다. 시간이 흐를 때까지는 그 힘든 여정을 돌아갈 수도 없고, 회피할 수도 없습니다.

7. 어떤 사람은 인생에 대해 너무 쉽게 이야기합니다. "긍정적으로 살면 되는 거야. 감사의 마음을 갖고 살면 되는 거야."

인생이 그리 쉽다면 누군들 그리 살고 싶지 않겠습니까? 인생은 단순한 긍정만으로, 단순한 감사만으로 살아지는 것이 아닙니다. 인생은 한순간, 한순간 고통과 희생과 번민으로 가득 차 있는 것입니다. 그 고통과 어둠의 시간들을 딛고 일어서야만 진흙탕 속에서도 아름다운 꽃을 피우는 연꽃처럼 우리 인생의 신비를 깨달아 갈 수 있게 되는 것이죠.

8. 우리가 사는 인생과 세상은 깊은 골짜기이고, 높은 산과 언덕들이며, 굽은 길이고, 거친 길입니다.

우리는 인생이라는 큰 산을 넘고 있는 사람들입니다. 때로는 나를 존재하게 해 준 부모의 산도 넘어야 하고, 그토록 믿었던 남편과 부인의 산도 넘어야 합니다. 또 그토록 사랑하는 자녀의 그 엄청난 산도 넘어야 합니다. 믿었던 친구들, 지인들, 사랑하는 사람들의 산도 넘어야 합니다.

평탄한 길은 있을 수 없습니다. 순하고 고운 길은 어디에도 없습니다. 다 힘들고 고통스럽고, 매순간 포기하고 싶은 유혹 속에 우리는 살아가고 있는 것입니다.

사제로 살아가는 저 자신도 마찬가지입니다. 온갖 종류의 신자라는 산도 넘어야 하고, 동료, 선후배의 산도 넘어야 하고, 때로는 수도자의 산도 넘어야 하고, 또 보좌의 산도 넘어야 하고, 주교의 산도 넘어야 하고, 궁극적으로는 저 자신이라는 산도 넘어야 합니다.

9. 왜 이리도 힘드냐고 수없이 불평하고, 불만을 품더라도 자신의 인생에 주어진 산은 넘어야 하는 것입니다. '작은 산 하나 넘는 것은 더 큰 산을 넘으라는 주님의 섭리'가 때로는 야속하기도 하지만, 그것은 나를 사랑하시는 주님의 작은 사랑이 큰 사랑으로 변화되는 계기이기도 합니다.

10. 어떤 사람들은 자신에게 주어진 인생이라는 산을 넘으려 하지 않습니다. 그저 산 아래서 '아, 좋다!' 만족하며, 자족하며 살아갑니다. 왜 굳이 그 어려운 산을 넘으려 하나, 깐죽거리기도 합니다.

11. 왜 자신에게 주어진 산을 넘어야 하는 것일까요? 정말 산 아래서 평탄하게 살 수도 있을 텐데 왜 굳이 그 험한 산속에서 그 험한 고생을 해야 하나요?

12. 그것은 산을 넘는 과정을 통해서 인생에게 주어진 고통과 어둠의 의미를 깨달을 수 있고, 그 산의 정상에서 비로소 걸어온 길의 의미와 가치를 깨달을 수 있고, 보다 넓은 세상과 자유와 진정한 평화를 깨달을 수 있기 때문입니다.

높은 곳에 올라간 사람들은 더 많은 것을 봅니다. 더 깊은 깨달음과 그로 인한 자유가 있기 때문입니다. 그 감격과 희열은 경험해 보지 못한 사람은 손에 쥐어져도 모릅니다. 인생과 세상을 살아가는 차원이 달라진다고 할 수 있겠죠.

13. 세상은 참 묘합니다. 산 밑에 있는 사람들은 자기네가 보는 세상이 다라고, 모든 것이라고 주장하고 때로는 강변하기도 합니다. 어떤 때는 그들의 주장이 옳다고 사람들은 착각하기도 합니다. 그러나 그렇지 않습니다. 높은 산에 오른 사람들은 그저 빙긋이 웃으면서 때로는 침묵으로 대하지만 진실은 변하지 않는 것입니다.

14. 오늘 복음에서 "너희는 주님의 길을 마련하여라. 그분의 길을 곧게 내어라. 골짜기는 메워지고, 산과 언덕은 모두 낮아져라. 굽은 데는 곧아지고, 거친 길은 평탄하게 되어라. 그리하여 모든 사람이 하느님의 구원을 보리라."라고 말씀해 주고 계십니다.

15. 그렇습니다. 인생이라는 산을 통해 우리는 주님의 길을 마련하는 것입니다. 그분의 길을 곧게 내는 것입니다. 우리 마음속의 골짜기는 메우고, 우리 마음의 산과 언덕은 낮추는 것입니다. 우리 마음속의 굽은 길은 곧게 펴고, 우리 마음속의 거친 길은 평탄하게 만드는 것입니다. 그래야만 우리 마음속에 마련된 길을 통해 주님께서 오시

는 것이고, 그분의 구원이 내 삶 안에서 이루어질 수 있게 됩니다.

16. 대림절입니다. 주님이 우리 마음의 길을 통해 오실 수 있도록 준비해야 하겠습니다.

"너희는 주님의 길을 마련하여라. 그분의 길을 곧게 내어라. 골짜기는 메워지고, 산과 언덕은 모두 낮아져라. 굽은 데는 곧아지고, 거친 길은 평탄하게 되어라. 그리하여 모든 사람이 하느님의 구원을 보리라." 아멘.

대림 제3주일(2015. 12. 12.)

"아무것도 걱정하지 마십시오.
어떠한 경우에도 감사하고 기뻐하십시오."

1. 오늘은 대림 제3주일로서 자선주일입니다.

2. 제대 앞에 있는 4개의 촛불 중 3개가 커졌습니다. 진붉은 자색 초가 점점 더 옅은 색깔을 띠더니 이제는 분홍색 촛불로 바뀌었습니다. 마지막 대림 4주에는 하얀색 초가 켜지게 됩니다.

3. 바로 우리 마음을 표현하고 있는 것입니다. 이 세상 속에 사는 사람들의 마음은 어두울 수밖에 없습니다. 그러나 이 대림 시기에 기도와 희생을 하다 보면 하느님의 은총으로 우리의 마음이 진한 자색에서 옅은 자색으로, 오늘은 이쁜 분홍색으로 바뀌는 것이고, 이제 다음 주에는 우리의 마음이 주님을 맞을 수 있는 흰색 마음으로 바뀜을 상징하는 것입니다.

사제도 이를 기념하기 위해 오늘 분홍색 제의를 입습니다. 잘 어울리나요?

우리의 마음은 오늘 어떤 색인가요? 마음속에 미움과 어둠이 가득하면 그 마음은 검은색일 수밖에 없고, 그래도 주일미사라도 매주 나와서 주님의 말씀을 듣고 조금이라도 반성하고 새로운 결심을 하면 자색 마음이 될 수 있습니다. 검은색에 하느님의 은총이 함께하면 자색이 되는 것입니다. 이제 대림 시기니까 평소보다 좀 더 열심히 기도하고, 하느님의 말씀을 묵상하며, 하느님 안에서 살고자 결심하면 자색 마음이 좀 더 옅어지게 됩니다.

교회는 우리의 마음이 옅은 자색에서 오늘의 분홍색 마음이 되기 위해서는 바로 자선을 실천해야 함을 가르쳐 주고 있습니다. 진정한 기도와 희생의 결과는 바로 자선임을 보여 주고 있는 것입니다. 자선이 없는 기도는 자기만을 위한 기도이고, 형식적이며 이기적인 기도일 수밖에 없는 기도입니다. 진실한 기도는 하느님의 은총 안에 살게 하며, 그 결과는 바로 자선으로 이어짐을 보여 주고 있는 것입니다.

4. 자선이란 바로 자신의 이기심을 뛰어넘는 행위입니다. 인간은 근본적으로 이기적인 동물입니다. 인간의 이기심이란 어떤 면에서는 본능적으로 타고난 것입니다. 그러나 인간이 인간이 되는 것은 바로 이 이기심을 극복하는 데에 그 출발점이 있다 할 수 있을 것입니다. 자신만을 생각하던 사람이 가족과 이웃을 생각하고 배려하는 사람이 될 때 비로소 철이 든 인간이라 할 수 있습니다.

5. 인간에게 주어진 이기심을 극복하는 첫 번째 열쇠는 바로 자선입니다. 자신에게 주어진 것을 이웃과 함께 나눈다는 것, 그것은 말처럼 쉬운 일은 아니지만 그 자선을 통해 인간은 참으로 더 큰 기쁨을 체험할 수 있게 되며, 더더욱 하느님의 축복 안에서 살아갈 수 있게 됩니다.

6. 자선을 베푸는 사람에게 하느님께서는 그 선물로 기쁨을 주십니

다. 많은 사람들이 이를 증명하고 있습니다. 우리 주위에도 자신의 것을 나눌 때 진정으로 행복하다고 증언하는 사람이 참 많습니다. 그 기쁨과 행복을 아는 사람은 더더욱 자선의 삶을 살아갑니다.

그러하기에 자선을 베풀 줄 아는 사람은 얼굴이 환하게 빛납니다. 확실히 다릅니다. 이기심으로 살아가는 사람의 얼굴과 함께 나누며 살아가는 사람의 얼굴은 확실히 다릅니다. 우리도 쉽게 보고 느낄 수 있습니다. '아, 이기심으로 살아가는 사람이구나, 아, 나누며 살아가는 사람이구나' 쉽게 구분할 수 있습니다.

7. 하는 일이 제대로 되지 않고 마음이 힘들어질 때, 또 어려운 일이 많이 생길 때 왜 그런지 곰곰이 생각해 보시기 바랍니다. 여러 가지 이유가 있겠지만 혼자서만 잘 살려 하는 이기심이 가득 찰 때 그런 경우가 많은 것이 아닌가 합니다.

인간이라는 존재는 함께 살아가는 존재입니다. 그래야만 진정한 인간입니다. 그런데 혼자서만 잘 살겠다고 이를 악물고 악에 받쳐서 살아가는 삶의 태도를 갖고는 절대로 일이 풀릴 수 없고, 행복하고 기쁘게 살아갈 수도 없게 됩니다.

'나도 힘들지만 너는 얼마나 힘들겠느냐?' 하는 마음을 갖고 살아갈 수 있다면, 또 나도 먹을 것이 부족하지만 부족하나마 나의 것을 나누며 살아갈 수 있다면 우리는 정말 뜻하지 않은 하늘의 축복, 하느님의 특별한 사랑을 체험할 수 있게 될 것입니다.

8. 올 한 해 우리 공동체는 우리 모두의 자존감을 회복하기 위해서 많은 공사를 했습니다. 어떤 본당에도 뒤지지 않는 만남의 방과 성

체조배실, 그리고 사무실, 화장실, 면담실을 갖게 되었고, 잘 들리는 음향 시설 속에 보다 밝은 성전 전기공사, 그리고 천보묘원에는 멋진 화장실이 만들어졌습니다.

어둡고, 습기 차고, 성전의 음향이 잘 들리지도 않고, 기분 좋게 커피 한잔 마실 장소도 없고, 지하 셋방처럼 으슥한 성체조배실 등을 생각해 보면 참으로 많은 환경 변화가 있었습니다.

9. 그런데 공사를 할 때마다 느끼는 것이 있습니다. 성당 공사니 정말 마음을 다해 좋은 자재로 정성껏 해 주는 사람들이 있는가 하면, 어떤 사람들은 어떻게 해서든 한 푼이라도 더 벌겠다고 싼 자재, 시간이 오래된 자재 등을 사용하기도 하고, 사람을 속이고, 눈 가리고 아웅 식의 공사를 하기도 합니다.

10. 어떤 사람들은 신부가 성당 3개를 지으면 천당 간다고 하는데 저는 반대로 지옥갈 수 있다고 생각합니다.

돈 앞에서는 신앙도 없고, 양심도 없고, 이기심과 물욕에 가득 차 있어 사기성이 가득한 사람이 의외로 많습니다. 공사라는 것은 그런 의미에서 사람들의 마음속에 있는 어둠, 또 세상 안에 있는 어둠과 치열하게 싸워야 하는 과정이기도 하기 때문입니다. 세상의 어둠과 직면한다는 것, 그것은 참으로 어렵고 힘들 수밖에 없는 것입니다. 또 때로 그런 세상의 유혹에 넘어가는 사람도 있게 마련입니다.

11. 하느님의 집, 성전이니까 정말 양심껏, 성의껏 해 주는 사람의 공사는 다릅니다. 시간이 흐를수록 감사의 마음을 느끼게 됩니다. 진실과 거짓은 시간이 가면 그 본색이 드러나게 마련입니다. 오랜

시간이 흐른 후에도 감사의 마음을 갖게 된다면 그것은 바로 그 사람을 위한 기도가 되는 것입니다. 반대로 시간이 흐를수록 '왜 이렇게 했지?' 하는 의구심과 의혹이 생긴다면 그것은 그 사람에게 해가 되는 것입니다.

12. 사람들에게 감사의 기도를 받는 사람을 어찌 하느님께서 축복해 주시지 않겠습니까? 눈앞에 있는 이익에만 심취해서 불편함과 불평을 야기하는 사람들의 앞날이 편할 수 있겠습니까?

13. 어떤 사람은 세상이 다 그런 걸 어쩌냐 하는 생각을 갖고 있습니다. 그러나 이 세상 모든 사람들이 눈앞의 이익만 바라보며 산다고 생각하지 마십시오. 사실은 더 많은 사람들이 성실하고, 진실하게 살아갑니다. 그리고 그 성실함과 진실함의 축복을 알고, 느끼고 있습니다.

14. 오늘 우리는 자선주일을 맞이해서 우리 삶의 태도를 다시 한 번 생각해 보아야 하겠습니다.
자신의 이기심에 갇혀 소탐대실하는 삶의 모습인가, 아니면 자신의 이기심을 넘어서서 공정하고, 진실한 삶의 모습인가?

15. 오늘 독서와 복음, 응답송에서는 모두 기쁨에 대해 이야기하고 있습니다. 천주교 신자는 기쁨 속에 사는 사람들입니다. 기쁜 삶을 살지 못하면 그의 마음 안에는 하느님께서 계시지 않는 것입니다. 이기심을 넘어 성실함과 진실함으로 살아갈 때, 이웃과 함께 베풀고 나누는 삶을 살아갈 때 우리는 이 세상 사람들로부터 감사를 받

을 수 있고, 하느님으로부터도 축복받을 수 있다는 사실을 깊이 생각하십시다.

감사와 축복을 받는 사람은 그의 마음 깊은 곳에서 기쁨이 흘러넘칩니다. 어디선가 어떤 사람인가가 항상 그를 기억해 주고, 기도해 주고 있는 것이며, 하느님께서도 그 기도를 귀여겨들어 주시기 때문입니다.

기쁨은 하느님께서 주시는 귀중한 선물이며, 은총입니다.

"여러분의 너그러운 마음을 모든 사람들이 알 수 있게 하십시오. 아무것도 걱정하지 마십시오. 어떠한 경우에도 감사하고 기뻐하십시오." 아멘.

대림 제4주일 (2015. 12. 19.)

"주님께서 하신 말씀이 이루어지리라고 믿으신 분,
당신은 여인 중에 가장 복되신 분이십니다."

1. 어제 본당의 가족들과 함께 황정민 주연의 〈히말라야〉 영화를 보았습니다. 제가 직접 그 히말라야의 한 자락을 밟아 보았기에 내심으로 무척 기다리던 영화였습니다.

그 영화는 저를 실망시키지 않았습니다. 영화를 보는 내내 뜨거운 감동의 눈물이 흐르는 것을 숨길 수가 없었습니다. 산사나이들의 뜨거운 삶과 우정, 의리를 느낄 수 있었고, 위대한 자연 앞에 겸손할 수밖에 없는 인간의 한계성과 연약함을 느낄 수 있었습니다.

엄홍길이라는 뜨거운 산사나이가 겪은 실화를 바탕으로 영화가 만들어졌는데 그 내용은 대략 다음과 같습니다.

엄홍길은 8,000미터가 넘는 16개의 히말라야 봉우리 중 14개를 등반하였습니다. 동생처럼 아끼던 한 젊은이가 그 험한 여정에 함께하였습니다. 오랜 기간 너무 혹독한 등반에 시달린 엄홍길은 의사로부터 이제 다시는 산에 오르지 말라는, 산악인에게는 사형선고와 같은 처방을 받게 됩니다.

그때 그 동생 같은 후배가 산행 대장이 되어 히말라야에 갔다가 조난당하게 되고, 눈보라가 치는 칠흑 같은 어두운 밤에 구조되지 못하고 숨을 거두게 되죠. 그 죽음은 많은 사람들에게 큰 슬픔과 고통이 되었습니다. 그의 시신이 동료들과 함께 그대로 히말라야의 그 차가운 눈 속에 있었기 때문입니다.

엄홍길은 결심합니다. 그를 데려오겠다고. 여러 가지 악조건 속에서도 그 결심을 실행에 옮깁니다. 그와 뜻을 함께하던 예전 동료들도 그의 결심에 함께 따라나서죠. 데드 존이라고 불리는 8750고지에 그 시신이 있었는데 날씨가 도와주지 않았습니다. 혹한과 눈보라, 바람, 부족한 산소가 그들 일행의 앞을 번번이 막곤 하였습니다. 목숨을 걸고 산행에 나섭니다. 모두가 말리는 위험한 시도였지만 주인공은 자신의 결심을 굽히지 않습니다. 모두 그의 고집에 혀를 차면서도 그의 결심을 존중하고, 목숨을 걸고 따라나섭니다.

악전고투 속에 드디어 그의 시신을 발견합니다. 그 시신을 산 아래로 운구하는 것이 보통일이 아니었습니다. 대원들 전체 목숨이 위험한 상황이 되고 말았습니다. 히말라야까지 따라온 죽은 이의 부인이 "남편은 아직 발견되지 못한 동료들과 함께 그대로 히말라야에 남기를 원하는 것 같다."면서 그냥 내려올 것을 간절히 호소합니다. 엄홍길 대장은 대원 전체의 안전을 고려하여 그의 시신을 해가 뜨는 양지쪽에 안장할 수밖에 없었습니다.

그 죽은 이의 목에는 밤마다 아내에게 쓴 편지가 보관된 목걸이가 걸려 있었습니다. 그가 죽는 순간까지도 아내의 사진을 보고 있었다는 말과 함께 그 구구절절한 사랑의 편지가 부인에게 전달됩니다.

그 후 엄홍길은 살아생전 고인과 했던 약속을 지킵니다. 그 불가능한 몸을 이끌고 히말라야 8,000미터 이상 봉우리 중 아직 가 보지 못한 2개의 봉우리를 다녀오는 데 성공합니다. 최초로 16개 봉 등정에 성공한 것입니다.

그는 절대로 산을 정복했다는 말을 쓰지 않습니다. 어쩌다 후배들이 '정복'이라는 말을 썼다가는 혼쭐이 나기 일쑤였습니다. 그는 이렇게 이야기합니다.

"산은 정복하는 것이 아니야. 그저 산이 허락해 주었기에, 운이 좋아서 그 정상에 서는 것뿐이야. 산은 결코 점령당하는 곳이 아니지."

정상에 올라서서 무엇을 느끼냐는 질문에는 이렇게 이야기합니다.

"글쎄요. 기쁨, 쾌감보다는 그저 힘들다는 생각뿐이네요. 산 앞에 아무것도 아닌 것 같은 느낌, 산 위에서는 너무 힘드니까 자신의 가면을 벗는 것 같아요. 그래서 솔직한 자신의 모습을 발견하는 것이 아닐까 합니다."

2. 정말 깊이 그 영화에, 그 대사 한마디 한마디에 공감할 수 있었습니다.

저도 일반인으로서 제가 높이 올라갈 수 있는 최고의 높이를 경험해 보았습니다. 정말 너무 힘들어서 아무 생각도 할 수 없었습니다. 저 자신의 내면을 아주 뚜렷하게 볼 수 있었습니다. 대자연 앞에서 감동과 찬탄을 하기는커녕 불평불만이 제 마음 안에 가득 차는 어리석은 저 자신을 볼 수 있었습니다.

3. 안나푸르나 봉 베이스캠프에서 하룻밤을 고통 가운데 지새운 저는 정말 정신이 없었습니다. 후배 신부들도 마찬가지였습니다. 머리는 무겁고, 숨이 가쁘고, 여기는 사람이 살 수 없는 곳이라는 부정

적인 생각이 떠나지 않았습니다. 정말 앞뒤로 기가 막힌 전경이 펼쳐지고 있었지만 그저 이 불편한 곳을 얼른 빠져나가고 싶다는 생각뿐이었습니다.

후배 한 사람의 상태가 심각했습니다. 아침도 먹지 못하고, 얼굴에는 병색이 가득했습니다. '비상 헬기를 불러야 하나', 내려갈 걱정에 가득 찬 저는 '헬기가 오면 나도 그 헬기를 타고 내려갈까' 등의 번민에 가득 찼습니다. 가이드는 태평한 얼굴로 "내려가면 괜찮을 텐데."라는 말만 계속했습니다.

아픈 후배가 그냥 내려가겠다고 합니다. 모두 아무 말 없이 내려가기 시작합니다. 아래쪽에 있는 마차푸차레 캠프에 도착하자 그 후배는 그냥 누워 버립니다. 좀 누웠다 따라오겠다고 합니다. 모두 할 말이 없었습니다. 한참을 내려가다 보니 그 후배가 따라오고 있는 것이었습니다.

희한하게도 아래쪽으로 내려오니 맥이 다 빠졌던 근육들에 다시 힘이 생기고, 머리 아픈 것도 서서히 가시기 시작합니다. 몸에 정상적으로 산소가 공급되니 혈액순환이 원활해지기 시작하고, 땀도 나고, 몸도 가뿐해지기 시작합니다.

4. "정말 이 길을 올라온 거 맞아?" 할 정도로 내려가는 길은 아주 수월했습니다. 힘도 별로 들지 않았습니다. 이제는 그 아름다운 경관들이 서서히 눈을 통해 마음으로 들어오기 시작합니다. 마음속에 감동과 찬탄이 연이어 터져 나옵니다.

뒤를 돌아보니 산 위를 휘감던 구름들이 마지막 작별인사를 하듯 연신 춤을 추어 댑니다. 계곡을 흐르는 빙하 녹은 물이 내는 소리가 어쩜 그리도 아름답게 들리던지요? 내려올수록 나뭇잎들은 더더욱 반짝입니다.

아, 정말 걸어 내려오길 잘했다. 마음속에 이 아름다운 자연의 이야기를 새길 수 있으니 얼마나 다행이고 축복인가? 오로지 감사한 마음뿐이었습니다. 산 위에서의 좁디좁았던 마음들이 부끄러워집니다. 힘들더라도 좀 더 여유를 가질걸, 밤에 별들을 볼걸, 좀 더 감동하고 감사할걸…… 등등 후회가 마음속에 솟구칩니다.

내려오는 길에 아름다운 계곡을 만납니다. 그 계곡은 히말라야 벌들이 벌집을 만들어 내는 깊은 계곡이었습니다. 그 계곡에 들어서자 이른바 석청이라는 꿀 냄새가 진하게, 머리가 아플 정도로 진하게 나는 것이었습니다. 맑은 날씨, 저 멀리 보이는 설산, 열대지방의 풍부한 산림, 맑디맑은 빙하수, 길가의 작은 야생꽃들이 그 석청 냄새와 아주 절묘하게 어우러지고 있었습니다.

5. 모든 일행의 컨디션과 기분이 최고입니다. 다시금 예전의 그 활기찬 분위기를 되찾고 재미있는 이야기들, 서로 마음이 오고 가는 따뜻한 대화들을 나눕니다. "그래, 이게 사람 사는 세상이지. 저 위는 사람이 살 수 있는 곳은 아니지." 하면서 서로에 대한 사랑과 우정을 다졌습니다.

6. 다음 날 마지막 내려오는 길에 저는 오른쪽 무릎 인대 쪽에 통증을 느끼기 시작합니다. '어, 이게 왜 이래? 마지막 날 왜 이러지?' 내리막길에서 그 통증이 더 심해집니다. 올라갈 때는 천천히라도 제가 제일 선두에 섰었는데 내려오는 길에는 제일 후미에 서게 됩니

다. 그래도 이 아름다운 자연이 있는데, 아무나 못 가는 안나푸르나 베이스캠프에 갔다 왔는데 하는 생각으로 통증을 즐거움으로 삼으며 내려옵니다.

7. 마침 그날은 네팔의 명절이었습니다. 사람들은 모두 빨간색 계통의 명절 옷을 입고, 춤을 추고 노래를 부르고, 일가친지들을 찾아 나섭니다. 차 위에까지 사람을 가득 싣고서도 그 험한 길을 달리는 모습을 보니 참 신기해 보입니다.

네팔 사람들에게는 이 히말라야밖에 없습니다. 최근에 인접한 인도와 분쟁이 있었는데 인도에서 원유 공급을 중단하는 바람에 기름값이 천정부지로 뛰었다고 합니다. 그들은 참으로 가진 것이 없는 가난한 나라였고, 가난한 국민이었습니다. 그런데도 그들은 해맑은 웃음으로 만나는 사람마다 "라마스테!" 하고 인사합니다.

"당신의 신을 존중합니다. 당신의 신께서 당신에게 축복을 주시기를" 하는 뜻을 갖고 있습니다.

8. 산을 다 내려온 후 먹는 삼겹살이 얼마나 맛있던지요? 그렇게 맛난 삼겹살을 먹어 본 적이 없었던 것 같습니다. 선후배가 함께 어울려 친구가 됩니다. 참으로 산이 주는 선물이었습니다. 산을 다니는 사람들은 의리가 남다르다 하는데 그 의미를 알 것 같았습니다.

9. 산에서의 느낌, 그것은 엄홍길 대장이 이야기했듯이 가면을 벗고 자신의 진짜 모습을 깨닫는 것이었고, 대자연 앞에 숙연함과 겸허함을 배우는 것이었습니다.

10. 오늘은 대림 제4주일입니다. 주님이 우리 마음 안에 탄생하기 위해서는 바로 그런 깨달음이 필요한 것이 아닌가 합니다. 자신의 모습을 깨닫고, 하느님 앞에서 겸허한 마음으로 준비할 수 있어야 하겠습니다.

11. 우리 모두는 그러한 삶의 여정 속에 살고 있는 사람이어야 합니다. 가식을 벗고 진실한 자신의 모습을 깨닫는 가운데 하느님의 가장 큰 선물인 아기 예수님의 탄생이 우리 마음속에 함께할 수 있을 것입니다.

오늘 세례를 받으시는 분들도 바로 그런 삶의 여정을 시작하는 것입니다. 하느님이라는 커다란 산 앞에서 겸허함과 진실함을 배울 수 있는 것이고, 그 과정을 통해 여태까지 경험해 보지 못한 행복과 자유를 발견할 수 있을 것이고, 새로운 인생이 시작될 것입니다.

"행복하십니다. 주님께서 하신 말씀이 이루어지리라고 믿으신 분, 당신은 여인 중에 가장 복되신 분이십니다." 아멘.

성탄 대축일(2015. 12. 24.)
"아기 예수님께서 여러분과 함께,
또한 사제와 함께!"

1. 성탄을 축하합니다. 메리 크리스마스! 옆 사람과도 성탄 축하인
사를 나누시기 바랍니다.

2. 전 세계 사람들이 이 성탄이 되면 축하인사를 하고, 성탄의 선물
을 나누며 함께 기뻐합니다. 믿는 사람이든 믿지 않는 사람이든 상
관없이 이 성탄은 참으로 기분 좋은 날이고, 기쁜 날입니다.

3. 왜 기쁠까요? 기쁨은 우리 마음이 밝아질 때 생겨납니다. 마음이
어두우면 절대로 기쁠 수가 없죠. 성탄은 우리의 마음을 밝게 만들
어 줍니다. 왜 그럴까요?

4. 성탄은 이 추운 겨울날, 그 한가운데 있습니다. 춥다는 것은 모든
것을 얼어붙게 만드는 것이죠. 추위는 가난함을 상징합니다. 가난
하기에 그 추위 속에 있는 것이죠. 즉 춥다는 것은 가난함을 의미하
고, 그것은 배고픔을 의미합니다.

5. 추위 속에 있는 사람들, 그들의 마음마저 얼어붙고, 그들의 마음
은 칼날처럼 날카로워집니다. 더군다나 밤의 추위는 모든 것을 얼
어붙게 만들어 버립니다. 칠흑 같은 깜깜한 밤의 추위는 상상조차

힘든 고통이라 할 수 있을 것입니다.

6. 깜깜한 밤의 추위 속에 떠는 사람들에게는 따뜻함과 빛이 절대
적으로 필요합니다. 생명을 이어 가기 위해서는 없어서는 안 될 조
건입니다.

7. 우리도 어떤 면에서는 깜깜한 밤의 추위 속에 살아가는 사람들
입니다. 마음은 미움과 분노로 가득 차서 어둡고, 그렇다 보니 온갖
핑계로 자신을 방어하고, 이웃과 세상을 향한 마음속의 칼날이 솟구
치기도 합니다. 따뜻한 사랑으로 살고 싶지만 우리가 살고 있는 현
실은 우리에게 그런 마음의 여유를 허락하지 않을 때가 많습니다.

8. 이 어둡고 추운 겨울날, 우리는 예수님의 성탄을 축하하기 위해
이 자리에 모여 있습니다. 바로 우리의 마음이 어둡기 때문입니다.
바로 우리의 마음이 춥기 때문입니다.
우리는 기대하고, 희망합니다. 아기 예수님께서 우리 마음의 어둠
속에 빛으로 탄생하기를, 또 우리 마음의 추위 속에 따뜻함으로 탄
생하시기를 기대하고, 희망하고, 기도합니다.

9. 아기 예수님께서는 그 옛날 가장 어두운 밤에 빛으로 탄생하셨
습니다. 인간이 살 수 없는 어둠, 질식할 수밖에 없는 그 어둠 한가
운데에서 탄생하셨습니다. 그 당시의 어둠은 인간이 경험할 수 있
는 가장 최악의 어둠이었습니다. 그 어둠으로 인한 추위와 빈곤함
은 더 이상 말로 표현할 수 없을 정도였습니다.

10. 어두웠기에, 그 어둠이 심각했기에, 인간을 해치는 어둠이었기

에 그 빛은 더욱더 빛났습니다. 가장 가난하고 비천한 목동들이 제일 먼저 그 빛을 봅니다. 그들 삶에 누구보다도 어둠이 심했기 때문입니다.

11. 그들이 본 것은 구유에 누워 계신 아기 예수님이셨습니다. 가장 작고 보잘것없고 누추하기 이를 데 없었지만 그곳은 하느님의 거룩함과 따뜻함이 가득한 마구간이었습니다. 양들과 소들이 그 아기를 지켜보고 있었습니다. 오늘은 1년에 한 번 양과 소들이 말을 하는 날이라고 합니다. 양과 소들도 자신의 한계를 넘어서 "아기 예수님께 성탄을 축하합니다."라고 이야기한다고 합니다.

12. 가난한 사람들, 추위에 떠는 사람들, 자신의 힘으로는 자신의 어둠과 추위를 이겨 나갈 수 없는 사람들 속에서 아기 예수님께서 탄생하십니다. 그들의 마음을 보면서, 그들의 추위와 어둠을 함께 아파하시면서 그분께서는 빛으로, 사랑으로, 따뜻함으로 태어나십니다.
그 광경을 지켜보는 이들의 마음속에 작은 촛불 하나가 켜집니다. 그 촛불은 옆 사람의 마음에도 옮겨집니다. 그 초라한 마구간이 금세 빛과 따사로움으로 가득 찬 사랑스러운 곳으로 바뀌어 갑니다. 마음속의 어둠과 추위가 사라지기 시작합니다. 마음속에 기쁨과 평화가 가득 차기 시작합니다.
하늘에서도 기뻐합니다. 천사들이 내려와 "하늘 높은 곳에서는 하느님께 영광, 땅에서는 그분을 보는 이들에게 평화"라고 노래합니다.

13. 이 마구간의 모습을 오늘 우리가 기억하는 것입니다. 기억한다

는 것은 그 옛날의 그 모습이 오늘 우리에게 똑같이 재현되고 있음을 의미합니다.

14. 우리도 오늘 바로 그 목동들처럼 마구간 앞에 있습니다. 우리의 몸과 마음도 그 목동들처럼 추위와 어둠으로 가득 차 있습니다. 그러나 아기 예수님을 바라보면서 우리 몸의 추위가 따뜻함으로 바뀌고, 우리 마음의 어둠이 빛으로 바뀌어 갑니다. 마음속의 어둠이 빛으로 바뀌면서 온기가 돌고, 미움이 어느샌가 눈 녹듯이 녹아 버리고 마음 가득히 사랑의 따뜻함이 가득 찹니다. 우리 눈에는 어느샌가 감사와 감동의 눈물이 흐릅니다. 하느님의 그 따뜻한 사랑이 우리를 감싸고 있습니다. 천사들이 축하의 노래를 불러 줍니다.

15. 이제 우리의 마음에 켜진 그 촛불을 이웃과 나누고 싶습니다. 전에는 죽이고 싶을 정도로 증오하던 사람들도 불쌍하게 보이고, 애처롭게 느껴집니다. 미움과 증오 속에 있던 내 삶의 시간들이 후회스럽기 그지없습니다. 내 마음속의 추위와 칼날이 섬뜩해 보입니다. 내 마음이 따뜻해지니 온 세상이 따뜻해 보입니다. 내 마음의 어둠을 뚫고 들어오신 그 빛을 이웃과도 나누고 싶어집니다. 내 마음의 추위를 뚫고 내려온 그 따뜻함을 이웃과도 나누고 싶어집니다.

16. 좋은 마음, 따뜻한 마음을 가지니 기뻐집니다. 감사하게 됩니다. 그 춥던 세상이, 그 어둡던 세상이 따뜻해지고 밝아져 보입니다. 왜 그리도 칼날처럼 날카로운 추위 속에 벌벌 떨면서 살아왔는지 후회가 됩니다. 왜 그리도 칠흑 같은 어둠 속을 헤매며 살아왔는지 스스로 가슴을 치게 됩니다.

인생이란 시간이 정해진 것인데 왜 그리도 그 많은 시간들을 추위와 어둠 속에 살아왔는지, 지옥과 같이 살아온 내 인생이 애처로워 보입니다.

17. 형제자매 여러분!
아기 예수님은 우리 마음속의 어둠을 뚫고 내려오시는 빛입니다. 그 빛을 받아들입시다. 마음속의 어둠으로 인해 생긴 칼날 같은 추위들을 따스함으로 바꾸어 주시는 분이십니다. 그 따스함을 받아들입시다.

18. 그래서 우리가 기뻐지는 것입니다. 그 기쁨은 하늘에서 내려오는 선물입니다.
"평화가 여러분과 함께", 또한 사제와 함께!
"기쁨이 여러분과 함께", 또한 사제와 함께!
"따뜻함이 여러분과 함께", 또한 사제와 함께!
"아기 예수님께서 여러분과 함께", 또한 사제와 함께! 아멘.

당신은 **복**되십니다

2016년
강론

1. 새해 첫 주일입니다. 새해는 우리에게 새로운 출발, 새로운 결심,
새로운 희망을 갖게 합니다.

그래서 새해는 하느님의 은총이기도 합니다. 지난해의 묵은 것을
다 털어 내고 새로운 마음을 갖게 하기 때문입니다.

2. 그러나 과거를 돌아본다는 것은 새로운 미래를 위한 출발선상에
서 매우 중요하다 할 수 있을 것입니다. 과거 없이는 현재가 있을
수 없고, 현재 없이는 미래가 있을 수 없기 때문입니다.

3. 우리 공동체의 앞날을 위해 과거의 중요한 역사들을 한번 간추
려 보겠습니다.

4. 1962년 9월 8일자로 초대 주임 신부님이신 김대성 신부님께서
부임하십니다. 그 당시 이 지역은 열악하기 그지없었고, 피폐한 상
황이었습니다. 그러나 성전을 향한 신자들의 열정은 하늘을 찌를
듯하였습니다. 주교님께서 성전 건립을 위한 보조금을 말씀하셨지
만 우리 성전은 우리 힘으로 짓겠다는 신자들의 열성을 막지 못했
습니다.

당시 상이군인들의 요양소였던 정양원이라는 곳을 임시 성전으로 사용합니다. 본당의 첫 미사가 1962년 11월 8일 봉헌되는데 워낙 가난한 본당이라 오신 손님들에게 초롱불 아래서 만둣국을 대접하였다 합니다. 열정으로 뭉친 초기 금호동 신자들은 명동성당 문화관에서 팥죽을 팔며 바자회까지 하였다 합니다.

그런데 그다음 해 김 신부님이 갑자기 교구로 발령이 납니다. 신자들은 격렬히 반대하였지만 어쩔 수 없이 받아들일 수밖에 없었습니다.

그 뒤 부임하신 조창희 신부님께서 오늘날 이 위치에 성전 터를 새로 잡으십니다. 당시 미사 참례자가 1,000여 명에 이를 정도로 본당 공동체는 참으로 활성화되어 있었습니다.

1967년 4대 주임신부로 경갑룡 신부님께서 부임하십니다. 그때 다시 한 번 금호동의 저력이 용솟음칩니다. '우리 성전, 우리 힘으로!'라는 구호를 외치며 모든 신자들이 한마음, 한뜻이 되어 성전 건립에 매진하게 됩니다.

모든 건축 과정이 신자들의 손으로 이루어집니다. 좁디좁은 골목길에 길게 늘어서서 온갖 건축자재들을 손으로 날랐다고 합니다. 신앙을 갖지 않은 사람들도 "이 사람들이야말로 진정한 하느님의 자녀다."라며 크게 감동하였다 합니다. 그 당시 성전 준공식에서 모두 기쁨의 눈물을 흘리면서 하느님께 감사를 드렸다고 합니다.

5. 세월이 흐르면서 이 초창기의 그 열심이던 분들은 한 분, 두 분 천보묘원에 안장이 되십니다.

그런데 역설적이게도 이해욱 신부님 때 이 묘지 덕분에 새로운 성전을 건축하게 됩니다. 바로 오늘날 우리가 사용하는 성전입니다.

생각해 보면 우리 본당의 초기 신자들은 살아서도 성전을 지으셨고, 죽어서도 성전을 지으신 분들이십니다.

6. 그 후 금호동은 참 많이 바뀌었습니다. 교우들의 열정으로 지어졌던 성전은 오늘날 우리가 접하고 있는 새로운 성전으로 1992년도에 신축되었고, 동네도 재개발되어 옛날 그 산기슭의 다닥다닥 붙은 판잣집에서 고층아파트도 들어오고, 길도 넓어지고, 환경도 많이 깨끗해졌습니다.

7. 그런데 옛날의 그 열정과 신앙은 어디로 갔는지요? 몸과 마음을 아끼지 않고 하느님의 집을 위해서 헌신하던 그 성령으로 가득 찼던 모습들은 어디로 갔는지요?

8. 저는 우리 금호동 본당에 오면서 몇 가지 이해하기 힘든 부분이 있었습니다.

9. 우리 신자들은 참 소박합니다. 힘들고 어렵게 살지만 서로를 이해하고 받아주는 정이 있습니다. 또 착합니다. 소위 '검은 봉다리 문화'가 있습니다.

아무리 가진 것이 없어도 함께 나눠 먹을 줄 압니다. 때로는 싸우고 미워도 하지만 시간이 지나면 그 모든 흉허물을 용서해 주고 함께 어울립니다. 다른 본당 신자들처럼 자신을 포장하지도 않고, 과장하지도 않습니다. 지나친 잘난 척도 없고, 있는 그대로의 모습으로 살아갑니다. 위선적이지도 않고, 부족하면 부족한 대로 살아갑니다.

그런데 왜 유독 사제나 수도자에게만은 '그 순수하고 소박한 마음들을 숨기고 있을까, 표현하지 않을까?' 생각해 보게 됩니다.

'어려워서 그럴까? 무서워서 그럴까? 상처받을까 두려워서 그럴까? 자신의 처지가 부끄러워서 그럴까? 함께하는 사람들에게 소외당할까 봐 그럴까?' 별의별 생각을 다 해 보게 됩니다.

10. 저는 이 대목에서 신자들 안에 있는 큰 상처와 두려움을 발견하게 됩니다. 매우 안타깝게도 우리 공동체는 사제와 신자들 사이에 큰 금이 가는 가슴 아픈 역사를 갖고 있습니다.

묘지 때문에 그러했고, 현실을 모르는 사제의 지나친 과욕 때문에 그러했으며, 그 사제의 마음을 깊이 헤아리지 못하고 패를 지어 대든 역사가 있기에 그러한 것이 아닌가 합니다. 또 때로는 정당하지 못한 재정 운영의 역사가 있었기에 그러한 것이 아닌가 합니다. 사제는 신자들을 받아주지 못하고, 그런 사제를 또한 신자들도 받아주지 못한 역사가 우리 공동체의 큰 상처가 아닌가 합니다.

서로가 서로에게 깊은 상처가 되어 버린 시간들이 참으로 가슴 아프게 현실로 되돌아옴을 보고, 느끼게 됩니다. 아직도 용서하지 못하고 마음 깊은 곳에서 응어리진 채 말은 안 하지만 서로를 탓하며 살아가는 우리의 모습이 더더욱 가슴 아프게 느껴집니다.

11. 공동체는 사제와 수도자, 신자가 함께 이루어 나가고 성장해 나가는 하느님의 집입니다. 그 어떤 누구도 소외되어서는 안 되고, 함께 신뢰하고 사랑하며 마음을 나누어야 진정한 하느님의 공동체라할 수 있을 것입니다. 사제는 신자들을 못 믿고, 신자들은 사제들을 불신하며 소외시키는 상황에서 진정한 하느님의 은총이 가득한 공

동체를 만든다는 것은 거의 불가능한 이야기일 것입니다.

12. 우리는 지나가 버린 과거를 사는 사람들이 아닙니다. 과거는 단지 과거일 뿐입니다. 과거의 아픔이 있었다면 그 아픔에 대해 서로 반성하고 기도하며, 새로운 성장을 향해 미래로 나아가야 하는 것입니다. 아직도 과거에 사로잡혀 있다면 우리는 어리석은 사람일 뿐이고, 하느님의 은총이 가득한 공동체를 만들어 나가는 것은 참으로 어려운 일일 것입니다.

13. 54년의 역사를 갖고 있는 우리 공동체가 좀 더 변화되고 발전될 수 있도록, 무엇보다도 하느님이 주인인 공동체로 나아갈 수 있도록 우리에게 성령의 도움이 절실히 필요하다 할 수 있을 것입니다. 그 옛날 성령의 감도로 성전을 짓기로 결심하였던 시기, 가난하였기에 하느님만을 의지하고, 하느님께 향해 나아갔던 우리 부모님들의 그 순수하면서도 열정적인 신앙을 다시 한 번 떠올려 보게 됩니다.

14. 어린 시절 물지게를 지고 언덕길을 오르던 때가 생각납니다. 양쪽의 무게와 균형이 잘 맞춰져야 물지게를 잘 질 수 있었습니다.
오늘날 우리 금호동은 두 물동이가 서로 균형이 맞춰져야 하는 물지게와 비슷하다는 생각을 해 보게 됩니다.
오래전부터 이곳에 계셨던 분들, 그리고 동네가 재개발되면서 새로이 이 동네에 들어오신 분들, 때로는 서로의 생각도, 삶의 환경도 다르지만 우리의 신앙으로 그 다름과 차이를 인정하고, 서로 이해하고 포용하면서 하나의 공동체를 이루어 나갈 수 있어야 하겠습니다.

15. 이에 저는 주임신부로서 다음과 같은 구호를 외치고 싶습니다. "기본으로 돌아가자"입니다. 신앙의 기본은 이곳에 있었던 분들이나 새로 오신 분들 모두에게 공통으로 요구되는 사항입니다.

16. 첫째, 기도와 미사에 충실해야 하겠습니다.

매일 아침·저녁 기도, 묵주기도, 연도, 성체조배, 성서 쓰기, 십자가의 길, 묵상기도를 넘어선 관상기도, 매일매일의 미사 참례 등등 기본적인 기도와 미사에 충실해야 하겠습니다. 특별히 성체조배와 평일 미사 참례에 정성을 기울여 주시기 바랍니다. 아울러 복음화학교 교육에도 보다 더 열심히 참여해 주시기 바랍니다.

둘째, 자비의 희년에 보다 더 구체적인 선행, 봉사에 앞장서야 하겠습니다. 가정에서, 동네에서, 직장에서 신자로서의 긍지를 갖고 구체적인 선행과 희생에 앞장서야 하겠습니다. 특히 본당의 구성원으로서 본당에서 필요로 하는 각종 행사와 교육, 그리고 봉사에 적극적으로 참여할 수 있어야 하겠습니다.

셋째, 서로에 대한 이해와 포용, 자비의 마음을 가져야 하겠습니다. 사제, 수도자, 신자들이 한마음으로, 사랑으로 일치되어야 할 것이며, 기존 신자들과 새로운 신자들 간에도 이해와 포용의 마음으로 한방향으로 나아가야 할 것입니다.

17. 금호동 교우 여러분!

우리가 하고자 하면 됩니다. 왜냐하면 우리 뒤에는 언제나 하느님께서 함께 계시기 때문입니다. 그분께서는 언제나 우리의 힘이 되어 주시고, 우리 공동체의 등대가 되어 주실 것입니다. 그분을 믿고 함께 한방향으로 나아갑시다. 이제 모든 아픔은 하느님께 맡기고 어떻게 하면 즐겁고 행복한 신앙생활을 할 수 있는지, 어떻게 하면 하느님께서 원하시는 공동체를 이룰 수 있는지만 생각합시다.

18. 그 옛날 별빛을 따라 아기 예수님을 만났던 동방박사들처럼 우리도 교회의 가르침에 따라 우리의 구세주 예수 그리스도를 만나도록 하십시다.
"우리는 동방에서 주님의 별을 보고, 그분께 경배하러 왔노라." 아멘.

연중 제2주일 (2016. 1. 17.)

"보라, 세상의 죄를 없애시는
하느님의 어린양이시다."

1. 새해가 시작된 지도 벌써 보름이나 되었습니다. 정말 세월은 흐르는 물과 같다 하더니 빠르기만 합니다.

2. 정신 차려야 하겠습니다. 그저 맥 놓고 있다가는 이 새롭게 시작한 해도 어느샌가 흘러 버릴 수 있기 때문입니다. 새로운 결심, 새로운 마음을 다시 한 번 가져야 하겠습니다.

3. 올해는 미사의 해입니다.
아시다시피 미사는 우리 신앙의 중심이며 핵심입니다. 미사 안에 우리 신앙의 모든 것이 포함되어 있습니다.

4. 오늘 복음에서 세례자 요한은 예수님을 세상의 죄를 없애시는 하느님의 어린양으로 소개하고 있습니다. 사제는 영성체 전에 "하느님의 어린양, 세상의 죄를 없애시는 분이시니 이 성찬에 초대받은 이는 복되도다." 하고 외치면서 성체를 반으로 쪼갭니다.
일찍이 예언자 예레미야는 "야훼의 종은 도살장에 끌려가는 어린양처럼, 가만히 서서 털을 깎이는 어미 양처럼 결코 입을 열지 않았다."고 이야기합니다.

또 출애굽기에서는 이집트 탈출을 앞둔 이스라엘 백성이 흠이 없는 1년 된 수컷 어린양을 잡아 그 피를 문설주에 바르면 죽음의 천사가 그 집을 거르고 지나간다고 하였습니다. 즉 그 어린양은 죽음을 이기는 참된 양이라고 합니다.

초기 교회에서는 예수님을 바로 '도살장에 끌려가는 양, 이스라엘 백성을 죽음에서 구한 양'으로 표현합니다.

5. 이 전통이 미사 중에 세상의 죄를 없애시는 하느님의 어린양으로 표현되고 있는 것입니다.

6. 저는 개인적으로 바로 그 순간에 쪼개어지는 성체를 보면서 매번 큰 감동을 느낍니다. 우리의 죄와 세상의 죄를 없애시기 위해서 당신의 몸을 미사 때마다 쪼개고 계시는 것입니다. 예수님은 그저 말로써만 우리를 구원하시는 분이 아니라 실제로 당신의 몸이 쪼개어짐으로써 우리를 구원하고 계시는 것입니다. 우리의 죄와 세상의 죄로 말미암아 그분은 여전히 오늘도 이 미사 중에 당신의 몸이 쪼개어지고 계시는 것입니다.

7. 왜 예수님께서는 그리도 수동적인 구원의 방법을 보여 주시는 것일까요? 당신의 강력한 천상의 군대를 동원하지 않으시고 아무 힘 없이 이 세상의 죄에 쪼개어지고 계시는 것일까요? 십자가 밑의 병사들의 조롱처럼 죽은 사람도 살리시는 분께서 왜 그리도 무력하게 죄에 의해 죽음의 길을 가시는 것일까요?

8. 저는 한때 이 세상의 죄에 대해 나름대로 절절히 체험한 적이 있

었고, 그 체험은 아직도 일상생활 중에 반복됨을 느낍니다.

사제에 대한 불신, 적대감은 급기야 공동체를 분열시키고 있었습니다. 저는 그들의 태도를 이해할 수가 없었습니다. 그래서 초기에는 그들에 대해 설명하고, 항의하고, 분노하기도 하였습니다. 그러나 신기하게도 제가 지적하면 그들의 죄가 더 커지는 것을 체험하게 되었습니다.

그들을 이기기 위해서는 제가 그들보다 더 악해져야만 했습니다. 그러나 저는 사제였기에 그럴 수는 없었습니다. 억울하고 분통이 터졌지만 인내와 침묵으로 견딜 수밖에 없었습니다. 참으로 고되고 힘든 시간들이었습니다. 그러나 하느님께서는 저의 결백을 증명해 주셨고, 저의 선택이 올바른 것이었음을 시간을 통해 알려 주셨습니다.

9. 어둠과 세상의 죄는 항상 우리 곁에 존재하고 있습니다. 그들을 자극하면 그들은 자신들을 합리화하기 위해서라도 목소리를 크게 냅니다.

죄를 지어 돌팔매질을 받아야 하는 여인 앞에서 예수님께서는 아주 지혜롭게 우리가 어떻게 처신해야 하는지를 알려 주십니다. 예수님께서는 분노에 가득 찬 사람들 앞에서 아무 말씀도 하지 않으시고, 그저 땅바닥에 무언가를 쓰고 계셨습니다. 그들이 답변을 재촉하자 계속 땅바닥을 보시면서 나지막하게 말씀하십니다.

"누구든지 죄 없는 사람이 저 여인에게 돌을 던지시오."

만일 예수님께서 그들을 똑바로 바라보시며 엄한 목소리로 그리 말했다면 실제로 그들은 자신을 합리화하기 위해서라도 그 여인에게 돌을 던졌을 것입니다. 사람의 마음속에 있는 죄를 너무나 잘 알고 계시는 예수님은 그들의 죄를 자극하지 않으시고, 그들 마음속에 있는 선함에 호소하고 계시는 것입니다.

10. 같은 맥락으로 십자가에서 돌아가시는 예수님을 이해해 볼 수 있습니다. 예수님께서는 그들의 불의와 어둠을 다 잘 알고 계셨지만 그저 하느님의 뜻이 이루어지기를 기도하시면서 그들의 그 어둠과 죄를 있는 그대로 다 받아들이십니다. 그들의 죄에 대해 질타하거나 항변하거나 가르치시지 않았습니다. 그저 자신에게 주어진 모든 것을 있는 그대로 다 받아들이십니다. 그것은 하느님께 대한 절대적인 신뢰이기도 하였습니다.

11. 그래서 오늘날 이 미사 중에도 똑같은 모습으로 우리의 죄와 세상의 죄를 야단치시지 않으시고, 있는 그대로 그 모든 것을 받아들이시면서 당신의 몸이 쪼개어지도록 내놓으시는 것입니다.
우리가 받아야 할 벌을 그 어린양처럼 당신께서 아무 말씀도 없이 받으시고, 그 피로 우리를 구해 주고 계시는 것입니다. 도살장에 끌려가는 어린양처럼, 죽임을 당해 그 피로 이스라엘 백성을 구하는 어린양처럼 이 미사 중에도 똑같이 묵묵히 그 모든 것을 받아들이시며 당신의 피로 우리를 구하고 계시는 것입니다. 그것은 하느님의 선이 승리할 것이라는 절대적인 신뢰에 그 바탕을 두고 있는 것입니다.

12. 여기서 우리는 우리가 이 죄 많은 세상에서 어떻게 살아가야 하는지를 배워야 합니다.

첫째는 하느님께 대한 절대적인 신뢰의 마음을 키워야 합니다. 하느님께서 여태까지 나의 삶을 이끌어 오셨듯이 지금도 이끌고 계시고, 앞으로도 이끌어 주실 것이라는 믿음에서 오는 친밀한 신뢰감을 가져야 합니다. 그 신뢰감은 사랑의 다른 표현입니다.

둘째는 내가 어찌할 수 없는 이 세상의 어둠과 나 자신의 어둠에 대해 싸워 이기려고 해서는 안 된다는 것입니다. 그 어둠은 영적인 세력이기에 내가 어찌해 볼 수 있는 상대가 아닌 것입니다. 그것은 하느님께서 해 주셔야 하는 영적인 영역인 것입니다. 이 세상의 어둠의 목표는 내 마음 안에 있는 선함을 흩트려 버리고 그 안에 어둠을 심는 것입니다. 그 어둠의 계략에 넘어가서는 아니 되는 것입니다.

셋째는 때로 그 어둠이 나를 찌르고, 상처 입히고, 혼란스럽게 할 때 예수님처럼 쪼개어지는 봉헌의 마음을 가져야 합니다. 그 봉헌은 나를 구하고, 어둠 속에 빠져 있는 수많은 사람을 구할 수 있는, 참으로 훌륭한 영적인 자산인 것입니다. 또 그 봉헌의 마음이 있어야만 하느님께서 나의 고통에 함께하시며 당신의 힘과 능력을 베풀어 주실 수 있게 됩니다.

13. 쪼개어지는 성체, 손바닥에 놓이는 작은 성체, 바람이 불면 날아가 버릴 정도로 연약하고 아무 능력이 없어 보이는 그 성체 안에 이 세상의 죄와 나 자신의 어둠을 이겨 낼 수 있는 엄청난 영적인 힘이 있음을 믿을 수 있어야 하겠습니다.

예수님께서는 그 성체 안에 현존해 계십니다. 아무 힘도 없어 보이는 구유의 아기 예수님 안에 이 세상을 창조하고 다스리시는 하느님의 힘이 있듯이 정말 아무것도 아닌 듯하고, 작기만 한 성체이지만 그 안에 창조주이신 하느님의 힘과 이 세상의 죄와 나 자신의 어둠을 이겨 낼 수 있는 엄청난 힘이 현존하고 있음을 굳게 믿을 수 있어야 하겠습니다.

14. 세례자 요한은 보이는 예수님을 통해서 보이지 않는 하느님의 능력을 발견하시는 분이었습니다. 나는 물로 세례를 주지만 그분은 영으로, 성령으로 세례를 베푸실 분이라는 사실을 보고 있었던 것입니다. 그분 안에 이 세상의 죄를 없애시는 하느님의 어린양이 존재하고 있음을 보고 깨달았던 것입니다.

15. 부족한 우리도 우리 손바닥에 놓이는 작은 성체 안에 이 세상을 지으시고 다스리시는 하느님의 힘이 있음을 깨닫고, 또 그 성체 안에 이 세상의 죄와 나 자신의 죄로 인한 죽음을 이겨 내는 어린양의 피가 있음을 깨닫고, 믿을 수 있어야 하겠습니다.
"보라, 세상의 죄를 없애시는 하느님의 어린양이시다." 아멘.

연중 제4주일(2016. 1. 31.)

"오늘 이 성경 말씀이
너희가 듣는 가운데에서 이루어졌다."

1. 정말로 매섭던 추위였습니다. 집안에는 별일 없으셨는지요?

2. 성당에서는 사제관 하수관이 얼어 터져서 황당한 일이 생겼습니다. 사제관 주차장 천장에 있는 하수관, 오폐수관이 동파되어서 며칠 동안 저와 수녀님들이 큰 불편을 겪었습니다. 물을 쓸 수 없었기에 화장실 사용도 못 하고, 세수도 못 하는 상황이 벌어졌습니다.
왜 그런가 살펴보니 사제관 공사를 할 때 주차장 천장에 있는 오폐수 파이프에 보온공사를 안 해 둔 것이 원인이었습니다. 깜짝 놀랐습니다. 가장 기본적인 공사인데도 어찌 이리 소홀했을까? 놀랍고, 화가 났습니다.
생각해 보게 됩니다. 성당 공사이고, 더군다나 사제관, 수녀원 공사인데 왜 그토록 무성의하게 한 것일까? 그 업자는 지금 뭘 하고 있을까? 하는 일은 잘되고 있을까?

3. 저는 개인적으로는 성당 공사를 하고 싶어 하지 않습니다. 그야말로 세상의 어둠과 직접적으로 부딪쳐야 하는 경우가 많기 때문입니다. 세상 사람들은 돈만 되면 무슨 일이든 하고, 또 때로는 양심에 걸리는 일도 스스럼없이 하는 경우가 많습니다. 특히 공사의 경우

에는 더더욱 그렇습니다. 한 푼이라도 더 이익을 내기 위해서 때로는 속이기도 하고, 사기를 치기도 합니다. 그들의 내면에 있는 그런 어둠을 이겨 내야 하는 것이 사제로서 참으로 싫을 때가 많습니다.

그런데 어떤 경우에는 정말 공사를 하는 사람들이 고맙고 감사할 때도 있습니다. 양심적으로 해 주고, 뒤탈 없이 해 줄 때입니다. 돈을 들인 만큼 성과와 보람이 있을 때는 그 공사를 해 주신 분들이 고맙고, 그들을 위한 기도가 바쳐지게 됩니다.

그런데 이번처럼 숨겨져 있는 부분들에 거짓이 있는 경우에는 화가 나고, 원망이 생깁니다.

4. 고마운 사람들이 있고, 화가 나는 사람들이 있습니다. 고맙고 감사한 마음이 드는 것은 그 자체로 그 사람을 위한 기도입니다. 화가 나고, 역겨운 마음이 드는 것은 그 자체로 그 사람에 대한 원망이고, 분노입니다.

5. 사람들에게 감사를 받는 사람의 인생이 편하겠습니까, 아니면 사람들에게 원망을 받는 사람의 인생이 편하겠습니까? 답은 아주 간단합니다. 사람들에게 감사를 받는 사람들의 인생은 하느님이 그 인생길을 펴 주시는 것입니다. 원망을 받는 사람들의 인생은 그 자체로 인생이 꼬일 수밖에 없는 것입니다.

6. 우리는 참으로 소탐대실, 즉 작은 것을 탐냄으로써 큰 것을 놓치는 어리석은 삶을 살지 말아야 하겠습니다. 오히려 지금 당장 눈앞에서는 손해를 보는 것 같아도 사람들에게 신뢰와 신용을 얻는 것이 훨씬 더 중요함을 깨달아야 하겠습니다.

7. 지금 나의 삶의 모습은 다른 사람들에게 감사와 신뢰를 받는 모습입니까, 아니면 다른 사람들에게 원망과 불신을 받는 모습입니까? 우리 스스로에게 진실되이 물어보아야 하겠습니다.

8. 많은 유혹이 항상 우리를 노리고 있지만 그래도 진실이 승리한다는 기본적인 원칙을 지켜 나가는 삶이 진정한 부활의 삶일 것입니다.

9. 저에게는 참으로 고맙고 감사로운 사람들이 많이 있습니다. 제가 지내는 미사 때는 제대 중앙에 작은 십자가 하나를 놓고 있습니다. 저는 신학생 때 사제직에 큰 회의를 느낀 적이 있었습니다. 제 마음속에 도저히 용서가 되지 않는 사람이 있었기 때문입니다. 그의 위선적인 언행은 당시의 저로서는 도저히 납득할 수가 없었고, 저의 그러한 혼란은 저의 사제직에게까지 위기를 불러일으켰습니다.

그때 한 수녀님이 계셨습니다. 그 수녀님은 저의 이야기를 다 들어 주셨고, 진정 마음을 다해 기도해 주셨습니다. 그뿐만 아니라 사제직을 준비하는 저에게 필요한 모든 것을 다 감당해 주셨습니다. 이 십자가는 바로 그 수녀님이 주신 것입니다. 이 십자가 안에는 그 수녀님을 통해서 보여 주신 하느님의 사랑과 자비가 숨겨져 있는 것입니다.

저는 사제가 되고 한참 지나서야 그 사실을 깨닫게 되었고, 그 후 미사 때마다 어려운 고비에서 저를 구해 주신 하느님께 찬양을 드리면서 동시에 그 수녀님을 위해 기도합니다. 하느님께서는 때로는 고난도 허락하시지만 주위의 사람들을 통해 그 고난에서 빠져나올 수 있는 은총도 허락해 주시는 분이심을 체험하곤 합니다.

10. 나의 삶에는 고통과 분노와 원망을 주는 사람도 있고, 반대로 하느님의 은총과 사랑을 전해 주는 참으로 고맙고 감사한 사람도 있게 마련입니다. 또 반대로 내가 고통과 상처를 주는 사람일 수도 있고, 하느님의 사랑과 은총을 전해 주는 사람일 수도 있는 것입니다.

11. 어떤 길을 택해야 하겠습니까? 어떤 삶의 모습이 올바른 모습이겠습니까? 당연히 다른 사람에게 감사와 기쁨이 되는 사람이 올바른 모습이겠지요?

12. 예수님은 우리의 삶에 참으로 고맙고 감사한 분이십니다. 칠흑과 같은 어둠 속을 헤매는 내 삶에 오시어 빛과 희망으로 내 인생을 밝히는 분이시기 때문입니다. 내 삶 안에 하느님의 힘과 능력을 가득히 부어 주시는 분이십니다. 그분이 계시기에 나는 내 삶의 어둠을 이겨 나갈 수 있고, 기쁘고 감사한 마음으로 살아나갈 수 있는 것입니다.

13. 그런데 예수님 동네의 사람들은 하느님의 힘과 은총과 사랑을 전해 주시는 예수님을 받아들이지 못합니다. 그들 마음 안에 있는 편견과 고집 때문이었습니다. '어, 저 사람은 요셉의 아들 예수가 아닌가?' 하는 선입견은 예수님이 보여 주시는 하느님의 능력을 의심하게 했습니다.
그 의심은 예수님을 거부하는 마음으로 작용하였고, 그 거부는 결국 예수님을 통해 드러나는 하느님의 능력을 거부하는 결과를 초래하게 되었습니다. 열린 마음으로 예수님 안에 있는 하느님을 보지 못하고; 닫힌 마음으로 예수님을 바라보았기에 그들에게는 하느님을 받아들일 수 있는 믿음이 생겨나지 못했던 것입니다. 자신들이 알고 있는 그야말로 하찮은 지식과 편견 때문에 그들은 커다란 하느님의 사랑을 놓치고 만 것입니다.

14. 하느님은 모든 것을 다 하실 수 있는 전능하신 분이시지만 그분이 못 하는 것이 딱 한 가지 있습니다. 바로 인간에게 가장 큰 선물로 주신 자유의지입니다. 그 자유의지에 의해서 불신이 생겨 버리면 하느님도 어찌하실 수가 없는 것입니다. 받아들이지 않는 상황에서는, 믿지 않는 상황에서는 아무리 하느님이라 하더라도 힘을 쓸 수가 없는 것입니다.

15. 우리에게 다가오시는 하느님의 사랑은 우리가 진정으로 믿을 때, 바로 그 믿음을 통해 내 안에 들어오게 됩니다. 믿는 만큼 하느님의 크신 능력이 내 안에서, 내 인생 안에서 힘을 발휘하게 됩니다. 믿는 만큼만 이뤄지는 것입니다.

우리가 미사 때마다 모시는 성체도 마찬가지입니다. 그 성체는 믿는 만큼만 예수님의 몸이 되는 것이고, 우리를 살리는 생명의 양식이 되는 것입니다. 믿는 만큼만 우리에게 치유가 일어나는 것이고, 그만큼만 우리 마음의 회심이 가능해지는 것입니다.

16. 믿지 않으면 모든 것이 아무것도 아닙니다. 예수님의 동네 사람들은 예수님 안에 있는 하느님의 능력을 믿지 못했습니다. 그래서 예수님께서는 그 사람들에게 어떤 하느님의 사랑도, 능력도 전해

줄 수 없었습니다.

예수님께서는 참으로 안타깝고 답답하셨을 것입니다. 바로 자신의 동네 사람들인데, 어릴 때부터 그 동네에서 희로애락을 같이했는데 그들에게 하느님의 말씀과 능력이 전달되지 않으니 예수님께서는 안타깝고 답답하셨을 것입니다.

그래서 그들이 깨달으라고 구약의 이야기를 전해 주십니다. 엘리야 시대에, 또 엘리사 시대에 하느님께서는 믿지 않는 유대인보다는 믿는 이방인들에게 더 자비를 베푸셨다고 하시면서 제발 좀 믿어 보라고 호소하십니다. 그러나 동네 사람들은 예수님의 말꼬투리를 잡고 늘어집니다. 그 안에 숨어 있는 진정한 사랑과 호소는 듣지 못하고, 왜 하느님께서 이방인에게 자비를 베푸셨냐고 화를 내면서 예수님을 고을 밖으로 내쫓고, 심지어는 벼랑으로 몰고 갑니다.

17. 그러나 예수님은 그들의 불신, 분노, 오해 그 한가운데를 뚫고 의연하게 당신의 길을 가십니다. 사방에서 온갖 불신과 분노의 불길이 일어나고 있지만 개의치 않으시고 그 한가운데를 걸어 당신의 길을 가십니다. 그들을 판단하지 않으시고 그들을 불쌍히 여기면서, 또 그들을 하느님께 맡겨 드리면서 당신의 길을 가십니다.

18. 나에게 있어 예수님은 어떤 분이신가요? 진정 나의 삶의 구원자이신가요, 아니면 항상 믿어 왔기에 믿는 형식적인 구원자이신가요? 성당에 안 다니면 안 좋은 일이 생길까 봐 할 수 없이 믿는 분인가요?

19. 그분은 내 삶에 있어 처음이자 마지막이어야 합니다. 내 인생에

있어 그분처럼 고맙고 감사한 분은 또다시 없습니다. 그분만이 내 인생의 모든 것이어야 합니다. 그래야만 그분께서 보여 주신 그 위대하신 하느님의 사랑과 능력이 내 삶 안에서 가능해지게 됩니다. 온전히 믿지 않으면 마치 모래 위에 지어진 집처럼 조금만 바람이 불어도 모든 것이 흩날려 버리고 마는 것입니다.

믿지 않으면 그분은 우리의 불신 그 한가운데를 가로질러 떠나가시고 맙니다.

"오늘 이 성경 말씀이 너희가 듣는 가운데에서 이루어졌다." 아멘.

사순 제2주일(2016. 2. 21.)

"빛나는 구름 속에서 아버지의 목소리가
들려왔네. 이는 내가 사랑하는 아들이니
너희는 그의 말을 들어라."

1. 오늘은 부족한 제가 사제 서품 30주년이 되는 특별한 날입니다.

2. 돌이켜 보니 참 생각이 많아집니다. 무슨 말을 어떻게 해야 할지
모르겠네요.

3. 지나온 길을 돌이켜 보니 한편으로는 하느님의 위대하신 이끄심
이 느껴지고, 한편으로는 부족한 제가 이 길을 걸어왔다는 사실이
기적처럼 느껴집니다.

4. 참으로 하느님의 부르심은 오묘하십니다.

5. 언젠가 말씀드린 적이 있지만 저는 저의 집안에서는 환영받지
못한 존재였습니다. 부모님은 위로 형님이 세 분 계셨기에 제가 태
어날 때 귀여운 딸이기를 간절히 바라셨는데 저는 부모님의 기대와
달리 아들로 태어나고 말았습니다. 부모님이 하셨던 말씀이 생각납
니다. 태어난 아기를 보니 한숨이 절로 나더라는 것입니다. 귀여운
딸은커녕 시커멓고, 입만 크고 못생긴 아들이었다고 합니다.
그 후 저의 집안의 가세는 기울었고, 3년 뒤에 정말 흰 백합 같은 여
동생이 태어납니다. 부모님들과 형님들의 관심과 사랑은 오로지 동

생에게만 쏠렸습니다. 동생이 태어나면서 제 인생길은 꼬이기 시작합니다. 저는 집안에서 마치 천덕꾸러기같이, 있어도 그만, 없어도 그만인 존재였던 것 같습니다. 여동생은 그 어릴 때의 습관이 있어 지금도 가끔 자기도 모르게 저를 무시하곤 합니다.

사랑받아야 할 어린 나이에 사랑받지 못한다는 것이 얼마나 큰 아픔이고, 슬픔이고, 서러움이었는지, 지금도 상상 속에서 그 어린아이를 기억해 보면 애처롭기까지 합니다.

그러나 하느님의 부르심은 참으로 오묘하셨습니다. 묘하게 가톨릭 학교인 동성중학교에 배정받게 되었고, 저는 그곳에서 어린 나이에 하느님을 알게 됩니다. 제가 만난 하느님은 참으로 저를 사랑하시고 아끼시는 하느님이셨고, 저는 그 하느님을 위해 저의 모든 노력을 아끼지 않았습니다. 중1이라는 어린 나이부터 새벽미사를 한 번도 빠지지 않았고, 하느님께 진실되이, 순수하게 심취하였고, 본당에서도 그 열성은 끊임없이 이어졌습니다. 당시 저에게는 하느님만이 전부였습니다.

정말 하느님께서는 제가 가정에서 받아야 할 사랑을 당신의 교회에서 주신 것이 아닌가 합니다. 다시 말해서 태어나면서부터 저를 부르신 것이 아닌가 합니다.

그런 아이에게 자연스럽게 성소의 길이 주어졌고, 저는 제가 가는 그 길이 제 인생의 전부라 생각하며 매진하였습니다. 당시의 소신학교는 규율이 매우 엄해 조금만 규칙을 어겨도 퇴학 조치가 내려지곤 했는데 저는 단 한 번도 규칙을 어긴 적이 없는 것 같습니다.

대신학교에 진학할 때 저는 큰 좌절을 맛보게 됩니다. 당시 학교의 신부님, 선생님들의 저에 대한 기대가 컸습니다. 그런데 대학예비고사를 보는 당일 저는 마음이 혼란스러워졌습니다. 함께 시험을 보던 다른 학교 학생들이 커닝을 하는 것이었습니다. 어린 나이의 저는 그런 모습을 도저히 받아들일 수 없었고, 한번 혼란스러워진 마음을 끝내 추스르지 못하였습니다. 그리하여 정말 의외로 서울지역 예비고사에서 낙방하게 되었습니다.

재수하여 서울신학교에 가기를 원했지만 본당 신부님께서 광주신학교라도 가라고 명령하심에 따라 저는 광주라는 땅을 밟게 됩니다. 제 인생에 있어 그 광주신학교에서의 4년은 정말 꿀처럼 행복한 시간들이었습니다. 어떤 면에서는 가장 아름다운 시간들이었습니다.

그런데 정말 묘하게도 당시 서울신학교로 진학한 저의 동기들은 단한 사람도 살아남지 못하고 사제의 꿈을 접게 됩니다. 전율이 흐를 정도로 하느님의 이끄심에 감사드리지 않을 수 없었습니다.

그 후 참으로 헤아릴 수 없는 많은 우여곡절을 겪게 됩니다. 어머니가 갑자기 돌아가시고, 군대에 가야 하고, 신학교 분위기는 너무나도 다르고, 본당이 바뀌고…… 참으로 견뎌 내야 하는 세월의 연속이었습니다.

그러나 정말 묘하게도 하느님께서는 당신의 방법으로 저를 치유해 주시고, 때로는 선의의 사람들을 통해 저를 이끌어 주셨습니다.

6. 그토록 원하던 사제 서품을 받게 됩니다. 정말 특별하신 본당 신부님을 만났음에도 불구하고 저는 나름대로 그 신부님의 모든 특별한 성향에 기쁘게 다 잘 맞출 수가 있었습니다. 신자들은 아버지와 아들 같다 하며 칭찬을 아끼지 않았습니다. 기쁘고 행복하게 보좌

신부 생활을 마친 다음 모두가 가기 싫어하는 군종신부의 길을 가게 됩니다.

군종신부 시절, 그때는 정말 시간과의 싸움이었습니다. 마음속에 하느님과 교회를 위한 열정은 불타는데 모든 여건은 군대 조직이었습니다. 젊은 나이에 자신의 열정을 불사를 마당이 없다는 것은 참으로 큰 고통이었습니다. 마치 거친 사막에 있는 듯한 느낌이었습니다. 술도 많이 먹었습니다. 도저히 사제를 필요로 하지 않는 그 시간들을 견뎌 내기 어려웠습니다.

그래도 그 삭막한 시간들을 잘 버텨 내고 첫 본당에 발령을 받게 됩니다. 당시에는 변두리 본당이었습니다. 묘하게도 제가 제일 싫어하고 상처를 많이 받았던 신부님의 후임이었습니다. 그럼에도 정말 열심히 일했습니다. 당시 구역장들은 소공동체의 활성화를 위해서 매일 성당에 출근해야 할 정도였습니다.

얼마나 하고 싶었던 삶이었겠습니까? 그야말로 제 마음속에 그토록 품어 왔던 이상을 향해 모든 것을 불사르던 시기였습니다.

두 번째 본당은 신설 본당이었습니다. 저의 가슴속에 있는 이상을 향한 열정은 식지 않았습니다. 어떻게 해서든지 소공동체를 활성화시켜서 초대 교회와 같은 모습을 만들고 싶었습니다.

그러나 이상과 현실은 달랐습니다. 저의 마음 깊은 곳에 있는 순수한 열정과 진실된 마음이 자주 오해를 받곤 하였습니다. 저는 머리를 갸우뚱거릴 수밖에 없었죠. 도대체 왜 그럴까? 내가 순수하고, 진실되고, 사심이 없다면 나를 따라와야 할 텐데…….

이상에 불타는 내 마음과 달리 현실은 저에 대한 오해, 모욕, 비방

등으로 번져 갔습니다. 그러나 저는 본당을 위해 그 모든 것을 참아내야 한다고 생각했습니다. 참으로 어려운 시간, 견디기 힘든 모욕의 시간들을 견뎌 내야 했고, 하느님의 사랑과 선의의 신자들의 도움으로 그 시간들을 버텨 냅니다.

그다음 본당은 정말 가관이었습니다. 역대 신부님 중 어느 누구도 임기를 채우지 못한 본당이었습니다. 걸핏하면 윗동네와 아랫동네가 패를 지어 싸우고, 사목이 이뤄지지 않는 곳이었습니다. 제가 참석한 술자리에서 술상이 엎어지고, 제 멱살을 잡고 시비를 걸고, 사제관 앞에서 농성을 하는 분위기였습니다.

사목이 이뤄지지 않자 저는 당시 그 본당의 숙원사업이었던 교육관 건립에 매진하게 됩니다. 전 본당에서 버텨 온 그 세월을 통해 그 본당에서 그 어려운 시간들을 이겨 나갈 수 있게 됩니다.

정말 하느님은 묘하신 분이십니다. 현재의 고통은 다음의 고통을 견디기 위한 디딤돌인 것입니다. 지금 이 순간의 고통과 어려움을 견디지 못하면 다음 단계의 큰 산을 오를 수 없는 것입니다. 지금의 고통을 통해 다음의 고통을 견딜 수 있도록 준비하시는 하느님의 모습을 깨닫게 됩니다.

그 본당을 마칠 때 주교님과 면담을 하게 됩니다.

"주교님, 다음 본당은 정말 제가 열심히 일할 수 있는 곳으로 보내 주십시오."

주교님은 정말 제가 열심히 일할 수 있는 곳으로 보내 주셨습니다. 그곳은 해결해야 할 문제도 많았지만 함께 일할 수 있는 사람도 많이 있었습니다. 안 해 본 일 없이 다 해 봤습니다. 신자들은 합심하였고, 많은 이들이 하느님의 교회에 모여들었습니다. 어려움도 많았지만 사목적인 보람도 많이 느낄 수 있었습니다.

7. 이제 이곳 금호동에서 사제 서품 30주년을 맞이하면서 참으로 많은 생각과 회한과 깨달음이 생겨납니다. 하느님께서는 왜 이곳에 저를 보내셨을까요? 아마도 내적으로 더 깊어지라는 뜻이 아닌가 합니다.

저의 삶을 돌이켜 볼 때 참으로 하느님께 감사드리지 않을 수 없습니다.

먼저 제가 처한 나름대로의 험한 상황에서도 저의 순수한 마음과 진실된 마음이 깨지지 않았다는 사실입니다. 사람은 환경에 따라 변하고 변질되기 마련인데 저의 경우에는 하느님이 주신 좋은 품성이 변하지 않았음에 감사드리지 않을 수 없습니다.

두 번째는 사람들에 대한 이해와 분별력이 생긴다는 사실입니다. 사람들은 제 마음과 같지 않습니다. 대부분의 사람들은 자기 이해관계에 따라 살아갑니다. 잇속이 있느냐, 없느냐에 따라 처신이 달라집니다. 또한 자신이 살아가는 방식대로 다른 사람들을 바라보고 단정 짓게 마련입니다. 왜 그 수많은 반대와 오해에 직면해야 했는지, 이제는 조금이나마 이해가 갑니다.

세 번째는 하느님께서 저의 삶과 함께하시고, 태어날 때부터 지금까지, 또 앞으로도 이끌어 주실 것임을 깨닫게 됩니다. 제가 부족해도 언제나 제 편이시고, 저와 함께하고 계심을 느끼게 됩니다.

8. 오늘 이 말씀들을 드리는 이유는 저의 삶을 통해서 보여 주시는

하느님의 사랑과 능력을 말씀드리기 위해서입니다. 즉 저 자신을 이야기하는 것이 아니라 하느님의 이끄심과 함께하심을 이야기하는 것입니다.

9. 사순 제2주간, 산 위에서 당신의 진짜 모습을 보여 주시는 예수님을 보면서 우리는 그 영광스러운 주님의 모습을 깨달을 수 있도록 노력해야 하겠습니다.
"빛나는 구름 속에서 아버지의 목소리가 들려왔네. 이는 내가 사랑하는 아들이니 너희는 그의 말을 들어라." 아멘.

"나도 너를 단죄하지 않는다.
가거라. 이제부터 다시는 죄를 짓지 마라."

1. 요즘 세계적으로 이세돌 9단과 컴퓨터 알파고와의 바둑 열전이 화제가 되고 있습니다. 두 번째 대국을 치르고 나서 바둑계에 있는 분들은 참으로 컴퓨터에 두려움을 느낀다고 합니다. 오로지 승리라는 목적을 위해 만들어진 알파고의 알고리즘은 인간의 머리를 뛰어넘는 듯이 보입니다. 그 수많은 바둑의 수를 이미 간파하고 있으며, 이미 첫수부터 마지막 수까지 염두에 둔 알파고의 바둑에 충격과 놀라움을 넘어서 두려운 대상으로까지 언급되고 있습니다.

2. 어제도 이세돌 9단이 지고 말았습니다. 연속적으로 3연패를 하고 말았습니다. 이 사건은 단지 바둑계에 있는 단순한 사건이 아닙니다. 전 세계의 많은 사람들이 큰 충격에 빠져 있습니다.

3. 인류는 4000년 동안 바둑을 두어 왔다고 합니다. 그런데 바둑에 입문한 지 불과 5년 정도밖에 안 된 알파고라는 인공지능에 전 세계 최고 고수라고 일컬어지는 이세돌 9단이 힘 한 번 제대로 써 보지 못하고 연속적으로 패하고 있습니다.

4. 앞으로의 세상이 어떻게 될 것인가? 우리가 살아 있는 동안 공상

과학영화에서나 나오는 기계가 인간을 지배하는 세상이 되지 않을까 참으로 심각하게 우려되는 부분입니다.

5. 어제 저는 복음화 학교에서 주관하는 대피정의 강의를 맡았습니다. 그 강의를 준비하면서 저는 컴퓨터의 냉혹함과 부족한 인간의 실수에 대해서 뼈저리게 느꼈습니다.

6. 그제 모든 강의 준비를 마치고 인쇄 버튼을 클릭하였습니다. 갑자기 컴퓨터가 정지하는 것이었습니다. 순간 가슴이 덜컥 내려앉았습니다. '어, 이러면 안 되는데. 무려 석 달이나 준비한 것인데 이거 왜 이래?'
곰곰이 생각해 보니 원고 수정 후 저장을 한 뒤 인쇄를 했어야 했는데 저장 없이 인쇄 버튼을 눌러 버린 것입니다. 동그라미가 계속 돌고 있었습니다. 이거 안 되겠다 싶어 컴퓨터 전문가에게 질의를 하였습니다. 거의 복구가 안 되는데 혹시 다시 시작하면 아직 끝나지 않은 작업에 대해서 복구 의사를 물어볼 수도 있다는 것이었습니다. 조심스럽게 다시 시작을 하였더니 정말 운 좋게도 복구 의사가 떴습니다. 당혹감에 휩싸였던 저는 "오, 하느님 감사합니다." 하면서 복구를 하였습니다. '이거 빨리 프린트해야지.' 조급함이 생겼습니다. 저장을 하고 인쇄 버튼을 눌렀더니 같은 이름의 다른 문서를 덮어씌우겠냐는 질문이 뜹니다. 저는 같은 문서려니 생각하고 오케이를 하였습니다. 그랬더니 34페이지나 되는 원본이 날아가고 스케마를 잡기 위해 만든 문서만 뜨는 것이었습니다.
다시 전문가에게 물어보니 그 원본은 아주 멀리 갔다는 황량한 대답이 내 가슴속에서 휘몰아치고 있었습니다.

7. 저는 그만 멘붕 상태에 빠지고 말았습니다. '어떻게 이럴 수 있지?' 저는 이제 다시는 컴퓨터를 믿지 않겠다고 분노 속에 다짐하였습니다. 인간의 실수를 단 한치도 용서하지 않는 그 냉혹한 컴퓨터에 그만 질리고 말았습니다.

8. 인간은 실수를 하게 마련입니다. 그럼에도 불구하고 인간으로 살아갈 수 있는 이유는 서로에 대한 용서가 있기 때문입니다. 그런데 컴퓨터는 단 한치도 용서가 없습니다. 생각이 없습니다. 주어진 대로만 판단할 뿐입니다. 사람 같으면 34장의 원고를 2장과 바꾸라는 잘못된 판단 앞에 그렇게 쉽게, 단 한 번에, 단 한순간에 날려 버리지는 않았을 것입니다.

9. 그 오묘한 바둑의 세계에서 기계가 승리했다는 것은 참으로 두려운 현실입니다. 이제 세계는 인공지능이라는 기계 앞에서 일자리를 잃어 갈 것이고, 한치의 실수도 없는 기계 앞에서 인간은 주눅 들고, 비참해질 수도 있다는 생각을 하면 두려움을 넘어선 공포까지 느끼게 됩니다. 실수가 용납되지 않는 세상, 용서가 없는 세상, 자비가 없는 세상은 그 어떤 전쟁터보다도 무서운 세상이 되고 말 것입니다.

10. 사실 우리가 살아가는 세상, 모든 곳에서 컴퓨터가 막강한 힘을 발휘하고 있습니다. 이 강론 원고도 컴퓨터로 작성되고, 우리가 들고 다니는 핸드폰도 컴퓨터이고, 청소기, 공기정화기, 냉장고, 차량

등등 컴퓨터가 없이는 이제는 일상생활이 불가능할 정도입니다. 심지어 주식시장에서도 컴퓨터 알고리즘이라는 프로그램이 대세를 이루고 있다고 합니다. 펀드매니저라고 불리는 주식투자 고수들의 수익률이 컴퓨터 알고리즘의 수익률을 쫓아가지 못한다고 합니다. 인간이 주식을 사고팔기보다 컴퓨터에 의해서 주식이 매매되고 있습니다. 아이들도 운동장에서 놀지 않고 컴퓨터가 만들어 준 세상 속에서 살아가고 있습니다.

11. '우리가 경험해 보지 못했던 이 엄청난 세상에서 도대체 어찌 살아야 하는가? 과연 인간성은 보존될 수 있는 것인가?'라는 질문을 던져 보지 않을 수 없습니다.

12. 하느님은 인간을 사랑스럽게 창조해 주셨습니다. 인간은 하느님의 모습을 담아 창조된 걸작품인 것이죠. 따라서 인간은 누구나 예외 없이 아름답고 행복하게 살 권리가 있습니다.

13. 그러나 우리는 결코 행복하게 살아간다고 이야기할 수 없을 것입니다. 과거보다 경제적으로는 훨씬 더 윤택해졌지만 아직도 많은 이들이 경제적인 가난과 정신적인 빈곤 상태에서 벗어나지 못하고 있습니다. 마음마저도 빈곤한 상태인 것이죠. 마음속에 뚜렷한 삶의 방향도 없이 왜 살아야 하는지도 모르고, 어떻게 살아야 할지도 모르는 혼돈과 방황의 삶을 살아가는 사람들이 참으로 많습니다. 그래서 마음속의 어둠을 이겨 내지 못합니다. 아니, 마음속의 그 어둠이 이 세상의 악과 결탁하여 더 커져만 갑니다. 그래서 아름다워야 할 인간들이 파괴되어 가고 있고, 이상한 사람, 괴이한 사람, 흉

측하고 괴물 같은 사람이 점차 늘어만 가고 있습니다. 시시비비 따지기만 하고, 분노와 미움, 적개심, 증오심이 가득한 채 살아가는 사람이 의외로 많습니다.

요즘에는 뉴스 보기가 겁납니다. 부모가 아이를 학대, 폭행, 죽음에 이르도록 방치하기도 합니다. 노부부가 서로 싸워 죽이기도 하고, 홧김에 집에 불을 지르기도 하고, 부모를 미워하다 못해 죽이기까지 합니다.

14. 어찌하면 우리 숨을 조여 오는 이 어둠의 세력들, 죽음의 세력들을 극복할 수 있을까요? 인간은 아무리 어렵고 힘든 상황일지라도 그 모든 것을 이겨 내는 선한 힘을 마음 깊은 곳에 갖고 있습니다. 아무리 극악한 사람이 많더라도 더 많은 침묵하는 선의의 사람들이 있게 마련입니다.

15. 우리 마음속의 어둠을 극복하기 위해서는 우리 자신의 선한 면을 발견해 내고, 그 선함을 더욱더 극대화시켜 나가야 합니다. 나 자신에게 좋은 점은 무엇인지, 나의 인생에 있어 감사할 일은 무엇인지, 내가 살아오면서 이웃에게 베푼 용서와 사랑은 어떤 것들이 있었는지 찾아야 합니다.

신앙인들은 한 걸음 더 나아가 하느님께서 나를 어떻게 사랑하시는지를 내 인생에서 찾아야 합니다. 나에게 어떤 용서를 베푸셨고, 나에게 어떤 자비를 베푸셨는지를 찾아야 하는 것입니다. 그리고 그 용서와 사랑, 그리고 자비를 끊임없이 이웃들에게 증거해야 하는 것입니다.

16. 오늘 복음에서 예수님께서는 용서하시는 하느님, 자비를 베푸시는 하느님의 모습을 보여 주고 있습니다.

죽어야 할 죄를 지은 한 여인에게 쏟아지는 사람들의 미움과 간계 등의 악의와 살기를 당신이 온몸으로 막아 내십니다.

아마 예수님께서 그들을 쳐다보시면서 죄 없는 자가 먼저 저 여인에게 돌을 던져라 하셨으면 그들은 자신들의 옳음을 드러내기 위해서라도 그 여인에게 돌을 던졌을 것입니다. 그러나 예수님은 그리 말씀하신 뒤 몸을 굽히시어 땅바닥에 뭔가를 쓰시며 그들에게 스스로를 돌아볼 수 있는 시간을 허락하십니다. 참으로 현명하고 지혜로운 처사였습니다.

17. 사람들의 마음에는 선과 악이 존재하게 마련인데 예수님께서는 그들의 악을 부추기지 않으셨습니다. 악한 그들이지만 그들 안에 있는 선한 마음이 우러나오도록 기다리시고, 인내하셨던 것입니다. 사실 예수님께서는 그 여인만을 살리신 것이 아니라 그녀를 끌고 온 사악한 사람들도 살리신 것입니다. 그들 마음 깊은 곳에 있는 선한 마음을 이끌어 내셨기 때문입니다.

18. 언제가 저도 사람들의 악의에 찬 선동으로 시달린 적이 있었습니다. 제가 할 수 있는 일은 침묵과 인내뿐이었습니다. 맞대항해서 싸울 수도 있었지만 그들을 이길 수 있는 방법은 제가 그들보다 더 악해져야 가능한 일이었습니다.

19. 어둠을 이겨 내는 방법은 맞서지 않는 것입니다. 그 어둠을 이기려면 더 어두워지는 방법밖에 없기 때문입니다.

20. 하느님은 바로 그런 분이십니다. 우리의 어둠과 죄악이 아무리 심하고 깊어도 하느님께서는 당신께서 우리 마음속에 심어 주신 그 아름다운 마음을, 선한 마음을 믿고 계십니다. 인간에게 주신 그 선함을 끝까지, 어떤 고통을 감수하더라도 포기하지 않으시는 분이십니다. 그래서 용서하시는 것입니다. 내 어둠을 용납하시는 것이 아니라 내 마음 깊은 곳에 있는 선한 마음을 응원하고 계시는 것입니다. 나의 어둠보다도 나의 선함을 더 믿으시고, 더 기다리시고 계시는 것입니다.

21. 그분의 사랑을 먹고 사는 우리도 우리 이웃들에게 조금이나마 하느님의 그 마음을 실천할 수 있어야 하겠습니다. 악하고 그릇된 길에 들어선 사람이라 할지라도 그 사람의 마음 깊은 곳에 숨겨져 있는 하느님의 선함을 믿어야 하겠습니다. 그리고 기다릴 줄 알아야 하겠습니다. 때로는 기다림이 고통의 시간이더라도 하느님께서는 선함을 끄집어내기 위한 우리의 기다림을 칭찬해 주실 것입니다.

22. 세상은 악하게 흘러가고 있는 듯이 보이지만 그 안에 오히려 하느님의 힘이 더 힘차게 흘러가고 있음을 믿어야 하겠습니다.
"여인아, 너를 단죄한 자가 아무도 없느냐?"
"아무도 없습니다."
"나도 너를 단죄하지 않는다. 가거라. 이제부터 다시는 죄를 짓지 마라." 아멘.

주님 수난 성지주일(2016. 3. 20.)

"그리스도는 우리를 위하여 죽음에 이르기까지,
십자가 죽음에 이르기까지 순종하셨네. 하느님은 그분을
드높이 올리시고, 모든 이름 위에 뛰어난 이름을 주셨네."

1. 긴 수난 복음 들으시느라 애쓰셨습니다.
이제 이번 주는 1년 중 가장 거룩한 성 주간에 들어가게 됩니다.

2. 거룩한 주간, 우리는 인간의 온갖 어둠과 죄악들을 성서를 통해
듣게 됩니다. 그런데 왜 거룩한 주간이라고 하는 것일까요?

3. 인간에게는 이중성이 있게 마련입니다. 그 마음속에 빛이 있는
가 하면 어둠이 있고, 선이 있는가 하면 악이 있습니다. 아름다움이
있는가 하면 추함이 있고, 진실이 있는가 하면 거짓이 또한 함께 존
재하고 있습니다.

4. 예수님께서 이 세상에 오신 이유는 인간의 빛과 선함과 아름다
움, 그리고 진실됨을 회복하기 위해서입니다. 즉 원래 인간은 하느
님의 모상을 따라 선하고 아름다운 모습이었는데 이 세상의 어둠과
죄악으로 인해 그 모상이 찌그러지고 변질되고 말았습니다. 인간이
행복해지기 위해서는 그 원래의 하느님 모습을 회복해야 하는데 인
간의 힘으로는 불가능한 일입니다. 인간의 힘으로는 영적인 악의
세력을 이겨 낼 수 없기 때문입니다.

그래서 예수님께서 이 세상에 오셨습니다. 그러나 인성을 취하신 예수님께서도 이 악의 세력을 이겨 낼 수가 없었습니다.

그분께서는 이 세상에 있는 모든 인간의 고통을 다 겪어 내셔야 했습니다. 이 악의 세력을 이겨 나가기 위해서는 희생 제물, 속죄의 제물, 대속물이 필요했기 때문입니다. 예수님께서는 기꺼이 당신의 온몸을 인간을 위해 바치십니다.

그것은 인간에 대한 사랑 때문이었습니다. 하느님이 창조해 주신 원래의 모습으로 되돌리기 위한 사랑이었습니다. 그 사랑이 워낙 컸기에, 아니 하느님의 원래의 모습이 사랑이었기에 예수님께서는 그 어둠과 죄악 한가운데로 떨어지십니다. 오로지 사랑만이 인간을 구원할 수 있기 때문입니다. 사랑 때문에, 오로지 사랑 때문에 모든 고통을 다 받아들이십니다.

사랑에 대한 대가는 너무 컸습니다. 예수님께서는 인간이 겪을 수 있는 모든 고통을 겪으셔야만 했습니다. 인간이 그 본래의 아름다운 모습을 회복할 수만 있다면 어떤 대가라도 아깝지 않으셨습니다.

5. 이 세상의 악의 세력들은 예수님을 한도 끝도 없이 찔러 대고, 급기야는 죽이기까지 합니다.

어둠이 세상을 덮었습니다. 악의 세력이 승리하는 듯이 보였습니다. 그야말로 악의 세상이 되었고, 우리는 악의 마지막 모습까지 성서를 통해서 보게 됩니다.

6. 예수님은 당신의 고통과 죽음을 통해서 그 모든 어둠과 악의 세력들을 다 당신 가슴에 끌어안으십니다. 어둠으로 질식하고 터질

것 같은 가슴이었겠지만 당신의 그 끝을 알 수 없는 사랑으로 그 모든 것을 다 끌어안으십니다. 결코 분노도, 미움도, 복수도 없이 그저 사랑과 용서의 마음으로 당신의 모든 것을 부숴 버리는 그 어둠들을 다 끌어안으십니다.

7. 그것은 하느님께 대한 절대적인 신뢰와 사랑의 표현이기도 했습니다. 하느님께서 승리하실 것이라는 절대적인 믿음과 신뢰를 갖고 계셨기에 가능한 일이었습니다. 선이 승리할 것이라는 믿음, 하느님께서 함께하실 것이라는 절대적인 믿음이었습니다.

8. 깊은 침묵과 인내의 시간이 필요했습니다. 이 세상은 어둠으로 가득 차 있었지만 믿는 이들의 마음 안에서 조금씩 빛과 희망이 생겨나기 시작합니다.

9. 하느님께서는 누구도 예상하지 못한 방법으로 이 세상의 죄와 어둠을 없애 주십니다. 당신의 아들을 희생시키고 속죄의 제물로 삼으시면서까지 이 세상의 죄와 어둠을 없애 주고 계십니다.

10. 이 세상의 죄와 어둠이 극에 달했기에 누군가가 희생 제물이 되어야 했고, 누군가가 속죄의 제물이 되어야 했습니다. 그 누군가가 바로 당신의 아들, 예수 그리스도이셨습니다.

11. 이제 우리는 그분의 희생으로, 그분의 죽음으로, 또 그 안에 있는 엄청난 사랑으로 우리 본래의 모습, 하느님께서 창조해 주신 그 아름다운 모습을 회복할 수 있게 되었습니다. 믿음을 통해서, 신뢰와 사랑을 통해서 우리 마음 안에는 새로운 변화가 가능하게 되었

습니다.

12. 주님의 부활은 믿는 이들에게만 보이는 하느님의 승리입니다. 선의 승리이고, 아름다움의 승리이고, 정의와 자비의 승리인 것입니다.

13. 예수님의 희생과 속죄의 제물은 오늘도 제대 위에서 봉헌되고 있습니다. 우리는 아직도 어둡고 힘든, 죄악의 세력이 판치는 세상 속에서 살고 있기 때문입니다. 오늘도 예수님께서는 이 세상의 죄를 없애시기 위해서 제대 위에서 봉헌되고 계십니다.

14. 그렇기에 우리에게도 믿음을 통해 우리의 구체적인 삶 속에서 부활이 이루어지고 있습니다. 선과 정의와 자비가 승리할 것이라는 신념을 가질 수 있어야 하겠습니다.

15. 예수님의 수난 고통, 그 죽음, 그리고 하느님의 결정적인 승리인 부활은 우리 삶에서 여전히 체험되어야 하는 현실임을 잊지 말아야 하겠습니다.
"그리스도는 우리를 위하여 죽음에 이르기까지, 십자가 죽음에 이르기까지 순종하셨네. 하느님은 그분을 드높이 올리시고, 모든 이름 위에 뛰어난 이름을 주셨네." 아멘.

예수 부활 대축일 (2016. 3. 27.)

"자, 기억해 보아라. 사람의 아들은 죄인들의 손에 넘겨져
십자가에 못 박히셨다가 사흘 만에 다시 살아나야 한다고
말씀하시지 않았느냐."

1. 주님의 고통, 수난, 죽음의 시간에 온 세상은 어두워졌습니다. 이 세상의 악의 세력이 승리한 듯이 보였습니다.

내 마음속의 작은 어둠들이 이웃의 마음속에 있는 작은 어둠들과 만나 큰 어둠을 만들고, 그 큰 어둠들은 더 큰 어둠들을 만나 강력한 어둠이 되었고, 힘센 어둠의 세력, 악의 세력이 되고 말았습니다.

이 세상의 그 어떤 인간도 어쩔 수 없는 강력한 악의 세력 앞에 인간은 그저 미약할 뿐이었습니다. 아무런 힘도 쓰지 못했습니다. 인간 내면에 있는 사랑과 평화가 깨지고, 선과 아름다움과 진실함이 힘없이 무너져 내렸습니다. 인간은 그저 어둠과 악의 세력의 노예가 되어 속절없이 힘들고, 불행하고, 고통스럽게 살 수밖에 없었습니다.

이 어둠을 없애기에는, 이 강력한 악의 세력을 이기기에는 인간의 내면의 선함은 그저 무력함 그 자체였습니다.

인간의 어쩔 수 없는 어둠 앞에 하느님께서는 용단을 내리십니다. 당신께서 직접 이 땅에 내려오시어 그 어둠과 맞서 싸우십니다. 그러나 그 싸움의 방법은 악을 악으로 갚는 것이 아니었고, 악의 세력에 그저 힘없이 자신을 맡기는 방법이었습니다. 악의 세력이 드디

어 그 정체를 적나라하게 드러냅니다. 어둠과 악의 세력이 승리한 듯이 보입니다.

그러나 여기서, 그 마지막 순간에 하느님의 위대하신 힘이 드러납니다. 하느님께서는 인간의 마지막 문제이며 죄의 결과인 죽음을 극복하시는 강력한 힘을 보여 주십니다.

2. 부활하신 예수님은 하느님께서 이 세상의 어둠과 악의 세력을 물리치심을 보여 주는 결정적인 사건입니다. 이제 미약하기만 한 인간이 하느님과 함께한다면 그 어떤 어둠도, 악의 세력도 이겨 낼 수 있음을 보여 주는 것입니다.

3. 이제 주 그리스도의 거룩하시고 영광스러우신 상처로 이 세상에 하느님의 새로운 빛이 들어오게 되었고, 그 빛은 우리의 마음과 세상의 어둠을 물리치게 되었습니다. 그래서 우리는 외칩니다. 그리스도 우리의 빛이라고, 하느님께 감사하다고 외치는 것입니다.

4. 이 밤은 그 옛날 우리 신앙의 조상인 이스라엘 백성을 그 노예 생활의 이집트 땅에서 구해 주신 것처럼 우리를 어둠과 악의 세력으로부터 구해 주시는 밤입니다. 인생의 광야에서 헤매는 우리를 불기둥으로 인도해 주시고, 온갖 죄악과 죄의 어둠에서 구원하시는 밤입니다.

하느님의 사랑은 참으로 묘하십니다. 종을 구하시려 아들을 넘겨주시는 사랑입니다. 이 밤이 얼마나 귀중한 하느님 사랑의 밤인지 아담의 원죄마저도 복된 탓이라고 일컬어집니다. '오, 복된 탓이여. 너로써 위대한 구세주를 얻게 되었도다.'

아들마저 아낌없이 내어주시는 그 사랑으로 이 밤은 거룩하여지고, 기쁨을 주는 밤이 됩니다. 이제 인간의 모든 죄는 용서받고, 허물은 씻어지며, 우는 이에게는 기쁨이 주어지고, 미움과 분노는 사라지며, 모든 이에게 평화와 화목이 선물로 주어집니다.

이 밤은 참으로 복된 밤입니다. 하늘과 땅이 결합된 밤이요, 하느님과 인간이 결합된 밤입니다.

5. 이제 이 세상에 들어오신 그리스도의 빛은, 우리 앞에 환히 빛나는 부활의 빛은 우리 마음속에 들어오시어 우리 마음의 어둠과 죄악을 씻어 주시고, 하느님의 그 아름다우신 광채를 선물로 베풀어 주실 것입니다. 이제 우리의 삶에서는 죽음마저도 극복하는 하느님의 크신 힘이 함께하게 될 것입니다. 우리는 행복해지고, 아름다워지며, 선해지고, 진실하게 살아갈 수 있게 될 것입니다.

6. 그래서 우리가 기뻐하는 것입니다. 찬미하는 것입니다. 우리 마음의 빛을 발산하는 것입니다. 이 밤은 그 어떤 어둠도 우리에게 다가오지 못할 것입니다.

7. 우리 마음의 빛과 아름다움을 모아 함께 외칩시다.
"알렐루야, 알렐루야, 예수님께서 부활하셨습니다. 우리 마음의 어둠을 없애 주셨습니다. 우리는 행복합니다. 우리는 아름답습니다."

8. 이 기쁨과 아름다움을 앞으로도 유지하기 위해서 우리에게 필요한 것은 무엇이겠습니까?
① 하느님께서 우리를 당신 모습대로 창조해 주셨음을 깨닫고, 우

리 안에 하느님의 모상이 존재한다는 진리를 깨쳐야 합니다.

② 아브라함이 오로지 하느님만을 믿고 자신의 아들마저 아낌없이 바친 것과 같은 그런 하느님께 대한 신뢰와 신앙이 필요합니다.

③ 하느님께서 그 옛날 이스라엘 백성을 구해 주신 것처럼 예수님을 통하여 이 밤에 우리를 구해 주시고, 이끌어 주신다는 사실을 잊지 말고 기억해야 합니다.

④ 우리는 또다시 어둠과 죄악에 빠져들 수 있지만 하느님께서는 그때마다 우리 인생에 자비를 베푸신다는 사실을 가슴속에 깊이 새겨 두어야 합니다.

⑤ 하느님께서 오늘 이 밤에 우리를 구원하신다는 약속, 새로운 계약은 꼭 지키신다는 확신을 가져야 합니다.

⑥ 우리가 인생을 올바로 살아가는 방법은 오직 하느님의 지혜 안에서, 하느님의 은총 안에서, 하느님의 뜻 안에서 살아가는 방법밖에 없음을 알아야 합니다.

⑦ 하느님께서는 앞으로도 우리를 지켜 내시기 위해서 당신의 성령을 보내 주십니다. 성령께서는 우리의 삶을 지켜 주실 것이고, 우리의 굳은 마음을 도려내고 살로 된 마음을 넣어 주실 것임을 알아야 합니다.

9. 이 말씀들만 지킬 수 있다면 죄의 지배를 받는 우리의 몸이 소멸될 것이고, 더 이상 죄의 종노릇을 하지 않게 될 것입니다. 그리스도와 함께 죽었으니 그분과 함께 다시 부활하게 될 것입니다.

10. 그래서 우리는 소리 높여 외치게 될 것입니다.

"주님이 오른손을 들어 올리셨다. 나는 죽지 않으리라, 살아남으리라, 주님이 하신 일을 선포하리라. 그분은 묘하신분, 집 짓는 이들이 내버린 쓸모없는 돌로 모퉁이의 머릿돌을 삼으시는 분, 주님이 이루시는 일, 우리 눈에 놀랍기만 하네."

11. 형제자매 여러분!

삶이 우리를 아무리 괴롭혀도, 어둠과 죽음의 세력이 우리를 아무리 괴롭히고 힘들게 하여도 주님의 부활이 우리와 함께 있다는 사실을 잊지 맙시다. 그분의 부활은 이 진흙탕과 같은 세상 속에서 살아가는 우리에게는 없어서는 안 될 희망이며 용기입니다.

비록 때로는 우리의 마음이 찢어지고 해어져 너덜거리더라도 하느님 사랑의 결정판인 주님의 부활이 있으니 우리는 어떤 상황에서도 용기 있게 다시 일어날 수 있는 것입니다.

여전히 우리의 삶에 어둠과 죽음이 판치더라도 주님 부활만 확고하게 믿는다면 우리는 그 어둠과 죽음의 세력에서 벗어나 자유롭고, 행복하고, 기쁘게 살아갈 수 있을 것입니다.

자, 용기를 냅시다. 모든 두려움을 이겨 나갑시다. 자신의 부족함에 연연하지 말고, 우리의 부족함을 넘어서는 하느님의 자비를 굳게 믿읍시다. 우리를 구하시기 위해 당신 아들에게 그 험한 고통과 죽음을 허락하신 하느님께서 우리를 위해 못 하실 일이 무엇이겠습니까?

부활은 믿는 이들의 마음 안에 크신 하느님의 사랑과 자비, 은총을 베풀어 주십니다.

"자, 기억해 보아라. 사람의 아들은 죄인들의 손에 넘겨져 십자가에 못 박히셨다가 사흘 만에 다시 살아나야 한다고 말씀하시지 않았느냐." 아멘.

부활 제3주일(2016. 4. 10.)

"너는 나를 사랑하느냐? 너는 나를 사랑하느냐?
너는 나를 사랑하느냐?"

1. 예전에는 꽃들이 피는 순서가 있었지 말입니다. 산수유가 피고, 목련이 그다음, 그리고 벚꽃, 개나리, 진달래 순으로 피었는데 올해는 거의 모든 꽃들이 한꺼번에 피어나고 있지 말입니다. 자연계의 생태가 무너진 것 같아 걱정스럽기는 하지만 온 동네가 꽃 잔치를 벌이는 모습에 입이 짝 벌어지지 말입니다.

2. 요즘 한참 시청률이 높은 드라마 흉내를 내 보았습니다. 그런데 막상 군대에서는 그런 식으로 말하지는 않습니다. 인기 있는 드라마 때문에 새로운 어법이 한순간에 유행이 되고 있습니다.

3. 또 있죠. 금호동 신자들이여, 말로만 하지 말고 행동으로 응답하라. 쉬고 있는 신자들이여, 응답하라. 언제까지 쉴 거냐고 하느님께서 물으신다고 전하여라. 그리 쉬기만 하면 하느님께서 섭섭하시다고 전하여라.

새로 이사 온 신자들이여, 응답하라. 교통 좋고, 시설 좋다고 옥수동으로만 나가면 본당 신부 섭섭하다고 전하여라. 아무리 내 집이 불편하고 오기 힘들어도, 그래도 내 집이 편한 거라고 전하여라. 왜 쓸데없이 남의 집에 가서 눈칫밥 먹는지 안타깝다고 전하여라. 그렇게 차만 타고 옥수동 가면 금호동 성당에 오르내리면서 받는 하느님의 축복, 건강의 축복은 못 받는다고 전하여라.

여러 가지 여건상 할 수 없이 옥수동 가더라도 교무금만은 금호동에 내라고 전하여라. 아무리 세상이 변하여도 자기 집은 자기 집이라고 전하여라.

4. 자연계의 생태계도 바뀌고, 신자들의 의식구조도 바뀌고, 여하튼 많은 것이 너무 쉽게 바뀌는 세상입니다.

5. 지난주에 본당의 사제들과 수도자들이 함께 전남 신안에 있는 증도라는 곳으로 엠마우스를 다녀왔습니다. 일명 슬로 시티라고 불리는 곳입니다. 그곳에서는 바쁠 것이 없었습니다. 때가 되면 일어나서 미사하고, 밥 먹고…… 천천히 여유 있게 2박 3일을 잘 즐기고 왔습니다.

아름다운 자연이었습니다. 특히 숙소 앞에 아주 자그마한 해변이 있었죠. 석양이 아름답게 빛나는 해변이었습니다. 지는 해만 아름다운 것이 아니라 그 지는 해를 한가슴에 가득 품고 있는 바다도 너무 아름다웠습니다.

아름답고 여유 있는 환경에서 본당의 사목 책임자들이 서로의 생각과 마음, 그리고 기도를 나누는 참으로 아름다운 엠마우스였습니다. 본당 신자들을 위해 기도하면서 어떻게 하면 우리 금호동 신자들이 더 행복한 신앙생활을 할 수 있을까 고민하며, 기도하며, 즐기며 지낼 수 있었습니다.

6. 예수님께서는 부활하신 뒤, 처절한 마음을 품고 엠마오라는 고

향으로 돌아가는 두 제자에게 나타나십니다. 그 제자들이 누구였는지 구체적으로는 모르지만 어쨌든 그 두 제자의 마음은 매우 어둡고 침울했습니다. 자신들의 인생에 빛을 던져 준, 삶의 해법을 던져 준 나자렛 사람 예수를 만나게 되었는데, 구세주라고 믿었던 그분이 너무나 황당하게도 하루아침에 로마 군인들에게 잡혀갔고, 급기야는 상상할 수도 없었던 십자가형을 받고 돌아가셨기 때문입니다. 갑자기 그 두 제자의 인생은 항로를 잃고 말았습니다. 이제 어찌 살아야 하는지 어둠과 황당함으로 그 마음들이 찢어지고 있었습니다. 도대체 이게 어찌된 일인지 그들은 이해할 수도 없었고, 그 현실을 받아들일 수도 없었습니다. 그래서 그들은 예전의 삶으로 돌아가기 위해 자기 고향이었던 엠마오로 터덜터덜 걸어가고 있었습니다.

7. 그들에게 부활하신 예수님께서 나타나십니다. 그러나 그들은 영적인 존재인 부활의 몸이 되신 예수님을 알아보지 못합니다. 예수님께서는 생전에 가르쳐 주셨던 당신에 대한 이야기와 구약에 예언된 이야기들을 하나씩 풀어 설명해 주십니다. 그분의 이야기를 들으면서 그들의 마음은 점차 어둠이 걷히고, 빛이 들어오며, 마음이 뜨거워집니다.

저녁이 되어 어느 집에 들어가 식사를 하려고 할 때 제자들은 그만 깜짝 놀라고 맙니다. 빵을 들어 하늘을 우러러 감사의 기도를 드리신 다음 빵을 떼어 주시는 그분의 모습을 보고, 그들은 망치로 머리를 맞는 느낌이었습니다.

비로소 그분이 예수님이심을 깨닫게 됩니다. 자신들의 기억 깊은 곳에 소중히 간직되어 있던 모습, 절대로 잊을 수 없는 그 모습 속에서, 그 기억 속에서 그들은 그분이 예수님이신 것을 깨닫게 됩니다. 순간 예수님께서는 연기처럼 그들의 시야에서 사라지십니다.

8. 제자들의 뜨거워진 마음과 기억 저편에 숨어 있던 귀중하면서도 살아 있는 기억과 추억 속에서 그들은 부활하신 예수님을 체험하게 됩니다. 그들의 어둡고 절망적이던 마음은 어느샌가 사라지고, 빛으로, 용기로, 희망으로 가득 차게 됩니다.

9. 그들은 식사를 하는 둥 마는 둥 하고 급히 일어섭니다. 그러고는 자기들이 떠나온 예루살렘으로 다시 발길을 돌립니다.
저녁 늦게 그들의 은신처에 도착했을 때 그들은 다시 한 번 놀랍니다. 제자들이 마치 약속이나 한 듯이 그곳에 모여 있었습니다. 부활을 체험한 제자들이 한둘이 아니었습니다. 아주 생생하게 주님 부활에 대한 이야기를 나누고 있었습니다. 부활하신 예수님께서는 먼저 갈릴레아로 갈 테니 너희도 따라오라고 하셨다는 것입니다.

10. 이른 새벽 그들은 함께 갈릴레아로 떠납니다.
갈릴레아란 어떤 곳입니까? 그들이 처음으로 예수님을 만났던 곳입니다. 그들은 그곳에서 인생의 새로운 빛을 발견하였고, 예수님에게서 하느님의 구원과 사랑을 볼 수 있었습니다. 그곳에서 그들은 이제 예수님만 따라 살겠다고 결심하였습니다.
많은 사람들이 예수님께 모여들었고, 그들은 자부심을 갖고 예수님의 일을 도와드렸습니다. 사람들이 예수님 말씀에 여태까지 느껴보지 못했던 깊은 감동을 느끼고, 새로운 삶을 결심하는 것을 보면서 그들 역시 벅차오르는 감사와 감동을 느낄 수 있었던 곳이었습니다.

그들은 예수님의 말씀에 마귀들이 쫓겨 나가는 것을 직접 보았고, 많은 불치병을 앓던 병자들이 자리를 털고 일어나는 것을 직접 보았습니다. 그 많은 사람들을 단지 빵 5개와 물고기 두 마리로 배불리 먹이는 모습도 직접 보았습니다. 밤새 고기를 잡으려 애썼지만 한 마리도 잡지 못하고 허탈해하는 제자들에게 배가 터질 만큼 많은 물고기를 잡게 해 주시는 예수님의 능력을 보았습니다.

배가 뒤집히는 풍랑 속에서 여유 있는 물 위를 걸어오시면서 믿음이 약한 베드로를 꾸짖는 예수님을 보았고, 배 위에 오르시자 그 거센 풍랑이 삽시간에 조용해지던 그 엄청난 모습도 보았습니다.

11. 갈릴레아란 바로 그런 곳이었습니다. 예수님과의 수많은 기억들, 추억들, 감동들, 감사들, 희망들이 살아 숨 쉬는 곳이었습니다. 그들은 예수님을 통해 위대하신 하느님의 능력과 사랑을 직접 보고, 만지고, 느낄 수 있었습니다.

한마디로 갈릴레아는 그들 마음의 고향이었고, 새로운 삶의 출발점이었으며, 그들이 하느님의 평화를 깊게 느낀, 결코 잊을 수 없는 곳이었습니다.

12. 갈릴레아에 도착한 제자들은 당장 민생고부터 해결해야 했습니다. 그들이 제일 잘하는 일은 갈릴레아 바다에서 고기를 잡는 일이었습니다. 제자들의 수장이었던 베드로가 고기를 잡으러 가겠다고 나서자 다른 제자들도 따라나섭니다. 그날 밤 그들은 자신들의 전문적인 지식과 경험들을 총동원하였지만 밤새 한 마리도 잡지 못

합니다.

13. 허탈하기 이를 데 없었습니다. 새벽녘 동틀 무렵 호숫가에 어떤
사람이 서 있었습니다. "얘들아, 뭘 좀 잡았느냐?"고 물어보십니다.
한 마리도 못 잡았다고 하자 그물을 배 오른쪽에 던져 보라고 말씀
하십니다.

그들은 자신들도 모르게 무의식적으로 그물을 배 오른쪽에 던집니
다. 언젠가 있었던 일이었습니다. 순간 그물이 묵직함을 느낍니다.
그제야 그들은 언제가 있었던 일을 떠올립니다. 그 기억들, 그 추억
들이 마음을 헤집고 떠오릅니다.

역시 예수님을 가장 사랑하던 제자가 제일 먼저 눈치를 챕니다. "주
님이십니다!" 그는 자신도 모르게 소리를 칩니다. 말보다 행동이 빠
른 베드로는 순간 웃옷을 걸쳐 입고는 물속에 뛰어들어 예수님께
나아갑니다.

14. 몸과 마음이 다 지쳐 버린 제자들을 위해 예수님께서는 숯불과
빵과 물고기를 이미 준비해 놓고 계셨습니다. "애썼다. 와서 아침을
먹어라." 예수님의 음성이 그 동트는 새벽에 잔잔하면서도 힘 있게
제자들의 마음을 파고듭니다. 잔잔한 음성이었지만 제자들은 너무
나 명확하게 그 목소리를 기억하고 있었습니다.

15. 제자들은 순간적으로 왜 예수님께서 이곳 갈릴레아에서 보자
고 하셨는지 깨닫게 됩니다. 인생에 가장 소중한 기억들, 추억들이
그곳 갈릴레아에 있었고, 특히 그 호숫가에 더 많이 만져질 정도로
존재하고 있었습니다. 시간과 공간을 초월한 예수님이었고, 인간의

지각으로는 이해하기 힘든 부활하신 예수님이셨지만 그들은 시간과 공간을 뛰어넘는 그 기억들과 추억들을 통해 부활하신 예수님을 쉽게 알아보고, 깨닫고, 체험하게 됩니다.

16. 인간은 죽을 때 아무것도 가져가지 못합니다. 돈도, 명예도, 권력도 죽는 사람 앞에서는 아무런 의미가 없습니다. 그러나 단 한 가지만은 갖고 간다고 합니다. 바로 기억이고, 추억입니다. 나쁜 기억과 추억보다는 사랑이 가득한 기억들, 아름다움이 가득한 추억들만 그 마음속에 품고 간다고 합니다. 그래서 사람들은 아름다운 기억과 추억을 많이 만들라고 합니다. 늙어서는 추억만 먹고 산다고도 합니다.

17. 예수님의 부활은 생전의 살아 있는 예수님과의 기억과 추억 속에서 나에게 체험되는 것이라고 현대 신학자들은 설명합니다. 우리는 어디서 살아 있는 예수님을 만납니까? 어디서 살아 있는 그분의 말씀을 듣고, 그분의 능력을 체험하고, 그분의 사랑을 느낍니까?
바로 우리가 살아 있을 때입니다. 내 눈이 보이고, 내 귀가 들리고, 내 발걸음이 걸어질 때 우리는 부지런히 예수님과의 추억을 만들어야 합니다. 그분의 말씀을 자주 듣고, 그분을 통해 하느님의 크신 사랑과 자비와 용서를 체험해야 합니다. 내 인생에 그분께서 하신 너무나 크신 일들에 대해 감사하고 감동할 수 있어야 합니다. 먼지만도 못한 내 존재를 당신의 생명을 바쳐 사랑하시는 그 사랑의 신비를 배워 익히고, 느끼고, 깨닫고, 전율을 느낄 정도로 감동해야 합니다.
내 마음속에 그분에 대한 살아 있는 소중한 기억과 추억이 있을 때 우리는 비로소 부활하신 주님을 만나 뵙고, 죽었던 우리도 부활할 수 있게 됨을 깨달아야 합니다. 살아 있을 때 그분에 대한 기억과 추억이 없다면 우리가 부활하기까지 얼마나 긴 시간, 고뇌에 찬 시간을 보내야 하는지 생각해 보아야 합니다.

"너는 나를 사랑하느냐? 너는 나를 사랑하느냐? 너는 나를 사랑하느냐?" 아멘.

1. 어제 봄비가 내리더니 이 봄이 더욱더 아름답게 느껴집니다. 날씨도 쾌청하고, 기분도 아주 좋습니다.

2. 지난 몇 주간 본당에서는 우리의 성전을 아름답게 꾸미기 위해서 각종 나무와 꽃들을 심었고, 특히 성모상 주변은 아주 아름답게 꾸며졌습니다. 좀 더 시간이 가면 더더욱 아름다운 성모님의 공간이 될 것입니다.
또한 신자들이 성전에서 좀 더 편안하고 안락하게 지낼 수 있도록 오랜 기간 사용하던 딱딱한 방석을 푹신하고 편안한 방석으로 교체하였습니다. 편안하신가요?

3. 우리 신자 여러분들이 성당에 오시면 좀 더 편안하고, 아름다운 환경이 될 수 있도록 앞으로도 부족한 부분들을 보완해 나가도록 하겠습니다. 여러분들도 본당에 대한 관심과 애정을 갖고 아름다운 공동체, 행복한 공동체가 될 수 있도록 좀 더 마음을 모아 주시면 고맙겠습니다.

4. 오늘은 특별히 성소 주일입니다. 우리 모두가 각자 나름대로 삶

에서의 성소를 갖고 살아가지만 특별히 오늘은 사제들과 수도자들, 그리고 신학생들, 한 걸음 더 나아가 교회를 위해서 기도하는 날이라 할 수 있습니다.

5. 우리가 이 어려운 세상, 온갖 어둠과 악의 세력이 가득한 이 세상에서 그래도 행복하게 살 수 있기 위해서는 희망이 있어야 하고, 그 희망은 바로 교회 안에서 발견되고 체험되어야 하는 것입니다. 교회마저 어둡고 활력이 없다면 우리가 어디서 희망을 얻을 수 있겠습니까? 그래서 이 교회 안에 하느님의 사랑이 충만할 수 있도록, 또 하느님의 뜻이 이루어지는 참다운 교회가 될 수 있도록 우리가 노력하고, 기도해야 하는 것입니다.

어머니의 얼굴이 더럽다고 욕할 것이 아니고, 그 더러운 어머니의 얼굴을 닦아 드리도록 노력하는 것이 우리의 올바른 태도라 할 수 있을 것입니다. 교회는 우리가 태어난 마음의 고향이고, 영혼의 고향이며, 우리의 어머니입니다. 이 교회 안에서 우리는 하느님의 사랑으로 태어났고, 이 교회를 통하여 우리가 이 힘든 세상에서 그래도 희망을 갖고 살아갈 수 있는 용기와 용서와 치유를 얻는 것이기 때문입니다.

그래서 교회에 하느님의 힘이 충만할 수 있도록, 또 성령께서 충만히 함께 계실 수 있도록 우리가 최선의 노력과 기도를 다해야 하는 것입니다. 그래야만 그 충만한 하느님의 은총이 내 삶 안에 가득할 수 있는 것이며, 내 가정과 내 자녀에게도 그 은총이 가득할 수 있기 때문입니다.

6. 사실 이 교회 안에서 모든 이의 역할이 다 중요하지만 구체적인 삶의 현장에서 보면 사제의 역할이 거의 절대적이라 할 수 있을 것입니다. 어떤 본당이든지 그 본당 사제의 모습에 따라 그 색깔이 달라지는 것을 우리는 쉽게 발견하게 마련입니다.

7. 5년 전에 전국에 있는 저희 동창들이 사제 서품 25주년, 은경축을 맞이했습니다. 그때 저희들은 동창들의 은경축 행사에 적극적으로 참석했습니다. 제주도를 비롯해서 광주, 대구, 수원, 대전, 강원도, 서울 등 동창 신부들이 사는 곳을 찾아볼 수 있었습니다.

그때 참으로 많은 것을 느낄 수 있었습니다. 사실 살아가면서 동창들이 본당에서 어떤 모습인지는 잘 모르고 지내는 경우가 많습니다. 제가 상상하던 모습과는 전혀 다른 모습을 많이 볼 수 있었습니다. 하느님의 오묘하신 섭리를 느낄 수 있었습니다.

하느님께서는 각자에게 나름대로 고유한 성소를 주셨고, 그 성소가 완성되기까지 인내와 사랑으로 키워 주신다는 사실이 많이 마음에 와닿았습니다. 즉 동창 사제라고 그 사는 모습이 다 똑같지는 않다는 사실입니다. 각자 사는 모습이 달랐고, 하느님께 나아가는 길이 달랐습니다. 각자의 상황과 인격 안에서, 또 역사적인 배경 안에서 하느님께 나아가는 모습이었습니다. 공통점은 각자 그 길을 걸어가는 과정에서 겪어야 했던 수많은 고통과 어려움이 있었다는 사실입니다.

하느님께서는 각자의 길을 걷게 하시는 분이십니다. 사제라고 다 똑같은 길을 걷는 것이 아니고, 각자에게 주어진 성격과 개성과 환경에 따라 성소의 길을 걷는 것이었습니다. 즉 내게 주어진 성소의 길은, 내가 이 세상에 하나밖에 없는 존재이듯이 그 길 역시 단 하나밖에 없는 길이었습니다.

8. 작년, 재작년에 저는 1년에 한 번 해야 하는 연중 피정을 사제의 영성이라는 프로그램을 선택했습니다. '사제가 무엇인가? 사제직이란 무엇인가?'에 대해 참으로 갈증이 심했고, 그 답이 절실했기 때문입니다. 솔직히 말씀드리면 사제 생활을 30년 넘게 했으면서도 도대체 사제가 무엇인가, 사제직이란 무엇인가에 대한 의문과 갈증은 아직도 마음 깊은 곳에 남아 있음을 고백하지 않을 수 없습니다. 박진영의 노래에 따르면 10년을 하면 가수, 20년을 하면 전문가, 30년을 하면 레전드, 즉 전설이라고 하는데 이 사제 생활은 하면 할수록 그 답이 잘 나오지 않는 것 같습니다.

9. 한 가지 분명한 것은 이 사제직이 우연히 저에게 주어진 것이 아니라 하느님의 사랑에서 비롯된 것이라는 사실입니다. 즉 제 사제직의 원천은 바로 하느님의 사랑인 것입니다.

10. 그러면 사제직의 원천인 하느님의 사랑에 대해서 생각을 해 보십시다.
① 하느님의 사랑은 무상으로, 즉 공짜로 주어진다는 것입니다.
우리 노력의 대가로 하느님의 사랑이 주어지는 것이 아니라 그저 하느님의 자비로 그 사랑이 우리에게 공짜로 주어진다는 것입니다.
마치 부모님의 사랑처럼, 하느님의 사랑은 거의 본능적인 것입니다. 하느님은 그 존재 자체가 사랑이신 분이시기 때문입니다.
저의 삶 전체를 통하여 공짜로, 아무 대가도 바라지 않고 조건 없이 주신 그 엄청난 하느님의 사랑을 생각해 보면 참으로 전율이 느껴집니다. 그 공짜로 주어진 하느님의 사랑을 저도 공짜로, 아무 대가도 바라지 않고 무조건적으로 나눌 수 있도록 저와 사제들을 위해서 기도해 주시기 바랍니다.

② 하느님의 사랑은 강제적이지 않습니다. 하느님께서는 절대로 우리 마음의 문을 강제로 부수거나 열려고 하지 않으십니다. 그분은 언제나 우리의 자유의지를 존중해 주십니다. 언제나 인내롭게 기다려 주십니다. 우리 스스로 마음의 문을 열 때까지 기다려 주십니다. 저도 저의 삶을 돌이켜 보면 하느님께서는 제가 스스로 느끼고 깨달을 때까지 언제까지나 저를 기다려 주시는 분이셨습니다. 제가 스스로 저의 자유의지로 하느님께 나아갈 때까지 기다려 주시는 분이셨습니다. 저와 사제들도 신자들을 함부로, 강제로 대하지 않도록, 신자들이 스스로 하느님께 나아갈 때까지 언제까지나 인내와 기도로 기다려 주는 사제들이 될 수 있도록 기도해 주십시오.

③ 하느님의 사랑은 우리를 훈련시키고, 단련시켜 강하게 만들어 주십니다. 우리의 삶에서 때로는 기쁨을 통해서, 때로는 고통을 통해서 우리가 하느님의 사람이 될 수 있도록 이끌어 주시고 도와주십니다.

저도 되돌아보면 하느님께서는 저의 삶에 때로는 견디기 힘든 시련과 고통을 주셨지만 그 모든 것이 하느님의 사제가 되도록 허락하신 시간들이었음을 깨닫게 됩니다. 어둠과 악의 세력 앞에 굳건히 설 수 있도록, 저의 마음 깊은 곳에서 함께 고통스러워하시면서도 저의 삶에 시련과 고통의 시간들을 허락하셨습니다.

저희 사제들이 각자의 삶 속에 숨어 있는 하느님의 보다 깊은 사랑을 깨닫고, 어둠을 통해서도, 시련과 고통을 통해서도 저희를 사랑하신다는 사실을 깊이 깨닫고, 그 어둠의 시간에 더 열심히 기도할 수 있는 사제가 되도록 기도해 주십시오. 그 고통들로 사제직이 변질되지 않도록, 하느님께서 주신 사제직의 순수성이 더 잘 보존될 수 있도록 기도해 주십시오.

④ 하느님께서는 모든 사람을 다 똑같이 사랑하시지만 특별히 약하고 보잘것없고 가난한 사람들을 배려해 주시는 분이십니다.

저도 돌이켜 보면 제가 잘나고 잘나갈 때는 제 마음속에 저 자신이 하느님이었습니다. 한마디로 저 자신이라는 우상을 숭배하고 있었던 것입니다. 그러나 제가 깨지고, 약해지고, 초라해지고, 가난해질 때 저는 진정 기도할 수 있었고, 하느님께서 제 마음속의 주인이셨고, 모든 것이셨습니다.

사제들이 교만하지 않도록, 진정한 자유로운 가난과 겸손 속에서 살아 계신 하느님을 섬기는 사제들이 될 수 있도록 기도해 주십시오.

특히 가난한 이, 아픈 이, 약하고 보잘것없는 이들 속에 계신 하느님을 만나 뵈올 수 있도록 기도해 주십시오.

⑤ 하느님의 사랑은 인내롭습니다. 그분은 서두르지 않으시고, 포기하지 않으시고 끝까지 우리를 기다려 주십니다.

돌이켜 보면 하느님께서는 언제까지나 저를 기다려 주셨습니다. 아직도 기다리십니다. 부족하기 이를 데 없지만 저의 부족함에도 불구하고 그분은 참고 기다려 주시는 분이심을 조금이나마 깨닫게 됩니다.

저희 사제들도 신자들의 부족함을 참고 기다려 줄 수 있는 넓은 마음의 사제들이 될 수 있도록 기도해 주십시오. 때로는 어이없는 사목의 상황 속에서도 인간 내면에 있는 선함을 굳게 믿고 기다릴 줄 아는 사제, 희망할 줄 아는 사제가 될 수 있도록 기도해 주십시오. 그리고 진정으로 길 잃은 양들을 향해 나아갈 수 있는 용기 있는 사제가 되도록 기도해 주십시오.

11. 무엇보다도 사제들이 이러한 하느님의 사랑을 깊이 깨닫고 체험할 수 있도록 기도해 주시기 바랍니다. 하느님의 사랑을 체험해야 그 사랑을 실천하고, 하느님 사랑의 증거자가 될 수 있기 때문입니다.

12. 사제들이 하느님의 사랑으로 충만할 때 하느님께서는 사제들을 통하여 교회에 당신의 풍요로운 생명과 사랑을 허락하실 것이고, 이 세상의 어둠을 없애시는 하느님의 어린양으로서의 사제의 삶을 축복하여 주실 것이고, 그것이 모든 신자들의 기쁨과 희망이 되는 것이며, 이 세상에 빛을 주는 그리스도를 증거하는 결과를 가져오게 될 것입니다.

함께 사제를 위한 기도를 바치시겠습니다.

○ 영원한 사제이신 예수님,
  주님을 본받으려는 사제들을 지켜 주시어
  어느 누구도 그들을 해치지 못하게 하소서.
● 주님의 영광스러운 사제직에 올라
  날마다 주님의 성체와 성혈을 이루는 사제들을

언제나 깨끗하고 거룩하게 지켜 주소서.

○ 주님의 뜨거운 사랑으로

사제들을 세속에 물들지 않도록 지켜 주소서.

● 사제들이 하는 모든 일에 강복하시어

은총의 풍부한 열매를 맺게 하시고

○ 저희로 말미암아

세상에서는 그들이 더없는 기쁨과 위안을 얻고

천국에서는 찬란히 빛나는

영광을 누리게 하소서.

◎ 아멘.

부활 제5주일(2016. 4. 24.)

"내가 너희를 사랑한 것처럼
너희도 서로 사랑하여라."

1. 아름답고 화사한 봄이 이어지고 있습니다.

2. 지난 주간에 여성 구역장님들과 제주도 이시돌 피정이 있었습니다. 본당 공동체를 위해 헌신적으로 봉사하시는 구역장님들의 노고를 조금이나마 위로하고 격려하기 위해 마련한 시간이었습니다. 사실 지난 1월에 예정되어 있었는데 2월의 많은 행사들 때문에 이번으로 연기되었습니다. 1월에 갔으면 폭설 등의 악재로 큰 곤욕을 치를 뻔하였는데, 하느님의 오묘하신 사랑이 있어 이 아름다운 계절에 잘 다녀올 수 있었습니다.

우리나라는 제주도가 있어 참 다행입니다. 아름다운 꽃들과 신록들, 그리고 제주도의 고유한 풍경이 잘 어울리는 아름다운 나날이었습니다.

피정 프로그램 중에 하루는 한라산을 등반하는 시간이 있었습니다. 영실에서 출발하여 윗새오름이라는 곳까지 올라갑니다. 비가 올 것이라는 예보 속에 출발하였습니다. 보슬비가 내리는 가운데 모두 우의를 입고 올라갑니다.

평소에 운동들을 열심히 하셨는지 생각보다 구역장님들이 잘 올라가십니다. 우의를 입어 속에서는 땀이 나는데 춥습니다. 한 걸음, 또 한 걸음, 아무것도 보이지 않는 안개 속에서 비를 맞으며 올라갑니다. 그래도 함께하는 사람들의 우정과 사랑이 있어 그 길을 갈 수 있습니다.

아무도 낙오자 없이 윗새오름에 오릅니다. 여전히 사방은 안개와 운무로 가득 차 있습니다. 날이 좋으면 참 아름다운 곳인데, 약간은 실망하면서 사발면과 김밥으로 점심을 먹습니다.

내려오는 길에 서서히 안개가 걷히기 시작합니다. 아름다운 한라산의 풍경들이 안개 속에 보였다, 안 보였다를 반복합니다. 좀 늦게 내려오신 분들은 더 아름다운 풍경 속에서 사진을 찍어 가며 즐거운 시간을 가졌다고 합니다. '괜히 힘써서 일찍 내려왔네.' 하는 후회가 듭니다.

그래도 특이한 고목들, 낮은 나무들, 키 작은 영산홍들이 맑은 공기와 함께 우리의 마음을 즐겁게 해 줍니다. 힘든 산행이었지만 모두가 뭐가 그리도 즐거운지 수다가 끊이지 않습니다.

3. 우리의 인생길도 그런 것이 아닌가 합니다. 하느님의 사랑으로 인생길에 숨어 있는 어려운 고비들을 잘 넘깁니다. 그때는 몰랐지만 시간이 흘러 보면 그 안에 숨어 있는 하느님의 사랑을 느끼게 됩니다.

때로는 비와 안개와 추위가 우리의 길을 어렵게 하지만, 함께하기에 그 모든 어려움 속에서도 추억을 만들어 갈 수 있습니다. 때로는 앞이 전혀 보이지 않을 때도 있지만, 그 속에 아름다움이 있음을 알기에 그 모든 것을 받아들이며 그저 갈 길을 갈 뿐입니다. 때로는 서

로가 서로를 힘들어하기도 하지만, 그래도 함께하기에 그 길을 갈
수 있는 것입니다.

4. 모든 일이 잘 풀려 저녁에는 한림이라는 곳에서 저녁 식사를 하
게 되었습니다. 제주도 돼지고기를 많이 먹어 보았지만 그곳의 돼
지고기는 정말 맛있었습니다. 모두들 기분이 업되어 제가 '소맥'을
한 잔씩 돌리는데 섞는 과정에서 컵이 2개가 깨져 버렸습니다. 모두
가 마음을 열고 함께 기뻐하고, 즐거워합니다.

5. 신앙 공동체 안에서 함께한다는 것, 서로의 마음과 우정과 사랑
을 나눈다는 것은 참으로 소중한 일이 아닐 수 없습니다. 그 안에서
숨어 계시는 하느님의 사랑을 발견할 수 있는 것이며, 발견한 만큼
하느님의 축복 속에 살아갈 수 있는 것이고, 하느님의 사랑 안에 있
기에 서로의 부족함을 극복해 가며 진실하면서도 따뜻한 축복의 관
계를 만들어 갈 수 있는 것입니다.

6. 제가 첫 본당에 발령받았을 때는 정말 열정으로 가득 찼습니다.
초대 교회와 같은 공동체를 만들고 싶은 열정이었습니다. 그 당시
구역장들은 거의 매일 성당으로 출근해야 했습니다. 그 구역장들의
모임이 아직까지 20년 넘게 이어지고 있습니다.
저도 가끔 초대를 받아 가 보게 됩니다. 이제는 저마다 다 할머니가
되어 있습니다. 신앙 공동체 안에서 만나 인생의 생사고락을 같이
이어 오신 분들입니다. 서로가 서로를 너무나 잘 알고, 서로의 기쁨
과 아픔에 함께합니다. 만나서부터 헤어질 때까지 계속 웃습니다.
무슨 할 이야기가 그리 많은지 웃음꽃이 떠나지 않습니다.

이 힘든 인생길에 정말 큰 동반자입니다. 함께 기뻐하는 관계가 이루어지니 하느님의 축복도 큽니다. 그 긴 세월 동안 누구 하나 큰 사고도 없고, 다 나름대로 삶의 역경들을 잘 극복하면서 웃으면서 기쁘게 살아갑니다.

그분들은 공통적으로 이야기합니다. 하느님께 드린 봉사는 절대로 공짜가 없다고, 하느님께 드린 정성은 어떻게 해서든지 다 갚아 주신다고, 자신들의 삶의 체험에서 진솔하게 이야기합니다.

7. 그렇습니다. 하느님께서는 당신의 이름으로 모인 이들을 축복해 주시고, 그 관계를 기쁨과 행복의 관계로 만들어 주십니다. 사회에서 만난 사람들은 절대로 그런 관계를 만들어 갈 수 없습니다. 하느님의 힘과 축복이 함께해야만 그런 아름다운 관계를 만들어 갈 수 있는 것입니다.

8. 그런데 우리는 사랑의 중요성에 대해서는 잘 알지만 정작 어떻게 사랑해야 하는지는 잘 모르는 경향이 있습니다.

오늘 복음에서 주님께서는 우리에게 "서로 사랑하여라." 하고 말씀하십니다. 어떻게 해야 사랑할 수 있는지 알아야 합니다.

① 사랑은 노력하는 것입니다. 자라지 않으면 사랑이 아니고, 키우지 않으면 사랑이 아닙니다. 사랑은 혼자서 하는 것이 아니라 누군가와 함께 하는 것이며, 화석처럼 그 자리에 멈춰 있는 것이 아니라 자라 움직이는 것이고, 저절로 이루어지는 것이 아니라 노력해야 마침내 얻어지는 것입니다.

② 사랑은 관심입니다. 관심은 마음으로 연결되어 있다는 표시입니

다. 마음이 맞닿아 있으면 행동하게 됩니다. 한 발짝 물러서서 또는 한 발짝 가까이 가서 살펴보고, 말하고, 챙겨 주고, 배려하게 합니다. 그 모든 것이 자기를 돌아보게 하므로 나를 성장시키는 일이기도 합니다.

③ 사랑은 평범한 속에서 비범을 배워 나가는 일입니다. 뻔한 것이라 해서 가볍거나 값이 떨어지는 게 아닙니다. 뻔한 것 속에 정말 큰 것이 숨어 있습니다. 날마다 먹는 뻔한 음식에 최고의 '웰빙'이 있고, 수없이 반복되는 뻔한 일에 진정한 성공이 있습니다.

④ 사랑은 대화와 소통입니다. 가장 분명한 것은 진실되고 정직한 것입니다. 진실되고 정직하면 오해가 생길 턱이 없고, 설사 오해가 있어도 금방 풀립니다.

⑤ 사랑은 주는 것입니다. 마른 우물에서 두레박 물을 퍼 올릴 수 없습니다. 자기 안에 기쁨이 넘쳐야 남도 기쁘게 할 수 있습니다. 자기가 먼저 행복해야 남도 행복하게 할 수 있습니다. 사랑이 있어야 사랑을 나눌 수 있습니다.

⑥ 사랑은 고통입니다. 칼릴 지브란의 시집 《예언자》에 이런 말이 나옵니다.

"사랑이 그대를 부르거든 그를 따르라. 비록 그 길이 힘들고 가파를지라도.

사랑의 날개가 그대를 감싸 안거든 그에게 온몸을 내맡겨라. 비록 그 날개 안에 숨은 칼이 그대를 상처 입힐지라도.

사랑이 그대에게 말할 때는 그 말을 신뢰하라. 비록 북풍이 정원을 폐허로 만들 듯 사랑의 목소리가 그대의 꿈을 뒤흔들어 놓을지라도."

사랑은 항상 고요한 바다가 아닙니다. 갈등의 파도, 고통과 상처의 폭풍이 무시로 몰아칩니다. 때로는 혼자만 남고, 때로는 길을 잃기도 합니다. 그래도 사랑이 부르면 답해야 합니다. 파도와 폭풍 뒤에 오는 휴식과 평안에 더 큰 희망과 행복이 있기 때문입니다.

⑦ 사랑은 남에게 자기 자신을 완전히 여는 것입니다.

외적 인물이 잘나서 또는 장점이나 돈, 지위 때문에 사랑하는 것이 아니고 '그 사람'이기 때문에 사랑하는 것입니다. 그 사람의 기쁨을 나눌 뿐 아니라 서러움, 번민, 고통을 함께 나눌 줄 아는 것, 잘못이나 단점까지 다 받아들일 줄 아는 것, 그의 마음의 어두움까지 받아들이고, 끝내는 그 사람을 위해서 목숨까지 바칠 수 있는 것이 참사랑입니다.

그래서 참사랑은 행복하지 않습니다. 남의 고통을 자기 것으로 삼을 만큼 함께 괴로워할 줄 아는 것이기 때문입니다.

9. 우리가 진정 이 세상에서 행복하기 위해서는 하느님의 사랑 안에서 서로를 사랑하는 방법을 배워야 합니다.

이엔의 저서 《천만 명의 눈물》에 이런 말이 나옵니다.

"사랑받는 이는
사랑하는 이의 우주입니다.
사랑하는 이를 꼭 끌어안고 있는 것은
온 세상을 끌어안고 있는 것과 같습니다.
사랑하는 동안에만 용서할 수 있습니다.
사랑하는 동안에만 행복할 수 있습니다.

용서 없이 행복은 없습니다.

용서하는 것은 가장 고결하고

가장 아름다운 사랑입니다."

10. 사랑하는 것, 용서하는 것, 미루면 안 됩니다. 지금 해야 합니다.

서로 가까이 있을 때, 살아 있을 때 해야 합니다.

살아 있는 동안만 사랑할 수 있습니다.

아니, 사랑하는 동안만 진짜 살아 있는 것입니다.

사랑하는 동안만 진짜 행복입니다.

나중이 아니라 지금!

내일이 아니라 오늘!

"내가 너희를 사랑한 것처럼 너희도 서로 사랑하여라." 아멘.

부활 제6주일(2016. 5. 1.)

"하느님과 함께하는 인생의 온갖 경험과 고초를 통해 진정한
마음의 평화를 이루며, 그 기쁨을 이루어야 하며, 그 평화와
기쁨을 이웃과 나누어야 할 것입니다."

1. 5월은 1년 중 가장 아름다운 계절입니다. 왜 아름다운가요? 생명
이 춤추고 있기 때문입니다.

어떤 신자분이 이렇게 말합니다. "성당 마당이 참 아름답네요. 우리
는 행복하네요." 그렇습니다. 참 소박하지만 아름다운 성당입니다.
이런 성당에 다니는 것은 참 행복한 일입니다.

그런데 마음이 어두우면 아름다움이 보이지 않습니다. 아무리 좋은
것도 좋은 것으로 보이지 않습니다. 마음을 밝게 만드는 것은 아름
다운 것을 보고, 감탄하고, 감동하고, 감사하는 것입니다. 어둠을 탓
하지 말고, 빛을 더 많게 하려고 노력해야 합니다.

2. 꽃망울 하나하나에 감탄하고, 그 기묘한 조화에 감동하고, 그 어
우러짐에 감사할 수 있어야 합니다. 5월의 찬란한 햇살에 감사하고,
춥지도, 덥지도 않은 날씨에 감사해야 하겠습니다.

3. 그리고 함께 모인 우리들에게도 감사해야 합니다. 각자를 보면,
그 삶의 스토리를 보면 누구 하나 치열하지 않은 사람이 없습니다.
각자가 다 나름대로 마음속에 선한 의지를 갖고 힘든 세상과 싸워
나가고 있습니다. 어렵지만 다 나름대로 아름답게 살려고, 선하게

살려고 노력합니다. 마음속에 어둠이 존재하는 것은 사실이지만 그럼에도 불구하고 빛과 선으로 살고 싶어 합니다. 우리 각자의 삶의 스토리를 보면 참으로 감동적입니다.

4. 우리는 우리 자신을 너무 부정적으로 보는 경향이 있습니다. 우리 자신을 보다 더 긍정적으로 보아야 하겠습니다. 그리고 좀 칭찬해 주어야 하겠습니다. "어렵지만 참 잘 살고 있구나." 격려해 주고, 위로해 주어야 하겠습니다.

5. 신자 여러분은 제대를 보며 미사를 봉헌하지만 제대에서 신자석을 보면 참으로 색다릅니다. 색다른 느낌과 감동이 있습니다. 높은 산에서 아래를 내려다보면 모든 것이 보이듯이 제대에서 보이는 각자의 삶의 모습을 종합해 보면 정말 다른 감동을 느끼게 됩니다.

7. 꽃이 피고, 열매를 맺고, 씨앗을 내고, 집니다. 사람도 태어나고, 성장하고, 가정을 이루고, 나이가 들어 가고, 언젠가는 죽음의 순간을 맞이합니다.

8. 생명이 얼마나 아름답습니까! 치열하기에 아름다운 것입니다. 고통 속에서도 열매를 맺기에 아름다운 것입니다. 어둠 속에서도 끝까지 선의 끈을 놓지 않는 모습이 아름다운 것입니다.
비바람은 불지만, 때로는 홍수와 가뭄이 찾아오지만, 예기치 못한 태풍이 찾아오지만 그 모든 것을 이겨 내기에 아름다운 것입니다. 그저 평탄하다면 그것은 진정한 아름다움이라 할 수 없을 것입니다.

9. 오늘 복음에서 주님께서는 당신의 평화를 주시겠다고 말씀하십

니다. 미사 때 무뚝뚝한 신자라 하더라도 평화의 인사 때만큼은 얼굴을 펴고 웃으면서 평화를 나눕니다.

10. 주님이 주시고자 하는 평화가 무엇일까요? 언젠가 어떤 본당에서 아주 힘들고 어렵게 지낸 적이 있었습니다. 그 본당의 신부님들은 견디기 힘든 상황이 많았습니다. 평균 임기가 2년이 조금 넘었죠. 저도 아주 힘들었지만 하느님의 도우심과 선의의 신자들의 도움으로 5년 임기를 다 채울 수 있었고, 그 본당의 숙원 사업도 해결한 적이 있었습니다.

그때 그 본당에서의 마지막 세례식을 끝내고 나서 이런 느낌이 들었습니다. '이제 다 이루었구나.'

사진을 찍는 분이 사진을 찍었는데 제 얼굴이 참으로 평화스러운 모습으로 찍혀 있었습니다.

11. 어렵고 힘든 고비를 무사히 넘긴 제 마음속에는 남들이 알지 못하는 뿌듯함과 감사와 감동이 넘치고 있었습니다. '주님, 감사합니다. 함께해 주신 신자 여러분들, 고맙습니다.'

12. 예수님께서는 십자가 위에서 "이제 다 이루었다." 말씀하십니다. 그 말씀은 고통 속의 울부짖음이 아니라 감사와 감동의 기도였을 것입니다. 그 다 이루었다 하신 말씀 속에 숨어 있는 예수님의 마음을 우리가 어찌 다 헤아릴 수 있을까요? 그러나 그 말씀은 자신의 삶을 통해 보여 주고자 하셨던 하느님의 사랑을 다 보여 주셨음을 의미하는 말씀이었을 것입니다.

13. 우리에게 주시고자 하는 주님의 평화는 그저 감상적인 평화가 아닙니다. 심연의 고통을 견뎌 내신 인내와 겸손과 사랑의 평화입니다. 그 평화는 당신의 온몸을 다해, 마음을 다해, 영혼을 다해 이루어 내신 평화입니다.

14. 따라서 그 평화는 참으로 힘이 있는 평화입니다. 사람의 마음속을 파고드는 평화입니다. 사람을 기쁘게, 춤추게 만드는 평화입니다. 우리 대신 죽음을 겪으신 주님의 사랑을 드러내는 평화입니다. 조용하면서도 힘이 있는 평화입니다.

15. 부활하신 주님께서는 "평화가 너희와 함께!"라고 첫 인사를 하십니다. 예수님이 돌아가신 뒤 깊은 실연과 불안 속에 떨던 제자들의 마음은 일순간에 주님 평화의 힘으로 새로워지고 있었습니다. 그 작고 상처받은 영혼들은 새살이 돋고, 새 희망으로 가득 차기 시작했으며, 부활의 예수님과 동참하기 시작하였습니다.

16. 하느님과 자신의 인생의 고통을 이겨 낸 사람들은 그 고통 때문에 상처도 생기지만 그 상처는 나무옹이처럼 성장을 위한 상처이고, 주님의 치유를 통해 주님의 이끄심과 살아 계심을 체험하게 하는 상처이기도 합니다.

17. 하느님 없이 인생의 고통을 겪는 사람들은 그래서 참으로 불쌍합니다. 그 고통은 몸과 마음과 영혼을 망가뜨리는 상처이기 때문입니다. 자신만 망가지는 것이 아니라 주변 사람들까지 망가지게 만듭니다. 얼마나 억울한 삶인가요?

18. 이왕 어찌할 수 없는 인생의 고통이라면 새로운 생명을 위한 고통이 훨씬 더 현명하지 않겠습니까? 그런데 "어찌 죽음을 향한 고통 속에 살고 있는가?"라고 묻고 싶을 때가 많습니다.

19. 하느님께서 함께 계실 때 우리에게 주어지는 재물도, 권력도, 명예도 그 본래의 의미를 이루어 나갈 수 있습니다.

20. 그러나 하느님께서 함께하시지 않는 재물, 명예, 권력은 그저 뜬구름에 불과합니다. 한순간에 모였다가 한순간에 흩어져 버립니다. 그것은 때로 불행의 씨앗이기도 하고, 죽음의 씨앗이기도 합니다.

21. 재물, 명예, 권력이 인간 삶에 필요하긴 하지만 하느님과 함께해야 합니다. 그래야만 생명을 창조할 수 있기 때문입니다. 그것들로 어렵고 힘든 이들 눈에서 눈물을 닦아 줄 수 있고, 삶에 대한 새로운 희망을 줄 수 있기 때문입니다. 감사와 감동을 이끌어 낼 수 있기 때문입니다.

22. 다른 사람의 생명을 살리는 사람이라야 자신의 생명을 살릴 수 있음을 명심해야 합니다. 자신만 살려고 하면 자신도 죽고, 다른 사람도 죽이는 것입니다.

23. 하느님과 함께하는 인생의 온갖 경험과 고초를 통해 진정한 마음의 평화를 이루며, 그 기쁨을 이루어야 하며, 그 평화와 기쁨을 이웃과 나누어야 할 것입니다.

24. 주님의 평화가 여러분과 함께, 또한 사제와 함께. 아멘.

1. 아름다운 성모님의 달 5월입니다. 이 시간만큼은 우리의 복잡한 마음들을 떨쳐 내고 성모님의 사랑에 우리 자신을 맡겨 드려야 하겠습니다. 성모님은 우리와 같은 인간이셨지만 이 세상의 어떤 인간보다도 성령으로 충만하신 분이셨고, 그 성령의 힘으로 이 세상의 온갖 어둠을 없애시는 하느님의 사랑이신 예수 그리스도를 우리에게 내어주신 분이십니다.

2. 우리가 우리의 어머니 성모님과 함께 살아갈 수 있다면 부족한 우리도 성령의 충만한 은총 속에서 우리의 죄를 없애시고 우리를 기쁘게 하시는 주님의 말씀을, 곧 하느님의 사랑을 깊이 체험할 수 있을 것입니다.

3. 자, 이제 우리 안에 성령께서 임하시길 간절히 바라며 우리 자신을 정화하는 시간을 갖겠습니다. 이번 피정에서 배운 것인데 호흡, 심호흡은 마음과 몸을 연결하는 다리라고 합니다. 깊은 심호흡을 통해서 우리는 우리의 번잡한 마음을 다스릴 수 있게 됩니다.
함께 해 보십시다. 모두 눈을 감으시고, 등을 곧게 펴십시오. 손을 무릎 위에 올려놓으시고 손바닥이 하늘로 향하게 합니다. 발바닥을 바닥에 닿게 하시고, 이제 숨을 깊게 들이쉽니다. 저 멀리 있는 단전에까지 닿도록 깊게 들이마십니다. 잠깐 참으십니다. 그리고 배꼽 밑에 있는 단전에서부터 숨을 길게 내뱉습니다.

자, 시작합니다. 숨을 코로 들이마시면서 '하느님!' 하고 마음속으로 외칩니다. 잠깐 참으시고, '하느님!' 하면서 입으로 숨을 길게 내뱉습니다.

다시 한 번 깊게 들이마시면서 '하느님!', 참으시고, 길게 뱉으면서 '하느님!', 다시 한 번 숨을 마십니다. 참으시고, 뱉으십니다.

연속해서 해 보시겠습니다. 마시고, 참고, 뱉고, 마시고, 참고, 뱉고.

4. 어떠셨어요? 성전이 더 밝아 보이지 않나요? 마음이 좀 차분해지지 않나요? 몸에 힘이 빠지지 않나요? 제가 좀 이뻐 보이지 않나요?

처음이라 좀 힘드실 수도 있겠네요. 기도하실 때 항상 먼저 이 호흡을 하고 기도하시면 우리의 몸과 마음이 하나가 되는 것을 느끼실 수 있으실 것입니다. 우리의 주변이 달라 보이고, 하느님의 은총을 받을 수 있는 기본자세가 됩니다.

하느님께서는 언제나 우리에게 당신의 사랑과 성령을 보내 주시고 싶어 하십니다. 그런데 우리의 마음이 너무나 번잡하고 복잡해서 그 귀한 선물을 놓칠 때가 많습니다. 하느님의 성령께서 우리와 함께하시면 우리의 마음도 깊이 가라앉게 되고, 그 가라앉은 마음속으로 성령께서 오십니다.

물론 많은 분심과 잡념 속에 있을 수 있겠지만 그 분심과 잡념까지도 하느님께 맡기시는 단계가 되면 성령의 선물인 평화가 우리 마음 깊은 곳에 자리 잡으시게 됩니다. 우리의 뻣뻣한 몸도 부드러워지고, 마음의 힘도 빠지게 됩니다. 진짜 몸의 피곤함도 한순간에 싹 풀려 버립니다.

그 잠심에 한참 있다 보면 자신의 의식 저 밑으로 들어가게 되고, 그곳에서 자신의 참된 모습을 발견하면서 함께 계시는 하느님의 존재도 느낄 수 있게 됩니다.

5. 성령께서 얼마나 소중한 분인지 예수님께서는 당신이 떠나가심이 더 낫다고 말씀하십니다. 당신께서 떠나가시면 이제 곧 그 성령께서 내려오실 것인데, 그 성령께서는 예수님이 숱하게 가르쳐 주신 하느님의 사랑과 자비에 대해 비로소 깊이 깨닫게 해 주실 것이라고 말씀하십니다. 눈에 보이는 예수님이 백번 이야기해도 이해하지 못하는 하느님의 진리를 성령께서는 단번에 깨닫게 하실 것이라고 하십니다.

인간은 시간과 공간의 제약을 받는 유한한 인간이기에 인간의 차원을 넘어서는 하느님의 진리를 깨닫는다는 것은 사실 어떤 면에서는 불가능할 수도 있습니다. 그러나 성령께서는 그 모든 시간과 공간의 제약을 넘어서서 유한한 인간에게 무한한 하느님의 진리를 깨달을 수 있게 해 주시는 것입니다.

우리가 하느님의 진리를 깨닫는다면 우리의 삶은 완전히 바뀔 수 있습니다. 진정한 하느님의 사람이 되는 것이며, 우리 자신의 온전한 실체를 비로소 깨닫게 됨에 따라 부족하지만 기쁨과 평화 속에 하느님의 말씀 안에서 살아갈 수 있게 됩니다. 새로운 생명이 새롭게 창조되는 것입니다.

6. 성령께서는 너무 광범위하신 분이신지라 한마디로 설명할 수는 없지만 교회에서는 전통적으로 일곱 가지의 선물을 주신다고 하십니다. 어떤 선물을 받고 싶으신지 기도하시면서 귀 기울여 주시면 좋겠습니다.

첫째는 굳셈의 은총입니다. 즉 이 세상의 온갖 악의 세력과 어둠 안에서도 하느님의 자녀로 굳세게 살아갈 수 있는 은총입니다.

둘째는 효경의 은총입니다. 즉 하느님이 우리 생명의 근원이고, 아버지이시니 그분께 자녀로서의 올바른 길을 걸어갈 수 있는 은총입니다.

셋째는 지혜의 은총입니다. 이 복잡한 세상의 온갖 난무하는 지식들 속에서도 정말 나의 삶에 필요한 지혜를 얻게 되는 은총입니다.

넷째는 의견의 은총입니다. 분별의 은총이라 할 수 있습니다. 무엇이 옳고 그른지, 어떤 길로 나아가야 하는지 혼란스러울 때가 많은데 이 분별의 은총은 그 복잡한 인생길 가운데에서도 올바른 길로 나아갈 수 있는 분별력을 주는 것입니다.

다섯째는 지식의 은총입니다. 이 세상의 쓸모없는 지식이 아니라 하느님의 신비를 보다 잘 아는 지식의 은총을 뜻합니다.

여섯째는 통달의 은총입니다. 깨달음이 없으면 아무 소용이 없습니다. 자신에 대해 깨닫고, 하느님에 대해 진정으로 깨닫는 은총을 뜻합니다.

마지막 일곱째는 두려움의 은총입니다. 이 세상에 대해서 두려워하는 것이 아니라 하느님에 대한 두려운 마음에서 비롯되는 경외심과 흠숭지심을 뜻하는 것입니다.

7. 자, 어떤 선물을 받고 싶으신지 결정하셨나요? 이제 그 성령의 선물이 내 마음 안에 들어오도록 다시 한 번 심호흡을 하면서 기도하겠습니다. 다른 생각은 다 지우시고 마음이 가는 은총 한 가지만 선택하시겠습니다. 굳셈, 효경, 지혜, 의견, 지식, 통달, 경외심, 자, 선택하셨습니까? 이것저것 재지 마시고 그저 단순하게 자기 귀에 처음 들어온 말씀이 자신이 받고 싶은 은총입니다.

기도하시겠습니다. 눈을 감고 숨을 깊이 들이마십니다. 참으시고, 내뱉으십니다. 다시 한 번 마시고, 참고, 뱉습니다. 이제 자신이 받고 싶은 은총을 숨을 마시면서 마음속으로 외칩니다. 참으시고, 다시 한 번 그 은총을 마음으로 외치면서 숨을 뱉습니다. 다시 한 번 숨을 마시고, 참고, 뱉습니다. 다시 한 번…….

8. 이 일곱 가지 은총 가운데 하나라도 제대로 받으면 다른 모든 은총도 함께 따라옵니다. 하느님의 신비는 하나를 통하여 모든 것에 이르고, 모든 것은 하나로 모이기 때문입니다.

9. 이 어렵고 복잡한 세상에서 살아가는 우리를 하느님께서는 너무나 가슴 아프게 바라보고 계십니다. 그리고 슬퍼하십니다. 당신 자녀들의 고생과 고통을 바라보시면서 가슴 저미시면서 아파하십니다. 우리 삶의 고통은 아직도 끝나지 않은 하느님의 고통이기도 합니다. 그래서 하느님께서는 어떻게 해서든지 우리가 이 지긋지긋한 노예 생활에서 해방되기를 간절히 바라십니다.

우리 마음속의 어둠과 죄악을 물리치고 당신의 평화와 기쁨을 주시고자, 즉 영원히 샘솟는 생명수를 주시고자 지금 이 순간도 애가 타는 마음으로 우리를 지켜보십니다. "이제라도 나에게 돌아오렴, 너의 마음을 나에게 주기만 하면 내가 그 마음을 내 생명으로, 내 기쁨으로, 내 평화로, 내 은총으로 가득 채워 줄 텐데, 안타깝기 그지없구나." 하시면서 우리를 바라보십니다.

10. 이제 오늘 미사 중에 성령의 선물 중 하나를 받으시겠습니다. 자신의 마음이 정해 준 선물을 받으면 더 좋겠지만 때로는 하느님께서 우리에게 주시고자 하시는 선물이 다를 수도 있음을 생각하시기 바랍니다. 주어진 선물에 감사하시고, 앞으로도 시간 날 때마다 호흡하시면서 그 선물을 외치시기 바랍니다. 길을 갈 때도, 운전을 할 때도, 설거지를 할 때도, 공부를 할 때도, 사업상 중요한 결정을 할 때도, 잠자기 전에도, 아침에도 눈을 뜨자마자 그 선물을 외치시기 바랍니다.

11. 하느님은 우리를 사랑하시는 분이라는 사실을 잊지 말고, 언제나 우리의 삶과 가정과 자녀들을 지켜 주시는 분이라는 사실을 잊지 말고, 신뢰심을 갖고 그분께 나의 삶의 모든 것을 맡겨 드리기 바랍니다.

"오소서, 성령님. 저희 마음을 성령으로 가득 채우시어 저희 안에 사랑의 불이 타오르게 하소서." 아멘.

삼위일체 대축일(2016. 5. 22.)

"지금도 계시고, 전에도 계셨으며, 앞으로 오실 하느님,
성부와 성자와 성령은 영광 받으소서."

1. 우리는 미사 때마다 삼위일체 하느님을 고백하는 성호경으로 미
사를 시작합니다.

2. "성부와 성자와 성령의 이름으로, 아멘." 하며 온 정성을 다해 온
몸과 마음에 삼위일체 하느님을 각인시킵니다.
곧이어 사제는 역시 삼위일체 하느님께서 형제자매들과 함께하심
을 빌며 서로 인사를 나눕니다.

  "사랑을 베푸시는 하느님 아버지와

  은총을 내리시는 우리 주 예수 그리스도와

  일치를 이루시는 성령께서 여러분과 함께.

  또한 사제와 함께."

3. 얼마나 아름답고 축복 가득한 기도인지요!
아마 모든 종파를 망라하여도 십자성호를 그으며 바치는 우리의 성
호경보다 짧고도 깊고 좋은 기도는 없을 것입니다.

4. 어느 청년이 높은 나무 위에 올라가 자살 소동을 벌이고 있었습
니다.

경찰 아저씨가 급히 부모님을 모셔다 설득시켰지만 아무 소용이 없었습니다.

그래서 절에 계신 스님을 모셔다 목탁을 두드리며 나무관세음보살, 교회 목사님을 모셔다 구약, 신약성서를 넘나들며 알렐루야 아멘, 마지막으로 생각난 듯 신부님을 모셔다 놓고 말했습니다.

"이제 믿을 분은 신부님밖에 없습니다. 그러니 영검하신 신부님께서 저 사람을 내려오게 설득하여 주십시오."

난감하신 신부님이 의례적으로 나무를 향해서 "성부와 성자와 성령의 이름으로, 아멘." 하고 성호경을 긋자마자 청년이 나무에서 쏜살같이 내려왔습니다.

사람들이 이구동성으로 말합니다. "역시 신부님은 영검하십니다."

매우 궁금한 경찰 아저씨가 신부님이 뭐라 했는데 내려왔느냐고 물었습니다.

"빨리 안 내려오면 나무를 자른다고 했다나요."

5. 성부, 성자, 성령의 이름을 부르는 기도는 이처럼 강력하고 영검한 효과가 있습니다. 일반적으로 이름이란 그 사람의 인격, 인상, 살아온 세월, 갖고 있는 힘을 뜻합니다. 마귀를 쫓아내는 사람들은 예수 그리스도라는 이름으로 악의 세력을 쫓아냅니다.

6. 얼마 전 김윤석, 강동원이라는 배우가 주연한 〈검은 사제들〉이라는 영화가 인기리에 상영되었습니다. 구마를 하는 사제들에 대한 이야기입니다.

여러 가지 이견이 있을 수 있지만 영화 대사 중 이런 이야기가 나옵니다. 구마를 하는 과정에서 주임 사제가 말합니다.

"넌 지금부터 이 자리에 없는 거야."

엄청난 악의 힘과 싸우는 그 절체절명의 순간에 보조자인 최 부제에게 하는 이야기입니다. 즉 너는 너의 힘으로 마귀를 쫓아내는 것이 아니라 바로 예수 그리스도의 이름으로 쫓아낸다는 것입니다.

최 부제는 기도를 열심히 하지만 자신의 내공의 힘이 모자람을 느끼게 됩니다. 그때마다 마귀의 힘은 더 커져만 갑니다. 자신을 온전히 비워 예수님의 힘으로 가득 차면 그 마귀는 힘을 잃습니다. 어떤 면에서는 자신을 비우는 싸움을 마귀와의 힘겨운 투쟁으로 표현하고 있는지도 모르겠습니다. 내 안에 예수님께서 함께 계시지 못한 만큼 악의 세력이 득세한다는 이야기입니다.

몇 번의 실패 끝에 결국 주님께 온전히 의지한 최 부제의 도움으로 그 마귀의 세력은 돼지 안으로 들어가고, 그 힘겨운 영적인 싸움에서 승리한 최 부제가 떨어진 묵주를 다시 들고 씽긋 웃으면서 영화가 끝납니다.

7. 예수님께서는 성서에서 너희가 내 이름으로 구한다면 아버지 하느님께서 다 들어주실 것이라고 말씀해 주십니다. 예수님의 이름은 그 자체가 강력한 힘이요, 원하는 바가 바로 현실로 이루어지는 하느님의 사랑을 뜻합니다.

8. 우리 가톨릭의 오랜 기도 가운데 예수님의 이름만 계속해서 부르는 단순한 기도가 있습니다. 아무 생각 없이 그저 '예수님!', 혹은 '주님!'이라고만 부르는 기도입니다. 그런데 이 기도는 우리를 관상

의 세계로 쉽게 이끌어 줍니다. 내 지식을 모두 동원해서 하는 기도 보다도 이 단순한 기도가 훨씬 더 우리를 하느님께 이끌어 줍니다. 우리 마음을 평화롭게 해 주며, 우리에게 천상의 지혜와 슬기를 허락해 줍니다.

우리 교우 여러분들도 자주 이런 단순한 기도, 아주 쉬운 기도를 바치셨으면 합니다. 마음이 어렵고 힘들 때마다 '주님!' 하고 조용히 외치신다면 주님의 그 강력하고 아름다운 사랑이 내 마음 안에 들어오실 것이고, 내 삶의 많은 문제들도 비교적 쉽게 해결되는 것을 체험하실 수 있을 것입니다.

9. '주님!'이라는 단순한 기도 속에 이처럼 엄청난 힘이 있다면 하느님의 이름을 전체적으로 부르는 성호경, 즉 성부와 성자와 성령의 이름으로 구하는 기도는 얼마나 더 강력하겠습니까?

10. 포르투갈 파티마에서 성모님의 발현을 목격한 세 어린이는 무엇을 보았느냐는 사람들의 질문에 아주 아름다운 귀부인이 너무나 정성스럽게 "성부와 성자와 성령의 이름으로!" 하면서 성호경을 긋더라고 대답했습니다. 아주 정성스럽고 크게 긋는 그 성호경의 기도가 세 어린이들의 마음속에 깊은 감동으로 남았다는 것입니다.

11. 자, 우리도 우리의 어머니이신 성모님께서 그으신 그 거룩하고 신비로운 성호경의 기도를 바쳐 봅시다. 왼손을 배에다 대시고 최고의 정성스러운 마음을 가지십니다. 그리고 온전한 신뢰심을 갖습니다. 이 세상에서 가장 거룩한 이름을 외치는 것입니다.

크게 그으시겠습니다. 자, "성부와 성자와 성령의 이름으로, 아멘."

다시 한 번 하느님께서 우리의 머리와 마음과 의지에 함께하심을
굳게 믿으면서 "성부와 성자와 성령의 이름으로, 아멘."

다시 한 번 이 세상을 창조하실 때 우리를 닮은 사람을 만들자 하시
면서 나를 창조해 주신 창조주이신 하느님을 생각하면서, 즉 나의
생명을 기묘하게 창조해 주시고, 나의 인생, 나의 삶과 함께하시며,
지금도 나를 사랑으로 창조해 주시는 하느님을 생각하면서 "성부
와 성자와 성령의 이름으로, 아멘."

다시 한 번 십자가 위에서 우리를 구원하시기 위해서 돌아가신 예
수님의 고통과 그 안에 숨어 있는 위대하신 나를 위한 사랑을 생각
하면서, 또 그분이 이 세상에 오셔서 이루고자 하셨던 하느님의 나
라가 내 삶 안에서도 이루어지길 간절히 바라면서 "성부와 성자와
성령의 이름으로, 아멘."

다시 한 번 나를 하느님께 이끄시고, 예수님의 구원으로 이끄시는
사랑의 성령을 생각합시다. 하느님은 사랑이시고, 그 사랑을 예수
님께서는 인간으로 오셔서 가르쳐 주셨고, 오늘날에는 성령을 통하
여 그 사랑의 깊은 의미를 깨닫게 해 주시는 성령께서 내 안에 들어
오시길 간절히 바라면서 "성부와 성자와 성령의 이름으로, 아멘."

12. 이 세상을 창조하실 때도 성부께서는 성자와 성령과 함께 계셨
고, 십자가의 그 처절한 성자의 죽음 속에서도 성부와 성령께서 함
께 계셨습니다. 그리고 오늘날 성령의 시대에도 역시 성부와 성자
께서 함께 계십니다.

13. 성부와 성자와 성령께서는 오로지 사랑으로 일치하고 계십니다.

14. 하느님의 본질도 사랑이고, 인간의 본질도 사랑이니 사랑 없이는 그 어떤 하느님의 신비도, 인생의 신비도 설명되지 않습니다. 결국 우리가 사는 이 인생의 최종 목표는 사랑에 대한 깨달음과 그 실천이라 할 수 있을 것입니다. 사랑으로 하나 된 성부, 성자, 성령께서는 오늘날의 우리에게도 인간의 최종 행복은 바로 사랑임을 가르쳐 주고 계십니다.

15. 수없이 긋는 성호경 안에 이처럼 위대한 하느님의 신비가 숨겨져 있는 것입니다. 우리가 사랑의 마음으로 이 성호경을 우리 삶 속에 수시로 그을 때 우리를 괴롭히는 온갖 악의 세력을 이겨 나갈 수 있을 것이며, 우리 안에 하느님의 사랑을 현실로 존재하게 해 줄 것입니다.

16. 아침에 일어나서 성부, 성자, 성령의 이름을 부르십시오. 식사를 준비할 때도, 식사할 때도, 옷매무새를 만질 때도 성호를 그으십시오. 출근하는 남편의 이마에 성호를 그어 주시고, 학교에 가는 자녀의 머리와 가슴과 어깨에 성호를 그어 주십시오. 하루 생활 중 만나는 모든 사람의 마음속에 남몰래 성호를 그어 주십시오.
우리의 마음은 하느님의 힘으로 가득 찰 것이며, 긍정적으로 감사하는 마음을 쉽게 가질 수 있을 것입니다. 때로는 내 마음에 들지 않는 사람들, 내 마음속에서 미워하는 사람들에게도 마음속으로 성호를 그어 주십시오. 내 마음속의 분노와 미움을 자비와 측은한 마음으로 바꿀 수 있습니다. 나를 향한 오해와 핍박과 편견 속에서도 성호를 그어 보십시오. 그들의 나를 향한 칼날이 하느님의 사랑 앞에 무뎌질 수밖에 없을 것입니다.

17. 하느님의 사랑은 의외로 우리 가까이 있습니다. 너무나 작은 실천을 통하여 우리는 너무나 크신 하느님의 은총과 살아 계심을 체험할 수 있게 됩니다. 하나를 깨달은 사람은 2개, 4개를 깨닫게 되고, 실천과 함께 우리의 영적 자산은 정말 풍요로워질 수 있을 것입니다. 많이 가진 사람이 더 많이 갖게 되는 하느님의 신비를 더 크게 깨달을 수 있게 될 것입니다.

18. "성부와 성자와 성령의 이름으로, 아멘." 하는 너무나 작은 이 기도에 너무나도 크신 하느님의 자비와 사랑과 은총이 숨겨져 있음을 실천으로써 깨달을 수 있다면 지금 내가 사는 이 세상은 바로 하느님의 나라, 하느님께서 함께하시는 너무나 행복한 삶, 감사의 삶의 모습으로 바뀌어 나갈 수 있을 것입니다.
"지금도 계시고, 전에도 계셨으며, 앞으로 오실 하느님, 성부와 성자와 성령은 영광 받으소서." 아멘.